永宁年鉴

YONGNING NIANJIAN

2018

永宁县史志编纂委员会办公室　编

黄河出版传媒集团
宁夏人民出版社

图书在版编目(CIP)数据

永宁年鉴. 2018 / 永宁县史志编纂委员会办公室编.
— 银川:宁夏人民出版社,2018.7
ISBN 978-7-227-06999-7

Ⅰ. ①永… Ⅱ. ①永… Ⅲ. ①永宁县—2018—年鉴
Ⅳ. ①Z524.34

中国版本图书馆 CIP 数据核字(2018)第 282325 号

永宁年鉴 2018　　永宁县史志编纂委员会办公室　编

责任编辑　陈　浪
责任校对　康景堂
封面设计　李玉春
责任印制　肖　艳

黄河出版传媒集团
宁夏人民出版社　出版发行

地　　址　宁夏银川市北京东路 139 号出版大厦(750001)
网　　址　http://www.yrpubm.com
网上书店　http://www.hh-book.com
电子信箱　nxrmcbs@126.com
邮购电话　0951-5052104　5052106
经　　销　全国新华书店
印刷装订　宁夏凤鸣彩印广告有限公司
印刷委托书号　(宁)0011887

开本　880 mm×1230 mm　1/16
印张　30
字数　825 千字
版次　2018 年 12 月第 1 版
印次　2018 年 12 月第 1 次印刷
书号　ISBN 978-7-227-06999-7
定价　260.00 元

1月11日，县安全生产监督管理委员会第一次全体（扩大）会议召开

1月16日，广西壮族自治区党委政研室考察团考察永宁县精准扶贫工作

1月22日，县委副书记杨宝文（左一）慰问“见义勇为”家庭

1月25日，永宁县工作大会召开

1月26日，永宁县召开2017年新春联欢晚会，永宁县文艺工作者载歌载舞，喜迎新春

2月11日，永宁县元宵节系列文化活动之一——杨和街上的社火表演

2月13日，中共永宁县第十四届纪律检查委员会第二次全体（扩大）会议

2月16日，中共永宁县第十四届委员会召开第二次全体（扩大）会议

2月22日，县政协组织召开鹤泉湖历史文化资料搜集座谈会

2月28日，全县机关干部预防职务犯罪专题讲座

3月5日，永宁县2017年城乡环境综合整治工作启动仪式

3月8日，全县庆祝三八国际劳动妇女节表彰大会

3月9日，广西壮族自治区政协考察团考察永宁县宜居乡村建设工作

3月17日，永宁县社会治安综合整治暨命案防控利剑专项行动启动仪式

3月17日，全县党政办公室主任会议

3月22日，县委中心组学习“当前意识形态安全面临的挑战和应对”专题辅导报告会

3月24日，县机关“周末讲堂——水生态文明建设和节水型社会建设”专题讲座

3月30日，银川市与比亚迪股份有限公司轨道交通及纯电动汽车项目座谈会在永宁县召开

4月5日，县领导督查全县环境卫生整治工作推进情况

4月7日，县政协组织政协委员督查提案办理情况

4月14日，县政协召开关于停车难问题民主协商会

4月20日，银川市督查组督查永宁县环境综合整治工作及重点项目推进情况

4月28日，庆祝五一国际劳动节表彰大会暨农业标准化生产“五比一创”劳动竞赛举行启动仪式

5月2日，永宁县推动移风易俗，树立文明家风、乡风、民风推进大会

5月3日，全县农作物秸秆综合利用专题会议

5月10日，中宁县政协考察团考察永宁县工业污水处理情况

5月14日，国家实行最严格水资源管理制度考核检查组到永宁县考核检查

5月15日，召开永宁县禁毒工作暨创建银川市禁毒示范县动员大会

5月19日，中国旅游日宁夏分会场暨宁夏旅游美食文化季永宁特色文旅一日游在永宁县启幕

5月21日，召开永宁县迎接银川市脱贫攻坚督查巡查工作推进会

6月5日，银川比亚迪新能源客车交车仪式在望远工业园区举行

6月5日，召开永宁县“推动信用体系建设 改善金融生态环境”推进会

6月6日，2017年“美丽乡村 文化大集”送戏下乡启动仪式演出活动

6月12日，召开永宁县学习贯彻自治区第十二次党代会精神大会

6月21日，县政协主席段伏林（右二）与政协委员视察全县重点项目建设情况

6月23日，永宁县第二届市民运动会开幕

6月23日，长江汽车有限公司考察组到永宁县考察投资环境

6月29日，中国农业大学理学院永宁县人民政府院县合作签约暨博士工作站（点）授牌仪式

7月1日，庆祝建党96周年暨“不忘初心跟党走”主题党日活动在县城宁和广场举行

7月7日，永宁县第十八届人大常委会第五次会议上新任法官向宪法宣誓

7月7日，贵州省毕节市政协考察组考察永宁县蔬菜种植及销售工作

7月11日，“一带一路”闽宁国际新能源产业聚集区项目论证会在银川市隆重召开

7月12日，永宁县举行异味治理战略合作框架协议签约仪式

7月12日，央视七套《乡约》栏目在银川悦海宾馆举行乡约·永宁新闻发布会

7月14日，全国政协调研组调研永宁县精准扶贫工作。图为调研组在闽宁镇原隆村农户海富贵家中

7月14日，举行永宁县公推比选年轻干部挂职推荐会

7月17日，举行闽宁镇韩美林希望小学“美林教室”挂牌仪式

7月19日，县人大视察组视察全县“五城同创”及土地规划利用工作

7月21日，银川市首届塞上乡村读书节“阅读之星”巡讲走进永宁县

7月27日，银川市2017年上半年经济观摩团观摩永宁县上半年项目建设情况

7月28日，召开永宁县创建自治区双拥模范县工作推进会

8月7日，召开永宁县选派年轻干部挂职锻炼集体谈话会

8月9日，召开综治中心建设暨平安建设观摩推进会

8月15日，县政协召开学前教育规范化管理专题咨政会

8月16日，银川市委政法委调研永宁县综合治理工作

8月21日，2017年宁夏第三届全民健身节暨永宁县第三届“工会杯”职工篮球赛开赛

9月7日，毛里塔尼亚考察团考察永宁县精准扶贫工作

9月12日，银川市人大常委会组织银川市离退休老干部观摩永宁县经济社会发展情况

9月19日，永宁县召开创建国家园林县城考查验收汇报会

9月20日，县人大常委会成员及部分人大代表视察县法院执行工作

9月22日，“喜迎十九大，共筑中国梦”民进永宁支部送文化送政策下基层活动在闽宁镇举办

9月27日，银川秋季休闲农业嘉年华永宁县棚湖湾开园暨红树莓采摘季活动开幕

10月11日，全县精神文明、基层党建、党风廉政及秋冬农水基本建设等工作观摩会

10月19日，中央巡视组督查永宁县异味治理工作

11月10日，中国共产党永宁县第十四届委员会第三次全体会议召开

11月22日，县委副书记杨宝文（主席台左）在望远镇上河村做十九大精神讲解辅导报告

12月2日，召开冬季大气污染防治工作推进会

12月18日，中国共产党永宁县第十四届委员会第四次全体会议召开

12月21日，中国人民政治协商会议永宁县第十届委员会第二次会议在永宁宾馆开幕

12月22日，银川市委常委、纪委书记宋志霖在胜利乡宣讲党的十九大精神

12月22日，永宁县第十八届人民代表大会第二次会议在永宁县宾馆礼堂开幕

12月29日，县委中心组召开2017年第21次集中学习会，深度研讨学习的十九大精神

编辑说明

一、《永宁年鉴2018》是由中共永宁县委、永宁县人民政府主持，县史志办组织编撰，各承编单位参与的综合性资料年刊。旨在记述永宁县2017年自然、政治、经济、文化、社会等方面的情况。所载资料全面、系统、翔实、准确，是国内外各界人士了解永宁不可或缺的参考书。

二、本年鉴所收录的资料上起2017年1月1日，下迄2017年12月31日。为了较完整地保存和记录地方文献资料，部分史实采用简要回顾的形式记述。

三、本年鉴主要分为栏目、分目、条目三个层次，少数条目下设子目，词目用【】表示。全书设专载、讲话与报告、组织机构与负责人、大事记、永宁综览、中国共产党永宁县委员会、中共永宁县纪律检查委员会(监察局)、永宁县人民代表大会常务委员会、永宁县人民政府、中国人民政治协商会议永宁县委员会、人民武装等。所收录的先进集体和个人，是2017年度获县级以上表彰的。

四、本年鉴所收录的大部分资料由县直各部门，各单位，各乡镇、街道办及自治区、银川市驻永宁有关单位提供，《永宁年鉴》编辑部撰写了部分稿件并统纂全书。所有统计数据，均以永宁县统计局资料为准，但因统计时间、口径不同等原因，个别数据在不同稿件中可能不尽一致，请读者采用时注意。

五、本年鉴中所称区为宁夏回族自治区，市为银川市，县为永宁县。

六、本年鉴的出版得到了永宁县各级各部门和有关单位的大力支持，撰稿人员为此付出了辛勤的劳动，在此一并致以诚挚的谢意。由于编纂经验不足，水平有限，且篇幅较大，图文虽经多次审核、校对，仍难免有疏漏之处，恳请广大读者予以指正，并提出宝贵意见。

《永宁年鉴》编辑部

2018年12月

目 录

专 载

讲话与报告

组织机构与负责人

大事记

永宁综览

中国共产党永宁县委员会

县委部门工作

中共永宁县纪律检查委员会 永宁县监察委员会

永宁县人民代表大会 常务委员会

永宁县人民政府

中国人民政治协商会议
永宁县委员会

人民武装

群众团体

公安　司法

社会民生

卫生与计划生育

工业和工业园区建设

农林　牧渔　水利

城乡建设　环境保护

交通　通信

财政　税务

商业贸易

经济管理

金　融

文化　教育　旅游　广播电视

科学技术

乡镇　街道办事处

企　业

媒体中的永宁

文献选编

永宁县2017年国民经济和社会发展统计公报

表彰奖励

专　载

石泰峰在闽宁镇调研农村基层党建工作

7月7日，自治区党委书记石泰峰到永宁县闽宁镇原隆村、福宁村调研基层党建工作，并召开座谈会，就学习贯彻自治区第十二次党代会精神，推进“两学一做”学习教育常态化制度化，进一步加强农村基层党建工作提出要求。他强调，要深入学习贯彻中央全面从严治党战略部署。

石泰峰先后到闽宁镇原隆村红树莓生态产业园和福宁村党支部，了解基层服务型党组织建设、抓党建促脱贫有关情况，与基层党员群众深入交流。

座谈会上，闽宁镇、原隆村、园艺村党组织负责人就加强基层党组织建设、强化基层党组织服务功能、发挥基层党组织战斗堡垒作用做发言。

石泰峰在听取发言后，对闽宁镇原隆村的产业发展、乡村建设、基层党组织建设给予肯定。他说，原隆村的变化，既是党中央和习近平总书记亲切关怀的结果，也是村支部班子带领党员群众艰苦奋斗的结果。自治区第十二次党代会确定宁夏与全国同步建成全面小康社会的奋斗目标，提出的“三大战略”“五个扎实推进”主要任务，根本目的就是让老百姓致富奔小康，过上幸福美好的生活。原隆村的群众要坚定信心、振奋精神、苦干实干，朝着党代会确定的目标努力迈进，早日过上全面小康生活。

石泰峰指出，要加强支部建设，打造带领群众致富奔小康的坚强战斗堡垒。把握根本点，建强党支部，配强党支部书记，加强党员教育管理，深入推进基层服务型党组织建设。抓住关键点，切实担负起推动全村经济发展、农村改革、改善村容村貌的责任，加快推进村级经济发展。立足落脚点，千方百计为民办实事解难题，教育引导群众坚决克服等靠要思想，自力更生，艰苦奋斗，依靠自身努力过上幸福美好生活。

石泰峰强调，要践行“四讲四有”，充分发挥共产党员的先锋模范作用。讲政治，有信念，学习党的理论，增强党员意识，做政治合格的党员；讲规矩，有纪律，尊崇党章，严守党规，做纪律合格的党员；讲道德，有品行，加强党性锻炼，弘扬新风正气，做品德合格的党员；讲奉献，有作为，带领群众脱贫致富，做发挥作用合格的党员，推动原隆村各项事业有新的更大发展。

自治区党委副书记、银川市委书记姜志刚，自治区党委常委、组织部部长盛荣华参加调研及座谈。

咸辉调研永宁县重点项目建设情况

4月6日，自治区主席咸辉调研永宁县重点项目建设情况，银川市市长白尚成，银川市委常委、永宁县县委书记钱克孝，县领导李润军、钱冬、杨锋、郑进选、张文一同调研。

咸辉来到紫荆花纸业，在生产车间，查看农作物秸秆循环综合利用项目的工艺流程，询问企业年生产能力和市场销售等情况。咸辉说，紫荆花纸业不断改善传统工艺，适应环保需求，生产出健康、绿色、环保的产品，这是企业发展的根本所在。在与企业负责人交流时指出，要再加大宣传力度，提高产品的市场知晓率。

叶家湖畔，杨柳依依，春风十里。湖堤两侧，挖掘机穿行其间，一派繁忙景象。永宁县通过实施水系连通和干沟治理工程，将区域内的江河湖库串联起来，打造成一个完整的体系，形成四条产业带，带动农业标准化生产和供给侧改革。咸辉察看工程建设及永宁县河长制落实情况，对永宁县做法给予肯定。

咸辉来到在建综合文化艺术体育中心项目，工程正在如火如荼建设之中。咸辉说，老百姓幸福指数既要有物质基础又要有精神支撑，要共同推进基础设施和产业项目建设，转变投资方式和投资结构，提高投资质量，努力盘活政府性债务，防控金融风险。同时，积极引进战略性新兴产业，提高发展的生命力和可持续性。

永宁县望洪镇新华中心村安置6个村的1.7万多村民，移民新村里，幼儿园、休闲广场、商业街区和新落成的居民新村相映成趣。咸辉走到正在休闲广场活动的村民中间，与大家亲切交谈，询问村民搬迁前后的变化、生活上还有哪些困难，83岁的村民张振华握着咸辉的手说："搬下来清洁多了，党和政府关心民生好得很。"咸辉来到新华村综合文化服务中心，查看为民办事和老饭桌建设情况，她叮嘱在场市、县干部，要尽心尽力为人民服务，让老百姓的日子越过越好。

调研时，咸辉主席强调，要以项目建设支撑，加快推进转型升级和结构调整，谋划一批事关长远的大项目、好项目，优化投资结构，提高产出效益，让县域经济更有活力更可持续，不断提升群众幸福感。

项宗西调研宁夏紫荆花秸秆造纸循环经济示范项目

2月27日，第十二届全国政协经济委员会副主任项宗西一行调研宁夏紫荆花秸秆造纸循环经济示范项目。区、市、县领导蔡明、钱克孝、段伏林、郑进选、马燕一同调研。

项宗西实地查看紫荆花纸业的生产车间、污水处理、秸秆造纸循环经济示范工程项目建设情况，察看秸秆造纸循环经济示范项目的技术创新、工艺流程、投资规划、建设进度等情况。

项宗西与企业负责人座谈，他听取企业负责人关于企业发展情况及今后发展思路的汇报。项宗西对宁夏紫荆花秸秆综合利用项目的重要示范意义，及其对消除因焚烧秸秆引起的环境污染具有极大的促进作用给予肯定。

姜志刚调研永宁县经济社会发展情况

7月3日，自治区党委副书记、银川市委书记姜志刚调研永宁县经济社会发展情况。市、县领导周云峰、钱克孝、李润军陪同调研。

姜志刚查看德龙酒业、闽宁镇新镇区、望洪镇新华中心村及望远镇板桥绿色蔬菜标准化示范园区等地，听取永宁县农业产业发展、扶贫开发、新农村建设、文化旅游产业发展及工业经济运行等情况汇报。

在德龙酒业有限公司，企业负责人介绍葡萄种植基地项目完成情况。多年发展，企业累计投资7亿多元，种植葡萄2.6万亩情况。汇报企业生产、经营、市场开拓等情况后。在德龙酒业，姜志刚强调，产业发展首先一定要保护好环境，做到生态优先，同时带动当地群众就业增收，实现生态效益与经济效益的双赢。

在望洪镇新华中心村党群和民生服务中心，老年饭桌、党员服务、非遗文化展示、电子阅览、乡愁记忆馆、廉政文化展示室，姜志刚强调，基层党组织是联系群众、服务群众的最前沿，是贯彻落实党的路线方针政策和各项工作任务的主阵地，要抓好基层党建工作，为群众服务。

望远镇板桥绿色蔬菜标准化示范园区以日光温室、拱棚及露地番茄生产为主，依托宁夏科瑞恒生农业科技有限公司及永宁县佳蕾种植专业合作社，采取“合作社加园区加农户加技术服务加订单”的产业化运营模式及产、供、销为一体的技术服务体系，为农户提供产前、产中、产后全过程综合配套服务。姜志刚对望远镇板桥绿色蔬菜标准化示范园农业产业化生产模式给予肯定。

调研中，姜志刚说，永宁县要依托邻近银川的优势地理条件，准确定位农业产业发展，引导农民搞绿色高附加值农业，确保农民收入稳步提高。

姜志刚调研永宁县永二干沟治理工程

9月13日，自治区党委副书记、银川市委书记姜志刚调研永宁县永二干沟治理工程工作。市委副书记、秘书长周云峰，市委常委、县委书记钱克孝，副市长李鸿儒陪同调研。

姜志刚实地查看永二干沟水体治理效果，听取永宁县治理永二干沟情况汇报。姜志刚强调，生态保护决不能有丝毫含糊，要下决心把水污染治理好，为发展提供良好的生态环境。永宁县要在做好沟道治理、水体改善的同时，同步做好沟道绿化等工作，形成综合生态效益。

在永二干沟污水治理药物投放点，姜志刚观水质，闻味道，察水色，查看水系建设、水生态环境治理整体状况。他对永宁县污水治理工作给予肯定。

姜志刚要求，要按照守河有责、守河担责、守河尽责的要求，履行好爱河护河的责任。要继续加强实时监测，加强实验分析，完善数据，制订方案，采取有效措施，改善水质标准，争取年底达到四类标准。要岸上岸下同治、联动联抓共管，形成全民共治的强大合力，全力打造“水清河畅岸绿景美”的生态环境。

王洪祥表示福建将加大闽宁教育扶贫和健康扶贫力度

7月20日，“深入贯彻落实习近平总书记东西部扶贫协作座谈会重要讲话精神座谈会”在宁夏银川召开。本次座谈会主题为“聚焦精准，深化帮扶，长期合作，实现共赢”。

座谈会上，福建省委常委、政法委书记王洪祥表示，福建将深入贯彻落实习近平总书记在全国东西扶贫协作座谈会和在深度贫困地区脱贫攻坚座谈会上的重要讲话精神，按照中央《关于进一步加强东西部扶贫协作工作的指导意见》要求，切实抓好既定目标任务落实。

王洪祥说，今后按照优势互补、合作共赢的基本思路，将拓展产业协作，引导福建资本到宁夏投资发展特色农业和加工制造业，加快宁夏特色产业发展进程。推进旅游业、电子商务、对外贸易与投资等领域合作，实现两省区互补互惠、共同发展。除此之外，还要深化人才交流。全面深化闽宁人才交流与公共服务领域合作，以教育和医疗卫生领域交流合作为重点，进一步推进干部双向挂职，加大教育扶贫和健康扶贫力度。

王洪祥表示，今后将总结经验，开拓创新，把永宁县闽宁镇建设为东西部扶贫协作示范区、生态移民示范区、现代农业示范区、新农村建设示范区、深化改革示范区。做好100个闽宁协作示范村建设，着力改善村庄生产生活条件，增强村庄内生发展能力，大幅提升村民物质文化生活水平，更好地发挥引领示范作用。

王洪祥说，福建将会坚定不移地坚持习总书记在福建工作期间提出的“联席推进，结对帮扶，产业带动，互学互助，社会参与”二十字扶贫协作机制。围绕宁夏脱贫攻坚重点难点，进一步细化、实化、强化，为闽宁协作再创佳绩提供坚强保障。

马顺清调研闽宁镇经济社会发展情况

4月10日，自治区党委常委、副主席马顺清调研闽宁镇经济社会发展情况。市、县领导杨有贤、钱克孝、李润军、钱冬、郑进选一同调研。

调研组实地调研昌盛光伏农业科技示范园、壹泰牧业、扶贫展示馆及闽宁镇新镇区，听取闽宁镇产业扶贫、历史沿革及新镇区规划建设等情况汇报，来到移民群众家中，与群众交谈，查看来闽宁镇在经济社会发展方面的变化。

马顺清对永宁县的扶贫攻坚行动所取得的扶贫开发成果，给予肯定。对闽宁镇在镇村面貌、居民生活水平等方面发生的变化，成功步入全国重点乡镇行列，获得“全国民族团结进步模范集体”、“全国社会扶贫先进集体”荣誉称号给予赞赏。在移民群众海国宝家中，马顺清详细了解其家庭收入来源，当了解到马顺清家通过企业托管肉牛、土地流转等方式每年可获得收入36000元时，马顺清很高兴。

马顺清调研永宁县绿化造林、防沙治沙及湿地保护工作

8月3日，自治区党委常委、副主席马顺清带领调研组调研永宁县绿化造林、防沙治沙及湿地保护工作。市、县领导钱克孝、李润军、郑进选、张文一同调研。

马顺清实地调研永宁县艾依河生态公园、新华中心村绿化造林、艾依河生态公园建设，美丽村庄绿化工程，听取永宁县绿化造林、防沙治沙、湿地保护工作及在生态文明建设方面成效的汇报。对“十二五”期间，永宁县累计投资14.1亿元，实施109国道、307国道及艾依河生态公园等45项重点绿化工程工作给予肯定。

马顺清要求永宁县要继续加大投入力度，开展绿化工作，进一步改善生态环境、提高森林覆盖率，为建设空气清新、环境优美的宁夏贡献力量。

盛荣华调研永宁县基层党建工作

3月22日，自治区党委常委、组织部部长盛荣华调研永宁县基层党建工作。

市、县领导白尚成、周云峰、史春明、钱克孝、李润军、刘明、钱冬、郑进选一同调研。

调研组来到宁夏光伏农业科技示范园、壹泰牧业肉牛养殖基地和闽宁镇镇史馆，实地察看闽宁镇移民就业及收入、党建助推精准扶贫工作、光伏产业发展情况、闽宁镇“双增双减双富”专项行动。

盛荣华对永宁县把服务民生作为服务型党组织建设的出发点和落脚点，对永宁县实施“56789”暖心工程、“先住院后付费”、“先诊疗后付费”等民生服务改革工作；对永宁县开展的三个“一对一”帮扶机制、“4+1+1”精准脱贫模式工作给予肯定。

盛荣华要求，基层党组织是推动党的路线方针政策在农村落地生根的主要桥梁，要选好、管好、用好基层党组织带头人，从严加强党员队伍建设，进一步增强基层党组织的凝聚力、战斗力；要切实抓好农村基层党建工作，强化政治引领和服务群众功能，不断增强村党组织在推动美丽乡村建设、促进农村改革发展稳定中的领导力和影响力。

赵永清调研永宁县信访矛盾纠纷化解和宣传文化工作

8月1日，自治区党委常委、宣传部部长赵永清调研永宁县信访矛盾纠纷化解和宣传文化工作。银川市委常委、县委书记钱克孝，县长李润军，县委常委、宣传部部长任丽琴一同调研。

赵永清来到新华中心村、南环社区，实地调研这些地方信访矛盾纠纷化解、群众文化生活及精神文明建设等工作，调查永宁县近年来信访矛盾纠纷化解工作，宣传文化工作。调研组调研永宁县河湖水系连通工程，参观闽宁镇扶贫展示馆，调研永宁县脱贫致富工作发展经历。

赵永清对永宁县信访矛盾纠纷化解工作，宣传文化工作给予充分肯定。他同时要求要继续努力，发挥优势，多结创新出新的方式方法。

王和山调研永宁县闽宁镇扶贫项目推进及旅游产业发展情况

7月4日，自治区副主席王和山调研永宁县闽宁镇扶贫项目推进和旅游产业发展工作。县领导李润军、任丽琴参加调研。

王和山先后视察闽宁镇昌盛光伏生态产业园、原隆村手工制作展示厅、闽宁镇游客集散中心、红树莓种植基地；听取永宁县闽宁镇产业扶贫及旅游产业发展情况的汇报。

王和山对闽宁镇依托4+1+1的产业扶贫模式，产业发展带动周边农户以劳务输出、技术培训等方式实现脱贫致富给予肯定。他同时强调，要紧盯目标任务精准发力，围绕脱贫目标和全面小康目标，狠抓目标责任落实；要依托资源优势，大力发展旅游产业，以旅游产业发展带动畜牧养殖、育苗等产业，为提升县域经济发展水平营造良好环境。

马力督查永宁县安全生产工作

6月1日，自治区副主席马力督查永宁县在自治区第十二次党代会期间的安全生产工作。市、县领导钱克孝、郑振杰、郑进选、何炳善一同督查。

马力实地查看三沙源建设工地、京藏高速改线工程望洪段施工现场，重点检查建设工程项目是否存在安全隐患，对施工环节告知、安全标示等措施是否到位等问题，查看工程负责人安全制度建设、安全主体责任落实和安全知识宣传情况。在伊品生物科技有限公司和紫荆花纸业有限公司的生产车间，马力察看车间安全管理及液氨站、液氯站等重大危险源罐区的安全问题。

马力要求，要高度重视自治区第十二次党代会期间安全生产工作，全面落实企业安全生产主体责任，坚持安全生产警钟长鸣，时刻绷紧安全这根弦，将各项措施抓严抓细。

杨玉经调研永宁县经济社会发展情况

11月24日，银川市委副书记、副市长、代理市长杨玉经调研永宁县经济社会发展情况。

杨玉经实地察看壹泰牧业、晓鸣农牧闽宁扶贫产业园、昊王米业公司、伊品生物科技公司、壹泰牧业公司。

杨玉经指出，永宁县要深入贯彻落实党的十九大报告中提出的“乡村振兴战略”，将产业兴旺放在第一位，充分发挥地区优势，打好产业脱贫攻坚战。

在昊王米业，杨玉经深入企业功能性营养大米生产车间现场，详细询问企业运营、生产及销售情况，要求企业在生产中要严把质量关，以提高产品科技含量为主导，立足优势着力培育品牌，拓展销售市场。

调研中，杨玉经对永宁县以产业创新推动脱贫致富的做法给予肯定。他同时要求永宁县要继续加快推动产业结构升级和经济结构转型，坚持创新驱动发展，优化企业的节能环保生产工艺和流程，全面提升经济发展质量和效益。

钱克孝等县领导督查永宁县环境治理工作

4 月 17 日，银川市委常委、县委书记钱克孝，县人大常委会主任郭雪平、县长李润军督查永宁县环境治理工作。县领导杨锋、任丽琴、王晓东、郑进选、陈丽娟、张文参加督查。

督查组来到第一污水处理厂、紫荆花纸业有限公司、伊品生物有限公司及启元药业有限公司等地，听取相关负责人关于永宁县污水处理及异味治理等工作情况汇报。同时，督查组还实地查看中干沟、永清沟治理情况。

督查现场，银川市委常委、县委书记钱克孝要求各乡镇、各相关部门要进一步明确问题、厘清责任，就异味治理、污水处理、土地面源污染等建立问题清单，明确责任划分，要加大执法力度，严格执法，确保相关问题能够有效根治；要进一步加强督查，建立长效、科学的督查机制，对相关工作落实情况进行不定期督查，切实解决落实责任不严、不实的问题。人大、政协要进一步发挥职能，通过组织代表、委员进行视察、咨政，促进各项环境整治工作高效落实。要广泛宣传，加大对违法行为的曝光力度，形成人人监督良好氛围。

钱克孝督查永宁县秸秆禁烧工作推进情况

11 月 28 日，银川市委常委、县委书记钱克孝在督查全县秸秆禁烧工作。县领导杨宝文、郑进选、张文参加。

钱克孝对李俊镇、望洪镇、杨和镇、胜利乡等全县秸秆禁烧重点乡镇进行实地踏查，听取关于近期秸秆禁烧工作推进及所存在问题汇报。

钱克孝强调，各乡镇要落实好秸秆禁烧责任，要层层签订责任书，确保责任到人。要加大工作力度，及时清理清运堆放在田间地头、沟渠路边的秸秆、杂草；对道路两旁等重点地段加大清理力度。坚持 24 小时值班值守制度，各禁烧执勤点要确保人员在岗在位。要建立长效机制，进一步加强人员保障，确保秸秆禁烧工作高效化、长期化进行。要加大宣传力度，提高群众知晓率，营造良好的秸秆禁烧氛围，全力以赴打赢秸秆禁烧攻坚战。

全县领导干部学习党的十九大精神大会

10 月 29 日，永宁县召开全县领导干部大会，传达学习党的十九大精神及区、市领导干部大会精神，对全县学习宣传贯彻党的十九大精神进行部署。钱克孝、郭雪平、李润军、段伏林等县四套班子领导参加会议。

钱克孝要求，全县上下要迅速掀起学习热潮，切实把思想行动统一到党的十九大精神和区市党委决策部署上来，用党的十九大确立的目标指引方向、鼓舞干劲，用党的十九大做出的部署指导实践、推动工作；要充分认识党的十九大精神的重大意义，在深入学习上下功夫，在广泛宣传上做文章，确保党的十九大精神家喻户晓、入脑入心。

钱克孝要求，要突出重点，把握关键，围绕永宁县实际，突出重点，担当奋进，把党的十九大精神贯彻落实到永宁经济社会发展的方方面面，用实际行动为全县经济社会发展做出贡献；要以党的十九大精神为统领，全力抓好当前各项工作落实，各级各单位要正确处理工学矛盾，挤出时间学，抓紧时间干，确保学习和工作“两手抓，两不误，两促进”，奋力冲刺全年目标任务。全体县处级以上领导干部，全县各乡镇（街道）、县直各部门领导班子成员，基层党代表、老干部代表，区市驻永各单位主要负责人，各村、社区党支部书记等参加会议。

钱克孝在闽宁镇做学习党的十九大精神专题报告

11月3日，银川市委常委、县委书记钱克孝在闽宁镇做学习宣传贯彻党的十九大精神专题报告。县领导刘明、钱冬、任丽琴、郑进选、蒯金银参加会议。

钱克孝要求，要充分认识到学习宣传党的十九大精神的重大意义，深刻领会党的十九大精神的核心要义，立足新时代，踏上新征程，更加奋进有为地推动永宁县的蓬勃发展和闽宁镇的建设。学习宣传贯彻党的十九大精神，闽宁镇必须走在前列。党员干部必须先学一步，切实把党的十九大精神学透学懂，把各项宣传贯彻落实工作做实做细，确保。

钱克孝要求闽宁镇在酿酒葡萄、红树莓、肉牛养殖、“光伏加农业”、黑毛驴等产业资源上，充分调动群众的主观能动性，加快推进农业农村现代化；要以全域旅游为突破口，建设闽宁旅游环线，把闽宁新镇区、贺兰山东麓葡萄长廊、农业产业带、葡萄酒庄等串联起来，优化镇村生产、生活、生态空间布局，打造高标准休闲度假乡镇。

郭雪平在李俊镇做学习十九大精神主题报告

11月22日，县人大常委会主任郭雪平在李俊镇做学习贯彻党的十九大精神主题报告。

报告会上，郭雪平围绕党的十九大主题、经济建设、深化改革等十个方面的工作和历史性变革、“八个明确”、“十四条坚持”、我国社会主要矛盾的变化、“两个一百年”奋斗目标的战略部署等方面，结合李俊镇实际做系统讲解。

郭雪平要求，李俊镇结合自身实际学习贯彻落实党的十九大精神，围绕“产业兴旺，生态宜居，乡风文明，治理有效，生活富裕”五个方面大力实施乡村振兴战略，加快推进镇村经济社会发展。同时，县乡两级人大代表要在学懂弄通做实上下功夫，充分发挥代表主体作用，把党的十九大精神真正转化为担当实干、务实为民的强大动力。

李润军在胜利乡做学习党的十九大精神专题报告

11月17日，县长李润军在胜利乡做学习宣传贯彻党的十九大精神主题报告。

结合党的十九大精神，就村民致富、乡村生态环境、乡村基础设施建设等问题，李润军与基层党员代表进行互动交流。

李润军要求，要深刻领会党的十九大精神实质和丰富内涵，结合实际，在保护生态环境的同时，发掘特色经济项目，将胜利乡打造成为产业兴旺、生态宜居、乡风文明、治理有效、生活富裕的现代化乡镇。

基层党员要发挥中国共产党党员的先锋模范作用，将党的十九大精神运用到经济发展中去，以小家带大家，确保胜利乡经济社会稳步发展。他要求，要创新产业结构，进一步完善配套基础设施建设，打造品牌效应，延长产业链，使乡镇经济产业呈规模化、集约化、现代化发展态势。同时，要注重环境保护，乡政府要高度重视秸秆焚烧、污水排放等问题，切实将责任落实到位，进一步保护好辖区内生态环境。

杨宝文在上河村做学习党的十九大精神专题报告

11月22日，县委副书记杨宝文在望远镇上河村做学习宣传贯彻党的十九大精神专题报告。

杨宝文以学习领悟习近平新时代中国特色社

会主义思想为重点，从回顾党的十八大以来所取得的辉煌成就、新时代中国共产党的历史使命等方面进行生动的阐述。

杨宝文要求，党员干部要把学习好、宣传好、贯彻好党的十九大精神作为首要政治任务，原原本本、原汁原味学习领会党的十九大精神，准确把握报告的深刻内涵和目标要求，全面领会习近平总书记讲话的核心要义和精神实质，做到入心入脑，并运用于各项工作实际中，准确把握党的十九大提出的新理念、新论断、新任务、新举措。

杨宝文要求，要结合镇村实际，认真研究贯彻乡村振兴、创新驱动、可持续发展等重大战略，在增加村集体收入和农民收入上下功夫，在推动农村改革发展稳定上下功夫，充分展现基层党员干部的精神风貌和担当作为。

全国人民代表大会农业与农村委员会调研组调研永宁县特色农业、农村土地流转情况

6月15日，全国人大农业与农村委员会副主任委员郭庚茂带领调研组调研永宁县特色农业、农村土地流转情况。自治区人大常委会副主任袁进琳，市、县领导关琪、李润军、满红一同调研。

调研组来到对立兰酒庄、悦丰供港蔬菜基地。并听取相关情况介绍，查看永宁县特色农业、农村土地流转情况。并实地考察永宁悦丰公司，对悦丰公司供港蔬菜、11300吨有机农产品生产，直接带动800余人就业，提高区域农户增收入工作给予肯定。对永宁县推进农业发展方式转变，引导土地流转，以土地利用方式的转变带动经济发展，以农业特色产业，促进农业增效、农民增收工作给予肯定。

考察团同时要求，推进农业标准化进程，土地流转工作在农业发展上起着很大的作用，要切实把土地流转工作做好，促进规模经营、增加农民收入，更好地为“三农”服务。

全国政协调研组调研永宁县精准扶贫工作

7月13日，第十二届全国政协常委朱之鑫、杨崇汇、何丕洁等一行27人组成调研组调研永宁县精准扶贫工作。自治区政协党组副书记崔波，市、县领导马凯、钱克孝、李润军、段伏林、钱冬等一同调研。

调研组来到闽宁镇原隆村农户海富贵和农户万国成的家里，调查他们的家庭收入、子女教育、身体健康情况。调研组来到青岛昌盛光伏科技园项目、宁夏立兰酒庄有限公司进行实地调研，听取相关情况汇报，调查相关企业在推动永宁县精准扶贫方面所做的工作。

调研组对永宁县在精准扶贫工作方面取得的成绩表示肯定。

环保部西北督查中心调研永宁县异味治理工作

4月12日，环保部西北督查中心副主任张常林带领调研组对永宁县异味治理工作进行实地调研。区市县领导杜鹏、朱海滨、李润军及区市县相关部门负责人一同调研。

调研组一行先后来到宁夏泰瑞制药有限公司、启元药业有限公司、伊品生物科技有限公司等3家企业，听取各企业在异味治理方面的具体措施及目前所取得的成效，察看各企业异味治理的方式方法及永宁县异味治理工作开展情况。

调研组对泰瑞制药有限公司已完成发酵环节异味实验，确定选用生物治理法对生产发酵环节产生的异味进行深度处理，新增多套环保设施，针对污水站产生的恶臭废气计划采用热电焚烧、药剂喷淋加光触媒加活性炭吸附方法进行处理；对启元药业有限公司新增一套污水站厌氧渣水分离及废气收集系统；3月份开始在脱泥间安装UV紫

外线灯管,已达到净化异味的效果;对伊品生物科技有限公司新建低温等离子设备对复合肥车间产生的异味气体进行处理,在低温等离子体设备前端再增加降温除湿设备,对3家企业开始实施尾气深化处理工程的做法给予肯定。

调研组认为,永宁县的异味治理取得一定成效,但距离老百姓的期望还有一定距离,作为企业治理的责任主体,应不断加大资金投入,增强责任感和紧迫感,政府要有担当、严把关,坚持不懈地进行环境治理。

调研组强调,要严格对照国家、区市各项考核要求,从制订方案、实施检查、提出整改、最后验收等各环节强化主体责任落实,形成工作合力,强化监督整改;要加大大气污染防治工作问责力度,加快异味治理工作进度,实行严格的大气防控措施,确保生态环境持续改善,为人民群众营造空气清新的生活环境。

永宁县召开中央环保督察反馈问题整改工作推进会

11月24日,县长李润军主持召开全县冬季大气污染防治暨中央环保督察反馈问题整改工作推进会。

会议传达自治区、银川市冬季大气污染防治会议精神,通报全县中央环保督察反馈问题的具体整改情况,并对环保问题整改及大气污染防治等工作进行安排部署。

李润军要求,各相关部门一是要提高思想认识,认真落实整改工作;要以问题为导向,深入查找问题根源,精准治理;要靠实责任,坚决打赢冬季大气污染防治攻坚战;要严格督查,严肃问责,进一步加强督查管控力度,实现一周一汇总,一事一上报;要加大宣传力度,畅通信息通报渠道,按期按点、保质保量冲刺攻坚战,切实做好做实全县冬季大气污染防治工作。

永宁县异味治理战略合作框架协议签约

7月12日,永宁县政府、银川市科技局、中科院生态环境研究中心在永宁县举行“推动生物发酵异味治理”战略合作协议签约仪式。自治区环保厅党组成员、厅长助理杜鹏,县长李润军,中科院生态环境研究中心副主任杨敏出席签约仪式。

宁夏泰瑞制药有限公司、宁夏启元药业有限公司、宁夏伊品生物科技有限公司负责人及企业代表60余人参加仪式。

签约仪式上,永宁县政府、银川市科技局、中科院生态环境研究中心共同签署生物制药异味污染治理三方战略合作框架协议。宁夏泰瑞制药有限公司与中科院生态环境研究中心签订生物制药异味污染治理技术开发合作合同。

生物发酵异味治理由永宁县政府主导、银川市科技局立项支持,宁夏泰瑞制药有限公司和中科院生态环境研究中心共同实施。依托中科院生态环境研究中心在恶臭治理方面的研发能力、人才优势和已取得的科研成果,帮助企业破解异味治理瓶颈、解决异味污染问题。

县长李润军在签约仪式上致辞强调,通过此次院地科研合作,借力中国科学院生态环境研究中心的科研技术力量和银川市科技局的项目资金支持,打通科技成果转化渠道,探索出一条企业、科研院所、政府三方共赢的新路径。

秋季秸秆禁烧工作会议

11月13日,永宁县召开秋季秸秆禁烧工作会议。银川市委常委、县委书记钱克孝,县长李润军,副县长王辉、张文参加会议。

会议组织学习《宁夏回族自治区大气污染防治条例》,听取全县秸秆禁烧工作推进情况的汇报。

钱克孝要求,要坚决贯彻中国共产党第十九次全国代表大会精神，加强生态文明建设；要成立领导小组，具体安排部署，层层落实责任，列出任务清单；要加强宣传，通过发放秸秆禁烧通告、播放秸秆禁烧专题宣传片的形式，在全县上下营造浓厚的禁烧氛围，增强全民禁烧意识；要多部门联动、协调配合，相关部门要全面履行监督职责，强化技术指导，提高秸秆综合利用率，形成秸秆回收利用办法。

永宁县蝉联全区农田水利基本建设“黄河杯”竞赛特等奖

2月24日，自治区农田水利基本建设指挥部《关于表彰2016年度全区农田水利基本建设“黄河杯”竞赛获奖单位的决定》发布，永宁县荣获2016年自治区农田水利基本建设“黄河杯”竞赛特等奖。这是永宁县连续四年获得“黄河杯”竞赛特等奖。

2016年，全县按照统筹规划、分工协作、集中投入、连片推进的思路，以第一排水沟、307国道、黄河大桥连接线、滨河大道、永宁东线、惠农渠、唐徕渠、汉延渠、西部水系“三横六纵”为主的农田水利基本建设区，完成25个片区的沟、渠、田、林、路、拆旧庄点复耕和高效节水、水环境综合整治等重点工程。全县完成高标准农田建设28.2万亩，改造中低产田3.4万亩，改造原始田3500亩，激光平地1.1万亩，新增节水灌溉面积4.35万亩，发展高效节水灌溉面积2.83万亩。全县累计新砌护支斗农渠道442.3公里，新开支斗农沟54公里；清淤支斗农沟2477.5公里；清淤支斗农渠2806.1公里；整修农田路2884.1公里；动用土方1338.1万方；浆砌石13.1万方。全县70%的主干沟道得到恢复治理，80%的农毛渠得到砌护改造，90%的农田路得到整修，今后每年可减少劳务用工10.88万个工日，节约劳务投入652.8万元，增加粮食产量870吨，节水1000多万方，节省水费220万元，增加农民收入1570万元。一大批群众反映强烈的灌溉难、排水难、饮水难、行路难、环境差等热点、难点问题得到解决。

中国共产党永宁县第十四届委员会第四次全体会议召开

12月18日，中国共产党永宁县第十四届委员会第四次全体会议在永宁宾馆礼堂举行。

出席会议的有县委委员36人、候补委员8人。不是县委委员和候补委员的在职县处级领导干部，县纪委常委、委员，县委、政府各部门党政主要负责人，人大、政协各委办主要负责人，各乡镇党政主要负责人、人大主席、纪委书记，区、市驻永宁县各单位负责人，各民主党派、工商联主要负责人，担任过永宁县历届四套班子领导职务的离退休老同志和老干部代表，来自基层的党代表、人大代表、政协委员，以及非公企业党组织负责人代表列席此次会议。

县委常委会主持会议。

银川市委常委、永宁县委书记钱克孝做《中国共产党永宁县第十四届委员会第四次全体会议工作报告》。同时，会议讨论并审议通过《中国共产党永宁县第十四届委员会第四次全体会议工作报告》《中国共产党永宁县第十四届委员会第四次全体会议决议（草案）》。

钱克孝强调，中国共产党永宁县第十四届委员会第四次全体会议是在全县上下深入学习贯彻党的十九大精神，全面贯彻区市一系列重要战略部署的关键时期，召开的一次十分重要的大会。

钱克孝要求，各级各部门要认真深入贯彻落实党的十九大精神，一切工作都要围绕全面小康目标来部署、来开展。要总结一年来县委的各项工作，不折不扣贯彻执行党中央及区市党委的决策部署，自觉把重点工作放到全县经济社会发展中去思考、谋划和推动。要完善工作思路，谋实任务举措，确保区市党委及县委全会的决策部署要求落实到实处。

钱克孝强调，要牢固树立全县“一盘棋”思想，强化大局意识，相互促进，相互协调，做到主动担当、积极作为、尽职尽责。要紧紧扭住产业转型升级、提高经济发展质量和效益这个主攻方向，着力抓好项目建设、招商引资、新产业培育、农业标准化生产、“两个收入”增长等重点工作，千方百计新上一批好项目，加快形成一批新的增长点，为转型升级注入新的活力。

永宁县第十八届人民代表大会第二次会议召开

12 月 22—23 日，永宁县第十八届人民代表大会第二次会议在县宾馆礼堂召开。

大会主席团执行主席钱克孝、郭雪平、李润军、段伏林、杨宝文、刘明、王晓东、王少林、满红、陈丽娟、马少军在主席台前排就座。

大会执行主席郭雪平主持会议。会议应到代表 167 人，实到代表 157 人。会议听取县长李润军做的《永宁县人民政府工作报告》。

报告指出，2017 年，全县实现地区生产总值 130 亿元，增长 0.5%；规模以上工业增加值 31.8 亿元，增长 1%；地方财政一般公共预算收入 12.7 亿元，同口径增长 10.8%；社会消费品零售总额 20.3 亿元，增长 9.6%；城镇居民人均可支配收入 29373 元，增长 9%；农村居民人均可支配收入 12933 元，增长 9%。累计争取项目资金 17.3 亿元，

大会听取常务副县长杨锋做的《永宁县第十八届人民代表大会第一次会议议案、重点督办建议办理情况的报告》。县第十八届人民代表大会第一次会议转交人民政府办理人大代表议案 10 件，涉及基础设施建设 2 件、道路交通 4 件、农田水利建设 3 件、民生改善 1 件，已办结 9 件，正在办理 1 件；重点督办意见建议 11 件，涉及农田水利 6 件、道路交通 4 件、民生改善 1 件，已全部办结。

会议听取县第十八届人大常委会主任郭雪平做的《永宁县人大常委会工作报告》、县法院院长魏凯军做的《永宁县人民法院工作报告》和县检察院检察长赵宏宇做的《永宁县人民检察院工作报告》。大会经过投票选举，选举王晓东同志为永宁县监察委员会主任。

会议通过各项决议、议案、重点督办建议的决定。

中国人民政治协商会议永宁县第十届委员会第二次会议召开

12 月 21—23 日，中国人民政治协商会议永宁县第十届委员会第二次会议在永宁宾馆礼堂召开。

大会执行主席段伏林、蒯金银、郭宏、孙佳永在主席台前排就座。银川市委常委、县委书记钱克孝，县人大常委会主任郭雪平，县委副书记、县长李润军，县委副书记、政法委书记杨宝文应邀到会并在主席台前排就座。县政协副主席蒯金银主持大会。

本次大会应到委员 126 人，实到 122 人，符合法定人数。

县政协主席段伏林代表政协永宁县十届委员会常务委员会向大会做工作报告。报告指出，2017 年是党的十九大胜利召开之年，也是新一届政协工作开启之年，十届政协常委会在县委的坚强领导下，在县人大、政府的关心支持和社会各界的密切配合下，牢牢把握团结和民主两大主题，紧紧围绕党的十九大、自治区第十二次党代会和县第十四次党代会精神，团结和带领广大政协委员、政协各参加单位、各民主党派、工商联和各族各界，聚焦经济发展和民生改善，认真履行政治协商、民主监督、参政议政职能，充分发挥协调关系、汇聚力量、建言献策、服务大局作用，为永宁经济社会发展贡献智慧和力量。

县政协副主席郭宏代表县政协第十届委员会常务委员会做《关于十届一次会议以来提案工作报告》。政协十届一次会议以共收到提案和意见建议 78 件，梳理后相同内容合并为 64 件。经与政府沟通确定立案 11 件，列为建议办理 11 件，口头答复 20 件，大会期间现场办复 22 件。办结提案建议 14 件，需跨年度办理的 5 件，因条件变化延缓办理

的3件，办复率为87.5%。提案建议的办理，有力促进全县各项事业的发展，产生较好的经济效益和社会效益。

中国人民政治协商会议永宁县第十届委员会第二次会议共收集到提案150件，对相同内容合并后为134件。确定立案13件，建议办理14件，大会现场答复20件。列为提案、建议的，将交办相关部门认真落实。

县监察委员会挂牌成立

12月23日，县监察委员会挂牌成立。

12月23日，永宁县第十八届人民代表大会第二次会议选举产生县监察委员会主任、副主任、委员。王晓东当选为主任，杨雁冰当选为副主任，梁锋、张建新、杨立军、岳海瑞当选为委员。

永宁县纪委、县监察委员会将与合署办公，实行一套班子、两个机构名称。同时撤销原永宁县监察局和永宁县人民检察院原反贪局，原反渎局相关职能及人员进行整合并入监察委员会。改革后监察委员会的职能更专一，力量更精干，将实现对所有行使公权力的公职人员监察全覆盖。

比亚迪银川产业园项目落户永宁

4月13日，银川市政府与比亚迪股份有限公司在银川举行合作项目签约仪式，自治区党委常委、常务副主席张超超等出席仪式。项目签约前，自治区主席咸辉会见比亚迪股份有限公司总裁王传福。咸辉主席就如何推进现有的合作项目、进一步加强未来的合作深入交换意见。项目签约后，比亚迪股份有限公司总裁王传福考察银川通航产业园。

比亚迪银川产业园位于银川市永宁县闽宁产业城，总投资约20亿元，占地面积约1000亩，其中一期用地500亩，主要建设跨座式单轨等产业项目。项目全部建成达产后，设计年产值超过百亿元。

6月5日，银川比亚迪新能源客车交车仪式在永宁县闽宁产业城比亚迪银川新能源产业园举行。首次交付30辆K8纯电动公交车。

公开拍卖26辆公务车

3月22日，永宁县在宁夏昊昇农机汽车城举办第一批公务车辆拍卖会，对核定取消的26辆公车现场进行公开拍卖。

被拍卖的公车共26辆，总计评估价值为21.15万元。19辆公车成功拍卖，总评估价值为14.5万元，最终成交价值为22.4万元；流拍7辆。县纪委、发改、财政、审计等部门负责人对拍卖会进行全程监督。

全县取消公务车辆的处置工作，严格按照中央及区、市车改相关规定执行，制定《永宁县公务用车制度改革涉改车辆处置管理办法》，通过招标，分别确定车辆评估公司和拍卖公司，坚持“公开公平，统一规范”的原则，坚决避免国有资产流失。针对未拍卖成功的车辆，经相关部门进一步鉴定后，按照报废等其他方式进行规范处置。

中国农业大学理学院与永宁县签署院县合作暨授牌仪式

6月29日，中国农业大学理学院与永宁县签署院县合作协议。中国农业大学理学院党委书记岳敏，县领导李润军、段伏林、杨宝文、满红、张文、郭宏出席仪式。

签署仪式上，中国农业大学理学院授予三沙源基地“中国农业大学理学院博士工作站”牌匾；授予宁夏悦丰生态农业科技股份有限公司、华盛绿能宁夏农业科技有限公司、宁夏壹泰牧业有限公司“中国农业大学理学院博士工作点”牌匾；授予永宁县闽宁中学“中国农业大学理学院教育‘1+1’帮扶基地”牌匾。

永宁县意在依托中国农业大学理学院农产品安全博士点、农药学博士后流动站建立永宁县农产品质量安全及农业标准化生产示范基地。

讲话与报告

以十九大精神为引领　振奋精神克难奋进
为率先在全区全面建成小康社会而奋斗

——在县委第十四届第四次全体(扩大)会议上的报告

钱克孝

(2017 年 12 月 18 日)

各位委员,同志们:

现在,我受县委常委会委托,向全委会报告工作,并提出 2018 年的目标任务,请予审议。

一、2017 年主要工作

2017 年是党的十九大胜利召开之年，也是新一届县委工作开局之年。一年来,面对错综复杂的经济形势和艰巨繁重的发展任务，县委常委会紧紧围绕迎接党的十九大和学习宣传贯彻十九大精神，深入贯彻落实习近平总书记系列重要讲话精神和治国理政新理念新思想新战略，全面贯彻落实自治区实施“三大战略,五个扎实推进”[1]、银川市“绿色、高端、和谐、宜居”城市发展理念和“两个率先”[2]奋斗目标及县第十四次党代会精神,牢固树立“四个意识”[3],主动适应经济发展新常态,聚焦决胜全面建成小康社会，团结带领广大干部群众振奋精神、真抓实干,统筹推进经济、政治、文化、社会、生态文明和党的建设,全县经济社会各项事业迈出坚实步伐。先后荣获国家园林县城、中国十大品质休闲县、全国未成年人思想道德建设工作先进城市、全国首批农村生活垃圾分类和资源化利用示范县等国字号荣誉，人民群众的获得感和幸福感进一步增强。

政治站位标准更高。始终坚持把旗帜鲜明讲政治,牢固树立“四个意识”作为常委会自身建设的重中之重,确保在思想上、政治上、行动上同以习近平同志为核心的党中央和区市党委保持高度一致。党的十九大召开后,县委把学习宣传贯彻十九大精神作为首要政治任务，召开全县领导干部大会、中心组学习会、常委会、全委会等进行传达学习，制定下发深入学习宣传贯彻党的十九大精神的实施方案、宣讲方案和专题培训方案，迅速兴起学习宣传贯彻十九大精神的热潮。学习宣传有亮点。坚持以县委中心组为龙头，充分发挥县处级领导干部示范带头作用，组织中心组学习9期。精心策划11个主题活动，扎实开展“百名干部大宣讲”九进[4]活动300余场，力促学习宣传十九大精神落到实处。教育培训有特色。结合推进“两学一做”[5]学习教育常态化制度化，以专题研讨、“三会一课”[6]、党员冬季轮训等为抓手，举办10个类别专题培训班，切实用习近平新时代中国特色社会主义思想武装党员干部头脑。贯彻落实有成效。结合中央、区市精神和永宁实际，制定了22项具体措施。县处级领导牵头开展10个重点课题调研，研究制定创新驱动、脱贫富民、生态立县、乡村振兴等规划方案，推动十九大精神在永宁落地生根、开花结果。

经济实力稳中向好。按照“工业强县、农业品牌、旅游兴县”的工作思路，加快推动新旧动能转换，不断提升经济质量和效益。预计全年实现地区生产总值130亿元，增长0.5%；固定资产投资130亿元，下降24.7%；地方财政一般公共预算收入12.7亿元，同口径增长10.8%。工业稳步转型。加大科技研发投入力度，加快生物发酵等传统产业改造提升，泰瑞获得自治区科技成果5项专利证书，紫荆花获得“中国品牌创新奖”“宁夏百强企业”荣誉称号。积极培育新经济新业态新模式，实施比亚迪银川新能源产业园、闽宁创业谷孵化中心等项目，凤凰城智能制造公司被工信部列为两化融合贯标试点企业。充分发挥德龙、立兰、中粮长城等龙头企业带动作用，葡萄酒产业规模和效益进一步提升，西夏王荣获“市长质量管理奖”。农业提质增效。加快推进农业标准化生产，建设高标准农田29.6万亩、标准化生产示范区15万亩，认证有机水稻1.2万亩，探索形成可推广、可复制的“板桥模式”[7]，裕稻丰荣获全国十大有机大米金奖。服务业提档升级。加快推进三沙源、中华回乡文化园、丝路文旅国际度假区等项目，成功举办“永宁大集·大吉永宁”新春花灯美食节、永宁特色文旅一日游等活动，预计全年接待游客298.5万人次，同比增长150.6%，旅游收入突破1亿元，同比增长97.4%。现代物流业发展迅速，产业集群效应突出，预计全年实现交易额180亿元，同比增长12.5%。

城乡建设协调推进。主动融入沿黄生态经济带和银川都市圈建设，扎实推进新型城镇化和城乡一体化发展，全面小康实现程度提升到86.3%。城乡统筹步伐加快。改造老旧小区21.8万平方米，实施综合文化艺术体育中心、利民广场改造、望远九年一贯制学校、中医院迁建、第二敬老院等项目，城乡服务功能、承载能力进一步增强。投入1.2亿元，实施农村公路项目16个62公里。307国道永宁段建成通车，京藏高速、银西高铁项目进展顺利，已具备创建城乡交通运输一体化示范县条件。实施中干沟、永二干沟人工湿地、一污厂扩容提标改造等工程，县城与望远地区污水处理能力不断增强。城乡环境明显提升。加快“智慧城管”建设，深入开展城乡环境综合整治“八大提升工程”[8]，城乡精细化管理水平不断提高，全县机械清扫率由2016年的60%提高到80%。“五城同创”[9]成果丰硕。全国文明城市继续提名，国家卫生县城通过验收，国家园林县城创建成功，全国文化先进县、国家生态文明建设示范县创建深入推进，全县居民道德素质、城乡面貌、城市文明指数全面提升。

生态建设持续向好。坚决整改中央环保督察组反馈问题，深入推进“蓝天、碧水、净土”三大行动，加快建设天蓝、地绿、水美的美丽永宁。空气质量不断改善。率先在全区完成20蒸吨以下燃煤锅炉淘汰改造任务，依托中科院生态环境研究中心，全力治理生物发酵企业异味，建立环境建设网格化管理、秸秆综合利用补偿机制，农作物秸秆综合利用率达98%。水体污染有效管控。认真落实“河长制”[10]，全力抓好母亲河治理，扎实做好水源地保护、中心村污水处理、工业企业及养殖场污染物防治等工作，全县城镇污水处理率达95%以上。土壤污染得到治理。积极开展化肥、农药、除草剂负增长行动，有效减少农业面源污染。加大土地执法监察力度，查处违法用地图斑150个，拆除违法建筑物17.1万平方米。生态环境更加优美。投入2.3亿元，实施江河湖库水系连通工程，全县湖泊湿地面积增至 2.9 万亩。实施主干道路宽幅林带、中心村环村林、小微公园等重点绿化项目，全县建成区绿化覆盖率、绿地率分别达 38.5%、36.2%，人均公园绿地面积达 20.6 平方米。

民生保障更加有力。坚持以人民为中心的发展思想，加快推动基本公共服务均等化，不断拓宽群众增收渠道。预计 2017 年城镇居民人均可支配收入 29373 元，增长 9%；农村居民人均可支配收入 12933 元，增长 9%。教育事业均衡发展。投入 3 亿多元，推动各类教育持续健康发展。全面落实教育惠民政策，加强教师队伍建设，新建、扩建、改建中小学、幼儿园 11 所，国家义务教育均衡发展县创建成果不断巩固。医疗服务明显改善。全面推进县乡村医疗卫生服务一体化管理，持续抓好"先住院后付费""先诊疗后付费"制度，积极开展家庭医生签约服务，县乡村医疗卫生服务能力和群众健康保障水平明显提高。创业就业扎实推进。广泛开展创业就业、职业技能培训，实现城镇新增就业 5823 人，城镇登记失业率控制在 3.6%；农村劳动力转移就业 2 万多人，实现收入 2 亿元，超额完成区市下达目标任务。社会保障体系更加健全。持续深化"56789"暖心工程[11]，逐步健全完善社会救助体系。全面完成"五险合一"[12]经办体制改革，稳步推进城乡居民大病保险、老年人综合意外伤害保险、被征地农民养老保险和建筑业工伤保险等工作，城乡居民养老保险和医疗保险参保人数均超额完成目标任务。脱贫成果巩固提升。以习近平总书记视察闽宁镇一周年为契机，认真总结宣传推广"闽宁经验"，深化闽宁对口协作，巩固提升脱贫富民成果。积极对接中央农办，在原隆村设立创业就业及产业发展基金 560 万元（以 1:10 比例撬动融资 5600 万元），推动移民群众创业发展、增收致富。预计 2017 年闽宁镇农村居民人均可支配收入达 12341 元，增长 15%。闽宁镇成功创建"全国特色小镇"。

文明程度不断提高。坚持社会主义先进文化前进方向，创新文化体制机制，增强公共文化服务能力，更好地满足人民日益增长的精神文化需求。社会主义核心价值观深入人心。深化精神文明建设，广泛开展文明创建活动，获评全国文明家庭、全国文明单位、自治区道德模范、"宁夏好人"、自治区文明村、自治区美丽乡村各 1 个、银川市移风易俗示范村 2 个、"最美银川人"11 人，评选表彰"最美永宁人"19 人，创建星级文明户 2 万多户，有力凝聚了社会文明正能量。民风建设成效显著。充分发挥道德讲堂、乡村大舞台、文化中心等作用，以"十二个一"[13]为抓手，集中整治婚丧事宜大操大办、诚信缺失、邪教迷信等陈规陋习，形成了崇德向善、诚信感恩的新风正气。文化体育事业繁荣发展。率先在全区建立文化指导员、管理员运行机制，广泛开展文化惠民"四送六进"[14]"送文化进基层""湖城之夏·广场文化季"等文化活动 270 场次，举办三沙源冰雪嘉年华、全国游泳俱乐部大联盟公开水域锦标赛、宁夏首届勇士之路·贺兰山自行车越野挑战赛等文体活动 30 场次，创建自治区体育特色小镇（街道）1 个，不断丰富群众文化生活，提升群众文明素质。

社会大局和谐稳定。坚持民主法治，创新社会治理，确保民族团结、宗教和顺、社会和谐稳定、群众安居乐业。民主法治扎实推进。加强党对一切工作的领导，全力支持人大、政府、政协和法检两院依法依章履行职能、开展工作，人大质询、政协资政等作用有效发挥，有力地推动了永宁各项事业发展。深入推进法治永宁建设，全面完成法官、检察官"员额制"改革，严格执法、公正司法、全民守法取得新进展。平安建设成效明显。全面推进县乡村综治中心建设，推动"天网、地网、司法网、综治网"四网融合。严厉打击各类违法犯罪行为，刑事案件、治安案件发案率实现双下降，平安建设约束性指标在可控范围，执法规范化建设被公安部作为全国观摩点进行推广。信访维稳、安全生产、食品药品安全形势持续向好，社会大局保持和谐稳定。民族宗教工作有序开展。坚决贯彻落实党的民族宗教政策，扎实开展民族团结进步创建活动，累计创建国家级民族团结示范单位 3 个、区级 14 个、市级 41 个。坚持宗教中国化方向，依法加强宗教事务管理，深入开展和谐寺观教堂创建活动，民族团结、宗教和顺的名片更加亮丽。

改革开放不断深化。持续深化“放管服”[15]改革，率先在全区县级开展相对集中行政许可权、综合行政执法等改革，大力推行“不见面，马上办”[16]的审批模式，建成区、市、县、乡、村五级联动的电子政务服务平台，最大限度精简办事流程、缩短办理时限、降低企业和群众办事成本，有力激发了市场主体活力。农业农村、国有林场、医药卫生、财税、金融、供销社、文化、群团等领域改革取得阶段性成果。积极参与“一带一路”[17]建设，对外交流合作不断扩大，预计全年实现出口额48亿元，增长30%。实施招商引资项目55个，预计到位资金87.3亿元，引进中国500强企业1家(比亚迪)，经济发展后劲显著增强。

党的建设全面加强。始终把抓好党建作为最大政绩，全面推进党的建设新的伟大工程。严格落实意识形态工作责任，牢牢掌握指导权、主动权、话语权，全县意识形态领域总体平稳。舆论宣传引导有力，在中央电视台相继播出《焦点访谈·“中国梦这五年脱贫之后的日子”》《乡约》《中国影像方志·永宁篇》等外宣精品6件，扩大了永宁对外影响力。扎实推进“两学一做”学习教育常态化制度化，深化“五联共建”[18]“三送三帮三带”[19]下基层等活动，引导广大党员积极践行“四讲四有”[20]，发挥党员先锋模范作用。坚持“五个看重”[21]用人导向，选派15名年轻干部挂职锻炼，实施干部跨乡镇交流，干部队伍建设更加坚强有力。建立党组织书记抓党建“四个清单”[22]等制度，压紧压实主体责任。大力推进“三大三强”[23]行动、“两个带头人”[24]工程，创新“党支部+金融机构+农户”“党支部+企业+农户”等共富联合体模式，发展壮大村集体经济。开发“先锋永宁”党员教育管理手机APP，实现网内网外互联互通。推行“人才+项目+平台”创新模式，创新创业环境更加优化。深入贯彻中央八项规定精神，扎实开展“守纪律，敢担当，有作为”“学、查、改”干部作风整治活动，党风政风进一步好转，群众评议机关干部作风测评满意度位居全区前列。扎实推进监察体制改革，组建监察委、设立巡察办，探索建立基层纪委联合履职、派驻机构办案协作等机制，创新开展联合村民监督委员会改革试点工作，推动全面从严治党向基层延伸。综合运用“四种形态”[25]，加大监督执纪问责力度。2017年县纪委共立案132件，处分135人，保持了惩治腐败的高压态势。

各位委员、同志们，这些成绩的取得，是区市党委、政府亲切关怀、坚强领导的结果，是县四套班子共同努力、齐心协力的结果，是全县各级党组织和广大党员干部群众团结拼搏、攻坚克难的结果。在此，我代表县委常委会，向全县广大党员干部群众，向长期关心支持永宁建设发展的各界人士表示衷心的感谢！

在肯定成绩的同时，我们也深切感到，工作中还存在不少困难和问题。主要是：经济增长内生动力不足，项目接续乏力，产业转型升级压力较大，特色农产品质量、品牌体系尚未形成，战略性新兴产业发展不足；资源环境约束趋紧，生态建设任务繁重；有的党员干部“三不为”[26]现象不同程度存在，党风廉政建设和反腐败斗争形势依然严峻复杂；等等。对于这些问题，我们必须高度重视，采取有力措施，破解制约瓶颈，补齐发展短板。

深入学习贯彻党的十九大精神，进一步增强决胜全面建成小康社会的信心和决心

2018年是全面贯彻落实十九大精神的开局之年，是改革开放40周年、自治区成立60周年，是决胜全面建成小康社会的关键之年，也是永宁创新发展、转型追赶的重要之年。综合分析形势，发展机遇与挑战并存，总体上机遇大于挑战，我们仍然处在大有可为的战略机遇期。从国家发展大势看，党的十九大提出实施科教兴国、人才强国、创新驱动发展、乡村振兴、区域协调发展、可持续发展和军民融合发展“七大战略”，特别是首次提出实施乡村振兴战略，这为我们做好新时代“三农”工作，加快推进农业标准化生产、持续改善农村生产生活条件、增加农民收入，提供了千载难逢的机遇。随着“一带一路”建设的深入推进，国家解决不平衡不充分发展的战略重心继续向中西部地区转移，同时又为少数民族地区量身定制了一系列的优惠政策，这些利好政策必将为我们决胜全面建成小康社会提供强劲动力。从区域发展形势看，国

家“十三五”规划提出打造宁夏沿黄城市群，自治区第十二次党代会提出打造“沿黄生态经济带”“银川都市圈”，银川市委十四届四次全会提出“兴庆率先、金凤跨越、西夏突破、永贺两翼齐飞[27]”的重大战略部署。这为我们更好地对接银川、融入银川都市圈，实现深度融合发展提供了历史性机遇。从自身发展优势看，经过这些年的不懈努力，县委、政府在产业转型、统筹城乡、改善民生、生态建设等方面做了很多打基础、利长远的工作，为创新发展、转型追赶奠定了坚实基础。农业基础更加夯实。深入推进小城镇中心村建设、农水建设，消除农村面源污染、畅通灌排体系，为我们更好地推动农业标准化生产、乡村振兴发展创造了良好条件、打下了坚实基础。交通路网更加畅通。一批重大交通基础设施项目相继建成或实施，形成南北连通、东西贯通、四环相连的大交通格局。特别是银西高铁即将建成通车，这将为我们带来更多的人流、物流、资金流和信息流，产生巨大的拉动效应。产业优势更加凸显。以新能源车辆制造、生物医药、造纸包装、优质葡萄酒、现代农业、文化旅游、健康医养等为主导的产业集群，为我们更好地承接产业转移、加快产业转型提供了条件。尤其是比亚迪跨座式单轨、纯电动客车产业项目全部建成后将形成百亿级产值，带动形成千亿级产业集群规模，这将更好地推动永宁经济转型发展。生态环境更加优美。随着中央环保督察组反馈问题整改落实和“蓝天、碧水、净土”三大工程深入实施，永宁的天更蓝、地更绿、水更美、空气更清新，为我们更好地做好全域旅游文章，发展乡村旅游、健康医养等产业提供了“美丽”资本。干部队伍更具活力。经过群众路线教育实践活动、“三严三实”[28] 专题教育和“两学一做”学习教育，为我们锻造了一支务实肯干、敢于担当、勇于争先、作风优良的干部队伍，这些都是我们决胜全面建成小康社会的力量之源、信心所在。

总的来看，2018 年永宁县发展潜力巨大、前景美好，我们一定要坚定信心、凝聚共识，化挑战为机遇，转压力为动力，变优势为胜势，勇敢担起加快发展的历史使命。全县工作的指导思想：紧密团结在以习近平同志为核心的党中央周围，全面贯彻落实党的十九大精神，以习近平新时代中国特色社会主义思想为指导，深入学习贯彻习近平总书记系列重要讲话精神和视察宁夏时的重要讲话精神，以提高经济发展质量和效益为中心，紧紧围绕自治区实施“三大战略、五个扎实推进”、银川市“绿色、高端、和谐、宜居”城市发展理念和“两个率先”奋斗目标，坚持创新驱动、乡村振兴、协调发展、脱贫富民、生态立县、文明铸县，全面从严治党，推动经济社会发展和党的建设各项工作，不忘初心，牢记使命，振奋精神，真抓实干，为实现经济繁荣、民族团结、环境优美、人民富裕，率先在全区全面建成小康社会而努力奋斗！

2018 年的预期目标：实现地区生产总值增长 8.0%左右；全社会固定资产投资与上年持平；地方财政一般公共预算收入增长 7.0%左右；社会消费品零售总额增长 8.0%左右；城镇居民人均可支配收入增长 7.5%左右；农村居民人均可支配收入增长 8.0%左右；完成区市下达的约束性指标任务和控制性指标。

全面建成小康社会，是 24 万名永宁人民对美好生活的向往，责任重于泰山，时间刻不容缓。我们必须把学习宣传贯彻落实十九大精神和区市党委的重大部署，作为当前和今后一个时期的首要政治任务，切实增强学习贯彻十九大精神的责任感和使命感，深刻领会和全面把握十九大精神实质，以更加积极的姿态和更加出色的作为，奋力推动永宁各项事业再上新台阶、实现新突破，向历史、向组织、向人民交出一份圆满的答卷。

三、以十九大精神为引领，奋力开创 2018 年各项工作新局面

（一）坚持创新驱动，推动产业转型发展实现新突破

深入推进供给侧结构性改革，着力培育发展新能源车辆制造、生物医药、造纸包装、装配式建筑、优质葡萄酒、文化旅游、健康医养等产业集群，推动经济转型升级、高端发展，打造产业集聚创新发展示范区。

扎实推进创新驱动。加快科学技术创新。以

"科技支宁"东西部合作和建设沿黄科技创新改革试验区为契机,建立以企业为主体、市场为导向、产学研深度融合的技术创新体系。持续加大科技创新投入,建立2000万元政府引导资金和中小微企业科技创新基金,提升企业科技创新能力。加快人才培育创新。坚持不求所有、不求所在、但求所用,制定更加积极的创新人才引进政策,健全完善人才评价激励机制,引进培养一批新经济新业态和教育、医疗卫生、金融、文化、电子商务等方面的高层次人才,努力打造群贤毕至、精英荟萃的人才高地。加快平台载体创新。依托创业谷中科院孵化基地、企业技术中心,加大创新平台建设力度,持续推进工业园区低成本改造,探索建立环保标准、实行差别电价、水价等倒逼机制,加快"退低进高",依法清理处置僵尸企业,盘活闲置资产,提升承载能力和产业集聚发展能力,打造国家创新型特色园区。加快思想观念创新。思想认识的高度,决定创新的高度,决定未来的发展。坚持以开放创新、特色创新为重点,鼓励引导企业"借鸡生蛋""借船出海""借力发展"。加快建设洛客创意小镇,发行2000万元创新券,支持企业创新创业孵化。大力弘扬工匠精神、劳模精神、企业家精神,营造亲商、安商、富商的服务环境,打造风生水起的创新生态。

扎实推进产业集聚。实施传统产业提升工程。坚持以提高发展质量和效益为中心,综合运用新装备、新技术、新工艺,对发酵及生物制药、造纸、建材等传统产业进行改造提升,鼓励伊品、启元、泰瑞等生物发酵产业向生产仿制药、自主研发新药方向延伸,支持紫荆花发展秸秆综合利用循环经济,通过强链、补链、融链、延链,力促传统产业向高新技术、高附加值、高度安全方向发展。实施新兴产业提速工程。以高端化、信息化、绿色化、智能化为主攻方向,积极培育新经济、新业态、新模式,推动经济向高质量发展。加快发展新材料、新能源等战略性新兴产业,全力推进比亚迪银川新能源产业园、凤凰城智能制造等装备制造项目,鼓励公务人员带头购买新能源汽车,加快推动公交车、公务用车、执法车辆更换为新能源汽车,力促新能源车辆制造产业集群发展壮大,推动永宁绿色高端发展。大力实施德伏、振发、昌盛光伏发电等新能源项目,嘉源欣建材、铭江实业新型金属丝网等装配式建材项目,扩大优质增量供给。实施现代服务业提档工程。积极采用"互联网+"模式,大力发展现代金融、电子商务、健康养老、会展博览等新兴产业,支持伊品、泰瑞、悦丰3家企业力争主板上市融资、发展壮大,积极引进京东物流、盈石物流等第三方物流服务平台,加快推进路丰建材物流园建设,推动房地产业平稳健康发展,不断提高服务业发展层次和水平。

扎实推进全域旅游。积极抢抓自治区创建国家全域旅游示范区机遇,完善全域旅游总体发展规划和三年行动计划,按照"全景全业全时全民"要求,优化"黄河金岸、艾依河、贺兰山"东中西3条精品旅游线路,打造全域旅游示范区。西线,依托贺兰山东麓葡萄文化长廊,深入挖掘边塞文化、长城文化、葡萄酒文化内涵,大力发展农业采摘、酒庄品鉴、休闲自驾、生态观光、徒步运动、特色购物为主的乡村旅游,加快推进闽宁特色小镇、棚湖湾树莓生态旅游度假区等项目,带动移民群众脱贫致富奔小康。中线,依托艾依河生态园、109国道,深入挖掘回乡文化、丝路文化内涵,大力发展回乡风情、健康医养、会展等特色旅游,重点抓好三沙源、丝路文旅国际度假区、中华回乡文化园二期、温泉小镇、纳家户清真寺保护修缮等项目,持续深化"永宁大集·大吉永宁"等活动,全力打造中国回族文化旅游展示地和丝绸之路高端文化体验区。东线,依托黄河金岸,深入挖掘黄河文化、农耕文化内涵,大力发展田园观光游、乡村体验游,规划建设一批示范性星级农家乐、田园综合体、旅游综合体,把永宁打造成银川的"星期天",力争通过国家全域旅游示范县验收。

扎实推进改革开放。加快推进重点领域改革,提升对外开放水平,打造优质高效便捷的政务服务环境。全面深化改革。持续深化供给侧结构性改革、推进"去降补"[29],加快推进新旧动能接续转换,推动经济发展方式由数量型向质量效益型转变。健全完善区市县乡村五级网络体系,推进"互联网+政务服务”落地见效。持续深化“放管服”改革，健全完善“不见面，马上办”审批模式，为各类市场主体营造优质的营商环境。持续深化投融资体制改革，切实防范化解各类金融风险，有效拓宽企业融资渠道，更好地服务实体经济发展。持续深化农村改革，保持土地承包关系稳定并长久不变，第二轮土地承包到期后再延长30年。按照中央和区市的改革部署要求，持续深化司法体制、医药卫生、文化体制、群团组织等重点领域和关键环节改革。继续深化事业单位改革，推进政事分开、事企分开、管办分离。不断扩大开放。积极主动融入“一带一路”建设，用好中阿博览会、宁夏内陆开放型经济试验区两个“金字品牌”，加强与东部发达地区的开放联动，借力银川市“两园三区”[30]，培育开放合作和竞争新优势，构建全方位、多层次的大开放格局。坚持“引进来”“走出去”并重，持续推进“项目引进年”活动，积极对接“一带一路”闽宁国际新能源产业聚集区、正大集团300万只蛋鸡等项目，精心论证、谋划、包装、储备、实施一批科技含量高、经济效益好、税收贡献大的大项目、好项目，全力完成2018年区市下达招商引资任务。

（二）坚持乡村振兴，推动农业农村经济发展实现新突破

按照产业兴旺、生态宜居、乡风文明、治理有效、生活富裕的总体要求，加快推进农业农村现代化，打造农业标准化示范区、乡村振兴示范县。

聚焦农业要强。着力构建产业体系。积极抢抓宁夏引黄古灌区列入世界灌溉工程遗产名录的机遇，充分发挥永宁位于引黄灌区精华地段优势，扎实推进高标准农田建设，力争夺取黄河杯竞赛特等奖。突出抓好粮、经、草、饲、牧等优势产业，加快推动一二三产业融合发展，主动承接好银川主城区产业外溢和功能辐射，打造银川优质农产品供应基地和银川都市圈农产品精深加工基地。力争实现农林牧渔增加值17.2亿元、增长5.0%。着力构建生产体系。加快推进农业标准化生产，积极发展无公害、绿色、有机农产品，从源头保障农产品质量安全，把永宁“四季鲜果之乡”“国家现代农业示范区”等品牌做大做强做响。建立健全从田间到市场到餐桌的全程监管链条，推进农产品质量安全追溯体系建设，巩固“国家农产品质量安全县”创建成果。加快推进葡萄酒产业转型升级，依托德龙、立兰等酒庄，做足“葡萄酒+”文章，推动葡萄酒线上线下销售，打造贺兰山东麓国际葡萄酒之都的核心区。着力构建经营体系。以“三品一标”[31]为重点，依托小任、董洋、昊王、壹泰、裕稻丰、天天鲜等龙头企业，培育一批品质优良、特色明显、附加值高、市场前景好的特色农产品品牌。积极发展多种形式适度规模经营，引导和支持种养大户、家庭农场、农村专业合作社、龙头企业等发展壮大，力争2020年各类新型农业经营主体发展到1000家，新创建国家级、自治区级农民合作示范社各1家，自治区级示范家庭农场2家。

聚焦农村要美。大力推进特色乡镇建设。加大农村资源环境保护，大力改善农村水电路气房、垃圾污水处理等基础设施建设，统筹山河湖库、沟渠田林草保护建设，实施土地复垦、农田水利基础建设等重点工程，畅通灌排体系、消除面源污染、改善人居环境，打造一批美丽乡村、田园乡村、现代宜居乡村。加快推动科教文卫体等社会事业发展，不断提高群众的获得感和幸福感。大力推进农村精神文明建设。以文明铸县为抓手，扎实开展感恩教育、诚信建设、道德评议、移风易俗、文化传播、文明创建等活动，评选表彰一批“好媳妇、好婆婆”“文明家庭”等先进典型，弘扬传统美德，树立新风正气，力争2018年全县60%以上的村镇达到县级文明村镇标准。大力推进乡村治理体系建设。健全自治、法治、德治相结合的乡村治理体系，深化以“中心村联合党委—村党支部—楼栋党小组—党员中心户”为主的四级网格化管理模式，培养造就一支懂农业、爱农村、爱农民的“三农”工作队伍，使农村更加和谐、安定有序。

聚焦农民要富。以农村基层党组织建设为抓手，充分发挥基层党组织战斗堡垒作用和党员先锋模范作用，认真落实各项强农惠农富农政策，制定发展壮大村集体经济奖励办法，大力推行“支部+公司+农户”“支部+金融机构+企业”的共富联合体模式，加快发展特色产业、休闲农业、乡村旅

游、农村电商等新产业新业态，多渠道增加农民收入。以农村“双创”[32]为抓手，持续优化农村创业环境，创新农村金融服务模式，建立完善创业扶持政策，鼓励高校毕业生、科技人员、外出务工人员等返乡创业，让农业成为有奔头的产业，让农村成为安居乐业的家园，让农民成为有吸引力的职业。健全完善城乡劳动者平等就业、劳务输出转移对接等机制，积极培育和壮大劳务经济，每个村培育1~2个带动能力强的劳务输出组织、劳务经纪人，让劳务输出成为群众稳定增收的“铁杆庄稼”。以农村集体产权制度改革为抓手，大力推广“板桥模式”，按照“资源变资产、资金变股金、农民变股民”的思路，鼓励伊品公司流转10万亩土地建设标准化玉米种植基地，采取“公司+基地+农户”“公司+合作社+农户”的模式，构建利益共同体，壮大农村集体经济，拓宽农民增收渠道，让农民群众富起来。

（三）坚持协调发展，推动新型城镇化建设实现新突破

加快推进基础设施建设，完善城市服务功能，提升精细化管理水平，深化群众性精神文明创建活动，推动文明程度与幸福指数双提升。

大力推动城乡统筹发展。优化区域空间布局。落实自治区空间规划（多规合一），建立更加有效的区域协调发展新机制，调优县城总体规划、土地利用总体规划，完成永宁县消防专项规划编制。主动融入沿黄生态经济带、银川都市圈建设，按照“永贺两翼齐飞”要求，加快县城“北扩东移”步伐，有效承担主城区城市功能，推动教育、文化、医疗卫生、全域旅游、生态建设等方面的全面对接，打造宜居宜业的城乡统筹示范区。推动城乡发展一体化。加快推进智慧永宁建设和老旧小区改造提升，大力实施“两改造两提升”[33]工程，有序推进老旧庄点改造，同步推进基础设施建设，进一步完善城市功能、提升城市形象。在小城镇中心村周边科学布局一些就业容量大、经济效益好、社会功能强的劳动密集型产业，让群众就地就近就业、实现稳定增收。持续推进智慧城管建设，促进大数据、物联网等现代信息技术与城市管理服务融合，健全完善“大城管、大环卫、网格化”的城乡管理工作机制，切实提高精细化管理水平。持续抓好国家级城市品牌创建。巩固提升国家园林县城、国家卫生县城、中国十大品质休闲县、国家级慢性病综合防控示范县、国家农产品质量安全县、全国未成年人思想道德建设工作先进城市创建成果，持续推进全国文明城市、全国文化先进县、国家生态文明建设示范县、国家全域旅游示范县、全国健康促进县、全国体育示范县、全国民族团结进步示范县、乡村振兴示范县“四城十县”创建工作，补短板、强弱项，推动物质文明、精神文明双丰收，让人民群众在城乡一体化发展进程中共建共享发展成果。

大力推进基础设施建设。加快城乡公共服务设施建设。建成望远九年一贯制学校、中医院迁建、综合文化艺术体育中心等工程，实施永宁第三中学、长城修缮等项目，进一步配套优化教育、卫生、文化等公共服务设施，不断完善城市功能。加快城市基础设施建设。推进人民公园、利民广场、城市饮用水等改造工程，实施县城、望远垃圾中转站扩容、老旧小区供热外管网、宁丰街提升泵站及地下管网等工程，结合华电“东热西送”[34]工程网络建设，加快老旧街区改造提升，彻底解决县城及望远地区的垃圾污水处理和供水、供热等问题，持续改善人居环境。加快交通基础设施建设。推进青铜峡至快速通道永宁段、文昌南街延伸至闽宁扶贫产业园、立掌公路改扩建、纳新路至快速通道延伸线、李银路改造等道路交通项目，实施烽火村至园林村等农村公路建设项目，全力配合银西高铁、京藏高速等项目建设，力争开工建设永宁至贺兰观光旅游云轨项目，进一步优化公交线路、加密公交班次，着力构建内畅、外联、互通的交通路网体系，争创城乡交通运输一体化示范县。加快水利基础设施建设。推进江河湖库水系连通、永二干沟人工湿地、中干沟人工湿地、鹤泉湖湿地公园等工程，实施高效节水灌溉、节水型中心村建设、小农水、金沙渠翻建改造等工程，不断夯实水利基础。

大力加强精神文明建设。牢牢掌握意识形态工作领导权。落实意识形态工作责任制，强化舆情分析研判和监测应对，提高新闻舆论传播力、引导力、影响力、公信力。建立网络综合治理体系，加强

网络安全观教育，大力开展具有网络特点、贴近网民、生动活泼的十九大系列宣传报道，讲好永宁故事，传播永宁声音，进一步唱响主旋律、传递正能量。培育和践行社会主义核心价值观。突出学习宣传贯彻党的十九大精神这条主线，深入开展新时代中国特色社会主义和中国梦宣传教育，把社会主义核心价值观融入社会发展各方面。实施公民道德建设工程，开展“最美永宁人”“最美家庭”“劳动模范”等系列主题活动，加强社会公德、职业道德、家庭美德、个人品德建设。坚持文明铸县，深入开展文明单位、文明村镇、文明社区、文明校园、文明家庭等创建活动，推进文明城市建设常态化长效化。推动文化事业和文化产业繁荣兴盛。健全现代公共文化服务体系，构建三级文化人才队伍，争创全国文化先进县。深入开展文化惠民“四送六进”“美丽乡村、文化大集”等活动，进一步丰富群众的文化生活。坚持以人民为中心的创作导向，推动社会主义文艺繁荣发展。加强纳家户清真寺、明长城等文物保护利用，保护传承二毛皮手工制作、剪纸等文化遗产。积极培育新兴文化业态，推进文化产业与旅游、科技、金融等深度融合，让文化软实力成为发展硬支撑。

（四）坚持脱贫富民，推动群众生活质量实现新突破

巩固脱贫攻坚成果，提高公共服务水平，加强社会治理创新，切实维护民族团结、宗教和顺、社会和谐稳定、人民安居乐业的大好局面，打造东西对口扶贫协作的样板。

巩固脱贫攻坚成果。坚持在精准、稳定、可持续上下功夫，积极争取国家广电总局，以东西对口扶贫协作为载体，拍摄《闽宁镇》电影，认真总结宣传推广“闽宁经验”，深化闽宁对口协作，落实“五个一批”[35]“三个一对一”[36]“4+1+1”[37]等精准脱贫举措，推广原隆村创业就业及产业发展模式，建立稳定脱贫致富的长效机制。充分发挥德龙、立兰、壹泰、晓鸣、昌盛、青禾等龙头企业作用，培育壮大葡萄酒、肉牛、黑毛驴、蛋鸡、蝎子、红树莓、花卉等特色优势产业，确保贫困群众稳定增收。继续抓好闽宁特色小镇建设，实施闽宁镇美丽乡村二期、老镇区排水管网改造等民生保障项目，推进闽宁镇万头黑毛驴养殖繁育示范基地、智慧农业扶贫产业园、青禾田园综合体等产业富民项目，确保群众早日致富奔小康。坚持在扶贫扶志扶智上下功夫，阻断贫困代际传递，增强贫困群众自力更生、脱贫致富的意识和能力，做到既富口袋、又富脑袋。

提高公共服务水平。大力实施富民工程。按照“两个同时同步”[38]增收要求，健全覆盖城乡的公共就业服务体系，重点解决好农村富余劳动力，城镇就业困难家庭、残疾人、大学生等重点群体的就业问题。充分发挥创业谷、昌盛等创业基地作用，加大职业技能培训力度，激发创新创业活力。坚持教育优先发展。加强教师队伍建设，实施“名师”工程，完善职业教育和培训体系，推动教育资源均衡配置、城乡义务教育一体化发展，努力缩小区域、城乡、校际差距，不断满足群众优质教育需求，办好人民满意的教育。推进健康永宁建设。依托宁医大总院、银川市第一人民医院等三级医院，抓好医联体、医共体建设，完善分级诊疗制度，实施“名医”工程，推进家庭医生签约服务，争创全国健康促进县。坚持计划生育基本国策，全面落实二孩政策。广泛开展全民健身活动，推进体育事业全面发展，争创全国体育示范县。健全社会保障体系。按照兜底线、织密网、建机制的要求，加快推进社会保障“提标扩面”工程，完善养老服务体系建设，丰富“56789”暖心工程、被征地农民养老保险等民生工程内涵，全面建成覆盖全民、城乡统筹、权责清晰、保障适度、可持续的多层次社会保障体系。

加强社会治理创新。坚持依法治县方略。深化法治永宁建设，严格规范公正文明执法，努力让群众在每一个司法案件中感受到公平正义。大力实施“七五”普法，推进“法律十进”[39]活动，深化县乡（镇）村三级公共法律服务平台建设，努力让法治成为永宁未来发展核心竞争力的重要标志。深化平安永宁创建。加强社会综合治理、信访维稳、安全生产、食品药品安全、舆情管控，健全预防和化解社会矛盾的动态维稳机制，有效预防和妥善处置各类安全事故、矛盾纠纷和突发事件，全力维护社会和谐稳定。加强社会治安防控体系建设，推进

社区警务工程和智慧社区建设，严厉打击和惩治黄赌毒等各类违法犯罪活动，依法取缔非法营运三轮电瓶车，严防公共安全事故。切实维护民族团结。深入开展民族团结宣传教育和民族团结进步创建活动，牢牢掌握宗教工作主动权，依法加强宗教事务管理，主动做好“导”的文章，切实防止清真概念泛化等苗头性、倾向性问题，争创全国民族团结进步示范县。

（五）坚持生态立县，推动生态文明建设实现新突破

牢固树立“绿水青山就是金山银山”的发展理念，坚决整改中央环保督察组反馈问题，筑牢银川南部绿色生态安全屏障，打造生态文明示范区。

加快推进绿色发展。积极构建绿色生产方式，加快产业绿色化转型，严格项目准入门槛，加大淘汰落后产能力度，对重点行业、重点企业、重点项目以及重点工艺流程进行技术改造，开展绿色企业、绿色园区创建活动，建立高效、清洁、低碳、循环的经济体系。严格执行中央和区市节能减排有关规定，大力推行环境保护“负面清单”制度，力争完成区市下达GDP综合能耗任务。大力开展节能环保宣传，引导群众树立绿色生活、共建共享的理念，使绿色消费、绿色出行、绿色办公、绿色居住成为自觉行动，推动形成绿色发展人人有责、人人参与、人人共享的良好社会风尚。

重拳整治环境污染。实施蓝天工程。综合治理煤尘、烟尘、气尘、扬尘等大气污染，力争空气质量优良天数持续增加。依托“东热西送”项目，全面淘汰县城、望远燃煤锅炉。依托中科院生态环境中心异味治理技术，加大生物发酵企业异味治理力度，全力治理异味扰民问题。健全完善环境建设网格化管理、秸秆综合利用补偿机制，依托紫荆花秸秆综合利用循环经济示范、裕稻丰生物质燃料等项目，加快推进农作物秸秆综合利用。实施碧水工程。全面落实“水十条”[40]“河长制”，实行最严格的水生态保护和水污染防治制度，加强城乡黑臭水体和入黄排水沟整治。积极对接河海大学工程研究院，加强水资源保护与水生态修复，让母亲河永远健康，力争2018年入黄排水沟水质达到Ⅳ类以上，争创水生态文明城市。实施净土工程。加大农村面源污染治理、耕地保护和土壤污染防治力度，严厉打击“小散乱污”加工活动，扎实推进畜禽粪污资源化利用、有机肥替代化肥、秸秆资源化利用、废弃农膜回收、水生生物保护“五大行动”，严控化肥、农药、除草剂使用，建立减量化使用补偿机制，实现化肥、农药、除草剂3年内负增长、3年后零使用，确保农产品质量和人居环境安全。

持续抓好生态建设。加大生态环境保护和修复。严格管控生态保护红线、永久基本农田、城镇开发边界，制订生态保护红线修复方案，确保生态功能不弱化、面积不减少、性质不改变。深入推进“五大干渠”“四大干沟”、艾依河、叶家湖、黄河、贺兰山及高速公路、高铁沿线生态绿化工程，在艾依河水系、叶家湖、贺兰山东麓葡萄长廊等景观带的基础上，精心谋划实施银子湖、海子湖、鹤泉湖等生态廊道、生态景观带，营造大网格的生态廊道，构建绿色生态屏障，加快创建国家生态文明建设示范县。深化生态文明体制改革。严格落实生态文明建设党政同责、一岗双责、领导干部自然资源资产离任审计、生态环境损害责任终身追究等制度，加快建立司法联动机制，坚决制止和惩处破坏生态环境行为，着力构建政府为主导、企业为主体、社会组织和公众共同参与的生态环境治理体系。

（六）坚持全面从严治党，推动党的建设实现新突破

坚持以党的政治建设为统领，思想建党、制度建党同向发力，统筹推进党的各项建设，不断提高党的建设质量，把各级党组织建设得更加坚强有力。

着力提高思想政治建设水平。牢固树立“四个意识”，坚决维护以习近平同志为核心的党中央权威和集中统一领导，严守政治纪律和政治规矩，在政治立场、政治方向、政治原则、政治道路上同党中央保持高度一致，确保党中央政令畅通。加强理想信念教育，以中心组学习为龙头，加强周末大讲堂、网络大课堂等平台建设，教育引导全体党员牢记党的宗旨，解决好世界观、人生观、价值观这个“总开关”问题。深入推进“两学一做”学习教育常

态化制度化，开展“不忘初心，牢记使命”主题教育，持续抓好“领导干部下基层讲党课”、党的十九大精神“九进”等活动，始终坚持用习近平新时代中国特色社会主义思想武装头脑、指导实践、推动工作。

着力提高基层组织建设水平。坚持以提升组织力为重点，突出政治功能，把基层党组织建设成为坚强战斗堡垒。大力实施“430”计划[41]，深入推进“三大三强”行动，加大村干部报酬待遇、村级办公经费等基础保障。扎实开展好新一轮干部下基层活动及在职党员到社区报到“一到三人双考核”[42]，推动机关党员干部直接联系服务群众。进一步落实党建指导员制度，提高非公和社会组织党建“两个覆盖”[43]工作水平，全面加强城市党建。充分运用“先锋永宁”党员教育管理手机 APP、党员信息管理系统和党员连线室作用，实现党员教育信息化、网络化、科学化管理。健全党内激励关爱机制，抓好离退休干部党建工作。

着力提高干部队伍建设水平。坚持正确选人用人导向，突出政治标准，制订永宁县专业化干部中长期培养计划，建立专业化干部队伍数据库。持续选派年轻干部到乡镇和信访等重点部门挂职锻炼，实现年轻干部发现、培养、使用常态化、制度化。从严教育、从严管理、从严监督干部，严格落实领导干部个人有关事项报告制度。制定年轻干部培养选拔、党政领导干部能上能下、乡镇(街道)、机关单位正职综合业绩考评、一线考察考核干部等办法，营造能者上、庸者下、劣者汰的氛围。按照“三个区分开来”[44]的要求，健全干部干事创业容错纠错机制，旗帜鲜明为敢于担当、踏实做事、不谋私利的干部撑腰鼓劲。

着力提高干部作风建设水平。巩固拓展落实中央八项规定精神成果，持续整治“四风”[45]问题，尤其是形式主义、官僚主义的十种新表现，加大执纪监督和曝光力度，坚决反对特权思想和特权现象。加强对厉行节约、差旅报销、公务接待、职务消费等制度规定执行情况的监督检查，及时发现“四风”新形式、新动向，推进作风建设常态化、长效化。深入开展“学、查、改”干部作风整治活动，坚决纠正损害群众利益行为。大力弘扬“社会主义是干出来的”时代精神，以钉钉子精神，从严从实从细做好各项工作。

着力提高党风廉政建设水平。按照中央和区市部署，深化监察体制改革，充分发挥监察委、巡察办作用，加强对权力运行的制约和监督，推动全面从严治党向基层和所有行使公权力的公职人员延伸、实现全覆盖。加强法治文化和廉政文化建设，发挥党校廉政教育基地作用，筑牢反腐倡廉思想防线。坚持“一案双查”[46]，落实“一岗双责”[47]，推动“两个责任”[48]落地见效。综合运用“四种形态”，强化监督执纪问责，抓早抓小、防微杜渐。坚持无禁区、全覆盖、零容忍，保持强高压、长震慑，坚决查处那些不收敛不收手的领导干部和群众身边的腐败问题，持续保持惩治腐败高压态势，营造干部清正、政府清廉、政治清明的良好政治生态。

着力提高自身建设水平。坚持党对一切工作的领导，加强人民当家做主制度保障，支持和保证人大依法行使监督权、决定权、任免权，完善人大代表联系基层组织和群众的工作机制，更好地发挥人大代表作用，让专题询问、质询等成为人大监督常态。加快建设法治政府，推进依法行政，严格规范公正文明执法。发挥社会主义协商民主重要作用，支持人民政协积极履行政治协商、民主监督、参政议政职能，通过“人人参政议政”，广泛凝聚共识，切实做到“有事好商量”。巩固和发展爱国统一战线，支持民主党派更好履行职能，加强党外代表人士队伍建设，做好新的社会阶层人士工作。加强党管武装工作，推动军民融合发展，争创自治区双拥模范县。推动工会、共青团、妇联等群团组织增强政治性、先进性、群众性，发挥联系群众的桥梁纽带作用，推动永宁各项事业实现新突破。

同志们，新的一年孕育新的希望，新的希望需要新的奋斗。让我们更加紧密地团结在以习近平同志为核心的党中央周围，以习近平新时代中国特色社会主义思想为指导，不忘初心，牢记使命，振奋精神，真抓实干，为实现经济繁荣、民族团结、环境优美、人民富裕，率先在全区全面建成小康社会而奋斗。

相关名词说明：

[1] “三大战略、五个扎实推进”：创新驱动战略、脱贫富民战略、生态立区战略。扎实推进民主法治建设、扎实推进民族宗教工作、扎实推进文化繁荣发展、扎实推进改革开放、扎实推进全面从严治党。

[2] “两个率先”：在全区率先全面建成小康社会、率先开启全面建设社会主义现代化新征程。

[3] “四个意识”：政治意识、大局意识、核心意识、看齐意识。

[4] “九进”：进机关、进乡镇、进村(社区)、进企业、进校园、进宗教场所、进工地、进军营、进网站。

[5] “两学一做”：学党章党规，学系列讲话，做合格党员。

[6] “三会一课”：定期召开支部党员大会、支部委员会、党小组会、按时上好党课。

[7] “板桥模式”：板桥现代农业综合体园区以建设标准化、管理规范化、运营市场化为目标，创新三种模式促进农民增收：创新“支部+合作社+农户”模式带动蔬菜产业发展；创新“土地+资本+销售商”股份合作模式转变农业发展方式；创新“产供销一体化经营”模式引领产品走向全国市场，形成多方共同参与，风险共担的“板桥模式”。

[8] “八大提升工程”：小城镇中心村管理提升工程、水环境净化提升工程、道路洁净安全提升工程、农村面源污染消除工程、空气质量提升工程、异味治理提升工程、城市管理提升工程、绿化美化提升工程。

[9] “五城同创”：创建全国文明城市、国家卫生县城、国家园林县城、国家级生态县、全国文化先进县。

[10] “河长制”：由各级领导干部担任“河长”，负责组织领导相应河湖水系的管理和保护工作。

[11] “56789”暖心工程：“5”指为50岁以上的农民开展健康体检，“6”指给全县60岁以上老人祝福生日，“7”指将70—79岁老人纳入老龄津贴补贴范围，“8”指提高80岁以上老人老龄津贴标准，“9”指加强重症精神病人监护、建立失独家庭特别扶助金制度等9项保障措施。

[12] “五险合一”：城镇职工养老保险、城镇职工医疗保险、失业保险、工伤保险、生育保险五项社会保险实行统一登记、统一征缴结算、待遇统一支付、基金统一稽核。

[13] “十二个一”：一个村训、一个村规民约(市民公约)、一批家规家训、一个红白理事会、一个道德积分榜、一批最美人物和星级文明户、一个道德主题广场、一批文体活动队、一个道德文化长廊、一个道德讲堂、一个志愿服务队、一个村史馆。

[14] “四送六进”：送演出、送图书、送培训、送电影，进乡村、进社区、进校园、进企业、进军营、进工地。

[15] “放管服”：简政放权、放管结合、优化服务。16.不见面、马上办：加快构建“不见面、马上办”的审批模式，力争做到网上办、集中批、联合审、区域评、代办制、不见面。

[17] “一带一路”：丝绸之路经济带和21世纪海上丝绸之路。

[18] “五联共建”：社区联合党委运行中建立组织联建、党员联管、活动联搞、资源联用、服务联做，共建联合党委、和谐社区、文明城市机制。

[19] “三送三帮三带”：在机关干部中开展送政策、送党课、送温暖；帮订发展规划、帮建工作机制、帮树先进典型；带回问题、带回意见建议、带回调研报告的下基层活动。

[20] “四讲四有”：讲政治、有信念，讲规矩、有纪律，讲道德、有品行，讲奉献、有作为。

[21] “五个看重”：看重忠诚，看重实干，看重担当，看重基层，看重口碑。

[22] “四个清单”：建立党组织书记抓党建任务清单、责任清单、问题清单、成绩清单。

[23] “三大三强”：加大投入力度，强化基础保障；加大培训力度，增强能力素质；加大选拔力度，选优培养基层党组织书记。

[24] “两个带头人”：建强村党组织带头人队伍、壮大农村致富带头人队伍。

[25] “四种形态”：党内关系要正常化，批评和自我批评要经常开展，让咬耳扯袖、红脸出汗成为常态；党纪轻处分和组织处理要成为大多数；对严重违纪的重处分、作出重大职务调整应当是少数；而严重违纪涉嫌违法立案审查的只能是极极少数。

[26] “三不为”：能力不足而“不能为”；动力不足“不想为”；担当不足“不敢为”。

[27] 永贺两翼齐飞：准确定位县(市)功能，推进贺兰、永宁与银川市主城区一体化发展，加快特色优势产业聚集，实现“两翼齐飞”。

[28] “三严三实”：严以修身，严以用权，严以律己；谋事要实，创业要实，做人要实。

[29] “去降补”：去产能，去库存，去杠杆，降成本，补短板。

[30] “两园三区”：银川丝路经济园、中关村创新创业科技园，银川经济技术开发区、滨河新区、综合保税区。

[31] “三品一标”：无公害农产品、绿色食品、有机农产品和农产品地理标志的统称。

[32] “双创”：大众创业、万众创新。

[33] “两改造两提升”：改厨、改厕，提升垃圾分类处理能力、提升污水处理能力。

[34] “东热西送”:以国内一流的空冷火电示范基地华电灵武电厂的余热为热源,向银川市进行长距离集中供热,将覆盖兴庆区、金凤区、永宁县、河东机场、临港工业园等区域。

[35] “五个一批”:产业扶持一批、教育保障一批、劳务输出一批、金融服务一批、社会兜底一批。

[36] “三个一对一”:县处级领导“一对一”包村,科级干部“一对一”包户,企业“一对一”包人。

[37] “4+1+1”:即一户四牛一棚一电站,为76户建档立卡贫困户在壹泰牧业每户托管4头肉牛,每户每年享受分红8000元;为每户在盛景光伏科技公司种一栋大棚,每户每年享受分红1万元;为闽宁镇建档立卡跟踪的76户贫困户,建设10千瓦的分布式光伏电站,每年每户享受分红1万元。

[38] “两个同时同步”:坚持在经济增长的同时实现居民收入同步增长、在劳动生产率提高的同时实现劳动报酬同步提高。

[39] “法律十进”:法律进机关、进乡村、进社区、进学校、进单位、进企业、进宗教场所、进社会组织、进军营、进工地。

[40] “水十条”:一是全面控制污染物排放,二是推动经济结构转型升级,三是着力节约保护水资源,四是强化科技支撑,五是充分发挥市场机制作用,六是严格环境执法监管,七是切实加强水环境管理,八是全力保障水生态环境安全,九是明确和落实各方责任,十是强化公众参与和社会监督。

[41] “430”计划:深入实施“两个带头人”工程,重点打造30个“两个带头人”工程示范村,储备30名村级后备干部,培养30名村级优秀村党组织书记,培养扶持30家村企合作型经济组织和100名致富带头人。

[42] “一到三入双考核”:“一到”,在职党员到社区报到;“三入”,入网格、入社会组织、入志愿者队伍;“双考核”,对党员及党员所在党组织同时进行考核。

[43] “两个覆盖”:党组织覆盖和党的工作覆盖。

[44] “三个区分开来”:把先行先试出现的失误和明知故犯区分开来,把改革创新中的失误和明知故犯、有法不依的区分开来,把推进改革的无意过失和以权谋私区分开来。

[45] “四风”:形式主义、官僚主义、享乐主义和奢靡之风。

[46] “一案双查”:严格执行问责机制,既要追究当事人责任,又要倒查追究相关领导责任。

[47] “一岗双责”:各级党员领导干部在做好经济建设、履行本职岗位应有的管理职责的同时,还要对所在机关的党风廉政建设负责。

[48] “两个责任”:落实党风廉政建设责任制,党委负主体责任,纪委负监督责任。

政府工作报告

——在永宁县第十八届人民代表大会第二次会议上

县长　李润军

(2017年12月22日)

各位代表:

现在,我代表县人民政府,向大会报告政府工作,请予审议,并请各位政协委员和其他列席人员提出意见。

2017年工作回顾

2017年,是党的十九大胜利召开的喜庆之年,是本届政府的开局之年,更是全面建成小康社会的关键之年。一年来,在区市党委、政府和县委的坚强领导下,我们深入学习党的十九大精神、习近平总书记系列重要讲话精神和治国理政新理念新思想新战略,认真贯彻自治区第十二次党代会、银川市第十四次党代会和永宁县第十四次党代会精神,全力实施“三大战略”“五个扎实推进”,积极践行“绿色、高端、和谐、宜居”城市发展理念,以经济繁荣、民族团结、环境优美、人民富裕为己任，克难奋进，务实苦干，全力推动经济社会持续平稳健康发展。

预计全年实现地区生产总值130亿元，增长0.5%；全社会固定资产投资130亿元，下降24.7%；规模以上工业增加值31.8亿元，增长1%；地方财政一般公共预算收入12.7亿元，同口径增长10.8%；社会消费品零售总额20.3亿元，增长9.6%；城镇居民人均可支配收入29373元，增长9%；农村居民人均可支配收入12933元，增长9%。累计争取项目资金17.3亿元，实施招商引资项目55个，预计到位资金87亿元，增长15.1%。全面小康实现程度由78.6%提升至86.3%，县域经济发展的内生动力和综合竞争力持续提升。

一、扎实推进工业强县攻坚战，经济转型实现新跨越

坚持工业强县战略不动摇，深入推进供给侧结构性改革，优化资源配置，加快产业转型升级。预计完成规模以上工业产值144.9亿元。

主导产业扩规提质。紫荆花纸业秸秆造纸、伊品生物氨基酸生产改造、启元药业维C衍生物等项目稳步推进，累计完成技改投资3.2亿元。生物发酵及制药产业完成产值79.2亿元，实现出口交货值35.1亿元，增长28.2%。泰瑞制药获得自治区科技成果5项专利证书，紫荆花纸业荣获“中国品牌创新奖”和“宁夏百强企业”称号。

新兴产业加速培育。引进洛客科技有限公司、颐高集团等知名企业4家。洛客城市品牌设计工作有序推进，比亚迪银川新能源产业园项目落户永宁，凤凰城智能制造有限公司被工信部评为两化融合贯标试点企业，西夏王荣获“市长质量管理奖”。

营商环境不断优化。积极落实自治区“降成本30条”[1]等减负政策，取消涉企收费21项，减免238万元；帮助41家企业争取担保发展资金4000余万元；落实项目扶持资金2282万元；发放援企稳岗补贴资金190万元。承办了第六届宁夏赛区中国创新创业大赛，新培育规上企业3家、自治区“专精特新”企业5家、“专精特新”示范企业8家。

二、扎实推进现代农业攻坚战，农业标准化取得新突破

大力实施农业品牌战略，认真落实粮食省长责任制，着力推进农业供给侧结构性改革，培育农业农村发展新动能。预计全县农林牧渔总产值达到29.4亿元，增长4.6%。

农业发展基础愈发坚实。大力开展农田水利基本建设，投资8.6亿元，建设高标准农田29.6万亩。实施了李俊镇东方、雷台片区千亿斤粮食、江河湖库水系连通等工程，新增高效节水灌溉面积2.5万亩，完成永清沟上段治理7.1公里，整治黄河堤防3.7公里，扩整叶家湖、鹤泉湖水域面积4750亩。新建望洪农业气象试验站，为全县农业增产、防灾减灾提供了技术支持和保障。

现代农业体系更加完善。创新推动特色农业发展，探索建立了设施园艺效益倍增的“板桥模式”[2]。投资6900万元，实施闽宁（望洪）农民创业园农作物研究所及科泰种业迁建项目。新增“三品”认证[3]企业4家。农业社会化综合服务覆盖面进一步扩大，农作物统防统治面积达到75%以上。

农业标准化生产稳步推进。积极开展化肥、农药、除草剂减控行动。建设胜利乡金沙露地瓜菜标准化园区、杨和镇南北全设施温棚基地等农业标准化生产示范基地33个，制定标准化生产技术规程32项80条。供外蔬菜、永宁大米、酿酒葡萄、设施农业、鲜食果品、特色养殖等产业进一步融合发展。裕稻丰获得中国十大有机大米金奖。农产品定性抽检合格率达到99%以上，荣获首批宁夏“好粮油”示范县称号。

三、扎实推进现代服务业攻坚战，全域旅游谱写新篇章

坚持以项目为抓手，以活动为载体，全力推进旅游兴县工作，同步带动现代服务业发展。预计实现第三产业增加值43亿元，增长4%。

服务业发展稳中有进。物流产业不断壮大。先后实施闽宁商贸汽车物流园、望远路丰建材物流园（二期）等项目，完成投资3.5亿元。全县物流市场预计实现交易额180亿元，增长12.5%。电商发展成绩喜人。新培育发展电商企业 10 家，实施“淘翼夏·永宁放心菜直供”项目，建立网订店取的新型电商业态，在银川市发展社区便利店 52 家。预计实现电商销售收入 1.6 亿元，增长 18.5%。商贸服务更加完善。完成南环农贸市场改造和望洪镇新华中心村农贸市场建设，新培育服务业规上企业 4 家、商贸限上企业 6 家。预计实现商贸限上企业销售额 50 亿元，增长 50%。交通运输和仓储邮政业预计完成增加值 8 亿元，增长 9.5%。商品房销售面积 78.1 万平方米，销售额 27.2 亿元，待售面积由 42.7 万平方米降至 20.2 万平方米，下降 52%。

旅游要素全面升级。按照全域旅游发展格局，实施了三沙源国际生态文化旅游度假区、中华回乡文化园（二期）、长城云漠酒庄生态旅游等项目。投资 6700 万元，新建闽宁镇游客集散中心和艾依河生态园 38 公里运动休闲带。先后举办、承办“5·19”中国旅游日宁夏分会、2017 宁夏旅游美食季暨第三届永宁特色文旅一日游等大型活动 18 场次，“永宁大集·大吉永宁”活动创造了我区 A 级旅游景区单个活动接待游客 45 万人次和单日接待游客 15 万人次的纪录。全年预计接待游客 298.5 万人次，实现旅游收入 1.1 亿元，分别增长 150.6%和 97.4%。被评为 2017 年度中国十大品质休闲县市。

四、扎实推进生态建设攻坚战，城乡面貌呈现新气象

大力实施生态立县战略，坚决整改中央环保督察反馈问题，狠抓大气污染防治工作，加快建设美好永宁。

绿化水平不断提高。投资 7491 万元，实施了 307 国道景观带、永清路至黄河大桥连接线、艾依河生态园等绿化工程，新造林 4800 亩，封山育林 5000 亩。全县建成区绿化覆盖率、绿地率分别达到 38.5%、36.2%，城市人均公园绿地面积达到 20.6 平方米。

环境治理成效显著。大力实施蓝天行动。建立网格化环境监管体系。积极开展“四治一禁”[4]工作，全面加强建筑工地、堆场等扬尘治理，加大燃煤煤质管控，严控秸秆焚烧。率先完成县城建成区 20 蒸吨以下燃煤锅炉淘汰、黄标车淘汰及油气回收治理任务。制订《生物发酵企业异味治理“十三五”规划》，积极对接中科院，为企业量身定制异味治理方案，在保障群众冬季供暖和职工权益的基础上，对生物发酵企业实施了停产治理。截至 11 月底，全县优良天数占有效监测天数的 80.9%，排名全市第二。大力实施碧水行动。县域内 134 处河湖水系全部实行“一河一策、一河一档”河长制管理。关闭企业自备井 60 眼，启动中干沟、永二干沟人工湿地建设，完成了一污、二污提标改造，闽宁镇污水处理厂及胜利中心村等 13 个污水处理站建成投用，县域内 18 家葡萄酒庄均完成污水处理设施建设，城镇污水处理率达到 95%以上。大力实施净土行动。开展土壤基础调查和监测工作，公布全县土壤环境重点监管企业 4 家、疑似污染地块 2 个。全面落实“一控两减三基本”[5]目标要求，农作物秸秆利用率、农田残膜回收率、畜禽粪便利用率分别达到 98%、90%和 96.6%。

城乡统筹加快推进。启动《永宁县空间规划》编制工作，完成“三区”[6]“三线”[7]划定。投资 7.3 亿元，实施南部水厂改扩建、望远城市饮水、宽带乡村工程等 14 个基础设施建设项目，城乡居民饮水问题得到彻底解决。改造宁和家园等老旧小区 21.8 万平方米，1812 户群众的居住环境有效改善。改造仁增路等 16 条农村公路 62 公里，307 国道永宁段建成通车，银西高铁、京藏高速改扩建项目有序推进。

城乡管理更加高效。深入推进城乡环境综合整治“八大提升工程”[8]，查处违法用地 150 起，拆除各类违章建筑 17.1 万平方米。成立环卫调度中心，智慧城管[9]平台上线运行，道路机械清扫率由 60%提高到 80%。大力推进垃圾分类处理工作，探索建立了城乡生活垃圾“户分类、县收集转运”的高效处理模式。被评为全国首批开展农村生活垃圾分类和资源化利用示范县。

五、扎实推进改革创新攻坚战，市场主体释放新活力

坚持以全面深化改革为抓手，推动经济社会健康发展,让群众享受更多的改革发展红利。

行政审批制度改革再创佳绩。继续推进行政审批权相对集中改革,率先建成“永宁县政务服务网上办事大厅”,村级全程代办点实现“十个一”全覆盖。创新“一表通”申请模式、“二维码”一次性告知方式和“不见面、马上办”审批服务模式,立等可取事项由126项增至206项,按时办结率达到100%。开展第二批审批事项划转,实行企业简易注销登记程序,放宽注册资本登记,新增企业1305家,增长22.4%,注册资本49.2亿元,增长42.9%。

农村综合改革实现突破。积极配合国有农场改革,完成国有林场改革、供销合作社改革、湿地产权确权登记。启动农村集体产权制度改革、农村宅基地使用权和农民房屋所有权“两证一书”[10]颁证工作。探索建立农村集体土地股份合作社,积极开展涉农扶贫项目资金投改股试点和政府购买农业公益性服务试点,初步形成了“土地租金+务工收入+入股分红”的农民增收模式。土地流转工作规范化推进,全县土地流转面积达到17.3万亩。农村土地承包经营权抵押贷款累计发放251笔1150万元,有效缓解了农民贷款难问题。

其他重点领域改革有序推进。全面完成政府公务用车制度改革、承担行政职能事业单位改革和民用水电气阶梯价格改革,机关事业单位退休人员基本养老金、丧抚费全部实行社会化发放。国家县级公立医院改革工作稳步推进。理顺原杨和街道办事处体制机制,报请自治区人民政府同意,设立团结西路街道办事处。开展城乡管理综合执法体制改革,城乡管理效能大幅提升。

六、扎实推进民生改善攻坚战,小康建设迈上新台阶

坚持利民之事,丝发必兴,推进以需求为导向的民生工作,不断增强人民群众获得感。

就业创业工作稳步推进。新建李俊镇古光村、闽宁国际汽车物流园2个返乡农民创业示范基地,宁夏创业谷二期项目完成投资2.5亿元,累计吸引科技服务型企业19家,入孵企业32家。新培育小企业264家,培养小老板371名,全民创业带动就业2625人,发放就业补助资金1467万元、全民创业担保贷款3685万元、农村妇女创业小额担保贷款6835.5万元。新培育劳务派遣公司6家,劳务经济人26名,农村劳动力转移就业2.12万人,实现劳务收入2亿元。城镇新增就业5823人,购买公益性岗位102个,城镇登记失业率控制在3.6%。开展各类职业技能培训30期1493人,劳动者职业素养和技能水平不断提升。

义务教育优质均衡发展。累计投资近2.5亿元,实施望远九年一贯制学校、玉海幼儿园等新建、改扩建项目11个。投入3671万元采购现代化设施设备,教育信息化水平明显提高。为困难学生发放补助金2004万元,全县20辆校车全部安装GPS系统,义务教育阶段小学、初中适龄人口入学率分别达到100%和98.5%,高中阶段教育实现全免费。新增教师138名,组织校长、教师培训1000多人次,中考600分以上学生比上年增加123名,高考一二三本上线率达到73.7%。

医疗服务能力明显提升。扎实开展国家健康促进县创建工作,实施县中医院、望远镇卫生院、望洪镇卫生院迁建项目,宁医大胸科医院竣工。县乡村医疗卫生服务一体化进一步拓展,分级诊疗体系和卫生信息化体系建设逐步完善。新招聘30名临床医生充实到乡镇卫生院,308名医务人员参与家庭医生签约服务工作,家庭医生签约率和重点人群签约率分别达到30%、62.5%。认真落实全面二孩政策。国家慢性病综合防控示范县创建通过验收。

社会保障体系不断完善。继续实施“56789”暖心工程[11],共计投入1009万元。城乡居民最低生活保障标准和基础养老金标准继续提高,贫困线与农村低保线实现“两线合一”,大病救助门槛由3万元下降至2万元,建档立卡贫困户大病患者保险起付额由9500元下降至3000元,累计发放城乡低保、残疾人生活补贴等各类补助资金8400余万元。超额完成被征地农民养老保险参保任务。建筑业劳动合同签订率和工伤保险参保率均达到100%。

文化体育事业蓬勃发展。不断增强公共文化

服务能力，投资7亿元，实施永宁县综合文化艺术体育中心、利民广场、闽宁镇文化中心建设项目，打造了李俊镇许桥中心村综合文化服务中心、杨和镇永康社区综合文化服务中心等10个独具特色的农村文化阵地。率先在全区建立文化指导员、管理员运行机制，积极购买公共文化服务，开展“四送六进”[12]等文化惠民活动270场次。全区文艺界精英在我县开展“深入生活·扎根人民”实践采风创作活动，中央电视台相继播出《焦点访谈·“中国梦·这五年：脱贫之后的日子”》《乡约》《中国影像方志·永宁篇》等节目，永宁的知名度和影响力不断提高。成功举办全国游泳俱乐部大联盟公开水域锦标赛、“勇士之路”贺兰山（闽宁）全国自行车越野挑战赛等国家、区市级品牌赛事30余场次。城乡体育设施全部实现标准化配置，新装健身路径87套，人均公共体育场地面积达到2.5平米，初步建成“15分钟健身圈”，群众公共文化活动参与率达到85%。

脱贫攻坚工作再添亮点。持续推进产业扶贫，引进晓鸣禽业智慧农业扶贫产业园和万头黑毛驴养殖繁育示范基地项目，建成全区最大的红树莓集中连片种植基地。积极对接中央农办，设立原隆村创业就业和产业发展基金560万元。创新存货质押融资和海尔融资租赁模式，原隆村肉牛养殖托管实现全覆盖。不断深化闽宁协作，争取福建支援扶贫协作发展资金1000万元，用于产业发展和美丽乡村建设。福建角美镇与闽宁镇共同成立教育扶贫基金会，角美中学、角美小学分别与闽宁二中、闽宁镇角美小学开展校际合作，闽宁对口扶贫迈入了教育帮扶、产业支持、文化互融、干部挂职交流等多渠道全方位推进的新格局。大力开展信用体系重建工作，2157户困难群众消除信用黑名单。永宁县农村产权交易中心闽宁镇分中心正式运营，流转交易土地4276亩。农村互助担保资金规模达到2700万元，实现建档立卡贫困户“扶贫保”[13]政策全覆盖。原隆村被评为国家级乡村旅游创客示范基地和自治区十大特色产业示范村，闽宁镇被评为全国第二批特色小镇。预计全镇农民人均可支配收入12341元，增长15%。

社会治安形势持续向好。深入推进社会治安综合防控体系建设，严厉打击各类违法犯罪行为。不断加强基层警力，新聘用50名协警，考录49名事业编警察，完成交巡合一警务机制改革。搭建全区首个县乡村三级全覆盖的社会治安综合治理信息系统平台，探索建立“人民调解+律师专业调解”机制，信访信息化应用排名全区第一。严格落实安全生产责任制，持续开展安全生产大检查和重点领域、重点地区、重点时段、重大节庆专项整治。深化打击传销和非法集资工作，铲除“善心汇”等涉嫌网络传销组织2个。社区戒毒和康复执行率、命案破案率均达到100%。公众安全感和满意度进一步提升。

七、扎实推进政府自身建设，民主法治开启新征程

全力加强政府自身建设，牢固树立服务意识，提高服务水平和工作效率，切实为群众办好事、办实事。

坚持依法行政。全力推进“两法衔接”[14]和行政规范性文件合法性前置审查，出台《永宁县权力清单和责任清单动态管理办法》，开展权责清单动态调整。推行重大行政执法决定法制审核等六项制度，进一步规范行政执法行为。执法规范化建设被公安部列入全国观摩点进行推广。完成新一轮法律顾问聘用，在全区率先组织193名行政执法人员参加了年度行政执法证件申领网上在线考试。

坚持民主执政。严格落实《永宁县政府工作规则》、县政府重大行政决策集体决定制度和“三个清单”[15]制度。制定《政府重大行政决策事项目录和听证目录》，从制度上为政府自身决策“划定红线”，政府行政决策更加科学、民主。自觉接受人大及其常委会的工作监督和依法监督，自觉接受政协的民主监督，依法履行向人大及其常委会报告工作制度。共办理人大议案、意见建议21件，政协提案、意见建议22件。

坚持公开施政。推进决策、执行、管理、服务、结果“五公开”，出台《永宁县政府信息公开制度》等6项制度，清理废止行政规范性文件34件。永宁政府公众网改版运行，教育、住房、就业等民生事项及项目建设、环境保护等方面重大决策事项全部列入政府信息公开目录，回复群众咨询、投诉、建议481条，交办答复率100%。

坚持廉洁从政。保持惩治腐败高压态势，加大正风肃纪力度，严格落实中央八项规定精神，认真落实政府系统党风廉政建设责任制和责任追究制。制定出台《2017年永宁县党风廉政建设和反腐败主要任务分工》，修订完善《永宁县落实党风廉政建设责任制"一案双查"办法》《永宁县党政机关差旅费管理暂行办法》《永宁县党政机关公务接待管理规定》等7项制度。对财政预算执行、政府投资等122个项目进行审计，"三公"经费下降46%。

"五城同创"[16]成果丰硕，国家园林县城创建成功，国家卫生县城通过验收，全国文明城市继续提名，全国文化先进县、国家生态文明建设示范县创建深入推进。农产品质量安全、食品、药品安全工作扎实有力，人民武装工作不断加强，自治区双拥模范县创建稳步开展，民族团结、宗教和顺的良好局面进一步巩固。防震减灾、应急管理平稳有序，史志、外事、档案、气象、科技工作全面发展。工会、共青团、妇联、残联、机关事务管理工作再创佳绩。

各位代表，这些成绩的取得，是区市党委、政府和县委坚强领导的结果，是全县广大干部群众团结奋斗的结果，是社会各界大力支持的结果。在此，我代表县人民政府，向全县广大干部群众，向给予政府工作大力支持的人大代表、政协委员，向各民主党派、工商联、无党派人士、各人民团体和各界人士，向离退休老同志，向区市驻永各单位，向驻永部队、武警官兵、公安政法干警，向所有关心支持永宁和为永宁发展做出贡献的同志们、朋友们表示衷心的感谢并致以崇高的敬意！

在看到成绩的同时，我们也要清醒地认识到，当前永宁经济社会发展中存在的困难和问题。主要是：争项目争资金意识不强，办法不多，大项目、好项目储备不足，招商引资签约落地率低，致使有效投资严重不足，比上年下降24.7%；作为县域经济重要支柱的三家生物发酵企业转型升级缓慢，因异味治理停产，致使地区生产总值只增长0.5%；明年大气、水体、土壤等治理任务依然艰巨；对标全面小康，我县在城乡居民人均可支配收入、单位GDP能耗等方面还有不小差距；一些政府工作人员作风有待加强，依法行政、高效施政的能力还需进一步提高。

对此，我们必须高度重视，采取更加有力的措施切实加以解决，让全县人民感受到实实在在的变化和成效。

2018年目标任务

各位代表，伟大的事业需要伟大的实践，伟大的梦想源自脚踏实地！党的十九大已经为我们今后一个时期的发展指明了方向，确定了决胜全面建成小康社会、开启全面建设社会主义现代化国家新征程的目标。站在新的历史起点上，我们必须从全区、全市发展大局来重新定位、谋划和创新永宁的发展。

2018年，政府工作的总体思路是：紧密团结在以习近平同志为核心的党中央周围，全面贯彻落实党的十九大精神，以习近平新时代中国特色社会主义思想为指导，深入学习贯彻习近平总书记系列重要讲话精神和视察宁夏时的重要讲话精神，以提高经济发展质量和效益为中心，紧紧围绕自治区"三大战略""五个扎实推进"、银川市"绿色、高端、和谐、宜居"城市发展理念和"两个率先"[17]奋斗目标，坚持创新驱动、乡村振兴、协调发展、脱贫富民、生态立县、文明铸县，持续改善民生，推动经济社会发展和政府自身建设各项工作，不忘初心，牢记使命，振奋精神，真抓实干，为实现经济繁荣、民族团结、环境优美、人民富裕，率先在全区全面建成小康社会而努力奋斗！

2018年，我们的发展目标是：实现地区生产总值增长8%左右；全社会固定资产投资与上年持平；地方财政一般公共预算收入增长7%左右；社会消费品零售总额增长8%左右；城镇居民人均可支配收入增长7.5%左右；农村居民人均可支配收入增长 8%左右；完成区市下达的约束性指标任务和控制性指标。

实现上述目标，我们必须从以下七个方面狠抓工作落实：

一、坚持创新驱动，聚焦高端产业

继续深化供给侧结构性改革，提高经济发展的质量和效益，形成以创新为引领的经济体系和发展模式，打造风生水起的创新生态和开放环境。力争新增规模以上工业企业 3 家，完成规模以上工业增加值 39.7 亿元，增长 10%。

着力推进产业转型。支持伊品生物、启元药业、泰瑞制药等生物发酵企业开展技术革新，采用新型生产工艺，向产业链尖端、价值链后端延伸，自主研发新药和仿制药。积极拓展造纸包装业。力争紫荆花 10 万吨秸秆造纸循环经济项目上半年建成投产，支持和瑞包装开拓市场，银浙包装扩大规模。大力发展装配式建筑。鼓励北方精工与东南网架、宁旭建设与安徽富煌开展深度合作，实施凤凰城智能制造年产 120 万吨钢材深加工、铭江实业新型金属丝网加工等 9 个项目，力争完成投资 3.9 亿元。加快壮大新能源产业，以比亚迪新能源产业园建成投产为契机，汇聚装备制造方面的关联产品，扩大品牌效应，力争“一带一路”闽宁国际新能源产业聚集区项目落地。加速培育光伏产业。开工建设盛景光伏大棚二期 20 兆瓦、德伏葡光互补式 60 兆瓦发电项目，力争完成投资 7 亿元。规范发展葡萄酒产业。在德龙、立兰等 6 家列级酒庄试点推行葡萄酒“一瓶一码”[18]认证制度，打造全球知名优质葡萄酒产区和国际葡萄酒之都核心区。

着力培育创新主体。持续推进项目引进年活动，加大招商引资力度。推进军民融合发展，围绕生物医药、新能源车辆制造等产业集群和新产业、新业态、新经济，争取引进 1 家中国 500 强企业，年内完成招商引资到位资金 80 亿元。支持企业创新创业。认真落实“创新 30 条”[19]等区市各项产业扶持政策，设立 2000 万元政府引导资金和中小微企业科技创新基金，对进入国家和自治区级制造业领先示范企业的，分别一次性给予 80 万元、40 万元奖励；对创建为国家级和自治区级高新技术企业的，分别一次性给予 50 万元、30 万元奖励。争取年内新建自治区级技术中心 2 家，申报发明专利 100 件以上。

着力搭建创新平台。主动融入“一带一路”建设，打好中阿博览会和闽宁协作“两张牌”，拓宽对外通道。鼓励企业加大创新投入，引导各类创新资源向企业聚集，发行 2000 万元创新券，支持中小微企业开展创新活动。实施“科技型小巨人”企业培育计划，对落户的国家高新技术企业给予 100 万元奖励。推进创业谷二期项目建设，培育中科院宁夏创业谷孵化基地，支持宁夏创业谷建立大学生“互联网+”创业主题项目库，年内培育 6 家创新型企业，打造双创孵化示范区。

着力集聚创新人才。实施人才强县工程，发挥洛客公司工业设计平台优势，加大与宁夏大学等区内外知名高校联系力度，推行“人才+项目+平台”创新模式，力争引进创新型人才 50 名、实用型技能人才 50 名。对进入县内企业工作的全日制博士、重点院校和重点学科毕业的硕士，按月分别给予 5000 元、3000 元补贴。对海外留学回国在我县创业的人员，给予 10 万~50 万元的项目资助。

着力优化创新环境。全力推进“放管服”[20]改革。进一步优化集中办理事项的环节和流程，提高“不见面、马上办”行政审批效率，力争行政审批事项网上全流程办理率达到 80%以上。积极开展园区低成本化改造。实施扶贫产业园天然气供热站、望远工业园区老旧排污管网检修等 8 个项目。加快盘活存量资产。坚持“一企一策”，逐步依法处置望远工业园区的“僵尸企业”[21]、闲置厂房和闲置土地，加快“退低进高”，实施“腾笼换鸟”计划，打造创新型特色园区。

二、坚持脱贫富民，推动乡村振兴

坚持农业农村优先发展，按照产业兴旺、生态宜居、乡风文明、治理有效、生活富裕的总要求，大力实施乡村振兴战略。聚焦农业强、农村美、农民富，持续推进国家现代农业示范区建设。力争实现农林牧渔增加值 17.2 亿元，增长 5%。

厚植农业发展优势。夯实农业基础。继续推进农田水利基本建设，大力实施江河湖库水系连通、千亿斤粮食、胜利乡金沙渠翻建、望远镇政权村农水设施配套等8个项目，整治大庙沟、板桥沟等主干沟道，建设高标准农田25万亩以上，以李俊丰登、望洪新华片区为重点，发展高效节水灌溉1.8万亩。支持新建全钢架日光温室、大拱棚、中小拱棚，每亩分别补贴10000元、5000元、2000元。深化农村改革。扩大农业特色优势产业贷款担保基金、风险补偿基金、贴息资金支持范围和险资直投[22]支农融资模式覆盖面，农业信贷担保业务实现5镇1乡全覆盖。加快农业水价综合改革，落实承包地"三权"分置[23]制度，引导各类产权入市交易，力争全县所有行政村完成集体资产清产核资，引导组建土地股份合作社10个，激发农村发展活力。

完善农业发展体系。深入开展"互联网+现代农业"专项行动，狠抓农产品质量安全源头治理，以"三品一标"[24]为重点，推进以绿色、有机、无公害为主导的农业标准化生产，在望洪镇康润丰现代农业合作社、望远镇佳蕾种植专业合作社等10个标准化园区试点农产品质量全程监控。实施昊鑫40万亩水稻一二三产融合及信息化管理、茂林养殖合作社奶牛标准化养殖场改建、悦丰农科高标准供外蔬菜基地等5个项目，完成投资1.7亿元。巩固建成的33个标准化园区示范成果，新发展杨和镇冠丰苑种植合作社、胜利乡先锋村鲜食枸杞园区等标准化生产示范园区15个，落实伊品生物玉米原料标准化种植10万亩，力争打造农业物联网技术应用示范工程2个。积极对接正大集团300万只蛋鸡项目。依托宁夏农科院农作物研究所，大力推广新品种新技术，为农业标准化生产提供技术支持。力争无公害农产品达到50个、农产品加工转化率达到65%、主要农作物综合机械化水平达到95%，测土配方施肥技术实现全覆盖。

加快建设美丽乡村。大力推进农村水电路气房、垃圾污水处理等基础设施建设。投资1.8亿元，实施烽园路、金玉路等农村公路及危桥改造项目8个，新建、改建公路37公里。投资6300万元，建设陆坊小镇公交停保场和胜利、宁化、新华等5个中心村公交首末站。优化公交线路，实现县城和望远公交全覆盖，最大限度满足群众出行需求。大力实施"两改造、两提升"工程，有序推进老旧庄点改造和土地复垦工作。投资3500万元，实施李俊镇美丽小城镇及闽宁镇武河村、玉海村美丽乡村生态绿化、道路硬化、美化靓化、污水处理等项目。完成闽宁镇改厕1000户，鼓励同步实施农房改造，打造环境优美、居住舒适的美丽乡村。

持续巩固脱贫成果。认真总结宣传推广"闽宁经验"，深化闽宁对口协作。以全国特色小镇建设为抓手，全力实施110国道及月玉路特色商业街、老镇区排水管网改造、新镇区绿化等9个项目。以建档立卡贫困户增收为核心，加快构建原隆村休闲旅游、福宁村商贸服务、武河村酿酒葡萄、木兰村枸杞种植、园艺村饲草种植、玉海村庭院养殖的"一村一品"产业模式。借鉴建档立卡贫困户肉牛托管分红的经验，探索黑毛驴养殖托管。大力推进晓鸣禽业智慧农业扶贫产业园、福宁现代智能化日光温棚、青禾田园综合体等5个产业项目。积极对接国家广电总局，以东西对口扶贫协作为载体，拍摄电影《闽宁镇》。进一步引导贫困群众转变思想观念，增强致富的积极性和主动性，建立稳定的脱贫致富长效机制，阻断贫困代际传递，年内实现5个村脱贫销号。逐步解决259户生态移民"多代多人"居住困难问题，落实2200户劳务移民户籍迁移工作。

大力实施富民工程。积极推广"板桥模式"，加快培育新型农业经营主体，对获评区市级五优基地的园区，以奖代补10万~20万元。推进合作社和家庭农场规范化发展，培育壮大特色产业，实施胜利乡老杨家有机生态休闲庄园、小任果蔬农村产业融合发展示范园区等6个项目，完成投资7100万元。新增酿酒葡萄5000亩、有机水稻示范区2000亩、设施园艺1000亩、银川市永久性蔬菜基地2000亩。力争全县农村土地适度规模经营率达到60%以上、国家级农民合作示范社达到10家、区级示范社达到30家、区市级家庭农场达到20家。深入实施"创业带动就业"计划，鼓励和支持城乡居民就业创业，拓宽增收渠道。积极发展社区服务业，培育“永宁保姆、永宁保洁、永宁护工”200名。落实小额担保贷款1000万元、职业技能培训1000人次，开发公益性岗位100个，组织大型招聘会5场次以上，安排就业补贴、创业扶持资金1200万元。进一步完善协商协调机制，加快构建和谐劳动关系。实现农村劳动力转移就业2.2万人，劳务收入2.1亿元。城镇新增就业5900人，城镇登记失业率控制在4%以内。

三、坚持生态立县，落实绿色发展

树立和践行绿水青山就是金山银山的理念，以构筑银川南部绿色生态安全屏障为己任，实行最严格的生态环境保护制度，全面加强生态环境建设。

坚定不移推进绿色发展。全面落实规划环境影响评价，推行环境保护“负面清单”制度。开展绿色企业、绿色社区等创建活动，推动形成绿色发展方式和生活方式。落实最严格的水资源管理制度，坚决淘汰落后产能，完成伊品生物、紫荆花纸业污水处理提标改造、泰瑞制药废水深度治理项目。鼓励支持购买新能源汽车，实施比亚迪新能源汽车更换计划，年内更换公务用车、执法用车50辆、环城公交10辆，在全县范围内合理设置一批新能源汽车充电桩。

着力解决环境突出问题。全面完成中央环保督察反馈问题整改。坚持全民共治，源头防治，打好大气、水、土壤污染防治攻坚战。深入开展“蓝天工程”，扎实推进“大气十条”专项整治，持续改善大气环境质量。实施工业领域煤炭清洁高效利用行动计划，10万千瓦及以上自备燃煤发电机组全部完成超低排放改造。严格落实建筑工地“六个100%”[25]，对工业企业堆场实行全封闭规范化管理，全面清理“小散乱污”企业。禁止秸秆露天焚烧，大力推广紫荆花秸秆综合利用、裕稻丰生物质燃料等项目，落实秸秆综合利用补贴资金1000万元左右。引导生物发酵企业科学运用中科院生态环境研究中心科研成果，彻底解决异味扰民问题。深入开展“碧水工程”，全面落实“水十条”“河长制”，坚决完成水源地保护区整治，取缔水源地一级保护区内工业企业和养殖场，确保城乡居民饮用水安全。积极对接河海大学工程研究院，建立水体、土壤治理研究中心。开展母亲河保护行动，投资1.77亿元，完成县第一污水处理厂扩建、永二干沟、中干沟人工湿地（一期）建设，加强7条入黄排水沟整治，消除劣V类水体，确保城市建成区污水全收集全处理，入黄水质达到地表水IV类标准。深入开展“净土工程”，制订全县土壤环境保护与污染治理修复规划，全面开展土壤污染地块调查工作。规范工业园区固废堆场管理，加快生活垃圾、餐厨垃圾分类收集处理，依法关闭或搬迁禁养区内畜禽养殖场。严控农业面源污染，落实化肥、农药、除草剂减控行动，管控销售渠道，出台有机肥补贴政策，年内实现农作物化肥、农药、除草剂减量40%。积极推广应用可降解农用薄膜，农用残膜回收率和畜禽粪污利用率分别达到95%和98%。

切实加强生态环境建设。加大生态环境保护治理力度，严守生态保护红线。投资3600万元，实施307国道、银子湖、海子湖、鹤泉湖、贺兰山东麓葡萄文化长廊核心区等7个生态廊道、生态景观带建设，提升艾依河生态园、县城建成区、小城镇中心村景观绿化水平，完成造林7240亩，构建沿山生态化、平原林网化、沿路沿河景观化、乡村田园化的生态格局。

健全完善环境监管体系。落实生态文明建设“党政同责、一岗双责”、领导干部任期生态文明建设责任制和自然资源资产离任审计制。完善县乡村三级环境保护网格化管理机制，配齐配强网格员。始终保持环境执法监管高压态势。加强建设项目全过程监管，推进排污许可“一证式”管理。全面推进大气、水、土壤等生态环境信息公开，鼓励和支持群众参与生态环境保护各项工作，定期通报全县生态环境信息。建立健全异味治理、秸秆综合利用、城乡污水处理等专家论证、风险评估制度，强化突发环境事件应急处理能力。构建政府主导、企业主责、社会组织和公众共同参与的环境监管治理体系。

四、坚持旅游兴县，激发服务业活力

加快构建以全域旅游为重点、“互联网+”为抓手的现代服务业体系。力争实现服务业增加值50亿元,增长8%。

扎实推进全域旅游。以项目建设为基石,推进三沙源国际生态文化旅游度假区、丝路文旅国际度假区建设,全力实施四季乐园、沙漠酒店等7个工程,力争完成投资15亿元。做好中国旅游资源整合联盟银子湖喜乐岛、海子湖通航小镇等4个项目的前期工作。加快闽宁特色小镇建设,力促闽宁镇游客集散中心5月底前投入运营,培育昌盛光伏科技园等乡村旅游景点5个,改造提升民宿20家。以服务提升为导向,实施农家乐、采摘园、旅游景区"厕所革命"工程,新建、改造厕所15座。整合21家旅游公司资源,围绕黄河金岸、艾依河生态园、贺兰山东麓葡萄文化长廊东中西三线旅游,分别规划一条可玩、可看、可吃、可游的一日游线路。组织全县820名旅游从业人员开展系统化培训,提升服务能力和水平,增强游客满意度和认知度。以业态融合为重点,推进纳家户特色小镇建设,按照"一镇一特"的思路,打造望洪镇靖益村、杨和镇惠丰村等6个田园综合体,大力发展休闲农业、观光农业,依托艾依河生态园,力争建设集健康医养、运动、美食、民俗于一体的乡村旅游示范点9个。办好"永宁大集·大吉永宁"、特色文旅一日游等文化品牌活动,支持棚湖湾树莓生态园、中粮云漠酒庄、立兰酒庄3家企业申报国家级旅游景区。

优化提升物流产业。加快望远路丰建材物流园(二期)、金属物流园钢材智能化加工中心建设,推进京东开放物流、盈石物流等项目落地,完成投资2亿元。完善冷链物流体系,促进传统商贸物流提档升级。支持现有15个物流园区整合产供销储运等各种资源,通过招商、合作、共建等多种形式,盘活物流市场。争取年内物流业实现交易额200亿元,增长11%。

加快完善金融体系。搭建高效畅通的政银企合作平台,鼓励企业上市融资,发行企业债券,支持伊品生物、泰瑞制药、悦丰农科3家企业IPO上市[26]。加快社会信用体系建设,支持设立村镇银行,争取新增3家金融机构营业网点和5家农村金融服务站。

拓展丰富电商服务。积极引进中储智运电子商务平台,深入实施电子商务进农村综合示范工程,加强与京东、苏宁、天猫等知名电商企业和电商平台合作,力争"京东商城中国特产永宁馆"在线商品达到120款。打造"永宁放心菜"品牌,推动"淘翼夏·永宁放心菜"便利店达到百家规模,实现销售收入800万元。

五、坚持协调发展,营造宜居环境

积极落实自治区空间发展战略规划,主动融入沿黄生态经济带和银川都市圈建设,完善永宁县空间规划,推进县城北扩东移。在永宁、贺兰两翼齐飞的发展道路上先行一步,快走一步。

优化城市基础设施。统筹推进"城市双修"[27]工作。投资2.7亿元,实施鹤泉湖湿地公园、老旧街巷改造等9个项目,新增机动车临时泊位1138个,有效缓解停车难问题。推动青铜峡至银川快速通道(永宁段)、文昌南街延伸至闽宁镇扶贫产业园、109东线向北延伸至立掌路等公路建设,力争利民广场改造等5个PPP项目[28]年内建成投用。大力支持华电"东热西送"集中供热、银川市水源地置换、银川城乡西线供水、"永贺线"50公里轨道交通、银西高铁和京藏高速改扩建等项目。以银川东站为核心,打造高铁小镇,力争年内完成基础设施和商业配套总体规划。

改善城乡环境面貌。启动望远垃圾中转站建设,探索垃圾处理费收缴市场化运作模式。深化城乡管理综合执法体制改革,动态调整城乡管理综合执法权力清单和责任清单,推动城乡管理工作从末端走向前端,从管理迈向服务。拓宽数字化城管平台服务功能,提升城乡管理智慧化、精细化水平。推进小城镇中心村物业规范化管理,探索建立综合治理、秸秆禁烧、河长制、卫生保洁等"多网合一"的城乡大网格治理体系。深化"以克论净、深度清洁"环卫保洁机制,道路机械化清扫率达到85%。规范道路交通秩序,加密环城公交班次,依法取缔非法营运三轮电瓶车。在杨和街、宁和街等17条街道上推行"街长制"。投放智能垃圾分类箱、垃圾袋发放机、智能积分兑换机40个,打造生活垃圾分类管理云平台，力争生活垃圾分类全覆盖。

创建国家级城市品牌。坚持抓统筹、促民生，补短板、强弱项，打造“四城十县”城市名片。巩固提升国家园林县城、国家卫生县城、中国十大品质休闲县、国家级慢性病综合防控示范县、国家农产品质量安全县、全国未成年人思想道德建设工作先进城市创建成果，持续推进全国文明城市、全国文化先进县、国家生态文明建设示范县、国家全域旅游示范县、全国健康促进县、全国体育示范县、全国民族团结进步示范县、乡村振兴示范县创建工作。让群众在城乡融合创新发展的进程中共享发展成果。

六、坚持改善民生，促进社会和谐

坚持以人民为中心的发展思想，统筹做好各项保障和民生改善工作，办好20件民生实事，提升人民群众的幸福感和获得感。

优先发展教育事业。不断优化教育布局，实施永宁四中多功能楼、望远长湖小学操场改造等5个项目。推进武河幼儿园及教师周转房、望远九年一贯制学校建设，力争秋季开学投入使用。深化教育体制机制改革，发展职业教育，打造三沙源教育小镇，加强教育信息化和教师队伍建设，加大城乡校际交流力度，年内组织校长、教师交流轮岗220人次。力争通过国家义务教育发展基本均衡县复验和自治区教育信息化建设达标县验收。

推进健康永宁建设。完善县乡村医疗卫生服务一体化管理和分级诊疗制度，加快县中医院迁建项目进度，建设永和锦城、纳家户等5个社区卫生服务站，力争望远镇卫生院、望洪镇卫生院5月底前投入使用。持续深化综合医改，以京银医疗卫生合作为契机，推进医共体建设，家庭医生签约率和重点人群签约率分别达到35%和70%。加强慢性病预防管理。全面落实计划生育各项政策。深入开展食品药品专项整治，保障全县人民“舌尖上的安全”。广泛开展全民健身活动，举办第二届全国游泳俱乐部大联盟公开水域锦标赛等体育赛事30场次以上。

织密民生保障网。深化社会保险制度改革，推进被征地农民养老保险工作，进一步扩大社会保险覆盖面，力争应保尽保。继续实施好“56789”暖心工程，做好流浪乞讨人员、留守儿童、困境儿童和失智失能人员救助工作。完善养老服务体系，建立健全经济困难高龄失能人员护理补贴和养老服务补贴制度。鼓励社会化养老服务，推行公建民营模式，引进第三方机构，运营管理闽宁敬老院和永宁县第二敬老院，提升养老机构服务质量和效率。

推进文化繁荣发展。深入实施乡风文明建设工程，发挥“最美永宁人”典型引领作用，继续开展文明创建“十二个一”，推动社会主义核心价值观由“软性要求”向“硬性规范”转变。加快建设永宁县综合文化艺术体育中心，实施宁夏飞碟射击训练基地项目，保护利用好纳家户清真寺、明长城等重点文物，传承开发二毛皮手工制作、民间剪纸等文化遗产。投入473万元，向社会购买公共文化服务，开展“四送六进”“深入生活·扎根人民”等文化惠民活动300场次以上。提升文艺原创力，设立文艺精品专项经费，引导支持文艺工作者结合永宁风土人情，创作在全国有影响力的作品。

加强社会治理创新。深化平安永宁建设，完善“12345”平台[29]和立体化社会治安防控体系，推进道路交通和消防安全管理常态化。加强农村基层基础工作，健全自治、法治、德治相结合的乡村治理体系。继续深化打击传销和非法集资工作，依法打击和惩治黄赌毒黑拐骗等违法犯罪活动，大力化解矛盾纠纷，确保社会安定。严格落实安全生产责任制，深化安全生产领域改革，坚决遏制重特大安全生产事故发生。推进信访工作法制化、规范化，落实党政领导包案化解信访积案制度，坚决打击恶意缠访、闹访行为。严格执行党的民族宗教工作政策，坚持宗教中国化方向，深入推进“585”创建行动[30]计划，巩固和发展民族团结、宗教和顺的良好局面。依法维护网络公共安全。保障妇女儿童、老年人、残疾人合法权益。支持法院、检察院、工会、共青团、各民主党派、工商联、无党派人士开展工作，继续做好人民武装、应急管理、外事侨务、统计气象、档案史志、防震减灾等各项工作。为自治区60大庆和改革开放40周年营造安全稳定的社会环境。

七、坚持民主法治，推进依法行政

坚持在党的领导下，在法治轨道上开展工作，自觉运用法治思维和法治方式深化改革、推动发展、化解矛盾、维护稳定，着力建设职能科学、权责法定、执法严明、公开公正、廉洁高效、守法诚信的法治政府。

从严治政，坚持党的领导。牢固树立和切实增强“四个意识”，始终在政治立场、政治方向、政治原则、政治道路上同以习近平同志为核心的党中央保持高度一致，坚决维护党中央权威。加强思想政治建设，严守政治纪律和政治规矩。坚决贯彻落实党中央国务院，区市党委、政府和县委各项决策部署，在县委的领导下开展工作。坚决把全面从严治党要求落实到从严治政之中，落实到政府工作人员能力和作风建设之中，营造风清气正的政治生态。

依法行政，建设法治政府。依法接受县人大及其常委会的监督，认真落实各项决议决定并定期报告工作。自觉接受县政协的民主监督，认真听取各民主党派、工商联、无党派人士和人民团体的意见。认真办理人大代表议案意见建议和政协提案，进一步提高办理质量。支持监察体制改革，主动接受社会和舆论监督。加强重大行政决策、规范性文件合法性审查，落实科学民主决策“五步走”[31]工作机制，成立政府重大行政决策专家咨询论证委员会。推进“七五”普法工作，深化县乡村三级公共法律服务平台建设，推行行政执法“三项制度”[32]，严格规范公正文明执法。

高效施政，建设服务政府。强化政府工作人员责任担当意识，提升政府工作人员创新实干能力。坚持实干为先、行动至上，对重大决策和重点工作立说立行、一抓到底；对企业和群众承诺的事，马上就办、说到做到；对企业和群众关心的事，换位思考，真诚服务。推进行政服务规范化和标准化建设，加强政府信息公开。强化绩效管理考核，完善常态化督查工作机制和约束机制，确保重大决策部署落实到位。

勤勉为政，建设廉洁政府。严格执行党内政治生活若干准则、纪律处分条例、廉洁自律准则等法规条例，认真落实党风廉政建设主体责任和“一岗双责”。严格落实中央“八项规定”精神，坚决纠正“四风”。深入推进“两学一做”学习教育常态化制度化，扎实开展“不忘初心，牢记使命”主题教育。强化执纪问责，严厉整肃庸政懒政怠政行为。压缩“三公”经费，完善财政预算管理，加强政府债务管理。推进审计监督，加大公共资金、国有资产、国有资源监管力度。强化对重点领域和关键岗位的监督，坚决查处不正之风和腐败行为，切实做到干部清正、政府清廉、政治清明。

各位代表，同志们，时代催人奋进，使命激荡人心！在全区率先全面建成小康社会、率先开启全面建设社会主义现代化新征程，我们责无旁贷，使命光荣，唯有勠力同心，砥砺前行，振奋精神，真抓实干，共同谱写决战决胜全面建成小康社会的永宁新篇章！

相关名词说明：

［1］ 自治区降成本30条：根据《自治区人民政府关于降低实体经济企业成本的实施意见》（宁政发〔2017〕1号），从用电、融资、物流、税费、人工、挖潜增效6个方面，出台了30条具体措施，为企业节本增效、开源节流，降低实体经济企业成本。

［2］ “板桥模式”：板桥现代农业综合体园区以建设标准化、管理规范化、运营市场化为目标，创新三种模式促进农民增收：创新“支部+合作社+农户”模式带动蔬菜产业发展；创新“土地+资本+销售商”股份合作模式转变农业发展方式；创新“产供销一体化经营”模式引领产品走向全国市场，形成多方共同参与，风险共担的“板桥模式”。

［3］ “三品认证”：无公害农产品、绿色食品和有机农产品认证。

［4］ “四治一禁”：治煤、治尘、治气、治车和禁烧。

［5］ “一控两减三基本”：控制农业用水总量；减少化肥、农药使用量，化肥、农药用量实现零增长；基本实现畜禽养殖排泄物资源化利用，病死畜禽全部实现无害化处理；基本实现农作物秸秆资源化利用，秸秆露天焚烧现象得到有效控制；基本实现农业投入品包装物及废弃农膜有效回收处理。

［6］ “三区”：生态空间、城镇空间、农业空间。

［7］ “三线”：生态保护红线、永久基本农田线、城镇开发边界线。

［8］ “八大提升工程”：小城镇中心村管理提升工程、水环境净化提升工程、道路洁净安全提升工程、农村面源污染消除工程、空气质量提升工程、异味治理提升工程、城市管理提升工程、绿化美化提升工程。

［9］ 智慧城管：以新一代信息技术为支撑、面向知识社会创新 2.0 的城市管理新模式。

［10］ “两证一书”：建设用地规划许可证；建设工程规划许可证；建设项目选址意见书。

［11］ “56789”暖心工程：“5”指为 50 岁以上的农民开展健康体检，“6” 指给全县 60 岁以上老人祝福生日，“7”指将 70—79 岁老人纳入老龄津贴补贴范围，“8”指提高 80 岁以上老人老龄津贴标准，“9” 指加强重症精神病人监护、建立失独家庭特别扶助金制度等 9 项保障措施。

［12］ “四送六进”：送演出、送图书、送培训、送电影，进乡村、进社区、进校园、进企业、进军营、进工地。

［13］ “扶贫保”：通过与中国人寿、人保财险等保险机构合作，为贫困户量身打造的家庭成员意外伤害保险、大病补充医疗保险和优势特色产业保险。

［14］ “两法衔接”：行政执法与刑事司法衔接。

［15］ “三个清单”：权力清单、责任清单、负面清单。

［16］ “五城同创”：创建全国文明城市、国家卫生县城、国家园林县城、国家级生态县、全国文化先进县。

［17］ “两个率先”：在全区率先全面建成小康社会、率先开启全面建设社会主义现代化新征程。

［18］ “一瓶一码”：每瓶葡萄酒的标签上都有一个独立的二维码，用于电脑或手机软件认证。

［19］ “创新 30 条”：自治区出台的《关于推进创新驱动战略的实施意见》里，明确提出了助推创新驱动战略的 30 条措施。

［20］ “放管服”：简政放权、放管结合、优化服务的简称。

［21］ “僵尸企业”：已停产、半停产、连年亏损、资不抵债，主要靠政府补贴和银行续贷维持经营的企业。

［22］ 险资直投：保险企业直接向客户发放贷款。相比传统的银行抵押贷款，险资直投支农融资贷款具备审批流程简便、融资成本低廉、风险管控高效等优势，有利于将金融服务扩展到各类新型农业主体和农民群众中。

［23］ “三权”分置：形成所有权、承包权、经营权三权分置、经营权流转的格局。

［24］ “三品一标”：无公害农产品、绿色食品、有机农产品和农产品地理标志。

［25］ “六个 100%”：100%围挡封闭、100%物料覆盖、100%车辆冲洗、100%道路硬化、100%湿法作业、100%密闭运输措施。

［26］ IPO 上市：是指一家企业或公司（股份有限公司）第一次将它的股份向公众出售。

［27］ “城市双修”：生态修复、城市修补，是治理“城市病”、改善人居环境、转变城市发展方式的有效手段。

［28］ PPP 项目：以公私合营模式实施的项目。

［29］ “12345”平台：“非紧急救助服务系统”，帮助诉求人解决生活、生产中所遇困难和问题，是党委、政府关注民生、倾听民意的平台。

［30］ “585”创建行动：“5”指创新开展民主法制、民族认知、民族平等、民族互信、民族互助五项特色教育，“8”指深入实施民族团结宣传教育、民族地区经济振兴、社会事业全面提升、民族地区文化繁荣、少数民族人才培养、民族政策法规落实、宗教事务依法管理、宗教人士教育引导八大工程，“5”指健全完善组织协调、系统推进、监督检查、考核评价、条件保障五项机制。

［31］ 科学民主决策“五步走”：重大行政决策公众参与、专家论证、风险评估、合法性审查、集体讨论决定程序。

［32］ 行政执法“三项制度”：行政执法公示制度、执法全过程记录制度、重大执法决定法制审核制度。

永宁县人民代表大会常务委员会工作报告

——在永宁县第十八届人民代表大会第二次会议上

永宁县人大常委会主任　郭雪平

（2017 年 12 月 22 日）

各位代表：

我受永宁县第十八届人民代表大会常务委员会委托，向大会报告工作，请审议。

2017 年工作回顾

2017 年，是党的十九大胜利召开之年，是新一届人大工作开局之年，也是新的历史起点上全力推进永宁经济社会快速发展的一年。一年来，在区市人大常委会的指导下，在县委的正确领导下，永宁县人大常委会深入学习宣传贯彻党的十九大精神和习近平总书记系列重要讲话精神，紧紧围绕县委决策部署，积极、认真行使宪法和法律赋予的职权，全年共召开常委会会议 9 次，主任会议 12 次，听取和审议“一府两院”专项工作报告 10 项，作出决议、决定 7 项，提出审议意见 7 项，组织开展工作视察、专题调研 18 次，圆满完成了县十八届人大一次会议所确定的各项任务，为全县经济社会快速发展做出了积极的努力。

一、坚持党的领导，在依法行使决定权、任免权上有新作为

常委会始终把坚持党的领导贯穿于人大工作的各方面、全过程，牢固树立政治意识、大局意识、核心意识、看齐意识，依法认真履职。

认真学习宣传贯彻党的十九大精神。在思想上，坚持系统学、深入学、结合实际学，专门召开人大常委会会议，专题传达学习党的十九大精神，组织常委会组成人员原原本本、认认真真学习，让党的十九大精神入脑入心。常委会领导带头学习、带头到包乡（镇）、村进行党的十九大精神宣讲，自觉在思想上同以习近平同志为核心的党中央保持高度一致。在组织上，切实保证县委的决策主张通过法定程序转化为人民的共同意愿。在工作上，坚持重要会议、重要工作、重大事项及时向县委请示汇报，听取县委意见，服从县委决定。在行动上，始终坚持党的领导和人大依法履职的一致性、统一性，确保人大工作与县委中心工作同频共振、齐心协力。

审议决定重大事项。听取和审议了县人民政府关于 2016 年、2017 年预算调整方案的报告，确保计划和预算执行科学规范运行。听取和审议了县人民政府提请将永宁县综合文化艺术体育中心等五个 PPP 项目政府付费纳入县级中长期财政规划的议案，及时高效、负责地作出了决议、决定，有力地推动了全县重大项目的实施。

严格依法任免干部。常委会坚持党管干部和人大依法行使任免权相统一的原则，按照既体现县委意图，又充分发扬民主的要求，完善了干部任前法律知识考试、当会作表态发言、颁发任命书和任后向宪法宣誓等程序，共任免国家机关工作人员 79 人次，为永宁事业发展提供了组织保证。

二、坚持服务大局，在强化监督工作上有新成效

常委会坚持正确把握加强人大监督与支持“一府两院”依法行使职权的关系，把监督与支持有效结合、有机统一，在强力监督中体现大力支持，在大力支持中实施有效监督。

全力推进重大决策落实到位。聚焦“工业强县”战略，持续关注工业发展，深入比亚迪新能源、伊品、泰瑞等企业视察、调研，就当前经济增长下行压力大、内生动力不足、产业结构调整任务艰巨等面临问题，提出了一企一策、科技创新等意见建议，为工业经济发展“把脉问诊”“献策支招”，促进工业经济可持续发展。聚焦“农业品牌”战略，结合“送政策、下基层、促发展”活动，对设施农业、酿酒葡萄、供外蔬菜、畜牧养殖等重点产业进行调研，在促进农业产业化、特色化、品牌化、标准化方面提出具体意见建议，推动现代农业快速发展进程。聚焦“旅游兴县”战略，结合全域旅游工作，对三沙源、艾依河生态园等文化旅游项目进行视察，推进“旅游兴县”落到实处。聚焦重大项目建设，多次组织常委会组成人员和县人大代表视察利民广场综合改造工程、综合文化艺术体育中心、中医院迁建等重大项目建设，有效促进了重大项目、重点工作的顺利实施。聚焦“五城同创”，对汉延渠带状公园、人民公园宣传长廊、中干沟、北苑市场等整治情况进行视察，为国家园林县城、国家卫生县城的成功创建添彩助力。

扎实推进公共财政健康运行。严把预算编制审查关、会议审查批准关、预算执行监督关，对财政预算执行情况和政府性投资项目资金管理运行情况进行调研，听取和审查了国民经济和社会发展计划执行、财政决算、预算执行情况的报告，作出了相关决议，促进全县经济社会发展。高度重视财政收支审计整改，听取审议相关工作报告，要求县人民政府要严格责任追究机制，完善整改工作机制，着力推动审计整改宽松软和屡审屡犯问题的有效解决。

持续推进民生福祉得到改善。始终坚持以人民为中心，把督促解决人民群众最关心、最直接、最现实问题作为常委会工作的重点，围绕改善民生实施监督。对《老年人权益保障法》贯彻实施情况进行视察，要求县人民政府及相关部门要完善养老服务体系，提高养老服务水平，切实保障老年人权益。开展“因病致贫、因病返贫、因灾致贫”、“三农”、民风建设等专题调研，形成有一定超前性预见性的调研报告，为县委科学决策提供依据。

有力推进生态环境持续向好。紧紧围绕自治区“生态立区”战略、银川市“绿色、高端、和谐、宜居”城市发展理念，对我县生态文明、环境整治等工作进行持续关注。召开创建生态文明建设示范县推进会，视察河长制开展工作，主动督查秸杆禁烧工作，针对环境保护薄弱环节和存在的突出问题提出明确要求，确保压力层层传导，责任级级落实。

深入推进依法行政、公正司法。进一步加大法律监督力度，积极推进依法行政、公正司法和全民守法，为全面建成小康社会提供强有力的法治保障。视察了行政审批制度改革、《安全生产法》贯彻落实、人民法院执行等工作。对全县 22 个行政执法部门开展了行政执法监督检查，针对问题提出整改意见建议 66 条。高度重视信访工作，常委会领导亲自接访，年内共受理群众来信来访 14 件，接待群众来访 16 批 70 人次，为维护社会和谐稳定发挥了重要作用。

三、坚持代表主体地位，在深化代表工作上有新气象

常委会坚持对代表负责、受代表监督、为代表服务、让代表满意的工作理念，不断拓宽代表履职渠道、激发代表履职活力，代表工作的整体水平明显提升。

深抓履职保障，代表作用充分发挥。夯实履职基础。组织全体县人大代表参加代表培训会，邀请区人大有关专家对所有县人大代表进行了《代表法》《预算法》等内容的专题辅导培训，进一步提高了人大代表的综合素质和履职意识。先后组织常委会组成人员及部分代表赴浙江大学、厦门大学进行专题培训，着力提高了依法履职能力。畅通履职渠道。开通永宁县人大常委会网站，建立人大代表微信平台，及时向代表发送人大手机报和人大常委会会议通报，让代表充分了解常委会工作动态和全县的经济社会发展动态，切实保障了代表的知情权、知政权。拓展履职平台。在全县各乡镇设立了代表活动室，搭建了代表依法履职新平台。制定《永宁县人大常委会关于进一步加强人大代表工作的实施意见》《永宁县人大代表履职评价办法》等制度，完善了代表履职新机制。开展代表向选民述职活动，让代表接受选民的监督，目前已有39名县级人大代表、101名乡镇人大代表向选民进行了述职，提升了代表履职尽责实效。

勤抓活动开展，代表工作切实加强。念好代表工作“三字经”。坚持让代表工作室“活”起来，积极组织代表参加视察调研活动，定期开展代表小组活动，重点组织开展了为政府建一言、为发展献一策、为社区或村委会办一事、为群众解一难的“四个一”活动。坚持让代表工作“动”起来，组织全县500余名各级人大代表通过“听、带、查”的方式，主动倾听群众诉求。坚持帮助群众“富”起来，建立以人大代表、党员代表、村队干部、专业技术人员等为主体的民情信息点，发挥勤劳致富模范带头作用。县第十八届一次会议以来，全县91个代表小组共收集人大代表意见建议404条，其中现场答复217条，乡镇政府办理146条，转交县人民政府办理41条。

狠抓督查落实，议案办理成效显著。进一步完善了代表议案意见建议督办制度，督导各承办单位加强与代表沟通，征求代表对办理工作意见，多次对县第十八届人大一次会议确定的10件议案、11件重点督办建议进行专项督查、集中协调、对口督导，促进议案建议由“答复满意”向“结果满意”转变。截止目前，10件议案，已办结9件，正在办理1件；11件重点督办建议，均已办结，一些事关人民群众生产生活的实际问题得到有效解决，人大代表服务民生、促进发展的作用进一步突显。

常抓业务指导，工作水平稳步提升。坚持通过常委会领导分片走访联系、定期交流、各乡镇人大主席每月列席参加人大常委会党组中心组学习会议等方式，及时掌握乡镇人大工作动态，指导及促进乡镇人大工作有序推进。坚持重大活动邀请乡镇人大主席参加、重要活动信息和重要文件向乡镇人大传达，使县乡（镇）人大工作上下联动，形成工作合力，不断提高乡镇人大工作整体水平。

四、坚持与时俱进，在常委会自身建设上有新突破

常委会以建设“学习型、法治型、服务型、担当型、创新型、廉洁型”六型机关为目标，积极进取，主动作为，自身建设明显加强，服务水平明显提升，履职能力明显增强。

学习培训常抓不懈。坚持和完善每周一学习制度，确保每周至少学习一次，每次至少学习2小时，通过深入学习党的十八届五中、六中、七中全会和党的十九大报告、习近平总书记系列重要讲话精神及宪法、法律法规，厚植理论基础和法律素养。一年来，共开展了42次集体学习，学习篇目近百篇。扎实推进“两学一做”学习教育常态化制度化，引导全体党员积极践行“四讲四有”，发挥先锋模范作用。与此同时，为全面反映十八届人大常委会的履职尽责历程，组织编印了《发展永宁·人大在线》，增强全县社会各界对常委会工作的理解与支持。

作风建设务求实效。始终将作风建设作为自身建设的重要环节常抓不懈。严格执行中央八项规定精神和区、市、县党委有关规定。以建设“六型”机关为抓手，不断深化干部作风建设，切实把从严治党的要求落到实处。扎实推进常委会机关“好习惯养成”活动，改进工作作风，推动人大工作与时俱进。

规章制度日趋完善。工作的规范化运行必须有完善的规章制度来提供有力保障。常委会主抓了规章制度建立完善工作，多次组织讨论、征求意见，创新制定了《永宁县人大常委会“三监督三满意三应用”工作办法》《永宁县人大常委会关于建立人大代表监督小组暂行办法》等工作制度，为监督职能的发挥提供有效的工作平台，实现人大监督工作、“一府两院”开展工作、人大代表履行职务制度化、规范化、科学化、常态化。制定《永宁县人大常委会关于成立专家咨询委员会的实施意见》，成立了由财经、法律、教育、卫生、生态环境方面33名专家组成的专家咨询委员会，有效改善和弥补了县人大常委会监督力量薄弱、专业人才队伍匮乏的局面，进一步提升了监督水平。

宣传交流成绩斐然。充分利用各类新闻媒体，加强对人大重要会议、重要工作、重要活动和代表履职情况的宣传报道，客观有效反映了我县的经济社会发展情况。一年来，在区、市、县媒体、杂志发稿 210 篇，调研文章 8 篇，被采纳 135 篇，取得了全区人大系统新闻信息采纳率第一的优异成绩。积极发扬人大工作的优良传统，注重加强与区、市人大的沟通和协调，积极配合上级人大开展视察、执法检查和调查研究。同时加强与全国友好市、县区人大的工作联系与交流，共同推动人大工作创新发展。

各位代表，上述成绩的取得，得益于县委的正确领导，得益于"一府两院"的辛勤努力，得益于全体代表和广大人民群众的大力支持。在此，我代表第十八届人大常委会表示衷心的感谢并致以崇高的敬意！

同时，我们也清醒地看到，县人大常委会工作与人民期待、代表要求还有一定的差距，主要是监督工作还不够到位，自身建设还需进一步加强。对此，我们将自觉接受人民监督，虚心听取代表意见，不断学习、不断改进、不断提高，全面履职尽责，扎实推进人大各项工作。

各位代表，根据党中央《关于在全国各地推开国家监察体制改革试点方案》、全国人民代表大会常务委员会《关于在全国各地推开国家监察体制改革试点工作的决定》和区、市、县党委要求，本次人民代表大会将选举产生永宁县监察委员会主任，我们要认真贯彻落实好党中央、全国人大的决策部署，认真贯彻执行好区、市、县党委的安排部署，切实履行好人大代表的光荣职责。

2018 年重点工作

2018 年县人大常委会工作的总体思路是：深入学习宣传贯彻落实党的十九大精神，认真落实区、市发展战略，紧紧围绕县委大力推进创新驱动、乡村振兴、协调发展、脱贫富民、生态立县、文明铸县，始终把人民对美好生活的向往作为人大工作的出发点和落脚点，解放思想，开拓创新，求真务实，凝聚力量，为实现经济繁荣、民族团结、环境优美、人民富裕，率先在全区全面建成小康社会努力奋斗。

一、着眼于提高政治站位，深入学习贯彻落实党的十九大精神

要深入学习领会习近平新时代中国特色社会主义思想和党的十九大精神，把学习贯彻落实党的十九大精神作为当前和今后一个时期的首要政治任务，切实增强学习贯彻落实十九大精神的责任感和使命感，深刻领会和全面把握十九大精神实质，深化新时代下对人大工作的认识，用党的十九大精神作为加强理论武装、增强政治定力、提升工作能力的重要思想武器，在学懂的基础上，深刻领会，确保"学进去"；在弄通的基础上，深入研读，确保"学出来"；在做实的基础上，深思笃行，确保学以致用。

二、着眼于坚持党的领导，进一步做好重大事项决定和人事任免工作

自觉把人大工作置于党的领导和人民群众的监督之中。紧紧围绕县委提出的目标，不断拓宽工作思路，更新思想观念，努力寻求人大工作与全县经济社会发展的最佳结合点，有针对性地开展视察、检查、调研，为县委科学决策提供依据，为"一府一委两院"工作提出科学合理意见建议，不断推动全县经济社会持续健康发展。

坚持党管干部与人大依法任免国家机关工作人员相统一的原则，坚持和完善国家机关工作人员任免程序，认真行使好人事任免权。进一步强化任后监督，组织开展政府组成部门负责人履职评议，督促其不断增强大局意识、责任意识、法律意识，提高依法行政、公正执法的自觉性。对事关全县经济社会发展的相关规划、全局性重点工作以及财政预决算等方面的重大事项，深入调研、科学论证、严谨审议、依法决定。

三、着眼于保障中心工作落实，进一步加强法律监督和工作监督

党的十九大强调，"健全人大组织制度和工作制度，支持和保证人大依法行使立法权、监督权、决定权、任免权，更好发挥人大代表作用，使各级人大及其常委会成为全面担负起宪法法律赋予的各项职责的工作机关，成为同人民群众保持密切联系的代表机关。"常委会将紧紧围绕党的十九大对人大工作提出的新任务新要求，以《永宁县人大常委会“三监督三满意三应用”工作办法》为抓手，对“一府一委两院”实施法律监督和工作监督，力争使人大监督工作、“一府一委两院”开展工作、人大代表履职工作让组织满意、让代表满意、让人民满意。

紧扣重点抓监督。坚持把促进经济发展作为首要任务，紧紧围绕“创新驱动、乡村振兴、协调推进、脱贫富民、生态立县、文明铸县”的实施，有重点的组织代表开展视察。对现代农业发展情况组织视察、调研，推动农业产业化、标准化、现代化建设。对贺兰山东麓生态长廊、葡萄产业发展情况组织视察、调研，推动特色产业品牌化。对科技创新、城市管理工作以及“蓝天、碧水、净土”工程实施情况进行专题调研，推动全县重点工作任务落实。把握要点抓监督。继续加强财政经济监督，实施人大预算监督联网，推动财政预算管理科学化、精细化、透明化、规范化，促进经济健康发展。加强对全县文化、医疗、教育、健康等方面的监督，提升人民群众幸福指数。围绕热点抓监督。立足于为经济社会发展营造良好的法治环境，开展视察、调研，着力推动依法行政、公正司法。持续推进“七五”普法工作开展，开展民风建设专题调研，进一步引导全社会自觉遵守法律，维护宪法法律权威，切实提高全民法律素质和道德素养。聚焦短板抓监督。主动调查研究，推动经济发展和民生工作中的“瓶颈”问题解决，为我县经济发展增强后劲。

四、着眼于发挥代表主体作用，进一步加强代表工作

坚持邀请代表列席常委会会议，组织代表参加视察、检查、调研等工作，不断扩大代表对常委会工作的参与度，保障代表的知情权、知政权和监督权。继续强化代表学习、培训，以人大代表监督小组为依托，不断提高代表服务意识，切实提升代表履职能力。注重抓好代表议案和建议的办理工作，不断探索和创新代表议案和建议办理机制，加大督促、检查和推进力度，努力提高议案、建议的办结率和满意率。

五、着眼于履职尽责担当作为，进一步加强自身建设

强化“六型”机关建设，继续坚持人大常委会学习制度的政治性、实效性，加强机关政治理论学习和人大业务知识学习，深入学习习近平新时代中国特色社会主义思想，牢固树立“四个意识”，确保人大工作始终与党委同向、与人民同心、与法律同行。继续深入开展“两学一做”学习教育常态化制度化，深入开展“不忘初心、牢记使命”主题教育活动，用习近平新时代中国特色社会主义思想武装头脑。全面落实从严治党主体责任，严守党的政治纪律和政治规矩，坚决贯彻中央八项规定精神和区、市、县党委有关制度规定，不断加强党风廉政建设。

各位代表，新时代赋予新使命，新责任需要新担当。站在新的历史起点上，我们豪情满怀，信心百倍，让我们以习近平新时代中国特色社会主义思想和党的十九大精神为引领，以更加坚定的理想信念，更加诚挚的为民情怀，更加饱满的履职热情，更加扎实的工作作风，不忘初心，牢记使命，提高政治站位，勇于担当，全面履职尽责，主动作为，为推进永宁决胜全面建成小康社会而努力奋斗！

中国人民政治协商会议永宁县第十届委员会常务委员会工作报告

——在政协永宁县第十届委员会第二次会议上

段伏林

（2017 年12 月 21 日）

各位委员、同志们：

我代表政协永宁县十届委员会常务委员会，向大会作工作报告，请予审议，并请列席会议的同志提出意见。

2017 年政协工作

2017 年是党的十九大胜利召开之年，也是新一届政协工作开启之年，十届政协常委会在县委的坚强领导下，在县人大、政府的关心支持和社会各界的密切配合下，牢牢把握团结和民主两大主题，紧紧围绕党的十九大、自治区第十二次党代会和县第十四次党代会精神，团结和带领广大政协委员、政协各参加单位、各民主党派、工商联和各族各界，聚焦经济发展和民生改善，认真履行政治协商、民主监督、参政议政职能，充分发挥协调关系、汇聚力量、建言献策、服务大局作用，为永宁经济社会发展贡献了智慧和力量。

一、坚持理论学习，政治意识、大局观念不断提高

始终把抓学习、强素质、提能力作为常委会开展工作的首要任务、推进工作的有力抓手、提高理论水平的基础保障。认真学习宣传贯彻党的十九大精神和习近平总书记系列重要讲话精神，深入贯彻自治区第十二次党代会和市、县相关会议精神，积极参加区市专题学习培训班、县委中心理论组和各类学习会议，并通过全体委员学习会议、常委（扩大）会议、主席（扩大）会议、党组学习会议和领导干部下基层辅导等形式进行传达学习，先后 2 次邀请区党校专家围绕党的十九大、全国“两会”、区党代会精神对全体委员及机关干部进行专题辅导和培训，为政协组织理论武装、指导实践、发挥作用和推动工作提供了坚实的思想保障。

二、坚持围绕中心，民主协商、服务大局成效明显

始终围绕全县中心工作和民生改善，扎实履行政协职能，为县域经济社会事业发展献计献策。

（一）深入开展政治协商汇聚民智

按照县第十四次党代会确定的目标任务，积极开展集中协商、专题协商和重点协商，不断丰富协商形式，助推全县各项工作稳步发展。

1. 聚合力，集中协商共谋发展。组织召开全体委员会，围绕“一府两院”工作报告、政协常委会报告和提案报告，就全县工业、农业、城乡建设、文教卫生体育、社会保障、旅游业发展等方面议政建言，形成了 78 条意见建议，并以政协提案和意见建议转交县委、政府决策参考。其中 3 名政协委员在深入调研的基础上，围绕平安建设、城乡医疗和葡萄酒产业发展方面做了交流发言，委员的中肯意见得到县委政府的重视，在提案办复会上，县政府领导就委员提出的意见建议做了详细答复，解答有理有据，得到委员的认可。

2. 谋全局，专题协商服务大局。坚持“政府做什么，政协议什么”，聚焦政府工作，助力难题破解，围绕招商引资项目资金到位情况，全域旅游和生态建设等主题，召开专题协商会议 4 次，分析和

研究新形势下影响和制约我县工业发展、农业品牌、文化旅游产业布局和生态文明建设中的突出问题，提出意见建议28条，为推动企业效益稳步增长、农业提质增效、旅游业健康发展、生态逐步改善献策助力。

3. 议大事，重点协商聚焦热点。坚持每月召开主席会议2次，围绕县委政府重点工作，结合政协工作实际，就专题视察、调研、咨政、提案和意见建议办理、民主协商日和委员小组活动主题等重点事项进行协商，统筹安排政协全年重点工作和重大活动。同时积极主动与县委政府联系沟通，根据需要适时增加调整协商内容，积极为县域经济发展出谋献策。

（二）深入开展民主监督建言议政

不断探索民主监督新形式、拓展民主监督新领域，将民主监督贯穿于政协各项经常性工作之中，为促进工作落实夯实基础。

1. 以专题视察助推发展。坚持把专题视察作为民主监督的重要方式，着力在了解实情、改进工作、推动落实上下功夫、取实效。先后组织部分委员对我县精准扶贫和产业发展情况、国家卫生县城创建、“河长制”落实情况开展专题视察，委员们在全面了解和掌握实际情况的前提下，就精准扶贫和产业发展提出要做大做强优势特色产业，加大产业扶贫力度，多渠道促进移民增收，巩固精准扶贫成果，要深化农村产权制度改革，解决制约产业发展融资瓶颈等意见建议15条；就国家卫生县城创建提出要激发部门联动活力，加快基础设施建设，建立健全档案管理制度等意见建议12条；就“河长制”工作提出要建立“一河一策、一河一档”具体整治方案，逐步减少化肥农药使用量，杜绝面源污染等意见建议，政府相关部门高度重视，突出从源头治理，认真整改落实，对涉及河道及时修整清淤，整治效果初步显现。

2. 以提案督查促进贯彻落实。坚持将提案督查工作作为民主监督的首要手段，在提案监督办理上下功夫、出实招。共开展提案督查6次，召开提案办理情况答复会2次，通过广泛征集、协商审查、领办督办、面对面交流、跟踪问效和满意度测评等举措，重点对《关于加大力度改善望远地区饮用水质量的提案》、《关于进一步加快利民广场改造的提案》和《关于集中整治老旧小区乱搭乱建的建议》等11件重点提案和11件建议进行督办落实，确保委员提案和建议“提得准，立得住，办得顺，落得实，效果好”。

3. 以政情通报疏通知情明政渠道。坚持将政情通报作为民主监督的有效方式。通过召开政情通报会，组织全体委员实地观摩重点工程项目，听取全年经济运行情况等方式，就推动重点项目建设、急需党政解决的突出问题和老百姓关注的热点难点问题提出了67条意见建议，既做到知情明政与建言献策相结合，也提升了党政决策科学化和民主化水平，为民生改善贡献了智慧。

4. 以民主评议督促政风行风逐步向好。坚持将民主评议作为民主监督的有力抓手，积极开展多形式、全方位的民主评议工作。积极组织委员对提案和建议、咨政和民主协商成效的办理落实情况开展满意度测评，主动参与政风行风和公众满意度测评，并将评议结果报送县委政府和相关部门，促进作风建设进一步好转。

（三）深入开展参政议政建言献策

始终把政协参政议政融入县委政府全局工作中，将议政贯穿于决策始终，充分运用专题调研、参与重点工作、反映社情民意等方式倾心建言，参政议政成果丰硕。

1. 献良策，专题调研助力发展。坚持精选调研课题，对我县农业标准化生产进行专题调研，委员们从6个方面提出18条意见建议，基本厘清了我县农业标准化生产过程中存在的问题和发展“短板”，县委、政府高度重视，研究制定了《关于实施“农业品牌”战略，打造农业标准化生产示范区，推进农业供给侧结构性改革的实施意见》。为全面促进我县企业健康发展，不断提高企业职工的获得感和幸福感，以和谐企业建设为主题开展专题调研，通过实地考察泰瑞、启元和北方乳业等企业，委员们提出要丰富企业文化，健全群团组织，提高企业效益和核心竞争力等6个方面的意见建议，相关部门高度重视，在组织、制度和文化建设等方面进行改进和落实，为企业和谐健康发展增添活力。

2. 谋发展，主动参与全县中心工作。积极参与全县重点工程项目建设，主动深入施工一线，聚焦问题现场施策，确保重点项目顺利推进；积极参加重点项目督查和社会事业巡查工作，及时反映和解决工作推进中的困难和问题；认真参与包抓乡镇工作，帮助乡镇村破解发展难题；不折不扣落实“河长制”工作，主动参与河道治理和环境整治；继续参与精准扶贫、招商引资、信访接待、矛盾纠纷化解等工作，服务中心有力有为。

3. 察民情，积极反映社情民意。充分发挥委员联系基层点的桥梁纽带作用，通过召开座谈会和入户走访等方式，广泛收集社情民意信息 64 条。截至目前，向区、市推送有价值信息 24 条，被转载和刊登信息 6 条，切实发挥了信息直通车作用。

三、坚持开拓创新，助推发展、协商成果效果明显

始终将创新作为政协工作努力的方向，不断开拓创新渠道、丰富创新形式、凝聚创新合力，充分发挥咨政、民主协商日和网络议政等跟踪问效平台作用，成果转化稳步提升。

（一）扎实开展专题咨政活动

积极开展服务群众“零距离”“面对面”议政协商，紧扣群众热议的焦点，邀请政府相关领导、部分政协委员、行业专家、部门负责人和市民代表在广泛征求意见和充分论证协商的基础上，将幼儿园规范化管理作为咨政重点，通过制订方案、实地走访、录制视频、梳理问题、意见反馈和现场咨政等方式，就幼儿园办学条件，师资队伍建设，消防安全设施和教学质量及收费等方面提出问题 12 条，涉及部门现场进行答复，提出解决问题的措施和办法。会后相关部门及时对辖区幼儿园办学资质和安全设施进行专项检查，取缔了 6 家证照不全违规经营的幼儿园，有力杜绝了安全事故的发生，群众反响强烈。

（二）创新开展“民主协商日”活动

充分发挥政协组织广纳群言、广谋良策和广聚共识的议政优势，将协商主题延伸到基层，化解在一线。把县城“停车难”和冬季供暖运营管理问题作为“民主协商日”主题，通过实地查看和听取汇报，广大委员和市民代表就“停车难”和冬季供暖存在的问题进行质询，政府相关部门现场解惑答疑，并提出具体整改措施，明确整改方向和目标，在互相理解、化解矛盾上达成共识。

（三）开启“网络议政”新模式

深入探索议政建言新渠道，及时建立政协组织“传播+发声”的“永宁政协”微信公众网络平台，设置了政协理论、工作动态、建言献策和社情民意等多个栏目。截至目前，已推送信息 46 期，图文共计 118 条，彰显了“互联网+”时代政协工作的生机和活力。

四、坚持服务群众，民生改善、和谐建设稳步推进

始终将民生改善，促进和谐作为政协工作的切合点和发力点，不断丰富服务基层载体，保民生促和谐效果明显。

（一）扎实开展委员小组活动

充分发挥政协人才荟萃优势，研究制定《永宁县政协委员小组活动实施方案》，将委员分为 6 个活动小组，不定期开展主题新颖、形式多样的服务基层活动。截至目前，共开展委员小组活动 12 次，内容涉乡村旅游发展、葡萄酒酿造与销售、物流管理与发展、教育卫生医疗和农业产业发展等多个领域，在凝聚力量，汇集智慧方面迈出了新步伐。

（二）扎实开展委员联系基层工作

充分发挥委员基层联系点桥梁纽带作用，将胜利乡和望远镇确定为区市政协委员联系基层示范点重点建设。同时在各乡镇（街道）新建 5 个政协委员基层联系点，并拨付专项办公经费 7 万元，联系基层和服务群众工作不断深入。

（三）扎实开展“下基层”活动

深入开展结对帮扶工作。截至目前，共走访困难户 46 户，集中开展政策宣传 10 次，征求到意见建议 35 条，发放各类学习材料 180 余份，解决实际问题 12 件，向各包抓村拨付阵地建设专项经费共计 14 万元，在元旦、春节、开斋节和七一期间共慰问贫困群众、困难党员和宗教界人士60余人次，发放米面油和慰问金近2万元，切实为群众办实事办好事。

五、坚持凝聚力量，搭台引智、交流协作优势明显

始终做好凝聚合力、引智引才和增进共识工作，在历史文化发扬传承、多党派团结协作、各方合作交流中发挥重要作用。

（一）文史资料编纂取得新突破

弘扬中华优秀传统文化，深度挖掘永宁历史文化，成立了永宁历史文化、民间传说故事编纂委员会，经多次实地走访征集、召开讨论会和专家评审会，对“鹤泉湖”“四棵树”“李俊塔”“海子湖”“雷祖庙”和政党台寺等历史文化古迹进行深入挖掘，编纂出版了永宁县历史文化、民间传说故事系列丛书，为打造全域旅游奠定了文化基础。

（二）招才引智工作持续推进

不断加强与社会各界的团结合作，充分发挥政协组织智力密集优势，通过与工商联、各民主党派、各宗教界、统一战线和无党派人士协商座谈交流，共商发展良策，共谋发展大计，为县域经济社会全面发展凝聚共识、汇聚力量。

（三）联谊交流促进合作

坚持在联谊交流中推介宣传我县近年来的社会事业发展、城乡一体化建设和民生改善等方面的喜人变化，先后接待了部分全国政协领导及云南、内蒙古、贵州、云南和福建等省市县政协学习考察团36批次380余人次来我县交流学习，进一步扩大了永宁的对外知名度。

六、坚持转变作风，党风廉政、队伍建设不断加强

始终把加强队伍建设摆在重要位置，以学习强素质、以规范促有序、以作为树形象，不断提升政协工作科学化水平。通过专题学习培训辅导和观摩重点工程项目建设等形式，进一步帮助委员熟悉县情、把握民情，明确履职重点和方向，增强委员的责任感和使命感。严格执行《政协委员履职考核办法》，不断强化委员“进”“出”动态管理。持续加强机关建设，严格执行中央八项规定精神和党风廉政建设相关要求，高标准打造“学习型、服务型、效能型、创新型、和谐型”机关，为政协有效履行职能提供组织保障。

各位委员、同志们，县政协各项工作成绩的取得，是中共永宁县委正确领导的结果，是县人大、政府及社会各界大力支持的结果，是政协各参加单位、全体政协委员和政协机关干部职工共同努力的结果。在此，我谨代表县政协十届常委会向各位领导、各位委员、各位同志致以崇高的敬意和衷心的感谢！

在肯定成绩的同时，我们也清醒地认识到，工作中还存在一些不足，主要是：建言献策水平有待进一步提高；民主监督形式有待进一步丰富；调研成果转化有待进一步落实。这些问题和不足我们将在今后的工作中加以改进，逐步完善。

2018年工作意见

2018年是全面贯彻落实党的十九大精神开局之年，也是决胜全面建成小康社会的重要一年。

县政协工作总体指导思想是：全面贯彻落实党的十九大精神，以习近平新时代中国特色社会主义思想为指导，围绕自治区“实施三大战略、五个扎实推进”的主要任务、银川市“绿色、高端、和谐、宜居”的城市发展理念和“两个率先”奋斗目标及县委十四届四次全会精神，牢牢把握团结和民主两大主题，以服务县域经济社会发展为中心，以促进民生改善为重点，切实将民主协商贯穿于政治协商、民主监督、参政议政全过程，为我县实现经济繁荣、民族团结、环境优美、人民富裕，率先在全区全面建成小康社会做出新贡献！

一、加强学习，在提升整体素质上迈出新步伐

始终在理论学习上下功夫，积极开展有计划、有内容、有主题的学习教育活动，确保政协工作有促进、委员能力有提升、议政建言有水平。一是深入学习贯彻党的十九大精神。要将学习宣传贯彻党的十九大精神和习近平总书记系列重要讲话特别是来宁视察讲话精神及区、市重要会议精神作为政协工作的政治任务抓实抓好。通过专题辅导、交流发言、座谈讨论和撰写心得体会等有效形式，开展主题鲜明、形式多样、务实有效的学习活动，进一步凝聚思想共识，切实发挥政协作为协商民主的主渠道作用，坚持有事好商量，切实调动各方面能动性，把各民主党派、工商联及社会各界的智慧和力量凝聚起来，找准政协履职与服务县域经济社会发展的结合点和着力点，努力做到在加强学习中提高认识、在把握大局中明确方向、在履职尽责中服务大局。二是加强思想政治建设，提高纪律规矩意识。严格执行《政协常委会理论学习制度》、《政协领导班子理论学习制度》和其他各项规章制度，不断强化政协组织的政治意识、纪律意识、规矩意识、看齐意识和服务意识，进一步为政协组织扎实履职夯实思想基础。三是持续推进“两学一做”常态化制度化学习教育，结合“委员联系基层”“委员小组活动”“下基层、送政策”和结对帮扶等工作，扎实开展各类主题鲜明的学习教育。深入开展“不忘初心，牢记使命”专题教育，以“学、查、改”“三会一课”“主题党日”和领导干部带头讲党课等活动为载体，提高政协组织的凝聚力和向心力，不断推进政协工作取得实效。

二、围绕中心，在推进政治协商上再上新高度

始终在政治协商上下功夫，把民主协商贯穿于政协履职全过程，重点围绕影响经济社会发展中的重大问题和涉及群众切身利益的实际开展协商议政。一是广泛开展整体协商。认真组织开好全体委员会议，重点围绕县委政府的重大决策和工作部署，通过审议报告、大会发言、小组讨论、提交提案和意见建议等形式，全面反映社情民意，为县委政府科学决策提供民意基础。二是深入开展重点协商。坚持把常委会作为重点协商平台，围绕我县实现经济繁荣、民族团结、环境优美、人民富裕，深入开展调查研究，分析研判影响和制约我县各项事业发展的困难和问题，提出科学合理可行的建议对策，为补充发展短板，培育发展新动能凝聚共识、献策出力。三是精心开展专题协商。围绕县委政府重大决策部署、重点工程项目推进和政协民主协商成果转化等方面，研究制订《政协 2018 年协商计划》，通过常委会议、主席会议和专题协商会议等形式，向县委政府提出建设性的协商意见。四是积极开展对口协商。充分发挥政协各专委会基础性、专门性、针对性作用，加强与对口协商部门的联系与沟通，围绕部门重点工作进行深入协商，提出切实可行的意见建议。

三、注重实效，在强化民主监督上再增新举措

始终在民主监督上下功夫，把民主监督工作作为政协工作的发力点、助推器，不断加大民主监督工作力度，拓展民主监督的范围和领域，丰富民主监督的内容和形式，在保障民权民利民生上发挥更大作用。一是专项视察督促改进。按照“小主题、大覆盖”的原则，围绕协调发展战略，针对文化事业繁荣发展，实施文化惠民工程，健全现代公共文化服务体系，文化队伍建设等内容，就创建全国文化先进县进行专题视察，为创建全国文化先进县提供智力支持。围绕生态立县战略，针对蓝天碧水净土工程，就县乡村三级垃圾分类处理进行专项视察，为打造生态文明示范区奠定坚实基础。围绕社会治理创新，针对依法治县、平安永宁和法治永宁建设，就我县禁毒工作开展情况开展专题视察，力助法治永宁建设工作取得新进展。二是提案督查促进落实。坚持将提案督查工作作为民主监督的有力抓手始终不变，强化“提”“办”双方联系沟通机制，通过主席领办、实地查看、听取汇报、跟踪问效和满意度测评等举措，及时公开提案办理结果，确保提案及建议得到落实。三是重视经常性监督工作。坚持既说“病情”，也开“药方”，以专题咨政、民主协商日、委员小组活动、重点工程项目督查和社会事业巡查为载体，扎实开展具有监督性的履职活动，如实反映情况，提出意见建议，促进工作落实。四是重视各类民主评议活动的实效性。通过参与党委政府重大决策的前期调查，开展政风行风评议，组织和推荐委员担任廉政监督员，对部门工作开展满意度测评等方式，丰富民主评议的内容和形式，拓宽监督渠道，增强监督实效。

四、服务大局，在加强参政议政上再创新成效

始终在参政议政上下功夫，围绕事关全县中心工作和涉及群众切身利益的实际问题，认真履行政协职能，不断推动经济社会各项事业全面发展。

一是深入调研科学参政。按照“少而精、专而深”的原则，围绕乡村振兴战略和脱贫富民工程，按照农业要强、农村要美、农民要富的总体要求，就农业技能人才的培养使用和作用发挥情况开展专项调研，不断在推进农业农村经济全面发展上献计出力。围绕创新驱动战略，针对企业在供给侧结构性改革、经济效益和财税收入等方面，就工业经济运行情况开展专题调研，为优化企业产业结构调整，提高质量与效益提供决策参考。围绕社会保障体系建设，针对加快推进社会保障“提标扩面”，社会服务均等化，突发性疾病医疗救助等方面，就城乡居民大病救助体系建设开展专项视察，力促社会保障和民生改善工程稳步推进。二是专题咨政积极议政。不断完善“破题”“接单”“交活”工作机制，将群众关注的难点焦点问题作为咨政重点，协商确定咨政主题和内容，坚持将问题和矛盾置于聚光灯下，大胆质询、敢于晾晒、勇于直面、跟踪落实，为促进问题解决和民生改善发挥作用。三是重视社情民意信息“直通车”功能。加强与社会各界的联系交流，把群众诉求、基层心声及时向县委政府反映。建立健全社情民意信息收集、整理、催办、反馈机制，做到有研究、有部署、有督促、有落实，确保社情民意成果及时得到转化。四是积极参与县委政府中心工作。班子成员积极参与全县重点项目建设、社会事业督查巡查、生态文明建设、招商引资和信访维稳工作，为服务县域经济发展和维护社会稳定再做新贡献。

五、凝心聚力，在推动和谐建设上再添新作为

始终在推动和谐上下功夫，充分发挥政协的特点和优势，深化社会各界的联系与沟通，切实营造和谐融洽社会环境。一是充分发挥政协团结各界优势。不断加强界别联系、界别对话、界别协商，进一步密切同各民主党派、工商联、无党派和社会各界人士的沟通合作，采取联合调查、定期通报和座谈讨论等方式，充分听取意见建议，为和谐永宁建设凝聚智慧和力量。二是充分发挥政协桥梁纽带优势。通过视察报告、调研报告、政协信息和建议案等方式，及时准确反映民意，为党委政府体察民情、改善民生牵线搭桥；多做宣传引导、释疑解惑、协调关系、化解矛盾的工作，努力维护和谐稳定的社会局面。三是充分发挥政协联系广泛优势。加强与省内外兄弟县（区）政协的联谊与交往，扩大对外宣传；加强与经济发达地区政协的交流与合作，为我县招商引资和招才引智搭建平台。

六、固本强基，在完善队伍建设上激发新活力

始终在队伍建设上下功夫，坚持以抓学习、强素质、转作风、提能力为抓手，不断加强政协队伍建设，力求工作创新务实有序有效。一是持续强化素质建设，履职管理要有力有为。坚持以委员队伍建设为核心，以推动政协工作规范化和制度化建设为重点，建立委员履职档案，进一步强化考核管理，不断提高委员的履职能力，推进政协履职的制度化和规范化建设。二是持续推进作风建设，为民履职要随心随行。坚持以“五型机关”建设为目标和抓手，不断加强政协党组、领导班子和干部队伍建设，进一步增强政治意识和服务意识，提高工作效率，切实增强政协组织在履行职能上取得新突破。三是持续加强党风廉政建设，廉洁自律要入脑入心。严格落实中央八项规定精神和区、市、县相关要求，严格控制“三公”经费支出和公务接待标准，力促廉政建设风清气正。

各位委员、同志们，回顾2017年，我们为十届政协常委会所取得的工作成绩感到欣慰和自豪；展望2018年，我们对政协各项工作的开展充满信心和期待。让我们不忘初心、牢记使命，在中共永宁县委的坚强领导下，同心同德，群策群力，开拓进取，扎实履职，为实现我县经济繁荣、民主团结、环境优美、人民富裕，率先全面建成小康社会而努力奋斗！

永宁县 2017 年国民经济和社会发展计划执行情况与 2018 年计划的通知

2017 年国民经济和社会发展计划执行情况

2017 年，面对严峻的发展制约和持续加大的经济下行压力，全县上下深入贯彻区市决策部署，坚持稳中求进工作总基调，主动适应新常态，大力实施工业强县、农业品牌、旅游兴县“三大战略”，全面深化改革，狠抓产业转型，统筹城乡发展，持续改善民生，较好地完成了经济发展目标。完成地区生产总值 135.9 亿元，增长 4.5%；地方公共财政预算收入 12.7 亿元，同口径增长 10.5%；固定资产投资 134.8 亿元，下降 21.9%；社会消费品零售总额 20.2 亿元，增长 9%；城镇居民人均可支配收入 29211 元，增长 8.4%，农村居民人均可支配收入 12855 元，增长 8.3%。

一、扎实推进重大项目建设，发展基础持续改善

严格落实县级领导、部门一把手项目负责制，年初征集入库的 180 个计划投资项目，年度计划投资 189 亿元，实际开工建设 175 个，完成投资 130 亿元。其中，政府类投资项目 86 个，年度计划投资 83 亿元，实际完成投资 57 亿元；社会类投资项目 94 个，年度计划投资 106 亿元，实际完成投资 73 亿元。三沙源国际生态文化旅游及休闲度假园项目、利民广场综合改造工程等 5 个自治区 60 大庆项目，完成投资 23 亿元。永宁县综合文化体育中心、望远九年一贯制学校、永宁县中医院迁建等 20 个重点项目全部开工建设，完成投资 37.4 亿元。武河村、原隆村美丽乡村建设项目进展顺利，宁和家园、望远红叶小区等旧城改造及老旧小区改造工程全部完成。积极做好项目资金争取工作，累计争取项目资金 17.3 亿元。

二、工业发展后劲不断增强，主导产业产值进一步提高

实现规模以上工业增加值 32.2 亿元，增长 1.8%，新增规模以上企业 3 家。加大工业企业奖励扶持，兑现工业企业奖励资金 465 万元。伊品、启元等 6 家企业参与电力直接交易，节省电费 650 万元。推进“大众创业，万众创新”。新培育认定专精特新企业 5 家，专精特新示范企业 8 家，小微企业创业孵化示范基地 1 家。加大科技研发投入力度，促进产业转型升级。紫荆花纸业获得“中国品牌创新奖”“宁夏百强企业”荣誉称号，泰瑞制药获得自治区科技成果 1 项、专利 5 项。积极培育新兴产业，凤凰城智能制造有限公司被工信部评为两化融合贯标试点企业；比亚迪银川新能源产业园成功落户望远工业园。充分发挥中粮长城、立兰酒庄等龙头企业带动作用，葡萄酒产业规模和效益进一步提升，西夏王荣获“市长质量管理奖”。

三、现代农业提质增效，农业品牌建设取得新成绩

实现第一产业增加值 15.5 亿元，增长 4.4%。全县落实粮食播种面积 43.2 万亩；落实经济作物面积 20.3 万亩，建设自治区永久性蔬菜生产基地 4 个，设施农业物联网技术推广基地 3 个。全县大家畜存栏 7.8 万头，水产总面积 2.1 万亩，稻田生态种养面积 5000 亩。大力推进农业标准化生产示范区建设。重点围绕优质粮食、设施园艺、葡萄产业、供外蔬菜、草畜产业等优势特色产业，全面加强生产标准体系、质量监测体系、产品认证体系、全程可追溯体系建设，确保农产品质量安全。依托与青岛昌盛的战略合作，在全县建设 10 个农业标准化生产核心示范区、23 个农业标准化乡镇示范点。推进农业品牌化发展，稻裕丰生态农业科技公司的“承包地”牌有机大米荣获全国十大有机大米金奖。实施高效节水面积 20 万亩。大力推进农业绿色发展工程，积极开展化肥农药零增长行动，全面推进农业废弃物资源化利用。严格落实粮食安

全省长责任制，被自治区粮食局和财政厅确定为首批宁夏"好粮油"示范县。

四、现代服务业加快发展，市场体系建设进一步完善

实现社会消费品零售总额20.2亿元，同比增长9%；实现第三产业增加值45.9亿元，增长6.7%。

大力推进现代物流业发展。加快闽宁商贸汽车物流园、路丰建材物流园（二期）等重点项目建设，加大市场宣传培育，开展四季鲜第三届糖果干货节、路丰物流园"5·1"放价惠民大行动、鸿曦汽车城4S店家用轿车促销巡展等活动，激发市场活力。实现交易额180亿元，增长12.5%。深入实施电子商务进农村综合示范工程。已建成1个县域运营中心和20个村级服务站，实施"永宁放心菜"项目，在银川市发展线下合作社区便利店52家。培育宁夏悦丰生态农业科技有限公司、宁夏四季优选农产品配送有限公司、宁夏嘉信源科技有限公司等10家电商骨干企业，线上交易额达1.6亿元。新培育服务业规上企业4家、商贸限上企业6家。加大市场流通网络建设，闽宁商贸中心农贸市场建成运营，望洪镇新华中心村公益性农贸市场完工申报验收，南环农贸市场改造提升工程全面完成。加强重要产品质量追溯体系建设，壹泰牧业、北方乳业、立兰酒庄等14家企业建设的涵盖牛羊肉、乳制品、葡萄酒、果蔬、枸杞、粮油等产品质量安全追溯系统全面推进。持续推进对外贸易发展。引导企业走出去参加境外市场考察、商品展洽会，做好2017博览会特色商品展和亮点观摩活动，推广和宣传本地优势特色产品。深入推进全域旅游发展，三沙源和闽宁镇大旅游景区建设加快推进。成功举办"永宁大集·大吉永宁"新春花灯美食节、永宁特色文化一日游等活动，全年接待游客298.5万人次，实现旅游收入1.1亿元，分别同比增长150.6%和97.4%。进一步加强金融服务。晓鸣禽业、悦丰科技、玉泉生物、泰瑞制药等4家在新三板上市；泰瑞制药、伊品生物两家企业正在做IPO待发行前期准备工作；全县债券融资累计达到8.7亿元；积极搭建融资平台，通过欣荣公司和银川市产城资本投资控股有限公司融资约6亿元，缓解县财政压力；创新开展存货质押融资和海尔融资租赁；出台"政融保"险资直投实施方案，完成壹泰牧业500万元转贷和李俊镇悦丰科技300万贷款办理工作。金融机构存款余额128.5亿元，增长0.3%；贷款余额125.4亿元，增长3%。

五、城乡统筹步伐加快，和美永宁建设深入推进

主动融入沿黄生态经济带和银川都市圈建设，扎实推进新型城镇化和城乡一体化发展，全面小康实现程度由78.6%提升到86.3%。城乡建设协调推进。改造老旧小区21.8万平方米，实施华电灵武电厂"东热西送"集中供热、南部水厂改扩建、望远城市饮水、宽带乡村工程等城乡基础设施项目；改造仁存至增岗等农村公路62公里，307国道永宁段建成通车，银西高铁、京藏高速改扩建等项目扎实推进，城乡服务和承载能力进一步提升。实施"碧水工程"，全面落实"河长制"，加强城市黑臭水体和入黄排水沟整治，县城中水回用、第一污水处理厂提标改造进展顺利。加快推进全县河湖连通工程，新增水域面积4750亩。"实施净土工程"，严控化肥、农药、农膜等面源污染，建设美丽乡村，农作物秸秆利用率、农田残膜回收率、畜禽粪便利用率分别达到98%、90%、96.6%。实施"蓝天工程"，全面淘汰20蒸吨以下燃煤锅炉，推进空气异味治理，加快推进紫荆花秸秆造纸循环经济项目，实现秸秆全面禁烧，进一步消除农村面源污染。绿化水平不断提高，启动307国道、叶家湖周边、黄河公路大桥连接线绿化等工程，全县建成区绿化覆盖率、绿地率、人均公园绿地面积分别达到38.5%、36.2%、20.6平方米。城乡环境明显改善，深入推进城乡环境综合治理"八大提升工程"，成立环卫调度中心，智慧城管上线运行。实施县城卫生深度清洁保洁机制等重点工作，机械清扫率由2016年的60%提高到80%以上；推进垃圾分类处理工作，生活垃圾无害化处理率达到98%，被评为全国首批开展农村生活垃圾分类和资源化利用示范县，国家卫生县城创建通过验收。

六、社会各项事业稳步发展，人民幸福指数进一步提升

教育事业均衡发展。新建、改建、扩建中小学、幼儿园基础设施11个，办学条件进一步改善。望远九年一贯制学校、闽宁镇武河幼儿园、武河小学教师周转宿舍楼等项目顺利实施。学前教育不断加强，特殊教育取得新成效，小学、初中适龄人口入学率分别达到100%、98.5%，高中阶段毛入学率达到87.52%。高中阶段教育实现全免费。高考一、二、三本上线率73.7%。深入推进卫生工作。实施县中医院、望远镇和望洪镇卫生院迁建项目，宁医大胸科医院竣工。家庭医生签约服务工作有序推进，公共卫生水平和医疗卫生服务能力不断提高。全面加强创业就业和社会保障工作。全民创业带动就业2625人，实现城镇新增就业5823人，登记失业率为3.6%。实现农村劳动力转移就业2.12万人，实现劳动力转移就业收入2亿元。全面完成“五险合一”经办体制改革，稳步推进城乡居民大病保险、老年人综合意外伤害保险、被征地农民养老保险和建筑业工伤保险工作。确保各项社会救助政策落实到位。全面核实县内各类被救助、供养人员情况，累计支出各类补助资金8400余万元。完善临时救助办法，持续深化“56789”暖心工程，进一步完善困难残疾人生活补贴和重度残疾人护理补贴制度。扎实推进文化体育事业。县乡村三级文体服务阵地不断完善，县综合文化艺术体育中心主体封顶，闽宁镇文化活动中心基础设施建设全面完成，雷台中心村、胜利小城镇等10个综合文化服务中心全部建成。全民健身工程不断加强，成功举办全国游泳俱乐部大联盟公开水域锦标赛等国家、区市级品牌赛事30余场次；城乡体育设施实施标准化配置，人均公共体育场地面积达到2.5平方米。文化惠民活动深入开展，极大地丰富了群众的精神文化生活。继续做好非物质文化遗产的挖掘、申报、传承工作。切实加强扶贫工作。深化“4+1+1”扶贫机制，推进金融扶贫、电商扶贫、教育扶贫、政策兜底扶贫等措施，实施晓鸣农牧智慧农业、红树莓、黑毛驴养殖基地等产业发展项目；在原隆村设立创业就业及产业发展基金560万元，推动移民群众创业发展。农村互助担保资金规模达到2700万元，“扶贫保”实现建档立卡贫困户全覆盖。原隆村被评为国家级乡村旅游创客示范基地和自治区十大特色产业示范村，闽宁镇被列为全国第二批特色小镇。

七、改革开放全面推进，发展活力进一步增强

行政审批制度改革进一步深化。持续深化“放管服”改革，创新“一表通”申请，推行“不见面，马上办”的“互联网+政务服务”模式；建立项目投资负面清单，打造“两优”发展环境。不断深化农村改革。加快推进农村集体产权制度改革、农村宅基地使用权和农民房屋所有权“两证一书”颁证工作。推进农村土地承包经营权、林权、房屋和大中型农机具等产权抵押贷款，盘活农民手中的固定资产。完成国有林场改革、供销合作社改革和湿地产权确权登记。全面推进重点领域改革。加快医药卫生体制改革，全面推行县乡村医疗卫生服务一体化管理；着力深化投融资体制改革，积极创新财政支农方式，整合产业奖补资金，组建成立产业基金，帮助企业贷款融资；全面完成政府公务用车制度改革；稳步推进机关事业单位养老保险制度改革、“五险合一”经办体制和民用水电气阶梯价格改革。

积极参与“一带一路”建设，对外交流合作不断扩大，实施招商引资项目55个，签约资金87亿元，签约项目21个。引进中国500强企业1家（比亚迪），经济发展后劲显著增强。

2018年国民经济和社会发展计划

2018年，永宁县国民经济和社会发展的总体要求是：全面贯彻党的十九大精神及中央经济工作会议精神，以习近平新时代中国特色社会主义思想为指导，紧紧围绕自治区“三大战略”“五个扎实推进”，银川市“绿色、高端、和谐、宜居”城市发展理念和“两个率先”奋斗目标，按照县委十四届四次全委会部署，以提高经济发展质量和效益为中心，坚持创新驱动、乡村振兴、协调发展、脱贫富民、生态立县、文明铸县，全面推动经济社会持续健康发展，为率先在全区全面建成小康社会奠定更加坚实的基础。

奋斗目标：全年计划完成地区生产总值增长8%左右；地方公共财政预算收入增长7%左右；全社会固定资产投资增长8%左右；社会消费品零售总额增长8%左右；城镇居民人均可支配收入增长7.5%左右，农村居民人均可支配收入增长8%左右。完成区市下达的年度能耗总量和强度“双控”目标和主要约束性指标任务。

一、推进重大项目建设，着力增强产业发展动力

抓好重点项目建设。着眼补短板、增后劲，加快实施一批重点项目，发挥投资对稳增长的关键作用。初步确定三沙源国际生态文化旅游及休闲度假园、紫荆花秸秆造纸循环经济示范项目、昊鑫40万亩水稻一、二、三产业融合及信息化管理建设等3个项目为2018年自治区级重点项目，当年计划完成投资17.2亿元。比亚迪跨座式单轨产业项目和纯电动客车产业项目、永宁县中医院迁建、永宁县综合文化艺术体育中心等9个项目（包括自治区3个重点项目）为银川市重点项目，当年计划完成投资30.3亿元。创业谷、宁钢联钢材深加工、路丰建材物流园二期等20个项目（包括自治区、银川市12个重点项目）为县级重点建设项目，当年计划完成投资41.8亿元。拓宽融资渠道。更好发挥政府投资的拉动效应，推动形成多元化投融资格局。积极争取中央、自治区预算内投资、中央财政资金、国家专项建设基金和地方政府债券，力争超过上年水平。加大政府与社会资本合作（PPP）项目推进力度，推进PPP项目建设。引导企业加强与金融机构对接合作，保障重点建设项目资金需求。

二、实施产业转型发展，着力推动产业结构调整

（一）大力推进工业结构转型升级

实施项目带动战略，促进企业转型发展。谋划一批项目，增强工业发展动力。抓好比亚迪跨座式单轨一期、紫荆花秸秆造纸循环经济示范、长和翡翠酒庄建设等一批项目投产达效工作，争取早日为规上工业贡献产值。储备一批工业项目，做好项目前期工作。加强政策扶持，增强企业发展信心。积极向国家、自治区申报项目，争取项目扶持资金；充分发挥1000万元中小企业贷款担保基金作用，缓解企业融资难题；加强企业金融服务力度，为企业和银行牵好线，搭好桥；鼓励企业在资本市场融资。实施创新驱动战略，促进企业创新发展。认真贯彻落实区、市、县推动创新驱动战略实施意见，积极配合区、市有关部门，为企业争取更多的科技创新方面的优惠政策和资金支持，促进伊品、泰瑞等企业技术中心、工程实验室开展新技术新产品开发。支持企业创新创业，建立2000万元政府引导资金和中小微企业科技创新基金，支持企业开展技术创新、管理创新和商业模式创新，增强企业核心竞争力。鼓励企业加大创新投入，引导各类创新资源向企业聚集，发行2000万元创新券，以购买服务方式支持中小微企业开展创新活动。

（二）大力促进服务业提速发展

加快文化旅游产业发展，打响特色旅游品牌。加快推进三沙源国际生态文化旅游度假区、丝路文旅国际度假区等文化旅游项目建设进度，推进闽宁镇特色小镇和纳家户特色小镇建设，力促闽宁镇游客集散中心投入运营。打造立兰酒庄、中粮云漠等贺兰山东麓全域旅游核心区，打响“中国·永宁”特色旅游品牌，争创全国全域旅游示范县。加快商贸流通业发展，完善市场流通体系。推进永宁新天地等高档次商业综合体建设，鼓励支持传统业态的批发、零售企业利用“互联网+”与代理、配送等相结合，延伸服务功能，开辟消费途径，推动商贸流通创新发展。加快现代物流业发展，打造西北区域物流中心。积极推进京东仓储物流、盈石物流项目建设；加快路丰建材物流园（二期）、四季鲜冷链物流基础设施改造升级、新百物流城市共同配送等项目建设步伐。依托望远金属物流园、新华百货现代物流中心、华润万家配送中心、宁夏烟草银川区域物流中心等龙头企业，提升我县物流配送区域辐射功能。主动做好银川市物流市场转移承接，增强物流业的规模和活力。力争年内物流业实现交易额200亿元，增长11%。提升金融服务水平。继续深化政银企合作，支持伊品生物、泰瑞制药、悦丰科技3家企业IPO上市。加快社会信用体系建设，支持设立村镇银行，争取新增3家金融机构营业网点和5家农村金融服务站。

（三）大力推动乡村振兴战略

优化现代农业产业体系。稳步推进优质粮食产业发展，粮食播种面积稳定在40万亩以上。大力推广“板桥模式”，推进标准化生产示范园区建设，巩固建成的33个标准化园区示范成果，新发展标准化生产示范园区15个，落实玉米原料标准化种植10万亩、有机水稻示范区2000亩。大力提升设施农业发展水平，落实设施园艺1000亩，建设银川市永久性蔬菜基地2000亩；新增酿酒葡萄种植5000亩。进一步做优畜牧水产养殖业，畜禽总饲养量达到470万头只（羽），水产养殖面积保持在2万亩，继续做好闽宁智慧农业扶贫产业园建设项目、永宁县黑毛驴产业基地项目建设工作。推动农村一二三产融合发展，依托悦丰科技、青禾农牧等农业领军企业，加快培育以农民为主体，循环农业、创意农业、农事体验、田园社区有机结合的美丽乡村新业态。实施农业物联网技术应用示范工程4个；建立农产品质量安全溯源与监管示范体系，全县有效期内无公害农产品达到50个以上；加快培育新型农业经营主体，推进合作社和家庭农场的规范化发展步伐，力争全县农村土地适度规模经营率达到60%以上，国家级农民合作社示范社达到10家，区级示范社达到30家，区市级家庭农场达到20家。按照宁夏“好粮油”标准，建成1~2个生产示范企业，力争建成4个粮食产后服务中心。完善农业发展基础。实施农田水利基本建设、大庙沟、板桥沟等主干沟道盐碱地治理项目，发展高效节水灌溉1.8万亩，建设高标准农田25万亩。推进农业科技进步，结合现代农业产业园、农业科技园及农业创业园建设，加大农业实用技术推广，力争农业科技进步贡献率达到80%以上。

三、深化美丽乡村建设，统筹城乡协调发展

深化规划引领工程，完成《永宁县空间规划》编制，调优县城总体规划、土地利用总体规划，完成永宁县消防专项规划；完成信息平台建设，加大规划管控力度。进一步优化城市基础设施，主动融入沿黄生态经济带、银川都市圈建设，加快县城“北扩东移”步伐。落实停车设施配建标准，科学布局、增加停车场、停车泊位等设施；推进华电灵武电厂“东热西送”集中供热项目的进度，加快换热站和管网系统节能改造；启动海绵城市建设、老旧街巷改造等项目。加快推进美丽乡村建设。实施纳新路、金玉路等农村公路及危桥改造项目，新建改建公路37公里。推动青铜峡至银川快速通道（永宁段）、文昌南街延伸至闽宁镇扶贫产业园、永宁东线向北延伸至立掌路等公路建设。建设陆坊小镇公交停保场和宁化、新华、胜利等5个中心村公交首末站；优化公交线路，实现县城和望远公交全覆盖。推进李俊镇美丽小城镇及闽宁镇武河村、玉海村美丽乡村建设，重点实施道路硬化、绿化美化、污水处理等工程。提升城乡管理水平。进一步深化提质扩容工程，积极推动城镇精细化管理，在17条道路上推行“街长制”，道路机械化清扫率达到85%。建立生活垃圾分类管理云平台，力争年内生活垃圾分类实现全覆盖。

四、加强生态文明建设，推动绿色发展

加大绿化美化力度。围绕生态修复、灌区林网、城乡绿化、湿地保护等重点，实施307国道、艾伊河生态公园等绿化工程，完成造林7240亩。全面落实河长制，着力促进水资源保护、水域岸线管理、水污染防治和水生态修复。加快推进永二干沟人工湿地、中干沟综合整治及人工湿地、银川市供水水源等水利工程建设。全面推进节水型社会建设。启动永宁县第一污水处理厂二期扩建工程，提升城市污水治理能力。加强污染物综合治理。进一步完善节能减排预警和监管机制，严格落实奖惩措施，全面完成区市下达的节能减排降碳目标任务。积极推进土壤污染防治行动计划，确保工业危险废物100%安全处置。加快工业园区循环化改造，大力发展低碳循环经济，提高资源综合利用效率。加快生活垃圾、餐厨垃圾分类收集处理，严控农村面源污染，推进秸秆资源化利用率达到99%，农用残膜回收率和畜禽粪污利用率分别达到95%和98%，推动农药化肥减量化，实现农作物化肥、农药用量减少40%。节约资源，保护环境。认真贯彻执行国家、区、市产业政策，杜绝产能过剩项目、国家限制类和淘汰类项目及其他高耗能高污染项目开工建设。督促和引导伊品、泰瑞、启元等企业投资建设节能减排技术改造项目，降低能源消耗、污染物排放。加强对重点用能企业节能管理工作的指导和服务，鼓励企业开展清洁生产审核、电力需求侧管理、能源管理体系认证，节水型企业创建等工作。推进绿色建筑工程，着力发展新型建造方式。全面执行居住建筑65%节能标准，新建建筑节能执行率达到100%。

五、着力保障和改善民生，持续增进民生福祉

优先发展教育事业。加快武河幼儿园及教师周转房、望远九年一贯制学校建设步伐。开工建设四中功能楼、黄羊滩和长湖小学操场改造。巩固提高义务教育均衡发展工作成果。扎实推进健康永宁建设。加快县中医医院迁建、望远镇卫生院等项目建设。建成永宁县社区卫生服务中心和纳家户、永和锦城等5个社区卫生站。加强慢性病预防管理，争创全国健康促进县。推进文化繁荣发展。加快推进永宁县综合文化艺术体育中心，闽宁镇、李俊镇、胜利乡文化活动中心建设。积极争取全国文化创意产业园项目落户永宁县，促进我县文化产业发展。推动就业创业和居民增收。深入实施“创业带动就业”计划，创造就业机会，继续加大购买公益性岗位力度，确保零就业家庭动态消零。鼓励和支持农民就业创业，落实小额担保贷款1000万元、职业技能培训1000人次。加大劳务经纪人和劳务派遣公司的管理力度，保障合法用工，年内转移劳动力就业2.2万人次，实现劳务收入2.1亿元。城镇登记失业率控制在4%以内。严格执行农民工工资保证金和应急周转金制度。实行农民工工资与工程款分账管理制度。完善企业工资支付监控机制，进一步加大对辖区内用工单位和建设项目工资支付情况日常监管力度。稳步提高社会保障水平。稳步扩大社会保障制度覆盖面，加快推进“五险合一”进程。完善城乡居民大病保险制度、社会救助制度、社会福利制度。建立被征地农民“先保后征”的工作机制，积极稳妥地做好被征地农民养老保险工作。加强社保基金收支管理，确保平稳安全运行。鼓励社会化养老服务，推行公建民营模式，引进第三方机构运营管理闽宁敬老院和永宁县第二敬老院。扎实推进脱贫攻坚。全力打造“一村一品”，加快推进原隆村休闲旅游、福宁村商贸服务、武河村酿酒葡萄、木兰村枸杞种植、园艺村饲草种植、玉海村庭院养殖产业，着力提升产业支撑成效。以建档立卡群众收入增长为核心，全面做好建档立卡户动态调整和巩固提升工作，提升减贫成效，力争闽宁镇农村人均可支配收入增幅超过10%。深入开展金融扶贫，扩大互助资金、担保基金、千村信贷、创业贷款发放范围和额度，帮助移民获得更多金融支持。逐步解决259户移民“多代多人”居住困难问题，落实2200户劳务移民户籍迁移工作。

六、着力抓改革促开放，增强发展新活力

切实抓好重点领域改革。加快整合现有网络资源，健全完善区市县乡村五级网络体系，全面提升政务服务标准化水平。持续深化“放管服”改革，健全“不见面、马上办”审批模式，构建亲清新型政商关系，为各类市场主体营造优质的营商环境。持续深化商事制度改革，进一步激发市场活力和创造力。持续深化投融资体制改革，切实防范化解各类金融风险，有效拓宽企业融资渠道，更好服务实体经济发展。继续推进事业单位改革，推进政事分开、事企分开、管办分离。继续深入推进县级公立医院综合改革，进一步贯彻落实政府向社会购买公共文化服务。持续推进国有林场改革工作。抓好农村小型水利工程管理体制改革，深化农业水价综合改革，推进水生态文明城市创建和县级水生态文明建设工作。不断扩大对外开放，以“一带一路”建设为契机，加强与东部发达地区的开放联动，坚持“引进来”“走出去”并重，持续推进“项目引进年”活动，积极对接“一带一路”闽宁国际新能源产业聚集区、正大集团300万只蛋鸡等项目，精心论证、谋划、包装、储备、实施一批科技含量高、经济效益好、税收贡献大的大项目、好项目，力争全年实现招商引资到位资金80亿元。

组织机构与负责人

【中国共产党永宁县委员会】

县委书记：　钱克孝
副书记：　李润军
　　　　杨宝文
常　委：　刘　明
　　　　钱　冬
　　　　雷保荣
　　　　郑振杰
　　　　任丽琴
　　　　杨　锋
　　　　王晓东
　　　　刘建民(2月免,挂职)
　　　　郑进选
　　　　陈　勇(2月任,挂职)
　　　　唐　杰(8月任,挂职)

【永宁县人大常委会】

主　任：　郭雪平
副主任：　王少林
　　　　满　红
　　　　陈丽娟(女)
　　　　马少军
党组书记：　郭雪平
成　员：　王少林
　　　　满　红
　　　　陈丽娟(女)

【永宁县人民政府】

县　长：　李润军
常务副县长：　杨　锋
副县长：　陈　勇(3月任,挂职)
　　　　唐　杰(8月任,挂职)
　　　　马金祥
　　　　王　辉(女)
　　　　马　燕(女)
　　　　张　文
　　　　何炳善(3月任,挂职)
党组书记：　李润军
成　员：　杨　锋
　　　　陈　勇
　　　　唐　杰
　　　　马金祥
　　　　马　燕
　　　　张　文
　　　　何炳善
　　　　刘志刚

【中国人民政治协商会议永宁县委员会】

主　席：　段伏林
副主席：　蒯金银

孙佳永
郭　宏
秘书长：　刘玉生
党组书记：　段伏林
成　员：　蒯金银
孙佳永
刘玉生

【县纪律检查委员会(监察局)、县监察委员会】

县纪律检查委员会
书　记：　王晓东
副书记、监察局局长：
伍庭利(12月免)
副书记：　杨雁冰
纪委常委：　赵红霞
张建新
张　军(2017年9月免)
杨立军
监察局副局长：张泉柳(12月后机构撤销)

县监察委员会(2017年12月23日，永宁县监察委员会成立。永宁县纪委永宁县监察委员会合署办公，实行一套班子、两个机构名称，撤销永宁县原监察局和永宁县人民检察院原反贪污贿赂局和反渎职局，相关职能及人员并入监察委员会)
主　任：　王晓东(12月任)
副主任：　杨雁冰(12月任)
委　员：　张建新(12月任)
杨立军(12月任)
梁　锋(12月任)
岳海瑞(女，回，12月任)

【县委办公室】

主　任：　郑进选
副主任、督查室主任：
孙占军
副主任、保密局局长、机要局局长：
李学军
副主任：　李学峰(8月免)

【县委组织部】

部　长：　刘　明
常务副部长、机关工委书记：
王　蕾(6月任)
副部长：　陈绍峰(6月免)
王　蕾(6月免)
部务委员：　王学东(6月免)
韩　刚(12月任)
机关工委委员：路　晶
陈进才
伍庭利(12月免)
曹永进
县非公经济组织和社会组织党工委专职副书记：
王　军
兼职副书记：　马晓梅(女)
县人才工作领导小组办公室主任：
何　珲
县党员电化教育中心主任：
李　娜(女)

【县委宣传部】

部　长：　任丽琴
副部长、文明办主任：
王学荣
副部长：　叶广军(6月任)
文明办副主任：米　佳(女，7月任)
杨瑜婷(女，12月任)
县广播电视台台长：
赵金林

【县委统战部】

部　长：　钱　冬(兼)
副部长：　翁　华

【县委政法委】

书　记：　杨宝文
常务副书记、秘书长：
王　成

综治办专职副主任：
张　龚（7月任）
副秘书长：　杨　钊（7月任）

【县委政策研究室】
主　任：　黄铁群
副主任：　孙玉萍

【县机构编制委员会办公室】
主　任：　王雪霞
事业单位登记管理局局长：
马玉红

【县委老干部局】
局　长：　陈绍峰（6月免）
哈玉忠（6月任）
副局长：　朱占河

【县委党校】
校　长：　刘　明（12月免）
杨宝文（12月任）
常务副校长、行政学院院长：
刘丽珍（女，6月免）
王学东（6月任）
副校长、行政学院副院长：
黄新年
副校长：　郑福军

【县档案局】
局　长：　康利平
副局长：　陈玲萍

【县史志编纂委员会办公室】
主　任：　王富荣

【县人大常委会办公室】
主　任：　常学明
副主任：　唐晓菲

【人大常委会人事任免代表联络工作委员会】
主　任：　张　艺

【人大常委会财政经济工作委员会】
主　任：　王凤侠（女）

【人大常委会法制工作委员会】
主　任：　陈国宝

【人大常委会教科文卫工作委员会】
主　任：　靳　萍（女）

【政府办公室】
主　任：　刘志刚
副主任：　赵文生
张　昊
李岳峰
王旺庄
吕正芳
机关事务管理局局长：
赵　静（女）
信息中心（7月改为县网络安全和信息化建设办公室）
主　任：　张　斌
郭兵章（12月任）
应急管理办公室主任：
王旺庄
信访督办局局长：
张　昊

【行政审批服务局】
局　长：　杨　冰（3月任）（女，回）
副局长：　姜　磊
刘智文

【县政协办公室及专门委员会】
办公室主任、秘书长：
刘玉生
副主任：　李柄锋（10任）

经科委主任：　杨永霞（女）
提案委员会主任：
　　　　刘红霞（女）
学习文史委员会主任：
　　　　任生雄
专职常委：　吴新利
　　　　杨　钧
　　　　王洪英
　　　　王吉明

【民主党派】
民革主委：　曹彦龙
民盟主委：　李正凯
民进主委：　郭　宏
民建主委：　马少军
九三学社主委：杨新斌
农工党主委：　张国俊

【县人民法院】
党组书记、院长、审判委员会委员、审判员：
　　　　魏凯军
党组成员、副院长、审判委员会委员、审判员：
　　　　郭冬林
　　　　胡冬云
党组成员、纪检组长：
　　　　任新民
党组成员、审判委员会专职委员、审判员：
　　　　杨志华
　　　　周建新
党组成员、审判监督庭庭长、审判委员会委员、审判员：　隋学红

【县人民检察院】
党组书记、检察长：
　　　　赵宏宇
副检察长：　王淑艳
　　　　王定国
纪检组长：　周新华（6月免，6月以后空岗）
检委会专职委员：
　　　　李少波
　　　　曹　铁
　　　　吴新莉（女，6月任）
反贪局局长：　梁　锋（12月免）没有文件

【县人武部】
部　长：　雷保荣
政　委：　连宏新
副部长：　陈华军

【县发展和改革局】
党委书记、局长、粮食局局长：
　　　　王长宏
联合纪检组长：葛俊峰（女）
副局长：　张冬萍（女）
　　　　张自军
　　　　李晓梅（女）
　　　　马维利
物价监督所所长：
　　　　陈怀萍（女）
经济信息和金融服务中心主任：
　　　　司迎春
县中小企业发展服务中心主任：
　　　　吕　涛

【县经济技术合作服务中心】
主　任：　刘　印（3月任）
副主任：　梁　刚（7月任）
　　　　孟学宝（12月任）

【县教育局】
党工委书记、局长：
　　　　马立云（回）
县人民政府教育督导室主任：
　　　　严天贵
党工委副书记、教育工会主席：
　　　　刘春芳（女）
副局长：　武光宁

吕乐春(回,女)
刘晓磊(回)
县体育中心主任:
王旭忠(6月免)
黄永奇(6月任)
(2017年4月体育中心划归文广局)
县考试中心主任:
张福军
教研室主任: 张学民

【县公安局】
党委书记、局长:
郑振杰
政　委: 曾晓隆
副政委: 鲁　孝
党委副书记: 闫忠福
副局长: 杨坤云
刘光武
周永忠
纪委书记: 常金平
党委委员,警务保障室主任:
苏如才
党委委员,刑警大队大队长:
周　超
党委委员,消防大队教导员:
雍彦峰(11月份调走)

【县民政局】
局长、党支部书记:
马晓梅
副局长: 许建宏
副局长: 纳超英
副局长、老龄办副主任:
李克斌
县双拥办公室主任:
马晓梅

【县司法局】
党支部书记、局长:
姜　文
党支部委员、副局长:
纳晓国
马小英
党支部委员、公证处主任:
年晓景

【县财政局】
党支部书记、局长:
曹永进
副局长: 马　越
保美宏(3月任)
纪检组长: 韩玉莲(女)
县会计核算中心主任:
温彩霞(女,2016年12月任)

【县人力资源和社会保障局】
局　长: 常惠琴(女3月免)
陈绍峰(3月任)
副局长: 陈进才
海万军(回)
纪检组长: 李剑鸣

【县就业创业和人才服务局】
局　长: 曹文婷(女)
副局长: 张金泉

【县社会保险事业管理局】
党支部书记、局长:
仇建宁
副局长: 吴　玲(女)

【县国土资源管理局(测绘地理信息局)】
书记、局长: 马学忠
副局长: 谢　峰
土地储备中心主任:
徐建辉

副主任：　沈利君（人已调走、没见免文）
　　　　　没有免文，县政府会议纪要的附件
　　　　　上有相关事项说明

【县环境保护局】

局　长：　李海星
书　记：　张学峰
副局长：　张学峰
　　　　　杨　鑫
县环境监察大队（兼）大队长：
　　　　　张学峰

【县住房和城乡建设局（人民防空办公室、地震局）】

局　长：　白崇东
总支书记、副局长：
　　　　　王　妍
纪检组长：　潘学忠
人防办主任、副局长：
　　　　　李　程
副局长：　夏建军
县城集中供热中心经理：
　　　　　汤富明
党支部书记：　马平山
永宁县第一污水厂厂长：
　　　　　朱晓峰

【县城乡管理综合执法局】

局长、党总支书记：
　　　　　张永忠
爱卫办专职副主任：
　　　　　张永忠（6 月任，兼）
副局长：　伍炳乾
副局长、兼爱卫办专职副主任：
　　　　　王　瑞（6 月任，兼）
副局长：　刘志刚

【县交通运输局】

局党总支书记、局长：
　　　　　毛占成
副局长：　王文勇
　　　　　刘宝林
　　　　　单桂香（女）
县交通战备办公室主任：
　　　　　毛占成
公路段段长：　刘海军
党支部副书记：杨玉荣
副段长：　仇红强

【县水务局】

书记、局长：　王兴宁
副局长：　金　铸
　　　　　哈东军（回）
　　　　　高金强
防汛抗旱指挥部办公室主任：
　　　　　梁　慧（女）

【县农牧局（科学技术局）】

党委书记：　郭　斌
党委副书记、局长：
　　　　　王金成
副局长：　金彩霞（女，回）
　　　　　唐学平
　　　　　纳金平
纪委书记：　姚建新
党委委员：　王庆福
县农村合作经济经营管理站站长：
　　　　　刘登彪
党支部书记：　尹晓军（6 月任）
县农业技术推广服务中心主任：
　　　　　迟永伟（6 月任）
书　记：　寇大勇

【县文化体育旅游广电局】

书记、局长：　周永平
副局长：　赵宝权
　　　　　张　荣
图书馆馆长：　潘星桦
文化馆馆长：　侯智膑
电影公司经理：郭　涛

【旅游产业发展服务局】
支部书记、局长：
沈学华
副局长： 张　莉

【县卫生和计划生育局】
党委书记、副局长：
杨志星
局　长： 杨新斌
副局长： 孙兴平
党委副书记、纪委书记：
马生荣
副局长： 李岩琴

【县疾病预防控制中心】
主　任： 王　洪
副主任： 施云涛
任伟民（8月任）

【县卫生监督所】
书记、所长： 宋志学
副所长： 韩占宏
李　洋

【县审计局】
局　长： 王海军
副局长： 胡海龙
谢尉庆
杨进启

【县统计局】
局支部书记、局长：
马跃林
副局长： 韩继梅
赵学慧

【县林业局】
局长、党总支书记：
纳金东
纪检组长： 武进明
副局长： 王得志

【县市场监督管理局】
书记、局长： 李　海
副书记、副局长：
唐晓云
纪检组长： 李晓峰
副局长： 蔡尚文
包　华
李　敬
党委委员： 耿　迁
李　魁

【银川望远工业园区管理委员会】
党工委书记、管委会主任：
郭雪平（1月免）
钱　冬（1月任）
党工委委员、副书记、纪工委委员、书记：
胡　军（1月任）
管委会副主任：
姜　利（3月任）
陈彦萍

【县农业综合开发办公室】
主　任： 史建春
书　记： 杨国平
副主任： 王　庭（自治区扶贫办挂职）
张利涛

【县扶贫开发办公室】
主　任： 撒奋勇
副主任： 苏国强
夏爱红

【县供销社】
主　任： 王金林
书　记： 李新宁

监事会副主任、工会主席：
龚跃军

【县安全生产监督管理局】

局　长：　孙伟国
副局长：　邵永胜
　　　　　徐　光

【县总工会】

主　席：　蒯金银（兼）
副主席：　路　晶（常务）
　　　　　杨小永
县职工服务中心主任：
张丽娟

【共青团永宁县委员会】

书　记：　谢丽丽（女，回，6月免）
　　　　　傅　超（12月任）
副书记：　马彦萍（12月任）
　　　　　刘学峰（10月免，挂职）

【县妇女联合会】

主　席：　罗桂宁
副主席：　袁秀琴

【县科学技术协会】

主　席：　赵建军
副主席：　赵玉霞

【县工商业联合会】

会　长：　马少军（兼）
党组书记：　翁　华
驻会副主席：　哈玉忠（6月免）
副会长：　眭光武（6月任）
秘书长：　裴建明

【县残疾人联合会】

副主席、执行理事会理事长：
蒋　河
执行理事会副理事长：
马　丽

【县文学艺术界联合会】

主　席：　王建邦

【李俊镇】

书　记：　赵建明
副书记、镇长：
李淑娟（女）
人大主席：　赵赋力
副书记：　郭振豪
纪委书记：　何　乐（回）
副镇长：　韩向成
　　　　　赵　超
　　　　　李幸福
党委委员：　韩向成
　　　　　赵　超
　　　　　李幸福
　　　　　杨　策
　　　　　潘　菲（女，回，7月任）

【望洪镇】

书　记：　王　凯
副书记、镇长：郭振豪（12月任）
人大主席：　徐　辉
副书记：　吴海全
党委委员、纪委书记：
马晓平（回）
党委委员、副镇长、武装部部长：
郭　雯（女）
党委委员、副镇长：
金　涛
杨　青（回）
组织委员：　吴　鹏
党委委员、镇长助理：
牛婉婉（8月任）
党委委员：　谢　锋
　　　　　周小静（回，女）

杨　瑞(回,8 月任,11 月免)

【杨和镇】

党委书记：　潘　毅
副书记、镇长：许　波
人大主席：　周　文(12 月免)
　　　　　　苏志军(12 月任)
党委副书记：李维新
纪委书记：　司升阳
副镇长：　　马少锋
　　　　　　吴　统
　　　　　　汪晓瑞
组织委员：　施　波
纪检专干：　王　燕(3 月任)

【胜利乡】

书　记：　　徐　军
副书记、乡长：
　　　　　　唐　健(8 月免)
　　　　　　王　强(8 月任)
人大主席：　樊建军(1 月任)
副书记：　　李奇峰
纪委书记：　徐建军
副乡长：　　傅　超(6 月免)
　　　　　　李　海
　　　　　　杜元立
组织委员：　保美宏(回族女 2 月免)
　　　　　　马婷婷(回族女 10 月任)

【望远镇】

党委书记：　姜　利
副书记、镇长：马文君
人大主席：　王学斌
党委副书记：张志强
纪委书记：　柳　有
副镇长、武装部长：
　　　　　　张　平
副镇长：　　张秉楠
　　　　　　张　蕾
组织委员：　蔡　政(12 月任)
党委委员、镇长助理：
　　　　　　赵　娴(女)
党委委员：　马　佳(女)(12 月免)
　　　　　　慈晓龙
　　　　　　高万军(6 免)

【闽宁镇】

书　记：　　钱　冬(兼)
副书记：　　撒奋勇(回 5 月任)
副书记、镇长：王勇强
人大主席：　苏志军(12 月免)
　　　　　　马彦斌(12 月任)
副书记：　　马彦斌(12 月免)
纪委书记：　王金玉
副镇长、镇武装部长：
　　　　　　杨平德
副镇长：　　苏　勇
　　　　　　马彦萍(12 免)
　　　　　　陈兴隆
组织委员：　陈小艳
党委委员：　李德忠

【杨和街道办事处】

党工委书记：李耀续
党工委副书记、主任：
　　　　　　眭光武(6 月免)
　　　　　　谢丽丽(女,回,6 月任)
党工委副书记：苏玉华(回)
纪工委书记、党工委委员：
　　　　　　单玉花(回)
副主任、街道武装部部长：
　　　　　　王红新
副主任：　　王　伟

【县地方税务局】

书记、局长：王　和
副书记：　　梁颖涛(女)
副局长：　　柴学军

纪检组长：　蒋志凤（女）
副局长：　姚　铁

【县国家税务局】
书记、局长：　高红军（10月免）
　吴永川（10月任）
纪检组长：　李崇平（12月免）
　杨国华（12月任）
副局长：　李建忠（11月免）
　钱金平
　孙建军（12月免）
　吴　平
　马　健
　王国英（女，12月任）

【中国邮政集团公司宁夏永宁分公司】
经　理：　杨万金
副经理：　张　赟
　杨博元

【县气象局】
局　长：　马　海
副局长：　赵兔祥
　张　雪（12月任）

【县烟草局】
局　长：　吴　昊
副局长：　张　鹏
副经理：　冯　赟

【国家统计局永宁调查队】
队　长：　李国军
纪检组长：　郎　伟（6月任）
副队长：　郎　伟（6月免）
　王乃钰（女，6月任）

【银川市住房公积金管理中心永宁分中心】
主　任：　李浩英

【县道路运输管理所】
书记、所长：　刘界和
副书记、副所长：
　蒋红梅
副所长：　谢　亮
　高　峰

【中国电信永宁分公司】
总经理：　杨　阳
副总经理：　王志明

【供水公司】
经　理：　史小林

【人行永宁县支行】
党组书记、行长：
　张鹏飞
副行长：　曹天杰
　马玉强

【工行永宁县支行】
党支部书记、行长：
　陈全胜（3月任）
支部委员、副行长：
　张永俭
　宋志勇
　李福林

【建行永宁县支行】
行　长：　范海龙

【农行永宁县支行】
行　长：　马　洪（7月免）
　王　晖（7月任）

【农发行永宁县支行】
行　长：　魏旭东（3月任）

【县农村信用联社】

党委书记、理事长：

常正奎

主　任：　　　苟建东

监事长：　　　巫爱新(女)

【中国财产保险公司永宁县分公司】

经　理：　　　施　军

【中国人寿保险公司永宁县分公司】

经　理：　　　马永林

【宁夏伊品生物科技股份有限公司】

董事长：　　　闫晓平

【宁夏多维药业有限公司】

经　理：　　　王　帆

【宁夏紫金花纸业有限公司】

董事长、党委书记：

纳巨波

【宁夏启元药业有限公司】

董事长、总裁：胡吉东

【宁夏建成集团公司】

董事长、党委书记：

张宝军

【宁夏广电网络永宁分公司】

经　理：　　　杨　光

大事记

1月

4日，永宁县召开2016年度基层党（工）委书记抓基层党建工作述职会。银川市委常委、县委书记、永宁县党建工作领导小组组长钱克孝及县领导郭雪平、李润军、段伏林、杨宝文、刘明、钱冬、任丽琴、王晓东、郑进选、王少林、蒯金银参加会议。与会人员对各党（工）委书记抓基层党建工作履职情况开展民主测评。

5日，县委常委班子召开2016年度民主生活会。银川市委常委、县委书记钱克孝主持会议，银川市纪委副书记曾祥娟应邀出席，县委常委李润军、杨宝文、刘明、钱冬、雷保荣、郑振杰、任丽琴、杨锋、王晓东、郑进选、刘建民参加会议，县人大常委会主任郭雪平、县政协主席段伏林应邀列席会议。县委各常委对照检查并互相开展批评。

△　县政协第十届委员会召开第一次常务委员会议。县政协主席段伏林主持会议并讲话，县政协副主席蒯金银、郭宏、孙佳永及各位常委参加会议。会议传达学习银川市“两会”精神；讨论并通过《关于永宁县政协机关职能配置机构设置和人员编制方案的通知》，县政协有关人事任免事项；研究并通过《政协永宁县第十届委员会2017年工作要点和工作安排》《政协永宁县第十届委员会委员小组活动方案》《政协永宁县第十届委员会委员联系基层活动方案》及相关事项。

6日，彭阳县委书记赵晓东带领考察团考察永宁县经济社会发展情况。县委副书记杨宝文一同调查。

9日，永宁县举办全国文明城市创建专题培训班。县委常委、宣传部部长任丽琴参加会议。会议邀请国家统计局宁夏调查总队专项处处长李政弼、魏荣，甘肃省金昌市文明办主任甘宗昌为与会人员讲授创建全国文明城市的经验。

11日，“永宁大集·大吉永宁”2017新春花灯美食节以及置信·三沙源2017年美丽宁夏冰雪嘉年华活动在县城举行新闻发布会。县人大常委会副主任陈丽娟出席发布会，《宁夏日报》、银川新闻网、《银川日报》等新闻媒体记者参加。“永宁大集·大吉永宁”2017新春花灯美食节是县政府打造的大型旅游文化活动。

△　永宁县安全生产监督管理委员会召开2017年第一次（扩大）会议，与会人员在永宁分会场参加全区安全生产电视电话会议。副县长马金祥、王辉参加会议。大会总结2016年全国安全生产工作，部署2017年重点工作任务及春节、全国“两会”期间的安全生产工作。

12日，全县2017年春运工作动员会召开。会议传达全国和自治区、银川市春运工作会议精神。

县交通局对全县 2017 年春运工作作安排部署。

△ 副县长张文带领督查组来到各乡镇对第三次全国农业普查工作开展情况督查。

16 日，永宁县召开 2017 年工作安排及“建设之春”项目储备情况汇报会。与会人员就 2017 年计划项目规划情况交流讨论。

△ 广西壮族自治区党委政研室副主任黄兰喜带领考察团考察永宁县精准扶贫工作。自治区党委政研室副主任刘雨，银川市委政研室李树波，县委常委、统战部长钱冬一同考察。

17 日，永宁县开展迎新春送温暖、送法律、送文化、送健康，走基层、进企业慰问活动。银川市委常委、县委书记钱克孝，县政协主席段伏林，县委常委、统战部长钱冬，县委常委郑进选，县人大副主任陈丽娟，县政协副主席蒯金银参加慰问。

18 日，银川市人大常委会主任左新军、副主任王勇对永宁县困难群众、困难老党员、困难职工、见义勇为先进个人家属、离退休老干部、优抚对象、道德模范等走访慰问。银川市委常委、县委书记钱克孝，县领导刘明、郑进选、王少林一同慰问。

△ 自治区政协副主席蔡国英来到闽宁镇原隆村及部分企业和困难群众家中，为困难群众送去慰问金。银川市委常委、县委书记钱克孝及县领导钱冬、任丽琴、郑进选、孙佳永一同慰问。

△ 自治区国土资源厅组织专家对永宁县实施的宁夏高标准基本农田建设，李俊镇、望洪镇土地整理项目进行财务及内业资料验收。

19 日，县领导李润军、段伏林、杨宝文、雷保荣、王少林、王辉来到县消防中队、县人民武装部、县武警中队及银川警备区等地走访慰问部队官兵。

21 日，北京顺鑫建投基金管理有限公司副总经理马彦虎来到永宁县考察滨河建筑科技文化旅游小镇建设项目。副县长马金祥陪同考察。

22 日，县委副书记、政法委书记杨宝文在相关部门负责人一起走访慰问见义勇为牺牲者家属。

24 日，副县长马金祥带领安监局、市监局、农牧局等县食品安全委员会相关成员单位对 2017 年春节节前的食品安全工作开展督导检查。

25 日，钱克孝、李润军、杨宝文、钱冬、郑振杰、王晓东、郑进选、张文等县领导来到各乡镇，重点对春节前全县安全生产、环境卫生、中心村群众文化生活等情况开展督查。

△ 永宁县召开 2017 年全县工作大会，会议总结 2016 年工作并安排部署 2017 年工作。兑现 2016 年绩效考评奖。对 2016 年度经济、政法综治、维稳信访、安全生产、依法治县、卫生和计划生育及深化改革工作中表现突出的先进集体和先进个人进行表彰奖励。

26 日，永宁县召开 2017 年新春茶话会。银川市委常委、县委书记钱克孝及李润军、段伏林等县四套班子领导和离退休老干部、各乡镇（街道）、部门、区市属驻永各单位及部分企业负责人、社会各界人士、部分党代表、人大代表、政协委员参加会议。

△ 银川市委常委、县委书记钱克孝，县长李润军，政协主席段伏林等县四套班子领导来到县委机要局、应急办、污水处理厂、环卫所、供热公司、县人民医院、供电局、电视台、县 110 指挥中心、交警队，走访慰问春节期间仍需坚守工作岗位的干部职工。

30 日，市县领导钱克孝、李润军、张文对县重点水利工程开工建设情况督查。督查组来到叶家湖环境综合整治现场，对项目开工建设及推进情况实地调查，并听取项目进展、资金到位等情况汇报。

2 月

3 日，钱克孝、郭雪平、李润军、段伏林等县四套班子领导分组对各乡镇、街道、各部门工作人员节后到岗情况实地督查。

11 日，2017 年“新春大拜年”社火秧歌巡游展演活动开幕。钱克孝、郭雪平、李润军、段伏林等县四套班子领导与群众一起观看表演。

△ 农历正月十五元宵节，永宁县在县城举行盛大的烟花燃放表演。

13 日，县四套班子领导钱克孝、郭雪平、李润军、段伏林等对叶家湖环境整治工程督查。杨和镇、水务局负责人一同督查。

△ 中共永宁县第十四届纪律检查委员会第二次全体(扩大)会议在县宾馆礼堂召开。会议传达贯彻中纪委十八届七次、自治区纪委十一届八次、银川市纪委十四届二次全会精神。银川市委常委、县委书记钱克孝及县领导郭雪平、李润军、段伏林等县四套班子领导出席,县委常委、纪委书记王晓东主持会议。会议总结2016年党风廉政工作,表彰2016年度党风廉政建设先进单位,安排部署2017年工作;签订2017年党风廉政建设责任书。

△ 银川市委常委、县委书记钱克孝,县长李润军督查全县春耕备耕工作情况。县领导杨宝文、郑进选、满红、张文、蒯金银一同督查。

△ 永宁县召开2017年党委工作会议。钱克孝、郭雪平、李润军、段伏林等县四套班子领导参加会议。会议总结2016年全县组织、宣传思想文化、统战民族宗教、编制、共青团、妇联、残联等工作,安排部署2017年工作;表彰2016年度宣传、统战工作先进集体和先进个人;与各责任单位签订2017年度党的基层组织建设、宣传思想文化暨民族宗教工作目标管理责任书。

14日,永宁县建设国家健康促进县(试点)启动会议暨培训班在县宾馆礼堂召开。自治区卫生和计划生育委员会副主任阮越盛及区、市卫生相关部门领导出席会议,银川市委常委、县委书记钱克孝及郭雪平、李润军、段伏林等县四套班子领导参加会议。会议宣读县人民政府《关于创建全国健康促进县的决定》。

△ 副县长张文对叶家湖环境整治工程推进情况督查。督查组来到叶家湖环境整治工程施工现场实地查看叶家湖工程规划、进度和施工细节等情况,并针对存在问题,现场办公协调整改。

15日,县人大常委会举办人大代表培训会,组织代表学习《代表法》《预算法》。全县164名县人大代表和乡镇人大专干参训。县委常委、宣传部部长任丽琴,人大常委会副主任王少林、满红、陈丽娟、马少军出席培训会,人大常委会副主任满红主持。

△ 银川市委常委、县委书记钱克孝,县长李润军调研县拆迁复垦暨江河湖库水系连通工程。县领导郑进选、陈丽娟、张文、孙佳永及相关部门负责人参加调研。实地查看拆迁复垦暨江河湖库水系连通工程基本情况、水位关系及方案设计等情况,并现场办公协调解决相关问题。

△ 银川市委常委、县委书记钱克孝,县人大常委会主任郭雪平,县长李润军调研县重点工业企业生产经营情况。县四套班子领导杨锋、郑进选、王辉、马燕、孙佳永及相关部门领导参加调研。调研组先后来到宁夏伊品生物科技股份有限公司、宁夏启元药业有限公司等工业企业。

△ 县政协主席段伏林带领部分政协委员对县设施农业标准化建设情况专题调研。县政协副主席蒯金银、郭宏参加调研。

17日,中共永宁县第十四届委员会第二次全体(扩大)会议在永宁宾馆礼堂隆重召开。中共永宁县第十四届委员会委员和候补委员出席会议。银川市委常委、县委书记钱克孝,县人大常委会主任郭雪平,县长李润军,县政协主席段伏林及县委常委杨宝文、刘明、钱冬、雷保荣、郑振杰、任丽琴、杨锋、王晓东、郑进选、陈勇在主席台就座。会议应到委员37名、候补委员8名,实到委员37名、候补委员8名,符合法定人数。会议表决通过《中共永宁县委员会关于推进全面从严治党若干问题的实施方案(审议稿)》《永宁县加强乡镇建设的实施方案(审议稿)》《关于追认中共永宁县委员会常务委员会给予邹光新开除党籍处分的决定》《中共永宁县第十四届委员会第二次全体会议决议(草案)》。

△ 银川市委督查组对永宁县各重点工程和重点项目建设情况督查。督查组先后来到永宁县卡威新能源汽车制造、永宁县河湖连通工程及永宁县综合文化艺术体育中心等项目建设现场,就项目建设中存在的困难和问题提出意见及建议。

20日,县人大常委会机关党支部委员会组织召开永宁县人大常委会机关党支部换届大会和机关工会换届大会。县人大常委会副主任王少林、满红、陈丽娟及人大常委会原副主任吴玉宁出席。会议选举产生县人大机关新一届支部委员会书记、委员组成人员及新一届人大机关工会第八届委员会主席、委员组成人员。

21 日，永宁县召开县乡村医疗卫生服务一体化和家庭签约服务工作动员会。会议就全县进一步推进县乡村医疗卫生服务一体化管理工作做安排部署。

21 日，县政协召开设施农业及标准化建设座谈会，与会人员就全县近年来在设施农业及标准化建设方面所取得的成绩及遇到的问题讨论交流。

22 日，县政协组织召开鹤泉湖历史文化资料搜集座谈会。县政协副主席孙佳永及旅游局等相关部门负责人参加会议。

△ 县国土资源局联合公安、检察、监察、住建、国土、县综合执法大队、乡镇等部门对县城杨和镇、胜利乡集中开展大型土地执法联合行动。参加人员近 410 余人，出动挖掘机 4 部，拆除违法违章建筑物共 15 户，拆除建筑面积 9540 平方米。

23 日，“宁夏东西部合作促进会”会长褚建平带领考察团到永宁县进行考察，银川市经合外侨局副局长陈永钢、县人大主任郭雪平一同考察。

24 日，永宁县组织全县干部代表观摩县中医院迁建、县综合文化艺术体育中心及河湖连通等 2017 年重点项目。杨宝文、雷保荣、任丽琴、王晓东等县四套班子领导参加观摩。

△ 银川市 2017 年重大项目建设启动仪式暨永宁县云威新能源汽车项目开工仪式隆重举行。自治区政协主席齐同生出席仪式并宣布项目开工。马凯、杨有贤、钱克孝、李润军、段伏林等区市县领导出席活动。

△ 银川碧桂园银子湖特色小镇项目正式落户永宁县。钱克孝、郭雪平、李润军、段伏林等县四套班子领导，碧桂园集团副总裁、西北区域总裁张志远等出席签约仪式。银子湖特色小镇项目位于县望远片区李银路东侧、永二干沟南侧、望银路北侧、唐徕渠西侧，项目总占地面积约 2000 亩，其中，水域面积 1000 余亩，建设用地面积 1000 余亩。规划建设包含市政公园及附属游乐、康体设施、低密度住宅、配套商业等。

26 日，宁夏晓鸣农牧股份有限公司闽宁智慧农业扶贫产业园建设项目在闽宁扶贫产业园开工奠基。

27 日，县委中心组召开理论学习会。钱克孝、郭雪平、李润军、段伏林等县四套班子领导及中心组成员参加会议。会议传达并学习李克强总理在深化“改管服”改革激发市场活力座谈会上的讲话，咸辉主席在自治区十一届九次党委全体会议上的讲话。

△ 全国政协经济委员会副主任、自治区政协原主席项宗西调研宁夏紫荆花秸秆造纸循环经济示范项目建设。区市县领导蔡明、钱克孝、段伏林、郑进选、马燕一同调研。

28 日，永宁县举办预防职务犯罪专题讲座。郭雪平等县四套班子领导及县委中心理论组成员参加，县委副书记、政法委书记杨宝文主持讲座。讲座邀请银川市人民检察院党组成员、副检察长曹湘宁，银川市人民检察院职务犯罪预防处长、宣讲团领队杨丽琴，银川市人民检察院检察官马斯等银川市检察机关预防职务犯罪宣讲团成员讲解，以达到警示听众，预防职务犯罪的目的。

△ 自治区人大常委会副主任袁进琳带领区人大调研组调研永宁县文化产业及社区卫生室发展建设工作。市、县领导钱克孝、张自华、郭雪平、李润军、郑进选、陈丽娟、马燕等一同调研。

3 月

2 日，县长李润军督查交通项目建设推进情况。县领导杨锋、郑进选及相关部门负责人一同督查。

△ 全县 2017 年政策性农业保险工作会议召开，会议安排部署 2017 年农业保险工作。会议动员全县群众参与农业保险，为推动农业和农村经济稳步发展收提供保障。

3 日，银川市人大常委会副主任陈军调研闽宁镇经济社会发展情况。县委副书记杨宝文、县人大常委会副主任王少林及相关部门负责人一同调研。

△ 银川市政协党组副书记、副主席蒋光临带

领调研组调研永宁县经济社会事业发展情况。银川市政协副主席保建新、杨兆华、陈艳菊、徐永豪一同参加调研。

△ 永宁县首家青少年事务社工组织孵化中心在杨和街道办事处建设社区揭牌成立。

5日，永宁县召开2017年城乡环境综合整治工作推进会，宣布2017年城乡环境综合整治工作正式启动。李润军、段伏林等县领导参加会议。

6日，银川市政协副主席徐永豪在李俊镇卫生院、胜利乡卫生院调研中国初级卫生保健基金会捐赠医疗设备使用情况。

8日，永宁县举办庆“三八”“传家庭美德，展巾帼风采，秀艺术魅力”书法、摄影、美术、剪纸艺术展。艺术展共收到送展作品368幅。最终共有97幅作品入选，有61人获奖。

△ 庆祝“三八”国际劳动妇女节工作大会在县回民高级中学礼堂隆重召开。自治区妇联副主席高鹏，银川市委常委、县委书记钱克孝，银川市妇联主席刘红梅，县人大常委会主任郭雪平，县长李润军，县政协主席段伏林等领导及来自全县各个战线上的妇女代表参加表彰大会。大会表彰县三八红旗集体8个、巾帼文明岗5个、农村妇女岗位建功先进集体4个、最美家庭20个、三八红旗手6名、巾帼建功标兵6名、妇女工作先进个人9名、好婆婆好媳妇好女婿21名、致富女能手3名。

△ 钱克孝、李润军、段伏林调研县河湖水系连通及春季造林绿化工作并现场办公，协调解决相关问题。县领导杨宝文、郑进选、满红、张文、孙佳永一同参加。

9日，广西壮族自治区政协副秘书长、办公厅副主任廖冰带领考察团对永宁县建设宜居乡村工作实地考察。县政协副主席孙佳永一同考察。

10日，银川市委常委、县委书记钱克孝带领调研组调研闽宁镇经济社会发展情况。县领导李润军、杨宝文、杨锋、钱冬、任丽琴、郑进选、张文及相关部门负责人参加。调研组先后来到闽宁镇玉海村、园艺村、武河村等地，实地察看闽宁镇村庄建设，调查闽宁镇村镇经济社会发展情况、移民就业及收入、基层党组织建设、民风建设等情况，现场办公协调解决相关问题。

△ 钱克孝、李润军、段伏林调研三沙源项目建设工作，并召开座谈会，协调解决相关问题。县领导任丽琴、杨锋、郑进选、满红、马燕、郭宏一同参加。调研组实地察看三沙源国际生态文化旅游休闲度假园项目，沙枣林公园、四季乐园工程及中央公园等项目建设情况，调查解各项目推进情况及所遇到困难和问题。

△ 县十八届人大常委会召开第三次主任会议，会议审议2017年全县预算调整、PPP项目建设等相关事项。县人大常委会副主任王少林、满红、马少军及人大各委办主任参加会议。

△ 中国科协党组织成员、书记处书记束为，来到闽宁镇开展科技助力精准扶贫现场教学。来自全国各省科协系统的培训班学员200多人，先后来到永宁县红树莓种植科普示范基地、闽宁镇镇史馆、壹泰牧业肉牛养殖联合会和光伏发电农业科技示范园基地参观考察。

△ 县政府组织召开“3·15”国际消费者权益日集中宣传咨询服务活动启动仪式协调会，副县长马金祥主持会议，全县20个消协理事成员单位参会。

13日，县长李润军带队调研县城乡建设工作，并现场办公，协调解决县城第一污水厂提标扩建改造、利民商业综合广场、城市饮水改造及唐徕公园亮化配套工程等项目在推进过程中遇到的问题。

14日，银川市人大常委会副主任达英带领调研组调研永宁县招商引资项目建设情况。调研组先后来到晓鸣农牧闽宁智慧农业扶贫产业园、宁夏创业谷、云威新能源汽车生产基地等项目建设现场实地察看。调研组要求加大项目建设力度，保证项目建设进度，按期完成2017年招商引资项目投资建设，早日投产达效。

△ “网络诚信，消费无忧”消费维权年为主题“3·15”国际消费者权益日集中宣传咨询服务活动在县城利民广场举行。自治区工商局党组成员、副局长云中，自治区消协秘书长李迎春，银川市市场监督管理局副局长陈明星，县委常委、宣传部部长任丽琴，县人大常委会副主任马少军，副县长马金

祥，政协副主席孙佳永等出席启动仪式。

△ 县纪委召开查处涉农扶贫领域腐败问题专项行动第一次联席会议。县委常委、纪委书记王晓东，各乡镇相关职能部门主要负责人参加会议。会议通报2015年以来全县涉农扶贫领域资金管理使用中存在的问题。

15日，县长李润军调研全县农业农村工作推进情况。李润军先后实地查看杨和镇南北全村标准化基地、悦丰农科供外蔬菜标准化生产基地、宁夏嘉禾园农业有限公司标准化生产基地，各乡镇高效节水灌溉工程推进及标准化基地建设等。

16日，银川市委常委、县委书记钱克孝带领调研组调研全县宣传思想文化工作。县领导李润军、刘明、郑振杰、任丽琴、郑进选、陈丽娟、马燕、郭宏一同参加调研。

△ 永宁县第十八届人大常委会召开第三次会议。县人大常委会主任郭雪平、县人大常委会副主任王少林、满红、陈丽娟、马少军参加会议。县委常委、副县长杨锋以及法检两院院长、县人民政府各组成部门负责人列席会议。会议通过分组讨论、集体表决的方式通过县政府《关于2016年预算调整方案的报告》《关于2017年预算调整方案的报告》《县人民政府关于提请审议实施云威新能源汽车生产基地重大项目议案》《县人民政府关于提请审议实施碧桂园银子湖小镇重大项目的议案》《县人民政府关于永宁县综合文化艺术体育中心等五个PPP项目政府付费纳入县级中长期财政规划的议案》。会议表决通过任命陈勇、何炳善同志为县人民副县长(挂职)。

△ 全县2017年下基层送政策促发展活动动员暨培训大会召开。宁夏林权服务与产业发展中心副主任刘鹏，银川市委政研室副调研员施新明应邀参加会议。

△ 银川市纪委副书记、监察局局长马雪飞来永宁县开展村务公开调研，县纪委书记王晓东、副县长张文领导一同调研。调研组先后实地察看杨和镇观桥村、胜利乡八渠村政务公开工作阵地，认真听取两个村关于村务公开的具体做法，并与观桥村、八渠村村两委班子、村监会成员交流讨论。

17日，全县社会治安综合整治暨命案防控利剑专项行动在利民广场正式启动。银川市政法委常务副书记、秘书长、综治办主任康华及县领导杨宝文、杨锋、王辉参加启动仪式。

△ 永宁县召开全县党政办公室主任会议。县委常委郑进选参加会议。会议传达自治区党委秘书长办公厅主任座谈会议精神。总结2016年全县保密信息、督查、党政办等工作，部署2017年保密信息、督查、党政办等工作。

20日，县人大常委会副主任陈丽娟带领部分委员，来到各乡镇，就“因病致贫，因病返贫”，“因灾致贫”专题调研。参加调研委员们对因病致贫、因病返贫、因灾致贫问题提出精准扶贫建议。

21日，县委常委、纪委书记王晓东带队督查县重点项目建设情况。县领导满红、孙佳永一同参加。督查组来到利民广场改造、县综合文化艺术体育中心建设、江苏卡威集团新能源汽车制造及闽宁产业城创业谷等项目建设现场。

22日，县政协第十届委员会召开第二次常委会议。县政协主席段伏林出席并主持会议，县政协副主席蒯金银、孙佳永及各常委参加会议。

△ 自治区党委常委、组织部部长盛荣华带领调研组对永宁县基层党建工作调研。市、县领导白尚成、周云峰、史春明、钱克孝、李润军、刘明、钱冬、郑进选一同调研。

△ 永宁县对核定取消的26辆公车现场公开拍卖，19辆公车成功拍卖，总评估价值为14.5万元，最终成交价值为22.4万元，7辆车流拍，拍卖成功率为73%。县纪委、发改、财政、审计等部门负责人对拍卖活动全程监督。

△ 副县长马燕对望远工业园区部分规模以上工业企业调研。调研组先来到宁夏正德源科技发展股份有限公司、宁夏银浙印刷包装产业物流园有限公司、宁夏北方乳业有限公司、宁夏海洋线缆有限公司和宁夏人和管业有限公司实地调查了解企业1—2月份的经济运行情况和生产经营中存在的困难。

△ 县政协第十届委员会召开全体委员学习会议。县政协主席段伏林、副主席孙佳永、蒯金银及

全体政协委员参加会议。会议传达学习全国“两会”精神，安排部署2017年政协工作。通过投票表决的方式选举刘玉生为政协县第十届委员会秘书长。

△ 县委中心组召开理论学习暨意识形态领域专题辅导报告会。钱克孝、郭雪平、段伏林等县四套班子领导及中心组成员参加会议。会议邀请中国社会科学院国家文化安全与意识形态建设研究中心副主任兼秘书长、新媒体研究院院长，中国社会科学院学术舆情研究办公室副主任朱继东作“在应对挑战中实施好意识形态工作责任制”专题报告。

23日，惠农区政协党组书记、主席谢海燕带领考察团对全县经济社会事业发展情况考察。县政协副主席蒯金银一同考察。

△ 县政府召开2017年消防工作会议，会议总结2016年消防工作并对2017年消防工作安排部署。副县长马金祥参加会议。会议通报2016年全县火灾情况。

△ 县人大常委会组织部分人大代表视察《中华人民共和国安全生产法》贯彻执行情况。县人大常委会副主任王少林、满红、陈丽娟、马少军参加视察。县委常委、副县长陈勇参加。视察组视察回民高级中学、县公交公司停车场、伊品生物科技股份有限公司、109线与第一排水沟交叉路口等地。

24日，县政府举办“周末讲堂——水生态文明建设和节水型社会建设”专题讲座。副县长张文主持，各乡、镇、街道、各部门科级领导干部参加。讲座特邀自治区水利厅水政水资源处副处长史燕斌讲授。史燕斌从当前水生态文明建设面临的形势、水资源及水工程基本情况、水生态文明对水生态文明建设和节水型社会建设的意义系统全面的分析讲解。

27日，县长李润军带领调研组对望远工业园区企业生产经营等情况调研，并协调解决相关困难和问题。县领导钱冬、马燕一同调研。

△ 银川市委常委、组织部部长史春明调研永宁县基层党建工作。市委常委、县委书记钱克孝，县委常委、组织部部长刘明一同调研。

28日，县人大常委会副主任满红、县政协副主席孙佳永督查近期县重点项目建设情况。督查组先后来到第一污水处理厂提标改造工程、紫荆花纸业有限公司秸秆造纸循环经济示范项目、伊品生物科技股份公司氨基酸清洁化生产示范改造项目等地施工现场实地查看，并对各项目投资规划、建设进度、质量监理、配套设施完善等情况及各项目推进过程中存在的困难问题提出意见。

△ 县委副书记杨宝文主持召开全县农村工作领导小组专题会议，研究讨论《永宁县闽宁镇改革活镇实施方案》《永宁县2017年农田水利基本建设大会战实施方案》。县领导钱冬、张文、蒯金银及各乡镇、各相关部门负责人参加会议。会议对《永宁县闽宁镇改革活镇实施方案》《永宁县2017年农田水利基本建设大会战实施方案》提出修改意见建议。

△ 海子湖泊鹭通航旅游特色小镇项目举行签约仪式，银川市市委常委、县委书记钱克孝，县长李润军，县政协主席段伏林，副县长马金祥、马燕等县领导与泊鹭通航产业有限公司及北方铨盛（宁夏）科技有限公司等企业负责人共同出席签约仪式。

29日，银川市与比亚迪跨座式单轨交通及纯电动汽车项目座谈会在永宁县召开。市、县领导钱克孝、郭柏春、徐庆、郭雪平、李润军、钱冬、郑进选、马金祥及比亚迪股份有限公司副总裁兼商用车事业部总经理王杰等参加座谈会。

30日，巴彦淖尔市乌特拉中旗政协副主席吴建忠带领考察团对永宁县设施农业发展情况考察。县政协副主席蒯金银一同考察。

31日，银川市委常委、县委书记钱克孝带领调研组调研全县全域旅游标识标牌设定工作。县领导任丽琴、郑进选、王少林、马燕及相关部门负责人一同调研。

4月

1日，永宁县举行创建全国文明城市、国家卫生县城攻坚誓师大会暨第29个爱国卫生月启动仪式。银川市委常委、县委书记钱克孝及区市相关部门领导出席启动仪式，县在职县处级领导干部及各乡镇、街道党工委、政府主要负责人，各部门负责人及全体干部职工等参加会议。

5 日，县领导刘明、陈丽娟、郭宏对全县环境卫生整治工作推进情况进行督查。督查组实地查看南桥商贸市场、杨和三期、宁惠街、望远工业园区红旗南路及望远第二污水处理厂等。

△ 县人大常委会副主任满红率队实地督办第十八届一次会议重点议案、建议办理情况。督办组先后对关于成立杨和街道办永和社区并解决社区活动用房的议案、关于硬化政权村 5 队新建设施温棚园区道路的建议，关于硬化板桥村 3 队育苗中心新建设施温棚园区道路的建议，关于维修红叶小区的建议等 11 项第十八届一次会议重点议案、建议办理情况现场督办。

6 日，自治区主席咸辉在永宁县调研重点项目建设时强调，要以项目为抓手和支撑，加快推进转型升级和结构调整，谋划一批事关长远的大项目、好项目，优化投资结构，提高产出效益，让县域经济更有活力更可持续，不断提升群众幸福感。银川市市长白尚成及市县领导钱克孝、李润军、钱冬、杨锋、郑进选、张文一同调研。

6 日，美国科诺集团医疗项目部执行董事、科诺国际医院董事长张伟峰到永宁县考察宁夏医科大学总医院胸腔科医院项目。县领导钱克孝、郭雪平、段伏林、马金祥、马燕、陈艳萍一同考察。

△ 自治区卫计委党组成员、医改办专职副主任刘秀丽带领督导组，对永宁县卫生计生工作落实情况督导。银川市委常委、县委书记钱克孝，县委常委、宣传部部长任丽琴一同督导。

7 日，县政府与颐高集团就闽宁镇原隆村美丽乡村项目签约。市县领导钱克孝、李润军、杨宝文、钱冬、任丽琴、郑进选、满红、马燕、蒯金银及颐高集团董事长翁南道等出席签约仪式。颐高集团董事长翁南道表示，此次闽宁镇原隆村美丽乡村项目签约，是加快永宁县美丽乡村产业升级步伐的一个契机，助力永宁县城乡经济发展。

△ 县政协主席段伏林带领部分政协委员对 2017 年提案办理情况进行督查。县委常委、常务副县长杨锋，县政协副主席郭宏参加督查。督查组先后来到望远地区供水水源地、望远人家、银川职业学校、望远镇九年一贯制学校项目及县第二水厂等地，对关于加大力度改善望远地区饮用水质量、关于规范县城二次供水加压泵房管理等提案办理情况实地督查。

△ 中国农业发展银行行长祝树民到永宁县调研。银川市委常委、县委书记钱克孝，县长李润军及县委常委钱冬、郑进选陪同。

△ 永宁县召开 2017 年食品安全工作会议。县领导李润军、马少军、马金祥、孙佳永及县食品安全委员会各成员单位负责人参加会议。会议总结全县 2016 年食品安全工作，并就 2017 年食品安全工作安排部署。

△ 县安委会召开 2017 年第二次全体（扩大）会议。县领导李润军、陈勇、马少军、马金祥、王辉、张文、孙佳永及县安委会各成员单位、部分重点企业负责人参加会议。会议通报 1—3 月全县安全生产情况，传达国务院安委会关于近期接连发生安全问题的紧急通报；传达学习自治区、银川市安委会第二次全体扩大会议精神。

10 日，自治区党委常委、副主席马顺清调研闽宁镇经济社会发展情况。市、县领导杨有贤、钱克孝、李润军、钱冬、郑进选一同调研。

11 日，县委中心组召开理论学习专题辅导会。钱克孝、李润军、段伏林等县四套班子领导及中心组成员参加会议。会议邀请新华社中国经济信息社舆情监测中心分析师王晓蕊做“网络舆情新动向与应对策略”专题报告。观看视频短片《意识形态领域教育警示片》。

△ 县委常委、纪委书记王晓东带领督查组对各重点项目近期建设及推进情况实地督查。县人大常委会副主任满红、县政协副主席孙佳永一同参加督查。

△ 永宁县闽宁镇原隆村与颐高集团举行美丽乡村合作项目签约仪式。银川市委常委、永宁县委书记钱克孝、县领导李润军、杨宝文、钱冬、任丽琴、郑进选、满红、马燕、蒯金银等出席签约仪式。

12 日，环保部西北督查中心副主任张常林带领调研组对永宁县异味治理工作实地调研。区市县领导杜鹏、朱海滨、李润军及区市县相关部门负责人一同调研。

△ 全国工商联考察组到永宁县考察。县领导李润军、钱冬一同考察。

△ 银川市委副书记周云峰调研永宁县红树莓产业发展情况。银川市委常委、组织部部长史春明，银川市委常委、县委书记钱克孝参加调研，县领导钱冬、刘明、郑进选一同调研。

13 日，永宁县召开 2017 年政银企联席会议，会议就加强政银企沟通交流，搭建银企合作平台，对接信贷投放项目，解决银行放贷难、企业贷款难问题开展探讨。

△ 银川市政府与比亚迪股份有限公司在银川举行合作项目签约仪式，自治区党委常委、常务副主席张超超等出席仪式并见证签约。

14 日，县政协召开关于停车难问题民主协商会。县政协主席段伏林、县政协副主席蒯金银、郭宏、孙佳永及部分政协委员、各相关部门负责人参加会议。县委常委、常务副县长杨锋应邀参加会议。会上，各相关部门就关于停车场规划建设、车辆停车现状等问题建言献策。

△ 永宁县举办“周末讲堂——如何做好中国优秀传统文化传承发展”专题讲座。各乡镇(街道)、各部门(单位)科级领导干部参加。

△ 银川市委常委、县委书记钱克孝对全县公安工作调研。县领导杨宝文、刘明、郑振杰、任丽琴、王晓东、郑进选一同参加。钱克孝强调，要进一步建立和完善禁毒工作长效机制，加强宣传教育，要针对未成年人创新宣传方式，结合学校、家庭等增强教育力度；要突出重点安全隐患整治，从严查处道路交通违法行为，加强警力及各项技术投入，以高压严管态势防范压减道路交通事故行为。要将维护社会治安稳定与文明城市创建、“智慧城市”建设等工作有机结合，通过新媒体加强各项宣传教育。

17 日，银川市委常委、县委书记钱克孝，县人大常委会主任郭雪平、县长李润军对县环境治理工作督查。县领导杨锋、任丽琴、王晓东、郑进选、陈丽娟、张文参加督查。督查组督查第一污水处理厂、紫荆花纸业有限公司、伊品生物有限公司及启元药业有限公司等地。

△ 银川市委常委、县委书记钱克孝，县人大常委会主任郭雪平、县长李润军对全县环境治理工作督查。县领导杨锋、任丽琴、王晓东、郑进选、陈丽娟、张文参加督查。

18 日，银川市人大常委会主任左新军带领市人大常委会组成人员及部分市人大代表对全县《中华人民共和国大气污染防治法》贯彻实施情况检查。市县领导钱克孝、郭雪平、李润军、王少林一同检查。

△ 全国第二届“万步有约”职业人群健走激励大奖赛宁夏赛区启动会在永宁县人民公园举行。来自银川市、吴忠市、青铜峡市、平罗县以及永宁县的各单位代表队齐聚永宁参加这一盛会。自治区卫生计生委副主任黄涌，银川市委常委、县委书记钱克孝，县人大常委会主任郭雪平、县长李润军等领导及嘉宾参加启动仪式。

20 日，自治区金融局与永宁县联合举办资本市场专题培训暨园区企业融资对接活动。

△ 银川市委副秘书长、督查室主任张新民带领督查组督查永宁县环境综合整治工作及重点项目推进情况。县领导李润军、杨锋、马燕一同督查。

21 日，县第十八届人民政府召开第一次全体（扩大）会议暨廉政工作会议。县领导李润军、陈勇、马金祥、马燕、张文、何炳善参加会议。县委常委、纪委书记王晓东，县人大常委会副主任王少林、县政协副主席蒯金银及法检两院院长应邀参加会议。县委常委、常务副县长杨锋主持会议。会上，县长李润军与各副县长、乡镇及部门代表签订党风廉政目标责任书。

21—25 日，银川市委常委、县委书记钱克孝赴上海、江苏、广东等地对接上海重塑能源科技公司、南通泽禾新能源科技有限公司、中博源仪征新能源科技有限公司、广东国鸿氢能科技有限公司、云浮市飞驰新能源汽车有限公司等企业。

22 日，永宁新天地运营启动及品牌落位发布会隆重启幕。县委常委、常务副县长杨锋，副县长马金祥及相关部门负责人参加活动。

24 日，中央文明办一局局长张志勇调研永宁县农村精神文明建设工作。县领导李润军、郑进选、马燕一同调研。

△ 大庆粥家庄食品有限公司董事长于长军来到永宁县考察。县领导李润军、钱冬、满红、马金祥一同考察。

△ 县委副书记杨宝文带队督查全县设施温棚园区标准化建设及环境卫生整治情况。县人大常委会副主任满红、副县长张文及各乡镇、相关部门负责人参加督查。

25 日，永宁县召开创建全国生态文明建设示范县工作推进会。县人大常委会副主任王少林、马少军，副县长王辉及相关部门负责人参加会议。

26 日，县委副书记杨宝文带队对全县农业综合开发项目春季工程建设情况督查。县领导满红、张文、蒯金银参加。督查组先后来到望洪镇农声村、李俊镇东方、侯寨、宁化、古光、李庄村、望洪镇增岗村，对 2016—2017 年农业综合开发高标准农田建设项目、节水灌溉项目及 2017 年人大议案意见建议工程实地督查。

27 日，县第十八届人大常委会召开第四次会议。县人大常委会主任郭雪平，县人大常委会副主任王少林、满红、马少军参加会议。副县长马金祥及法检两院院长、县人民政府各组成部门负责人列席会议。会议审议并通过县人民政府关于《中华人民共和国安全生产法》贯彻落实情况的报告；听取县人大常委会关于视察《中华人民共和国安全生产法》贯彻执行情况的报告。

△ 县国土资源局联合公安局及城乡管理综合执法大队查处一起非法开采砂石资源活动。查扣涉嫌盗采砂石资源装载机 3 辆，拉运砂石料双桥车 3 辆。县国土资源局对盗采砂坑进行勘测后，将相关材料移交县公安局进行立案查处，同时抄告县人民检察院及县政府相关领导。

28 日，宁夏鲁商产业管理有限公司董事长梁承美带领法国四方光电科技有限公司董事长奥利维尔、美国亚美晶体科技有限公司董事长刘亚平等人赴永宁县考察社会经济发展情况。

△ 永宁县庆祝五一国际劳动节表彰大会暨农业标准化示范基地“五比一创”劳动竞赛启动仪式在宁和广场隆重举行。钱克孝、郭雪平、李润军等县四套班子领导出席大会。全县干部职工参加大会。县委副书记杨宝文主持会议。大会对全县关爱职工模范企业、热爱企业优秀员工及金牌工人等表彰奖励；并安排部署农业标准化生产“五比一创”劳动竞赛。自治区劳动模范刘红财先进事迹宣讲；金牌工人代表宣读致广大劳动者倡议书。

5 月

2 日，全县移风易俗，树立文明家风、乡风、民风推进大会召开。钱克孝、郭雪平、李润军、段伏林等县四套班子领导出席会议。自治区党委宣传部副部长、文明办主任毛录应邀出席会议。会议安排部署全县“推进移风易俗树立文明家风乡风民风”工作。

3 日，县人大常委会召开 2017 年第一季度乡镇人大工作会议。县人大常委会副主任王少林、满红、马少军出席会议，各委室负责人、人大机关相关工作人员及各乡镇人大主席参加会议。会议组织学习《地方组织法》《选举法》《代表法》等相关法律法规。

△ 银川市委常委、县委书记钱克孝主持召开全县农作物秸秆综合利用专题会议。郭雪平、李润军、段伏林等县四套班子领导及各乡镇、各相关部门负责人参加会议。会议要求各乡镇、各相关部门切实做好秸秆拉运补贴资金的保障工作，引导群众自觉树立“不敢烧”“不愿烧”的意识；促进全县禁烧和综合利用各项工作落到实处。

△ 银川市委常委、县委书记钱克孝，县人大常委会主任郭雪平、县长李润军、县政协主席段伏林督查 PPP 项目建设情况。县领导杨锋、钱冬、王晓东、郑进选、满红、马燕一同参加。督查组督查九年一贯制学校、比亚迪跨座式单轨纯电动客车生

产基地、永宁县中医院迁建及利民广场改造建设工程等项目建设情况，并现场协调解决相关问题。

4日，县农村信用合作联社协办的第十四届“湖城之夏·广场文化季”启动仪式在县人民公园隆重举行。县长李润军等县四套班子领导出席启动仪式。

△ 市委副秘书长、督查室主任张新民带队督查永宁县重点项目推进情况。县领导杨锋、马燕一同督查。督查组督查三沙源国际生态文化旅游及休闲度假园、闽宁产业城创业谷二期、紫荆花纸业有限公司秸秆造纸循环经济示范及永宁县利民广场综合改造等项目。

5日，县委中心组召开理论学习会。钱克孝、郭雪平、李润军、段伏林等县四套班子领导及中心组成员参加会议。会议学习自治区、银川市第一季度经济形势分析会议精神、《银川市关于不履行党风廉政建设主体责任和监督责任追究办法（试行）》《银川市党和国家机关工作人员不履职不担当不作为责任追究办法（试行）》，自治区纪委关于8起区管党员领导干部违纪违法典型案件的通报、银川市纪委关于查处2起涉农领域腐败问题典型案例通报。

6日，全国妇联党组书记、副主席、书记处第一书记宋秀岩在自治区党委副书记姜志刚，自治区妇联副主席李咏梅，银川市委副书记周云峰，银川市委常委、县委书记钱克孝，银川市妇联主席刘红梅的陪同下一起来到闽宁镇调研基层妇联组织改建和妇女儿童工作。

9日，县人大常委会副主任满红带队督查县重点项目推进情况。督查组督查农村公路改造、宁夏工委纪念馆及党校教育基地建设工程、县设施农业效益倍增项目。

10日，县委常委、宣传部部长任丽琴主持召开永宁县创建全国文明城市联席会议。各相关部门负责人参加会议。会议就下一步创建全国文明城市提出具有可操作性的意见建议。

△ 中宁县政协主席叶进宝带领考察团考察永宁县污水处理情况。考察组先后来到永宁县望远镇启元药业污水处理中心、叶家湖综合治理项目、人民公园、第一污水处理厂及伊品生物污水处理厂等地实地考察。县政协副主席蒯金银一同考察。

△ 县人大常委会主任郭雪平及副主任满红、马少军带领部分人大代表对县重点项目建设情况督查。县委常委、常务副县长杨锋应邀参加。

11日，县政协主席段伏林带领部分政协委员对政协十届一次会议期间委员提出的提案、意见及建议办理情况督查。县委常委、副县长陈勇应邀参加。政协副主席蒯金银、郭宏一同参加督查。

12日，银川市委常委、县委书记钱克孝，县人大常委会主任郭雪平、县长李润军、政协主席段伏林调研全县房地产市场发展情况。县领导杨锋、郑进选、马燕一同参加。

△ 全区宣传思想文化系统“深化走转改·见证新发展”观摩团来到永宁县闽宁镇观摩采访。县领导钱冬、任丽琴一同观摩。

△ 银川市委常委、县委书记钱克孝，县人大常委会主任郭雪平，县长李润军，县政协主席段伏林调研永宁县西部水系农家乐规划情况。县领导杨锋、任丽琴、郑进选、马燕一同参加。

15日，全县禁毒工作暨创建银川市禁毒示范县动员大会召开。银川市委常委、县委书记钱克孝，县人大常委会主任郭雪平、县长李润军、政协主席段伏林等县四套班子领导出席会议。自治区公安厅禁毒总队副总队长蒋晓育、市禁毒支队支队长屠建强、市文明办专职副主任解永华应邀出席会议。

△ 自治区督查组到永宁县闽宁镇就习总书记来宁视察重要讲话精神落实情况督查。副县长张文一同督查。2016年7月19日，习近平总书记来宁视察期间，专程到闽宁镇实地察看精准脱贫和产业发展情况，并做出“闽宁镇从当年的‘干沙滩’变成今天的‘金沙滩’，探索出一条康庄大道，我们要把这个宝贵经验向全国推广”的重要指示。

19日，自治区粮食局组织参加“2017·宁夏粮食产销协作暨战略合作洽谈会”的各省份代表到永宁县调研昊王集团粮食银行工作。考察团实地查看永宁县粮食银行通风绿色仓储仓、10万吨水稻烘干车间、速食米饭生产车间等基础设施，听取相关情况介绍，并调查以土地托管、粮食银行、三农金融服务为平台的农业社会化综合服务等情况。副县长何炳善一同考察。

20日，中共中央政治局委员、国务院副总理刘延东出席2017年科技活动周北京主会场活动时，来到宁夏闽宁合作科技扶贫展位前，与永宁县闽宁镇原隆村干部、群众和企业代表现场视频连线互动，听取闽宁对口帮扶和移民群众精准脱贫情况汇报。

20—27日，由科技部举办的2017年科技活动周北京主会场在北京民族文化宫举办。宁夏科技厅设计推荐的闽宁合作科技扶贫互动项目，被列为专题展重点项目，向全国展示对口帮扶的典范——“闽宁模式”取得的巨大成绩以及科技扶贫的重要作用，并筛选食用菌等部分能代表闽宁合作科技成果的展品到北京主会场展出。

21日，永宁县召开迎接银川市脱贫攻坚督查巡查工作推进会。县领导杨宝文、满红、张文、蒯金银参加会议。

23日，永宁县召开2017年第一次文明委全体会议。县委常委、宣传部部长任丽琴，人大常委会副主任马少军及各乡镇、各部门主要负责人参加会议。会议讨论通过2016年县级文明单位、文明校园、文明村镇、文明社区、2017年“最美永宁人”及第一届“文明家庭”。

△　全区工会系统精准帮扶工作观摩会在永宁县召开，自治区总工会副主席马启宁、银川市总工会副主席蔡剑英等工会领导及其他与会人员观摩调研永宁县工会系统精准帮扶工作开展情况。县委常委、统战部部长钱冬，县政协副主席、总工会主席蒯金银等领导一同观摩。

23日，中国建设银行宁夏分行行长张敏调研永宁县产业发展情况。银川市委常委、县委书记钱克孝，县人大常委会主任郭雪平及县领导郑进选、马燕陪同调研。

△　贵州省关岭县政协主席周建能对永宁县易地搬迁和扶贫开发工作考察，考察组先后对永宁县青岛昌盛光伏农业生态园、闽宁镇原隆村村部、宁夏壹泰牧业、闽宁镇镇区规划、闽宁镇镇史馆实地考察走访。县政协副主席郭宏一同考察。

24日，纪念毛泽东同志《在延安文艺座谈会上的讲话》发表75周年暨永宁县2017年文艺工作座谈会在三沙源举行。钱克孝、郭雪平、李润军等县四套班子领导出席会议，各乡镇、各部门负责人及各文艺协会成员参加会议。会议书面传达学习习近平同志在全国文艺座谈会上的重要讲话精神、刘奇葆同志在全国宣传思想文化工作会议上的讲话精神。文艺工作者代表、特邀代表对永宁县文学创作资源和创作空间发言。

△　银川市2017年农业重点工作现场观摩会到永宁县观摩，银川市农牧局局长黄振亚及各县（市）农牧局负责人参加。观摩组先后来到宁夏四季鲜农产品质量检测有限公司、望远镇板桥蔬菜标准化设施园、永宁县裕稻丰有机水稻标准化生产示范基地、宁夏昊王米业方便米饭深加工项目等地。

△　永宁县召开银川市脱贫攻坚督查汇报会。银川市扶贫开发领导小组成员及县领导满红、张文、蒯金银参加会议。

25日，县人大常委会副主任满红、马少军带队考察吴忠市利通区生态文明创建工作。副县长王辉及各相关部门负责人一同参加。考察组先后对利通区申能吴忠热电联产项目、高闸美丽小城镇、五里坡生态林业建设及清一沟生态治理工程等地实地察看，听取相关情况介绍，调查利通区生态文明创建工作情况。

25日，县长李润军带队调研闽宁镇产业发展情况。县委副书记杨宝文、副县长张文及相关部门负责人参加调研。

26日，县委副书记杨宝文带队督查全县农业标准化生产工作情况。副县长张文参加督查。

27日，自治区发展和改革委员会老干部观摩永宁县经济社会经济发展情况。县长李润军及副县长马燕、何炳善一同观摩。观摩组先后对立兰酒庄、望洪镇新华中心村、人民公园、永宁黄河大桥及三沙源生态文化旅游区等地实地查看，并听取相关情况汇报，调查近年来永宁县经济社会发展情况。

30日，永宁县举行银川氢燃料电池产业基地项目签约仪式。银川市委常委、县委书记钱克孝，县人大常委会主任郭雪平，县长李润军，县政协主席段伏林及县领导钱冬、郑进选、马金祥出席。

31日，银川市委常委、县委书记钱克孝带领慰问组看望慰问全县在校孤残、贫困、单亲及留守儿童，并向全县少年儿童表示节日的祝贺，向广大教育工作者致以亲切的问候和崇高的敬意。县领导任丽琴、郑进选一同参加慰问。

6月

1—2日，县长李润军率队赴浙江、河南等地对接杭州长江汽车有限公司、河南省豫星华晶微钻有限公司等企业，重点考察电动汽车、金刚石相关产业项目。

1日，自治区副主席马力带领督查组来到永宁县就自治区第十二次党代会期间安全生产工作进行督查，市县领导钱克孝、郑振杰、郑进选、何炳善一同督查。

2日，永宁县举办“周末讲堂——学劳模精神，做合格党员”先进事迹巡讲。副县长马燕主持。此次巡讲以宣传讴歌卫生计生系统的典型事迹为主题，特邀全国劳动模范、银川市“五一”劳动奖章获得者、“最美银川人”、“最美乡村医生”等5名先进典型人物，讲述基层卫生计生工作者在本职工作中的表现出的奉献精神和涌现出的感人事迹。

3日，人民日报社宁夏分社社长李增辉带队调研永宁县经济社会发展情况。银川市委常委、县委书记钱克孝，县人大常委会主任郭雪平、县长李润军、县政协主席段伏林及县领导任丽琴、杨锋、郑进选、张文一同调查。

5日，副县长马金祥带领县食品安全委员会各相关成员单位对高考前学校食堂及校园周边食品安全情况专项检查。

△　永宁县召开“推动信用体系建设 改善金融生态环境”推进会。自治区金融局局长助理马飞及县领导杨宝文、陈勇、满红、蒯金银参加会议。县委常委、副县长陈勇主持。

6日，银川市人大常委会副主任王勇带队检查永宁县《中华人民共和国消防法》暨《银川市公共消火栓建设维护管理条例》贯彻落实情况。县领导王少林、马少军、马金祥一同检查。检查组实地检查永宁县宁夏新华百货现代物流园公共消火栓建设维护管理情况。

△　县人大常委会主任郭雪平带队对李俊镇帮扶工作开展情况观摩座谈。县领导刘明、满红、王辉、郭宏及各包村部门负责人参加观摩。观摩组对李俊镇雷台、许桥、王团、宁化等中心村阵地建设、民风建设及人大代表联络室工作等实地查看。

△　中国共产党宁夏回族自治区第十二次党代会在宁夏人民会堂隆重开幕。永宁县各级党组织集中收听收看自治区第十二次党代会开幕式直播。

△　由县委宣传部、县文化体育旅游广电局主办，县文化馆、县广播电视台承办，永宁县2017年“美丽乡村 文化大集”送戏下乡演出活动启动仪式在永宁县李俊镇拉开帷幕。银川市委常委、县委书记钱克孝，县长李润军及县领导任丽琴、王少林、马少军、马燕、张文、郭宏出席。

7日，内蒙古乌兰察布市委常委、副市长曾萍一行7人到永宁县调研考察行政审批改革工作，永宁县委常委、常务副县长杨锋一同调研。

△　银川市人大常委会副主任王勇带队来到邦尼沁椿养老院及望远镇上河村农村幸福大院，视察永宁县养老事业发展情况。县领导马少军、王辉一同视察。

9日，银川市纪委副书记曾祥娟带领调研组调研永宁县2017年党风廉政建设和反腐败工作情况。县委常委、纪委书记王晓东及各乡镇、各相关部门负责人参加会议。

△　县人大常委会副主任王少林、满红、马少军带队视察永宁县行政审批制度改革工作情况。县委常委、副县长陈勇参加视察。视察组先后来到杨和街道办建设社区代办点、望洪镇新华中心村、胜利乡民生服务中心及行政审批服务中心等地。

△　银川市政协副主席哈宁东带队督查永宁

县重点项目建设情况。县领导满红、蒯金银、马燕一同督查。督查组来到宁夏比亚迪跨坐式云轨产业和纯电动客车产业项目、中医院迁建、县综合文化艺术体育中心建设及河湖水系连通等永宁县重点项目工程建设一线，实地调查各重点项目建设工作，并听取关于项目资金投入、建设进度等情况汇报。

10日，宁夏2017年全民健身节暨永宁县首届户外徒步大会在永宁县举行。县长李润军等县四套班子领导出席。

14日，永宁县召开氢能源电池项目专题会议。银川市委常委、县委书记钱克孝，县长李润军，政协主席段伏林及县领导钱冬、郑进选、马金祥，广东佛云中铁投资发展有限公司投资部经理杜龙一同参加会议。

15日，全国人大农业与农村委员会副主任委员郭庚茂带领调研组调研永宁县特色农业、农村土地流转情况。自治区人大常委会副主任袁进琳及市县领导关琪、李润军、满红一同调研。

16日，永宁县与洛可可设计集团签署战略合作框架，就永宁县洛客项目、打造贺兰山东麓酒庄平台、城市区域品牌名片等多个合作项目签约。银川市委常委、县委书记钱克孝，县人大常委会主任郭雪平，县长李润军，县政协主席段伏林及洛可可集团董事长、洛克科技创始人贾伟出席签约仪式。

△ 西安督察局宁夏例行督察组对宁夏永久基本农田划定工作开展同步督导。永宁县永久基本农田划定“落地块，明责任，设标志，建表册，入图库”等五项任务已全面完成。

△ 威海新龙科技发展有限公司总经理胡刚带领考察组考察永宁县农业产业发展情况。县领导杨宝文及相关部门负责人一同参加。

19日，县长李润军主持召开2017年上半年经济形势分析会。县领导钱冬、杨锋、陈勇、满红、马金祥、王辉、马燕、张文、何炳善参加会议。

21日，县政协组织全体委员视察永宁县重点项目建设情况。政协主席段伏林，政协副主席蒯金银、郭宏参加视察，县委常委、副县长陈勇应邀参加。视察组来到利民广场综合改造、县综合文化艺术体育中心建设、永和锦城商网建设及县中医院迁建等重点项目工程建设现场，听取关于项目规划设计、资金投入、建设进度等情况汇报，调查永宁县重点项目建设推进情况。

22日，杭州长江汽车有限公司副董事长苗振国带队考察永宁县新能源产业发展情况。银川市委常委、县委书记钱克孝，县人大常委会主任郭雪平，县长李润军，政协主席段伏林及县领导钱冬、马金祥等参加座谈会。

23日，全县2017年第二届市民运动会开幕式在人民公园举行，钱克孝、李润军、段伏林等县四套班子领导出席开幕式。

△ 永宁县举办学习贯彻自治区第十二次党代会精神专题辅导班，特邀宁夏党校党史党建教研部副主任、教授刘文长做专题辅导。段伏林等县四套班子领导参加，县委常委、组织部部长刘明主持会议。

△ 由杨和镇主办的“与文明同行，移风易俗”专场文艺演出在县人民公园隆重举行。县领导杨锋、王晓东、马少军出席活动。

27—29日，银川市委常委、县委书记钱克孝带领县人大主任郭雪平，县委常委、望远工业园区党工委书记、管委会主任钱冬及经合中心负责人赴浙江省杭州市、湖北省十堰市和陕西礼泉县袁家村考察对接项目。

29日，中国农业大学理学院与永宁县人民政府院县合作签约暨授牌仪式在永宁县政府隆重举行。县长李润军、县政协主席段伏林及杨宝文、满红、张文、郭宏等县领导出席，出席仪式的还有中国农业大学理学院党委书记岳敏。副县长张文主持仪式。签约现场，永宁县人民政府与中国农业大学理学院签订院县合作协议书。中国农业大学理学院授予银川置信·三沙源基地“中国农业大学理学院博士工作站”牌匾；授予宁夏悦丰生态农业科技股份有限公司、华盛绿能(宁夏)农业科技有限公司、宁夏壹泰牧业有限公司“中国农业大学理学院博士工作点”牌匾；授予永宁县闽宁中学“中国农业大学理学院教育‘1+1’帮扶基地”牌匾。

30日，银川市委常委、县委书记钱克孝走访慰问永宁县困难党员和老党员。县领导刘明、郑进选一同慰问。

7月

1日，永宁县发展成果摄影展开幕式在县文化旅游体育广电局举行。钱克孝、郭雪平、李润军、段伏林等县四套班子领导出席开幕式，各乡镇（街道）、各部门全体干部职工参加。县委常委、宣传部部长任丽琴主持开幕式。摄影展由县委员会、县政府主办，县委组织部、县委宣传部、县文化体育旅游广电局承办。摄影展全景展示十八大以来，永宁项目建设、城乡巨变、社会事业、文化遗产、民族团结、自然生态等各项事业取得的新成就。

△ 永宁县庆祝建党96周年暨“不忘初心跟党走”主题党日活动在宁和广场隆重举行。钱克孝、郭雪平、李润军、段伏林等县四套班子领导出席活动。各乡镇(街道)、各部门全体干部职工参加活动。银川市委常委、县委书记钱克孝在致辞中指出，始终对党忠诚、为党分忧、为党担责、为党尽责。

3日，自治区党委副书记、银川市委书记姜志刚调研永宁县经济社会发展情况。姜志刚先后来到德龙酒业、闽宁镇新镇区、望洪镇新华中心村及望远镇板桥绿色蔬菜标准化示范园区等地，听取永宁县农业产业发展、扶贫开发、新农村建设、文化旅游产业发展及工业经济运行等情况汇报，全面调查全县近年来经济社会发展情况。

△ 县人大常委会副主任马少军带队视察观摩全县2017年食品安全宣传周活动开展情况，副县长马金祥应邀参加。2017年食品安全宣传周活动的主题为“尚德守法，共治共享食品安全”。

4日，自治区副主席王和山调研永宁县闽宁镇扶贫项目推进和旅游产业发展情况。县长李润军，县委常委、宣传部部长任丽琴参加调研。王和山先后对闽宁镇昌盛光伏生态产业园、原隆村手工制作展示厅、闽宁镇游客集散中心、红树莓种植基地实地调研。

△ 银川市委常委、县委书记钱克孝在闽宁镇做学习宣传贯彻落实自治区第十二次党代会精神专题辅导报告。他强调要用自治区第十二次党代会精神鼓劲加压，切实增强脱贫致富的信心和决心，主动作为，实干兴县，实干兴镇，切实肩负起闽宁改革发展的历史使命。县委常委、闽宁镇党委书记钱冬主持，县委常委郑进选参加会议。

△ 永宁县召开西部水系乡村旅游示范点规划及旅游商品规划方案汇报会，银川市委常委、县委书记钱克孝，县长李润军，县政协主席段伏林及县领导杨宝文、任丽琴、杨锋、郑进选、马燕、张文参加会议。会议听取西部水系乡村旅游示范点规划方案设计汇报，与会人员就西部水系乡村旅游示范点规划方案设计讨论并提出具体意见建议。

7日，永宁县组织收看国务院安委会第八巡查组反馈工作会议暨自治区安委会第三次全体扩大电视电话会议，并召开县安委会第三次全体会议。县长李润军参加会议，副县长马金祥主持。县安委会成员单位、重点企业负责人参加会议。

△ 贵州省毕节市政协党组书记、主席官晓农带领考察组到永宁县考察蔬菜种植及销售工作。银川市政协副主席哈宁东及县领导段伏林、张文、蒯金银一同考察。

8日，永宁县召开洛可可项目推进专题会。银川市委常委、县委书记钱克孝，县长李润军及县领导杨宝文、任丽琴、杨锋、钱冬、郑进选、马燕、张文参加。会上，双方就框架协议、创新设计小镇等合作内容来到地交换意见，进一步确定项目负责人、明确时间节点。

△ 正大农牧(中国区)资深副董事长邢继宪带领考察团考察永宁县经济社会发展情况。银川市委常委、县委书记钱克孝，县长李润军及县领导杨宝文、钱冬、郑进选、张文一同考察。

10日，银川市电子政务管理检查组对永宁县电子政务外网及“互联网+政务服务”工作开展情况实地检查。

11日，“一带一路”闽宁国际新能源产业聚集区项目论证会在银川市召开，银川市副市长韩江龙、永宁县长李润军、永宁县政协主席段伏林参加论证会。中铁投资集团、中博源(云浮)燃料电池有限公司、杭州长江汽车有限公司等企业负责人介绍“一带一路”闽宁国际新能源产业聚集区项目规划、氢燃料电池技术发展路线、新能源汽车生产基地等情况。

△ 县委常委、纪委书记王晓东带队督查全县重点项目推进情况。县领导满红、孙佳永一同参加。督查组要求确保各重点项目有序推进。各项目施工方要严把时间节点，细化任务分工和责任落实,全力推进项目建设。

△ 自治区党委常委、统战部部长、银川市市长白尚成在市政府行政中心会见比亚迪股份有限公司总裁王传福,双方就项目投资、战略合作开展交流。市县领导钱克孝、徐庆、韩江龙、李润军、钱冬会见时在座。

△ 全县创建国家园林县城整改工作推进会在政府会议室召开。县委副书记、政法委书记杨宝文、副县长张文、县政协副主席蒯金银出席会议。

13 日，永宁县组织收听收看自治区全面推行河长制工作电视电话会议。银川市委常委、县委书记钱克孝及县领导郑进选、张文及各部门、乡镇负责人参加会议。会议宣布自治区级河长名单,并全面安排部署河长制推行工作。

△ 宁夏高标准基本农田建设永宁县望洪镇和杨和镇项目外业工程复验顺利通过。专家组对项目各施工标段渠道伸缩缝、斗、农渠土方、沟道柳桩桩径、桥面板缝、整体外观进行严格检查。专家组认为,项目严格按照整改要求进行整改,整改情况良好,达到项目设计的目的。

△ 全国政协常委朱之鑫、杨崇汇、何丕洁等27 人组成调研组调研永宁县精准扶贫工作。自治区政协党组副书记崔波及市县领导马凯、钱克孝、李润军、段伏林、钱冬等一同调研。

△ 央视 7 套《乡约》栏目走进永宁,在闽宁镇进行现场节目录制工作。

14 日，永宁县召开公推比选年轻干部挂职推荐会,对选派到乡镇、信访等重点部门挂职锻炼的人选公开民主推荐。钱克孝、郭雪平、李润军、段伏林等县四套班子领导参加。这次公推比选会议共有 25 名。

17 日,县委中心组召开理论学习会。钱克孝、郭雪平、李润军、段伏林等县四套班子领导及中心组成员参加会议。会议传达并学习石泰峰、咸辉同志在自治区总河长第一次会议上的讲话,石泰峰、姜志刚同志在全区推进“两学一做”学习教育常态化制度化工作会上的讲话,中组部《关于认真贯彻习近平总书记重要指示精神广泛开展向廖俊波同志学习的通知》等文件精神。会议还安排部署全县群众评议机关作风工作。

△ “美林教室”挂牌仪式在永宁县闽宁镇韩美林希望小学举行。韩美林艺术基金会秘书长、韩美林艺术馆馆长周建萍,银川市委副书记周云峰,银川市委常委、县委书记钱克孝及县领导任丽琴、郑进选、马燕参加仪式。县长李润军主持仪式。副县长马燕代表永宁县与韩美林艺术基金会秘书长、韩美林艺术馆馆长周建萍签署“美林教室”捐赠协议,并为韩美林希望小学捐赠“美林教室”牌匾,银川市委常委、县委书记钱克孝为韩美林艺术基金会赠送感谢铜牌。

18 日,永宁县举行 2017 年“落实讲话精神 讴歌和美永宁”文学、美术、书法、摄影、剪纸创作大赛活动总结表彰大会。县委常委、宣传部部长任丽琴,县委常委、副县长陈勇,县人大常委会副主任陈丽娟,县政协副主席孙佳永参加表彰大会。大赛共有 144 名文学艺术爱好者参加创作，共创作参赛作品 189 件,共评出文学类奖项 14 个,美术类奖 13 个,书法类奖 13 个,摄影类奖 13 个,剪纸类奖 2 个。

△ 银川市委常委、县委书记钱克孝,县人大常委会主任郭雪平,县长李润军,县政协主席段伏林对全县环境保护、道路建设工作进行督查。县领导杨宝文、杨锋、王晓东、郑进选、王辉、张文一同参加。督查组先后督查县第一污水处理厂、第二污水处理厂、西部水系西侧道路建设工程施工现场。钱克孝强调,相关部门要立足实际、着眼长远、科学规划,不仅要满足道路的基本功能要求,更要为使用者提供一个愉悦、舒适的环境,方便群众娱乐休闲。

19 日，县人大常委会主任郭雪平带队视察全县“五城同创”及土地规划利用工作情况。县人大常委会副主任王少林、满红、陈丽娟、马少军参加视察。县委常委、常务副县长杨锋应邀参加。视察组先后视察汉延渠带状公园、人民公园、鹤泉湖游客接待中心、中干沟水体污染、北苑市场等现场。各级部门要全力推进创城工作，依法依规对土地资源开展合理处置和利用，发挥其价值。

△ 全县2017年全县群众评议机关作风动员会暨第二季度党建联席会议召开。县委常委、组织部部长刘明参加会议。会议通报2016年群众评议机关作风及第二季度全县党建工作督查情况；安排部署今年全县群众评议机关作风及第三季度党建工作。

20日，县人大常委会主任郭雪平来到李俊镇金塔3队并为李俊镇镇村干部讲党课，传达自治区十二次党代会精神。县领导满红、郭宏一同参加。

△ 银川市首届塞上乡村读书节“阅读之星”巡讲在永宁宾馆礼堂开讲。县人大常委会副主任陈丽娟、政协副主席郭宏出席活动，县各机关单位、乡镇（街道）领导及全体干部职工、文化站站长、文化指导员、文化管理员、民间文艺团体负责人等600余人参加活动。

△ 县政协党组书记、主席段伏林为望远镇立强村广大党员群众做题为《提振精神，走在前列，率先实现“两个翻一番”奋斗目标》的党课辅导。党课紧紧围绕自治区第十二次党代会精神，并与望远镇经济社会发展成果和当前存在的问题紧密结合。望远镇党委领导班子和立强村党员群众100余人参加本次专题党课培训。

△ “聚焦精准扶贫·全国主流媒体宁夏行”活动采访团来到永宁县闽宁镇采访。

21日，《中国影像方志》摄制组入驻永宁县拍摄《中国影像方志》永宁篇。

24日，县委中心组召开理论学习专题报告（扩大）会，认真学习领会中央关于巡视工作的新要求新部署。县人大常委会主任郭雪平、县政协主席段伏林等县四套班子领导及中心组成员参加会议。会议邀请中央党校研究生院原副院长刘春做《中国共产党巡视工作条例》解读专题报告。

25日，县人大常委会主任郭雪平带领部分人大代表视察第十八届人大一次会议议案及重点督办建议办理工作。县人大常委会副主任王少林、满红、陈丽娟、马少军一同参加，副县长张文应邀参加。视察组要求，各承办单位要高度重视人大代表议案和建议办理工作，切实加快办理进度，按期完成议案和建议办理工作；确保各项意见建议有效落实。

26日，自治区党委常委、宣传部部长赵永清带领自治区文明城市创建观摩团到永宁县观摩。银川市委常委、宣传部部长王玮，银川市委常委、县委书记钱克孝及县领导任丽琴、郑进选、张文一同参加。自2015年启动全国文明城市创建工作以来，坚持“外修城市生态，内修人文精神”，把为民利民惠民乐民作为创建文明城市的根本宗旨和总体要求，城市综合实力和竞争力显著增强，城市面貌和人居环境显著改善，市民素质和城市文明程度不断提升。

28日，永宁县召开创建自治区双拥模范县工作推进会。县领导杨宝文、刘明、雷保荣、杨锋、陈丽娟、王辉、郭宏参加会议。

△ 县四套班子领导杨宝文、郑进选、陈勇、王少林、郭宏来到银川市警备区、永宁县武警中队及消防队等地慰问。

△ 自治区农牧厅副厅长马新民带领督查组督查县农村改革工作。副县长张文等一同督查。督查组先后来到到犇旺肉牛养殖场、闽宁镇红树莓基地及闽宁镇福宁村土地股份合作社等地。督查组对永宁县农村改革工作给予充分肯定。并要进一步健全产权交易规则，完善运行机制，为农民提供准确的服务信息。

△ 自治区人大常委会副主任、中华环保世纪行——宁夏行动组委会主任孙贵宝带领调研组调研永宁县环境治理及保护工作。银川市人大常委会副主任袁科、县人大常委会副主任马少军、副县长王辉一同调研。调研组先后来到县第二污水处理厂二期、泰瑞制药、启元药业、紫荆花纸业及伊品生物科技股份有限公司等实地调查，听取相关情况汇报。督查组对永宁县在异味治理方面的工

作表示肯定。

30日，来自宁蒙陕甘毗邻地区及其他地区近百家媒体相约在永宁县，开展为期一天的采访采风行动。

31日，永宁县召开农业产业重点项目推进工作专题会议，就正大集团新型农业食品产业化综合示范项目和永宁县秸秆综合利用项目推进工作开展讨论。银川市委常委、县委书记钱克孝，县长李润军及副县长张文参加会议。会议听取关于正大集团项目对接及全县秸秆综合利用项目推进情况汇报。与会人员就项目规划、选址等情况讨论研究。

8月

1日，自治区党委常委、宣传部长赵永清调研永宁县信访矛盾纠纷化解暨宣传文化工作。银川市委常委、县委书记钱克孝，县长李润军，县委常委、宣传部部长任丽琴一同调研。赵永清先后对新华中心村、南环社区信访矛盾纠纷化解、群众文化生活及精神文明建设等工作实地调研。

3日，银川市人大常委会副主任关琪带领视察组视察“关于永宁县闽宁镇文化活动中心的议案”办理情况。副县长马燕一同视察。视察组来到永宁县闽宁镇文化活动中心施工现场，听取项目施工进展情况的汇报，调查永宁县闽宁镇文化活动中心的整体情况。视察组认为永宁县对议案办理工作高度重视、措施有力、成效显著。

△ 自治区党委常委、副主席马顺清带领调研组调研永宁县绿化造林、防沙治沙及湿地保护工作。市县领导钱克孝、李润军、郑进选、张文一同调研。马顺清对永宁县近年来在生态建设方面所取得的成绩表示肯定。

△ 银川市委常委、县委书记钱克孝主持召开下半年全县工作大会。郭雪平、李润军等县四套班子领导参加会议。会议传达《习近平在省部级主要领导干部专题研讨班上的讲话》和石泰峰在自治区党委常委会议研究部署全区信访维稳工作会上的讲话精神，自治区党委常委会、自治区政府全体(扩大)会关于上半年经济工作有关要求和会议精神及全市经济形势分析会精神，全市上半年绩效考核结果通报以及《宁夏回族自治区党委（党组)网络意识形态工作责任制实施细则》等。会议还安排部署2017年下半年全县经济、信访维稳、安全生产、意识形态、精神文明建设和文明城市创建工作。

7日，永宁县召开选派年轻干部挂职锻炼集体谈话会，县委常委、组织部部长刘明，县委常委、纪委书记王晓东参加会议。会议宣读年轻干部挂职锻炼通知，选派挂职年轻干部代表做表态发言。此次选派年轻干部挂职通过资格审核、公开推荐、组织考察等环节层层筛选，选派15名年轻干部挂职。

8日，县委副书记杨宝文带队调研永宁县河长制工作推进情况。8日，山东省政协副主席赵润田带队考察永宁县精准扶贫工作。县政协副主席孙佳永一同考察。考察组先后来到闽宁镇盛景光伏农业科技大棚、壹泰牧业、闽宁镇镇史馆进行考察。

△ 永宁县2017年全民健身日暨全民健身活动展示大会在宁和广场隆重举行。县人大常委会副主任陈丽娟、副县长马燕、政协副主席郭宏出席活动并与群众共同观看健身项目展演。主会场来自全县各社区的7支代表队集中展演健身秧歌、广场舞、太极拳、健美操、柔力球、瑜伽等项目；分会场分别在各乡镇同步开展不同形式的健身项目展演。活动分别设一、二、三等奖和优秀组织奖。

9日，永宁县综治中心建设暨平安建设观摩推进会在望远镇政府召开。县委副书记、政法委书记杨宝文，县委常委、公安局局长郑振杰及人大常委会副主任马少军、政协副主席孙佳永参加。会议通报上半年全县综治中心建设和平安建设工作情况。

△ 灵武市委副书记、政法委书记邬鹏带队调研永宁县经济社会发展情况。银川市委常委、县委书记钱克孝及县领导杨锋、王晓东、郑进选、满红、马燕、郭宏、孙佳永一同参加。

10日，县委副书记杨宝文主持召开永宁县2017年全面深化改革工作推进会。县领导刘明、任丽琴、郑进选、王辉、张文、马燕参加会议。会议传达学习中央深改组第37次会议精神和自治区深改组第27次会议纪要。集中听取各部门上半年改革工作情况汇报。

△ 自治区党委政研室农村处处长牛彦文带领督查组对永宁县农业农村工作督查。县领导张文及相关部门负责人一同督查。督查组对永宁县产权交易中心、杨和康城综合服务中心及宁夏鑫盛益农土地股份专业合作社等实地调查，要求进一步推动农村产权流转，完善农村产权交易管理体制和运行机制。

14日，永宁县召开创建国家生态文明建设示范县迎检工作部署会。银川市委常委、县委书记钱克孝，县人大常委会主任郭雪平，县长李润军及县领导刘明、钱冬、任丽琴、王晓东、郑进选、马少军、王辉、马燕、孙佳永参加。会议通报永宁县创建国家生态文明建设示范县测评迎检工作方案。

15日，永宁县召开全区首批特色小镇培育建设情况汇报会，自治区住房城乡建设厅党组书记、厅长杨玉经带领考评组对永宁县特色小镇培育建设工作考评。县长李润军，县委常委、常务副县长杨锋参加会议。

△ 永宁县政协召开学前教育规范化管理专题咨政会。县政协主席段伏林及副主席蒯金银、郭宏、孙佳永参加会议，副县长马燕应邀参加。会议听取县教育局、市场监督局、住建局、财政局、行政审批服务局、物价所、消防大队就幼儿园规划建设、审批运行、监管收费和安全管理等工作情况汇报。与会人员观看咨政短片，相关部门负责人就目前永宁县学前教育规范化管理方面存在的问题答复。

△ 银川市委政研室副主任、改革办副主任李树波带领市改革工作督查组3人来永宁县，督查永宁县上半年全面深化改革工作。县领导杨锋、张文一同督查。县改革办汇报永宁县2017年改革进展情况。督查组就涉企规程试点、农业投改股试点、家庭医生签约率、林场改革等有关问题个别重点督查。

16日，永宁县举办“两代表一委员”法制讲座。郭雪平等县四套班子领导参加。讲座特邀银川市人民检察院党组成员、反贪局局长王大江授课。王大江结合近年来检察机关查办的案件，深刻剖析当前职务犯罪案件特点，阐明职务犯罪给国家、家庭和个人造成的严重危害，并从专业的角度提出预防职务犯罪的方法、措施，要求大家学法、守法，了解职务风险，坚持原则，严格按法定程序办事，防范职务犯罪。

△ 银川市委政法委副书记方翔带领调研组调研永宁县政法、综合治理、依法治县工作。县委副书记、政法委书记杨宝文一同调查。调研组调研望远镇综治中心、胜利乡综治中心、闽宁镇玉海村西滩北大寺铁路护路宣传教育基地、永宁县中青少年禁毒预防教育基地等。调研组对永宁县政法、综合治理、依法治县工作给予肯定。

18日，县长李润军来到胜利乡园林村、烽火村等地，听取农业标准化建设、民生改善、环保治理等工作情况汇报，并与各村负责人座谈。他要求要进一步推进农业特色产业标准化工作，生产、销售优质高端农产品，不断增加产业发展效益。李润军要求，要进一步加强乡村环境卫生综合治理工作。

18—21日，县长李润军及经合中心负责人一行参加“厦洽会”，并赴福州考察学习。

△ 中国人民财产保险股份有限公司宁夏分公司“宁夏第二批险资直投支农融资项目”放款仪式在永宁县李俊镇隆重举行；宁夏第二笔300万元保险资金直投支农融资项目再次落地永宁县。自治区金融工作局局长助理马飞，人保财险宁夏分公司副总经理张海军，银川市农牧局局长黄振亚，县领导杨宝文、陈勇、满红、张文、蒯金银及宁夏悦丰生态农业科技股份有限公司董事长杨玉明等出席放款仪式。

△ 永宁县举办创建国家生态文明建设示范县培训班。培训班特邀中国环境科学研究院生态文明研究中心城乡环境管理研究室负责人张强博士予以讲解。张强博士重点对创建国家生态文明建设示范县指标及支撑国家生态文明建设示范县创建指标所需档案讲解，并对参会人员现场指导。县人大常委会副主任马少军主持会议。

22日，永宁县与中储南京智慧物流科技有限公司召开投资合作座谈会。银川市委常委、县委书记钱克孝，县长李润军及县领导钱冬、杨锋、马金祥、马燕、何炳善及中储南京智慧物流科技有限公司副总经理周春涛等参加。双方就“中储智运”在永宁的运用达成共识。

22 日，国家发展银行副行长周清玉带领调研组到永宁县调研，市县领导钱克孝、钱冬、杨锋、郑进选一同调查。

23 日，县第十八届人大常委会召开第六次会议。县人大常委会主任郭雪平，县人大常委会副主任王少林、满红、陈丽娟、马少军出席会议。县委常委、常务副县长杨锋及法检两院院长、县人民政府组成部门负责人列席会议。会议审议并通过关于 2017 年上半年国民经济和社会发展计划执行情况的报告，关于 2016 年度县本级财政决算和 2017 年上半年财政预算执行情况的报告，关于 2016 年度本级预算执行和其他财政收支情况的审计工作报告，关于“五城同创”工作开展情况的报告，关于土地利用工作情况的报告，关于城乡规划管理工作情况的报告。会议以无记名投票方式通过有关人事任免的决定。

27 日，2017 年“福建院士专家宁夏行”考察团到闽宁镇实地考察。县委副书记杨宝文一同考察。“福建院士专家宁夏行”活动是由自治区党委组织部、自治区科学技术协会和福建省科学技术协会联合举办，共有十多位在植物学、化工、农业、食用菌、医学等多个领域有所研究的在闽或闽籍院士专家来到闽宁镇展开交流活动。

9 月

7 日，中央电视台《焦点访谈》栏目组到闽宁镇拍摄精准扶贫工作特别节目。

8 日，央视时政部拍摄组进驻永宁，循着习总书记的考察足迹，拍摄专题片《闽宁镇的变迁故事》。

△ 县人大常委会主任郭雪平，县政协主席段伏林分组慰问全县教师代表。

9 日，县委中心组召开理论学习会。钱克孝、李润军、段伏林等县四套班子领导及中心组成员参加会议。会议学习习近平主持中央全面深化改革领导小组第三十八次会议精神，自治区党委《关于激励干部想干事能干事干成事的若干意见》。

△ 永宁县召开表彰大会庆祝第 33 个教师节。钱克孝、李润军、段伏林等县四套班子领导出席会议。会议表彰优秀教师、模范班主任、师德标兵、优秀教育工作者、优秀校长及捐资助学先进单位；兑现 2017 年中考，高考奖励。

12 日，银川市人大离退休老干部观摩永宁县经济社会发展情况。

13 日，自治区党委副书记、银川市委书记姜志刚到永宁县调研永二干沟治理工作情况。市委副书记、秘书长周云峰，市委常委、县委书记钱克孝，副市长李鸿儒一同调研。

14 日，县人大常委会副主任王少林、陈丽娟、马少军带领部分人大常委会组成人员、人大代表视察全县贯彻执行《中华人民共和国老年人权益保障法》情况并召开座谈会。县委常委、副县长唐杰应邀参加。视察组视察县第二敬老院、邦尼沁春养老院、上河村农村幸福院、建设社区日间照料中心及老年大学。

15 日，银川市委常委、县委书记钱克孝督查全县文明城市创建工作。县领导刘明、任丽琴、王晓东、郑进选一同参加督查。钱克孝实地查看县城杨和街县医院路口、宁和广场十字路口、宁和社区及南市场的交通维护、环境卫生治理等工作情况。钱克孝要求要以良好的精神风貌和一流的工作业绩迎接自治区测评组的测评验收。

△ 银川市人大常委会副主任陈军带领督查组督查永宁县项目推进工作。县领导李润军、王少林、马金祥、马燕一同督查。督查组来到比亚迪、氢能源汽车产业园等项目工地对相关项目建设情况实地督查，调查全县上半年固定资产投资进展情况、未开工项目等情况。督查组要求对尚未开工的项目，要找准问题，抓紧解决问题，促其早开工。

16 日，银川市委常委、县委书记钱克孝带队督查全县 2017 年度《水污染防治行动计划》整改工作落实情况。县长李润军及县领导杨锋、王辉、张文一同参加。督查组来到县自来水公司、迈亚牧业及望洪镇秸秆循环利用加工现场，调查《水污染防治行动计划》落实整改情况。

18日，银川市委常委、县委书记钱克孝带队调研全县2017年乡镇各项工作情况。县领导刘明、任丽琴、王晓东、郑进选参加调研。钱克孝先后来到李俊镇许桥中心村、供港蔬菜基地、望洪镇农丰中心村、唐徕片区、宋澄村等地，通过实地查看、听取汇报的方式调查乡镇在党风廉政、民生改善、精神文明、信访维稳、农田水利及农业产业化发展等建设方面的工作。

19日，全县创建国家园林县城考查验收汇报会召开，由北京市园林绿化局规划发展处处长刘明星带领考核验收组对永宁县创建国家园林县城工作实地考查验收。自治区住建厅副厅长李志国及县领导杨宝文、满红、张文参加汇报会。考查验收组对永宁县在国家园林城市创建工作给予肯定，就存在的问题提出意见和建议。

20日，县人大常委会主任郭雪平带领视察组视察县法院执行工作情况。县人大常委会副主任王少林、满红、陈丽娟、马少军参加视察，副县长何炳善应邀参加。视察组实地视察县法院诉讼服务中心、执行指挥中心、廉政文化园，听取诉讼审理、执行监督、指挥等工作情况汇报，观摩廉政文化园的建设、并现场旁听一起交通肇事案件的审理。视察组观看县法院执行工作专题片，听取各相关部门负责人关于司法救助资金使用、民事执行监督、不动产登记等工作情况的汇报，并就法院“执行难”问题座谈讨论，提出意见建议。

21日，中国旅游资源整合联盟创始人符奕斌带队考察永宁县旅游行业工作情况。银川市委常委、县委书记钱克孝及县领导郑进选、唐杰、马燕参加座谈会。

22日，民进永宁支部“喜迎十九大，共筑中国梦”送文化送政策下基层活动在闽宁镇原隆村隆重举办。银川市政协副主席、民进银川市委会主任陈艳菊及县领导段伏林、钱冬、郭宏出席活动。

26日，自治区政府督查室主任陈自军带队督查永宁县重点项目推进情况。副县长马金祥陪同。督查组实地督查县第一污水处理厂一期提标改造工程、京藏高速永宁路段建设情况，调查项目建设进度、资金到位、存在的困难等情况。督查组要求，要强化协调配合，切实加强各相关部门的协调、对接，及时研究解决项目建设中存在的问题和困难，确保各重点项目如期竣工。

27日，银川市秋季农业嘉年华暨永宁县棚湖湾开园红树莓采摘季活动在永宁县闽宁镇红树莓扶贫生态产业园启幕。自治区农牧厅巡视员马明，银川市副市长李鸿儒，县领导任丽琴、陈丽娟、张文、郭宏出席启动仪式。活动为期1个月。

29日，永宁县“喜迎十九大·庆国庆”艾依河生态景观路全民健步行活动在艾依河生态园隆重举行。钱克孝、郭雪平、段伏林等县四套班子领导出席活动。银川市体育旅游局副局长林骏应邀出席活动。各乡镇(街道)、各部门全体干部职工参加活动。

△　县委中心组召开理论学习会。钱克孝、郭雪平、李润军、段伏林等县四套班子领导及中心组成员参加会议。会议传达并学习姜志刚同志在市委常委(扩大)会议上的讲话、《关于做好党的十九大安保维稳工作的通知》、关于认真学习贯彻中共中央办公厅国务院办公厅《关于加强和改进新形势下反邪教工作的意见》的通知。

30日，自治区人大常委会副主任吴玉才带队督查自治区人大代表《关于加快推广农作物秸秆综合利用循环经济示范项目，提高农作物秸秆利用效果的建议》办理情况。钱克孝、郭雪平、李润军等领导一同督查。督查组对永宁县康润丰公司秸秆回收加工及永宁县紫荆花公司秸秆综合利用项目推进情况实地督查，调查永宁县秸秆综合利用、回收加工等情况。督查组认为永宁县高度重视秸秆综合利用工作，责任到位，主要措施落实到位。

10月

9日，县委中心组召开理论学习会。钱克孝、郭雪平、段伏林等县四套班子领导及中心组成员参加会议。自治区党委讲师团团长朱天奎向全体参会人员解读《矛盾论》《实践论》。会议还传达学习石泰峰同志在沿黄市、县党委书记座谈会上的讲话等。县领导刘明、任丽琴、杨锋、郑进选围绕"强责任担当，做到发挥作用合格"，"强修身律己，做到品德合格"主题交流发言。会议还就学习习近平总书记系列讲话精神相关知识测试。

10日，银川市政协副主席哈宁东带领市委、市政府督查组督查永宁县贯彻中央决策部署抓好当前经济工作落实情况。市县领导钱克孝、钱冬、杨锋、郑进选、马燕一同督查。督查组认为永宁县高度重视重点项目建设推进工作，责任分工明确，工作落实到位。督查组要求，要对标任务抓补取，细化任务清单。要紧盯任务，抓好项目落实，确保各重点项目如期竣工。

11日，由县领导任丽琴、王晓东、陈勇、唐杰、张文、何炳善分成两组分别带队对杨和镇建设社区、望洪镇新华中心村、闽宁镇原隆村、李俊镇许桥村、望远镇新银社区、胜利乡八渠村等17个村、社区的精神文明、基层党建、党风廉政、农水建设等工作推进情况现场观摩。

12日，县委常委(扩大)会议召开，会议总结全县精神文明、基层党建、党风廉政、农水建设等工作并对下一阶段工作再安排再部署。银川市委常委、县委书记钱克孝，县人大常委会主任郭雪平，县政协主席段伏林及县领导刘明、任丽琴、王晓东、郑进选、唐杰、张文、何炳善出席会议。

△ 自治区农牧厅厅长王文宇调研永宁县设施农业发展情况。县长李润军一同调研。

△ 中国农业发展银行副行长何兴祥带队对永宁县闽宁镇经济发展情况调研。县领导李润军、杨锋一同调查。

△ 县政协召开供暖运营管理民主协商会议。县政协主席段伏林，政协副主席蒯金银、郭宏参加会议。副县长陈勇应邀参加。

16日，自治区财政厅厅长陈春平带领调研组调研永宁县经济社会发展情况。银川市委常委、县委书记钱克孝，县长李润军及县领导杨锋、郑进选一同调研。

18日，永宁县组织全县干部职工观看党的十九大开幕盛况，共同见证这一历史时刻，感受团结、和谐、奋进的时代脉动。习近平同志代表第十八届中央委员会向大会所做的报告，引起大家强烈反响。

△ 县全面深化改革领导小组召开第三次会议。钱克孝、郭雪平、李润军、段伏林等县四套班子领导参加会议，各乡镇、各部门主要负责人参加。会议传达区市改革有关会议、文件精神；听取各重点部门负责人关于推政审批制度改革、群团改革、供销合作社综合改革及国有林场改革等情况汇报。与会人员就全县如何进一步加强和推进全面深化改革工作交流讨论。

19日，县人大组织常委会委员和部分代表视察全县推行河长制和秋冬农田水利基本建设工作情况。县人大常委会副主任王少林、满红、陈丽娟、马少军参加视察，副县长张文应邀参加。视察组先后实地视察杨和镇民生、望远镇政权、胜利乡许旺、望洪镇唐徕及李俊镇魏团等9个片区。视察组对全县各乡镇在推行河长制及秋冬季农田水利建设工作所取得的成效表示肯定。视察组要求，以全面落实河长制工作为时机，推行行政责任制的落实，建立县乡村三级河长制体系，做到县领导包乡镇，部门包村，技术干部包片，实行"总管+分管"管理模式，各级河长职责压茬进行，负责河湖水系的统筹管理，坚决杜绝面子工程，提高农田水利基本建设质量。

20日，县人大常委会主任郭雪平带领人大视察组视察全县工业强县战略工作实施情况。县人大常委会副主任王少林、满红、陈丽娟、马少军参加。县领导钱冬、马燕应邀参加视察。视察组先后视察宁夏伊品生物科技股份有限公司、比亚迪跨座式云轨及纯电动客车生产基地、凤凰城智能制造有限公司、人和管业有限公司、和瑞包装有限公司及泰瑞制药股份有限公司。

25日，县长李润军专题调研望远工业园区经济运行情况。县委常委、望远工业管委会党工委书记钱冬参加调研。座谈会上，县长李润军听取望远工业园区2017年1—9月招商引资、产业发展、企业统计等情况汇报。1—9月，望远工业园区实现工业产值75.28亿元，同比增长9.66%。李润军要求，望远工业园区要抓好招商引资工作。

26日，东方园林环境股份有限公司文旅集团总经理荆龙带领考察组到永宁县考察全域旅游项目，并就全域旅游合作项目的投资建设及整体运营与永宁县对接洽谈。县领导唐杰、马金祥等一同考察。

27日，今冬明春集中供暖工作点火仪式在县供热中心举行。银川市委常委、县委书记钱克孝，县长李润军及县领导杨锋、郑进选参加点火仪式。

28日，“勇士之路·贺兰山自行车越野挑战赛”在闽宁镇举行。银川市副市长钱秀梅及郭雪平、李润军、段伏林等县领导出席开幕式。自治区体育局局长张柏森为勇士之路·贺兰山自行车越野挑战赛授旗。

29日，永宁县召开全县领导干部大会，传达学习党的十九大精神及区、市领导干部大会精神，对全县学习宣传贯彻党的十九大精神部署。钱克孝、郭雪平、李润军、段伏林等县四套班子领导参加会议。钱克孝要求，全县上下要迅速掀起学习热潮，切实把思想行动统一到党的十九大精神和区市党委决策部署上来，用党的十九大确立的目标指引方向、鼓舞干劲，用党的十九大做出的部署指导实践、推动工作；要充分认识党的十九大精神的重大意义，在学习上下功夫，在广泛宣传上做文章，确保党的十九大精神家喻户晓、入脑入心。

30日，县人大召开第十八届人大常委会第七次会议。县人大常委会主任郭雪平，副主任王少林、满红、陈丽娟、马少军出席会议。副县长王辉、马燕应邀参加。会议应到29人，实到27人，符合法定程序。会议传达中国共产党第十九次全国代表大会会议精神和全县领导干部大会精神；审议并通过县人民法院关于执行工作的报告、县人民政府关于贯彻落实老年人权益保障工作情况的报告和关于“工业强县”战略实施情况的报告。会议以无记名投票方式通过相关人事任免的决定，为新任命的同志颁发任命书。

31日，县委副书记、政法委书记杨宝文主持召开全县农业农村工作暨综治（平安建设）综合考评对接推进会。县领导郑振杰、满红、马少军、蒯金银、孙佳永参加会议。会议听取《永宁县加快推进脱贫富民战略实施方案》征求意见及安排平安建设公共安全感满意度测评工作等情况汇报。与会人员就全县农业农村及平安建设等工作现场交流讨论。

11月

1日，永宁县召开2017年主要经济目标计划完成及2018年项目储备工作座谈会。银川市委副秘书长、督查室主任张新民及县领导李润军、杨锋参加会议。会议听取全县2017年主要经济指标完成情况及2018年项目储备工作等情况汇报。与会人员还就永宁县项目建设进展、对策措施等情况交流讨论。会议指出，全县要紧盯目标任务，狠抓项目进度，对目标责任人、投资额度、推进节点等再明确细化，层层传导压力、层层压实责任，完成各项目标任务。

1日，银川市委常委、副市长谢冬伟调研永宁县市场监督管理工作推进情况。县领导李润军、马金祥一同调研。

2日，银川市委常委、县委书记钱克孝带队视察全县学习宣传贯彻党的十九大精神工作推进情况。县委常委、宣传部部长任丽琴一同参加。

3日，由县住房和城乡建设局主办的分户验收及交付标准观摩会暨工地开放日活动启动仪式在县城举行。县委常委、常务副县长杨锋出席。

△　银川市委常委、县委书记钱克孝在闽宁镇做学习宣传贯彻党的十九大精神专题报告。县领导刘明、钱冬、任丽琴、郑进选、蒯金银参加会议，县委常委、闽宁镇党委书记钱冬主持。钱克孝要求，要充分认识到学习宣传党的十九大精神的重大意义，深刻领会党的十九大精神的核心要义，立足新时代，踏上新征程，更加奋进有为地推动永宁县的蓬勃发展和闽宁镇的建设。

△　县委中心组召开2017年第十三次集中学

习会。县人大常委会主任郭雪平、县长李润军、县政协主席段伏林等县委中心组成员参加。会议传达学习中国共产党第十九次全国代表大会精神、宁夏党委十二届二次全体会议精神。学习传达《关于做好 2017 年度自治区效能目标管理考核工作的通知》，并安排部署全县 2017 年效能目标管理考核工作。会议还就习近平总书记系列讲话精神相关知识测试。

5 日，县委副书记杨宝文带领观摩组观摩 2017 年秋冬农田水利基本建设情况。县领导满红、张文、蒯金银一同参加。观摩组对杨和镇南北全片区、望洪镇宋澄村片区、李俊镇丰登李庄片区等地实地查看，听取各片区建设面积、采取措施及工作进展等情况汇报，调查近期秋冬农田水利基本建设、植树造林及河长制工作等推进情况。

8 日，福建角美镇和宁夏闽宁镇校级合作签约仪式暨扶贫教育基金会揭牌仪式在永宁县隆重举行。县长李润军及县领导钱冬、任丽琴、马燕、郭宏出席，出席仪式的还有福建省漳州台商投资区党工委副书记、管委会主任蔡总平，漳州台商投资区管委会副主任何成华等。副县长马燕主持仪式。台商投资区角美中学、角美中心小学分别与永宁县闽宁镇第二中学、闽宁镇角美小学签署校级合作协议。

△ 政协永宁县第十届委员会召开学习宣传贯彻党的十九大精神专题学习会。县政协副主席郭宏、孙佳永参加。会议特邀自治区党校党史党建研究部教授刘文长就党的十九大精神做专题辅导。

△ 宁夏著名老艺术家国画作品联展在县文化体育旅游广电局展出。县委常委、宣传部部长任丽琴出席活动并致辞，县人大常委会副主任陈丽娟、县政协副主席郭宏参加。

10 日，中国共产党永宁县第十四届委员会第三次全体会议在永宁宾馆礼堂举行。出席会议的有县委委员 33 人、候补委员 8 人。列席此次会议的有：不是县委委员和候补委员的在职县处级领导干部，县纪委常委、委员，县委、政府各部门党政主要负责人，人大、政协各委办主要负责人，各乡镇党政主要负责人、人大主席、纪委书记，区市驻永各单位负责人，各民主党派、工商联主要负责人，担任过永宁县历届四套班子领导职务的离退休老同志和老干部代表，来自基层的党代表、人大代表、政协委员，以及非公企业党组织负责人代表。会议由县委常委会主持。银川市委常委、县委书记钱克孝就《关于学习宣传贯彻党的十九大精神实施方案（讨论稿）》做说明。会议还审议通过《中共永宁县委关于学习宣传贯彻党的十九大精神实施方案（讨论稿）》及《中共永宁县第十四届委员会第三次全体会议决议（草案）》。

△ 县委中心组召开 2017 年第十四次集中学习会，会议集中学习党的十九大精神及近期区市重要会议精神。钱克孝、郭雪平、李润军、段伏林等县委中心组成员参加。会议传达学习石泰峰、咸辉同志在自治区实施创新驱动战略推进会上的讲话，银川市委第十四届四次全体会议精神、全区实施脱贫富民战略推进会议精神及关于印发《银川市支持干部干事创业建立容错机制实施办法（试行）》的通知。会议就学习习近平总书记系列讲话精神知识测试。

11 日，由自治区地税局副局长王金平带队的督查组对永宁县重点项目建设和固定资产投资情况督查。县长李润军，县委常委、常务副县长杨锋，副县长马金祥、马燕一同督查。

13 日，永宁县召开秋季秸秆禁烧工作会议。银川市委常委、县委书记钱克孝，县长李润军，副县长王辉、张文参加会议。会议学习《宁夏回族自治区大气污染防治条例》，听取全县秸秆禁烧工作推进情况及所取得的成效。钱克孝要求，在全县上下营造浓厚的禁烧氛围，进一步增强全民禁烧意识。

△ 永宁县召开环境保护治理专题会。银川市委常委、县委书记钱克孝，县长李润军，副县长王辉参加会议。会议听取泰瑞制药有限公司、启元药业有限公司和伊品生物科技有限公司关于环境保护和异味治理工作推进情况的汇报。钱克孝要求，必须以时不我待的紧迫感、只争朝夕的使命感和舍我其谁的责任感，大干、快干、往前干，确保全县异味污染得到有效管控；相关企业要增强治污主体责任意识，加强环境保护和异味治理工作力

度，对异味产生源要严格按照相关要求自查自纠，在生产的过程中发现问题、及时整改，有效解决企业生产过程中存在的异味问题。

15 日，县长李润军调研闽宁镇重点项目建设工作。常务副县长杨锋及相关部门负责人一同参加。李润军一行先后对玉海村改造、闽甘路重建、武河村街道改造及晓鸣禽业建设等项目推进情况实地察看，并现场办公，协调解决问题。

△ 县长李润军调研全县教育项目推进及教育事业发展情况。副县长马燕参加调研。李润军先后来到县文昌中学、永宁纳家户小学、县第四中学及县第二小学实地察看，听取关于全县教育项目推进情况汇报。李润军指出，教育关系到千家万户，是最大的民生工程。抓教育同抓经济、抓发展同等重要。

16 日，银川市人大常委会副主任陈军带领考查组考核验收永宁县秋冬农田水利基本建设及河长制工作。县领导郭雪平、李润军、段伏林、张文、蒯金银参加会议。考查组观看 2017 年永宁县秋冬农田水利基本建设以及河长制工作专题片，并先后来到胜利乡五渠先锋片区、望洪镇唐徕片区、李俊镇丰登许桥片区、望远镇政权片区等实地勘验。考查组对永宁县 2017 年秋冬农田水利基本建设及河长制工作所取得的成效给予充分肯定。考查组要求，重点围绕水利发展不平衡、不充分的突出问题，以全面推进河长制工作为抓手，将现代农业发展与美丽新农村建设相结合，真正兴修水利，惠及民生。

17 日，县长李润军在胜利乡做学习宣传贯彻党的十九大精神主题报告。胜利乡各村党员代表参加会议。李润军结合党的十九大精神，就村民致富、乡村生态环境、乡村基础设施建设等问题，与基层党员代表互动交流。

△ 县委副书记、县长李润军主持召开县委中心组 2017 年第十五次集中学习会，县人大常委会主任郭雪平、县政协主席段伏林等县委中心组成员参加会议。会议传达学习《宁夏回族自治区大气污染防治条例》，并就学习贯彻党的十九大精神交流研讨。县领导刘明、钱冬、杨锋、王少林、蒯金银分别围绕“加强理论武装，把习近平新时代中国特色社会主义思想作为指导实践推动发展的思想武器”主题，结合工作实际作交流发言。会议还就学习党的十九大精神知识测试。

20 日，自治区党委常委、组织部部长盛荣华调研永宁县经济社会发展情况。银川市委常委、组织部部长史春明，银川市委常委、县委书记钱克孝一同调研。调研组先后对比亚迪跨坐式单轨产业及纯电动客车产业项目、宁夏创业谷实业发展有限公司、望洪镇新华中心村及永宁县江河湖库水系连通工程等实地调研，听取相关情况汇报，调查近年来永宁县在经济社会发展方面所取得的成效。盛荣华对永宁县取得的长足发展给予充分肯定。

21 号，县长李润军带领督查组督查全县冬季大气污染防治工作。副县长王辉参加。在中铁十九局银吴项目部，李润军听取项目审批、抑尘设施整改等情况汇报。他要求，要进一步加强工地扬尘和渣土运输管控工作，严格按照工地扬尘“六个百分之百”治理标准。在县城供热中心北区，李润军实地调查供热设施运行情况，调查脱硫除尘设施建设和煤炭使用等情况汇报，并要求相关部门要进一步做好降尘降噪工作，加强大气污染防治设施建设，最大限度减少污染物排放。李润军还对县城芙蓉古城建筑工地、红星桥京藏 JZ16 合同段混合料拌和基地等实地督查。

22 日，县委副书记杨宝文在望远镇上河村做学习宣传贯彻党的十九大精神专题报告。

△ 县人大常委会主任郭雪平在李俊镇做学习贯彻党的十九大精神主题报告。

△ 国家开放大学宁夏永宁学院暨宁夏广播电视大学永宁分校揭牌仪式隆重举行。县领导任丽琴、马少军、马燕、郭宏及相关部门领导参加仪式揭牌仪式。

23 日，银川市脱贫攻坚督查巡查工作反馈会议在永宁县召开。银川市人大常委会民侨工委主任沈黎明、银川市人民政府研究室副主任马振华出席会议，县领导杨宝文、王少林、张文、蒯金银参加会议。会议对永宁县脱贫攻坚工作督查巡查的情况做反馈。督查巡查组充分肯定永宁县脱贫攻坚工作方面取得的阶段性成效。要求强化脱贫措施,加强脱贫攻坚工作的宣传力度,精准施策,进一步提高贫困户内生动力,让贫困户主动脱贫致富。

△ 县委常委、宣传部部长任丽琴在望洪镇做学习贯彻党的十九大精神主题报告。

△ 银川市委副书记,银川市副市长、代理市长杨玉经带队视察永宁县环境治理工作推进情况。县长李润军、副县长王辉一同视察。

24日,县长李润军主持召开全县冬季大气污染防治暨中央环保督察反馈问题整改工作推进会。会议传达自治区银川市冬季大气污染防治会议精神,通报全县中央环保督察反馈问题的具体整改情况,并对环保问题整改及大气污染防治等工作安排部署。

△ 银川市人大常委会副主任关琪带队调研永宁县人大代表小组活动开展情况。县人大常委会副主任满红一同调研。

△ 银川市委副书记、副市长、代理市长杨玉经调研永宁县经济社会发展情况。他指出,永宁县要贯彻落实党的十九大精神和自治区第十二次党代会精神,抓好精准扶贫工作,全力推动产业结构创新升级。

△ 县委中心组召开理论学习(扩大)会议,会议邀请自治区党委党史研究室主任宋建钢做“学习贯彻党的十九大精神”专题辅导报告。钱克孝、郭雪平、段伏林等县委中心组成员参加会议。县委常委、宣传部部长任丽琴主持会议。宋建钢紧紧围绕党的十九大报告,系统解读党的十九大精神,阐释十九大提出的新思想、新观点、新判断、新举措。

27日,县委常委、常务副县长杨锋在杨和镇做学习贯彻党的十九大精神主题报告。

28日,县委常委、常务副县长杨锋带队调研全县区域协调发展战略推进情况。

△ 银川市委常委、县委书记钱克孝在督查全县秸秆禁烧工作时强调,要进一步加大工作力度,严格责任落实,全力以赴打赢秸秆禁烧攻坚战。县领导杨宝文、郑进选、张文参加。钱克孝对李俊镇、望洪镇、杨和镇、胜利乡等全县秸秆禁烧重点乡镇实地调查,听取关于近期秸秆禁烧工作推进及所存在问题汇报,调查全县秸秆禁烧工作开展情况。钱克孝强调,确保责任到人,及时清理清运堆放在田间地头、沟渠路边的秸秆、杂草,对道路两旁等重点地段加大清理力度,坚持24小时值班值守制度,各禁烧执勤点要确保人员在岗在位。全力以赴打赢秸秆禁烧攻坚战。

△ 银川市第二十三期“电视问政”节目结束后,副县长王辉当即在银川市新闻传媒集团演播大厅现场主持召开会议,安排部署节目中反映涉及永宁县大气污染问题的整改等工作。

29日,县人大常委会副主任王少林带领部分人大代表对县十八届人大一次会议代表议案、重点督办建议的办理情况视察。县人大常委会副主任满红、马少军一同参加,县副县长马燕应邀参加。

12月

5日,县政协主席段伏林带队督查县政协十届一次会议提案及意见建议办理情况。县政协副主席蒯金银、郭宏、孙佳永一同参加,县委常委、常务副县长杨锋,副县长王辉应邀参加。

7日,永宁县组织收听收看自治区环境保护督查工作电视电话会议暨自治区环境保护督查工作领导小组第二次会议。县长李润军,副县长王辉参加会议。与会人员收听收看自治区环境保护督查工作电视电话会议暨自治区环境保护督查工作领导小组第二次会议。

8日,银川市委常委、县委书记钱克孝主持召开县委中心组2017年第18次集中学习会。郭雪平、段伏林等县委中心组成员参加会议。会议传达学习《中国共产党章程》,安排部署全县“学、查、改”干部作风整治活动,并就学习贯彻党的十九大精神交流研讨。副县长张文及李俊镇、农牧局、政研室负责人分别围绕“贯彻党的十九大精神,实施乡村振兴战略,加快推进农业农村现代化”主题,结合工作实际做交流发言。

9日，国家发改委产业经济与技术经济研究所副所长、国家发改委服务业专家咨询委员会秘书长、中国国外农业经济研究会副会长姜长云对永宁县乡村振兴和现代农业经济发展情况调研。县领导郑进选、张文、马燕一同调研。

10日，县委中心组召开理论学习扩大会议暨学习贯彻党的十九大精神专题辅导报告会。银川市委常委、县委书记钱克孝，县人大常委会主任郭雪平，县长李润军，政协主席段伏林出席会议。会议特邀国家发改委产业经济与技术经济研究所副所长、研究员、博士生导师姜长云开展贯彻落实党的十九大精神要点解读专题讲座。

11日，自治区水利厅副厅长郭浩带领考察组考核验收永宁县秋冬农田水利基本建设情况。县领导李润军、杨宝文、张文、蒯金银一同考察。考察组来到望远镇、胜利乡、望洪镇、李俊镇等乡镇逐片验收，实地勘察各乡镇沟渠清挖整治、平田整地、环境整治、植树造林等工作完成情况。在望远镇政权片区，考察组认真听取全县2017年秋冬农田水利基本建设工作汇报，实地查看项目片区内沟渠整治现场，调查望远镇2017年秋季农业三项任务完成进度及高标准农田水利建设工程落实情况。考察组对永宁县2017年秋冬农田水利基本建设工作所取得的成效给予充分肯定。并要求永宁县继续高标准、高质量推进秋冬农田水利基本建设，让古老沟渠焕发新面貌，为农业标准化建设打下坚实基础。

12日，县第十八届人大常委会召开第八次会议。县人大常委会副主任王少林、满红、陈丽娟、马少军出席会议。副县长马燕应邀参加。会议应到29人，实到23人，符合法定程序。会议听取并审议县人民政府关于落实2017年县人大常委会审核意见的报告，县人民法院关于落实2017年县人大常委会审议意见的报告；审议并通过《永宁县人大常委会"三监督三满意三应用"工作办法(草案)》《永宁县人大常务委员会关于建立人大代表监督小组暂行办法(草案)》；表彰2017年度人大工作先进单位和先进个人。会议以无记名投票方式通过有关人事任免的决定，并为新任命的同志颁发任命书。

15日，县委中心组召开2017年第二十次集中学习会。县人大常委会主任郭雪平，县政协主席段伏林等县委中心组成员参加。县委副书记、政法委书记杨宝文主持会议。会议观看政论专题片《不忘初心继续前进》第一集《举旗定向》；传达学习石泰峰、咸辉同志在自治区全域旅游发展推进会上的讲话精神以及姜志刚同志在全市实施"三大战略"推进大会上的讲话精神、《习近平总书记关于进一步纠正"四风"、加强作风建设重要批示的通知》。县委副书记杨宝文及望远工业园管委会、望洪镇、杨和镇、胜利乡、闽宁镇负责人分别围绕"贯彻党的十九大精神，实施乡村振兴战略，加快推进农业农村现代化"主题交流发言。

18日，中国共产党永宁县第十四届委员会第四次全体会议在永宁宾馆礼堂举行。出席会议的有县委委员36人、候补委员8人。列席此次会议的有：不是县委委员和候补委员的在职县处级领导干部，县纪委常委、委员，县委、政府各部门党政主要负责人，人大、政协各委办主要负责人，各乡镇党政主要负责人、人大主席、纪委书记，区市驻永各单位负责人，各民主党派、工商联主要负责人，担任过永宁县历届四套班子领导职务的离退休老同志和老干部代表，来自基层的党代表、人大代表、政协委员，以及非公企业党组织负责人代表。会议由县委常委会主持。银川市委常委、县委书记钱克孝做《中国共产党永宁县第十四届委员会第四次全体会议工作报告》。会议讨论并审议通过《中国共产党永宁县第十四届委员会第四次全体会议工作报告》及《中国共产党永宁县第十四届委员会第四次全体会议决议(草案)》。

19日，共青团永宁县第十七次代表大会召开。

20日，永宁县召开全县大气污染防治攻坚行动第四次调度会议。副县长王辉主持会议。会议传达自治区大气污染防治第四次调度会议精神，并听取近期全县大气污染防治工作汇报。与会人员现场学习重污染天气预警应对措施及市县相关文件要求。

△ 县第十八届人大常委会召开第九次会议。县人大常委会主任郭雪平主持会议并讲话，县人

大常委会副主任王少林、满红、陈丽娟、马少军参加会议。县委常委、常务副县长杨锋应邀列席会议。会议应到29人,实到26人,符合法定程序。会议审议并通过县人民政府关于县十八届人民代表大会第一次会议代表议案、建议办理情况的报告;永宁县第十八届人民代表大会第二次会议相关事宜;关于提请审议召开永宁县第十八届人民代表大会第二次会议的议案。

△ 中国人民政治协商会议永宁县第十届委员会第二次会议召开预备会。县政协主席段伏林,副主席蒯金银、郭宏、孙佳永出席会议。会议应到政协委员126名,实到政协委员116名。

21日,中国人民政治协商会议永宁县第十届委员会第二次会议在永宁宾馆礼堂召开。大会执行主席段伏林、蒯金银、郭宏、孙佳永在主席台前排就座。银川市委常委、县委书记钱克孝,县人大常委会主任郭雪平,县委副书记、县长李润军,县委副书记、政法委书记杨宝文应邀到会并在主席台前排就座。应邀出席大会并在主席台就座的还有县委、人大、政府的其他领导同志以及望远工业园区管委会、县人民法院、县人民检察院等单位的负责同志。县政协副主席蒯金银主持大会。大会应到委员126人,实到122人,符合法定人数。县政协主席段伏林代表政协永宁县十届委员会常务委员会,向大会做工作报告;县政协副主席郭宏代表县政协第十届委员会常务委员会做关于十届一次会议以来提案工作报告。

△ 中国人民政治协商会议永宁县第十届委员会召开第六次常委会。县政协主席段伏林,副主席蒯金银、郭宏、孙佳永,副秘书长刘玉生参加会议。县政协主席段伏林主持会议。

△ 永宁县第十八届人民代表大会第二次会议召开预备会议。银川市委常委、县委书记钱克孝,县人大常委会主任郭雪平,县人大常委会副主任王少林、满红、陈丽娟、马少军出席会议。会议应到代表167人,实到代表157人,符合法定人数。会议听取永宁县第十八届人大常委会代表资格审查委员会主任委员满红做的《关于永宁县第十八届人民代表大会代表资格变动审查报告》;表决通过永宁县第十八届人民代表大会第二次会议议程(草案)、议案审查委员会成员(草案),计划、预算审查委员会成员(草案);选举大会主席团成员和秘书长;宣布各代表团团长、副团长名单。

△ 永宁县第十八届人民代表大会第二次会议召开主席团第一次会议。钱克孝、郭雪平、李润军等永宁县第十八届人民代表大会第二次会议主席团成员及各代表团团长参加会议。县人大常委会主任郭雪平主持会议。

22日,中国人民政治协商会议永宁县十届二次会议召开提案收集审查会议。提案委员会成员参加会议,县政协副主席郭宏主持会议。会议共收到政协委员提交提案建议150件,经审查合并后为134件。提案建议涉及农业农村方面6件,城市建设及社会管理方面58件,交通运输方面17件,水利方面7件,文化教育体育方面19件,环保绿化方面6件,医疗卫生方面6件,其他方面15件。经大会提案委员会审查拟立案13件,作为建议办理14件,大会现场答复20件。

△ 县第十八届人民代表大会第二次会议在县宾馆礼堂召开。大会主席团执行主席钱克孝、郭雪平、李润军、段伏林、杨宝文、刘明、王晓东、王少林、满红、陈丽娟、马少军在主席台前排就座。出席开幕式并在主席台就座的还有大会主席团成员及部分离退休县级领导干部。大会执行主席郭雪平主持会议。会议应到代表167人,实到代表157人,符合法定人数。会议听取县长李润军做的《永宁县人民政府工作报告》,表决通过大会选举办法(草案)。会议还听取常务副县长杨锋做的《永宁县第十八届人民代表大会第一次会议议案、重点督办建议办理情况的报告》。

△ 县第十八届人民代表大会第二次会议召开主席团第二次会议。县第十八届人民代表大会第二次会议主席团成员、各代表团团长参加会议。县人大常委会主任郭雪平主持会议。会议听取关于县监察委员会主任、县第十八届人大常委会委员候选人建议人选的说明,决定主席团提名的候选人名单,提交各代表团酝酿讨论。

△ 中国人民政治协商会议永宁县第十届委

员会召开第七次常委会。县政协主席段伏林主持会议，县政协副主席蒯金银、郭宏、孙佳永参加会议。会议听取各组就政府工作报告、关于县第十八届人民代表大会第一次会议代表议案及重点督办意见建议办理情况的报告、中国人民政治协商会议永宁县十届二次会议政治决议讨论情况的汇报；协商通过中国人民政治协商会议永宁县十届二次会议提案收集审查报告。

△ 银川市委常委、纪委书记宋志霖在永宁县胜利乡宣讲党的十九大精神，推动党的十九大精神在基层落地生根，取得实效。县委常委、纪委书记王晓东主持会议。

△ 县第十八届人民代表大会第二次会议举行第二次大会。大会应到代表167人，实到代表151人，符合法定人数。大会执行主席钱克孝、郭雪平、段伏林、杨宝文、钱冬、雷保荣、郑振杰、任丽琴、杨锋、郑进选在主席台前排就座。大会执行主席钱克孝主持会议。会议听取县第十八届人大常委会主任郭雪平做《永宁县人大常委会工作报告》、县人民法院院长魏凯军做《永宁县人民法院工作报告》和县人民检察院检察长赵宏宇做《永宁县人民检察院工作报告》。

23日，中国人民政治协商会议永宁县第十届委员会第二次会议圆满完成各项议程，胜利闭幕。大会执行主席段伏林、蒯金银、郭宏、孙佳永在主席台就座。钱克孝、郭雪平、李润军等县委、人大、政府的党政领导应邀出席会议并在主席台就座。本次会议应出席政协委员126人，实到政协委员120人，符合法定人数。会上，县政协副主席郭宏代表提案委员会做中国人民政治协商会议永宁县第十届委员会第二次会议提案收集审查情况的报告。会议审议通过《中国人民政治协商会议永宁县第十届委员会第二次会议政治决议》。会议还对县政协十届一次会议提案承办先进单位、优秀提案人和提案承办先进个人予以表彰。

△ 县监察委员会正式挂牌成立。在县第十八届人民代表大会第二次会议上，选举产生县监察委员会主任。经县监察委员会主任提名，县人大常委会依法表决任命县监察委员会副主任和委员，经过投票选举，王晓东同志当选为永宁县监察委员会主任。马彦斌、刘春芳、张鹏飞、武建军、常惠琴、樊建军6名同志当选为永宁县第十八届人民代表大会常务委员会委员。当选的县监察委员会主任、副主任、委员在现场向宪法集体宣誓。

△ 永宁县第十八届人民代表大会第二次会议闭幕。大会主席团执行主席钱克孝、郭雪平、李润军、段伏林、杨宝文、刘明、王晓东、王少林、满红、陈丽娟、马少军在主席台前排就座。大会执行主席郭雪平主持会议。会议通过各项决议，听取议案审查委员会主任委员满红做的关于议案审查报告。会议还通过议案、重点督办建议的决定。

26日，财政部预算评审中心对永宁县农村环境整治资金使用情况考察。副县长王辉一同考察。考察组通过听汇报、查档案、实地看等方式，调查永宁县农村环境整治资金使用情况。考察组先后实地调查新华中心村二期污水处理站及农丰中心村污水处理站，调查农村污水处理设备的运行与维护等情况。

29日，银川市委常委、县委书记钱克孝主持召开县委中心组2017年第二十一次集中学习会。县政协主席段伏林等县委中心组成员参加会议。会议传达学习石泰峰、咸辉同志在自治区民营经济发展推进会上的讲话，自治区、银川市全委会会议精神及石泰峰、姜志刚同志讲话精神。副县长马燕及发改局、财政局、统计局、旅游局、经合中心相关负责人就“学习贯彻党的十九大精神，贯彻新发展理念，推进创新驱动，加快建设现代化经济体系”主题交流发言。

永宁综览

【地理位置】 永宁县地势西高东低，呈西南向东北倾斜状，全境可分为五个地貌单元：贺兰山地，位于县境西北部，北起单岭子，南至小沟口，呈北南走向，单岭子到头关南为南山区，山势陡峭，海拔1433~2516.6米，坡亚25°~30°；洪积扇地，由贺兰山洪积物冲积而成的扇倾斜平原，地面因受水蚀、风蚀，布满碎石，属温带荒漠草原，是永宁县牧区；河成老阶地，洪积扇以东至黄河冲积平原间，由于黄河的变迁上切，造成河老阶地；风沙地，地表沙丘起伏，部分为平沙地，北部沙化程度重，南部略轻，为果林新区；黄河冲积平原，由于黄河在历史上的改道和淤积程度不同，形成星罗棋布、大小不等的湖泊沼泽。

【行政区划】 全县有望远镇、杨和镇、望洪镇、李俊镇、闽宁镇五镇，胜利乡，杨和街道办事处，玉泉营农场、黄羊滩农场2个区属农场，67个村民委员会，17个社区居委会，545个村民小组。

【历史沿革】 据考古发掘，在旧石器时代晚期永宁就有人类生活，距今有3万年。春秋以前属北地、西戎等北方游牧部落之地。战国时期，属北地郡辖地。秦为北地郡富平县地。西汉分属北地郡治灵州、灵武两县。东汉前期仍为北地郡灵州县，东汉后期废，属灵武县辖地。三国、西晋时期，为羌、鲜卑、匈奴等部族驻牧地。东晋、十六国时期，先后属后赵、前秦、后秦、夏四国辖地。南北朝时期，先后属北魏、西魏、北周辖地，北周时期为怀远郡怀远县（治银川老城东）辖地。隋立弘静县（治望洪堡东），分属弘静、灵武（治邵岗堡）、怀远三县辖地。唐先后改弘静县为安静县、保静县，分属保静、灵武、怀远三县辖地。五代时保静、灵武、怀远均废县为镇，属朔方节度使灵州地。北宋时属西夏静州（望洪镇附近）、顺州（邵岗堡西）、怀州（掌政乡南）、永州（杨和堡附近）四州地。元属甘州行中书省、西夏行中书省、甘肃行中书省，隶属宁夏行省之宁夏府路。明先属宁夏府，后分属于陕西都指挥使司之宁夏卫、宁夏前卫、宁夏左屯卫、宁夏右屯卫等四卫。清雍正三年（1725年），永宁分属宁夏、宁朔两县。民国三十年（1941年）4月1日，永宁置县，县治初设望洪堡，同年秋迁至杨和堡，下设14个乡。1949年9月23日，永宁解放。9月28日，成立永宁县第一届人民政府，隶属于宁夏省。1954年9月27日，宁夏省建制撤销，永宁县隶属于甘肃省银川专区。1958年10月25日，宁夏回族自治区成立，永宁县隶属宁夏回族自治区。1972年6月1日，隶属宁夏回族自治区银川市。2002年，银川市区划调整，设置“三区两县”，包括兴庆区、金凤区、西夏区、永宁县、贺兰县。

【自然环境】 永宁县属中温带干旱气候区，大陆性季风气候特征十分明显。年平均气温8.7℃，夏季各月平均气温在20℃以上，大于等于10℃的积温年平均为3245.6℃,积温有效性高,无霜期平均167天,早霜始于9月25日左右,终霜期一般在次年4月底到5月初,年太阳总辐射141.7千卡/厘米^2,年均日照时数达2866.7小时,光能资源丰富,日照长。温度和日照条件可满足多数农作物生长发育的需要。温差大,气温年较差平均为31.5℃,日较差平均13.6℃,有利于有机物质的合成和积累,适宜优质农产品生长。年平均降水量很低,多年年平均降水量为201.4毫米。降水量在一年中分配很不均匀,多集中在7—9月三个月,约占全年总降水量的62.2%。年平均蒸发量为1470.1毫米。由于降水稀少蒸发强烈,故没有灌溉就没有稳定的农业。风大沙多是这个地区主要灾害性天气,全年超过8级大风平均为3.5天,大风多集中在1—4月,占全年大风天数的63%,沙尘暴多发生在4—5月,年平均沙暴日数为3.2天,历年平均风速为2.4米/秒,最大风速为18米/秒。冬春季多盛行西北风和东北风,夏秋季多东南风。

【物产资源】 永宁县蕴藏着丰富的矿产资源,主要有铁、膏盐矿、石灰矿、黏土矿、磷矿石、贺兰石、水晶、石英等矿。县内自然条件优越,沃野平畴,沟渠纵横,气候适宜,物产丰富。黄河在境内流长32.5千米,著名的西干、唐徕、汉延、惠农四大干渠由南向北纵灌全县;全县农牧兴旺,经济繁荣,素有"塞上江南,鱼米之乡"的美称。

【人口】 2017年末,全县常住总人口241856人,比上年末增加1926人。其中,汉族人口189265人,占总人口的比重为78.3%;回族人口51063人,占总人口的比重为21.1%;其他少数民族1528人,占总人口的比重为0.6%;城镇人口134665人,乡村人口107191人,城镇化率为55.68%;人口出生率为13.1‰,死亡率为5.1‰,人口自然增长率为8.0‰。

【社会消费】 2017年,居民消费价格比上年上涨1.7%,其中,衣着类上涨1.7%,居住类上涨3.0%,生活用品及服务类上涨2.1%,交通和通信类上涨2.9%,教育文化和娱乐类上涨2.7%,医疗保健类上涨6.3%,其他用品和服务类上涨2.3%。工业生产者出厂价格指数上涨12.3%,工业生产者购进价格指数上涨13.4%,新建住宅价格指数上涨2.5%,商品零售价格指数上涨1.5%。

【城镇就业】 2017年末,城镇登记实有失业人数709人。全年城镇新增就业5823人,其中,城镇失业人员再就业2422人。年末城镇登记失业率为3.5%。当年实现农村劳动力转移就业2.13万人,实现劳动力转移就业收入1.96亿元。

【财政收支】 2017年,全县完成地方财政收入达到15.20亿元,比上年下降2.5%。公共财政预算收入12.66亿元,增长10.5%,其中,税收收入5.06亿元,下降36.6%,税收占公共财政预算收入的比重39.9%。全年完成地方财政支出32.48亿元,下降0.4%。公共财政预算支出29.76亿元,下降1.1%。其中,一般公共服务支出1.59亿元,增长10.7%;公共安全支出1.06亿元,下降19.4%;教育支出4.14亿元,下降10.0%;科学技术支出0.33亿元,增长2.2%;文化体育与传媒支出0.21亿元,下降68.5%;社会保障和就业支出3.39亿元,增长3.3%;医疗卫生支出1.88亿元,下降20.6%;节能环保支出1.01亿元,增长71.1%;城乡社区事务支出8.19亿元,增长68.8%;农林水事务支出4.93亿元,下降10.3%;交通运输支出0.64亿元,增长39.7%;国土资源气象等事务支出0.14亿元,增长46.4%;住房保障支出0.40亿元,下降87.1%。

【农业】 2017年,全县完成农林牧渔业总产值29.08亿元,按可比价格计算,比上年增长4.0%。其中,农业产值22.45亿元,增长5.2%;林业产值0.25亿元,增长7.6%;牧业产值4.49亿元,下降1.1%;渔业产值0.88亿元,增长3.0%;农林牧渔服务业产值1.02亿元,增长3.5%。全年粮食作物播种面积33000公顷,同比下降0.7%,其中,小麦播种面积7557.11公顷,增长3.7%;稻谷播种面积6834公顷,下降20.3%;玉米播种面积18136.9公顷,增长5.1%;全年油料种植面积288.1公顷,下降10.0%。粮食总产量26.92万吨,增长0.9%。其中,小麦产量4.11万吨,增长0.1%;稻谷产量6.34万吨,下降19.9%;玉米产量16.40万吨,增长12.2%。油料产量0.06万吨,下降10.4%。年末,大牲畜存栏4.35万头,增长4.3%,大牲畜出栏3.63

万头，增长 1.8%，其中，牛年末存栏 4.29 万头，增长 4.5%，牛出栏 3.60 万头，增长 7.5%。生猪年末存栏 2.34 万头，增长 7.1%，猪出栏 4.28 万头，下降 2.9%。羊只年末存栏 15.60 万只，增长 7.1%，羊出栏 21.49 万只，增长 7.4%；家禽存栏 117.10 万只，家禽出栏 152.55 万只。全年肉类总产量 1.54 万吨，增长 2.2%，其中，猪牛羊总产量 1.23 万吨，增长 0.02%；牛奶产量 5.38 万吨，增长 1.4%；禽蛋产量 1.32 万吨，增长 11.8%。水产养殖业面积 1467.3 公顷，增长 9.6%，水产品产量 8232 吨，增长 2.4%。全县辖五镇一乡 1 个街道办事处和 2 个区属农场，66 个村民委员会，22 个社区居委会。

【工业】 2017 年，全县全部工业总产值同比下降 4.0%；全部工业增加值增长 1.8%。工业占 GDP 的比重为 31.9%。其中，规模以上工业总产值下降 5.1%，规模以上工业增加值增长 1.8%。出口交货值 35.68 亿元，增长 14.33%。主要工业产品中，低压开关板产量 2670 面，同比增长 14.2%；化学药品原药 21309 吨，同比增长 11.5%；中成药 434 吨，同比下降 20.6%；商品混凝土 117.51 万立方米，同比增长 26.1%；硅酸盐水泥熟料 119.33 万吨，同比增长 20.6%；水泥 124.15 万吨，同比增长 16.3%；乳制品 8660 吨，同比下降 2.4%；饮料酒 5.70 万升，同比下降 12.3%；化学试剂 8222 吨，同比增长 31.1%；饲料 4.29 万吨，同比下降 14.7%；机制纸及纸板 3.22 万吨，同比下降 11.5%；电力电缆 1.91 万千米，同比下降 34.8%；塑料制品 2.39 万吨，同比下降 18.2%；人造板表面装饰板 12.85 万平方米，同比下降 69.8%；钢结构 4.99 万吨，同比下降 37.8%；铝材 1207 吨，同比下降 24.9%；瓦 3008 万片，同比下降 2.4%；金属门窗及类似制品 1.71 万吨，同比下降 50.2%；家具 1.78 万件，同比下降 36.0%；精制食用植物油 3895 吨，同比增长 2.1%；纸制品 0.81 万吨，同比下降 66.9%；味精 18.64 万吨，同比下降 16.2%；液压元件 4101 件，同比下降 25.4%。

【建筑与地产】 2017 年末，具有资质等级以上建筑企业 4 家，实现建筑业总产值 4.7 亿元，同比增长 0.6%。房屋建筑施工面积 16.04 万平方米，同比增长 13.6%；房屋竣工面积 1.94 万平方米，同比下降 73.3%。全年完成房地产开发投资 33.8 亿元，比上年下降 7.6%。其中，住宅投资 20.22 亿元，下降 11.4%；商业营业用房投资 10.03 亿元，增长 12.4%；其他投资 3.56 亿元，下降 26.3%。房屋施工面积 406.43 万平方米，增长 19.0%，住宅施工面积 291.76 万平方米，增长 15.5%。商品房销售面积 74.55 万平方米，增长 19.4%，住宅销售面积 71.32 万平方米，增长 28.5%。商品房销售额 22.64 亿元，增长 9.3%，住宅销售额 20.68 亿元，增长 22.3%。

【固定资产投资】 2017 年，全县完成固定资产投资 134.77 亿元，同比下降 21.9%，其中，房地产开发投资 33.81 亿元，同比下降 7.6%。从投资结构看，第一产业投资 16.3 亿元，同比下降 12.8%；第二产业投资 19.75 亿元，同比增长 9.3%；第三产业投资 98.71 亿元，同比下降 27.4%。2017 年，全县在库项目 241 个，其中，5000 万元以下投资项目 129 个，5000 万元以上投资项目 58 个，全年房地产开发投资项目 54 个。

【国内贸易】 2017 年，实现社会消费品零售总额 20.22 亿元，比上年增长 9.0%。分城乡看，城镇实现消费品零售额 18.26 亿元，增长 8.9%；乡村实现消费品零售额 1.96 亿元，增长 9.5%。分行业看，批发业实现消费品零售额 5.85 亿元，增长 8.3%；零售业实现消费品零售额 12.25 亿元，增长 8.8%；住宿业实现消费品零售额 0.0083 亿元，增长 12.2%；餐饮业实现消费品零售额 2.10 亿元，增长 12.1%。分规模看，限额以上企业实现消费品零售额 4.31 亿元，增长 4.9%，限额以下企业实现消费品零售额 15.91 亿元，增长 10.1%。

【交通、邮电】 全年交通运输、仓储和邮电通信业完成增加值 7.34 亿元，增长 1.0%。全年公路客运量 181 万人，增长 69.9%；旅客周转量 2350 万人千米，增长 36.0%。全年收寄函件 9.19 万件；收寄特快专递 4.9 万件。年末邮政储蓄余额达到 7.99 亿元，增长 15.6%。全年电信业务总量 6950 万元，增长 6.6%。全县固定电话 1.5 万户。互联网用户数 4.8 万户。移动电话用户达到 22 万户。

【旅游】 2017 年，全县接待海内外游客达 300.27 万人次，同比增长 152.05%；实现旅游总收入

10701.46万元，增长97.7%。

【金融】 2017年，全县实现金融业增加值6.98亿元，比上年增长9.5%。年末金融机构各项存款余额为128.48亿元，增长0.3%。居民储蓄存款余额为93.85亿元，增长1.9%。各项贷款余额为125.44亿元，增长3.0%，短期贷款余额50.63亿元，下降12.6%，中长期贷款余额66.82亿元，增长11.7%。

【保险】 2017年，全县实现保费收入16019.37万元，同比下降7.0%，其中，财产保费总收入5169万元，同比下降9.2%；人寿险保费收入10850.37万元，同比下降5.8%。2017年各项给付总额6221万元，同比下降11.8%，其中，财产险给付总额3406万元，同比下降18.4%；人寿险给付总额2815万元，同比下降2.1%。

【教育】 年末全县有普通高校1所，招生4943人，同比增长13.4%；在校生14532人，同比增长2.2%；毕业生3374人，同比增长4.8%；教职工706人，同比增长1.7%，其中：专任教师591人，同比增长8.0%。全县有职业学校4所，招生2238人，在校生4658人，毕业生1701人。教职工322人，其中：专任教师212人。全县有普通中学11所，普通高中招生2046人，同比增长3.8%；在校生5782人，同比增长6.2%；毕业生1668人，同比下降3.9%。普通初中招生4128人，同比增长7.8%；初中学龄人口入学率98.69%；在校生11242，同比增长3.4%；毕业生3539人，同比增长10.2%。中等职业学校2所，在校生1823人，同比下降17.8%。小学学校28所，同比减少2所；普通小学招生3892人，同比增长2.0；小学学龄儿童入学率100%，在校生23583人，同比增长0.5%；毕业生3900人，同比增长7.5%。幼儿园39所；幼儿园在园幼儿9107人，同比增长7.4%。

【科技】 2017年，全县发展高新技术企业7家，其中，新培育认定农业高新技术企业1家；培育认定自治区级科技型中小企业19家；确立实施自治区、银川市各类科技计划项目46项；实施知识产权“零突破”和“倍增”计划攻坚，企业专利授权量48件，发明专利21件，万人有效发明专利拥有量6件（全区2.52件）；围绕农业特色产业发展、精准扶贫等领域的重大科技需求，加强综合示范和关键技术应用研究，引进、试验、示范新品种50多个，新技术、新设备20多项，开展各类科技培训112场次，培训技术骨干5000人次，培训带动农民3万人次。开展科技特派员创业行动，队伍稳定达到159人，自治区级法人科技特派员83人，科技特派员建立经济实体123个，科技特派员创新创业成为农业农村产业发展主力军；农业科技信息服务站点覆盖所有乡镇和农业科技示范园区；坚持“优势互补，资源共享，真诚合作，共同发展”的理念，推动县政府与中国农大理学院签署“院县合作”框架协议共建“博士工作站”1处、“博士工作点”3个；昌盛光伏被认定为国家级星创天地和银川市众创空间；全县农业主推技术到位率达到100%，农业综合机械化水平达到95.5%；全年完成农村科技支出4961万元，农业科技进步贡献率达61.12%。

【文化】 年末，拥有文化馆、公共图书馆、博物馆各1个；广播电台1座，电视台1座；广播综合人口覆盖率100%，电视综合人口覆盖率100%。年末公共图书馆藏书19.14万册，同比增长4.7%。

【卫生】 年末，全县共有医疗卫生机构97个，其中，县级医院2个，乡镇卫生院8个，疾病预防控制中心1个，妇幼保健院（所）1个，卫生监督所1个，社区卫生服务中心（站）5个，村级卫生室31个，个体医疗机构48个。床位440张；卫生技术人员847人，其中，执业医师154人，执业助理医师31人，在册护士586人，乡村医生及防疫妇幼76人。全县儿童免疫规划疫苗接种率98.0%。

【体育】 全县经常性参加体育锻炼的人数占全县人口总数的35%以上，人均体育场地面积达到2.5平方米。全年举办第二届永宁县市民运动会、第三届健身节永宁县青少年乒乓球赛、三人制篮球挑战赛、2017年全民健身日暨全民健身活动展示大会等品牌文化活动。全县共注册运动员329人，业余体校自训的项目主要是田径、举重、乒乓球、跆拳道、排球、足球和篮球，运动员近300人，注册251人；外训的项目有游泳、篮球、武术和田径，运动员达到78人，注册人数为78人。自训队员年龄分布主要为中小学生，外训队员主要为初中生。

【人民生活】 2017 年，全县城镇居民人均可支配收入 29211 元,同比增长 8.4%。人均生活消费总支出 35105 元,同比增长 15.0%。城镇居民家庭恩格尔系数(食品消费支出占生活消费总支出的比重)为 28.8%。全年用于食品烟酒消费支出 5285 元,同比增长 2.9%；衣着类支出 2188 元，同比下降 4.1%;居住支出 3067 元,同比增长 2.6%;生活用品及服务支出 1175 元,同比下降 15.1%;医疗保健支出 1577 元,同比下降 2.9%;教育文化娱乐服务支出 2532 元,同比增长 13.6%;城镇居民期末自有现住房面积 33.8 平方米,同比增长 2.6%。2017 年,全县农村居民人均可支配收入 12855 元，同比增长 8.3%;农村居民工资性收入达到 4686 元,同比增长 8.8%;农村居民人均生活消费支出 10094 元,同比增长 8.7%；人均食品烟酒消费支出 3111 元,同比增长 13.3%；农村居民恩格尔系数为 30.8%;农村居民期末自有现住房面积 33.8 平方米，同比增长 3.29%。

【社会保障】 年末，参加城镇基本养老保险人数 46822 人,同比增加 2821 人。参保职工 32558 人,同比增加 2004 人，参保离退休人员 14264 人,同比增加 817 人。参加城乡统筹医疗保险的人数 212061 人，其中，城镇职工基本医疗保险人数 25910 人,城乡居民基本医疗保险人数 186151 人。参加失业保险的人数 26108 人,同比增加 683 人。参加工伤保险的人数 18696 人,同比增加 161 人。被征地农民参加基本养老保险人数为 21083 人。参加村干部养老保险人数 341 人。社会福利事业健康发展。2016 年末全县拥有福利院、敬老院 3 个,床位 772 张,供养社会福利对象 47 人;民办养老院 2 个,床位 283 张;城市享受最低生活保障人数 1852 人，农村享受最低生活保障人数为 5085 人;五保老人总数 218 人,其中,集中供养 47 人,散居供养 171 人。

【资源环境保护】 2017 年，全县国土面积 934.06 平方千米。全县拥有道路长度 762.431 千米。2017 年,供水综合能力 3 万立方米/日,供水总量 1074 万立方米。集中供热能力 151 兆瓦,面积 233 万平方米。年末,公园绿地面积 168.25 公顷,建成区绿化覆盖率 44.62%。人均公园绿地面积 28.37 平方米。全年平均气温 11.3℃;累计降水量 205.3 毫米;日照时数 3005.1 小时。全年城市空气质量优良天数 292 天,占有效监测天数的 80.9 %;工业废水排放总量 1667.25 万吨，COD 排放量 2207.17 吨。

【安全生产】 2017 年，发生安全生产事故 20 起，死亡 8 人。其中,道路交通事故 16 起,同比下降 30.4%,造成 4 人死亡;没有发生火灾,无人员伤亡;发生工矿商贸事故 4 起,死亡 4 人。全县亿元 GDP 生产安全事故死亡率 0.046%。

中国共产党永宁县委员会

综　述

【概况】 2017年,县委常委会围绕迎接党的十九大和学习宣传贯彻十九大精神,贯彻落实习近平总书记系列重要讲话精神和治国理政新理念、新思想新战略,贯彻落实自治区实施"三大战略、五个推进",牢固树立"四个意识"作为常委会自身建设的重中之重,做到在思想上、政治上、行动上同以习近平同志为核心的党中央保持高度一致。党的十九大召开后,县委把学习宣传贯彻十九大精神作为首要政治任务,召开全县领导干部大会、中心组学习会、常委会、全委会等进行传达学习,制订下发学习宣传贯彻党的十九大精神的实施方案、宣讲方案和专题培训方案,兴起学习宣传贯彻十九大精神的热潮。学习宣传有亮点。坚持以县委中心组为龙头,充分发挥县处级领导干部示范带头作用,组织中心组学习9期。策划11个主题活动,开展"百名干部大宣讲"九进活动300余场,推动学习宣传十九大精神落到实处。教育培训有特色。结合推进"两学一做"学习教育制度化,以专题研讨、"三会一课"、党员冬季轮训等为抓手,举办10个类别专题培训班,用习近平新时代中国特色社会主义思想武装党员干部头脑。2017年,全县全年实现地区生产总值130亿元,增长0.5%;固定资产投资130亿元,下降24.7%;地方财政一般公共预算收入12.7亿元,同口径增长10.8%。城镇居民人均可支配收入29373元,增长9%;农村居民人均可支配收入12933元,增长9%。实现城镇新增就业5823人,城镇登记失业率控制在3.6%;农村劳动力转移就业2万多人,实现收入2亿元。2017年,获得国家园林县城、中国十大品质休闲县、全国未成年人思想道德建设工作先进城市、全国首批农村生活垃圾分类和资源化利用示范县等。

【加快改革开放】 开展"简政放权,放管结合,优化服务"的改革,在县级开展相对集中行政许可权、综合行政执法等改革,推行"不见面,马上办"的审批模式,建成区、市、县、乡、村五级联动的电子政务服务平台,精简办事流程、缩短办理时限、降低企业和群众办事成本。农业农村、国有林场、医药卫生、财税、金融、供销社、文化、群团等领域改革取得阶段性成果。参与"一带一路"建设,对外交流合作扩大,全年实现出口额48亿元,增长30%。实施招商引资项目55个,到位资金87.3亿元,引进中国500强企业1家,经济发展后劲增强。

【工业转型】 增加科技研发投入力度,加快生物发酵等传统产业改造提升,泰瑞获得自治区科技成果5项专利证书,紫荆花获得"中国品牌创新奖""宁夏百强企业"称号。培育新经济新业态新模式,实施比亚迪银川新能源产业园、闽宁创业谷孵化中心等项目落地。凤凰城智能制造公司被工信部列为两化融合贯标试点企业。发挥德龙、立兰、中粮长城等龙头企业带动作用，葡萄酒产业规模和效益提升，西夏王获得中国“市长质量管理奖”。

【农业提质增效】 推进农业标准化生产，建设高标准农田19536公顷、标准化生产示范区9900公顷，认证有机水稻1.2792公顷，形成可推广、可复制的“板桥模式”，裕稻丰获得全国十大有机大米金奖。

【服务业提档升级】 推进三沙源、中华回乡文化园、丝路文旅国际度假区等项目，举办“永宁大集·大吉永宁”新春花灯美食节、永宁特色文旅一日游等活动，全年接待游客298.5万人次，增长150.6%，旅游收入突破1亿元，增长97.4%。现代物流业发展快，产业集群效应突出，全年实现交易额180亿元，增长12.5%。

【城乡建设推进】 融入沿黄生态经济带和银川都市圈建设，推进新型城镇化和城乡一体化发展，小康实现程度提升到86.3%。城乡统筹步伐加快。改造老旧小区21.8万平方米，实施综合文化艺术体育中心、利民广场改造、望远九年一贯制学校、中医院迁建、第二敬老院等项目，城乡服务功能能力增强。投入1.2亿元，实施农村公路项目16个62千米。307国道永宁段建成通车，京藏高速、银西高铁项目进展顺利，具备创建城乡交通运输一体化示范县条件。实施中干沟、永二干沟人工湿地、一污厂扩容提标改造等工程，县城与望远地区污水处理能力增强。实施“智慧城管”建设，开展城乡环境综合整治“八大提升工程”，全县机械清扫率由2016年的60%提高到80%以上。

【五城同创】 创建全国文明城市再次获提名，国家卫生县城通过验收，国家园林县城创建成功，全国文化先进县、国家生态文明建设示范县创建推进，全县居民道德素质、城乡面貌、城市文明指数提升。

【生态建设】 坚决整改中央环保督察组反馈问题，推进“蓝天、碧水、净土”三大行动，建设天蓝、地绿、水美的美丽永宁。空气质量改善。在全区完成20蒸吨以下燃煤锅炉淘汰改造任务。依托中科院生态环境研究中心，治理生物发酵企业异味，建立环境建设网格化管理、秸秆综合利用补偿机制，农作物秸秆综合利用率达98%。水体污染管控。落实“河长制”，开展黄河治理，开展水源地保护、中心村污水处理、工业企业及养殖场污染物防治等工作，全县城镇污水处理率达95%。土壤污染得到治理。开展化肥、农药、除草剂负增长行动，减少农业面源污染。加大土地执法监察力度，查处违法用地图斑150个，拆除违法建筑物17.1万平方米。生态环境更加优美。投入2.3亿元，实施江河湖库水系连通工程，全县湖泊湿地面积增至1914公顷。实施主干道路宽幅林带、中心村环村林、小微公园等重点绿化项目，全县建成区绿化覆盖率、绿地率分别达38.5%、36.2%，人均公园绿地面积达20.6平方米。

【教育事业均衡发展】 投入3亿多元，推动各类教育健康发展。落实教育惠民政策，加强教师队伍建设，新建、扩建、改建中小学、幼儿园11所，国家义务教育均衡发展县创建成果稳固。

【医疗服务改善】 推进县乡村医疗卫生服务一体化管理，推行“先住院后付费”“先诊疗后付费”医疗民生改革，开展家庭医生签约服务，县乡村医疗卫生服务能力和群众健康保障水平明显提高。

【创业就业】 开展创业就业、职业技能培训，实现城镇新增就业5823人，城镇登记失业率控制在3.6%；农村劳动力转移就业2万多人，实现收入2亿元，超额完成区、市下达目标任务。

【社会保障体系建设】 继续实施“56789”暖心工程，逐步健全完善社会救助体系。完成“五险合一”经办体制改革，推进城乡居民大病保险、老年人综合意外伤害保险、被征地农民养老保险和建筑业工伤保险等工作，城乡居民养老保险和医疗保险参保人数均超额完成目标任务。

【扶贫成果巩固提升】 以习近平总书记视察闽宁镇1周年为契机，总结宣传推广“闽宁经验”，继续闽宁对口协作，巩固提升脱贫富民成果。对接中央农办，在原隆村设立创业就业及产业发展基金560万元，撬动融资5600万元，推动移民群众创业发展、增收致富。2017年,闽宁镇农村居民人均可支配收入达12341元，增长15%以上。闽宁镇创建“全国特色小镇”。

【平安建设】 推进县乡村综治中心建设,推动“天网、地网、司法网、综治网”四网融合。打击各类违法犯罪行为,刑事案件、治安案件发案率实现双下降,平安建设约束性指标在可控范围,执法规范化建设被公安部作为全国观摩点进行推广。信访维稳、安全生产、食品药品安全形势向好,社会大局保持和谐稳定。

【民族宗教工作】 落实党的民族宗教政策，开展民族团结进步创建活动，累计创建国家级民族团结示范单位3个、区级14个、市级41个。坚持宗教中国化方向,依法加强宗教事务管理,开展和谐寺观教堂创建活动,民族团结、宗教和顺等民族宗教团结专项教育活动。

【意识形态工作】 全县意识形态领域总体平稳。舆论宣传引导有力,在中央电视台相继播出《焦点访谈·“中国梦这五年脱贫之后的日子”》《乡约》《中国影像方志·永宁篇》等外宣精品6件,扩大永宁对外影响力。推进“两学一做”学习教育制度化，开展“五联共建”“三送三帮三带”下基层等活动,引导广大党员践行“四讲四有”,发挥党员先锋模范作用。

【贯彻中央八项规定】 开展“守纪律,敢担当,有作为”,“学、查、改”干部作风整治活动,党风政风好转，群众评议机关干部作风测评满意度位居全区前列。

【监察体制改革】 组建监察委、设立巡察办,建立基层纪委联合履职、派驻机构办案协作等机制,创新开展联合村民监督委员会改革试点工作，推动从严治党向基层延伸。综合运用“四种形态”,加大监督执纪问责力度。2017年县纪委立案132件,处分135人,保持惩治腐败的高压态势。

重要会议

【第十四届委员会第二次全体(扩大)会议】 2月17日,在永宁宾馆礼堂召开。中共永宁县第十四届委员会委员和候补委员出席会议。银川市委常委、永宁县委书记钱克孝,县人大常委会主任郭雪平,县长李润军,县政协主席段伏林及县委常委杨宝文、刘明、钱冬、雷保荣、郑振杰、任丽琴、杨锋、王晓东、郑进选、陈勇在主席台就座。会议应到委员37名、候补委员8名,实到委员37名、候补委员8名,符合法定人数。会议表决通过《中共永宁县委员会关于推进从严治党若干问题的实施方案（审议稿)》《永宁县加强乡镇建设的实施方案（审议稿)》《关于追认中共永宁县委员会常务委员会给予邹光新开除党籍处分的决定》及《中共永宁县第十四届委员会第二次全体会议决议(草案)》。会议强调,全县各级党组织必须树立正确政绩观,坚持从巩固党的执政地位的大局看问题，牢固树立不管党治党就是严重失职的观念，把抓好党建作为最大的政绩；要坚持党建工作和中心工作一起谋划、一起部署、一起考核,把每条战线、每个领域、每个环节的从严治党抓具体,坚决防止“一手硬,一手软”。各级各部门“一把手”,要持之以恒地落实好从严治党责任,坚持民主集中制、严肃党内政治生活、落实中央“八项规定”精神,保证党的组织充分履行职能、发挥核心作用,保证全体党员发挥先锋模范作用,保证党的领导干部忠诚干净担当。列席会议的有不是县委委员和候补委员的在职县处级领导干部,县纪委常委、委员,各乡镇党政主要负责人、人大主席、纪委书记,各部门党政主要负责人,区、市属驻永各单位负责人,各民主党派、工商联主要负责人，担任过永宁县历届四套班子领导职务的离退休老同志和老干部代表，在永宁县的区、市党代表和部分人大代表、政协委员,来自基层的县级党代表、人大代表、政协委员,以及企业负责人代表等。

【第十四届委员会第三次(全体)会议】 11月10日,在永宁宾馆礼堂召开。出席会议的有县委委员33人、候补委员8人。列席此次会议的有:不是县委委员和候补委员的在职县处级领导干部，县纪委常委、委员,县委、政府各部门党政主要负责人,人大、政协各委办主要负责人,各乡镇党政主要负责人、人大主席、纪委书记，区、市驻永各单位负责人，各民主党派、工商联主要负责人，担任过永宁县历届四套班子领导职务的离退休老同志和老干部代表，来自基层的党代表、人大代表、政协委员，以及非公企业党组织负责人代表。会议由县委常委会主持。银川市委常委、永宁县委书记钱克孝就《关于深入学习宣传贯彻党的十九大精神实施方案(讨论稿)》作说明。会议还审议通过《中共永宁县委关于学习宣传贯彻党的十九大精神实施方案(讨论稿)》《中共永宁县第十四届委员会第三次全体会议决议(草案)》。会议强调，党的十九大是在建成小康社会决胜阶段、中国特色社会主义进入新时代的关键时期召开的一次十分重要的大会，在党和国家发展进程中具有极其重大的历史意义。学习宣传贯彻党的十九大精神，事关永宁县的改革发展稳定，事关全县每一名党员干部群众的切身利益。要学习宣传贯彻党的十九大精神，做到内化于心、外化于行，真学真懂，真信真用，把思想和行动统一到党的十九大精神上来，统一到区、市党委和县委全会决策部署上来。会议要求，要坚定必胜信心，把党的十九大精神转化为破解难题的昂扬斗志，转化为万众一心推动发展的强大动力，引导广大党员干部群众坚定信心，听党话，跟党走，迈向新时代、踏上新征程、实现新目标。要增强使命担当，落实好党的十九大做出的重大部署、提出的重大任务，每一名党员干部都责无旁贷，要以强力的责任感和使命感，主动投身党的建设新的伟大工程，以永不懈怠的精神状态和一往无前的战斗姿态，擂鼓出征，攻坚克难，决胜建成小康社会，把永宁各项事业推向前进。要引导广大党员干部群众弘扬“不到长城非好汉”的精神，围绕党的十九大确定的目标任务，围绕区、市和县委政府的工作部署，拿出抓铁有痕、踏石留印的精神，撸起袖子加油干，把全县改革发展稳定各项工作抓紧抓实、抓出成效。会议强调，全县各级党组织要按照这次县委全会的安排部署，形成学习宣传贯彻党的十九大精神的热潮，推进县委政府重点工作、重点项目结合起来。用党的十九大谋划的蓝图、目标和举措激励人心、凝聚人心、振奋人心，保证全县上下思想统一、精力集中、步调一致，同向发力、攻坚克难，共同投身永宁建成小康社会的实践中来，把群众对美好生活的向往早日变成现实。

【第十四届委员会第四次全体会议】 12月18日，在永宁宾馆礼堂召开。出席会议的有县委委员36人、候补委员8人。列席此次会议的有:不是县委委员和候补委员的在职县处级领导干部，县纪委常委、委员，县委、政府各部门党政主要负责人，人大、政协各委办主要负责人，各乡镇党政主要负责人、人大主席、纪委书记，区、市驻永各单位负责人，各民主党派、工商联主要负责人，担任过永宁县历届四套班子领导职务的离退休老同志和老干部代表，来自基层的党代表、人大代表、政协委员，以及非公企业党组织负责人代表。会议由县委常委会主持。银川市委常委、永宁县委书记钱克孝做《中国共产党永宁县第十四届委员会第四次全体会议工作报告》。会议讨论审议通过《中国共产党永宁县第十四届委员会第四次全体会议工作报告》及《中国共产党永宁县第十四届委员会第四次全体会议决议(草案)》。会议强调，中国共产党永宁县第十四届委员会第四次全体会议是在全县上下学习贯彻党的十九大精神，贯彻区、市一系列重要战略部署的关键时期，召开的一次十分重要的大会。各级干部要以党的十九大精神为引领，要统一思想，明确任务，凝聚首先在全区建成小康社会的强大合力。要增强深学笃用习近平新时代中国特色社会主义思想的自觉性和坚定性，把思想和行动统一到区、市党委和县委全会决策部署上来。会议要求，各级各部门要落实党的十九大精神，一切工作都要围绕小康目标来部署、来开展。要总结2017年县委的各项工作，贯彻执行党中央及区、市党委的决策部署，自觉把重点工作放到全县经济社会发展中去思考、谋划和推动。要完善工作思路，谋实任务举措，保证区、市党委及县委全会的决策部署要求落实到实处。要坚持面向新时代，统筹推进、聚力攻坚、抓重点、抓关键、抓典型，落实全县各项工作。会议强调，要牢固树立全县“一盘棋”思想，强化大局意识，相互促进、相互协调，做到主动担当、尽职尽责。要扭住产业转型升级、提高经济发展质量和效益这个主攻方向，抓住项目建设、招商引资、新产业培育、农业标准化生产、“两个收入”增长等重点工作，千方百计新上一批好项目，形成一批新的增长点，为转型升级注入新的活力。要继续发挥优势，推进精神文明建设，评选表彰一批文明单位、文明乡村、星级基层党组织以及各行各业的优秀代表，树立一批辐射带动作用强的先进典型，做到以典型引路、以模范带头，增强全县干部群众的共识，凝聚推进发展的正能量。

常委会会议

【2017年第1次常委会会议】 1月19日召开。会议传达学习自治区“两会”精神，自治区宗教工作会议《关于加强和改进新形势下宗教工作的实施意见》，银川市民族团结进步表彰暨创建“全国民族团结进步模范市”启动大会精神，《中共宁夏回族自治区委员会实施〈中国共产党问责条例〉办法（试行）》的通知精神。研究全县工作大会事宜、《永宁县2016年各项指标完成情况预测及2017年各项指标目标预测情况报告》。

【2017年第2次常委会会议】 2月10日召开。会议研究永宁县建设全国健康促进县启动会相关事宜；研究纪委十四届二次全会《关于对永宁县体育中心主任王旭忠同志违纪行为处理的请示》《永宁县政法机关优化法治环境服务全县经济社会发展的实施意见》《永宁县加强乡镇建设的实施方案》，研究原则同意2016年度基层服务型党组织星级评定结果。

【2017年第3次常委会会议】 2月16日召开。会议传达学习《中共中央办公厅国务院办公厅关于印发〈领导干部报告个人有关事项规定〉〈领导干部个人有关事项报告核查结果处理办法〉的通知》精神，研究原则同意《银峰铝业循环经济产业园项目土地及资产征收回购补偿协议书》、中共永宁县委第十四届二次全体（扩大）会议方案，同意将《中共永宁县委员会关于推进从严治党若干问题的实施方案》《中共永宁县委员会关于推进从严治党若干问题的实施方案（审议稿）》《永宁县加强乡镇建设的实施方案（审议稿）》《中共永宁县委第十四届二次全体会议决议（审议稿）》《关于追认中共永宁县委员会常务委员会给予邹光新开除党籍处分的决定》提请县委全委会予以审议，同意《关于拟给予丁志开除党籍处分的请示》《关于拟给予潘国涛行政开除的请示》，研究中共永宁县委第十四届二次全体（扩大）会议筹备相关事宜，决定于2017年2月17日下午召开中共永宁县委第十四届二次全体（扩大）会议。研究批复卫计局党委、公安局党委换届选举结果的请示。

【2017年第4次常委会会议】 2月17日召开。会议听取中共永宁县委第十四届委员会第二次全体（扩大）会议各分会场讨论情况的汇报。

【2017年第5次常委会会议】 2月22日召开。会议研究干部事宜。

【2017年第6次常委会会议】 2月27日召开。会议研究原则同意《自治区对永宁县2016年度效能目标管理考核排名靠后的整改方案》，研究庆祝三八国际劳动妇女节工作大会事宜，决定2017年3月8日上午在县回民高级中学礼堂召开全县庆祝三八国际劳动妇女节工作大会。

【2017年第7次常委会会议】 3月7日召开。会议研究原则同意《关于确定推选第十二届自治区党委委员、候补委员和纪委委员候选人初步人选的请示》《永宁县委领导班子落实自治区效能考核整改要求专题民主生活会方案》《县委班子专题民主生活会对照检查材料》，决定于3月9日在县武装部多功能会议室召开专题民主生活会，会议还研究部署近期重点工作。

【2017年第8次常委会会议】 4月8日召开。会议传达学习咸辉主席调研永宁县经济社会发展情况的重要指示精神和《关于2016年度县（市、区）效能建设第三方测评情况的通报》，通报分析研判2017年一季度全县安全生产形势，研究原则同意《打造“五个示范”加快闽宁镇经济社会发展实施方案》《永宁县关于实施“农业品牌”战略，打造农业标准化生产示范区，推进农业供给侧结构性改

革的实施意见》《永宁县2017年农业农村工作要点》《永宁县2017年农田水利基本建设大会战实施方案》《永宁县推进移风易俗树文明家风乡风民风实施意见(试行)》《关于在全县各乡镇、街道开展文明创建"十二个一"活动的通知》《永宁县2017年乡镇(部门)信访目标管理责任书》《永宁县2017年政法综治暨平安建设工作考核细则》《永宁县关于加强民办学校党的建设工作的实施意见》《关于对农牧局党委换届选举结果进行批复的请示》《关于同意成立永宁县发展和改革局委员会撤销永宁县工业信息化和商务局委员会的请示》。会议还研究部署近期重点工作。

【2017年第9次常委会会议】 5月11日召开。会议传达学习《关于加快推进中央环境保护督察组转办事项整改销号工作的通知》《关于印发2017年全区安全生产工作要点的通知》《关于印发银川市2017年安全生产工作要点的通知》《关于加强和改进新形势下全区保密工作的实施意见》和《关于做好党的十九大有关保密工作的通知》,研究原则同意《全县文艺工作座谈会方案》,决定于5月16日在三沙源启动主题实践采风创作活动,于5月23日上午在三沙源举办"源里花开·至美永宁"大型主题艺术展召开全县文艺工作座谈会;研究原则同意《永宁县创建银川市禁毒示范县工作方案》,决定2017年5月15日上午在永宁宾馆召开全县禁毒工作暨创建银川市禁毒示范县动员大会,县委办公室、公安局、禁毒办实施会务筹备工作;研究原则同意《永宁县环境保护监督管理责任暂行规定》《永宁县河长制实施方案》《永宁县农作物秸秆综合利用实施方案》《关于中共永宁县教育体育工作委员会更名和调整委员的请示》《2016年度县处级干部实绩考核优秀等次建议人选的请示》《关于进一步加强和改进离退休干部工作的实施办法》《2016年度科级干部年度考核等次的请示》《永宁县乡镇科级以下干部轮岗交流工作实施方案》《公推比选年轻干部到乡镇信访等部门挂职锻炼工作方案》。会议还研究干部议题,研究部署近期重点工作。

【2017年第10次常委会会议】 6月4日召开。会议传达学习中央政治局常委、全国政协主席俞正声来宁调研重要讲话精神、自治区党委书记石泰峰来银调研重要讲话精神、石泰峰同志在中共中央《关于加强新形势下党的督促检查工作的意见》上批示,强调全县各级各部门要学深学透中共中央《关于加强新形势下党的督促检查工作的意见》以及《关于左新波严重违纪案件的通报》,要求全县各级党组织要对照检查、深刻反思、汲取教训。听取"五城同创"工作进展情况的汇报,研究永宁县第一污水处理厂提标改造及扩建工程采用PPP模式相关工作事宜。研究原则同意《永宁县洛客项目合作框架协议》《打造贺兰山东麓酒庄酒平台项目合同》《打造永宁县城市区域品牌名片项目合同》《关于表彰第五届"最美永宁人"的请示》《关于2016年县级文明单位、文明村镇、文明社区的请示》《永宁县第十一个"党建月"活动方案》《推进"两学一做"学习教育制度化实施方案》。会议还安排近期工作,由杨宝文副书记、杨锋常委牵头,开展拉网式矛盾纠纷筛查,妥善化解各类问题。各乡镇、部门要细化稳控责任,对摸排出来的问题落实到人,防止群访问题发生。各县处级领导对包抓的重点信访人进行梳理、化解。宣传部、公安局、信访局和宗教局要加强舆论监测和信息研判,充分运用网络舆情信息分析工具,形成上下一致、部门协调的联动机制。

【2017年第11次常委会会议】 6月14日召开。会议研究原则同意《永宁县深入学习贯彻落实自治区第十二次党代会精神实施方案》《关于进一步贯彻落实中央八项规定精神加强和改进有关工作的通知》《关于成立氢能源发展推进工作领导小组的通知》《关于聘请永宁县氢能源发展专家顾问的决定》。会议还研究干部事宜。

【2017年第12次常委会会议】 6月20日召开。会议传达学习《中共中央办公厅国务院办公厅关于甘肃祁连山国家级自然保护区生态环境问题督查处理情况及其教训的通报》,强调全县上下要以此次通报为鉴,坚持问题导向,抓好贺兰山国家级自然保护区永宁境内环境保护工作。研究原则同意《永宁县2017年伊斯兰教"斋月"慰问方案》《永

宁县"七一"走访慰问困难党员活动方案》,会议还安排近期主要工作，抓好上半年经济工作，做好区、市领导调研工作,做好信访维稳工作,做好党建月活动。

【2017年第13次常委会会议】 8月2日召开。会议传达学习习近平总书记在省部级主要领导干部专题研讨班上的讲话精神、第八次全国信访工作会议精神和石泰峰同志在自治区党委常委会议研究部署全区信访维稳工作时的讲话精神以及《国务院安委会关于做好安全生产巡查发现问题整改工作的通知》，听取全县安全生产工作情况汇报，研究贯彻落实意见;传达学习《中国共产党巡视工作条例》《中共中央办公厅印发〈关于市县党委建立巡察制度的意见〉的通知》,听取县纪委关于建立巡察制度的情况汇报,研究原则同意《关于成立永宁县巡察工作领导小组的请示》《永宁县巡察工作实施办法》;传达学习《宁夏回族自治区党委(党组)网络意识形态工作责任制实施细则》,听取意识形态工作专项汇报，分析创建全国县级文明城市工作中存在的问题,研究贯彻落实意见;传达学习自治区党委常委会、自治区政府全体(扩大)会关于上半年经济工作有关要求和会议精神及全市经济形势分析会和姜志刚书记讲话精神、《中共宁夏回族自治区委员会关于深入贯彻中央八项规定精神进一步加强和改进自治区党委常委会作风建设的若干意见》,研究原则同意《永宁县委政府领导班子首办负责制度(试行)》《关于深入贯彻中央八项规定精神进一步加强和改进县委常委会作风建设的若干规定》《中共永宁县第十四届委员会常务委员会工作规则》,会议还研究干部议题。

【2017年第14次常委会会议】 8月17日召开。会议传达吴万俊、陈延严重违纪案件的通报,要求全县广大党员和领导干部要领会通报精神，在思想上高度重视,从违纪案件中汲取深刻教训,做到防微杜渐、警钟长鸣。通报银川市上半年绩效考核情况，听取各部门上半年绩效考核整改落实工作开展情况、绩效考核扣分原因分析及下半年绩效考核工作措施汇报，研究全县下半年绩效考核工作。会议研究原则同意《永宁县2017年乡镇部门绩效考评考核办法》、2017年上半年考核结果、《县委组织部关于对发改局党委召开党员代表大会进行批复的请示》。

【2017年第15次常委会会议】 9月5日召开。会议传达学习习近平总书记关于信访工作的重要指示、孟建柱在第八次全国信访工作会议上的讲话、《关于在全区村级党组织中开展"三大三强"促脱贫富民行动的实施意见》、石泰峰在自治区党委网络安全和信息化领导小组第四次会议上的讲话精神、自治区禁毒委关于创建全国禁毒示范省区工作情况通报;听取县禁毒办整改落实情况汇报;研究原则同意《永宁县平安创建考核奖惩方案》《永宁县城乡管理综合执法体制改革实施方案》《永宁县庆祝第33个教师节活动方案》;研究《2017年住户调查样本轮换工作实施方案》,成立由李润军为组长,杨宝文、张文为副组长,各乡镇、街道党委书记、经济部门一把手为成员的永宁县住户调查样本轮换工作领导小组,保证调查开展;研究同意县纪委《关于拟给予丁志开除公职处分的请示》《关于拟给予邹光新开除公职处分的请示》。会议还研究了干部事宜。

【2017年第16次常委会会议】 9月13日召开。研究列入推荐干部事宜。

【2017年第17次常委会会议】 10月12日召开。专题研究意识形态、宣传思想、基层党建、党风廉政、农水建设等工作。

【2017年第18次常委会会议】 10月19日召开。会议传达学习党的十九大会议精神、《银川市纪委关于对2起处置群体性上访问题不作为不担当不履职给予问责的通报》以及盛荣华、肖云刚、蔡国英在自治区第十二届人大代表选举、第十一届政协委员协商提名工作座谈会上的讲话精神；会议研究原则同意《永宁县行政审批制度改革》《永宁县工会改革方案》《永宁县共青团改革方案》《永宁县妇联改革方案》《永宁县科协改革方案》《永宁县文联改革方案》《永宁县"多规合一"改革方案》《永宁县级公立医院综合改革方案》《永宁县推行河长制会议制度(试行)等四项制度》《健康永宁建设实施方案(2017—2020年)》《永宁县民族团结进步创

建工作督查考核方案》《关于结合推进“两学一做”学习教育制度化开展“五联五促”工作的实施方案》等文件；原则同意《关于对永宁县发改局党委、纪委换届候选人预备人选进行批复的请示》，由发改局党委按照规定组织选举，组织部负责指导工作，结果向县委报告。会议还研究干部事宜。

【2017年第19次常委会会议】 11月8日召开。会议研究原则同意《中共永宁县委员会关于学习宣传贯彻党的十九大精神的实施方案（讨论稿）》《中共永宁县十四届委员会第三次全体会议决议（草案）》《关于认真学习宣传党的十九大精神的通知》《永宁县组织开展党的十九大精神宣讲实施方案》《永宁县学习宣传贯彻党的十九大精神专题培训方案》《永宁县政府购买公共文化服务实施方案》《永宁县关于加快构建现代公共文化服务体系的实施意见》《永宁县巡察工作实施意见》和县委十四届三次全委会会议方案，决定于2017年11月10日上午召开大会，会期半天；原则同意《关于拟给予曹文留党察看二年、行政降级处分的请示》《关于拟给予周文留党察看一年处分的请示》《关于曹克玉同志出生日期调查情况的报告》。会议还研究干部事宜。

【2017年第20次常委会会议】 11月10日召开。听取中共永宁县委员会第三次全体会议各分会场讨论情况的汇报。

【2017年第21次常委会会议】 11月24日召开。会议传达自治区、银川市冬季大气污染防治暨中央环保督察组反馈问题整改推进会议精神以及自治区、银川市关于秸秆禁烧工作会议精神；会议研究异味扰民问题，由副县长王辉牵头，环保局负责，公安局、信访局、人社局、财政局等相关部门配合，对接伊品、启元、泰瑞，按照职工分流安置到位、保证社会稳定的要求，尽快制订关停治理预案，提交县委、政府研究。

【2017年第22次常委会会议】 12月4日召开。会议传达学习《中共中央办公厅印发〈关于在全国各地推开国家监察体制改革试点方案〉的通知》、习近平总书记关于监察体制改革讲话精神、石泰峰同志在全区深化国家监察体制改革试点工作动员部署会上的讲话精神；研究关于永宁县深化国家监察体制改革试点相关事宜和县委十四届四次全委会工作报告提纲和2017年政府工作报告提纲；研究原则同意《永宁县学习贯彻党的十九大精神开展“学、查、改”干部作风整治活动实施方案》《永宁县深化农村“两个带头人”队伍建设实施方案》《关于进一步加强农村基层党组织建设促乡村振兴实施方案》《永宁县迎接自治区大气污染防治专项督导工作方案》《永宁县网格化环境监管体系建设考核办法》《永宁县盐业体制改革实施方案》《共青团永宁县换届工作方案》《永宁县残疾人联合会换届工作方案》；会议研究县纪委《关于拟给予李海同志处分的请示》，决定给予胜利乡党委委员、副乡长李海党内严重警告处分。会议还研究干部事宜。

【2017年第23次常委会会议】 12月6日召开。会议传达中央、自治区领导同志关于农民工工资信访问题易发多发的重要批示精神，要求全县各级部门要高度重视，学习领会党的十九大精神，落实中央、区、市领导批示精神，保证全县社会大局和谐稳定；研究县委全委会、“两会”筹备各项工作，由常委郑进选牵头，县委办、人大办、政府办、政协办密切配合，对接区、市相关部门，尽快拟定县委全委会、“两会”召开方案，广泛征求社会各界意见，起草完成县委全委会报告、政府工作报告、人大工作报告、政协工作报告、检察院工作报告、法院工作报告（讨论稿），提交县委常委会研究审议，保证年底前召开完毕；研究部署近期重点工作，落实责任，推进当前各项重点工作，保证全县改革发展稳定各项事业推进。

【2017年第24次常委会会议】 12月11日召开。会议听取10个专题调研报告的汇报，传达学习习近平总书记关于纠正“四风”，加强作风建设的重要批示和关于北京市两期舆情事件分析及启示，研究落实意见；研究第十四届县委第四次全会工作报告、2017年政府工作报告、2017年人大常委会工作报告、2017年政协十届全委会工作报告、2017年法院工作报告和2017年检察院工作报告。会议还研究干部事宜。

【2017年第25次常委会会议】 12月14日召开。

会议研究中共永宁县委第十四届委员会第四次全体会议相关事宜,研究2017年人大常委会工作报告及会议方案、2017年政协十届全委会工作报告及会议方案、2017年法院工作报告、2017年检察院工作报告和研究2017年政府工作报告。

【2017年第26次常委会会议】 12月18日召开。会议听取中共永宁县委第十四届委员会第四次全体会议各分会场情况的汇报。

专题会议

【全县"建设之春"项目启动专题会议】 2月4日召开。会议听取有关工作安排情况,研究解决项目推进中存在的问题和困难,对工作再安排再强调。要求:招商引资方面,由郭雪平主任、马金祥副县长牵头,各相关部门(单位)负责,抢抓全国工商联常委会、第三届中阿博览会重大机遇,围绕产业链引项目,围绕产业集群抓招商,提高招商成效,促进卡威汽车新能源车基地、碧桂园银子湖特色小镇、中唐空铁生产、运维基地等项目签约落地,完成170亿任务。5个PPP模式运作项目方面,由杨锋常务副县长牵头,各相关部门(单位)负责,对5个PPP模式运作项目尽快完善相关手续,列出方案,明确重要时间节点的目标任务,集中解决建设中存在的突出问题,提速项目建设。农业标准化生产方面,由杨宝文副书记、张文副县长牵头,各乡镇、各相关部门(单位)负责,围绕村集体土地流转、土地治理、化肥减量化、高标准农业产业融合等方面谋划项目,要力争打造10个千亩农业标准化生产基地,提升农业标准化生产和农产品商品化、品牌化水平,增强市场竞争力。道路交通方面,由马金祥副县长牵头,交通运输局负责,对接区、市相关部门和企业,促进银西高铁(永宁段)、京藏高速公路改造(永宁段)、307国道建设(永宁段)、文昌南街南延伸至闽宁镇扶贫产业园公路等工程进行。加大对省道、农村公路改造力度。房地产项目开发方面,由郭雪平主任、钱冬常委、杨锋常务副县长牵头,望远工业园区、住建局、望远镇负责,对接碧桂园银子湖特色小镇项目,采取措施,力争早开工、早见效。对其他房地产项目,要强力推进工程施工进度,打造精品工程。闽宁镇建设项目方面,由钱冬常委牵头,争取自治区环保资金,保证美丽乡村建设"特色产业村"、原隆村游客接待中心、晓鸣禽业饲料加工及孵化、振发新能源二期等项目推进。

【三沙源生态文化旅游项目现场办公专题会议】 3月10日召开。会议听取银川置信投资发展有限公司负责人关于项目建设进展情况的汇报,查看项目推进中存在的问题。会议要求,全县上下要牢固树立"经济工作项目化、项目工作责任化"意识,推进三沙源生态文化旅游项目建设。针对项目推进过程中存在的供电、税收优惠、建设用地等方面的问题,各有关部门要强化责任意识、担当意识,主动作为、真抓落实,采取措施加以解决。

【推进城市化进程工作领导小组专题会议】 2月7日召开。会议听取银川市城市规划设计研究院有限公司对永宁县利民广场改造项目规划设计方案的汇报。会议要求将方案整体修改,适当减少商业建筑,规划方案要和建成的一、二期建筑在外立面设计、建筑风格、道路交通等方面相融合;设计单位要深化规划设计,明确每个村的建设内容,重点解决村庄道路、给水、排水、燃气、电力等基础设施,不考虑雨污分流。对改水改厕、院落改造、洗脸修面等工程由设计单位统一施工设计图纸,明确建设内容及标准,由村民按照设计自行改造,改造验收合格后进行补助。闽宁镇要尽快对上述3个村进行调研,掌握各村现状基础条件及村民参与建设,要建立验收考核机制,将村民参与建设的内容作为考核乡镇、村的一项指标;教学楼两侧及会议中心按照坡屋顶进行修改;宿舍楼按每室2张、3张床位设计,适当布局几套标准客房,以满足专家住宿的需求;预留绿地设计成花园,树种搭配以乔木为主,搭配花灌木,适当预留菜园;保留的教学室要修旧如旧;社会接见帮教楼和戒毒人员宿舍楼用连廊联通,方便接见。大门两侧建筑在建筑体量和布局上要协调。建筑风格及外立面设计要和建成的“三所”建筑相一致；要明确项目的防火防爆等级，按照国家规范要求配置防火和防爆设施，与周边建筑退让足够的安全距离；要明确产品的充装、运输安全措施。必须现充现销售，不允许储存；项目单位按照规划设计方案进行建设，2月28日必须开工，当年完成建设任务；沿201省道建筑规划布局要整合，堆场布局在北侧，将西南侧零散碎小建筑整合在一起，内部按功能分区分开，提升201省道及片区城市主要道路的整体景观效果。

【宣传思想文化工作专题会议】 3月16日召开。会议听取工作推进情况，研究解决存在的问题和困难，对工作进行再强调再部署。会议要求全县各级各部门要牢固树立大局意识、创新思维，增强中国特色社会主义道路自信、理论自信、制度自信和文化自信，明确责任、形成合力，全县动手抓宣传思想文化工作，做到守土有责、守土负责、守土尽责。

【环境治理工作专题会议】 4月17日召开。会议要求，由县委办、政府办负责，调整完善全县环境综合整治工作指挥部，县委、政府主要领导挂帅，明确各乡镇、街道、各部门(单位)职责。空气异味治理，由王辉副县长牵头，环保局负责。污水处理厂建设，由杨锋常务副县长牵头，住建局负责。垃圾分类收集处理，由杨锋常务副县长牵头，城管大队负责。落实河长制、黑臭水体清理、水源地建设，由张文副县长牵头，水务局负责。淘汰城市燃煤锅炉、渣土车、扬尘治理，由王辉副县长牵头，环保局负责。针对农村面源污染、化肥农药减量使用、林网路网、农业设施园区、养殖园区环境卫生综合整治，由张文副县长牵头，各乡镇负责。土地违搭乱建综合整治，由杨锋常务副县长牵头，国土局负责。小城镇中心村规范管理，由杨锋常务副县长牵头，各乡镇负责。拆迁复耕，由杨锋常务副县长牵头，各乡镇负责。中央环保督察组反馈问题整改，由李润军县长牵头，环保局负责。县委办、政府办要根据以上10个方面的问题建立完善问题清单和责任清单制度，逐一梳理存在问题，逐一明确责任分工，到人到岗到具体事，保证各项工作落实。要强化执法。针对“多头执法，权责不清”的问题，由杨锋常务副县长牵头，政研室、政府办负责，制订整合执法资源的方案，提交县委常委会、政府常务会研究，同意后下发。要广泛宣传。由任丽琴常委牵头，组织宣传部、文明办、网信办、电视台对环境治理进行跟踪报道，表扬先进、曝光问题，形成常态机制。要宣传县委、政府保护生态环境的坚定决心、政策举措和进展成效，动员广大群众加入到环境治理和保护工作中。社会治理巡视督查组、县委和政府督查室要针对问题清单，加大巡视督查力度，定期不定期开展督查、抽查工作，做到真督查、严考核，通报问题要见人见事，真正将环境保护的责任落实到每一个具体责任人。人大、政协要发挥职能作用，通过组织代表和委员视察、调研、咨政和质询等方式，促进各项工作高效落实。将通报表扬、随机曝光与每月“三定两评一应用”挂钩，凡是工作进展快、群众认可的，给予加分，每月兑现奖励作为提拔任用干部的重要依据；凡是进展缓慢、成效不明显、环境问题久拖不决的，坚决予以通报曝光，纪委跟踪追责，组织部提出组织处理意见。被通报批评3次及以上的，取消主要责任人年度所有评先奖优资格。

【贺兰山国家级自然保护区违规建设项目清理整顿及生态恢复专题会议】 4月25日召开。会议要求各责任单位及具体责任人要强化“环保无小事”的意识，紧盯贺兰山自然保护区整改任务和具体问题，分工负责，协调配合，保证各项整改措施落到实处、取得实效。打击偷采砂石行为。由县公安局副政委鲁孝同志牵头，公安、国土、城乡管理执法等部门负责，集中力量开展联合执法行动，加强昼夜巡查和日常监管，做好音像视频资料取证，查扣一批偷采砂石车辆，坚决杜绝非法采砂行为。督促做好新疆天河化工有限公司宁夏分公司停产整顿工作。由发展改革局、环境保护局负责，对该企业用地边界及厂房现状进行摸排，开展相关文件及视频资料收集，责令停止一切生产和建设行为，开展督查监管工作。由环境环保局负责对接区、市环保部门，配合开展后续整顿及生态红线区域保护规划调整工作。协调开展贺兰山生态防火公益性公墓整治工作。由民政局、林业局、环境保护局负责，对该公墓现状进行取证，监督立即停止除造林绿化以外的一切建设行为。根据自治区政府及相关厅局关于建设该公墓的文件资料，对接自治区民政厅、林业厅，提出具体整治办法及生态恢复措施，限期完成整改任务。

【加快推进城市化进程工作专题会议】 4月8日召开。会议要求，8区沿水系北侧的3栋17层降为11层，形成高低错落的建筑布局。3个区的商业配比不宜过多，满足市民需求就行。要按照规范要求配置社区服务用房、物业管理用房、垃圾收集站等公建配套设施；关于层高的问题，按照《三沙源控制性规划》和地块《规划设计条件通知书》确定的经济技术指标进行审核，由住建局把关。关于2017年房地产项目。会议要求，沿宁丰街、迎宾大道绿化带边设计的环路要加宽，且相联通，车辆集中停放在环路上，商业内街严禁停放机动车，沿街商业布局要有进退变化，体现景观效果；取消北侧商业综合体，东侧、西侧、南侧商业体适当减少。住宅层高按照6层、9层、11层布局，各占1/3。取消泔泗路延伸段，全部作为住宅项目开发。项目用地内的公建配套设施按照规范要求配置。关于项目审批的事宜，待建设单位把项目用地内的没有挂出的土地全部挂走后，住建部门再按照要求审批规划设计方案。挂牌出让的土地价格由国土部门参照原地块土地价格挂牌出让。拆迁由政府组织实施，对该区域内老旧建筑全部进行拆除。县中医院、党校由政府负责安置，剩下的拆迁户由企业按照1∶1的比例进行安置。住建、国土、杨和街道办事处共同参与拆迁，推进旧城改造建设。关于闽宁镇武河幼儿园项目规划设计方案事宜。会议要求，按照专委会意见修改完善出入口，取消燃煤锅炉，取暖采用光伏发电。结合武河村美丽乡村建设，在学校建设水冲式公厕，污水全部进入污水管网进行无害化处理。住建局、教育局要对项目内部功能进行审核，按照幼儿园设计规范要求进行设计。关于宁夏望远现代金属物流园二期智能制造项目规划设计方案事宜。会议要求，二期规划道路和一期道路要相衔接，保证园区内部交通畅通；标注清楚每个厂房功能、防火等级和防火间距；南侧厂房和市政道路的退让距离按照规范要求进行退让。关于宁夏金盛房地产开发公司望远金盛恒达物流园项目规划设计方案事宜。关于宁夏瀛海天琛建材公司水泥粉磨系统综合节能技术改造项目规划设计方案事宜。会议要求，项目要按照要求完善环评、安评等相关手续。在办理环评时要征求自治区葡萄酒局的意见。关于永宁县宏祥清真牛羊肉加工厂项目规划设计方案事宜。会议要求，项目单位按照环保要求，增设小型污水处理站，污水做到达标排放，经环保部门检测合格后方可排入城市污水管网。沿109线的退让要满足规划要求。要做好屠宰后粪便、垃圾的无害化处理。

【叶家湖二期工程项目一标段浙江创业园建设工程公司与宁夏众和劳务公司合同纠纷信访事宜专题会议】 7月18日召开。会议要求，针对此次讨要工程款信访案件，各有关部门要提高警惕，端正态度，增强责任意识，改进工作方法，快速落实，化解矛盾，不留后患。要兑现拨付工程款的承诺。由杨锋副县长牵头，财政局、水务局负责，7月18日下午4时前必须将之前向郑学东承诺的120万元工程款拨付到位。要重新核实具体工程量。由张文副县长牵头，水务局负责，对照工程记录、施工日志、工期报表等材料，依法依规，复核浙江创业园建设工程公司、宁夏众和劳务公司完成的工程量，尤其是各标段存在变更工程量的情况，必须将变动次数及每次的增减量悉数查实。要据实拨付后续工程款。由杨锋副县长牵头，财政局、水务局负责，据实做好善后处理，依照实际完成工程量拨付工程款及劳务费，对存在多报、假报工程量，恶意讨要工程款的公司及个人依法处理。要严抓后续维稳工作。由郑振杰常委牵头，公安局负责，针对宁夏众和劳务公司合伙人郑学东采取不正当行为讨要工程款的行为，依法追究相应责任；对宁夏众和劳务公司其余人员进行稳控管理和教育；配合水务局做好传唤浙江创业园建设工程公司法定代表人、负责人，监督该公司配合化解纠纷；对当事人反映纠纷过程中的言语、肢体冲突进行调查。要应对网络舆情。由任丽琴常委牵头，宣传部、网信办负责，对网上舆情进行监测，对媒体采访、社会舆论做好正面引导，要重点防范新浪微博、微信公众号、朋友圈、论坛贴吧、草根新闻网等网络媒体针对此事件的恶意炒作和起哄发酵，善于正面发声，消除负面影响。要跟进督查每日汇报。由县委督查室、信访局负责，从7月18日起对该项工作进展情况保持跟踪督查，形成处理情况报告，每日向县委、政府主要领导和分管领导汇报。

【全县环境综合治理现场办公会专题会议】 7月18日召开。会议要求，要靠实责任。全县各级各部门要落实环境保护“党政同责，一岗双责”要求，提高环保意识，抓好环保责任落实，对照《永宁县城乡环境综合整治问题清单和责任清单》《永宁县贯彻落实中央第八环境保护督察组督察反馈意见整改方案》《永宁县领导同志包抓重点环保问题工作方案》《永宁县贯彻落实中央第八环境保护督察组反馈意见分项整改落实工作清单》，做好整治工作，整改到位。要强化督查。由王晓东常委牵头，两办督查室负责，采取明察暗访、媒体曝光、巡视督查等方式，强化督导，传递压力，推动各项环保任务落地见效。要强化执法。由王辉副县长、张文副县长牵头，环保局、水务局负责，打击超标排放、偷排漏排行为。要敢于动真碰硬，对违法行为发现一起严肃查处一起，做到“全覆盖，严执法，零容忍”。要对违法企业、单位和个人进行公开曝光，保持依法打击各类环境违法行为的高压态势。

【全县重点项目推进工作专题会议】 7月8日召开。会议要求，实施洛可可小镇项目有关工作。关于资金问题，由杨锋常委牵头，财政局、发改局负责，争取区、市资金支持，在永宁县成立基金公司与洛可可集团共同开发洛可可小镇项目。关于永宁品牌形象塑造问题，由马燕副县长牵头，旅游局负责，与洛可可集团进行对接，共同打造城市品牌，提升城市形象。关于创新券使用问题，由杨锋常委、马燕副县长牵头，发改局负责，借鉴外地使用创新券的经验制订永宁县使用办法，推动永宁县及周边企业与洛客公司进行合作。关于葡萄酒品牌提升工作，由张文副县长牵头，林业局负责，与洛客公司进行对接，建立葡萄酒营销平台，提升永宁县葡萄酒的对外知名度和美誉度。关于洛可可小镇规划设计问题，由杨锋常委牵头，住建局负责，制订规划设计方案，项目建设不得占用公共资源。关于洛可可小镇项目落地问题，由杨锋常委牵头，政府办、发改局负责，成立洛可可小镇项目落地推进工作协调领导小组，办公室设在发改局，王长宏兼任办公室主任，对洛可可小镇项目落地存在的资金、审批、土地、环保等问题进行协调，保证洛可可小镇项目推进。实施比亚迪银川新能源产业园和“一带一路”闽宁国际新能源产业聚集项目有关工作。由钱冬常委牵头，望远工业园区负责，对接比亚迪公司、中博源新能源有限公司、杭州长江汽车有限公司和中国中铁股份有限公司，对项目建设过程中存在的资金、审批、土地、环保等问题进行协调，促成项目落地。实施正大集团300万蛋鸡全产业链种养结合项目有关工作。由杨宝文副书记、张文副县长牵头，农牧局、望远工业园负责，完成项目对接落地建设工作。

【创建国家生态文明建设示范县迎检工作部署专题会议】 8月14日召开。会议要求，创建国家生态文明建设示范县迎检工作时间紧、任务重，各责任领导要倒排工期，挂图作战，对照任务分解表，完成各项创建任务。由郭雪平主任牵头，环保局、各乡镇、街道、部门（单位）负责，收集整理创建国家生态文明建设示范县的档案资料，分类归档。由王辉副县长牵头，环保局负责，对接自治区环保厅，根据《国家生态文明建设示范市县指标（修订）》及国家环保部、自治区环保厅、银川市环保局的部署要求，细化永宁县创建国家生态文明建设示范县迎检工作方案。由任丽琴常委牵头，宣传部、网信办、电视台负责，制作创建国家生态文明建设示范县专题片，充分展示永宁县近年来在推进生态文明建设、增进民生福祉等方面取得的成效。电视台要开辟专栏，每天报道创建国家生态文明建设示范县工作开展情况，提高群众知晓率。由宣传部负责，对接宁夏日报、银川日报等新闻媒体，对永宁县创建工作进行专题报道。由市场监管局负责，在县城主街道电子显示屏上滚动播放创建国家生态文明建设示范县宣传标语。由环保局、统计局、街道办负责，开展创建知识进社区、进农村、进机关、进学校、进企业宣传活动，制作《创建国家生态文明建设示范县调查问卷》,进楼入户广泛开展宣传,提高公众对生态文明知识的知晓率。由刘明常委、王晓东常委牵头,纪委、组织部、县委督查室、政府督查室负责,对各乡镇、街道、部门(单位)指标任务完成情况、档案资料整理情况进行督查,对在创建迎检工作中措施不力、指标任务完成不到位、工作拖拉推诿,导致严重后果的,对主要领导和相关责任人进行问责。

【望远镇政台片区疑似炭疽病例处置工作专题会议】 9月15日召开。会议要求,各相关部门要各司其职、各负其责、密切配合,采取措施应对,妥善解决问题。要健全疫情报告制度。卫计局、疾控中心、望远镇负责,明确疫情上报责任,各乡镇、部门主要负责人为第一报告人,发现病人或疑似病人时,必须第一时间向县委、政府报告。对感染人畜进行科学处理。农牧局、动物卫生监督所负责,对养殖场内的牲畜进行逐个、逐项检验,确诊后要当场隔离扑杀。卫计局负责,对王海永的遗体(急性心肌梗死致死)及其衣物、被单医学处理,之前与死者密切接触的人员,要统一进行隔离检查化验,待确诊后判定进行治疗或解除隔离。要视具体情况启动应急预案。卫计局、农牧局负责,协调区、市检验检疫机构,尽快出具检验报告,一旦确诊要立即报告,启动应急处置预案。追查被流转的牲畜。农牧局、公安局负责,追踪从养殖场流转出的7头牛,从快隔离抽检,确诊后依法从快处置。

【全县水源地保护现场办公会专题会议】 9月16日召开。会议决定,关于水源地保护区规划调整方面工作。由张文副县长牵头,水务局负责,根据银川市水源地整体规划布局,在黄河水源地建成投入使用之后,将管网接入永宁县水源地,取消永宁县西和水源地保护区,制订调整城市生活饮用水水源地保护区范围方案,上报银川市政府相关部门研究。由张文副县长牵头,启用南部水源地水源井,废除永宁西和水源地水源井;由中铁水务负责,建设水厂管网及基础配套设施;由水务局负责,对接中铁水务测算供水量差值,实施水源井替换工作,保证城市饮水正常供应。由张文副县长牵头,水务局负责,对接自治区水利厅,收集整理黄河水源地实施方案、规划图纸、会议纪要等相关档案资料,完成国家环保督查组迎检工作。关于水源地保护区地上建筑物搬迁方面。由望洪镇、胜利乡负责,厘清水源地保护区范围内的养殖场、企业、坟地、家庭农场、垃圾处理厂、房屋及其他地上附着物,于9月19日前,完成评估测算形成报告,只评估建筑物、机器设备,土地、树木不做评估。于9月24日前,逐步开展拆迁工作。由望洪镇、胜利乡负责,国土局、城管局配合,摸排水源地保护区范围内未经批准擅自改变土地使用性质的企业,于9月24日前,依法进行拆除。由国土局负责,发改局、环保局、农牧局配合,完成养殖场、企业搬迁土地调整工作。由城管局负责,完成水源地保护区内的环境卫生综合整治工作。由发改局负责,环保局、国土局、水务局配合,测算、界定宁夏唐明制药有限公司(含宁夏唐明超临界萃取有限公司)占地面积及涉及水源地范围,制订整体搬迁方案,于9月19日前,完成评估测算形成报告,只评估建筑物、机器设备,土地、树木不做评估。

【大气污染防治工作专题会议】 11月13日召开。会议要求,要按照区、市党委、政府要求,开展秸秆禁烧和生物发酵企业异味治理工作,分析原因,汲取经验教训,从严落实责任,保证各项整改工作取得成效。

【旅游规划及招商引资企业合作专题会议】 11月4日召开。会议听取银子湖文旅项目、海子湖通航小镇项目、永宁县全域旅游三年行动计划、艾依河生态公园乡村旅游示范点规划方案等情况汇报,对全域旅游工作进行安排部署。

【全县重点工作专题会议】 11月20日召开。会议研究部署中央环保督察组反馈问题整改、招商引资、项目谋划、党的十九大精神学习宣传培训等重点工作。

县委部门工作

组织工作

【概况】 2017年，全县有基层党组织427个，其中，党(工)委18个，党总支22个，11530名党员。2017年，全县组织工作以"两学一做"学习教育制度化为主线，推进基层服务型党组织建设为重点，以深化干部人事制度改革，实施人才强县战略，健全完善体制机制，优化干部队伍结构，阵地建设、党员管理、项目落实提升。

【"两学一做"】 制订《永宁县推进"两学一做"学习教育制度化的实施方案》，制订县处级党员领导同志开展专题学习讨论安排计划，成立"两学一做"学习教育协调小组，县委中心理论组定期集中开展专题学习研讨。建立党员领导干部"两学一做"学习教育制度化联系点，开展党的十九大、自治区第十二次党代会精神宣讲，县领导干部带头讲党课、参加支部专题讨论，300余名机关党员领导干部联系指导97个农村、社区、非公等基层党组织，共开展讲党课931场次，专题学习研讨400余场次，举办专题培训班16批次，周末大讲堂6期，受教育党员干部超过13760人次。

【丰富学习形式】 以"三会一课"为基本形式，开展"两学一做"学习教育制度化专题讨论，形成党员行为规范2379条，保证党员干部学到心里，做出实效。创新党员学习教育模式，以"党建网站+手机客户端"为依托，开发"先锋永宁"党员教育管理手机APP,开展"三会一课"、志愿服务、"主题党日"等线上活动和"微党课""两学一做"党史知识竞赛等学习教育线下活动，促使学习教育网内网外互联互动，解决工作与学习时间上的矛盾。组织开展以"两学一做"学习教育促进自身修养和本职工作为主题的"优质党课"评比活动。通过互评互学，在全县范围内形成学、讲、比、超的学习教育氛围。

【农村基层党组织建设】 创新服务型党组织建设载体，在全县11个中心村建立"联合党委"，实施"中心村联合党委、村党支部、楼栋党小组、党员中心户为主"的四级网格化管理机制，推动农村社区党组织管理向服务转型。完成许桥、雷台、王团、友爱、农丰5个中心村党群活动服务中心建设。争取银川市发展壮大村集体经济200万元，实施新华中心村农贸市场建设项目。

【城市社区党组织建设】 建立联合党委共建平台、党员服务中心平台、为老服务平台、慈善爱心互助平台及志愿服务平台"五大平台"，开展主题党日活动联开、社会治理联做、文明城市联创等系列举措，打造杨和街道建设社区"五在社区"、南环社区"四化联动"、阳光社区"党员三带"、利民社区"三带一争"、阳光社区"红色舞台"以及望远镇银子湖社区"'1+X'组团服务模式，构架社区党群红色桥梁"

等一批社区党建品牌。

【机关党组织建设】 在机关党组织中开展优质特色党课评选、“三送三帮三带” 下基层活动、“不忘初心·永跟党走”支部主题党日活动以及“守纪律敢担当有作为”作风建设活动。

【非公企业组织党建】 开展非公企业和社会组织党建工作“回头看”,建设园区党群活动服务中心 2000 平方米,建立园区非公企业网格化管理机制,非公企业党组织覆盖率达到 89.93%，社会组织党组织覆盖率达到 95%。

【基层党组织带头人队伍建设】 落实自治区党委《关于进一步加强农村基层党建工作的若干意见》，举办新任村干部和三星级村级党组织带头人培训班 2 期,培训 500 余人次,鼓励 50 名村干部参加学历教育,实施村级后备干部培养储备“春苗工程”,加强“两个带头人”队伍建设,完成村“两委”换届任务,培养村级后备干部 165 人。在农村,开展“样板党支部打造”活动,完成许桥等 5 个中心村党群活动服务站建设。投入 1009 万元,实施为民服务项目 49 个。构建“党支部+金融机构+农户”等共富联合体模式,实现 19 个薄弱村增收壮大。投入村(社区)办公经费 260 万元,建立基层干部、大学生村官住房公积金。

【党员教育管理】 开展第十一个“党建月”活动，举办知识竞赛、演讲比赛、党员“政治生日”等形式多样的“支部主题党日”1200 余场次,从严落实“三会一课” 等组织生活制度。创新党员教育管理形式,开发“先锋永宁”党员教育管理手机 APP,在部分乡镇试点运行。完成全县党组织和党员基本信息采集工作。建立中心村联合党委集中党课制度,支持农村、社区和企业创办“开放式课堂”和“微党课”。印发《党员干部不当言行提醒本》11000 余本,加强对党员干部不当言行监管。

【干部选拔工作规范】 落实《干部选拔任用条例》《宁夏回族自治区事业单位领导人员管理暂行办法》《永宁县选拔任用科级干部调整动议暂行办法》等政策规定,坚持“五个看重”用人导向,把好动议提名关、程序步骤关,保证动议、考察、征求意见、讨论决定、公示、任命各个环节规范运行。2017 年,共提请县委研究干部议题 11 批 167 人次。制订印发组织实施《公推比选年轻干部到乡镇、信访等部门挂职锻炼工作方案》，公推比选 15 名年轻干部派驻到乡镇、信访等部门培养锻炼。

【乡镇干部交流】 制订《乡镇科级以下工作人员轮岗交流工作实施方案》，基于有利于乡镇工作、有利于干部成长、有利于队伍稳定的“三个有利于”原则，经各乡镇党委民主推荐、党委会议研究确定,县、乡镇干部轮岗交流领导小组研究决定等程序,完成 29 名干部交流轮岗工作。

【开展选调生工作】 有计划地从高等院校选调品学兼优的应届大学本科及其以上的毕业生，作为党政领导干部后备人选进行重点培养，坚持把选调生的培养管理使用作为加强年轻干部培养选拔工作的重要工程,通过业务培训、一线锻炼、跟踪考察、激励关怀等举措,促使 9 名选调生充分得到锻炼,成为县域经济发展的后备力量;其中,1 名全日制定向博士研究生被银川市提拔任用。

【干部监督】 坚持干部工作 “凡提四必”“四项监督”制度。建立干部负面问题清单,收集录入纪检、巡察、法检、审计、信访等方面信息 34 条,为干部选拔任用提供参考依据。组织 15 名拟提拔任用干部填报个人有关事项报告表，协调住建局对干部填报的房产信息进行查核。整理完善 30 名试用期满干部填写的《党政领导干部选拔任用工作全程记实表》。做好个人有关事项报告工作,分别审核受理厅、处、科级领导干部填报个人有关事项报告,配合区、市党委组织部抽查核实 11 批 40 人次,核实个人有关事项报告 2 批 25 人次。落实《推进党政领导干部能上能下实施细则（试行)》，执行免职、辞职、降职制度,对 1 名违纪违法干部进行免职处理。

【高端人才引进】 引进以洛可可设计集团创始人贾伟领衔洛客设计团队，重点规划合作打造永宁洛客设计小镇、永宁县区域品牌,贺兰山东麓酒庄酒平台项目。引进浙江颐高集团专业运营团队,充分发挥“旅游+”的融合带动作用,利用已形成的酒庄品鉴自驾游、光伏生态采摘游、手工制作体验游、养殖和红树莓观光游、移民家访等旅游品牌。

引进中国科学院生态环境研究中心王东升博士等15人，组建泰瑞药业生物发酵制药异味污染控制集成技术与系统优化研究课题组，培养带动本地异味治理研究人员开展生物医药异味污染问题研究。引进广州道成智聚企业管理公司团队，提升企业管理水平，培育经营管理人才。引进中国农业大学理学院岳敏教授在三沙源、悦丰科技、壹泰牧业设立中国农业大学理学院博士工作站。引进中国林科院研究员张清华、中国林科院副研究员、中国农业大学博士董凤祥来宁指导解决红树莓生产中的技术难题，建立中国林科院“树莓试验示范基地”。创新人才项目实施。争取区、市项目资金90万元，实施区、市、县人才项目12个。在卫生、教育、文化旅游等系统，创建人才工作室28家。开展各类人才培训1200人次。

【高技能人才培养】 开展技能大师工作室和企业技能人才自主评价工作，在伊品集团建立由赵春光、刘树文2名博士领衔的伊品氨基酸人才工作站，培养带动16名硕士开展氨基酸转化方面的研究。引进优秀旅行社5家、文旅开发人才30余人，推进电子旅游人才、文化创意人才等产业人才队伍建设。提升社会工作者职业水平。对接联系社会工作者培训专业机构，在全县范围内培训社会工作者60人。加强农业青年技术人才培养工程，培养青年专业技术骨干33名。加大对口培养基层专业技术人才支持力度。依托自治区“基层之光”对口培养计划，选派5名青年骨干人才到区、市对口专业部门研修。

【组织工作宣传】 开展组织工作经验做法和特色亮点工作宣传。2017年，报送组工信息96篇，其中，《中国组织人事》刊登5篇，区、市报刊杂志刊登46篇，区、市网站采用57篇。

宣传工作

【概况】 2017年，全县宣传思想文化工作抓思想意识形态领域落实，为掌控网络意识形态主导权布局；以党的十九大精神为统领，加大永宁形象宣传，在央媒及区、市级媒体发稿2000余条，其中，头版头条及专版92篇。在各级电视台播出新闻及专题片105条。全县宣传思想文化工作适应永宁县的政治、经济、社会发展的需要。

【意识形态工作】 县委主要领导高度重视，县委常委会、全县工作大会，听取意识形态工作汇报安排部署具体工作。县委书记带队，分别于2月、10月对全县宣传思想文化工作进行观摩调研。县委研究制订《永宁县落实党委（党组）意识形态工作责任制实施方案》，研究下发《永宁县宣传思想文化工作“七大工程”“权力清单”“责任清单”和”负面清单”工作分解表》，明确各级各部门意识形态工作责任。县委召开意识形态工作推进会，与各党委、总支签订《党委（党组）意识形态工作责任书》，对各乡镇、街道和各单位（部门）意识形态工作做出部署。观看《意识形态领域教育警示片》、保密文献纪录片《胜利之盾》和防邪教反邪教宣传片等各类视频短片。组织开展意识形态安全风险点排查工作，指导成员单位围绕各自工作领域开展自查。重点对文化、教育、政法等多领域进行重点排查分析存在的风险，排查出五大类和12项风险点，做到早发现、早预防。指导、协调各责任单位落实意识形态工作责任，加强对各类意识形态阵地的管理。加强对各类演出活动、文化市场、文艺作品创作、宗教活动场所的管理。加强对互联网的管理，引导网上主流舆论，规范网上信息传播秩序，维护网络意识形态安全，掌控网络意识形态主导权。加大宣传思想文化工作经费的投入，保证意识形态专项经费逐年增长，保障各项工作开展。

【理论教育】 以党的十九大精神为统领，县委中心组示范带动，广泛开展各级党委中心组学习活动。召开县委中心组理论学习17次。邀请中国社科院专家朱继东做意识形态专题讲座、自治区党委讲师团宋丽萍主任做民风建设专题讲座、新华社中国经济信息社舆情监测中心分析师王晓蕊做“网络舆情新动向与应对策略”专题报告，自治区党委讲师团团长朱天奎解读《矛盾论》《实践论》等理论专题讲座6次。发放《新时期领导干部意识形态能力建设》《党的十九大报告辅导读本》《中国共产党章程》《习近平的七年知青岁月》《习近平谈治国理政》第二卷等理论书籍 1200 余本。

【理论宣讲】 开展百名干部大宣讲进机关、进乡镇、进村、进企业、进校园、进宗教场所、进工地、进军营、进网站活动。开展十九大和自治区十二次党代会宣讲 200 多场次，发放口袋书等学习资料 3 万余册。组织文艺巡演、知识竞赛、演讲比赛等群众学习活动 60 余场次。利用“先锋永宁”手机 APP、永宁党建网、永宁文明网、永宁手机台和县委中心组理论学习微信群开展“微宣讲”，做到宣讲活动全覆盖。

【教育培训】 举办领导干部集中宣讲、科级干部、村(社区)干部分批培训等 10 个类别专题培训班，举办周末大讲堂 6 期、专题培训班 16 批次，受教育党员干部超过 13760 人次。组织开展从严治党、党的十九大精神等理论征文 3 次，征集文章 42 篇，向区、市上报 16 篇。

【核心价值观教育】 落实《2017 年全县培育和践行社会主义核心价值观行动方案》，推进以“创建全国文明城市，做文明有礼永宁人”为主题的文明素质教育，诚信建设、文明旅游、文明交通、文明餐桌、学雷锋志愿服务、网络文明传播、移风易俗等主题实践活动开展。组织社会主义核心价值观专题讲座 70 余场次。公益广告遍布城乡，建成主题公园广场 8 个、景观小品 20 个、道德模范宣传长廊 1 条、公益广告展示长廊 1 条、村(镇)史馆 6 个、移风易俗示范点 1 个，建筑围挡、灯杆道旗、路名牌、公交站牌等阵地核心价值观和公益广告实现全覆盖。全县所有机关单位、15000 多户个体工商户、93 个小区核心价值观和公益广告实现全覆盖。向居民发放各类宣传资料 15 万余份。

【精神文明创建】 全国文明城市创建推进，被评为全国未成年人思想道德建设先进城市，实现创建国家园林县城，国家卫生县城通过国家考核验收。在全县广泛开展移风易俗树文明家风乡风民风活动，以村训、村规民约(市民公约)、家规家训、红白理事会、道德积分榜、文体活动队、道德讲堂、志愿服务队、村史馆等文明创建“十二个一”为抓手，整体推进，移风易俗成效明显。社保局职工贺晓燕家庭被评为全国文明家庭，贺晓燕被评为第三届“宁夏好人”；望洪镇望洪村居民李美霞被评为第五届自治区级道德模范；县人民法院被评为全国文明单位；望远镇政权村被评为自治区级文明村；闽宁镇原隆村被评为第二届自治区美丽乡村文明创建工程示范村；望远镇长湖村、李俊镇许桥中心村被评为银川市移风易俗示范村。评选“最美永宁人”19 人，创建县级文明村镇 8 个、文明单位 3 个、文明社区 4 个、文明校园 4 个，评选第一届文明家庭 18 户，评选十星级文明户 5180 户。

【未成年人思想道德建设】 利用重大节庆日组织开展“学雷锋树新风”“喜迎十九大—我向习爷爷说句心理话”“诚信教育”“中国梦·教育梦”“童心向党歌咏”“善行银行”“网上祭英烈”等系列主题教育活动。

【永宁形象宣传】 在央媒及区、市级媒体发稿 2000 余条，其中，头版头条及专版 92 篇。在各级电视台播出新闻及专题片 105 条(次)。举办“吉祥中国·2017 农民春节联欢晚会”永宁分会场、“永宁大集·大吉永宁”、百家媒体聚焦永宁采风等对外宣传推介活动 7 次，接待大型采访团 40 余批 200 余人次。对接中央电视台，在 1 套播出《焦点访谈·“中国梦这五年脱贫之后的日子”》、4 套《小康路上》之《搬出贫困》、10 套《中国影像方志永宁篇》、7 套《乡约》永宁专场等外宣精品 6 件；邀请新华社、中央电视台、中国国际广播电台、《求是》杂志、《人民日报》、新华网、光明网、央广网、宁夏电视台、《宁夏日报》、宁夏新闻网等主流媒体对永宁县脱贫攻坚等进行集中报道。

【网络宣传】 按照“政务公开、公共服务、政民互动”的原则，实现县政府门户网站的改版和新版 APP、微政务公众号的推广。建设宁夏融媒体云平台永宁分平台，包括电视版的电视网络平台和手机电视平台，全部上线运行。“永宁映像”微信公众号平台关注用户近 1.1 万人，最高点击阅读量达近 2 万人。依托新华社现场云平台，建起集直播、音视频发布、图文报道为一体的永宁手机台，对重大新闻和热点事件进行同步宣传、同步发声、集中造势，使正能量成为网络宣传的主旋律。

【社会宣传】 发挥县电视媒体优势，加强节目策划，把好播出质量关，做到安全播出，无播出事故，履行安全播出责任制，规范播出片源审核制度，开展节目监督。围绕党的十九大、自治区第十二次党代会、文明城市创建等重大活动，在县电视台开设15个专题性栏目，对重点工作进行跟踪报道，编发专题报道百余条，推动县电视台"现场云"上线运行。制作专题片、宣传片32部，制作各类广告牌40多块、宣传栏200多个、宣传标语200余条，营造浓厚的社会舆论氛围。

【互联网新媒体管理】 在全县范围内开展互联网站和新媒体登记备案工作，2017年全县共登记备案政务类网站16个，政务微博48个，微信公众号36个，客户端3个。建立健全内容审核制度，落实网络安全的管理责任和主体责任，建立明责追责问责机制。组织建立网络评论员队伍，对于网民关注的热点、难点问题参与评论；针对网民反映的问题，上报分管领导，协调配合相关单位进行网络回复和反馈。2017年，接受实施网络转发任务30余次，完成网络评论任务20余次，发挥网评员正面引导作用。

【网上舆情通报】 依托市委宣传部舆情秘书及SMAS舆情监督系统，针对网站、论坛、微博等网络媒体实行24小时监督制度。2017年，人民网地方领导留言板、银川市长信箱和永宁县"书记县长信箱"受理咨询、投诉、建议类帖子507条，交办答复率为100%；永宁政务微博受理微博咨询、投诉、问政661条，办结率99%以上。2017年上报舆情信息专报28期，舆情预警处置20余次，采取措施稳控事态发展。

【信息化建设】 完成全县电子政务外网接入自治区电子政务外网、政务外网二期（卫生城域网）建设，基本建成全县统一的县、乡镇、村（社区）三级联网的永宁县电子政务外网城域网，实现区、市、县、乡、村五级互通互联。

【文化阵地示范工程建设】 加强县、乡、村三级文化阵地建设，县综合文化艺术体育中心推进，完成2个乡镇、17个小城镇中心村综合文化服务中心、20个农民文化大院、75个农家书屋、71个卫星数字农家书屋建设。

【全民健身工程】 全民健身惠民工程方面，实现"15分钟健身圈"目标，人均公共体育场地面积达到2.5平方米，承接组织大型群众性健身活动90多场次，全县体育人口达到35%，被评为国家"全民健身先进集体"和"全国群众体育先进单位"。

【文化惠民工程】 成立公共文化产业办公室，指定专人负责对文艺创作、文艺作品的审查把关，从思想意识传播源头抓好审查。舞台剧《暖春》和眉户小戏《两个妈》在全县进行巡演，申报国家艺术基金项目。《团扇楷书》、舞台剧《圆梦》和《昨夜无钟声》等作品获得自治区和银川市大奖。《社会主义价值观之歌》《水兵舞》《兰花花》火爆全县。节庆系列文化活动持续开展，送文化下乡200余场次，完成城乡数字电影放映1200余场次。乡村歌手大赛、广场舞大赛、秦腔大赛、交谊舞大赛、美丽乡村文化大集五大自主文化活动产生影响。开展全民阅读，组织活动20余场次，受惠24691人次，完成图书交换2298册，免费赠送图书6400余册，图书年流通16.8万余册次。

【文化市场规范工程】 坚持日常监管与突击检查、联合行动、专项整治相结合的办法，全年开展文化市场检查97次602家。检查校园周边图书、文化用品商店200余家，收缴非法口袋书200余册（份），对2家未办理演出备案手续的经营单位责令停止演出，全县文化市场规范有序。

【文化遗产保护传承】 纳家户清真寺、明长城永宁段磨石沟烽火台、雷祖庙、仁存渡口的修缮、保护有序进行，非物质文化遗产传承项目实现新突破。

【对外文化交流】 举办承办全国游泳俱乐部大联盟公开水域锦标赛、勇士之路·2017贺兰山年自行车越野挑战赛、"翰墨歌盛世·丹青颂党恩"宁夏著名老艺术家国画作品展、"深入生活，扎根人民"主题实践艺术采风创作等大型活动。举办名家笔会交流5次。文学创作实现新突破，散文《二毛皮》获得全国孙犁文学一等奖，小说《被举意的牛》获得第十四届中国人口文化奖优秀奖。

【文化人才培养】 在全区建立文化指导员、管理员运行机制，为每个乡、镇、街道配备1名文化指导员，为每个行政村、中心村配备1~2名专职文化管理员。

【文化旅游产业项目建设】 三沙源国际生态文化旅游度假区2017年完成投资14.73亿元，四季乐园、运动公园、沙枣林公园等实施；人民公园欢乐运动提升建设项目完成人民公园健康运动环线建设，国际化游乐设备的安装，市民健身娱乐体验项目增加。

统战与民族宗教工作

【概况】 2017年，全县统战、宗教工作以习近平新时期党的统战、宗教思想学习为指引，开展政党协商、民主监督、民族团结、宗教活动安全管理等各项工作，完成年初制订各项工作目标任务。

【新时期统战理论学习】 年初，召开县委2017年统一战线工作会议，对全县统一战线工作安排部署，县委与各乡镇、街道签订民族宗教工作目标管理责任书，细化措施。县委利用县委中心组理论学习会向全县168名副科级以上领导干部进行集中传达学习。统战部开展“宗教人士同心教育大课堂”活动，举办4期由全县各乡镇分管民族宗教工作的领导、专干、宗教场所负责人和教职人员参加的贯彻全区统战工作会议和宗教工作会议精神培训班。协调县委组织部将民族宗教政策纳入村级干部培训重要内容，利用4月份举办的全县村级干部培训班，邀请自治区社会主义学院教授对村干部进行1次民族宗教政策集中培训。

【统战学习】 指导各民主党派和无党派人士开展“不忘合作初心，继续携手前进”专题教育。引导各民主党派广泛创新开展“党课”教育活动。各党派每月2次组织党派成员进行集中学习，由党派支部成员讲“党课”，内容包括政党协商、统一战线等方面的新思想、新论述。由县委统战部牵头组织各党派主委、知联会会长9月份赴山东沂蒙革命老区进行为期5天的统一战线和爱国主义教育，增强各民主党派与中国共产党共同团结奋斗的思想政治基础。

【政党协商】 制定《关于进一步加强政党协商的实施意见》，建立双月座谈会、对口联系、联系交友、知情传阅、协商反馈等六项制度。采取会议协商、约谈协商、课题调研协商等形式，开展县委与民主党派及无党派人士的政党协商工作。召开“双月”座谈会6次、党风廉政建设通报会及经济形势分析会1次，意见建议征求会2次，向民主党派、无党派、工商联通报全县党风廉政建设情况、经济社会发展情况、重大决策情况等，听取民主党派和无党派人士的意见和建议。制定下发《县委政府党员领导同志同党外人士联系交友工作》的通知，县委、政府12名领导定期与24名党外代表人士进行沟通联系，增进政治共识。各民主党派、无党派、工商联围绕全县经济社会重点工作开展调研，完成调研报告8篇。

【民主监督】 各民主党派重点围绕党风廉政建设、选人用人等方面进行民主监督。按照区、市党委统战部安排部署，组织各民主党派开展对全县脱贫攻坚工作进行民主监督，2次联合县政协组织各民主党派、无党派政协委员开展对脱贫攻坚项目落实推进情况进行视察，促进脱贫工作落到实处。

【助力扶贫攻坚行动】 以闽宁镇原隆村为主战场，组织全县统一战线成员发挥优势，开展助力脱贫攻坚行动。深化智力扶贫活动，组织民主党派、无党派开展教育支持、法律援助、医疗科技服务等，使移民群众思想观念不断转变，自身素质提高。充分发挥非公企业助力脱贫攻坚行动主力军作用，在继续实施壹泰牧业、华盛绿能公司、振发新能源公司4+1+1脱贫攻坚模式基础上，以建设原隆村核心旅游景区为抓手，打造“总书记走过的路”红色经典游，壮大葡萄文化游，发挥县工商联成员单位非公企业的作用，开展中粮云漠酒庄、德龙酒庄、立兰酒庄自驾游和原隆村农户体验游；依托盛景光伏花卉、蔬菜和宁夏青禾农牧科技开发有限公司实施的红树莓观光园等优质资源，开展休闲采摘、观光体验休闲特色游项目，打造集农业种植、休闲旅游、科普教育为一体的综合性旅游观光特色示范区，充分发挥“旅游+”的潜力，吸纳闽宁镇2000多名移民到各个葡萄酒庄、农业种植园区务工，增加移民收入，让更多贫困人口参与分享旅游发展的红利，带动群众脱贫致富。

【民族团结工作】 以创建全国民族团结进步示范县为目标，召开全县党委工作会议，安排部署2017年统战、民族宗教及民族团结进步创建工作，层层分解任务、落实责任。县委常委会、政府常务会4次研究民族团结进步创建工作，解决工作中遇到的重大问题。县委、政府研究制订《永宁县民族团结进步创建活动效能目标管理考核方案》，明确乡、镇、街道6个方面34项考核指标和县直部门3个方面11项考核指标，每季度会同县委督查室、政府督查室开展专项督查。县财政预算20万元创建专项经费，保障创建工作的正常开展。丰富创建载体。围绕“五项任务”和“八大工程”，以“五个坚持”为引领，开展民族团结进步创建活动进乡镇、进村、进社区、进机关、进学校、进企业、进军营、进宗教场所“八进活动”，结合永宁县五城同创、移风易俗、脱贫攻坚等重点工作，评选“民族团结典型人物”，开展社区“民族团结百家宴”“民族团结手工技能大赛”“乡村大舞台”“民族团结文艺下乡村”等载体新颖、内容丰富的创建活动，创建活动中注重挖掘、宣传、讲好民族团结故事，用身边的榜样教育群众，形成人人参与创建的浓厚氛围。树立标杆，以点带面。打造19个不同类型的民族团结进步创建示范单位，其中：国家级示范单位1个，命名区级示范单位3个，市级示范单位12个。全县累计创建国家级民族团结示范单位3个，自治区级14个，市级41个，县级58个；评选民族团结模范人物20名。

【民族团结月活动开展】 组织全县28个县属机关单位在杨和大街开展集中宣传活动，散发宣传资料3.6万份。在人民公园和各乡镇中心村办10场民族团结进步专场文艺节目巡回演出。县委统战部机关举办“民族团结一家亲”主题党日活动，把党建活动与民族团结进步创建工作相结合。组织开展“民族团结月”科普知识竞赛微信答题、民族法律知识有奖竞答等活动。杨和街道办举办以“民族团结进步”为主题的手工技能展示竞赛活动，建设社区开展“庆国庆迎中秋共筑共建民族团结邻里情”趣味运动会等活动，增进各族群众之间的感情。开展“民族团结进步教育进校园”活动，县中小学校开设《民族常识教育》课堂，举办民族团结教育专题讲座，组织学生集中开展以民族团结教育为主题的班、团、队活动。

【少数民族发展资金管理】 实施闽宁镇原隆村移民扶贫项目道路铺设及停车场工程项目，支付项目资金166万元。支持民贸民品企业发展。为伊品集团、紫荆花纸业、启元药业、北方乳业、泰瑞制药、多维药业、民族用品定点生产企业办理贷款贴息审核、审批等服务工作，每季度贷款贴息2200多万元。

【少数民族流动人口服务管理】 按照《永宁县城市民族工作实施方案》，加强城市民族工作。加强少数民族人口的信息采集和管理，建立社区少数民族居民和少数民族流动人口数据库，掌握辖区少数民族常住人口和少数民族流动人口基本情况；建立乡镇中心村和街道社区少数民族服务窗口，乡镇(街道办)配备1名专(兼)职干部，负责办理少数民族居民和少数民族流动人口申办事项或引导其办理相关手续。通过搭建工作平台，建立工作台账，完善工作机制，为少数民族流动人口提供更多就业、就医、信息服务机会，帮助解决少数民族流动人口在就业、生活中存在的具体困难。

【宗教事务管理】 执行宗教场所申报审批程序，每月开展1次宗教场所矛盾纠纷暨安全隐患大排查，调处3起因清真寺寺管会换届引发的矛盾纠纷，妥善协调处理纳家户清真寺200多座墓穴被淹塌陷事件。完成13名教职人员备案登记工作。完成30名朝觐人员的报名审核和统送统接等工作，严把网上报名审核关口，杜绝共产党员、建档立卡贫困户、低保户等参加朝觐。

【教职人员培训】 开展“宗教人士同心教育大课堂”活动，举办由宗教人士参加的专题培训班4期，选配宗教人士参加区、市培训班6期，配合区、市伊协开展“卧尔滋”巡回演讲2次，举办宗教人士“三定”学习会24场次。教职人员生活补助费人均由2016年每月400元增加到2017年每月500元。

【宗教活动安全管理】 落实宗教场所举办较大规模宗教活动报批制度,加强活动管理,控制规模,加强服务,逐级落实安全管理责任。协调县公安局维持纳家户清真寺、闽宁清真大寺等举办的千人以上11场次的大型宗教活动现场秩序,保证活动平安举行。完成开斋节、古尔邦节期间安全稳定工作,节前提前做好安全维稳工作预案,会礼活动当天分三组来到到各清真寺进行督查及现场指导,保证全县53座清真寺会礼活动的平安有序。开展伊斯兰教信教群众跨省区宗教活动安全工作,调查解信教群众外出动向,开展信教群众思想工作,保证社会平安。

【和谐寺观教堂创建】 在全县63座宗教活动场所中开展和谐寺观教堂创建活动,累计创建全国和谐寺观教堂2座,自治区级5座,银川市级50座。统一制作《银川市清真寺民主管理若干规定》《银川市清真寺开学阿訇聘任若干规定》等制度标牌,张挂上墙。所有宗教场所全部实行银行集体账户,每月定期公布收支情况。开展国旗、社会主义核心价值观、报刊、文化书屋、国防教育、法律法规、健康知识等进宗教场所活动,在23个较大规模的宗教场所制作包括社会主义核心价值观等内容的宣传展板,在53座宗教场所升挂国旗,在13座清真寺设立图书室配备图书和报刊。

【宗教工作信息数据库建设】 开展宗教场所基础信息采集工作,共登记宗教活动场所63座,备案宗教教职人员118名,备案主要教职人员45人。对全县63座宗教活动场所登记证编号逐一核实,换发宗教场所登记证6件。开展佛教、道教、天主教、基督教活动场所基本情况调查,完成52座宗教场所的信息采集工作。完成优秀宗教教职人员和模范穆斯林家庭信息数据的采集工作,上报宗教教职人员40名,模范穆斯林家庭15户。

【网络舆情管理】 统战部会同县网信办开展涉民族宗教舆情的监控和处置工作。开展专项排查,对县内的5家网站2010年以来发布的民族宗教类信息、51个微博和36个微信公众号进行排查。

【自身建设】 开展"两学一做"制度化学习教育。制订机关支部学习及活动计划,通过集中学习和干部个人自学的方式学习《中国共产党章程》《中国共产党廉政自律准则》《中国共产党纪律处分条例》等;进行4个专题的大讨论。党支部组织集体学习20场次;党员个人读书笔记平均15000字;支部书记讲党课4次;机关干部职工每人撰写心得体会5篇。

【精神文明建设】 元旦、春节期间,部机关慰问民主党派、宗教人士、离退休干部、困难群众37人,慰问资金1.85万元。落实"健康促进县"创建、无烟单位创建及艾滋病、精神病防治等各项工作任务。七一前夕,慰问离退休老党员和社区困难党员16名,发放慰问资金8500元。

政法工作

【概况】 2017年,全县政法工作落实中央、区、市政法综治信访维稳工作会议精神,以增强人民群众安全感和满意度为目标,抓平安永宁建设,整治突出问题、夯实基层基础、创新工作机制,维护全县经济社会稳定发展。

【平安建设约束性指标完成】 加强考核奖惩,按月通报各单位指标控制情况,与单位绩效考核、干部提拔任用及个人奖惩相挂钩,压实责任,保证各项约束性指标在可控范围内。2017年,全县命案发生数5起,到重点地区涉访人员7批9人次,未发生50人以上规模群体性事件,未发生重大及以上道路交通、火灾、食品安全和公共场所安全事故,未发生工、矿、商贸行业集体性安全生产事故。

【平安建设任务落实】 按照区、市、县年度平安建设工作要点要求,加大对自治区7项重点、9项深化平安建设工作指导督查力度。围绕社会治安方面,推动"两抢一盗"、非法集资、电信诈骗、打击传销、"大收戒"、清欠农民工工资等社会治安突出问题专项整治。围绕命案防控方面,组织开展全县社会治安综合整治暨命案防控利剑专项行动,有针对性地制定 9 个方面 20 项具体措施，最大限度预防和减少命案发生。围绕社会治安重点地区和突出问题挂牌整治工作，全县挂牌 12 个整治地区和突出问题。明确整治方案、整治举措、整治责任，从技防、物防、物业服务等方面入手，加大资金投入，推进，各挂牌问题均得到解决。

【国家安全】 打击境内外敌对势力、敌对分子的渗透破坏、暴力恐怖活动，主动配合区、市国安部门跟踪评估等工作，掌握斗争主动。2017 年，组织 4 次涉稳舆情排查，联合国保、宗教等部门，对特殊群体进行逐一摸排，建档立册，保证动态监管。在全国“两会”、中阿博览会、党的十九大等重要敏感日期，开展安全保卫工作，维护全县社会稳定。严密防范和打击邪教组织违法犯罪活动，加强教育转化，加强邪教动向分析研判和打击力度。依法取缔杨和镇纳家户“撒拉教”聚礼点，县法院公开审理 2 起“法轮功”案件和 1 起“三赎基督”案件，震慑“法轮功”等邪教的嚣张气焰，正面宣传防邪反邪工作。2017 年全县未发生邪教组织聚集滋事等事件。

【铁路护路联防】 开展铁路护路宣传活动。在闽宁镇玉海小学和西滩北大寺打造铁路护路宣传教育基地。在全县范围内开展铁路沿线安全环境专项整治行动，推进涉路矛盾纠纷化解、护路联防队伍建设、平安火车站创建、建设村级护路工作站全覆盖，保证辖区铁路安全畅通。2017 年 9 月 28 日，永宁县护路办在自治区铁路护路联防工作推进会暨党的十九大安保部署会上做经验交流，受到区、市领导及与会代表的肯定。12 月 19 日，中央护路办检查考核组组长李镁根一行来到永宁，永宁县代表银川市接受中央护路办 2017 年度考核验收铁路护路联防工作，考核组充分肯定永宁县铁路护路联防工作。

【县、乡镇综治中心建设】 借鉴自治区“政法云”、银川市“12345”智慧城市管理指挥中心运行机制，推进各乡镇、街道综治中心提档升级，整合基层综治、信访、司法、公安、禁毒等工作力量，形成“一站式”服务管理模式。以“智慧城管平台”为依托，构架县级综治中心，完善县乡“两级”综治中心视频信息互通互联，发挥统筹协调作用，保证各级综治中心机制运行常态化，作用发挥长久化。2017 年，全县各乡镇、街道综治中心和县级综治中心建成投入使用发挥良好的作用。

【大“调解”体系完善】 发挥各级调解组织人员力量，推动完善“大调解”体系。2017 年，新增消费纠纷、旅游纠纷、邮政业务纠纷、有线电视纠纷 4 个人民调解委员会，全县调委会增加至 126 个。推行社会治安综合治理信息系统建设，打通综治委成员单位、乡镇、街道、村、社区三级网络，实现系统应用全覆盖。辖区治安案件不同程度下降，群众安全感满意度提升。

【政法综治宣传工作】 建立永宁政法综治微信公众号和微信工作联系群，与县电视台合作，制作播出“平安永宁”公益广告，开设“平安永宁”专栏进行新闻报道，多角度、多侧面展示全县政法综治暨平安建设工作成效，提高群众对平安建设的知晓率。

【依法治县推进】 落实自治区依法治区督查问题整改，形成责任单位具体、内容翔实、整改时限明确的整改方案。推进法治政府建设，确定 8 家年度示范创建单位，完成申报工作。推进依法治县亮点工程。建设完善青少年道路交通水上安全教育展馆、青少年法治教育馆、社区矫正文化展馆，推动“法治永宁”建设。

【矛盾纠纷排查化解】 推进矛盾纠纷排查化解信息系统应用，延伸到村（社区）一级，实现县、乡、村信息共享。县法院建立信息化执行指挥中心，实现执行信息深度公开、音频视频实时传输、同步录音录像等，将执行现场情况通过 4G 网络信号传送到执行指挥中心，进行远程实时指挥，为提升法院司法公信力发挥作用。

【互联网+微警务】 面向行业场所、服务对象建立微信群 247 个，办理服务事项 200 余件，答复群众咨询 3100 余人次；建立银西高铁警务室，实行 1 名社区民警搭配 2 名协警、若干禁毒专干、网格员、物业保安、村队干部的“1+N”警务模式，调动各方面资源服务重大项目建设。

【大“调解”体系建设】 引导律师通过担任人民调

解组织法律顾问、驻调委会接访疑难复杂纠纷调解工作，提高调解成功率。在永宁四中、望洪小学和阳光中途之家建立永宁县青少年法治教育馆、青少年道路交通水上安全教育馆和社区矫正教育馆，通过实物、图片、书画作品、立体雕塑等多种形式开展法治教育，增强群众特别是青少年群体的法治意识。

办公室工作

【概况】 2017年，县委办公室围绕全县工作大局，牢记“服务领导、服务基层、服务群众”职责使命，主动作为，加强公文管理、综合协调、调查研究、机要保密、督查考核、后勤保障等工作，提高为领导、为基层、为群众服务水平，实现县委各项工作的运转。

【政治学习】 县委办公室坚持学习制度，组织学习党的十九大精神，习近平总书记系列重要讲话精神和自治区十二次党代会及市县重要会议、文件精神。结合中央、区、市精神和永宁实际，制订《关于深入学习宣传贯彻党的十九大精神实施方案》。

【业务知识学习】 坚持每周一集中学习制度，采用集中学习、跟班培训等灵活多样的学习方式，系统地学习办文、办会、机要、保密等方面的知识，撰写读书笔记、心得体会。

【以文辅政】 围绕县委中心工作和全县经济社会发展中的难点热点问题，提出针对性强的调研课题组织开展调查研究，形成有情况、有分析、有对策、切合实际的调研报告。2017年，重点组织开展创新驱动、脱贫富民、生态立县、乡村振兴等专题调研，形成调研报告，为县委决策提供有价值的意见和建议。按照“规范程序，优质高效”的要求，规范文稿处理程序和规则，健全文稿起草质量正风纠错制、文秘人员轮岗值班制等机制，使文稿写作质量有很大程度的提高。2017年，累计起草各类文字材料500余篇。

【办理文件】 严把公文程序关、时效关，规范收发、传阅、印制、归档流程，准确无误、有序衔接。全年收到转办上级党委来文1058件，制发县委及县委办文件286份，为机关、领导干部办理查阅文件、档案150余次。

【办会】 开展县委全委会等各类大型会议及县委常委会等专题会议的筹办服务工作，保证会议质量和效果。全年组织重大会议12场次，各级其他会议110余场次，同比下降5%，实现会风向“短而精”“简而实”的转变。

【办事】 开展县委工作的统一调度，对内做到书记每周工作有计划、常委每周工作有协调，对外做好上下级之间、部门之间的联络沟通，做到掌握情况、兼顾各方，主动与人大、政府、政协机关沟通协调，保证以县委为核心、各大机关为呼应、各部门乡镇同频共振的工作格局。在领导视察、重大活动中按照上级安排，完成俞正声、石泰峰、咸辉、姜志刚等领导调研、慰问及外省市县考察学习等重大接待任务。全年完成中央、外省市县视察调研计36次。

【信息中枢建设】 修订印发《关于加强全县信息报送工作的通知》《关于进一步加强全县应急值守和紧急重大信息报送工作的通知》《中共永宁县委办公室信息工作考核办法》等，明确信息任务，建立信息通报制度，加大考核权重，提高信息报送的针对性和时效性，为领导决策提供重要参考。履行重要信息审核责任，对上报的信息反复核实，做到情况明、数据实、反应快。组织开展全县信息员专题培训，提高信息人员业务水平，健全重大紧急信息报送的工作机制，落实紧急信息报送制度，提升整体信息工作水平。深挖信息广度和深度，要求全体干部参与信息撰写工作，加大工作经验类、问题建议类信息的采集、撰写和报送，提供更多有价值的意见建议。2017年，共向区、市业务部门报送各类信息、稿件594条，被中办、区、市办采用信息、稿件141条，印发信息通报3期，进行考核2次，履行信息中枢的职能。

【督查督办】 发挥督查考核“指挥棒”和“风向标”作用，把集中专项督查和日常随机督查相结合，把明查与暗访、回访相结合，聚焦问题，突出重点，一项一项盯着抓、跟踪抓。对县委、政府重大决策及重点工作和常委会、专题会决定事项进行跟踪督查,建立台账,实行销号式督办,推动各项目标任务推进、落实,得到县委领导的肯定。2017 年,推动 100 余项县委决策落实。跟踪督办各级领导批示件 45 件,办结反馈 45 件,办结率 100%。开展"三定两评一应用"绩效考评。将全县重点工作和重点项目任务分解各部门、单位,实行重点工作公开承诺、目标考核、跟踪督查、限时办结、责任追究等工作机制。2017 年,组织开展各类督查 180 余次,印发督查通报 61 期,督查结果与各单位"三定两评一应用"绩效考评和年度考核挂钩。

【机要保密】 开展机要保密人员的教育、培训和保密要害部门的管理,经常听取机要保密工作情况汇报,研究解决工作中存在的薄弱环节,定期对机要员操作规范、上岗情况、密匙管理进行检查,妥善安排值班和应急值守工作,保证 24 小时专人坚守、通道畅通。做好各类文件的收发、传阅、归档,实现无错传、无漏传、无泄密、无漏报、无积压,机要保密工作得到区、市好评。加强对各单位、各部门协同办公人员的管理、培训,保证协同办公系统安全、高效运转。2017 年,全县未发生失泄密事件,机要工作被自治区机要局评为优秀单位。

【党风廉政】 因人员调整,支部进行换届。建立完善党员周学习、党员教育积分、党员评星定格等制度,形成经常抓的党员干部队伍建设制度,推进党建工作制度化、规范化。结合"两学一做"学习教育制度化,采取集中学习与个人学习相结合,撰写心得体会与讨论交流相结合等方式,加强党员干部学习。落实"三会一课"制度,开展支部主题党日、党建月、"学习党章　尊崇党章"等活动,领导干部带头基层讲党课 6 场次,宣传党的方针政策。开展批评和自我批评,坚持民主集中制原则,班子的战斗力和凝聚力增强;开展"下基层,解民忧,帮发展,促和谐"活动,领导干部带头下到基层调查研究,解决脱贫富民工作中存在的问题,宣传党的十九大精神、自治区十二次党代会精神。县委办干部下到结对帮扶困难户家中,解决群众生产生活中的困难,开展帮扶工作。2017 年,共发放宣传材料 1000 余份,慰问贫困户 35 户,帮扶资金 2.5 万元。

机构编制

【概况】 2017 年,全县机构编制工作围绕全县经济社会发展大局、改革创新、规范管理、简政放权,推进重点领域改革,加强机构编制管理和自身建设,完成各项工作。

【党风廉政教育】 推动"两学一做"学习教育制度化,制订党建工作计划及党员教育培训计划,落实党员教育积分制,建立党建"四个"清单制度,多种形式开展支部主题党日活动。结合开展"守纪律,敢担当,有作为"作风建设活动,坚持常抓理论学习,转思想认识,紧抓作风建设,转廉洁意识。执行中央八项规定和县委相关规定,落实党风廉政责任制,抓"一岗双责",制定责任清单、梳理问题清单、落实整改措施。

【下基层活动】 联系点五渠村开展工作 10 次,投入帮扶资金 10000 元,到闽宁镇原隆村精准扶贫户走访 5 次。春节慰问社区困难党员家庭和农村农户 32 户,慰问精准帮扶闽宁镇原隆村困难群众 7 户,人均 380 元慰问标准。与街道办团结社区开展共建活动,开展志愿服务活动 10 次。结合"建党月"活动,慰问困难老党员 17 名,送去米面油等慰问品。

【部门权力清单信息录入】 按照自治区编办要求,完善平台信息录入工作。1 月 18 日,举办权力清单信息平台培训班,通过现场演示、印发录入指南等方式对 24 个政府部门和 6 个乡镇的录入人员进行培训。3 月 2 日前完成权力清单 3050 项公示平台信息录入工作,在自治区编办的公示平台对社会公布。制定《永宁县权力清单和责任清单动态管理办法》,建立清单动态调整机制,依据法律法规的修订,国务院、自治区相关文件精神,完成权力清单事项的调整更新。承接自 2013 年以来国务院、自治区共下放永宁县审批事项 89 项。

【行政许可权改革】 2017年，争取自治区编办将永宁县列为试点县，成立永宁县行政审批服务局，为政府工作部门，解决审批主体资格不合法问题。划转审批、服务事项。将县发改局、交通局、住建局、民政局、农牧局、水务局等15个部门的398项行政审批、服务事项，统一划转到审批服务局，推行"一颗印章管审批"审管分离的服务模式，使行政审批更简明、更高效、更便民；选优配强审批力量。按照"编随事转，人随事走"的原则，将相关部门的审批人员及编制划转到行政审批服务局，保证审批队伍建设的稳定。

【审批信息共享机制建立】 建立联席会议制度，由审批服务局牵头，研究、协调、解决行政审批过程中的重大问题，形成紧密合作、相互协调的工作格局。建立审批信息通报制度，将审批过程和结果的信息实时传送给职能部门，沟通信息，实现信息共享。

【审批制度改革事中事后监管】 建立"双随机"抽查机制，加强事中事后监管，制订《永宁县关于深化行政审批制度改革加强事中事后监管实施方案》，在全县推行"双随机"抽查机制，通过制订统一的执法检查表格、随机抽查事项清单、简政放权事中事后监管责任清单，建立随机抽查对象库、执法检查人员名录库和统一的市场监管信息平台，推广随机抽查，规范监管行为。

【行政审批工作规程编制】 按照自治区审改办关于印发建立涉企行政职权工作规程试点工作指导意见的通知文件精神，推进涉企行政审批事项工作规程编制工作，对永宁县涉企审批事项进行梳理，确定涉企行政审批事项109项。在初步对内资企业投资项目核准、环境影响评价文件审批等与企业密切相关的事项进行编制后，经区编办体改处的指导，暂停全部涉企审批事项规程的编制，转以个别事项为突破口，抛开传统的部门审批流程，让企业少跑腿、信息多跑路为出发点，科学合理设置办事环节，重新进行规程编制。

【证照负担专项清理】 印发《关于开展增加企业和公民负担证照清理工作的通知》，按照"谁实施，谁清理"的原则和服务公共、公平、规范、便利要求，对政府29个部门及所属单位依据行政权力或公共资源向企业、公民核发的各类证照进行清理、整合，取消没有法律法规规章依据所设立的证照、进行的各种年检、收费培训等。通过初步摸底梳理后，交法制办进行合法性审查。最终保留113项，取消9项，合并5项，总计127项。

【乡镇机构改革】 优化乡镇机构设置、科学确定岗位，在保持现有机构限额的前提下，打破行政、事业界限，将乡镇内设机构由"三办四中心"调整设置为"一办三中心、一执法队+N个专责"的模式，在原有基础上精简机构1~2个，解决以前机构设置过多过杂、人员过于分散管理的局面。围绕建立服务型政府，每个乡镇均设立民生服务中心和产业发展服务中心，把与群众生产、生活息息相关的养老保险、医疗保险等部门及相关的服务项目，统一纳入民生服务中心，变分散办公为集中办公，实现"一个窗口受理、一条龙服务、一站式办结"，减少办事环节、降低办事成本，打通服务群众的最后"一公里"。

【综合执法体制改革】 按照"监管与处罚分离"的原则，分领域对分散在部门的执法职能和队伍进行整合，组建永宁县城乡管理综合执法局。整合住建、林业、环保、水务等7个部门的行政处罚职能，将400项行政处罚事项划转综合执法局集中行使。加强乡镇执法力量，做到执法中心下移，解决"看得见的管不着，管得着的看不见"的问题。清理调整现有城乡管理综合执法职责，重新划转综合执法机构"权力清单"。

【行政职能事业单位改革】 根据《中共中央办公厅国务院办公厅印发〈关于开展承担行政职能事业单位改革试点的指导意见〉的通知》精神，按照前期准备、方案审批、方案实施和评估验收四个阶段推进改革，完成涉改的3个单位机构整合，待区编制编制置换后再进行编制调整和人员安置。

【事业单位分类改革】 按照政事分开、事企分开的改革原则，配合县卫计局开展公立医院改革前期工作，完成2个公益二类林场事业单位改革。根据区、市文件精神，配合林业部门制订《永宁县国有林场改革实施方案》，印发三定方案《关于成立永宁县生态林场的通知》,将县望洪护岸林场和永宁县征沙林场合并,成立永宁县生态林场,为永宁县林业局所属不定级别事业单位,单位类别为公益一类事业单位。明确生态林场公益属性、主要职责。

【机构编制调整】 按照文化体育服务层面逐步扩大,为减少管理层次,解决职责交叉问题,将体育中心由教体局划归文广局管理,永宁县教育体育局更名为永宁县教育局,将永宁县文化旅游广电局更名为永宁县文化体育旅游广电局。成立永宁县纪律审查中心,为永宁县纪律检查委员会、县监察局所属副科级事业单位,主要负责永宁县纪律审查中心日常管理、安全保障及对办案陪护人员的监督、指导、培训等工作。整合信息中心、网络宣传、舆情监测、网络问政、应急处置、政务微博等机构及工作人员,成立永宁县网络安全和信息化建设办公室,为县委宣传部所属副科级事业单位。结合工作实际调整农牧局所属事业单位编制数,收回畜牧水产技术推广服务中心和农作物种子育繁所全额预算事业编制共 4 名,用于加强农业综合执法大队和动物卫生监督所工作。为非公有制经济组织和社会组织工作委员会核增 1 名正科领导职数、发改局等部门单位核增 5 名副科级领导职数。结合实际需要,经自治区编办批准,2017 年,全县招考公务员、参公事业编制 19 名,事业单位人员 51 名,免费师范生 5 名,特岗教师 50 名,选调生 1 名,教育系统选调教师 27 名。

【资料整理归档】 建立纸制台账和电子台账同步管理机制,收集整理实名制信息采集、录入、核查等资料,对各类资料进行整理归档。建立机构编制问题整改台账,自查问题 16 个,整改 13 个。

【机构编制责任审核】 2017 年,会同县审计局对住建局、教育局、胜利乡等 15 个单位主要领导分别实施"三责联审",加强对部门履职情况的审核,增强党政领导干部履职尽责、科学用编、依法管理的意识。

【事业单位登记管理】 完成 2016 年度事业单位年度报告公示工作,82 个法人事业单位进行年度报告公示。根据机构设置及事业单位法人变更要求,完成事业单位的设立登记 4 个,对涉及 37 个单位的有关法人登记事项进行变更,5 个事业单位的法人证书注销。按照"三证合一"的要求,完成机关、群团组织 48 个单位统一社会信用代码赋码工作,办理变更登记 10 件。

【中文域名注册】 规范党政群机关、事业单位网上名称管理,采取多种措施宣传中文域名的重要意义,推广使用中文域名。2017 年,完成 121 个党政群机关、事业单位政务、公益中文域名的注册工作。

政策研究

【概况】 2017 年,全县政策研究工作围绕"四个永宁"建设,推进"两学一做"学习教育,统筹推进调查研究、"三农"服务和深化改革工作,完成各项工作。

【调查研究】 印发《关于进一步加强调查研究工作的通知》,对全县各单位调研报告的撰写和报送工作做明确要求。开展调查研究,撰写《望远镇板桥村创新推出"土地+资本+销售商"股份合作发展模式》《弘扬"不到长城非好汉"的宁夏精神开创从严治党新局面》《永宁县富民工程对策研究》等 5 篇。配合区、市部门完成 10 次调研。编辑出版《永宁工作调研》1 期,刊发调研报告 14 篇,创新载体,借助永宁政府公众网调查研究栏目平台,选登 13 篇优秀调研报告;向《宁夏工作研究》《大银川》《银川市"三农"要情》等推荐优秀调研报告、典型经验 12 篇,发表 5 篇,发挥县委的参谋助手作用。

【重要文稿起草】 牵头抓总推进永宁县实施乡村振兴战略,起草《永宁县推进乡村振兴战略实施方案》,配合相关部门制订《永宁县乡村振兴三年规划》,指导各乡镇制订乡镇和村的规划。起草制订《永宁县闽宁镇改革活镇实施方案》《永宁县加快推进脱贫富民战略实施方案》。

【党建理论征文】 组织开展永宁县学习贯彻自治区第十二次党代会精神理论征文活动,共征集向银川市推送34篇理论研讨文稿，占银川市征稿总量的30%，获奖4篇，其中，一等奖1篇，三等奖3篇。组织开展学习贯彻党的十九大精神理论征文活动，征集征文45篇，配图上百张，《大银川》刊登1篇。

【绩效考核】 制订签发全县《2017年经济社会发展目标管理责任书》，涉及51个单位。完成半年和年度全县绩效考核中各单位调查研究、重点工作和各乡镇人均可支配收入考核工作。

【农业农村工作】 发挥农办牵头抓总、综合协调、督查考核等主体作用，制订印发《2017年农业农村工作要点》，明确农业农村工作目标和任务。完成自治区督查考核永宁县上半年农业农村工作迎检；完成全县农业农村工作年度自查总结和亮点上报工作。为全县相关单位、领导干部征订2017年度《农村工作通讯》《农民文摘》232套。

【送政策活动】 组织开展永宁县2017年机关干部“下基层，送政策，促发展”活动，采取入户走访、举办会议讲座、举办培训班、发放宣传图册等多种形式，广泛宣讲中央、区、市、县各项强农惠农富农政策，帮助村队查问题谋出路，制订产业发展规划，争取发展项目资金，开展技能培训，落实帮扶物资，协调化解村民矛盾纠纷，解决一大批关系民生的重点、难点问题，促进农村的改革、发展和稳定。活动组织编印发放政策宣传资料50余类4万余册，开展专题报道10余期，巩固提升全县67个农村政策超市，全县政策宣传覆盖面达到100%。

【深化改革】 组织召开第三次深化改革领导小组会议，传达学习中央、自治区深改组会议精神，专题研究部署改革工作。组织全县各单位集中收看中央深化改革政论专题片《将改革进行到底》，结合实际开展大讨论活动。调整县深化改革领导小组和十个改革专项小组，理顺工作关系、明确分工职责；建立健全常委牵头主抓、部门一把手抓、分管领导配合抓、专职干部具体抓的四级联动工作机制。制定印发《永宁县2017年深化改革工作要点》《永宁县2017年重点改革任务清单》，将41项改革事项、19项改革试点层层细化分解落实到具体部门、科室和个人。建立改革台账制度、领导小组定期会议制度、月度进度情况报送制度、督查问责等系列运行机制，制定《永宁县2017年改革工作考核办法》，加大改革督察通报考核力度，开展督察调研8次，改革推进会1次，通报部门近10个，促进各项改革的推进和落实。

【典型经验宣传】 打造改革新亮点、新经验和新模式。总结提炼改革典型经验40篇，被自治区采用1篇，被银川市采用3篇。完成年度改革工作自查总结和亮点工作上报。

【组织作风建设】 推进“两学一做”学习教育制度化。根据县委的统一安排，制订开展“两学一做”学习教育制度化实施方案，制订学习计划；组织全室党员干部参加四个专题学习研讨会；7月召开组织生活会，完成民主评议党员和党员评星定格工作。

老干部工作

【概述】 2017年，全县老干部工作围绕服务和管理老干部为主线，落实老干部政治、生活待遇，提高服务老干部能力。

【离退休干部支部建设】 全县建立离退休干部党组织52个，其中，单建党支部49个、联建党支部3个，党员925名。支部书记由退休干部党员担任的有45人，所有支部都配联络人员。

【落实老干部政治待遇】 6月16日，组织全县离退休干部代表、离退休党支部书记及关工委“五老”人员等60余人到宁夏荣光电节能科技实业公司及宁夏志辉源石生态园进行参观考察。10月20日，组织全县离退休干部党支部书记50余人前往灵武市教育局离退休干部党支部和中宁县恩和镇、新堡镇离退休干部党支部、中宁县老年活动中心观摩学习离退休干部党建工作，参观离退休支部阵地建设。坚持每月15日组织离退休党支部书记开展集中政治理论学习，传达党和国家的大政方针，通报县委政府对重大事项的决定及重要会议精神，将思想政治工作与送学上门、陪聊谈心、连心解惑、走访慰问等形式相结合，实现老干部思想政治工作的经常化。全年组织开展“守纪律敢担当”,“习总书记重要讲话精神”,“全国离退休干部‘双先’表彰大会,全国老干部局长会议精神”,“践行节能低碳,建设美丽家园”,“‘七五’普法”,“自治区第十二次党代会精神”,“十九大报告”7个专题教育学习活动18场次。落实离退休干部报刊订阅工作。年初,为老干部征订70份《银川晚报》、25份《银川日报》和50份《华兴时报》,为老干部局退休党支部离退休党员订阅《老年日报》和杂志《老年之友》。

【组织老干部参观考察市政建设】 1月16日,组织5名离退休干部代表参加自治区离退休干部迎新春茶话会。4月26日,组织2名离退休干部骨干网宣员到贺兰山岩画、银川韩美林艺术馆实地参观考察,让老同志们在实地观摩的所闻所见中,亲身感受银川近年来经济社会发展所取得的成绩。

【基础设施建设】 加强老干部活动室、阅览室基础设施建设。2017年,投入5000元为活动室购置娱乐设施,更新麻将机、象棋桌等,阅览室增订报刊,安排专人天天开放。

【落实老干部生活待遇】 每月为老干部发放100元蔬菜款。1月25日,县老干部局在民政局老年活动中心三楼举办永宁县2017年离退休干部迎新春茶话会,60余名离退休老干部欢聚一堂。落实医疗保障,开展定期体检。离休干部进入医保后,看病治疗方便很多,但仍有异地看病、急诊费用报销等工作需要协调,与医保部门、与医院协调联系,沟通情况,为异地离休老同志办理15次异地治疗、门诊报销等手续。6月5—6日,投入39600元,组织66名离退休干部进行心电图、X光检查、超声检查、血常规、尿常规、肝功能全套、全腹部彩超等十余种贴近老干部年龄特点和身体状况的健康检查,邀请医生向老同志通报体检情况,对老同志的身体状况给出合理治疗和保健的方案。结合党建月活动,6月15日为6名年近90高龄的离休党员集体过“政治生日”。

【机关效能建设】 开展老干部工作人员的教育培训工作,提高工作人员的政治理论和业务素质;完善离退休人员信息平台,做到底数清,情况明;加强离退休人员服务管理机构和工作人员队伍建设,提高服务老干部工作水平;按照机关效能建设要求,完善各种制度 ,提高干部职工的工作效率。

【加强老干部学习阵地建设】 全县52个离退休干部党组织中有15个党组织单独建立学习活动阵地,有37个党组织与在职党员共用学习活动阵地。

【加强老干部信访维稳工作】 通过成立机构,梳理老干部信访的焦点、难点问题,开展老干部信访工作。保证老干部来信、来访、来电及时处理回复。接待老干部来电、来访反映情况20次,均按照首问责任制的要求给予办理或答复。协调解决老干部集中反映的问题。针对老干部反映集中的安置房楼层分配、儿女不孝顺等问题,与相关部门协调,保证老干部队伍的稳定。

【丰富业余文化生活】 全年组织开展送文化下基层活动10次。组织老干部参加区、市、县举办的书法美术大赛,15人参加活动,7人获得表彰奖励。4月28—29日,举办2017年老年大学趣味运动会,老年大学105名学员参加运动会,舞蹈班、葫芦丝演奏、功夫扇、太极拳班借运动会之际展演教学成果,丰富校园文化;5月25—31日,举办“五月歌会”比赛活动,有61名学员参加演唱。6月29日,组织60余名学员,参加由银川市委组织部、银川市老龄系统党工委、银川市委老干部局主办的银川市离退休干部歌咏比赛,县老年大学代表队获得优秀奖。

【走访慰问】 落实老干部走访慰问制度。春节前,县级领导和单位负责人对50名离退休干部、5名建国前老党员、37名离休干部遗孀上门慰问,发放慰问金、慰问品84600元。做到生病住院必访。坚持离退休干部和遗孀生病住院慰问制度,计16人次,发放慰问金、慰问品11600元。做到异地干部必访。9月份,由老干部局局长、社保局干部组成的慰问小组,对山东、浙江、云南三地4名异地离休干部进行走访慰问。

【精准扶贫】 为贫困户送去老干部局干部职工捐赠的衣物。定期为闽宁镇园艺村6户精准扶贫户、李俊镇李庄村18户贫困户、团结社区10户贫困户送去节日慰问,春耕时分为他们送去化肥。

【老年大学】 2017年,老年大学加强宣传,将招生范围扩大到杨和、望远、李俊等小城镇,鼓励社会上各类中老年人参加,招收学员157人。老年大学修订完善老年大学规章制度、课堂纪律等,用制度约束人、依老管老。合理安排春、秋教学工作,在原有8个教学班的基础上新增开葫芦丝老年初级班和太极初级班。选聘优秀教师授课,增强老年大学的吸引力。6月16日,组织各班班长和教师骨干到宁夏荣光电节能科技实业公司及宁夏志辉源石生态园观摩学习;10月20日,赴灵武、中宁老干部局学习好的经验做法。

信访工作

【概况】 2017年,全县信访工作实现化解社会矛盾,维护全县社会和谐稳定,促进全县信访形势好转,建立通畅、有序、务实的信访工作新秩序,为全县经济社会平稳健康有序发展巩固后方。

【全年基本情况】 2017年,县信访督办局共接待受理群众来信、来访、网上投诉376批1427人次,与去年同期398批2607人次相比批次减少22批人次减少1180人次,同比批次下降0.6%,人数下降45.3%。其中,受理个访313批374人次,与上年相比批次增加42批,人次下降19人次,同比批次上升15.5%,人数下降4.8%;接待集体上访63批1053人次,与上年相比批次减少64批人次,减少1161人次,同比批次下降50.4%,人数下降52.4%。

【信访工作责任制落实】 定期召开各种会议,研究、部署、落实信访工作,尤其是重要节会期间,在全县范围内开展矛盾纠纷排查,保证重要节会期间不发生重大群体性事件。2017年,召开全县信访联席会议4次,信访专题会议5次。2017年,化解市级信访积案5件,县级信访积案共29件,主要包括2016年结案,需继续对信访人化解稳控教育的7件,需高度关注群体性信访案件及涉法涉诉案件8件;2017年需化解的信访案件4件,全部落实县处级领导包案,作为领导干部考核的重要指标,全部录入报结。采取"赏罚分明"的原则,对各乡镇、街道实行奖惩机制,凡年度内未超出约束性指标的,参与年终评优评先,奖励50万元,其中,10万元用于奖励党政主要领导,20万元用于奖励乡镇其他干部,剩余为工作经费;排名末位,约束性指标超指标的,由县财政局根据县信访局考核依据,对乡镇主要领导进行经济处罚,对该乡镇实行重点管理,针对群体性越级上访超过50人的由县信访局提请组织、纪检部门启动问责机制。

【信访信息化建设】 推进"网上信访"工作。配合银川市,围绕来访事项录入办理、交办、转办、督办、积案化解、信访事项三级终结等方面,抓系统运用操作和业务培训,参加全国信访信息系统培训,培训7个乡、镇、街道,19个重点部门40余人。根据信访信息系统使用情况,在全县范围内开展信访信息系统培训4次。开展手机微信公众平台手机信访,减轻信访人来办理信访事项的负担,通过在县城街道、各乡镇、村的广泛宣传,网上信访量呈上升趋势。

【常规化矛盾纠纷排查】 2017年,每半个月各乡镇、部门对本辖区存在的各类矛盾纠纷和重点隐患以村组为单位进行一次拉网式、重点排查近年来发生的进京非正常上访、越级到区、市、县集体访重信重访以及群众反映突出的涉法涉诉、征地补偿、房屋拆迁、企业改制、劳动保障、环境保护、安全生产等热点问题。在党的十九大召开前,召开信访会议对各乡镇向县信联办上报排查情况,分析研判,制订矛盾纠纷化解方案,做到情况明、底子清,按照自治区、银川市信访部门要求,对重点信访人采取"六包一"责任制,保障重点信访人在稳控范围内。

【回访处理信访纠纷】 按照县包乡镇、乡镇包村的领导干部分工回访处理信访纠纷要求,县级领导每月至少1天、帮扶部门每半月至少2天、乡镇驻村干部每天要到包抓联系的乡镇(村)开展接访下访活动,对群众反映的诉求能当场答复的当场答复,不能当场答复的问题会同分管领导和主管部门研究解决,重大信访问题报县委、政府研究解决。通过多种方式、多条途径推动问题解决。2017年,共化解各类矛盾纠纷160余件。

【重点地区涉访人员治理】 落实干部的信访工作责任,规范各级干部信访工作行为。2017年,全县进京非访8人次,已全部问责到位。县公安机关加强对重点人员和重点群体稳控,依法维护正常信访秩序,打击聚众闹访活动,2017年,县公安局依法打击信访违法行为10余次,对部分封门堵路、组织煽动闹事的重点人员进行治安处罚,采取驱散、强制带离等措施,对进京非访的信访人依法进行拘留,起到震慑作用。

【信访法治化建设】 开展依法分类处理信访诉求工作,将各类信访件给全县各责任单位进行分类,建立依法分类处理信访诉求台账。推行律师参与信访工作。自2016年以来,县信访局按照区、市要求与宁夏鑫池律师事务所签订法律服务聘用合同,由律师事务所每天安排1名专职律师到县信访局接待大厅坐班,对涉法涉诉信访人和农民工讨要工资的信访事项进行现场解答咨询,提供法律援助,群体访5件,接待信访群众1600人次。实施律师坐班制,对在信访部门长期缠访的涉法信访问题引入诉讼渠道。

党校工作

【概况】 2017年,县委党校围绕县委、县政府中心工作,坚持“党校姓党”根本原则,通过全校教职工的共同工作,推动党校事业科学发展,发挥好党校党员干部培训的“阵地”与“熔炉”作用,完成全年各项工作。

【理论学习】 2017年,党校以集体学习与个人自学相结合、专题讲座与研讨交流相结合,学习习近平总书记系列重要讲话精神、自治区第十二次党代会精神、十九大报告、《中国共产党章程(修正案)》等。组织全体党员干部观看专题片《打铁还需自身硬》《道德讲堂》《宁夏回族自治区第十二次党代会开幕式》《榜样》《中国共产党第十九次全国代表大会开幕式》等,参加区干部教育网络学院课程学习,进行国家工作人员无纸化法律学习,提高党员干部综合素质。

【专题调研】 发挥咨政作用。围绕县委组织部、宣传部、政研室、自治区党校确定的党建课题,组织党员干部开展专题调研,撰写上报调研文章6篇,其中3篇发表并获奖。

【干部作风整治】 根据县委办〔2017〕119号关于《永宁县学习贯彻党的十九大精神开展“学查改”干部作风整治活动实施方案》,召开县委党校“学查改”作风整治活动动员会,安排部署相关工作,成立“学查改”领导小组,专人负责,制订实施方案,安排“学查改”学习计划,每周报送“学查改”活动开展情况总结及信息,整理归档。

【主题班培训】 2017年,县委党校共组织新任村干部能力素质提升全封闭式培训班1期,为期5天,培训91人次;纪检监察系统执纪审查业务培训班1期,为期2天,培训42人次;党员发展对象培训班1期,为期3天,培训55人次;全县科级干部学习贯彻党的十九大主题培训班,共5期,为期10天,培训449人次。

【干部网络学习】 2017年,全县参加网络学习的县处级干部30人,科级干部325人,一般公务员290人。受县委组织部及县人社局的委托,县党校对全县干部教育网络学习进行管理、导学、督学、统计汇总,与自治区党校、县委组织部及人社局沟通协调参学情况。每半个月向各单位发送一次参学情况统计表,督促各单位管理员在本单位进行督学,对有些因工作繁忙而长期不参学的人员进行电话提醒。所有参学人员在10月底全部完成学习任务,结业率达到100%。

【送课下基层】 开展领导及普通党员讲党课活动,党校常务副校长为包村75名党员宣讲党的十九大精神,普通党员教师为乡镇、村、社区及机关单位宣讲党的十九大精神、自治区第十二次党代会精神及“移风易俗”共68场次。

【基层送温暖】 重大节日前开展困难党员群众走访慰问工作。在春节前及建党节前,慰问10户困难群众和10户困难老党员,送去慰问物资。与古光村两委班子紧密配合，支持古光村基层党建工作，前后2次委派党校专职教师去古光村进行“移风易俗”和“自治区十二次党代会精神解读”专题讲座。

【精准扶贫工作】 县党校在职在编9名职工与闽宁镇16户村民结成帮扶对子。2017年，全年入户6次，全部完成建档立卡和信息采集工作。

【成人学历教育】 自2014年以来，党校与兰州大学网络与继续教育学院合作，开展学历网络教育，有在读学生36名。2017年有6名学生毕业。

【支部建设】 按照县委组织部要求，完成党校支部换届工作。按照民主集中制原则，建立党支部学习、党务公开、“三定两评一应用”管理考核等制度，发挥党支部对党员的教育、管理、监督作用。与东环社区建成联合大党委，多次组织单位党员到东环社区开展志愿服务。开展民主评议党员及“评星定格”活动。结合“两学一做”学习教育，开展党员个人年终述职及“评星定格”民主评议。校党支部2017年有党员10名。党校支部对全体党员党费进行按月核算、按月上缴，全年上缴党费4937.5元。

【基地建设】 宁夏工委纪念馆及党史、党性、廉政教育基地是永宁县2017年度重点工程。项目占地面积4.2公顷，概算总投资4995.71万元，规划建筑面积10522平方米。项目建成后，可满足430人的集中培训，可满足190人的住宿、就餐及封闭式培训。项目于2017年3月7日开工，2017年底，项目主体工程全部封顶，室内瓷砖、墙面漆粉刷全部完工。

【制度建设】 修订完善《中共永宁县委党校“三定两评一应用”绩效考核实施方案》《中共永宁县委党校干部职工管理办法》《中共永宁县委党校干部职工岗位职责》《中共永宁县委党校临用人员绩效奖励考评制度》《中共永宁县委党校信息报送考核办法》五项制度，将单位外出签出、值班签到、信息报送等纳入考核方案，与“三定两评一应用”挂钩，做到单位工作人员全覆盖，业务工作全覆盖，为从严从实加强内部管理提供制度保障，使单位职工的工作纪律、工作作风、工作效率得到改善。2017年撰写信息88条，被自治区党校工作动态、自治区党校报、永宁公众网采用37条。

【作风建设】 每月向县纪委上报党风廉政建设信息，财务室随时向政府公众网公开财务信息，汇报党校党风廉政建设情况。9月份接受银川市纪委监察局八项规定“回头看”活动再监督，对督查中存在的问题向县纪委进行汇报整改。

史志工作

【概述】 2017年，永宁县史志工作自觉服从服务于全县“四个永宁”建设，以“为党写史，为民修志”为中心履职，方志编写工作取得新成果。2017年，县史志办被市政府评为全市地方志工作先进集体；被自治区党史研究室评为全区党史系统工作先进集体。

【《永宁年鉴》编写出版】 启动《永宁年鉴2017》编撰工作。全书收集县委、县政府、人大、政协领导活动信息2000多条，区、市、县领导在永宁县区域活动及2016年全县各类重大活动照片1000多幅，收集县领导讲话、报告20余篇，采集区、市媒体相关报道200余条，收集各类拟汇编文件500多份，征集全县150多个部门、单位、企业相关资料500多份200万字。《永宁年鉴2016》已于2017年2月出版，全书90万字，是永宁县第二部公开出版发行的年鉴。落实区、市安排部署的工作任务，完成《银川年鉴》《宁夏年鉴》永年县部分资料征集报送工作，编撰报送文字资料5万字及图片资料。

【《美丽永宁》出版】 《美丽永宁》于2017年7月出版发行。书反映永宁县委、政府在十二五期间领导全县人民在“美丽永宁”建设时期所取得的成就，展现经济社会和生态文明建设成果，以及永宁县翻天覆地的变化和广大干部群众为“美丽永宁”建设做出的巨大贡献。

【《给百姓讲故事》出版】 《给百姓讲故事》6月出版发行。全书讲述永宁县地域从游牧文明农耕文明的发展过程的优秀故事，展示永宁丝绸之路文化、边塞军旅文化、黄河文化、民风民俗文化、红色经典文化等丰厚的文化底蕴。

【《永宁史话》出版】 全书40余万字，以永宁地域的历史变迁为主线，叙述永宁地域所发生的历史故事。此书为《宁夏史话丛书》之一，历时6年，六易其稿。

【《永宁历史影像》编撰】 《永宁历史影像》于2016年启动编撰，所有影像取自新中国成立初期至20世纪五六十年代永宁社会主义改造、社会主义建设时期的影像。该书用图片的形式，再现现代、当代永宁重大事件和人文景观，是永宁文化建设的有益补充。对宣传永宁、展示永宁厚重的文化意义匪浅。该书于2018年出版发行。

【《非公有制经济志》完成编纂】 非公有制企业是永宁县经济发展的重要组成部分，随着社会发展，非公有制企业在市场经济中占有一定的份额，为全县的经济建设做出了贡献。2013年永宁县史志办启动《非公有制经济志》编纂工作。经过四年的资料收集、整理、文字编辑、修改，初稿已经完成。

【学习教育】 2017年，以推动"两学一做"学习教育常态化制度化为突破口，创新工作方式方法，坚持理论学习与创新工作相结合；坚持将史志工作与服务县域发展相结合；坚持党史宣传教育与历史研究相结合。落实学习制度、考勤制度、岗位职责、三定两评等，开展学习教育。加强与全国地方同行业的沟通与交流，争取一切机会，组织人员外出培训学习。史志办参加区党史研究室在河南兰考、红旗渠的学习教育活动，以开阔史志人员的视野、拓宽思维方式，加强专业训练，提升基本理论修养，组织学习国务院《地方志工作条例》《宁夏回族自治区〈地方志工作条例〉实施办法》《中共中央关于加强和改进新形势下党史工作的意见》《自治区党委关于加强和改进新形势下党史工作的意见》《地方志书质量规定》与编纂出版法律法规文件，有计划地组织大家集中学习有关业务知识，有针对性地开展业务讨论，提高编纂人员业务素质。史志办自身建设呈现新的面貌。

【精神文明建设】 春节前，慰问5户困难党员和3名退休老党员4户遗孀。三八妇女节前，组织人员参加庆三八"女性魅力"专题讲座，参加东环社区庆三八妇女节趣味运动会，获得先进集体。全年2次参加胜利社区举办的"联合党委党课讲座"活动。6月29日，慰问红星村困难党员10户，参加红星村党支部庆七一活动。

【党员教育基地建设工作】 按照县委组织部的安排部署，负责完成党史馆布展准备工作。3月中旬起，集中反映从中国共产党在永宁县建立组织到现在的发展历程、历届永宁县委情况、党和国家领导人来永宁县视察情况、永宁县经济社会发展各方面取得的成就、重要事件、重要会议、做出的重要决策等文献、档案、图片、实物资料。整理编辑2万余字资料200副图片资料。

【党史宣传教育】 向各乡镇中心村图书室、各部门单位发放《美丽永宁》《中国共产党永宁历史大事记》《崔景岳》《王克和》《中国传统节日》等共计5000余册。七一前史志办与红星村、胜利社区、东环社区开展"铭记党史，永跟党走"主题教育活动。讲党课6场次。

中共永宁县纪律检查委员会
永宁县监察委员会

综　述

【概况】 2017年，县纪律检查委员会以上率下，带领全县各级党组织和广大党员干部忠诚履职、尽责担当，从严治党，党风政风好转，政治生态优化。落实党风廉政建设和反腐败工作决策部署，纪检监察工作取得新成果。

【落实党委主体责任、纪委监督责任】 落实《关于推进从严治党若干问题的实施方案》《永宁县落实党风廉政建设主体责任和纪委监督责任的实施意见》，建立从严治党的“权力清单”“责任清单”和“负面清单”，推进领导干部落实主体责任全程纪实。县委主要领导履行“第一责任人”责任，专题研究党风廉政建设及反腐败工作25次，约谈班子成员、乡镇及部门主要负责人16人次。县四套班子成员、法检两长履行“一岗双责”，为各级党组织作出表率。县纪委加大对“两个责任”的监督检查力度，问责因“两个责任”落实不力科级领导干部30人。

【执纪审查】 2017年，全县各级纪检监察机关共受理信访举报148件(次)，初核问题线索328件，立案132件，给予党政纪处分135人，同比分别上升259%、131%、112%，收缴违纪资金431万元。其中，县纪委监察局立案74件，处分77人。县纪委紧盯科级领导干部，尤其是一把手违纪问题，严肃查处杨和镇原人大主席等严重违纪案件，对31名科级领导干部给予党纪政纪处分。

【扶贫领域腐败问题专项行动】 开展涉农扶贫领域腐败问题专项行动，初核问题线索58件，立案32件，处分32人。严肃查处李俊镇友爱村、望洪镇东和村、闽宁镇玉海村等村村干部腐败案件。集中通报3批7起15人侵害群众利益的典型案例，形成震慑。

【中央“八项规定”精神落实】 监督检查、明察暗访、通报曝光常态化，坚决防止“四风”问题反弹。开展专项监督检查8次，明察暗访9次，查处违反中央“八项规定”精神案件11件，处分11人，全部点名道姓通报曝光。

【制度建设】 修订《永宁县党政机关公务接待管理规定》等8项制度。规范农村集体“三资”监管，在望洪镇实施村监会改革，在胜利乡实施水协会改革。规范外出培训学习财务报销行为，专项治理临聘人员和经营性资产管理不规范等问题，问责20人，处分9人，清退违纪违规资金16.9万元。

【作风建设】 通过“守纪律敢担当有作为”，“学、查、改”干部作风整治等活动，组织广大党员干部对照形式主义、官僚主义开展自查自纠。对市、县“电视问政”曝光问题予以追责，处分1人，问责22人，解决群众关注的热点难点问题24件。

【干部教育提醒】 实施函询51件（次），“红脸出汗，咬耳扯袖”成为常态。运用正风纠错预警系统实施纠错 326 人次，其中，科级干部 92 人次。坚持运用“三定两评一应用”机制，实现对干部考核的制度化。开展“永宁纪委”微博、“风清永宁”微信公众号进行党规党纪宣传、教育。举办党风廉政和预防职务犯罪专题讲座 5 场次。组织 200 余名领导干部赴银川监狱开展实地警示教育。对 15 名年轻挂职干部和 29 名乡镇交流干部开展任前廉政谈话。编印《党员干部不当言行提醒本》，以图文口袋书的形式，形成党员干部“负面言行清单”，随时提醒党员干部谨言慎行、修身正德。

【监察体制改革】 县委扛起政治责任，统筹安排，制定“时间表”和“路线图”，推进监察体制改革试点工作。县人大、政府实施指导保障工作。县纪委牵头抓总，研究方案，精细施工，多方沟通协调、谈心谈话，保证纪委监委人心不乱，队伍不散。各成员单位各司其职，合力推动改革试点工作有序推进。县监察委员会于 12 月 23 日组建挂牌依法履职，监察体制改革取得阶段性成效。

【加强队伍管理】 成立永宁县纪律审查服务中心，增加事业编制 6 名。监察体制改革后，纪委、监委干部年轻化、专业化程度大幅提升。既抓干部政治教育，又抓业务培养。通过“两学一做”学习教育，提高干部政治修养，培养忠诚干净担当意识；举办执纪审查业务培训班，让干部知不足而后学；实施“模拟案卷”教学，让全员熟悉办案流程；充分发挥业务骨干的传、帮、带作用。组织 35 人次参加中央、区、市纪委的培训，选派 5 名干部到区、市纪委“以案代训”，提升突破案件的能力。

【联合村民监督委员会改革】 在望洪镇开展联合村民监督委员会改革试点工作，撤销拆迁村的 14 个村监会，以中心村为单位组建 3 个中心村联合村民监督委员会。每个联合村监会分别设主任 1 名，副主任 1 名，委员 3 名，在人员数量和工资待遇上，改革后的联合村监会人员大幅减少，将原有村监会人员工资进行整合，用于支付联合村监会人员工资，工资待遇较以往大幅提高，调动联合村监会人员工作的主动性。2017 年，望洪镇 3 个村监会共监督村级各项事务累计 207 件，列席村“两委”会议 49 次，审批村级财务 142 笔，监督事项达到 15 项。

【成立纪律审查服务中心】 2017 年，永宁县在全区各县（市）区中成立纪律审查服务中心，为县纪委监委所属副科级事业单位，核定事业编制 6 名。2017 年有 3 名工作人员全部到位开展工作，在执纪审查服务保障工作中充分发挥作用。纪律审查服务中心的设立，完善县纪检监察安保系统，改善全县纪律审查工作环境，提高执纪审查工作效率，为全县纪检监察机关文明安全开展纪律审查工作提供保证。

【县监察委员会成立】 12 月 23 日，永宁县监察委员会挂牌成立。在当日召开的永宁县第十八届人民代表大会第二次会议上，选举产生县监察委员会，王晓东当选为县监察委员会主任，经县监察委员会主任王晓东提名，永宁县人大常委会依法表决任命县监察委员会副主任和委员，在现场向宪法集体宣誓。县监察委员会成立后，与县纪律检查委员会合署办公，实行一套班子、两个机构名称；撤销原永宁县监察局和永宁县人民检察院原反贪局、原反渎局，将相关职能及人员进行整合合入监察委员会。改革后监察委员会将实现对所有行使公权力的公职人员监察全覆盖。

永宁县人民代表大会常务委员会

综 述

【概况】 2017年，县人大常委会贯彻落实党的十八届六中、七中全会和党的十九大精神，学习习近平新时代中国特色社会主义思想，紧扣县委和县人大常委会中心工作，围绕全县经济社会发展大局，履行宪法和法律赋予的各项职权，审议决定重大事项、人事任免。全年共召开常委会会议9次，主任会议12次，听取和审议“一府两院”专项工作报告10项，做出决议、决定7项，提出审议意见7项，组织开展工作视察、专题调研18次，完成县十八届人大一次会议所确定的各项任务。

【十九大精神学习】 坚持系统学、结合实际学，专门召开人大常委会会议，专题传达学习党的十九大精神，组织常委会组成人员原原本本学习，让党的十九大精神入脑入心。常委会领导带头学习、带头到包乡（镇）、村进行党的十九大精神宣讲，自觉在思想上同以习近平同志为核心的党中央保持高度一致。

【坚持党的领导】 在依法行使决定权、任免权上有新作为，常委会把坚持党的领导贯穿于人大工作的各方面、全过程，牢固树立政治意识、大局意识、核心意识、看齐意识，依法履职。在组织上，保证县委的决策主张通过法定程序转化为人民的共同意愿。坚持重要会议、重要工作、重大事项向县委请示汇报，听取县委意见，服从县委决定。在行动上，坚持党的领导和人大依法履职的一致性、统一性，保证人大工作与县委中心工作同频共振、齐心协力。

【审议决定重大事项】 听取和审议县人民政府关于2016年、2017年预算调整方案的报告，保证计划和预算执行科学规范运行。听取和审议县人民政府提请将永宁县综合文化艺术体育中心等5个PPP项目政府付费纳入县级中长期财政规划的议案，高效、负责地做出决议、决定，推动全县重大项目的实施。

【依法任免干部】 常委会坚持党管干部和人大依法行使任免权相统一的原则，按照既体现县委意图，又充分发扬民主的要求，完善干部任前法律知识考试、当会做表态发言、颁发任命书和任后向宪法宣誓等程序，共任免国家机关工作人员79人次。

【推进重大决策落实】 聚焦“工业强县”战略，持续关注工业发展，来到比亚迪新能源、伊品、泰瑞等企业视察、调研，为工业经济发展献策，促进工业经济可持续发展。对设施农业、酿酒葡萄、供外蔬菜、畜牧养殖等重点产业进行调研，在促进农业产业化、特色化、品牌化、标准化方面提出具体意见建议，推动现代农业快速发展进程。聚焦“旅游兴县”战略，结合全域旅游工作，对三沙源、艾依河生态园等文化旅游项目进行视察,推进“旅游兴县”落到实处。聚焦重大项目建设,组织常委会组成人员和县人大代表视察利民广场综合改造工程、综合文化艺术体育中心、中医院迁建等重大项目建设。对汉延渠带状公园、人民公园宣传长廊、中干沟、北苑市场等整治情况进行视察。

【公共财政运行督查】 严把预算编制审查关、会议审查批准关、预算执行监督关,对财政预算执行情况和政府性投资项目资金管理运行情况进行调研,听取和审查国民经济和社会发展计划执行、财政决算、预算执行情况的报告,做出相关决议。高度重视财政收支审计整改,听取审议相关工作报告,要求县人民政府要责任追究机制,完善整改工作机制,推动审计整改宽松软和屡审屡犯问题的解决。

【推进民生改善】 坚持以人民为中心,把督促解决人民群众最关心、最直接、最现实问题作为常委会工作的重点,围绕改善民生实施监督。对《老年人权益保障法》贯彻实施情况进行视察,要求县人民政府及相关部门要完善养老服务体系,提高养老服务水平,保障老年人权益。开展“因病致贫,因病返贫,因灾致贫”,“三农”,民风建设等专题调研。

【生态环境督查】 围绕自治区“生态立区”战略、银川市“绿色、高端、和谐、宜居”城市发展理念,对全县生态文明、环境整治等工作进行关注。视察河长制工作开展情况,督查秸秆禁烧工作,针对环境保护薄弱环节的突出问题提出明确要求。

【司法监督】 加大法律监督力度,推进依法行政、公正司法和全民守法。2017 年,组织视察行政审批制度改革、《安全生产法》落实、人民法院执行等工作。对全县 22 个行政执法部门开展行政执法监督检查,针对问题提出整改意见建议 66 条。高度重视信访工作,常委会领导接访,共受理群众来信来访 14 件,接待群众来访 16 批 70 人次。

【代表主体建设】 邀请区人大有关专家对所有县人大代表进行《代表法》《预算法》等内容的专题辅导培训。组织常委会组成人员及部分代表赴浙江大学、厦门大学进行专题培训,提高依法履职能力。开通永宁县人大常委会网站,建立人大代表微信平台,向代表发送人大手机报和人大常委会会议通报,让代表充分熟悉常委会工作动态和全县的经济社会发展动态,保障代表的知情权、知政权。拓展履职平台。在全县各乡镇设立代表活动室,搭建代表依法履职新平台。制定《永宁县人大常委会关于进一步加强人大代表工作的实施意见》《永宁县人大代表履职评价办法》等制度,完善代表履职新机制。开展代表向选民述职活动,让代表接受选民的监督,2017 年,有 39 名县级人大代表、101 名乡镇人大代表向选民进行述职。

【代表视察调研】 组织代表参加视察调研活动,定期开展代表小组活动,重点组织开展为政府建一言、为发展献一策、为社区或村委会办一事、为群众解一难的“四个一”活动。2017 年,组织全县 500 余名各级人大代表通过“听、带、查”的方式,主动倾听群众诉求。第十八届一次会议以来,全县 91 个代表小组共收集人大代表意见建议 404 条,现场答复 217 条,乡镇政府办理 146 条,转交县人民政府办理 41 条。

【议案办理督查】 完善代表议案意见建议督办制度,督导各承办单位加强与代表沟通,征求代表对办理工作意见。对县第十八届人大一次会议确定的 10 件议案、11 件重点督办建议进行专项督查、集中协调、对口督导,促进议案建议由“答复满意”向“结果满意”转变。2017 年,10 件议案,办结 9 件,在办理 1 件;11 件重点督办建议,均办结。

【学习教育】 保证每周学习 1 次,每次学习不少于 2 小时。全年组织学习党的十八届五中、六中、七中全会精神,学习党的十九大和习近平总书记系列重要讲话精神。2017 年,开展集体学习 42 次。推进“两学一做”学习教育制度化。为反映十八届人大常委会的履职尽责历程,组织编印《发展永宁人大在线》,增强全县社会各界对常委会工作认知。

【制度完善】 常委会抓规章制度建立完善工作。制定《永宁县人大常委会“三监督三满意三应用”工作办法》《永宁县人大常委会关于建立人大代表监督小组暂行办法》,为监督职能的发挥提供有效的工作平台,实现人大监督工作、“一府两院”开展工作、人大代表履行职务制度化、规范化、科学化、常态化。制定《永宁县人大常委会关于成立专家咨询委员会的实施意见》,成立由财经、法律、教育、卫生、生态环境方面33名专家组成的专家咨询委员会,改善县人大常委会监督力量薄弱、专业能力不足的局面,提升监督水平。

【宣传与交流】 利用各类新闻媒体,加强对人大重要会议、重要工作、重要活动和代表履职情况的宣传报道。2017年,在区、市、县媒体、杂志发稿210篇,调研文章8篇,被采纳135篇,全区人大系统新闻信息采纳率第一。发扬人大工作的优良传统,注重加强与区、市人大的沟通和协调,配合上级人大开展视察、执法检查和调查研究。加强与全国友好市、县区人大的工作联系与交流,推动人大工作创新发展。

重要会议

【第十八届人民代表大会第2次会议】 12月22—23日,在永宁宾馆礼堂召开。会议应到代表167人,实到代表157人。大会主席团执行主席钱克孝、郭雪平、李润军、段伏林、杨宝文、刘明、王晓东、王少林、满红、陈丽娟、马少军在主席台前排就座。出席开幕式在主席台就座的还有大会主席团成员及部分离退休县级领导干部。大会执行主席郭雪平主持会议。大会听取审议县长李润军代表县人民政府向大会所做的《政府工作报告》;听取审议常务副县长杨锋做《永宁县第十八届人民代表大会第一次会议议案、重点督办建议办理情况的报告》;听取审议《关于永宁县2017年国民经济和社会发展计划执行情况与2018年国民经济和社会发展计划草案的报告》,审议批准2018年国民经济和社会发展计划;听取审议《关于永宁县2017年财政预算执行情况与2018年财政预算草案的报告》;审查批准永宁县2018年财政预算;听取审议县第十八届人大常委会主任郭雪平所做的《永宁县人大常委会工作报告》,审议县人民政府《民生工作报告》;听取审议县人民法院院长魏凯军所做的《永宁县人民法院工作报告》和县人民检察院检察长赵宏宇所做的《永宁县人民检察院工作报告》;会议对八个报告做出相应决议。大会依法选举永宁县监察委员会主任,补选永宁县第十八届人大常委会委员6名。大会收到提案150件,对相同内容合并后为134件。确定立案13件,建议办理14件,大会现场答复20件。

常委会会议

【第十八届人大常委会第3次会议】 3月16日召开。县人大常委会主任郭雪平,副主任王少林、满红、陈丽娟、马少军及27名委员参加会议。县委常委、副县长杨锋以及法院院长、检察院检察长、县人民政府组成部门负责人列席会议。会议通过分组讨论、集体表决的方式通过县人民政府《关于2016年预算调整方案的报告》《关于2017年预算调整方案的报告》及《县人民政府关于提请审议实施云威新能源汽车生产基地重大项目议案》《县人民政府关于提请审议实施碧桂园银子湖小镇重大项目的议案》《县人民政府关于永宁县综合文化艺术体育中心等五个PPP项目政府付费纳入县级中长期财政规划的议案》。会议表决通过相关人事任免议案。

【第十八届人大常委会第4次会议】 4月27日召开。县人大常委会主任郭雪平,副主任王少林、满红、马少军及27名委员参加会议。副县长马金祥及法院院长、检察院检察长、县人民政府各组成部门负责人列席会议。会议传达学习全国两会精神,审议通过县人民政府关于《中华人民共和国安全生产法》落实情况的报告;听取县人大常委会关于视察《中华人民共和国安全生产法》贯彻执行情况的报告。依法进行人事任免。

【第十八届人大常委会第5次会议】 7月7日召开。县人大常委会主任郭雪平,副主任王少林、满红、陈丽娟、马少军及27名委员参加会议。县委常委、常务副县长杨锋及法院院长、检察院检察长、县人民政府各组成部门负责人列席会议。会议传达学习自治区第十二次党代会精神，听取审议县人民政府关于落实行政审批制度改革工作报告及县人大常委会关于视察行政审批制度改革工作报告，通过相关人事任免议案。

【第十八届人大常委会第6次会议】 8月23日召开。县人大常委会主任郭雪平，副主任王少林、满红、陈丽娟、马少军及25名委员参加会议。县委常委、常务副县长杨锋及法院院长、检察院检察长、县人民政府各组成部门负责人列席会议。会议书面传达张德江在推进县乡人大工作和建设经验交流会上的讲话；审议通过《关于2017年上半年国民经济和社会发展计划执行情况的报告》《关于2016年度县本级财政决算和2017年上半年财政预算执行情况的报告》《关于2016年度本级预算执行和其他财政收支情况的审计工作报告》《关于"五城同创"工作开展情况的报告》《关于土地利用工作情况的报告》《关于城乡规划管理工作情况的报告》。依法进行人事任免。

【第十八届人大常委会第7次会议】 10月30日召开。县人大常委会主任郭雪平，副主任王少林、满红、陈丽娟、马少军及27名委员参加会议。副县长王辉、马燕及法院院长、检察院检察长、县人民政府各组成部门负责人列席会议。会议传达中国共产党第十九次全国代表大会会议精神和全县领导干部大会精神；审议通过县人民法院《关于执行工作的报告》，县人民政府《关于贯彻落实老年人权益保障工作情况的报告》《关于"工业强县"战略实施情况的报告》。依法进行人事任免。郭雪平主持召开永宁县专家咨询委员会专家聘任仪式为33名受聘专家颁发聘任证书。

【第十八届人大常委会第8次会议】 12月12日召开。县人大常委会副主任王少林、满红、陈丽娟、马少军及23名委员参加会议。副县长马燕及法院院长、检察院检察长、县人民政府各组成部门负责人列席会议。会议听取和审议县人民政府《关于落实2017年县人大常委会审议意见的报告》、县人民法院《关于落实2017年县人大常委会审议意见的报告》，审议通过《永宁县人大常委会"三监督三满意三应用"工作办法(草案)》《永宁县人大常委会关于建立人大代表监督小组暂行办法(草案)》，会议表彰2017年度人大工作先进单位和先进个人，依法进行人事任免。

【第十八届人大常委会第9次会议】 12月20日召开。县人大常委会主任郭雪平，副主任王少林、满红、陈丽娟、马少军及27名委员参加会议。县委常委、常务副县长杨锋以及法院院长、检察院检察长、县人民政府各组成部门负责人列席会议。会议听取和审议县人民政府《关于县十八届人民代表大会第一次会议代表议案、建议办理情况的报告》；听取和审议县人大常委会代表资格审查委员会《关于永宁县第十八届人民代表大会第二次会议代表资格审查的报告》；审议永宁县第十八届人民代表大会第二次会议相关事宜。

视察　调研

【闽宁镇农业产业化发展、城镇化建设情况视察】 3月11日，县人大常委会组织部分人大代表、委员及机关工作人员一行视察闽宁镇农业产业化发展、城镇化建设情况。视察组实地查看闽宁镇镇史馆、闽宁新镇区、昌盛光伏设施农业园。观看关于闽宁镇发展纪录片。在昌盛光伏科技园，委员们听取企业负责人关于现代农业发展规划、光伏开发利用、培育养殖等情况的汇报，实地察看大棚内蔬菜、食用菌养殖、花卉培育等作物种植情况。

【因病致贫、因病返贫专题调研】 3月20—22日，县人大常委会副主任陈丽娟带领部分委员就"因病致贫，因病返贫"、"因灾致贫"工作开展专题调研。调研工作采取听汇报、座谈讨论、查看入户调查资料等形式。座谈中，各乡镇领导、村书记、社区书记及参与调查的工作人员，对"因病致贫、因病返贫""因灾致贫"产生的原因和存在的问题畅所欲言，提出精准扶贫的意见建议。

【《中华人民共和国安全生产法》执行情况视察】 3月23日，县人大常委会组织常委会委员及部分人大代表视察《中华人民共和国安全生产法》贯彻执行情况。视察组来到回民高级中学、永宁县公交公司停保场、伊品生物科技股份有限公司、109线与第一排水沟交叉路口等地，实地看全县《中华人民共和国安全生产法》的宣传情况、生产单位履行安全生产主体责任情况，政府安全生产监督落实情况及全县贯彻实施安全生产法过程中存在的问题等。参加县人大常委会组织常委会委员及部分人大代表一致指出，安全生产的重要性认识再提高，要坚持问题导向，落实安全生产主体责任，加大对安全生产的监管力度。

【县十八届人大一次会议议案督办】 4月5日，县人大常委会副主任满红及部分常委会组成人员督办第十八届一次会议议案、重点督办建议办理情况。督办组对“关于成立杨和街道办永和社区解决社区活动用房的议案”“关于硬化政权村5队新建设施温棚园区道路的建议”“关于硬化板桥村3队育苗中心新建设施温棚园区道路的建议”“关于维修红叶小区的建议”等11项第十八届一次会议重点议案、建议办理情况进行现场督办。参加县人大常委会组织常委会委员及部分人大代表一致要求，承办单位要加快办理进度，按期完成议案和建议办理工作，保证代表意见建议保质保量落实。

【全县重点项目建设情况督查】 5月10日，县人大常委会主任郭雪平及副主任满红、马少军带领部分人大代表对全县重点项目建设情况进行督查。督查组来到县利民广场改造、综合文化艺术体育中心、望远九年一贯制学校及江河湖库水系连通等工程项目建设现场，查看各重点项目建设推进情况，听取关于项目规划设计、资金投入、建设进度等情况汇报。县人大常委会主任郭雪平总结督查结果要求，各项目实施单位要加强组织领导，倒排工期，细化方案，落实责任，按照时间节点统计项目建设。

【行政审批制度改革工作视察】 6月9日，县人大常委会组织常委会委员及部分人大代表视察永宁县行政审批制度改革工作。县委常委、副县长陈勇参加视察。视察组来到杨和街道办建设社区代办点、望洪镇新华中心村、胜利乡民生服务中心及行政审批服务中心等地，通过实地查看、听取汇报和座谈讨论的方式，查看永宁县服务窗口的工作情况。视察组对全县行政审批制度改革工作给予肯定，视察组要求，要剖析存在的问题，克服困难；要主动转换思想，推进网上审批，缩短群众办事时间，提高办事效率，要突出问题导向，以方便百姓为目标，打造覆盖全县高效便捷的政务服务网络体系。

【“五城同创”及土地规划利用工作视察】 7月19日上午，县人大常委会主任郭雪平带队视察永宁县“五城同创”及土地规划利用工作情况。县人大常委会副主任王少林、满红、陈丽娟、马少军参加视察。县委常委、常务副县长杨锋应邀参加。视察组查看汉延渠带状公园绿地管护问题、人民公园宣传长廊、鹤泉湖游客接待中心、中干沟水体污染、北苑市场占道经营及宁和街与胜利路交叉口交通秩序等项目现场，听取汇报和座谈讨论。参加县人大常委会组织常委会委员及部分人大代表一致认为，2017年，永宁县高度重视创建全国文明城市工作，创建合力增强，但是也存在反弹现象突出、形势认识不足、群众发动不足、宣传缺乏特色等问题。参加县人大常委会组织常委会委员及部分人大代表一致指出，“五城同创”工作是2017年全县工作的重中之重，各级部门要立足于自身工作，找准问题寻求突破，按计划完成创城目标。

【县十八届人大一次会议议案视察】 7月25日，县人大常委会主任郭雪平带领部分人大代表视察第十八届人大一次会议议案及重点督办建议办理工作。县人大常委会副主任王少林、满红、陈丽娟、马少军一同参加，副县长张文应邀参加。视察组查看各项目建设现场，听取汇报，对关于翻建杨和镇民生渠跨中干沟渡槽及新建水泵站的议案、关于翻建杨和镇南全村、北全村长子渠上段的建议等永宁县第十八届人大一次会议议案、建议办理重点督办。视察组还对银川市第十五届人大一次会议“关于建设闽宁镇文化活动中心的议案”进行实地查看。参加县人大常委会组织常委会委员及部分人大代表一致指出要求，要加快办理进度，按期完成议案和建议办理工作；要提高建设质量和标准，加强监管，广泛接受人民群众监督，切实提高办理工作的质量和效率，保证各项意见建议落实。

【县域经济社会发展情况进行视察】 8月4日，县人大常委会主任郭雪平带领视察组视察永宁县域经济社会发展情况。县人大常委会副主任王少林、满红、陈丽娟、马少军参加视察。县委副书记杨宝文，县委常委、常务副县长杨锋及政府副县长马金祥、马燕、何炳善一同参加视察。视察组实地查看永宁县综合文化艺术体育中心、江河湖库水系连通工程、宁夏路丰建材物流园二期、三沙源国际生态文化旅游休闲度假园及望远镇九年一贯制学校等永宁县重点项目施工现场，听取相关情况汇报。县人大常委会主任郭雪平指出，2017年，政府坚持抓项目、扩投资、保增长、惠民生，全县经济平稳运行，保持稳中有进，稳中向好的发展态势，农业农村经济态势良好，全域旅游推进，经济社会各项事业取得成效。郭雪平要求，县政府工作要围绕当前的重要工作，围绕群众关注的热难点问题，围绕如何促进永宁县经济社会发展、推动永宁县追赶超越等方面开展调查研究，提出好的意见建议，为全县经济社会发展贡献力量。

【县法院执行工作视察】 9月20日，县人大常委会主任郭雪平带领视察组视察永宁县法院执行工作情况。县人大常委会副主任王少林、满红、陈丽娟、马少军参加视察，政府副县长何炳善一同视察。视察组实地视察永宁县法院诉讼服务中心、执行指挥中心、廉政文化园，听取诉讼审理、执行监督、指挥等工作情况汇报，观摩廉政文化园的建设、永宁县廉政历史的发展，现场旁听一起交通肇事案件的审理，听取县法院近年来执行工作情况的汇报。观看县法院执行工作专题片，听取各相关部门负责人关于司法救助资金使用、民事执行监督、不动产登记等工作情况的汇报，就法院"执行难"问题进行座谈讨论，提出意见建议。郭雪平对县法院执行工作取得的成绩给予肯定。他指出，要提高思想认识，加大执行力度，加强对执行人员管理、培训，提升执行能力。要完善司法体系，破解执行难题，依法采取措施，打击各类违法行为，增强执行工作的震慑力。

【河长制和秋冬农田水利基本建设工作视察】 10月19日，县人大组织常委会委员和部分代表视察永宁县推行河长制和秋冬农田水利基本建设工作情况。县人大常委会副主任王少林、满红、陈丽娟、马少军参加视察，副县长张文一同视察。视察组视察杨和镇民生、望远镇政权、胜利乡许旺、望洪镇唐徕及李俊镇魏团等9个片区，听取相关负责人关于秋冬农水建设、片区整改及乡镇河长制工作推进等情况汇报，全县各乡镇河长制推进情况及秋冬农田水利建设工作方面所取得的成效。视察组对全县各乡镇在推行河长制及秋冬季农田水利建设工作所取得的成效表示肯定。视察组指出，各乡镇高度重视秋冬农田水利基本建设工作。在推行河长制方面，全县做到齐抓共管。参加县人大常委会组织常委会委员及部分人大代表一致指出，各乡镇、各相关部门要相互协调、对接，加强农田周边环境卫生整治工作。

【工业强县战略工作实施情况视察】 10月20日，县人大常委会主任郭雪平带领人大视察组视察永宁县工业强县战略工作实施情况。县人大常委会副主任王少林、满红、陈丽娟、马少军参加。县领导钱冬、马燕一同视察。视察组来到宁夏伊品生物科技股份有限公司、比亚迪跨座式云轨及纯电动客车生产基地、凤凰城智能制造有限公司、人和管业有限公司、和瑞包装有限公司及泰瑞制药股份有限公司进行实地视察，听取相关负责人关于全县工业经济发展基本现状、招商引资工作等情况汇报。郭雪平指出，各相关部门对实施"生态立县，工业强县"战略认识到位、思路清晰、措施明确、工作成效明显。他要求，要提高认识，坚定不移推进实施"生态立县，工业强县"战略，要提高思想认识，切实坚定信心，树立高度的责任感和使命感，发挥各自职能，加大创新，加大产业发展。

【县十八届人大一次会议议案视察】 11月29日，县人大常委会副主任王少林带领部分人大代表对永宁县十八届人大一次会议代表议案、重点督办建议的办理情况进行视察。县人大常委会副主任满红、马少军一同参加，县政府副县长马燕一同视察。参加县视察的人大常委会常委会委员、人大代表查看了关于成立杨和街道办永和社区解决社区活动用房的议案，关于翻建杨和镇民生渠跨中干沟渡槽及新建水泵站的议案，关于翻建丰登路的议案，关于综合改造武河街道的议案，关于维修木兰村至武河村道路的建议，关于硬化东滩至西滩道路的议案和关于唐徕渠带状公园安装路灯及建设公共卫生厕所的议案的办理情况。参加县视察的人大常委会常委会委员、人大代表要求，各有关单位要加大代表议案建议办理工作力度，增强责任意识，加强协调配合，保证代表议案建议办理情况取得实效。

永宁县人民政府

综 述

【概况】 2017年,是党的十九大胜利召开之年,是本届政府的开局之年,是建成小康社会的关键之年。2017年,实施"三大战略""五个推进",践行"绿色、高端、和谐、宜居"城市发展理念,以经济繁荣、民族团结、环境优美、人民富裕为己任,推动经济社会平稳健康发展。全年实现地区生产总值135.94亿元,增长4.5%;全社会固定资产投资134.77亿元,下降21.9%;规模以上工业增加值增长1.8%;地方财政一般公共预算收入12.66亿元,同口径增长10.5%;社会消费品零售总额20.22亿元,增长9%;城镇居民人均可支配收入29211元,增长8.4%;农村居民人均可支配收入12855元,增长8.3%。累计争取项目资金17.3亿元,实施招商引资项目55个,到位资金87亿元,增长15.1%。小康实现程度由78.6%提升至86.3%,县域经济发展的内生动力和综合竞争力持续提升。

【主导产业扩规提质】 紫荆花纸业秸秆造纸、伊品生物氨基酸生产改造、启元药业维C衍生物等项目稳步推进,累计完成技改投资3.2亿元。生物发酵及制药产业完成产值79.2亿元,实现出口交货值35.1亿元,增长28.2%。泰瑞制药获得自治区科技成果5项专利证书,紫荆花纸业获得"中国品牌创新奖"和"宁夏百强企业"称号。

【新兴产业加速培育】 引进洛客科技有限公司、颐高集团等知名企业4家。洛客城市品牌设计工作有序推进,比亚迪银川新能源产业园项目落户永宁,凤凰城智能制造有限公司被工信部评为两化融合贯标试点企业,"西夏王"葡萄酒获得"市长质量管理奖"。

【营商环境优化】 落实自治区"降成本30条"等减负政策,取消涉企收费21项,减免238万元;帮助41家企业争取担保发展资金4000余万元;落实项目扶持资金2282万元;发放援企稳岗补贴资金190万元。承办第六届宁夏赛区中国创新创业大赛,新培育规上企业3家、自治区"专精特新"企业5家、"专精特新"示范企业8家。

【农业基础愈发坚实】 开展农田水利基本建设,投资8.6亿元,建设高标准农田19536公顷。实施李俊镇东方、雷台片区千亿斤粮食、江河湖库水系连通等工程,新增高效节水灌溉面积1650公顷,完成永清沟上段治理7.1千米,整治黄河堤防3.7千米,扩整叶家湖、鹤泉湖水域面积313.5公顷。新建望洪农业气象试验站,为全县农业增产、防灾减灾提供技术支持和保障。

【现代农业体系更加完善】 创新推动特色农业发展,探索建立设施园艺效益倍增的"板桥模式"。投资6900万元,实施闽宁(望洪)农民创业园农作物研究所及科泰种业迁建项目。新增“三品”认证企业4家。农业社会化综合服务覆盖面扩大，农作物统防统治面积达到75%以上。

【农业标准化生产推进】 开展化肥、农药、除草剂减控行动。建设胜利乡金沙露地瓜菜标准化园区、杨和镇南北全设施温棚基地等农业标准化生产示范基地33个，制定标准化生产技术规程32项80条。供外蔬菜、永宁大米、酿酒葡萄、设施农业、鲜食果品、特色养殖等产业融合发展。裕稻丰获得中国十大有机大米金奖。农产品定性抽检合格率达到99%，获得首批宁夏“好粮油”示范县称号。

【物流产业壮大】 实施闽宁商贸汽车物流园、望远路丰建材物流园(二期)等项目，完成投资3.5亿元。全县物流市场实现交易额180亿元，增长12.5%。电商发展成绩喜人。新培育发展电商企业10家，实施“淘翼夏·永宁放心菜直供”项目，建立网订店取的新型电商业态，在银川市发展社区便利店52家。实现电商销售收入1.6亿元，增长18.5%。商贸服务更加完善。完成南环农贸市场改造和望洪镇新华中心村农贸市场建设，新培育服务业规上企业4家、商贸限上企业6家。实现商贸限上企业销售额50亿元，增长50%。交通运输和仓储邮政业完成增加值8亿元，增长9.5%。商品房销售面积78.1万平方米，销售额27.2亿元，待售面积由42.7万平方米降至20.2万平方米，下降52%。

【旅游要素升级】 按照全域旅游发展格局，实施三沙源国际生态文化旅游度假区、长城云漠酒庄生态旅游等项目。投资6700万元，新建闽宁镇游客集散中心和艾依河生态园38千米运动休闲带。举办、承办“‘5·19’中国旅游日”宁夏分会、2017宁夏旅游美食季暨第三届永宁特色文旅一日游等大型活动18场次，“永宁大集·大吉永宁” 活动创造宁夏区内A级旅游景区单个活动接待游客45万人次和单日接待游客15万人次的纪录。全年接待游客298.5万人次，实现旅游收入1.1亿元，分别增长150.6%和97.4%。被评为2017年度中国十大品质休闲县市。

【生态绿化】 投资7491万元，实施307国道景观带、永清路至黄河大桥连接线、艾依河生态园等绿化工程，新造林316.8公顷，封山育林330公顷。全县建成区绿化覆盖率、绿地率分别达到38.5%、36.2%，城市人均公园绿地面积达到20.6平方米。

【环境治理】 实施蓝天行动，建立网格化环境监管体系。开展“四治一禁”工作，加强建筑工地、堆场等扬尘治理，加大燃煤煤质管控，严控秸秆焚烧。完成县城建成区20蒸吨以下燃煤锅炉淘汰、黄标车淘汰及油气回收治理任务。制订《生物发酵企业异味治理“十三五”规划》，对接中科院，为企业量身定制异味治理方案，在保障群众冬季供暖和职工权益的基础上，对生物发酵企业实施停产治理。全县优良天数占有效监测天数的80.9%。县域内134处河湖水系全部实行“一河一策、一河一档”河长制管理。关闭企业自备井60眼，启动中干沟、永二干沟人工湿地建设，完成一污、二污提标改造，闽宁镇污水处理厂及胜利中心村等13个污水处理站建成投用，县域内18家葡萄酒庄均完成污水处理设施建设，城镇污水处理率达到95%以上。开展土壤基础调查和监测工作，公布全县土壤环境重点监管企业4家、疑似污染地块2个。落实“一控两减三基本”目标要求，农作物秸秆利用率、农田残膜回收率、畜禽粪便利用率分别达到98%、90%和96.6%。

【城乡统筹推进】 启动《永宁县空间规划》编制工作，完成“三区”“三线”划定。投资7.3亿元，实施南部水厂改扩建、望远城市饮水、宽带乡村工程等14个基础设施建设项目，城乡居民饮水问题得到彻底解决。改造宁和家园等老旧小区21.8万平方米，1812户群众的居住环境有效改善。改造仁增路等16条农村公路62千米，307国道永宁段建成通车，银西高铁、京藏高速改扩建项目有序推进。

【城乡管理】 推进城乡环境综合整治“八大提升工程”，查处违法用地150起，拆除各类违章建筑17.1万平米。成立环卫调度中心，智慧城管平台上线运行，道路机械清扫率由60%提高到80%以上。推进垃圾分类处理工作，探索建立城乡生活垃圾“户分类，县收集转运”的处理模式。被评为全国首批开展农村生活垃圾分类和资源化利用示范县。

【行政审批制度改革】 推进行政审批权相对集中改革，建成“永宁县政务服务网上办事大厅”，村级全程代办点实现“十个一”全覆盖。创新“一表通”申请模式、“二维码”一次性告知方式和“不见面，马上办”审批服务模式，立等可取事项由126项增至206项，按时办结率达到100%。开展第二批审批事项划转，实行企业简易注销登记程序，放宽注册资本登记，新增企业1305家，增长22.4%，注册资本49.2亿元，增长42.9%。

【农村综合改革】 配合国有农场改革，完成国有林场改革、供销合作社改革、湿地产权确权登记。启动农村集体产权制度改革、农村宅基地使用权和农民房屋所有权“两证一书”颁证工作。探索建立农村集体土地股份合作社，开展涉农扶贫项目资金投改股试点和政府购买农业公益性服务试点，初步形成“土地租金+务工收入+入股分红”的农民增收模式。土地流转工作规范化推进，全县土地流转面积达到11418公顷。农村土地承包经营权抵押贷款累计发放251笔1150万元，缓解农民贷款难问题。

【就业创业】 新建李俊镇古光村、闽宁国际汽车物流园2个返乡农民创业示范基地，宁夏创业谷二期项目完成投资2.5亿元，累计吸引科技服务型企业19家，入孵企业32家。新培育小企业264家，培养小老板371名，全民创业带动就业2625人，发放就业补助资金1467万元、全民创业担保贷款3685万元、农村妇女创业小额担保贷款6835.5万元。新培育劳务派遣公司6家，劳务经济人26名，农村劳动力转移就业2.12万人，实现劳务收入2亿元。城镇新增就业5823人，购买公益性岗位102个，城镇登记失业率控制在3.6%。开展各类职业技能培训30期1493人，劳动者职业素养和技能水平提升。

【义务教育均衡发展】 累计投资近2.5亿元，实施望远九年一贯制学校、玉海幼儿园等新建、改扩建项目11个。投入3671万元采购现代化设施设备，教育信息化水平明显提高。为困难学生发放补助金2004万元，全县20辆校车全部安装GPS系统，义务教育阶段小学、初中适龄人口入学率分别达到100%和98.5%，高中阶段教育实现全免费。新增教师138名，组织校长、教师培训1000多人次，中考600分以上学生比上年增加123名，高考一二三本上线率达到73.7%。

【医疗服务能力提升】 开展国家健康促进县创建工作，实施县中医院、望远镇卫生院、望洪镇卫生院迁建项目，宁医大胸科医院竣工。县乡村医疗卫生服务一体化拓展，分级诊疗体系和卫生信息化体系建设逐步完善。新招聘30名临床医生充实到乡镇卫生院，308名医务人员参与家庭医生签约服务工作，家庭医生签约率和重点人群签约率分别达到30%、62.5%。落实二孩政策。国家慢性病综合防控示范县创建通过验收。

【社会保障体系完善】 实施“56789”暖心工程，共计投入1009万元。城乡居民最低生活保障标准和基础养老金标准继续提高，贫困线与农村低保线实现“两线合一”，大病救助门槛由3万元下降至2万元，建档立卡贫困户大病患者保险起付额由9500元下降至3000元，累计发放城乡低保、残疾人生活补贴等各类补助资金8400余万元。超额完成被征地农民养老保险参保任务。建筑业劳动合同签订率和工伤保险参保率均达到100%。

【文化体育事业发展】 增强公共文化服务能力，投资7亿元，实施永宁县综合文化艺术体育中心、利民广场、闽宁镇文化中心建设项目，打造李俊镇许桥中心村综合文化服务中心、杨和镇永康社区综合文化服务中心等10个独具特色的农村文化阵地。最先在全区建立文化指导员、管理员运行机制，开展购买公共文化服务，开展“四送六进”等文化惠民活动270场次。全区文艺界精英在永宁县开展“深入生活·扎根人民”实践采风创作活动，中央电视台相继播出《焦点访谈·“中国梦·这五年：脱贫之后的日子”》《乡约》《中国影像方志·永宁篇》等节目。举办全国游泳俱乐部大联盟公开水域锦标赛、“勇士之路”贺兰山(闽宁)全国自行车越野挑战赛等国家、区、市级品牌赛事30余场次。城乡体育设施全部实现标准化配置，新装健身路径87套，人均公共体育场地面积达到2.5平方米，初步建成“15分钟健身圈”，群众公共文化活动参与率达到85%。

【脱贫攻坚】 推进产业扶贫，引进晓鸣禽业智慧农业扶贫产业园和万头黑毛驴养殖繁育示范基地项目，建成全区最大的红树莓集中连片种植基地。对接中央农办，设立原隆村创业就业和产业发展基金560万元。创新存货质押融资和海尔融资租赁模式，原隆村肉牛养殖托管实现全覆盖。深化闽宁协作，争取福建支援扶贫协作发展资金1000万元，用于产业发展和美丽乡村建设。福建角美镇与闽宁镇共同成立教育扶贫基金会，角美中学、角美小学分别与闽宁二中、闽宁镇角美小学开展校际合作，闽宁对口扶贫迈入教育帮扶、产业支持、文化互融、干部挂职交流等多渠道全方位推进的新格局。开展信用体系重建工作，2157户困难群众消除信用黑名单。永宁县农村产权交易中心闽宁镇分中心运营，流转交易土地282.21公顷。农村互助担保资金规模达到2700万元，实现建档立卡贫困户“扶贫保”政策全覆盖。原隆村被评为国家级乡村旅游创客示范基地和自治区十大特色产业示范村，闽宁镇被评为全国第二批特色小镇。全镇农民人均可支配收入12341元，增长15%。

【社会治安形势向好】 推进社会治安综合防控体系建设，打击各类违法犯罪行为。加强基层警力，新聘用50名协警，考录49名事业编警察，完成交巡合一警务机制改革。搭建全区首个县乡村三级全覆盖的社会治安综合治理信息系统平台，建立“人民调解+律师专业调解”机制，信访信息化应用排名全区第一。落实安全生产责任制，开展安全生产大检查和重点领域、重点地区、重点时段、重大节庆专项整治。开展打击传销和非法集资工作，铲除“善心汇”等涉嫌网络传销组织2个。社区戒毒和康复执行率、命案破案率均达到100%。

【依法行政】 推进“两法衔接”和行政规范性文件合法性前置审查，出台《永宁县权力清单和责任清单动态管理办法》，开展权责清单动态调整。推行重大行政执法决定法制审核等六项制度，规范行政执法行为。执法规范化建设被公安部列入全国观摩点进行推广。完成新一轮法律顾问聘用，在全区最先组织193名行政执法人员参加年度行政执法证件申领网上在线考试。

【民主执政】 落实《永宁县政府工作规则》、县政府重大行政决策集体决定制度和“权力清单”“责任清单”和“负面清单”制度。制定《政府重大行政决策事项目录和听证目录》，从制度上为政府自身决策“划定红线”，政府行政决策更加科学、民主。自觉接受人大及其常委会的工作监督和依法监督，自觉接受政协的民主监督，依法履行向人大及其常委会报告工作制度。办理人大议案、意见建议21件，政协提案、意见建议22件。

【公开施政】 推进决策、执行、管理、服务、结果“五公开”，出台《永宁县政府信息公开制度》等6项制度，清理废止行政规范性文件34件。永宁政府公众网改版运行，教育、住房、就业等民生事项及项目建设、环境保护等方面重大决策事项全部列入政府信息公开目录，回复群众咨询、投诉、建议481条，交办答复率100%。

【廉洁从政】 落实中央“八项规定”精神，落实政府系统党风廉政建设责任制和责任追究制。制定《2017年永宁县党风廉政建设和反腐败主要任务分工》，修订完善《永宁县落实党风廉政建设责任制“一案双查”办法》《永宁县党政机关差旅费管理暂行办法》《永宁县党政机关公务接待管理规定》等7项制度。对财政预算执行、政府投资等122个项目进行审计，财政拨款支出安排的出国（境）费、车辆购置及运行费、公务接待费下降46%。

常务会议

【第十八届第四次常务会议】 2016年12月21日召开，县长李润军主持。会议传达学习自治区安委会办公室转发国务院安委会办公室关于黑龙江省七台河市景有煤矿“11·29”重大瓦斯爆炸事故和内蒙古自治区赤峰宝马矿业“12·3”特别重大瓦斯爆炸事故通报的通知。要求由发展和改革局、工业信息化和商务局负责，按照国家、自治区淘汰落后产能的要求，再次梳理全县范围内是否有需要淘汰的落后产能；各乡镇、各部门要结合两个通报的学习，对照清单目录、时间，履行职能；安委会办公室、安监局要加大安全生产检查力度，特别是要对重点部位、道路交通、学校等公共场所开展全方位检查，保证两节期间不发生安全事故。会议原则同意《永宁县2017年春节期间困难群体生活补助和慰问活动方案》《永宁县加强乡镇建设的实施方案》。副县长刘建民、王辉、马燕、肖承明参加会议。

【第十八届第五次常务会议】 1月14日召开，县长李润军主持。议传达学习自治区党委第十一届第九次全会、自治区经济工作会议精神，区、市两会，区、市民族宗教工作会议精神。会议要求各分管领导、各乡镇、街道、各部门负责人要学习近期区、市各相关会议的精神，按照区、市政府工作报告内容，分解任务，对接区、市相关厅局，上项目、争资金，抓好各自工作。会议听取财政局关于2017年争取项目资金任务分配方案的汇报。研究全县农业水资源使用权确权方案，听取水务局关于全县农业水资源使用权确权方案的汇报。研究十八届第一次政府全体（扩大）暨廉政工作会议方案事宜，听取政府办公室关于第十八届第一次政府全体（扩大）暨廉政工作会议筹备方案的汇报。会议研究2016年全县各项指标完成情况及2017年各项指标预测情况，听取统计局关于2016年全县各项指标完成情况及2017年各项指标预测情况的汇报。会议原则同意将2017年全县地区生产总值增长确定为8%左右，农业增加值增长5%以上，规上工业增加值增长10%以上，全社会固定资产投资增长10%左右，社会消费品零售总额增长8%左右，一般地方公共财政预算收入增长7.5%左右，城镇居民人均可支配收入增长8%，农村居民人均可支配收入增长9%，并提交县委常委会议研究。会议听取工业信息化和商务局关于云威新能源汽车生产基地项目协议的汇报。决定原则同意云威新能源汽车生产基地项目协议，由工业信息化和商务局负责，按照会议提出的意见尽快修改完善。决定原则同意银峰铝业厂房征收方案，一次性彻底解决银峰铝业相关遗留问题，提交县委常委会议研究。会议研究保障性安居工程棚户区改造货币化安置补偿相关事宜。决定原则同意保障性安居工程棚户区改造货币化安置补偿价格和付款方式。会议听取银川市欣荣建设发展有限公司关于宁夏永宁文化实业有限公司延期还款事宜的汇报。决定原则同意宁夏永宁文化实业有限公司延期还款，由银川市欣荣建设发展有限公司负责，待自治区相关专项资金到位后，督促企业尽快归还本息。听取交通运输局关于公交场站建设事宜的汇报。决定原则同意将县城中公交停保场资产移交至银川公交公司永宁分公司。副县长杨锋、马金祥、王辉、马燕、张文参加会议。

【第十八届第六次常务会议】 3月6日召开，县长李润军主持。会议传达学习2017年政府工作报告、自治区第六次（全体）扩大会议、自治区审计工作会议、自治区财政工作会议、自治区脱贫攻坚推进会、自治区安全生产工作会议、自治区交通运输工作会议、银川市安全生产暨市委会2017年第一次全体（扩大）会议、银川市政府全体（扩大）暨廉政工作会议精神。要求各分管领导、各乡镇、街道、各部门负责人要学习近期中央、区、市各相关会议的精神，落实中央、区、市各项决策部署，要围绕建成小康社会，各司其职，各负其责，完成年初既定的各项目标任务。会议决定原则同意《永宁县关于实施“农业品牌”战略、打造农业标准化生产示范区、推进农业供给侧结构性改革的实施意见》，由农牧局负责，按照会议提出的意见修改完善后，提交县委常委会议研究。原则同意《永宁县2017年农业标准化生产工作方案》，由农牧局负责，将重点任务重新梳理分类，结合乡镇实际进行分工；由各乡镇、各相关部门负责，明确时间节点和具体责任人，开展农业标准化生产工作，年底抓出成效。原则同意《永宁县关于稳步推进农村集体产权制度改革指导意见》《永宁县开展政府购买公益性服务机制创新试点实施方案》《永宁县闽宁镇农村综合改革试点实施方案》《永宁县农业农村工作要点》《永宁县政府工作部门委托乡镇人民政府执法机构行使行政执法权事项清单》《2017年乡镇部门信访目标管理责任书》《永宁县关于支持农民工等人员返乡创业的实施方案》《2016年上半年永宁县失业保险支持企业稳定就业岗位补贴资金》《永宁县综治中心建设与管理规范事宜》《永宁县生产经营单位安全生产“黑名单”制度管理办法》。会议决定原则同意碧桂园银子湖特色小镇项目补充协议。会议研究《永宁县人民政府县长副县长工作分工》。副县长杨锋、王辉、马燕、张文参加会议。

【第十八届第七次常务会议】 3月24日召开，县长李润军主持。会议传达学习全国两会精神、全国禁毒工作会议精神、中央环保督察组转办事项整改落实的通报、自治区人社厅督查拖欠农民工工资座谈会精神、自治区安全生产委员会关于印发2017年全区安全生产工作要点的通知、银川市安全生产委员会办公室关于印发银川市2017年安全生产工作要点的通知，《银川市领导和区厅级领导同志包抓重点环保问题工作方案》《银川市2017年蓝天工程实施方案》。会议决定原则同意《打造“五个示范”建设美丽富裕闽宁实施方案》，由各分管副县长牵头，县委组织部、县委宣传部、县委办公室、县委政研室、政府办公室、旅游产业发展服务局、闽宁镇负责，按照会议提出的意见修改完善后，提交县委常委会议研究。决定原则同意《永宁县农村居民最低生活保障制度与扶贫开发兜底脱贫政策有效衔接实施方案》，由民政局负责，扶贫开发办公室、各乡镇配合，开展建档立卡贫困人口兜底脱贫对象筛查工作，做到应扶尽扶，应保尽保。决定原则同意《永宁县2017年农田水利基本建设大会战实施方案》，由水务局负责，按照会议提出的意见修改完善后，提交县委常委会议研究。决定原则同意将建筑面积约2200平方米的宁夏设施农业研究所楼宇、109国道沿线平房及土地等资产变更给县法院用于实施望远法庭建设项目。决定原则同意撤销望远镇丰盈村村民委员会，成立社区，由民政局负责，望远镇配合，按照相关程序和规定完善各项手续。决定原则同意实施占补平衡项目，由国土资源局负责与宁夏德龙酒业有限公司沟通，由企业自主实施占补平衡项目开发。副县长杨锋、王辉、张文参加会议。

【第十八届第八次常务会】 4月21日召开，县长李润军主持。会议传达学习中共中央、国务院关于推进安全生产领域改革发展的意见，习近平总书记、李克强总理关于安全生产工作重要讲话指示、批示，咸辉同志在自治区人民政府廉政工作会议和2017年度自治区安委会第二次全体（扩大）会议上的讲话，王和山同志在2017年全区食品安全工作电视电话会议上的讲话，马力同志2017年度自治区安委会第二次全体（扩大）会议上的讲话，许尔锋同志在2017年自治区消防工作会议上的讲话，自治区安委办转发国务院安委会《2017年安全生产巡查工作实施方案》《2017年安全生产巡查工作流程》的通知，自治区领导约谈永宁县党政主要负责同志会议纪要，自治区安委会会议纪要，自治区2017年第一季度经济形势分析会精神。会议决定原则同意《永宁县安全生产“十三五”规划》，由安监局负责，把国家、区、市文件要求体现出来，规划内容要立足于县情、符合县情，既做到目标要准、措施要实、方法要活，又要在落实过程中开展宣传教育引导工作，年中要评估、年末要总结。决定原则同意《永宁县“十三五”消防事业发展规划》，由消防大队负责，按照会议提出的意见修改完善，分管领导审签后印发实施。决定原则同意《永宁县创建国家食品安全示范城市工作方案》，由市监局负责细化分工、责任到人，充分征求部门意见后印发执行。会议听取欣荣公司关于金融相关工作事宜的汇报。副县长杨锋、陈勇、马金祥、马燕、张文、何炳善 参加会议。

【第十八届第九次常务会议】 5月2日召开，县长李润军主持。会议传达学习咸辉主席在自治区扶贫开发领导小组会议上的讲话，自治区安委办关于咸辉主席在2017年自治区安委会第二次全体（扩大）会议上部署重点任务分工的通知，银川市安全生产委员会关于遏制重特大事故工作的通知，银川市环保局关于中央第八环境保护督察组转办事项自查的通知，银川市政府办公厅关于银川市2016年度土地卫星图片工作整改落实情况的通报。会议决定原则同意《永宁县土壤污染防治工作实施方案》，由环境保护局负责细化职责分工，明确望远工业园区管委会职责，完善方案后印发执行。原则同意《永宁县环境保护监督管理责任暂行规定》,由环境保护局负责,按照会议要求修改完善后提交县委常委会议研究。决定原则同意全县 2017 年招商引资工作安排，各部门要围绕“10 个百亿级”产业集群逐步实现招商引资从单一引进向组团式、配套式、延链、补链引进转变。决定原则同意《永宁县河长制实施方案》,由水务局负责,对照各部门职责,增加阶段性目标任务,明确时间节点,修改完善后提交县委常委会议研究。决定原则同意《永宁县农作物秸秆综合利用实施方案》,由农牧局负责,按照自治区支持 50%,市、县各出 25%的资金补贴方式,尽快完善方案,提交县委常委会议研究。决定原则同意《永宁县企业投资项目管理负面清单》,由发展和改革局负责,尽快印发执行。决定原则同意《推进农村信用体系建设实施方案》，由发展和改革局负责进一步细化分工,分门别类制定措施,修改完善后印发执行。决定原则同意永宁县城乡居民基础性养老金待遇每人每月增加 30 元,由原来每人每月 190 元提高至每人每月 220 元,从 2017 年 1 月 1 日起执行。副县长杨锋、陈勇、马金祥、王辉、马燕、张文、何炳善参加会议。

【第十八届第十次常务会议】 5 月 22 日召开,县长李润军主持。会议传达学习全国政协主席俞正声视察宁夏时讲话精神，自治区党委书记石泰峰调研闽宁镇讲话精神,《自治区党委办公厅、自治区政府办公厅〈关于深化投融资体制改革的实施意见〉的通知》精神,自治区安委会会议纪要,《中共银川市纪律检查委员会关于两起在岗不尽责,履职不担当典型问题的通报》。会议决定原则同意碧桂园项目以国有土地使用权合作开发事宜。原则同意碧桂园项目商住用地招商引资价格相关事宜。决定原则同意《永宁县人民政府关于深化行政审批制度改革加强事中事后监管实施方案》,由机构编制委员会办公室负责，按照会议提出的修改意见将工作内容再具体，工作职责明确之后印发执行。会议研究宁夏润腾跃牧业闽宁镇万头黑毛驴养殖繁育示范基地建设项目相关工作。决定原则同意永宁县第一污水处理厂提标改造及扩建工程采用 PPP 模式。决定原则同意对宁夏紫荆花纸业有限公司秸秆综合利用循环经济示范项目贷款 8000 万元提供保证担保，由银川市欣荣建设发展有限公司负责,按照银行相关规定,按程序办理。原则同意银川市欣荣建设发展有限公司向银川三沙源国际生态旅游及休闲度假园项目提供的 8000 万元借款,办理延期还款手续,由银川市欣荣建设发展有限公司负责，延期期间所发生的一切财务费用及相关税费分别由两家企业承担。原则同意向宁夏金色阳光房地产开发有限公司提供借款 1000 万元人民币,由住房和城乡建设局负责、国土局配合对该企业加强监管,保证企业按期交房,做实做细后期还款工作,设置专管账户,保证借款按期归还。决定原则同意与洛可可国际品牌策划(北京)有限公司合作事宜,由张文副县长牵头,林业局等相关部门负责完善《打造贺兰山东麓酒庄平台项目合同》;由杨锋常务副县长牵头、住房和城乡建设局等部门召开专题会,征求各部门意见,完善合作框架协议,经法律顾问审核后,提交县委常委会议研究。副县长杨锋、陈勇、王辉、何炳善参加会议。

【第十八届第十一次常务会议】 7 月 5—6 日召开,县长李润军主持。会议传达学习国务院放管服电视电话会议精神,自治区第十二次党代会精神,自治区党委书记石泰峰在自治区空间规划改革试点工作领导小组会议上的讲话精神，自治区整改中央环保督查反馈问题情况通报，马力在自治区社会保障体制改革专项小组会议上的讲话精神，银川环境综合治理简报精神，姜志刚调研永宁县经济社会发展情况讲话精神。会议决定原则同意《永宁县农村土地流转经营权证登记管理办法(试用)》,由张文副县长牵头,农牧局负责,按照会议提出的意见修改完善后，提请农业农村工作领导小组讨论审核,经法制办审核后印发。会议听取市场监督管理局关于《市场监管质量计量检验鉴定经费》的汇报,关于《追加 2017 年食品监督抽检监测经费》的汇报。决定原则同意《永宁县 2017 年生物发酵企业异味治理工作推进方案》,由环境保护局负责，按照会议提出的意见修改完善后尽快印发。决定原则同意《永宁县生物发酵异味气体治理

"十三五"规划》,由环境保护局负责,按照会议提出的意见修改完善,对接区、市相关部门,征求企业意见后尽快印发。决定原则同意《永宁县贯彻落实中央第八环保督察组反馈意见分项整改落实工作清单》,由环境保护局负责,按照会议提出的意见修改完善后尽快印发。决定原则同意《永宁县招商引资工作考核奖励办法》,由发展和改革局负责,按照会议提出的意见细化完善,经法制办审核后,提交县委常委会议研究。决定原则同意《2017年永宁县耕地保护责任目标考核办法》,由农牧局负责,按照会议提出的意见修改完善后印发。决定原则同意《宁夏立业房地产开发集团有限公司开展农民工工资保证金差异化缴存管理制度改革试点方案》,由人力资源和社会保障局负责,按照会议提出的意见修改完善后以住房和城乡建设局、人力资源和社会保障局、财政局、审计局联合印发。决定原则同意《永宁县深入推进城乡管理综合执法体制改革改进城乡管理工作实施方案》,由城乡管理综合执法大队负责,按照会议提出的意见修改完善后尽快上报。副县长杨锋、马金祥、王辉、马燕、张文参加会议。

【第十八届第十二次常务会议】 8月4日召开,县长李润军主持。会议传达学习《习近平在省部级主要领导干部专题研讨会上的讲话》精神,传达学习第八次全国信访工作会议精神,石泰峰同志在自治区党委常委会议研究部署全区信访维稳工作会上的讲话精神,县委常委会研究信访维稳工作的会议精神。传达学习《国务院安委会关于做好安全生产巡查发现问题整改工作的通知》,县委常委会研究安全生产工作的会议精神。传达银川市安委办关于转发《国务院安委办关于山东临沂金誉石化有限公司"6·5"爆炸着火事故情况的通报》。学习新修改的《中国共产党巡视工作条例》《中共中央办公厅关于印发〈关于市县党委建立巡察制度的意见〉的通知》,传达《中共中央办公厅 国务院办公厅〈关于建立资源环境承载能力检测预警长效机制的若干意见〉的通知》精神。传达区、市上半年经济工作相关会议精神,市委、市政府办公厅关于《银川市促进科技和金融结合试点实施方案》。传达学习《宁夏回族自治区党委(党组)网络意识形态工作责任制实施细则》,县委常委会研究《创建县级文明城市存在问题和意识形态工作》会议精神。传达县委常委会研究《关于全市上半年绩效考核结果通报》,部署下半年绩效考核工作和整改落实"回头看"工作。会议决定原则同意《永宁县民族团结进步创建任务分解实施方案》,由宗教局负责,按照会议提出的意见修改完善后,提交县委常委会研究。决定原则同意《永宁县民族团结进步创建工作督查考核办法》,由宗教局负责,按照会议提出的意见修改完善后,提交县委常委会研究。决定原则同意《永宁县平安创建考核奖惩方案》,由政法委负责,按照会议提出的意见修改完善后,提交县委常委会研究。决定原则同意《永宁县黑毛驴产业发展规划》。决定原则同意《关于对2014—2016年度连续三年评为优秀等次公务员记三等功的请示》,由人力资源和社会保障局负责,按照相关文件执行。决定原则同意《关于提请研究定向为闽宁镇购买公益性岗位的请示》,由人力资源和社会保障局负责,按照会议提出的意见修改完善后印发。决定原则同意《关于提请研究购买公益性岗位的请示》,由人力资源和社会保障局负责,按照会议提出的意见修改完善后印发。决定原则同意《关于提请研究生育保险基金费率调整的请示》,由人力资源和社会保障局负责,按照会议提出的意见修改完善后印发。决定原则同意《2016年下半年永宁县失业保险支持企业稳定就业岗位补贴资金情况》,由人力资源和社会保障局负责,执行自治区文件规定,按照会议提出的意见修改完善后印发。会议研究永宁县2018年中央预算内投资计划项目申报事宜,要求由发展和改革局负责按照八大类别梳理,研究确定申报项目。会议研究关于银川市欣荣建设发展有限公司向通联公司借款还款事宜,研究解决闽宁会议中心项目建设有关问题,研究县人民政府与农村信用合作联社合作有关事宜。副县长杨锋、陈勇、唐杰、马金祥、王辉、张文参加会议。

【第十八届第十三次常务会议】 9月4日召开,县长李润军主持。会议传达学习《自治区党委、人民政府关于推进安全生产领域改革发展的实施意见》精神,《国务院安委办关于陕西安康京昆高速“8·10”特别重大道路交通事故情况的通报》《浙江林江化工股份有限公司“6·9”报站事故通报》。传达学习自治区党委书记石泰峰同志关于永宁县空气异味问题的批示。传达《关于银川市 2017 年治理拖欠职工、农民工工资突出问题“8 率”监控指标 7 月份推进情况的通报》。会议决定原则同意《国家统计局永宁调查队关于 2017 年永宁县住户调查样本轮换工作实施方案》,由国家统计局永宁调查队负责,按照会议提出的意见修改完善后,提交县委常委会研究。决定原则同意《永宁县庆祝第 33 个教师节方案》《永宁县庆祝第 33 个教师节大会筹备方案》,尽快修改完善两个方案,提交县委常委会议研究。决定原则同意撤并旺全小学、北全小学、靖益小学。决定原则同意成立望远九年一贯制学校、永宁县第五幼儿园、望远镇富原幼儿园、望洪镇望洪幼儿园、闽宁镇玉海幼儿园。决定原则同意《永宁县贯彻落实国务院安委会第八巡查组安全生产巡查反馈意见整改方案》,由安全生产监督管理局负责,按照会议提出的意见修改完善后,提交县委常委会议研究。决定原则同意《永宁县“12345”便民服务工作实施方案》,由行政审批服务局负责,按照会议提出的意见修改完善后,尽快印发实施。决定原则同意《永宁县人民政府重大行政决策事项目录》,由政府法制办负责,按照会议提出的意见修改完善后,尽快印发执行。决定原则同意县人民政府授权水务局颁发小型水利工程管理体制改革产权证书,使用权为村集体的准公益性工程所有权证书统一颁发至所在乡镇。决定原则同意《永宁县全面推行河长制会议制度(试行)》等四项制度,由水务局负责,完善量化考核内容,按照会议提出的意见修改完善后,提交县委常委会议研究。决定原则同意《银川市产城资本控资控股有限公司关于宁夏胸科医院资产收购方案》,提交县委常委会议研究。研究关于设立永和社区居委会事宜,关于提高城乡居民最低生活保障标准事宜,永宁县农村公路固定治超站站房及场地事宜。副县长杨锋、陈勇、唐杰、马金祥、王辉、马燕、张文、何炳善参加会议。

【第十八届第十四次常务会议】 10 月 9 日召开,县长李润军主持。会议传达学习《中共中央办公厅、国务院办公厅关于统计违纪违法责任人处分处理建议办法》《自治区人民政府办公厅关于进一步加强政府性债务管理的实施意见》《国务院安委会办公室关于 8 月份全国安全生产大检查进展情况的通报》。传达学习自治区实施创新驱动战略推进会会议精神,自治区金融工作会议精神。会议决定原则同意《永宁县政府购买公共文化服务实施方案》。决定原则同意《永宁县关于加快构建现代公共文化服务体系的实施意见》,提交县委常委会议研究。决定原则同意《永宁县医疗卫生服务体系规划(2016—2020 年)》,由卫生和计划生育局负责,按照会议提出的意见修改完善后,印发实施。决定原则同意《健康永宁建设实施方案(2017—2020 年)》,由卫生和计划生育局负责,按照会议提出的意见修改完善后,提交县委常委会议研究。决定原则同意《永宁县职业病防治规划(2016—2020 年)》,由卫生和计划生育局负责,按照会议提出的意见修改完善后,印发实施。决定原则同意《永宁县推进家庭医生签约服务实施方案》,由卫生和计划生育局负责,按照会议提出的意见修改完善后,尽快印发实施。决定原则同意《永宁县空间规划现状建设用地地类转换、非建设用地差异数据校核处理结果》。研究宁夏胸科医院项目在建工程资产划拨进行产权处置事宜,闽宁会议中心项目借款事宜,政法委、司法局工作津贴及人民警察值勤岗位津贴、加班补贴发放事宜,向银川市产城资本投资控股有限公司借款用于支付银行贷款本金及利息事宜,拨付车改保留车辆更新经费事宜。副县长杨锋、陈勇、唐杰、马金祥、王辉、马 燕、张文、何炳善参加会议。

【第十八届第十五次常务会议】 10 月 24 日召开,县长李润军主持。会议传达学习党的十九大报告《决胜全面建成小康社会 夺取新时代中国特色社会主义伟大胜利》。会议传达学习马力同志在 2017 年自治区安委会第四次全体(扩大)电视电话会议上的讲话。传达学习《自治区党委人民政府关于推进脱贫富民战略的实施意见》。传达学习国务院法制办公室副主任甘藏春同志在全国行政执法三项制度试点工作中期推介会上的讲话。会议决定原则同意《永宁县债务风险化解方案》《永宁县地方政府性债务风险应急处置预案》,成立永宁县政府性债务管理领导小组,由财政局负责,按照会议提出的意见修改完善后,提交县委常委会议研究。决定原则同意《永宁县2017年庆祝第十二个"环卫工人节"系列活动方案》,按照会议提出的意见修改完善后,印发实施。决定原则同意《永宁县人民政府、永宁县人民政府办公室现行行政规范性文件清理意见》,由法制办负责,对接区、市相关部门,报送清理结果。决定原则同意《2017年全县重要指标、重大项目、重点工作考核细则》,由考核办负责,按照会议提出的意见修改完善后,提交县委常委会议研究。原则同意公开招聘政府专职消防员。决定原则同意《永宁县完善设施农田用地管理暂行办法》,由国土资源局负责,按照会议要求修改完善后,印发执行。决定原则同意李俊镇5宗、望洪镇2宗、杨和镇1宗、望远镇1宗设施农用地附属设施用地事宜。决定原则同意闲置土地处置方案,由国土资源局负责,按照会议要求,立即开展清理处置工作。研究2016年黄河宁夏段二期南方和东和河道整治工程确定征占用地类型和补偿标准事宜,黄河宁夏段二期永宁县补强加固工程征地工作。决定原则同意永宁县再生水收费标准为0.80元/立方米。决定原则同意采购喷雾降尘车1辆,大型多功能清扫车5辆,由环境保护局负责。会议决定原则同意将闽宁镇永安小区6号楼3个单元60套安置房暂借教育局使用。决定原则同意发放困难残疾人生活补贴和重度残疾人护理补贴。决定原则同意闽宁镇借用2017福建台商投资区角美镇援建闽宁小学项目资金360万元用于兑付拆迁农户延迟安置租房补助费,待征地款到位后,归还借款,用于发展教育事业。副县长杨锋、陈勇、唐杰、马金祥、王辉、张文、何炳善参加会议。

【第十八届第十六次常务会议】 12月3日召开,县长李润军主持。会议传达学习李克强总理在考察营改增工作、科技部考察、在推动中国制造强国建设、推进经济结构转型升级三个座谈会上的讲话,石泰峰同志在自治区党委十二届二次全体会议上的讲话,咸辉同志在自治区人民政府第八次全体(扩大)会议上的讲话,中共银川市委员会关于学习宣传贯彻党的十九大精神的意见,姜志刚同志在银川市委十四届四次全会上的讲话,姜志刚、杨玉经同志来永宁调研讲话精神,《宁夏回族自治区标本兼治遏制重特大事故工作指导意见》,自治区人民政府专题会议纪要,中共银川市委专题会议纪要,中共银川市委督查室关于永宁县经济指标完成情况及差距的建议书,永宁县政府党组学习宣传贯彻党的十九大精神实施方案。会议要求,2017年11月、12月的工业总产值、增加值分别按限产停产上报。2018年的项目统筹谋划工作要靠实抓好,争取改变固定资产连续两年下滑的态势,力争2018年各项指标按期完成。从2018年起,政府要坚持定期向人大汇报工作。会议决定原则同意县人民政府2017年工作报告提纲,按照会议提出的意见修改完善后,提交县委常委会议研究。决定原则同意成立永宁县环境保护工作组,从全县相关部门抽调5名干部作为工作组人员,临时从城乡管理综合执法局抽调6名执法人员到县环境监察大队,协助开展环保工作。会议决定由钱冬常委牵头,马燕副县长组织发改、国土、统计部门,按照区、市"创新驱动30条"要求,明确具体的工作方式、奖励办法,重新修改完善《加快推进创新驱动战略实施方案》。由环境保护局负责,对《生态立县战略实施方案》再进行修改。由张文副县长牵头,对《加快推进脱贫富民战略实施方案》提出更丰富、更具体的富民措施,按照会议提出的意见修改完善后,提交县委常委会议研究。决定原则同意《永宁县关于推进安全生产领域改革发展的实施方案》,由安全生产监督管理局负责,按照会议提出的意见修改完善后,尽快印发实施。决定原则同意《永宁县2017年度大气污染防治重点工作责任清单》,由环境保护局负责,按照会议提出的意见修改完善后印发实施。会议决定按照"谁建设、谁负责竣工验收"的原则,由环境保护局具体负责组织项目竣工验收工作,验收合格后整体移交第一污水处理厂统一运营和管理。由杨锋常务副县长牵头，抽调人员开展农村污水处理站移交管理相关工作。决定原则同意《永宁县生物发酵企业停产整治实施方案》,由杨锋常务副县长牵头,协调解决好停产期间的群众供暖问题；人力资源和社会保障局负责,指导开展职工技能培训,维护好社会大局安全稳定；所有部门要根据方案分工履职尽责，做好生物发酵企业停产整治期间的各项工作;政府办公室要及时将整改方案、整改进度等信息上报市人民政府。决定原则同意《永宁县关于推进法律顾问制度和公职律师制度实施办法》,由法制办负责,按照会议提出的意见修改完善后,尽快印发实施。决定原则同意《永宁县盐业体制改革实施方案》,由发展和改革局负责,按照会议提出的意见修改完善后，提交县全面深化改革领导小组办公室和县委常委会议研究。涉及编制机构事宜,提交编制委员会进行审定。决定原则同意利用闲置的建成小学打造五渠村、先锋村合署办公场所,由教育局负责开展资产的移交工作,交付国资公司。决定原则同意卫生和计划生育局申购一套杨和镇纳家户新村营业房作为社区卫生服务用房,按照拍卖购置的方式,将该营业房调拨至银川欣荣城乡发展有限公司名下进行拍卖，拍卖款入县国库基本账户。决定原则同意采取政府购买公共服务的方式，聘用5名工作人员解决不动产登记事务中心人员不足问题，新增人员工资参照政务服务大厅人员工资标准执行。决定原则同意银川市欣荣建设发展有限公司将在宁夏中铁宁东路桥投资发展有限公司的持股比例降低，由原注册资本6228万元,持股占比18%,降低至注册资本5216.49万元,持股占比15.08%。决定原则同意财政局拨付银川市宁闽建设发展有限公司股权划转前欠缴的注册资本5000万元,考虑县财政资金紧张现状,先行拨付1351万元。决定原则同意《永宁县迎接自治区大气污染防治专项督导工作方案》,由环境保护局负责，按照会议提出的意见修改完善后,提交县委常委会议研究。副县长杨锋、陈勇、唐杰、马金祥、王辉、马燕、张文、何炳善参加会议。

【第十八届第十七次常务会议】 12月18日召开,县长李润军主持。会议传达学习中共永宁县第十四届委员会第四次全体会议精神。会议指出,永宁县第十四届委员会第四次全体会议是在学习贯彻党的十九大精神之际、在决胜全面建成小康社会阶段召开的一次十分重要的会议,银川市委常委、永宁县委书记钱克孝在大会上作的报告总结回顾客观全面、局势分析精准到位、目标思路明确具体，是指引全县广大党员干部和职工群众奋力开创2018年各项工作新局面的行动指南和行动纲领。会议要求,县政府各分管领导、各乡、镇、街道、各部门负责人要全面落实党的十九大精神和自治区、银川市重要战略部署,按照县委全委会对2018年目标任务提出的六个方面重点工作要求，对标对表,谋划好2018年各项工作。会议听取政府办公室关于永宁县2017年政府工作报告的汇报。听取发展和改革局关于永宁县国民经济和社会发展计划执行情况与2018年计划的汇报,研究2017年财政预算执行情况和2018年财政预算的报告(草案)。听取财政局关于永宁县2017年财政预算执行情况和2018年财政预算的汇报。会议决定原则同意京东集团宁夏仓储配送项目合作协议和京东集团宁夏仓储配送项目补充协议。副县长杨锋、唐杰、马金祥、王辉、马燕、张文参加会议。

专题会议

【环境保护工作专题会议】 1月5日,县长李润军主持召开专题会议,研究环境保护工作相关事宜。副县长王辉、县委宣传部、望远工业园区管委会、政府办、教体局、工信局、公安局、环保局、住建局、交通局、市场监管局、城乡执法大队、各乡镇、街道、气象局等单位负责人参加会议。会议听取环保局关于冬季大气污染防治工作情况、永宁县不利气象条件下大气污染防治工作进展及重污染天气应急预案的汇报。会议决定由县蓝天办(环保局)负责,充分发挥牵头抓总作用,建立健全不利气象条件下大气污染防控应急响应机制，细化防控方案，督促各单位落实响应措施；要建立信息接收、下发、发布、上报等工作机制，畅通信息沟通，根据预警级别，制订下发大气污染防控措施，保证永宁县防控工作取得实效；要加强监测力度，强化重污染天气的预警，建立防控工作台账，推进企业脱硫、脱硝、除尘等整改工程，设施正常运转；督促启元、泰瑞、伊品等6家企业制订不利气象条件下大气污染防控应急预案监督企业落实；加大燃煤锅炉房执法检查力度，查处煤质超标、烟气超标排放等违法行为；加密对自备电厂、制药、发酵等企业监察、监测频次，污染物达标排放，废气减排措施落实到位。由望远工业园区管委会、工信局牵头，环保、市场监管等部门配合，按照工作任务淘汰20蒸吨以下燃煤锅炉；根据响应等级，监督全县范围内自备电厂、制药、发酵、冶金等重点行业排污企业采取降低生产负荷、加强污染治理设施运行等措施，减少废气污染物排放量。由环保局负责，对用煤企业煤质抽样送有资质的单位进行检测，禁止企业使用不达标煤炭。市场监督管理局加强对煤质销售、运输环节监管力度，对未随车携带煤质检测报告或报告显示不达标煤炭的车辆，一律不准进入县辖区内；加强散煤污染治理力度，查处劣质燃煤，县域内各燃煤销售网点禁止销售不达标的燃煤。由住房和城乡建设局负责，开展建筑工地集中整治，全面落实“6个100%”抑尘措施；负责各供热企业根据天气状况，在保证居民室内温度的情况下进行调度，适当降低供热负荷，减少燃煤用量，源头减少污染物排放。由国土资源局负责，规范临时用地审批，督促望远工业园区管委会、各乡镇对已收储土地堆全面采取围挡、遮盖等措施，降低扬尘污染。由城乡管理综合执法大队负责，开展建筑工地外的堆场治理，设置专门的建筑垃圾存放场所，定期洒水降尘；加密对道路洗扫、洒水、喷雾频次，保持道路抑尘效果，严查渣土拉运行为，减轻扬尘污染。由望远工业园区管委会、各乡镇、街道负责，按照属地管理的原则，加大秸秆、枯枝落叶、生活垃圾等废弃物禁烧工作力度，加强巡查检查，严防严控；开展对裸露堆场、地面等面源扬尘防控措施，在全面遮盖、绿化等措施的基础上，全部进行洒水降尘，打击收储土地乱堆砂石料等违法行为；加强辖区内1.5吨以下燃煤小锅炉排查力度，督促企业、个人使用优质燃煤，减轻燃煤污染；加大舆论宣传力度，根据响应等级，引导群众尽量留在室内，停止户外运动，提醒公众做好防护。由县公安局负责，加快淘汰黄标车进度，源头防治汽车尾气污染；对县城、望远镇区实行交通管制，根据响应等级，除城市运行保障车辆和执行任务特种车辆外，每天6:00—24:00禁止重型、中型货车通行，严禁三轮汽车，低速载货汽车，拖拉机等农用车进入市区，必要时县城、望远镇区非营运客车每日实行分时段分号段限行；加强道路巡查力度，查处不落实管制的违规车辆，打击冒黑烟及黄标车车辆上路行驶行为。由交通局负责，根据响应等级，适当增加公交频次，延伸运营时间，保障公共交通运力。由教体局负责，根据响应等级，组织指导幼儿园、中小学校减少或、停止户外活动。由气象局负责，根据响应等级，结合实际天气，适时实施人工增雪（增雨）作业。在不利气象条件下期间，望远工业园区管委会、各乡镇、街道、各部门要将工作进展情况于每日12:00时前以书面形式报县蓝天办（环保局），县政府督查室、县蓝天办将对各单位工作情况进行督查。

【蓝山俊园供电、供水遗留问题事宜专题会议】 3月31日，县委常委、政府常务副县长杨锋主持召开专题会议，研究蓝山俊园小区供电、供水及基础设施建设遗留问题有关事宜。县公安局、住建局、国土局、信访局、供电局、中铁水务集团永宁分公司、政府法律顾问、蓝山集团、金色阳光企业、物业公司负责人及业主代表参加会议。蓝山俊园小区停水、停电及工程建设遗留问题，业主多次到区、市政府和信访部门上访，银川电视台也多次报道蓝山集团的有关问题，严重影响永宁县的整体形象。为妥善解决蓝山俊园小区的物业管理和房屋建设等问题，给小区居民提供必要的物业保障，需将物业管理问题和房屋建设问题分开解决，以便妥善解决蓝山俊园的小区供水、供电以及收尾工程建设等相关问题。会议决定，关于蓝山之家物业公司多收12万元物业费的问题。由业主代表推荐诉讼代表，由信访局联系律师，提供法律援助，4月底前，到永宁县人民法院起诉，通过法律途径解决。关于自来水分户改造和用电分户改造的问题。由众安物业公司负责，县供电局、中铁水务公司配合，将自来水进行分户，安装磁卡表，将泵房、电梯、锅炉用电分表计量。关于工程建设遗留的落水管、走廊灯、吊顶、消防及基础设施维修的问题。由蓝山公司负责筹款15万元，金色阳光公司以房屋做抵押，蓝山公司安排施工方于4月底前全部整改完毕。接受消防、住建等部门的验收。关于拖欠中铁水务集团公司工程款的问题。由中铁水务集团公司先将材料款给企业支付后，由蓝山公司给中铁水务抵顶房屋，解决50万元的工程欠款。关于居民反映没有治安摄像头，存在安全隐患的问题。由辖区派出所和居委会，协调公安机关予以解决。其他业主反映的事项，有合同约定的按合同约定履行，如有一方违约，通过法律途径解决。

【固定资产投资及项目建设相关事宜专题会议】 5月25日，县长李润军主持召开全县经济运行调度会，研究全县固定资产投资及项目建设相关事宜。县委常委、纪委书记王晓东、副县长马金祥、王辉、马燕及相关部门负责人参加会议。会议传达学习银川市经济运行专题会议精神；通报全县重点项目进展情况、1—5月份经济指标预测情况及存在的问题、重点项目督查情况。参会各副县长就分管领域项目工作进行安排部署，涉及未开工、未入库项目的部门负责人作表态发言。要提高思想认识。1—5月份，全县经济运行增长缓慢，在全区排名靠后，形势严峻，不容乐观。当前正是施工的黄金季节，各部门要抢抓机遇，认清形势，对当年确定的建设项目按照时间节点加快推进，杜绝“等、靠、推、拖”等思想。要完善项目手续。依法依规完善项目手续办理，合法开工建设，不允许违反建设程序，未批先建就开工。推进项目入库工作，做到应统尽统。各部门主要负责人要靠前指挥协调，到项目现场解决问题，推进项目建设进度。抓好项目谋划。研究国家、区、市有关政策，做好资金争取、项目储备工作，紧紧围绕打造“十个百亿级产业集群”，及早谋划一批技术含金量高、辐射带动力强的大项目、好项目，切实增强投资后劲。由住建局负责，尽快制订闽宁特色小镇方案，将闽宁特色小镇项目列入项目本子。由马燕副县长牵头，组织发改、统计、安监、消防、公安、市监、国税、地税等部门，对望远工业园区、闽宁镇服务业进行排查，挖掘行业发展潜力，鼓励引导企业扩规提档、提质增效，促进全县第三产业健康快速发展。由发改局、望远工业园区管委会负责，组织开展进企入厂活动，协调解决规模以上企业存在的困难和问题。全面加强银政企对接，帮扶企业化解融资难题，降低企业融资成本，促进规模以上企业健康平稳发展，保持工业运行稳中向好良好势头。要“抓大不放小”，各部门要加大对口业务中小微企业的扶持力度，帮助中小微企业发展壮大成规上企业，培育和催生社会经济发展新动力。落实中央“八项规定”，遵守财经纪律，严禁超标准接待。加强财政资金管理，保证项目预算资金使用管理规范化。逐步消化挂账专项资金，提高资金使用效益，保证资金安全。加大争取项目资金力度，扩大招商引资规模，破解扩大固定资产投资的难题。税务部门要规范税收征管秩序，提高税收收入质量，为促进全县经济社会发展做出贡献。由国家统计局永宁调查队，县农牧局、统计局负责做好“两个收入”统计工作，抓好抓实住户样本轮换工作，更真实更全面地反映永宁县“两个收入”。做好环境保护、安全生产、信访维稳等工作，保证全县经济社会健康平稳发展。各相关部门要重视中央环保督查整改问题的办理销号，25件转办件完成整改；完成整改的。

【约谈泰瑞、启元、伊品3家企业负责人专题会议】 8月22日，县长李润军主持召开专题会议，就异味扰民问题约谈宁夏泰瑞制药股份有限公司、宁夏启元药业有限公司、宁夏伊品生物科技股份有限公司3家企业负责人，县人大常委会副主任陈丽娟、政府副县长王辉、政协副主席郭宏以及县委办公室、县人民检察院、政府办公室、发改局、环保局、水务局、统计局，供电局参加会议。会议传达自治区党委书记石泰峰同志在自治区党委办公厅《要情汇报》(第171期)上的批示精神、自治区环保厅《关于切实做好重要敏感时段生物发酵类企业环境监管的函》精神、8 月 21 日自治区环保厅约谈永宁县党政主要领导会议精神及自治区环保厅通报银川市制药及生物发酵等企业恶臭气体环境监管工作情况。会议要求，9 月 10 日前,3 家企业全面完成污染治理工作任务，所有建成的治理设施 24 小时正常运行，各项污染物达标排放。县发改局、环保局、水务局、供电局等部门要加强监管,落实责任，监督企业落实异味治理及限产减排的各项措施,保证党的十九大、第三届中国—阿拉伯国家博览会、中国花卉博览会等重要节会期间环境安全。会议决定加快治理工程建设。宁夏泰瑞制药股份有限公司要加快深度治理设施建设进度，2017 年建成治理设施尽快投入使用，宁夏启元药业有限公司要加快耗氧池加盖建设进度，宁夏伊品生物科技股份有限公司要加快推进洗涤池加盖建设进度,整治工作见到实效。由县环保局负责,督促 3 家企业加快推动治理工程建设进度，9 月 10 日前完成治理工程建设，建成的所有环保治污设施 24 小时全天候正常运行。县环保局负责 9 月 10 日前,联合区、市环保部门组织相关领域专家对企业污染治理情况进行评估验收。根据近 2 个月各自产能和用电、用水情况,3 家企业要将生产负荷在现有基础上分别降低 50%。县环保局负责,对 3 家企业实施 24 小时环境监察，加大对污处设施运行情况的执法力度,落实企业限产治理措施,加大对异味排放的管理,加大污水排放监测力度,分别在 3 家企业的总排口安装污水限排阀,每日对 3 家企业发酵罐数量、污水排放量等指标进行管理,对照近 2 个月生产负荷情况，监督 3 家企业落实现有发酵罐使用数量和排水量分别降低 50%的目标任务。县水务局负责，对 3 家企业用水施行 24 小时监管,摸清企业取水井、取水口数量,杜绝偷取水、漏报取水行为;针对 3 家企业用水情况,分别核对水表起止码,核定近 2 个月用水量,核算出近期日用水量,建立用水台账,一日一登记,监督 3 家企业落实现有取水量分别逐步降低 50%的目标任务。县供电局负责,协调区、市供电部门配合,根据 3 家企业近 2 个月各自生产情况，分别核算出近期日均用电负荷，进到 3 家企业监督落实现有用电量分别逐步降低 50%的目标任务。县发改局负责，禁止审批 3 家企业除技改项目外的新建扩建项目，技改项目要经县政府常务会议研究同意后,报区、市相关部门备案。县委组织部负责,从县城管局抽调 5 名执法人员,县公安局抽调 2 名执法人员,市监局、安监局各抽调 1 名执法人员,充实环保监察执法队伍。县环保局负责对 3 家企业开展 24 小时无缝隙环保监察专项行动。县环保局负责,按照自治区环保厅相关要求，安装异味自动在线监控设施,实现全面布点、全方位监测。县环保局负责,根据群众投诉、动态巡查、义务监督发现的问题情况，对存在问题的企业依法依规启动按日计罚程序，初次处罚标准为上一年度产值的万分之零点五,保证环境违法行为得到查处,环境秩序得到有力维护。县环保督察整改督导组牵头,人大、政协参与,对县发改局、环保局、水务局、供电局等部门履行监管责任情况进行监督检查，每日一督查,每日一通报,对未按要求开展工作的部门进行通报,被通报 3 次以上,交县纪委(监察局)严肃处理。

【金润通实业有限公司支持创业就业等专题会议】 9 月 13 日,政府县长李润军主持召开专题会议,研究金润通实业有限公司支持创业就业、犇旺养殖企业育母返犊合作、财政专项扶贫资金使用、美丽村庄资金整合使用、闽宁镇重点项目建设等相关事宜。常务副县长杨锋、副县长张文及扶贫办、闽宁镇、信用联社、金润通实业公司、犇旺养殖企业等相关部门负责人参加会议。会议研究闽宁镇金润通实业有限公司支持扶持建档立卡贫困户创业就业合作事宜。决定由金润通实业有限公司商农信社制订具体的支持扶持方案，金润通实业有限公司将闽宁镇商贸汽车物流园建成的商网，租赁或出售给闽宁镇的移民群众（重点扶持建档立卡贫困户),提供抵押担保、贴息,免前三年的管理、供暖费用，农信社给予建档立卡贫困户基准利率的贷款支持,解决农户装修、创业资金问题。闽宁镇加强与农信社的合作,将 110 国道两侧、新镇区商网也纳入此次的合作中,争取金融支持,鼓励更多的群众自主创业就业,总结合作经验,打造脱贫攻坚的品牌。研究犇旺肉牛养殖育母返犊合作事宜,决定犇旺养殖公司制订具体合作方案,与农信社协商核算优惠利率和利益点,针对闽宁镇有养殖意愿的群众,由农信社对建档立卡贫困户按照基准利率给予贷款支持,一般农户按农信社自营贷款优惠利率执行,犇旺养殖公司按照核算价格的 50%,先期为养殖户提供怀孕基础母牛,养殖户进行养殖,牛犊生下后,犇旺以高于市场价 10%的价格进行收购,扣除基础母牛余款后支付给养殖户,每户最多可购置 5 头。会议研究扶贫产业担保基金指标事宜,决定 2017 年自治区财政厅下达永宁县扶贫产业担保基金预算指标 2000 万元,加上先期的 500 万元,注入到信用联社作为担保基金,按 10 倍比例放大,融资贷款 2.5 亿元,主要用于闽宁镇各类产业的发展,农信社给予融资企业利率的优惠。会议研究闽宁镇武河村美丽乡村资金整合使用事宜,决定将自治区下达永宁县 2016 年财政扶贫资金中第五批 442 万元、第六批 183 万元、第七批 648 万元和脱贫攻坚地方政府债券 310 万元的改善农村贫困地区基本生产生活条件的资金,计 1583 万元,用于武河村美丽乡村建设。会议研究永宁县 2017 年财政专项扶贫资金使用方案,决定原则同意扶贫资金使用方案。会议研究闽宁镇重点项目建设事宜。县政府杨锋、张文、刘志刚、撒奋勇、王勇强、孟庆禹、吴晓楠,县农村信用社常正奎、荀建东、俞爱东、高智勇,金润通实业有限公司马汉蔚,犇旺养殖公司王瑞刚参加会议。

【全县债务化解专题会议】 10 月 11 日,县长李润军召开专题会议,研究全县债务化解工作。政府常务副县长杨锋及财政局、审计局、欣荣公司、产城公司等负责人参加会议。会议认为,近年来,永宁县在新型城镇化建设、补齐发展短板、打造美丽新永宁进程中,加大小城镇中心村建设、基础设施建设、水利、绿化工程建设、公共服务、失地农民养老保险等方面的投入力度,取得成效,但是也形成一定的政府债务,对地区经济发展产生一定的负面影响。会议要求各部门要高度重视债务化解工作,强化债务主体责任意识,保证政府性债务降至警戒线以下,控制合理的负债范围。全面核查债务底数,分类测算各项债务,保证债务按期偿还。由财政局、产城公司负责,通过资产处置等方式加大债务偿还力度,盘活闲置资产,大幅度降低债务率,保证债务化解工作取得实效。严控政府投资项目规模,压缩财政拨款支出安排的出国(境)费、车辆购置及运行费、公务接待费支出。争取自治区土地出让等方面的相关优惠政策,增加财政收入,化解政府债务。财政局负责,制订债务化解方案和债务风险应急预案,由产城公司负责,制订资产剥离方案。

【购置比亚迪纯电动公交车用于县城环城公交线路运营专题会议】 10 月 12 日,政府县长李润军主持召开专题会议,县委常委、政府常务副县长杨锋、政府办、发改局、财政局、交通局负责人参加会议,研究购置比亚迪纯电动公交车用于县城环城公交线路运营事宜。会议决定由财政局负责通过单一来源招标采购方式,按照每辆车 65 万元左右的价格,从望远工业园区比亚迪公司购置 15 辆比亚迪 k7 纯电动公交车。按照标准配置采购安装充电桩,每个充电桩价格在 2.4 万元左右。采购的纯电动公交车,主要用于县城环城公交运营,由县交通运输局负责,合理制订公交运营方案,报政府批准后实施。

【望远工业园区在项目建设、招商引资专题会议】 10 月 25 日,县长李润军在望远工业园区管委会会议室主持召开专题会议,县委常委、统战部部长、望远工业园区管委会党工委书记、望远工业园区管委会主任、闽宁镇党委书记钱冬参加会议,会议听取望远工业园区在项目建设、招商引资、安全生产和环保治理等方面的工作完成情况。望远工业园区管委会、望远镇、发改局、住建局、环保局、审计局等相关部门负责人参加会议。会议要求,望远工业园区管委会、经合中心等相关部门要高度重视、紧密配合,围绕全县发展方向,督促协调在全国工商联、中阿博览会等大型投资活动中签订合同、协议的项目尽快落地开工。加快推进招商引资落地项目、工业企业技改项目、政府类投资项目建设。望远工业园区、环保局等部门主动作为,加大对启元药业、泰瑞制药限产管理力度;尽快解决二污厂稳定达标排放问题，及时销号，制订2万吨提标改造工程实施方案，为明年项目开工建设夯实基础；望远工业园区、望远镇要解决政府收储或供土地的历史遗留问题，根据入园协议，开展“僵尸”企业清理专项行动。

【大气污染防治专题会议】 11月21日，县长李润军同志带领政府副县长王辉同志及政府办公室、望远工业园区、公安局、国土局、环保局、住建局、交通局、农牧局、市监局、城管局、供电局等部门负责人，对永宁县大气污染防治工作进行督查调研，对部分砂石堆料场、供热中心等进行实地督查调研，在望洪镇会议室召开专题会议对全县大气污染防治工作进行研究部署。会议决定县环保局要监督燃煤锅炉所在单位按规定使用低硫低灰分的清洁煤，污染防治设施必须正常运行且稳定达标排放；县住建局、环保局等部门要对使用劣质煤、烟尘排放不达标的单位实施高限处罚。县住建局、城管局负责，各乡镇、街道配合，要求所有建筑工地和砂石料堆场全面落实6个100%抑尘措施，对场地内地面和出入道路路面进行硬化，堆土堆料要用抑尘网全面覆盖。2017年11月1日—2018年3月31日，县住建局等部门要监督全县除重大民生工程外的各类土石方作业和房屋拆迁施工等单位落实全部停工的要求。县农牧局要落实秸秆禁烧执法主体责任，各乡镇、街道要落实秸秆禁烧属地监管责任，县公安局、环保局、城管局等部门配合，切实加大宣传教育和监督巡查力度，实现对秸秆、垃圾、落叶禁烧的全方位监管。对妨碍或拒绝秸秆禁烧监管执法人员执行公务的，由公安机关依法依规予以行政拘留，构成犯罪的，依法依规追究相关责任人的刑事责任。副县长张文牵头，县农牧局、各乡镇负责，厘清农田秸秆数量、类型、运输距离，测算成本，制订秸秆综合利用补贴及考核办法，扩大补贴受益范围，提高秸秆的综合利用率，从源头上解决好秸秆焚烧问题。

【中央环保督察组反馈意见整改专题会议】 11月24日，县长李润军主持召开专题会议，对冬季大气污染防治及中央环保督察组反馈意见整改工作进行研究部署。县委常委、统战部部长、望远工业园区管委会党工委书记、望远工业园区管委会主任、闽宁镇党委书记钱冬，县委常委、常委副县长杨锋，县委常委、副县长陈勇，副县长马金祥、王辉、马燕、张文及各乡镇、街道、有关部门负责人参加会议。会议决定县住建局、环保局负责，望远工业园区管委会、各乡镇、街道配合，摸清全县20蒸吨以下燃煤锅炉底数，保证“东热西送”工程完成后，全面完成全县20蒸吨以下燃煤锅炉拆除任务。由公安局负责，打击黄标车和冒黑烟车辆上路行驶行为，全面淘汰黄标车、老旧车，完成区、市下达的整改任务。由各整改责任单位负责，明确整改目标、完成时限，全面整改22个中央环保督察组反馈问题，重点开展异味污染治理、城镇污水处理设施提标改造、葡萄酒庄污水处理设施改造等工作。

【中央环保督察反馈问题整改专题会议】 12月18日，县长李润军主持召开专题会议，研究中央环保督察反馈问题整改工作相关事宜。县委副书记、政法委书记杨宝文，县委常委、统战部部长、望远工业园区管委会党工委书记、望远工业园区管委会主任、闽宁镇党委书记钱冬，县委常委、常务副县长杨锋，副县长马金祥、王辉、马燕、张文及望远工业园区管委会、政府办、发改局、公安局、国土局、环保局、住建局、交通局、水务局、农牧局、林业局、市监局、城管局、各乡镇、街道等单位负责人参加会议。会议决定望远工业园区管委会负责，督促企业主动承担环境污染治理主体责任，尽快完成调试，完成项目工程竣工和设备验收，保证污水处理设施正常运行，出水水质稳定达到《城镇污水处理厂污染物排放标准》（GB18918—2002）一级A排放标准。如若出水水质不能稳定达标，着手依法解除与北控水务有限公司签订的合同，聘请有资质、有能力运营的企业接管第二污水处理厂。由县法制办负责，督促法律顾问对县人民政府与北控水务有限公司签定的合同进行梳理，为下一步解除合同做好准备工作。县人民检察院负责，县审计局配合，开展清产核资工作，如若出水水质不能稳定达标，立即提起公益诉讼，真正做到“谁污染，谁负责，谁赔偿”。会议决定县住建局负责，尽快完成第一污水处理厂调试，进行竣工验收和环保验收，保证污水处理设施正常运行，出水水质稳定达到《城镇污水处理厂污染物排放标准》（GB18918—2002）一级 A 排放标准。排查 20 蒸吨以下燃煤锅炉，巩固 20 蒸吨以下燃煤锅炉淘汰成果，超额完成区、市下达的淘汰任务。会议决定县发改局负责，环保局配合，加大油气回收治理力度，全面完成加油站油气回收治理工作，新扩建加油站项目必须同步建设油气回收装置。监督宁夏唐明制药有限公司落实水源地保护及关停、搬迁各项工作措施。会议决定县环保局负责，望远工业园区管委会、发改局等部门配合，完成企业停产整治期间的环境监督工作，对接中科院，联系有资质的技术单位指导、帮助企业开展异味污染治理设施的新建和改扩建。完善网格化环境保护监督管理机制，提升环境保护监督管理水平，营造社会共治格局，改善全县环境质量。针对盛富兴锅炉拆除问题，要切实做到锅炉移位、烟囱落地、水电切断。会议决定县林业局负责，督促有关酒庄按照自治区环保厅与葡萄酒局联合下发的技术指南要求建设污水处理设施，尽快完成工程验收。会议决定县公安局负责，全面淘汰黄标车、老旧车，超额完成自治区、银川市下达的工作任务。

民生工作

【概况】 2017 年，县人民政府破解民生难题，落实县十八届人民代表大会第一次会议通过的《民生工作报告》确定的各项计划，投入资金 25.32 亿元，完成既定的各项目标任务。

【教育投入力度加大】 投入 2.5 亿元，实施望远九年一贯制学校、玉海幼儿园、武河幼儿园及教师周转房等基础设施 11 个。投入 3671 万元，配置现代化教育设施设备，实现教育信息化全覆盖。新建永宁二小特殊儿童教育资源室，成立国家开放大学宁夏永宁学院暨宁夏广播电视大学永宁分校。全面落实免除义务教育阶段学生作业本费、成长教育课本费，高中学费、课本费等教育惠民政策，发放助学补助及奖励 2004 万元，学前教育、义务教育、高中教育、特殊教育和职业教育得到全面协调发展新增学前教育学位 1440 个，学前三年入园率达 119.4%，小学、初中适龄人口入学率分别达 100%、98.5%，高中阶段毛入学率达 87.5%，均高于全区平均水平。高考一、二、三本上线率 73.7%，中考 600 分以上学生 307 人，比 2016 年增加 123 人。投入 120 万元培训校长、教师 1000 多人次，全年交流轮岗 200 多人。成立名师工作室 12 个。选调优秀教师、新增特岗教师、高级骨干教师等 138 人，全县教师结构得到优化，师资力量得到加强。

【健康永宁工程】 宁医大胸科医院竣工，县中医院、望远镇和望洪镇卫生院迁建及陆坊小镇社区卫生服务站建设项目推进。创建区级第四批群众满意基层医疗卫生机构 15 家，城乡社区卫生计生服务体系完善。开展县级公立医院综合改革，新招聘 30 名临床医生充实到乡镇卫生院，推动县乡村医疗卫生服务一体化管理落实，分级诊疗制度逐步完善。308 名医务人员投入到家庭医生签约服务工作，完成普通人口签约 75708 人，重点人群签约 53963 人。坚持计划生育基本国策，落实全面二孩生育政策。全县人口出生率 12.77‰，人口自然增长率 8.53‰，计划生育政策符合率达 98.24%，出生婴儿性别比为 100:103，全面完成区、市下达的目标任务。落实医疗惠民政策，兑现“少生快富”项目帮扶、独生子女保险、特殊困难家庭救助等补助资金 423.93 万元。累计建立健康档案 18.38 万份，建档率 78.43%。完成农村妇女免费宫颈癌、乳腺癌检查 8623 人，新生儿免费四病筛查率、听力筛查率分别达到 97.69%、96.71%，发放农村产妇住院分娩补助 1408 人 56.32 万元。

【社会保障体系完善】 全县参加城乡居民养老保险、医疗保险人数分别为 8.15 万人、18.62 万人，参保率分别达到 104.9%和 104%，发放社保卡 22.98 万张。5466 名被征地农民按时领取养老金 596.89 万元。建档立卡户大病患者保险起付额由 9500 元下降至 3000 元，大病患者住院报销比例提高 12 个百分点。城乡居民、企业职工离退休人员养老金人均每月分别增资 30 元、138 元。收缴农民工工资保证金10066.56万元，收缴率达100%，发放农民工工资1440万元，切实保障农民工合法权益。

【社会救助】 扩大医疗、临时救助覆盖面，大病救助门槛由3万元下降至2万元，乡镇临时救助审批权限由1000元提高至2000元。推进扶贫线与农村低保线实现“两线合一”，将64户109人建档立卡户纳入社会兜底扶贫保障范围。投入1009万元，实施“56789”暖心工程。完善残疾人社会保障体系和流浪乞讨人员救助工作机制，加强农村留守儿童管护工作，累计发放各类补助资金8400余万元。新建社区康复站3个，免费配发轮椅249辆、辅助器具1074件，残疾人精准康复服务率达61.5%，辅助器具适配率达99.81%。加强全县28家老饭桌管理。

【全民创业推进】 完善就业创业服务体系建设，建成宁夏创业谷创业孵化基地、银川北方国际物流城创业孵化示范园等16个创业基地，新建闽宁国际汽车物流园、李俊镇古光村2个返乡农民创业示范基地。发放创业担保贷款521笔3685万元，为1391人贴息545.61万元。发放农村妇女小额担保贷款1047户6835.5万元，贷款贴息资金232.78万元开展城乡职业技能培训30期1493人，新培育小企业264家，培养小老板371名。创造新岗位3192个，购买公益性岗位102个。全民创业带动就业2625人，自主创业带动就业334人，发放就业补助资金1467万元。新培育劳务派遣公司6家，劳务经纪人26名，农村劳动力转移就业2.12万人，实现劳务收入2亿元，城镇新增就业5823人，城镇登记失业率控制在3.6%。

【城乡安居工程】 实施利民广场综合改造工程、武河村和原隆村美丽乡村建设，成功申报纳家户市级特色小镇、闽宁镇国家级特色小镇。居民生活环境改善。实施县城公厕改造提升工程，城区公厕覆盖率达100%，农村改厕847户。维修路灯2442套，更换排污、排水各类井盖1593套，市政设施完好率达到98%。改造老旧小区1812户，公租房配租1860套，解决群众安居问题。实施南部水厂改扩建、望远城市饮水、闽宁供水厂至高位蓄水池输水管道等工程，提高全县供水能力。成立环卫调度中心，创新“资源垃圾积分兑换商品”模式推广生活垃圾分类。开展爱国卫生运动，清理各类垃圾5万余吨，清理城市“牛皮癣”4万余处，对全县98个居民小区和公共绿地、湖泊水系等开展病媒生物集中消杀，营造整洁卫生的人居环境。

【生态建设】 整改落实中央环保督查反馈问题，实施“蓝天碧水·绿色城乡”专项行动，开展城乡环境综合整治“八大提升工程”，打好大气、水、土壤污染“三大战役”，在全区首先完成县城建成区20蒸吨以下燃煤锅炉淘汰、黄标车淘汰及油气回收治理任务。建立秸秆综合利用补偿机制，农作物秸秆综合利用率达98%。开展院地合作，推进异味治理。完成县城第一污水处理厂、永宁(望远)第二污水处理厂提标改造，闽宁镇污水处理厂及胜利中心村等13个污水处理站建成使用。全面加强土壤基础调查和监测网络建设工作。投资7491万元，实施307国道景观绿化、永清路至黄河大桥连接线绿化、艾依河生态园等工程，新造林316.8公顷，经济林290.4公顷，封山育林330公顷。改扩建葡萄酒庄6座，新建标准化示范园区4个。全县建成区绿化覆盖率、绿地率分别达到38.5%、36.2%。开展全县湿地确权工作，实施永二干沟及中干沟人工湿地项目，县域134条河湖水系实行河长制管理。成功创建国家园林县城。

【支农惠农工程】 投资8.6亿元，建设高标准农田19536公顷。实施李俊镇东方、雷台片区千亿斤粮食、江河湖库水系连通等工程，新增高效节水喷滴灌溉面积1650公顷。推进农业标准化生产，开展化肥、农药、除草剂减控行动，建设农业标准化生产基地33个，制定标准化生产技术规程32项80条。完善农产品质量监测体系、全程可追溯体系，加强75家农业投入品销售网点在线监管，农产品定性检测合格率达99%以上，定量检测合格率达98%以上。投资1100万元，新建望洪农业气象试验站。

【脱贫攻坚工程】 2017年闽宁镇农村居民人均可支配收入12341元，增长15%。争取区、市扶贫专项资金7375万元，推进扶贫信贷发放，发放各类贷款11.59亿元、互助资金2200万元，设立原隆村创业就业和产业发展基金 560 万元，解决移民发展资金短缺难题。落实兜底保障政策，投入 49.73 万元为 1691 户建档立卡户办理“扶贫保”。全面落实建档立卡学生学前教育“一免一补”、中小学年度定额补贴政策，发放“金秋助学”“雨露计划”等教育补助 739 人 50.95 万元。

【文化惠民】 推进永宁县综合文化艺术体育中心项目建设，建成闽宁镇文化活动中心及永康社区、靖益中心村等 10 个综合文化服务中心，提升改造李俊镇、胜利乡文化广场，打造李俊镇镇史馆、政权村村史馆、许桥村红白喜事活动室，为发展文化事业、传播良好民风民俗“搭好台”。开展文化科技卫生“三下乡”、“深入生活·扎根人民”百场文艺进基层等文化活动 270 场次。投入 42 万元用于扶持民间文艺团队运营发展，组建广场舞表演队、秧歌社火队、秦腔自乐班等乡土人才队伍 40 余支，传承和发展民间传统文化。首先在全区建立文化指导员、管理员运行机制，配备基层文化指导员 10 名、管理员 60 名。全面加强文化遗产保护传承。安装健身路径 87 套 1300 多件，建成“15 分钟健身圈”，实现人均公共体育场地面积 2.5 平方米。

办公室工作

【概况】 2017 年，县政府办公室充分履行“参与政务，管理事务，搞好服务，协调联系”职能，发挥办公室的联络中枢、协调纽带、参谋助手和后勤保障作用，完成县委、政府交给的工作。

【理论学习】 参加县委中心组学习，学习党的路线方针政策，学习十九大精神特别是习近平新时代中国特色社会主义思想，学习十九大报告、新修订的《中国共产党章程》《习近平总书记系列重要讲话》及其他中央领导、自治区、银川市各级领导的讲话精神、自治区第十二次党代会精神。

【办文办会】 2017 年印发《永宁县政府办公室发文工作制度》《永宁县政府办公室来文处理工作制度》，对收文、发文程序规范化、精细化管理，尤其是对领导阅后的文件按时收回存档。2017 年共处理各级各部门来文 1696 余件，保证各级文件精神及时准确的上传下达。改进文风，保证不该发的文件坚决不发。共制发政府、政办各类文件 601 份，文件规格、文稿内容都得到精简和精炼。

【周全办会】 按照精简会议的要求和实际工作需要，尽量压缩会议的数量、规模，尽可能地节约会议开支。做好会前、会中和会后各项工作，提高办会质量，保证政府办组织召开的会议都开得精简成功。全年，筹备县政府常务会 17 次，政府专题会议 97 次，保证县政府各项工作的正常开展。

【政务信息公开】 2017 年印发《永宁县人民政府 2017 年政务公开工作要点》，对全县政务公开工作进行安排部署。按照《政府信息公开条例》规定，对全县行政决策、执行、管理、服务、结果、重点领域信息公开，以公开为常态，不公开为例外的原则，依法依规全面进行公开。发挥永宁政府公众网、政务微博、新闻媒体等信息公开平台和渠道作用，推进财政资金、公共资源配置、重大建设项目、环境保护、食品药品安全等重点领域的信息公开，加强民主政治建设，提高政府公信力。全年在永宁政府公众网发布涉及重点工程、人事任免、企业办事和教育、医疗等民生实事信息 9250 余条，位居银川各区县首位。

【信访工作】 解决群众反映的信访问题，维护群众的根本利益。2017 年，接待受理群众来信来访来电 376 批 1427 人次，与去年同期 398 批 2607 人次相比批次减少 22 批人次减少 1180 人次，同比批次下降 0.6%人数下降 45.3%。其中，受理个访 313 批 374 人次，与去年相比批次增加 42 批人次下降 19 人次，同比批次上升 15.5%人数下降 4.8%；接待集体上访 63 批 1053 人次，与去年相比批次减少 64 批人次减少 1161 人次，同比批次下降 50.4%人数下降 52.4%。

【外事和侨务工作】 加强外事联络接待工作，强化因公出国(境)管理，严把出国任务审批关，协调做好有关人员的出国考察工作，全年没有发生一例滞留不归和违反外事纪律的现象。充分发挥外事职能作用，做好服务工作，全年共接待外国、香港地区代表团等外事活动以及国家、自治区、银川市领导、有关县区参观考察观摩永宁县经济社会发展82批次,1600余人。提升永宁的知名度,充分发挥对外宣传永宁的作用。

【督查工作】 结合《政府工作报告》、全县重点工程、常务会议、县长办公会议及专题会议的决定事项等,采取催办督查、专项督查、全面督查、跟踪督查等方式,检查催办。重点围绕年初确定的重点工程跟踪督查,根据规定的时限逐项抓督促、检查,及时将落实情况向县领导汇报,地促进各项工作的落实,对全面推进全县经济建设和社会各项事业的发展发挥重要作用。全年开展各项督查100余次,编发《督办通知单》23期,督查、督办通报68期。

【人大议案、政协提案的办理督查】 督促做好区、市、县人大议案、政协提案及意见建议的办理工作,适时组织县人大代表和政协委员视察重点项目、重点工作、议案、提案办理情况,督促完成区、市、县各级议案、提案、意见建议全部75件的办理工作。

【信息调研】 全年整理上报区、市政府综合信息690条,被区、市政务信息采用10条,政务信息报送量在区、市均位属前列。围绕县政府工作重点和社会热点,主动开展调研工作。完成城乡建设、工业发展、“三农”工作、民生实事、文化旅游、公立医院改革、法治政府建设、党建工作创新等多篇调研报告,为领导决策提供较好的参考。完善政府工作信息化基础设施体系,推进政府门户网站改版升级,全县各单位实现公文无纸化传输处理。

【应急管理】 调整应急管理工作人员,修改完善《永宁县突发公共事件总体应急预案》等13项专项应急预案,从制度上落实监管责任。加强应急平台管理,配合区、市应急办进行视频点名、移动应急平台演练达36余次,实现与自治区、银川市政府应急平台交互对接。执行24小时值班制度和领导带班制度,突发事件信息报送工作,向自治区、银川市政府上报应急信息73条。防范和处置各类突发公共事件。

【后勤保障】 完成全县行政综合执法执勤用车平台建设,上半年执法执勤用车平台出车总量达到3959余次,安全行驶343568千米,尚未出现交通安全事故。根据工作需要,对会议服务人员进行会议服务礼仪教育,加强自身管理,提高服务质量,全年承办各类大小会议810次,参会人数达20460人次。6月13日“全国低碳日”当天,组织各公共机构在杨和大街开展主题为“节能有我、绿色共享”集中宣传活动。此次主题日宣传活动中共发放环保购物袋6000个,节能宣传画1000个,节能宣传折页5000个,开展废旧电池回收置换节能灯泡活动,累计回收废旧电池500个。

法制工作

【概况】 2017年,政府法制工作以《永宁县法治政府建设实施方案(2016—2020年)》《永宁县2017年法治政府建设工作计划》为主线,推进依法行政和法治政府建设,全县法治政府建设工作有新的提升。

【行政审批制度改革】 在2014年成立全区第一个县级行政审批服务中心的基础上,于2017年2月挂牌成立永宁县行政审批服务局,承接2013年以来国务院、自治区下放的65项审批事项,持续各项改革举措。按照相对集中行政许可权要求分批次划转15个部门的361项行政审批及服务事项,再造审批流程,减少4902个工作日,取消57个申请材料。开展审批事项第六轮“瘦身”、“审批改备案”和“五证合一,一证一码”登记制度改革,规范证照管理,完成对增加企业和公民负担证照的清理,拟保留113项,取消9项,合并5项。畅通并联审批,实行“互联网+行政审批”,推进“不见面,马上办”改革,网上办理事项达60%。试行“一表通”审批模式,简化审批手续,便捷群众。清理规范行政审批中介服务,推进行业协会商会与行政主管部门在机构、职能、财产、人员、党建、外事等方面脱钩,全面摸排162家行业协会商会,实现脱钩72家,彻底改变行业协会商会行政化倾向。

【权责清单管理】 组织专项调研督查,监督各乡镇、部门落实“两个清单”制度。组织开展权力清单和责任清单管理系统信息录入工作，按时完成所有录入和审定公布工作。制定《永宁县权力清单和责任清单动态管理办法》，建章立制，对权责清单动态管理工作做出具体规定。遵循“有权必有责，权责须对等”的原则，按照相对集中行政许可权改革试点工作和城乡管理综合执法体制改革的要求，对集中划转调整的权力清单进行动态调整，做到各项改革举措、权力划定与权责清单保持一致。集中清理 2016 年以前免征、暂停、降标涉企收费 36 项，清理 2016 年当年收费 55 项，其中，免征涉企收费 18 项。

【市场监管】 配合区、市发改委做好在永投资企业投资项目核准、立项服务工作和企业注册登记工作。首先在全国县级登记机关推行“三证合一”“一照一码”登记工作，从 10 月 1 日起，全面实行“多证合一，一照一码”登记模式，办理“多证合一，一照一码”新注册企业登记营业执照 38 个。实施企业简易注销登记，受理简易注销申请 32 户，办结 13 户。加强事中事后监管，落实“双随机一公开”制度，建立市场主体名录库和执法检查人员名录库，将抽查检查结果通过公示系统公开。以食品、药品、医疗器械、建筑材料、特种设备、不正当竞争等为重点打击各类违法违规行为，全年查处各类违法案件 57 起，办结 48 起，罚没款 65.65 万元。

【行政规范性文件管理机制完善】 年初转发公布《宁夏回族自治区行政规范性文件制订和备案办法》，对行政规范性文件的制发程序和报备工作提出刚性要求。县政府各部门都能遵守制订和备案程序，完成委托起草任务，广泛公开征求意见，依程序移送进行合法性审查，提交政府集体讨论研究。

【行政规范性文件合法性审查】 县政府坚持落实前置审查制度，采用“法制办+政府法律顾问”协作模式，审查各部门报县人民政府制发的行政规范性文件时重点对是否违反上位法规定、增设义务、限制权利、自我授权、规避责任的情形进行比对、审查，在前置审查阶段发现问题件 7 件，均以书面形式反馈给起草部门进行修改完善，杜绝违法“红头文件”的出台。

【行政规范性文件报备】 按照法定程序完成行政规范性文件报备，县人民政府制发的行政规范性文件均在法定期限内向市人民政府和县人大常委会进行报备。落实政府部门、乡镇规范性文件“有件必备，有错必纠”的规定，要求政府各部门、乡镇人民政府自行制发的规范性文件履行备案审查制度，报送备案，收备乡镇人民政府和部门规范性文件 6 件。

【完成行政规范性文件清理】 县人民政府法制办牵头对县人民政府、县人民政府办公室制发的行政规范性文件进行全面梳理汇总，形成目录后两次下发各执行机关征求意见，结合区、市印发的清理依据和清理结果，比对审核，对 131 件现行行政规范性文件提出具体清理意见，报经县人民政府常务会议审定，决定保留 91 件，废止 34 件，拟重新修改 6 件。

【公众参与、专家咨询论证和风险评估程序履行】 初步遴选 80 位行业专家拟建立政府重大行政决策专家咨询论证委员会，进行资格审定。以逐步健全的行政决策制度为引领，县人民政府及各部门遵循公众参与、专家论证、风险评估程序，在做出重大决策前，采取公示、实地调研走访、召开座谈会、听证会、专家评审会和县政府专题会议讨论等方式充分听取意见建议。

【政府决策合法性审查】 县政府法制办和法律顾问在政府性合同审查列席政府会议，现场提供法律意见，为政府决策“看诊把脉”，参与重大涉法谈判，全方位提供法律服务。2017 年政府法律顾问、政府法制办共审查修改各类合同等 52 件，列席各类政府会议 16 次，参与各类听证和涉法谈判 6 场次，充分发挥参谋、助手作用。

【行政决策责任追究】 2017 年，加大对安全生产、环境保护、会风会纪等方面问题的问责追责力度，严肃查处一批责任落实不到位、不作为、乱作为问题，约谈科级干部 45 人，其中，乡镇、部门党政主要负责人 27 人；问责 79 人，其中，科级干部 25 人。

【行政执法体制改革】 组建永宁县城乡管理综合执法局，整合住建、林业、环保、水务等 7 个部门的 400 项行政职权事项划转综合执法局集中行使，破解多头执法，重复执法、执法力量分散等问题。

【行政执法信息共享】 为全面实现行政执法和刑事司法的衔接，8月下旬组织召开“两法衔接”工作推进会和平台操作培训，紧盯行政执法部门专网联通和信息共享。全县有23家行政执法单位联通“两法衔接”平台，累计录入案件226件，其中，检察院建议移送涉嫌犯罪刑事案件10件，公安机关立案5件，实现行政处罚和刑事司法的无缝对接。

【执法人员管理】 建立全县行政执法人员档案，开展内部行政执法人员评议考核工作。对执法资格进行动态管理，陆续对调离执法岗位、退休或调离本县的56名执法人员进行清理，收回证件56本，在证件管理系统中进行核销。

【企业信用建设】 制订工作实施方案和联席会议制度，对全县31个部门的62名人员进行培训指导，在年中进行导检查，督促各部门做好信息系统的应用，归集涉企信息。县市场监督管理局将未按时年报的546家企业、隐瞒真实情况的32家企业审核列入“信用中国”企业经营异常名录，县人社局将拖欠农民工工资的16家不诚信企业、25名不诚信承包人及法人在政府门户网站上进行公示。举办农民工工资支付诚信承诺企业申报认定活动和典型案例评选活动，评选诚信承诺企业3家。

【公务员信用体系建设】 年内组织15名拟提拔任用干部和30名试用期满干部填报个人有关事项报告表，审核受理34名厅处级、589名科级领导干部填报个人有关事项报告，配合区、市党委组织部抽查核实11批40人次，核实个人有关事项报告2批25人次。印发《关于填报永宁县科级以下公务员诚信信息登记表的通知》，以中国人民银行官方征信信息为基础，结合纪检监察机关、公安机关等多部门信息反馈，全面完善公务员信用信息记录，普遍建立公务员诚信档案。

【规范行政应诉】 在行政应诉中自觉接受人民法院司法监督和检察机关的法律监督，协调政府法律顾问和政府涉诉部门（单位）开展涉诉举证工作，配合人民法院开展调解，听取相关司法建议，督促相关单位履行人民法院生效判决。建立行政诉讼案件定期专报研讨机制，政府法制办向县人民政府上报6期行政诉讼专报，多次邀请法院、检察院同志参加专题会议，研究重大执法问题和矛盾纠纷化解工作。2017年，政府被诉行政诉讼案件38件，开庭审理27件，行政负责人或委托政府法制办工作人员出庭应诉率100%。

【依法兑现承诺】 多渠道征集回应群众诉求，回应银川市长信箱受理咨询、投诉、建议类帖子83条、人民网地方领导留言板收到诉求留言2条、“书记县长信箱”发布咨询、投诉、建议类帖子422条，均交办答复完结，交办答复率100%；永宁政务微博受理微博咨询、投诉、问政661条，办结率99%以上。

【依法审计监督】 县审计局坚持“全面审计，突出重点”的工作方针，重点对财政预算执行、政府投资项目、经济责任审计等122个项目进行审计，下发审计决定6件，提出整改建议45项，查处违规资金1.29亿元，管理不规范资金32.9亿元，实现审计监督全覆盖。

【矛盾纠纷调解工作】 人民调解组织网络日趋完善。经摸查，全县有调解组织127个，其中，村(居)调解组织89个，乡、镇、街道调解组织7个，市场调解组织8个，企业调解组织6个，专业调解组织17个；调解员1563名，其中，专职调解员20名，兼职调解员1543名，基本实现全县范围内各级各类调解组织全覆盖。建立“一方牵头，多方联动”化解大案新机制。公、检、法、司、信访、发改、土地、城建、社保等部门协调配合，同向发力，完善诉调对接机制，探索“人民调解+律师专业调解”方式，化解多起重大信访遗留案件和重大疑难纠纷。开展矛盾纠纷排查和信访信息预警。2017年，全县每半月开展一次矛盾纠纷和重点隐患排查工作，全县各级各类调解组织排查纠纷169次，预防纠纷127件，排查出各类矛盾纠纷1728件，调解1728件，调解成功1718件，成功率99.4%。加强重点节会期间矛盾纠纷排查力度，结合领导干部下访、回访，重大信访问题县委、政府集体研究，组织召开信访联席会议3次，信访专题会议5次，集中化解一批重大信访问题。充分发挥社会治安综合治理矛盾纠纷信息系统平台作用，增强基层矛盾纠纷反馈时速，发挥一线调处作用，受理纠纷7017件，化解5956

件,化解率 84.9%以上。

【依法化解社会矛盾】 2017 年,收到行政复议申请 6 件,受理办结 2 件,维持 2 件,未办结 4 件,发挥行政裁决定纷止争作用,年内办理土地权属争议案件 3 件。人民陪审员、调解员、案件联络员调解纠纷 493 件。县劳动人事争议仲裁委员会受理争议案件 74 件,办结 62 件,其中,调解结案 42 件,裁决结案 20 件,涉案标的 1090.95 万元,涉及劳动者 163 人,为劳动者和用工单位追回权益损失 432.57 万元。强化劳动争议基层调解,建立劳动争议调解委员会 69 家,劳动争议调解小组 396 家,培养劳动调解员 464 人,全县各级劳动争议调解组织受理调解案件 33 起,涉及劳动者 46 人,涉及金额 48 万元。

【领导干部学法用法】 县委中心组组织开展 4 场专题报告会,县委领导带头领学《中共宁夏回族自治区委员会实施〈中国共产党问责条例〉办法(试行)》《中国共产党巡视工作条例》《宁夏回族自治区大气污染防治条例》等党内法规和地方性法规。11 月初组织开展法治政府建设专题培训班一期,邀请区法制办领导为全县科级领导干部上课。组织 8 名拟提拔领导干部进行任前法律知识测试,将推进依法行政建设法治政府作为领导干部任职考核、职务晋升的依据之一。依托宁夏干部网络培训学院和国家工作人员学法用法平台,组织全县各单位 4064 名在职在编人员参与“无纸化”网络学法考试,组织 30 名县处级干部、325 名科级干部、290 名一般公务员参加干部教育网络学习。

【全民普法力度】 拓展“互联网+法治宣传”服务,以“法律十进”为抓手,开展各类专场法治文艺演出、法律知识讲座、法治书画评选活动,邀请职业律师和司法工作人员下到企业、社区和扶贫户家中讲授法律知识,答疑解惑。结合“3·15”维权周、“12·4”宪法宣传日等活动开展法治宣传活动,举办各类法治讲座 20 余场,组织法治文艺演出 22 场,宣传法律法规 23 部,累计发放各类法治宣传资料 5.37 万份,受教育人数 5.37 万余人次。坚持把开展创建活动作为普法依法治理的重要载体,开展依法治县、民主法治示范村(社区)等法治示范创建活动和 2017 年度“百名法治模范”“十大法治人物”“十大法治新闻”评选活动。搭建多元素普法平台,开通“法润永宁”微信公众号,推送各类法治知识的为群众提供优质法律服务。完成 3 座法治教育展馆的建设,编写《司法所长札记》《书画法治人物和法治事件》等系列法治文化书籍,全方位、多视角开展普法宣传。

【完善法治政府建设工作领导机制】 成立法治政府建设办公室,启用新印章,工作经费纳入年度财政预算予以保障。绩效考核中专门设置法治政府建设分值,建立健全法治政府建设考核评价机制,定期进行督查,11 月初县委政府召开法治政府建设推进会,督促各项工作落实,形成齐抓共管、整体联动、强力推进的工作合力。

【法治政府建设落实】 印发《永宁县法治政府建设实施方案(2016—2020 年)》《永宁县 2017 年法治政府建设工作计划》,对全县法治政府建设工作进行五年规划,对 2017 年度工作要点做出安排。2017 年第一季度按要求向县委、人大报送法治政府建设工作报告,7 月分别向区、市法治政府建设办公室报告法治政府建设、改革情况。

【配强配齐法制工作人员】 由政府常务副县长分管法制工作,选优增配县政府法制办工作力量,配备法制办主任 1 名、工作人员 2 名,所配人员都是法律专业公务员。

【法治政府示范创建】 印发《永宁县人民政府办公室关于开展建设法治政府示范创建活动的通知》,确定 8 家年度示范创建单位,细化 46 项创建评价标准,6 月、10 月两次对 8 家示范创建单位开展考评,就法治政府年终考核对示范创建单位进行验收、表彰。

【法治政府建设宣传】 在县政府门前、市民服务大厅等处悬挂专题展板,制作发放手提袋、法治年历 8000 份。在政府门户网站开设政府法制建设专栏,累计发布政府法制信息 55 条。每月发一期的“法治永宁”手机报,累计编发 20 期,年内累计向区、市法治政府建设办公室上报信息、简报 33 期。

政府信息公开工作

【概况】 2017年，全县政务公开工作全面落实政务公开各项目标任务，全面推进决策、执行、管理、服务、结果公开。建设政务公开平台，细化任务分工，扩大公众参与，增强公开实效。

【组织领导】 年初，全县对政务公开工作领导小组进行调整，成立以县长为组长，常务副县长为副组长，各有关部门负责人为成员的政务公开领导小组。县政府挂牌成立政务公开工作办公室，由2名专职、3名兼职工作人员负责，全县各部门、各乡镇、街道成立相关机构。县长在8月28日主持召开专题会，听取政务公开工作情况。

【健全工作机制】 印发《永宁县人民政府信息公开制度》《永宁县人民政府信息依申请公开制度》《永宁县人民政府信息公开保密审查制度》《永宁县人民政府信息公开年度报告制度》《永宁县政务公开各成员单位工作职责》明确各部门职责。

【监督考核】 2017年，政务公开工作采取平时抽查、季度督查、半年检查、全年考核等形式对各单位政务公开情况进行督查检查通报。将各乡镇、各部门政府信息公开工作纳入全年绩效考评体系进行考核，制定考核细则，在年底的考核中将36个县政府组成部门、乡镇分组依次考核，结果公开。

【政府网站建设与管理】 按照政务公开栏目设置要求，开设规范性文件、环境保护、食药品安全、产品质量等子栏目，公开的内容更加全面。对永宁政府公众网进行全面改版，按照政务公开要求进行栏目设置，嵌入全文搜索引擎，11月上线运行。全年共发布18个办事科室、窗口的各类办事项目服务信息475条。2017年，案政务微博48个，微信公众号36个。县各行政单位全年通过政务微博微信共发布信息2286条。

【舆情处置】 对涉及全县的重要政务舆情、重大突发热点问题，按程序第一时间通过网上发布信息、召开新闻发布会、接受媒体采访等方式予以回应。全年化解“城管大队执法纠纷”“中央环保督查组投诉”“勒索病毒”等舆情。全年编辑《舆情月报》8期，舆情专报2期，回复网上投诉、咨询类帖子700余条，处理突发舆情8起。

【主动回应社会关切】 完善“书记县长信箱”“网上咨询”等功能。成立网信办，专门负责网民留言办理工作，使网民留言办理工作实现常态化、制度化。每月对各乡镇、街道、各部门办理书记县长信箱情况进行网上通报。网友通过永宁政府公众网“书记县长信箱”版块，发布咨询、投诉、建议类帖子493个。各部门上线答复帖子481个，交办答复率100%。网上公开各单位、部门办理答复统计情况7期。建言献策发布6次，意见征集结果受理6个，均转给相关单位受理，办结6个。网上发布调查1次。

【办文办会公开】 2017年，县政府各部门制发公文7973件，全年发布文件4031条，其中，县政府主动公开文件281条，发布规范性文件21条；县政府各部门发布文件信息3915条。2017年，全县按照会议公开要求，完善会议公开制度，通过邀请新闻媒体、相关利益方、群众代表出席政府常务会、专题会等会议3次。全年通过政府网站公开重要会议信息19条。

【预决算公开】 在政府公众网设立财政信息专栏，全县所有单位均按要求在县政府公众网公开县人大批复的部门预算和决算，全年发布信息1042条。全县122个预算单位年度财政拨款支出安排的出国(境)费、车辆购置及运行费、公务接待费控制情况全部公开。全县各部门、乡镇、街道统一在政府公众网公开本单位本年度部门预决算，全年发布信息1700条。

【减税降费公开】 围绕国家和区、市新出台的减税降费政策措施，以及促进创业创新、保障改善民生等税收优惠政策，在县政府门户网站集中发布43条、利用新媒体主动推送107条、入企开展政策宣讲20余场次，帮助市场主体用好用足政策。集中展示、实时更新行政事业性收费和政府性基金目录清单，公开对清单之外乱收费、乱摊派等行为的查处结果信息155条。指导监督执收单位在收费场所公示收费文件依据、主体、项目、范围、标准、对象等情况71条，使群众对政府收费项目清楚。

公开清理规范涉企收费、降低物流成本、降低企业用电用地用矿等。

【重大建设项目信息公开】 优化重大建设项目领域的信用环境，围绕铁路交通、农田水利、城市基础设施等项目，以及教育、卫生、文化事业建设、易地扶贫搬迁等工程，实施审批、核准、备案、实施等信息的公开工作。全年发布规划计划信息152条、重点项目394条。

【公共资源配置领域信息公开】 推动各级公共资源交易平台透明运行。在“宁夏建设工程招标投标信息网”和“中国采购与招标网”上发布各项建设工程招标公告，核准项目招标范围、招标方式、招标组织形式等内容，公开工程建设项目招投标开标时间、地点、中标候选人公示等。一年来，通过政府公众网等渠道发布各类工程招标公告141次，其中，施工112个，监理13个，勘测设计14个，资格预审2个，完成各类项目招标131个。

【市场监管和食品药品安全信息公开】 及时公布流通领域商品质量抽检结果和行政处罚信息。加大对查处假冒伪劣、虚假广告、价格欺诈等违法行为的信息公开力度。公开食品药品安全违法行为处罚信息，对适用一般程序做出的食品药品行政处罚案件，特别是产生重大影响的典型案件，以信息的形式在政府公众网以及宁夏政风行风在线网站发布。全年发布食药品安全信息119条、医疗卫生信息150条，县电视台公开报道50余次。

【推进扶贫脱贫】 在政府公众网、乡村公示栏等及时公开区、市相关精准扶贫、精准脱贫政策性文件、扶贫资金使用及扶贫项目完成情况、扶贫类捐款资金及物品管理使用情况、贫困学生资助、建档立卡贫困户保险补助、脱贫退出等信息104条，增强扶贫工作公信力和透明度。

【环境保护信息公开】 加强中央第八环保督察组督察反馈意见整改情况和永宁县“蓝天行动”“碧水行动”“净土行动”等专项行动信息公开，全面公开执法查处、监督管理、相关法规政策标准等信息110条，定期向社会公开污染防治设施建设运行情况、排放污染物名称、排放方式、排放浓度和总量、超标排放情况等信息30余条。

【安全生产监管及应急信息公开】 及时发布重特大事故预警信息和安全提示，做好重大风险隐患排查信息公开工作，明确信息发布的原则、范围和方式，扩大预警预报受众面。按照“双随机一公开”的要求，加大行政处罚、抽检结果、企业异常名录等负面信息的公开力度。公开安全生产政策法规、安全隐患排产、安全生产大检查、安全生产事故调查、安全生产处罚等信息256条。落实安全生产不良记录“黑名单”制度和台账信息，对1648家“异常名录”企业向社会公布。

【主动公开政府信息与政务情况】 2017年，全县各乡镇各单位坚持以公开为常态，不公开为例外，细化梳理公开内容，落实各类政府信息公开属性源头认定，做到全面、准确、及时公开。2017年全县各乡镇、各单位主动公开信息共10611条，比2016年增加39.6%；政府各部门（单位）主动公开信息5196条，比2016年增加21.7%；其中，主动公开规范性文件21条。

【通过政务微博微信主动公开】 2017年，全县各行政单位通过政务微博微信共发布信息2286条，其中，政府“永宁微博”微博发布政府信息200余条；政府各部门政务微博发布政府信息664条；全县各行政单位通过政务微信发布信息1422条。

【政府信息依申请公开】 2017年，全县受理依申请政府信息公开10件，其中，政务公开办公室受理9件，部门受理1件。现场申请3件，占30%；网上申请7件，占70%。内容主要涉及土地征收与补偿、就业创业优惠政策等。

【人大代表建议和政协提案办理结果公开】 2017年县、乡两级人代会期间，向人大代表、政协委员公开上年度人大代表议案、意见建议和政协提案办理结果。平时，通过政府公众网公开承办部门、办理过程和办理结果。听取利益相关群体意见，全年在政府网站公开县级人大代表意见建议办理结果10件，政协委员提案办理结果11件；银川市人大代表意见建议办理结果6件，政协委员提案办理结果21件；自治区人大代表意见建议办理结果1件，政协委员提案办理结果3件。

网络安全和信息化工作

【概况】 2017年，县网络安全和信息化建设工作围绕县委、政府的中心和重点工作，以保证网络安全为宗旨，提高信息工作质量和服务水平，信息化基础设施建设、信息资源开发利用、在对外宣传推介永宁等方面发挥职能作用。

【政府门户网站建设】 2017年，县网信办完善和优化网站建设，对永宁政府公众网进行改版。完成永宁政府公众网与银川市政府门户网站与中国·宁夏政府门户网站前端整合，2017年形成全区统一的政府门户网站群，推动各级政府信息在一个网站公开，形成统一的服务总入口，实现数据资源共享的要求。开辟“中国共产党第十九次代表大会”“撸起袖子加油干”等专栏。2017年，网站共发布各类信息约10000余条，其中，政务公开7582条，专题报道883条，政民互动505条，公众服务721条，网上办事475项。网站日均浏览量达3500人次左右，年均浏览量达120万人次，网民涉及全国各地，其中，宁夏网民占75%左右，其他地区占25%左右。

【智慧永宁建设】 2017年，按照自治区信建办要求，完成全县电子政务外网接入自治区电子政务外网，做好政务外网二期创建卫生城域网建设。2017年，全县已接入政务外网一期单位195家，二期单位51家，实现区、市、县、乡、村五级互通互联。协助政务服务中心完成网上行政审批平台建设，协助城管局完成智慧城管实施方案；协助农牧局建设农产品追溯体系自治区试点县工作；协助教体局、卫生局、综治委、诚信办等单位完成智慧教育、智慧卫生、社会治理信息平台的前期调研论证工作。

【网络安全建设】 完成网络涉及永宁舆情的监控、分析、应对及转办工作。按区、市网信办要求，开展相关舆论的引导工作。处置和封堵网上政治类等有害信息。开展网络安全相关工作，开展全县勒索病毒的预防工作，开展十九大期间网络安全管控工作，在全县范围内开展互联网站和新媒体登记备案工作，对全县42个单位的“两微一端”账户进行登记备案。对不符合网络安全要求的部门网站实行暂时关停，对存在安全隐患的应用封堵漏洞，打安全补丁，保证十九大期间的网络安全。围绕“两会”、宁夏花卉博览会、网络诚信、网络安全、党的十九大等主题开展网络宣传活动，落实内容发布审核机制，强化政务微博互动和服务功能，宣传内容遵守国家法律法规及有关规章制度，严守党的政治纪律和政治规矩，妥善把握安全与畅通、便捷与保密的尺度，杜绝推送未经核实、仍有争议或情绪化浓重、观点偏颇、与工作无关的内容，不随意发表不实传言和不当言论。妥善应对网络舆情，注重对突发事件的舆论引导，化解热点难点问题，坚持正面引导，消除各种负面影响。2017年，银川市长信箱受理咨询、投诉、建议类帖子136条，交办答复率为100%；人民网地方领导留言板收到诉求留言2条，答复率100%；“书记县长信箱”发布咨询、投诉、建议类帖子422条，交办答复率为100%；永宁政务微博受理微博咨询、投诉、问政818条，办结率99%，发布各类微博188条，永宁微博主页浏览量4.54万余次；印发永宁舆情月报4期，舆情快报28期。

行政审批服务

【概况】 2017年，县行政审批服务工作构建全区流程最简、时限最短、服务最优、效率最高的一流政务服务平台。受理各类办件89.25万余件，按时办结率为100%。县行政审批服务工作获得自治区级“政务服务工作先进集体”、银川市绩效考核一等奖、银川市“青年文明号”、“巾帼文明岗”、永宁县“招商引资”、“深化改革”、“精神文明建设工作”先进集体、永宁县绩效考评一等奖。

【简政放权】 8月，将县发展和改革局、民族宗教事务局、住房和城乡建设局等9个部门承担的37项行政许可事项划转到县行政审批服务大厅。对两批划入的审批事项进行大规模梳理，经过行政审批事项优化，再次减少4902个工作日，取消57个申请材料。将29项与企业经营活动密切相关、企业能够自主决策，不涉及国家安全、公共安全等领域，且审批频次高、受众面广的行政审批事项改为审批改备案制。

【不见面政务服务推广】 推广“互联网+政务服务”，加快政务服务网上线运行，制定《永宁县关于推进不见面审批服务工作的通知》，为群众提供申办证照寄递服务，全县60%的事项实现“不见面、马上办”。完善涉及全县31个部门911个实际可办理事项，2017年底在宁夏政务服务“一张网”永宁站点上线运行，实现“登一张网，办所有事”。

【队伍建设】 10月18日，举行为期3天的礼仪培训。从提升服务理念、服务礼仪、服务技能等方面着手，让大厅前台、后台百余名工作人员的形象、语言、举止得到提升。

【服务场所标准化建设】 制订《永宁县加快推进政务服务标准化建设工作方案》。对全县政务服务场所名称、政务服务中心标识式样、字体、风格等按照规范规定设置。乡镇民生服务中心统一设置计生服务岗、就业住建岗、民政残联岗、农经服务岗、社会保障岗，配备窗口吊牌、岗位标牌、工作人员公示牌、事项公示牌标识。全县村、社区为民办事全程代办点全部实施标准规范化建设。投资120多万元，为乡镇、街道民生服务中心配备高拍仪、制证机、电视机、电脑等设备。

【一号通平台建设】 制订《永宁县“12345”便民服务工作实施方案》，按照方案要求，搭建“12345”热线平台建设。公开招聘10名政务公开帮办人员，打造全方位、全时段、高效率、高质量的政府公共服务热线。

【二维码办事告知】 将6个审批科室承担的所有事项的办事流程，进行二维码编程，办事群众只需拿出手机“扫一扫”相应事项名称下面的“二维码”，手机便能立刻显示出相关审批事项的提交材料、办理时限、办理地点、咨询电话等内容。

【政务便民服务】 业务办理与信息技术高度融合，建设县、镇、村三级协同工作平台，把27项业务下沉到基层，由一个途径受理变多途径受理，启用新版老年人优待证，实现到龄群众可在乡镇、街道就近办理。采取身份确认、数据处理、证件制作、发证、建档一站式免费服务。

【一表通服务推行】 试行“一表通”审批模式，整合娱乐场所经营许可、互联网上网服务营业场所许可、营业性演出许可等10种申请表格，统一启用一张表“审批表”；将“设立、变更、延续、注销”的4种事项反映在一张表上，简化审批手续。

中国人民政治协商会议永宁县委员会

综 述

【概况】 2017年，政协永宁县第十届常委会牢牢把握团结和民主两大主题，紧紧围绕中共十九大、中共宁夏回族自治区第十二次代表大会和中共永宁县第十四次代表大会精神，团结和带领广大政协委员、政协各参加单位、各民主党派、工商联和各族各界，聚焦经济发展和民生改善，履行政治协商、民主监督、参政议政职能，充分发挥协调关系、汇聚力量、建言献策、服务大局作用，为永宁经济社会发展贡献智慧和力量。

【集中协商】 按照中共永宁县第十四次代表大会确定的目标任务，开展集中协商、专题协商和重点协商，丰富协商形式，推动全县各项工作发展。组织召开全体委员会，围绕“一府两院”工作报告、政协常委会报告和提案报告，就全县工业、农业、城乡建设、文教卫生体育、社会保障、旅游业发展等方面议政建言，形成78条意见建议，以政协提案和意见建议转交中共永宁县委、县人民政府决策参考。其中，3名政协委员在调研的基础上，围绕平安建设、城乡医疗和葡萄酒产业发展方面做交流发言。

【专题协商】 聚焦政府工作，助力难题破解，围绕招商引资项目资金到位情况，全域旅游和生态建设等主题，召开专题协商会议4次，分析和研究新形势下影响和制约永宁县工业发展、农业品牌、文化旅游产业布局和生态文明建设中的突出问题，提出意见建议28条，为推动企业效益稳步增长、农业提质增效、旅游业健康发展、生态逐步改善献策助力。

【重点协商】 坚持每月召开主席会议2次，围绕县委政府重点工作，结合政协工作实际，就专题视察、调研、咨政、提案和意见建议办理、民主协商日和委员小组活动主题等重点事项进行协商，统筹安排政协全年重点工作和重大活动。主动与县委、政府联系沟通，根据需要适时增加调整协商内容，为县域经济发展出谋献策。

【专题视察】 坚持把专题视察作为民主监督的重要方式，在知道实情、改进工作、推动落实上下功夫、取实效。组织部分委员对永宁县精准扶贫和产业发展情况、国家卫生县城创建、“河长制”落实情况开展专题视察，委员们在全面掌握实际情况的前提下，就精准扶贫和产业发展提出要做大做强优势特色产业，加大产业扶贫力度，多渠道促进移民增收，巩固精准扶贫成果，开展农村产权制度改革，解决制约产业发展融资瓶颈等意见建议15条；就国家卫生县城创建提出要激发部门联动活力，加快基础设施建设，建立健全档案管理制度等意见建议12条；就“河长制”工作提出要建立“一河一策，一河一档”具体整治方案，逐步减少化肥农药使用量，杜绝面源污染等意见建议，政府相关部门高度重视，突出从源头治理，整改落实，对涉及河道修整清淤，整治效果初步显现。

【提案督查】 坚持将提案督查工作作为民主监督的首要手段，在提案监督办理上下功夫、出实招。开展提案督查6次，召开提案办理情况答复会2次，通过广泛征集、协商审查、领办督办、面对面交流、跟踪问效和满意度测评等举措，重点对《关于加大力度改善望远地区饮用水质量的提案》《关于进一步加快利民广场改造的提案》和《关于集中整治老旧小区乱搭乱建的建议》等11件重点提案和11件建议进行督办落实，保证委员提案和建议“提得准，立得住，办得顺，落得实，效果好”。

【政情通报】 通过召开政情通报会，组织全体委员实地观摩重点工程项目，听取全年经济运行情况等方式，就推动重点项目建设、急需党政解决的突出问题和老百姓关注的热点难点问题提出67条意见建议，既做到知情明政与建言献策相结合，也提升党政决策科学化和民主化水平，为民生改善贡献智慧。

【专题调研】 坚持精选调研课题，对永宁县农业标准化生产进行专题调研，委员们从6个方面提出18条意见建议，基本厘清永宁县农业标准化生产过程中存在的问题和发展“短板”，县委、政府高度重视，研究制订《关于实施“农业品牌”战略，打造农业标准化生产示范区，推进农业供给侧结构性改革的实施意见》。为全面促进永宁县企业健康发展，提高企业职工的获得感和幸福感，以和谐企业建设为主题开展专题调研，通过实地考察泰瑞、启元和北方乳业等企业，委员们提出要丰富企业文化，健全群团组织，提高企业效益和核心竞争力等6个方面的意见建议，相关部门高度重视，在组织、制度和文化建设等方面进行改进和落实，为企业和谐健康发展增添活力。

【社情民意反映】 发挥委员联系基层点的桥梁纽带作用，通过召开座谈会和入户走访等方式，广泛收集社情民意信息64条。向区、市推送有价值信息24条，被转载和刊登信息6条，切实发挥信息直通车作用。

【专题咨政】 开展服务群众“零距离”“面对面”议政协商，根据群众热议的焦点，邀请政府相关领导、部分政协委员、行业专家、部门负责人和市民代表在广泛征求意见和充分论证协商的基础上，将幼儿园规范化管理作为咨政重点，通过制订方案、实地走访、录制视频、梳理问题、意见反馈和现场咨政等方式，就幼儿园办学条件，师资队伍建设，消防安全设施和教学质量及收费等方面提出问题12条，涉及部门现场进行答复，提出解决问题的措施和办法。会后相关部门对辖区幼儿园办学资质和安全设施进行专项检查，取缔6家证照不全违规经营的幼儿园，有力杜绝安全事故的发生，群众反响强烈。

【民主协商日活动】 发挥政协组织广纳群言、广谋良策和广聚共识的议政优势，将协商主题延伸到基层，化解在一线。把县城“停车难”和冬季供暖运营管理问题作为“民主协商日”主题，通过实地查看和听取汇报，广大委员和市民代表就“停车难”和冬季供暖存在的问题进行质询，政府相关部门现场解惑答疑，提出具体整改措施，明确整改方向和目标，在互相理解、化解矛盾上达成共识。

【网络议政】 探索议政建言新渠道，建立政协组织“传播+发声”的“永宁政协”微信公众网络平台，设置政协理论、工作动态、建言献策和社情民意等多个栏目。推送信息46期，图文计118条。

【委员小组活动】 发挥政协人才荟萃优势，研究制订《永宁县政协委员小组活动实施方案》，将委员分为6个活动小组，不定期开展主题新颖、形式多样的服务基层活动。开展委员小组活动12次，内容涉乡村旅游发展、葡萄酒酿造与销售、物流管理与发展、教育卫生医疗和农业产业发展等多个领域，在凝聚力量，汇集智慧方面迈出新步伐。

【委员联系基层】 发挥委员基层联系点桥梁纽带作用，将胜利乡和望远镇确定为区、市政协委员联系基层示范点重点建设。在各乡镇、街道新建5个政协委员基层联系点，拨付专项办公经费7万元，用于联系基层和服务群众工作。

【扶贫帮困】 走访困难户46户，集中开展政策宣传10次，征求到意见建议35条，发放各类学习材料180余份，解决实际问题12件，向各包抓村拨付阵地建设专项经费14万元，在元旦、春节、开斋节和七一期间慰问贫困群众、困难党员和宗教界人士60余人次，发放米面油和慰问金近2万元，切实为群众办实事办好事。

【文史资料编纂】 弘扬中华优秀传统文化，深度挖掘永宁历史文化，成立永宁历史文化、民间传说故事编纂委员会，经多次实地走访征集、召开讨论会和专家评审会，对“鹤泉湖”“四棵树”“李俊塔”“海子湖”“雷祖庙”和政觉台寺等历史文化古迹进行挖掘，编纂出版永宁县历史文化、民间传说故事系列丛书，为打造全域旅游奠定文化基础。

【联谊交流】 坚持在联谊交流中推介宣传永宁县，2017年接待部分全国政协领导及云南、内蒙古、贵州、云南和福建等省市县政协学习考察团36批次380余人次，扩大永宁的对外知名度。

重要会议

【第十届委员会第二次会议】 12月21—23日在县宾馆礼堂举行。大会执行主席段伏林、蒯金银、郭宏、孙佳永参加会议在主席台前排就座。银川市委常委、县委书记钱克孝，县人大常委会主任郭雪平，县委副书记、人民政府县长李润军，县委副书记、政法委书记杨宝文应邀到会在主席台前排就座。本次大会应到委员126人，实到122人。县政协主席段伏林代表政协永宁县十届委员会常务委员会，向大会做工作报告。报告指出，2017年十届政协常委会团结和带领广大政协委员、政协各参加单位、各民主党派、工商联和各族各界，聚焦经济发展和民生改善，履行政治协商、民主监督、参政议政职能，充分发挥协调关系、汇聚力量、建言献策、服务大局作用，为永宁经济社会发展贡献智慧和力量。县政协副主席郭宏代表县政协第十届委员会常务委员会作关于十届一次会议以来提案工作报告。报告指出，政协十届一次会议以来的一年，委员们根据经济社会发展主题，围绕县委、政府的中心工作和社会关注的热点、难点问题建言献策，收到提案和意见建议78件，梳理后相同内容合并为64件。经与政府沟通确定立案11件，列为建议办理11件，口头答复20件，大会期间现场办复22件。办结提案建议14件，需跨年度办理的5件，因条件变化延缓办理的3件，办复率为87.5%。第十届委员会第二次会议期间，收到政协委员提交提案建议150件，经审查合并后为134件。提案建议涉及农业农村方面6件，城市建设及社会管理方面58件，交通运输方面17件，水利方面7件，文化教育体育方面19件，环保绿化方面6件，医疗卫生方面6件，其他方面15件。经大会提案委员会审查拟立案13件，作为建议办理14件，大会现场答复20件。

【第十届委员会常务委员会第二次会议】 1月5日，在政协二楼常委会议室召开。应到27人，实到26人。段伏林主席主持会议。传达银川市“两会”精神、听取《关于永宁县政协机关职能配置机构设置和人员编制方案的通知》、通过县政协有关人事任免事项、研究通过《政协永宁县第十届委员会2017年工作要点和安排》、研究通过《政协永宁县第十届委员会委员小组活动方案》、研究通过《政协永宁县第十届委员会委员联系基层活动方案》、研究通过其他有关事项。

【第十届委员会常务委员会第三次会议】 7月28日在政协二楼常委会议室召开。应到26人，实到23人。段伏林主席主持会议。通过县政协有关人事任免事项、研究通过其他有关事项。

【第十届委员会常务委员会第四次会议】 11月8日在政协二楼常委会议室召开。应到26人，实到25人。段伏林主席主持会议。传达学习宣传贯彻党的十九大精神、传达学习中共宁夏回族自治区第十二届委员会第二次全体会议精神和自治区政协第十届第三十四次常委会议精神、通过县政协有关人事任免事项、研究通过其他有关事项。

【第十届委员会常务委员会第五次会议】 12月15日在政协二楼常委会议室召开。应到26人，实到24人。段伏林主席主持会议。听取和审议政协永宁县第十届委员会常务委员会工作报告，听取和审议政协永宁县第十届委员会常务委员会关于十届一次会议以来提案工作情况的报告。

【第十届委员会常务委员会第六次会议】 12月21日在政协二楼常委会议室召开。应到26人，实到23人。段伏林主席主持会议。听取各小组对政协永宁县第十届委员会第二次会议常委会工作报告和提案工作报告的分组讨论情况。

【第十届委员会常务委员会第七次会议】 12月22日在政协二楼常委会议室召开。应到26人，实到23人。段伏林主席主持会议。听取各小组对政协永宁县第十届委员会第二次会议期间政府工作报告和其他报告讨论情况，听取各小组汇报政协十届二次会议政治决议讨论情况，协商通过政协十届二次会议提案收集审查报告。

视察　调研

【设施农业标准化建设调研】 2月15日，县政协主席段伏林带领部分政协委员对永宁县设施农业标准化建设情况进行专题调研。县政协副主席蒯金银、郭宏一同调研。委员们通过对永宁县近20个设施园区和育苗中心进行实地查看，听取县农牧局和各乡镇负责人的工作情况汇报，召开委员座谈会，听取各方面的意见建议。2016年底，全县建有设施农业园区50个，设施温棚、各类拱棚12134栋，面积1887.93公顷，全县设施农业平均年总产值为36347万元，占农业年总产值平均比重为25%。设施农业园区出席以整村推进产供销一体化望远镇板板桥模式。板桥村从通过政府支持、党支部引领、合作社搭桥、党员带头、群众参与、整村推进，到2016年建设设施温棚171.6公顷，由贫穷落后村成为远近闻名的富裕村。视察的委员们对全县设施农业发展一致肯定。委员们一致建议，全县设施农业建设发展要科学规划，以产业集群为目标，形成农业产业发展新格局；要推行标准化生产，提升农产品质量安全水平；要建立种植结构合理，种植品种统一的农业生产大格局；要加强科技创新应用，提高科技服务水平；要重点扶持一批发展潜力较大的龙头企业；加大对设施农业项目的资金扶持。

【督查十届一次会议提案、意见建议办理】 4月7日，县政协主席段伏林带领部分政协委员对2017年提案办理情况进行督查。县委常委、常务副县长杨锋、政协副主席郭宏参加督查。督查组来到望远地区供水水源地、望远人家、银川职业学校、望远镇九年一贯制学校项目及永宁县第二水厂等地，对关于改善望远地区饮用水质量、关于规范永宁县城二次供水加压泵房管理等提案办理情况进行实地督查，查看望远镇地区饮用水的水质改善、管网建设、饮水安全等方面的情况。在望远人家A区，督查组来到一户居民家中打开水龙头查看水质情况，查看该户居民家中饮用水的情况及饮用水质量发生的变化。望远地区的饮用水质量逐步提高，关于水质差、水压小的投诉率也逐渐下降。在银川职业学校永宁分校学生餐厅的后厨，督查组直接饮用自来水后发现水质有明显改善，没有异味及沉淀物。但望远地区还存在水压不稳、高楼层水压低的问题，进行第二水厂的三期工程建设，建成后将彻底解决供水压力等问题。段伏林指出，永宁供水公司在改善望远地区饮用水质量方面所做的工作卓有成效，值得肯定。希望第二水厂三期工程能抓紧施工，通过技术手段改善水质，提高服务质量，让全县人民喝上放心水。关于供水公司提出的困难及问题，随后会通过协调会议向政府相关部门反映予以协调解决。

【创建全国卫生县城工作视察】 7月28日组织政协全体常委和部分委员及各相关部门负责人，通过实地查看、听取汇报、召开座谈会等形式，对全县创建全国卫生县城工作推进情况进行视察。参与视察的常委和委员一致肯定，全县城市基础设施建设完善，城乡环境综合整治成效明显。建筑工地和施工管理效，公厕管理规范有序，“三乱”治理和“门前三包”取得突破，生物医药和水源地的保护与监管加强。参与视察的常委和委员一致建议：加强宣传教育，营造浓厚舆论氛围。完善工作制度，激发部门联动活力。突出问题导向，加强卫生综合整治。明确目标任务，加快城乡阵地建设。增加资金投入，加强基础设施建设。科学防治病媒生物，加强档案整理与管理。

【全县学前教育专题咨政】 8月15日，永宁县政协召开学前教育规范化管理专题咨政会。县政协主席段伏林及副主席蒯金银、郭宏、孙佳永参加会议，政府副县长马燕应邀参加。会议听取县教育局、市监局、住建局、财政局、行政审批服务局、物价所、消防大队就幼儿园规划建设、审批运行、监管收费和安全管理等工作情况汇报。与会人员观看咨政短片，相关部门负责人就永宁县学前教育规范化管理方面存在的问题进行答复。与会的政协委员对永宁县政府近年来在学前教育方面所做的工作表示肯定，认为相关工作资金投入大、监管有力，取得良好的成绩。县政协主席段伏林就学前教育规范化管理方面所面临的问题提出建议，他说，要正视所发现的问题，以问题为导向及时整改，切实解决个别私立幼儿园卫生条件差、存在安全隐患等问题。要加强重视，继续加大对公办教育的投入力度，提高建成学校的利用率，加大对幼儿教师的培训管理。

【全县精准扶贫及产业发展情况视察】 9月14日，县政协组织部分政协委员对全县精准扶贫及产业发展情况进行视察。2016年，按照现行贫困标准和“公平、公正、公开”的识别原则和“四优先四不评”认定标准，新增建档立卡贫困户69户305人，加上2015年未脱贫的22户105人，精准识别建档立卡贫困户91户410人，其中：闽宁镇76户367人，占全县贫困人口的89.5%。实现全面脱贫的目标任务。视察中政协委员对全县精准扶贫及产业发展中的闽宁协作工作，壮大优势特色产业，提升群众生活水平。部门联动，完善扶贫专项工作。开展农村集体产权改革。转换思想，加强内生动力转变等方面的工作一致肯定。委员们一致建议，推进闽宁协作、对口帮扶，扩大合作成果；开展产业规划，多渠道促进移民增收；加强农村产权制度改革，解决制约产业发展融资瓶颈；加强脱贫责任考核，管好用好“三支力量”；加强教育与奖惩相结合，转变移民致富观念。

【全县工业企业和谐建设专题调研】 9月15日，县政协组织部分政协常委部分政协委员就全县工业企业和谐建设情况进行专题调研。2017年，永宁县雪花啤酒、永建公司获银川市命名和谐企业，县上命名的和谐企业10家。和谐企业建设中存在的问题及不足主要体现，和谐企业建设内容的理解不科学不全面。和谐企业建设中的宣传、培训、教育跟不上，没有形成目标同向、上下齐心、部门共促的局面。组织不健全，影响和谐企业的建设。企业融资难、效益不佳，制约影响和谐企业建设。参加调研的政协常委部分政协委员一致建议，加强和谐企业建设的组织领导；强化对员工和谐企业建设的培训；加强部门间的协作，形成创建合力；社会各界共帮互促，上下同心、同向是关键；企业健康发展是建设和谐企业的基础。企业是社会经济组织，效益是第一位的，只有企业发展，才能投入更多资金，用于企业文化，用于改善职工生活，才能回报社会。

【对供热运营情况民主协商会议】 10月12日，永宁县政协召开供暖运营管理民主协商会议。县政协主席段伏林，政协副主席蒯金银、郭宏参加会议。副县长陈勇应邀参加。与会县政协委员到永宁县城市供暖中心、部分老旧小区、锅炉房等地，实地调研供暖运营及缴费管理情况，查看全县供热改造工程进展情况，听取全县供暖工作情况汇报。与会政协委员及群众代表围绕供暖价格、管理、规划等问题进行讨论。段伏林建议，供暖企业要明确责任，采取切实可行的措施满足群众取暖需求，开展供暖服务工作，要对供暖锅炉和附属设备以及老旧管网进行维修更换。相关部门和供热单位要下大力气，密切配合，尽早筹备，把当前存在的问题协调好解决好，把百姓的温暖放在心上。

人民武装

综　述

【概况】 2017年，永年县人民武装工作坚决贯彻落实宁夏军区、宁夏警备区党委和县委、政府指示要求，坚持高标准高质量，筹划、推进年度各项工作，完成全年任务。

【政治武装】 按照警备区和县委有关部署要求，组织对十九大精神的全面系统的学习，组织学习习近平系列重要讲话；组织全体干部职工和专武干部收看《辉煌中国》等5部专题纪录片；围绕“五年来身边的变化”开展群众性讨论活动，坚定向以习近平同志为核心的党中央看齐、追随的信心和脚步。组织全程收看、全文细读十九大报告，在一字一句的学习中，感受新一届党中央领导集体绘制的宏伟蓝图；及时科学制订系统学习计划，采取中心组、党小组、专武干部例会等形式，持续展开学习；区分机关、基层和民兵连三个层次，我和部长分别进行5次宣讲；开展“十九大大家谈”群众性活动；组织“重温入党誓词，佩戴党徽”活动；购买十九报告单行本，向共建清真寺赠送单行本，进行宣传讲解；对营区和清真寺宣传灯箱进行更新，制作十九大精神宣传展板。

【思想政治工作落实】 召开部党委(扩大)会，分析部队建设形势，部署年度工作任务，研究贯彻落实措施，形成“着眼稳心凝神抓教育，聚焦备战打赢抓训练，紧盯战位职责抓建设，坚持正风肃纪抓作风”的良好局面，保证2017年国防动员和武装工作落实。按照上级军改教育的安排部署，开展以“聚精会神干事业、严明纪律迎大考”教育活动，以“改革是考题，实干是答案”为主题，组织全体干部职工进行讨论交流。看改革纪录片，引导讨论发言，强化“四个意识”。结合本部实际开展“维护核心，听从指挥”和推进“两学一做”学习教育制度化教育活动，参加专题辅导、严密组织讨论交流，学习效果明显。落实“三会一课”制度，组织党员公开承诺，支部进行审诺。落实“六抓”要求，即突出重点内容抓学习、围绕“四个合格”抓践行、紧密联系实际抓整改、坚持以上率下抓示范、纳入组织生活抓经常、着眼夯实基础抓支部，做到制度化。

【民兵教育落实】 制订2017年民兵政治教育计划，利用整组、训练时机，区分“带头履行国防义务，做政治建军改革强军依法治军的模范”等四个专题，开展经常性的民兵教育；利用冬季野营拉练时机，组织十九大精神宣讲和现场提问；利用“永宁国教”公众号，时时发布教育内容，效果明显。

【民兵队伍能力建设】 改进训练的方式方法，利用武装部这个训练基地优势，采取统一组织、集中吃住、轮流施训的方法，3月开展永宁县应急连两个批次为期15天的集中训练，6月又组织帮带全县各乡镇的民兵应急分队开展为期20天的集中训练。11月，为准备军区战斗能力评估考核，组织民兵应急排集中训练。

【国防动员委员会专职人员和专武干部训练】 3月，组织全县9个基层武装部和国动委5个专业办公室人员围绕思想教育、军事理论、政策法规、业务知识、军事技能5个专题，采取集中授课、专题研讨、经验交流、参观见学、考核讲评等方法进行封闭式集训，特别邀请石家庄陆军指挥学院的国防动员系教授和自治区国动委相关办公室的专家领导讲课，增强专武干部和国动委专职人员的业务水平，为抓好国防动员和基层武装工作奠定坚实基础。

【战备训练】 修订完善战备预案，规范战备秩序、值班秩序；结合近期防汛工作任务形势，协调县防汛办、各乡镇情报信息员建立情报互通机制，组织应急分队进行演练，开展随时能够出动应对突发情况的准备。近年来，永宁县重点增加县应急分队、各乡镇应急排战备物资的储备，配齐配全紧急出动各类物资器材，为每个乡镇配备单兵携行具40套、野营帐篷3个、野战炊具1套，还购置300余种应急救援装备器材，达到建设规范、设施配套的要求。为改善指挥手段，建立全县一体化国防动员应急指挥系统，协调县委政府投入44万元，建成永宁县应急指挥中心，该系统可通过音视频系统直接指挥各国动委办公室、乡镇武装部、民兵应急连等相关单位，处置应急突发事件。

【国防动员基础建设】 按照自治区和银川市国动委要求，完善规范国防动员机构设置，结合国动委效能考核检查，进一步完善永宁县国动委各专业办公室软硬件资料，对县域各项潜力数据进行统计。2017年底，政府立项投资，翻建民兵训练基地，完成主体和外装建设，下一步将按照国防动员样板工程的标准抓好后期基地内部功能性建设。

【兵役登记和征兵工作】 采取多种形式，宣传征兵各类政策法规，激发广大适龄青年依法兵役登记、服兵役的自觉性。2017年，全县适龄青年兵役登记人稳步提升，经过层层筛选，为部队输送优质兵员86人。廉洁征兵，先后制作廉洁征兵卡片，签订廉洁征兵承诺书，邀请24名廉洁征兵群众监督员，填写"应征青年献身国防志愿卡"，没有发生任何违规违纪问题，无一人退兵，在银川市征兵考评中获得第二名的好成绩。

【民兵整组工作】 坚持以"平时服务，急时应急，战时应战"为目标，按照筹划准备、组织实施、集中点验、总结提高四个步骤，实现"建需对接，建用一致"格局，做到民兵组织结构布局科学合理。在4月开展的警备区系统民兵整组科目演示现场会中，展示民兵应急集结、携行战备物资展示、警棍盾牌术方队、女子民兵队列会操等科目，完成2017年的民兵应急连整组示范科目演示的任务。

【党组织建设】 按照"两学一做"学习教育的10个步骤，组织开展专题组织生活会和民主评议党员，对照"四讲四有"合格党员标准，坚持问题导向，开展批评与自我批评，从思想上深度清理郭伯雄徐才厚流毒影响，进一步强化党员干部的党性观念，增强"四个意识"。

【彻底肃清工作】 制订本级《全面彻底肃清郭徐流毒实施方案》，通过突出学好习主席系列重要讲话精神、加强党章和党规党纪学习教育、加强经常性警示教育，组织全体党员分析原因、剖析根源，结合自己的工作进行表态发言，坚决与"郭徐"划清界限。特别紧贴改革这个现实大考狠抓落实，用推动人武部和国防动员、后备力量建设发展成效检验肃清工作。

【双拥共建工作】 春节、八一期间，按照上级通知要求，协调县民政局，对全县26名老干部、军属进行走访慰问，及时送去慰问品、慰问金。

【助力脱贫攻坚】 按照全县统一部署，与玉海村11户建档立卡户结对帮扶，开展走访调研，建立扶贫台帐，摸清掌握底数，因人而异制订扶贫方案，注重在造血式扶贫上下功夫，坚决防止出现返贫现象。重大节日为结对户送去米、面、油等慰问品。

【部寺共建活动】 开展慰问回族退伍老兵、在清真寺升国旗和中共十九大精神进寺院等活动，培育"五爱文化"。因为人武部与纳家户清真寺的"部寺共建"做法得到全面推广，1月，县人武部被国家民委评为"民族团结创建先进单位"。

群众团体

总工会

【概况】 永宁县总工会现有基层工会组织561家，涵盖基层单位932家，工会会员45596人。2017年，全县工会工作获得工会组建和发展会员工作考核全区第一，银川市工会工作目标考核一等奖，望远职工服务中心被评为“自治区巾帼文明岗”，市级文明单位，永宁县绩效考评一等奖，永宁县精神文明建设工作先进集体，永宁县法治宣传教育先进集体，永宁县“三八”红旗集体，县级平安单位。

【基层组织建设】 抓组建工会和发展会员工作，2017年底，全县新组建工会48家，发展会员10045人，分别完成市总下达任务的160%和117%。把文化企业建设作为模范职工之家创建的重要内容，2017年新打造永宁县公安局、宁夏创业谷实业发展有限公司等10家具有具有文化特色的职工之家示范点。“星级职工书屋”，全县建规范“职工书屋”78家，其中，国家级1家，区级10家，市级15家，县级52家。

【经济审查】 全县共建立经审组织561家。开设独立工会账户的260家，基层企业工会分别开展同级审计工作，审计覆盖率达100%。对全县符合审计条件的92家基层企业工会，开展基层工会经费稽查审计活动，审计覆盖面占41%，提出审计意见和建议148条。加强对帮扶资金、劳模资金、慰问资金的审计，专款专用。成立基层工会经费集中代管中心，将全县128家行政事业单位工会经费纳入集中代管，以管带审，使基层工会经费支出更加规范。

【劳动竞赛】 在全县范围内开展农业标准化示生产“五比一创”劳动竞赛，全县23个农业示范园区的114家农业合作社的近万名职工参与。实施重点工程、园区、行业、企业劳动竞赛“四方联动”，教育系统举办全县中小学幼儿园教师基本功和教学技能大赛；卫生系统开展医疗卫生相关法律规范、专业知识、操作技能竞赛，伊品集团举办“金手指”打字比赛、职工餐厅厨艺比武、第二届机电仪“技术能手”比武大赛；泰瑞制药、紫荆花纸业开展电工电仪、电焊工、菌种选育、包装等多个工种劳动竞赛；杨和街道工会联合会围绕家庭厨艺、家居保洁、月嫂3个工种举办社区家政服务技能大赛；开展农业专业合作社农民工“培训+协商+竞赛”活动，宏源达农机作业服务公司举办2017年农机手技能大赛。职工技术创新有成果，全年提出合理化建议2821件，实施2179件，技术革新21项，发明创造15项，5项获得国家专利项目，“五小”成果创新项目6项。

【维护职工权益】 推进集体协商工作，制定《永宁县2017年工资集体协商工作实施方案的通知》，开展春季要约行动。要约内容涉及工资水平、分配形式、支付办法、调整幅度、工时工价、劳动定额、行业同工种劳动标准、劳动定额、行业(区域)最低工资标准等。2017年，全县应要约单位168个，发出要约单位168个，覆盖单位741家，要约覆盖面100%，覆盖职工29912人。签订工资专项集体合同165份，覆盖企业797家，涵盖职工37030人。健全完善以职代会为基本形式的厂务公开民主管理制度，全县104家行政事业单位党务(政务)公开和职代会建制率为100%，457家企业厂务公开和职代会建制率达92%。

【劳动争议调解】 在全县五镇一乡设立职工维权调解室，发挥121名企业专业劳动争议调解员作用，坚持主席接待日、运用12351职工维权热线，接待职工来信来电来访，处理各类劳动争议案件。受理各类劳动争议案件52件53人次，参与要回金额2.365万元，所有案件全部予以答复调处。

【安全教育】 以"安全生产月"为契机，开展"两法一规"知识竞赛，指导动员全县515家企业、机关事业单位，835个班组，32996名职工参与开展不同形式的安康杯竞赛活动，参与率达到90%，提高职工安全防范意识。6月22日，县总工会联合县安监局在宁夏伊品生物科技股份有限公司举办"两法一条例"(《安全生产法》《职业病防治法》和《宁夏回族自治区安全生产条例》)知识竞赛)。

【困难职工帮扶】 推进精准帮扶工作，集中对135户困难职工进行精准帮扶。通过开展就业创业援助、企业自主帮扶、社会各项政策措施兜底、工会干部"一对一""点对点"结对包扶等措施，73户实现稳定增收(调岗增资24户，提供精准帮扶岗实现困难职工家属再就业29户，生活救助、医疗互助、就学资助18户，借力政府政策帮扶2户)。推行工会会员服务卡，发放宁夏工会服务卡8300张。构建"春送岗位，夏送清凉，秋送助学，冬送温暖"四季立体化帮扶体系，从助困、助医、助学、助就业等方面进行精准帮扶。慰问困难职工(农民工)299人，发放慰问金24.5万元；开展职工医疗互助活动，通过6期的完善和运行，缓解职工看病负担。第六期活动有118家企事业单位的6679名职工参与，收缴医疗互助金计40余万元，审核上报患病住院职工240人次，发放医疗互助金43万余元；建立"春雨助学"和"金秋助学"长效机制，为128名困难职工(农民工)家庭子女发放27.54万元助学金；举办招聘会，全县50余家企业提供1126个就业岗位，现场达成就业意向881人次；开展"四送"活动，为户外工作的城管、环卫工人、养路工人、企业户外工作的一线职工以及农民工发放慰问品。

【职工素质提升】 集中举办商务礼仪、物业管理、执行力、阳光心态、团队建设等各类培训班12期、培训职工千余人，企业自主培训26期，培训职工4000余人。推进职工文化和企业文化建设，举办"迎新春"职工趣味运动会和美术书法摄影展；举办第三届"工会杯"职工篮球赛；以"喜迎十九大文化进企业"为主题开展送文化下基层活动；联合伊品在人民公园举办全县职工歌手大赛；开展"书香永宁、永宁书香"全民阅读活动；举办"不忘初心，牢记使命"为主题的演讲比赛；举办学习宣传贯彻党的十九大精神"读报告 学党章 促发展"知识竞赛等活动。

【劳模评选】 召开职工表彰大会，对从全县300多家企业中评选出的8家"关爱职工优秀企业"和从3万余名职工中推选出的9名"热爱企业优秀员工"、8名"金牌工人"进行表彰奖励。评选培育自治区工人先锋号1个，自治区五一劳动奖章1个；银川市"五一"奖章、奖状各1个，银川市工人先锋号1个，"凤城工匠"1名，"凤城最美劳动者"1名，打造银川市"技能人才创新工作室"1个，获得"五小成果""一等奖1个，优秀奖2个。开展庆五一系列活动，开辟"劳动者最美——劳动楷模·感恩钜献"专栏，集中宣传10名具有代表性、示范性的先模人物事迹；设立"劳模墙"；举办"学劳模精神，做合格党员"先进事迹巡讲报告会；组织"三级"劳模观摩重点项目重点工程、进行免费体检。

【网络工会建设】 推进"互联网+"工会建设，依托宁夏工会服务平台，录入和完善工会会员信息，全年新录入会员10045人，累计录入"宁夏工会工作服务平台"系统内基层工会561家,涵盖基层工会932家。建立总工会网站、工会系统QQ群、微信群、官方微博、职工之友微信公众号等,为各基层工会及职工提供业务指导、困难帮扶、维权投诉、求职招聘等服务,将电子厂务公开显示屏与企业局域网相连接,发布职工关心的问题。

【女工工作】 全县建立女工组织的单位全部签订女工专项合同,签订专项合同398份,覆盖企业727家。结合三八妇女节维权宣传活动、法制宣传日等,向群众发放《自治区女职工劳动保护办法》3000余份,为群众答疑解惑130人次。加强女职工(女农民工)教育培训工作,集中举办商务礼仪、物业管理、执行力、阳光心态、团队建设等各类培训班12期、培训女职工千余人,企业自主培训26期,培训女职工2000余人。开展困难、单亲女职工的帮扶救助工作,对建档的125名困难女职工进行助学、助医、生活方面的救助。

共青团永宁县委员会

【概况】 2017年,实施共青团改革,团县委着重在学习宣传、阵地建设、志愿服务等方面开展工作。2017年,全区共青团工作目标考核团县委获得一等奖。

【支部建设】 以开展"两学一做"学习教育、"学、查、改"干部作风整治活动为契机,组织支部党员干部贯彻学习宣传习近平新时代中国特色社会主义思想和党的十九大精神。坚持党建带团建,落实"三会一课"制度,严肃召开支部专题组织生活会,推进思想建设、组织建设、作风建设和制度建设。广泛组织、凝聚各级团组织、团干部、团员青年,巩固团组织的先锋队作用。在线下开展"不忘初心,牢记使命——学习宣传贯彻党的十九大精神"主题活动,通过组织观看党的十九大开、闭幕会盛况,来到望远镇蓝山社区等地宣讲党课,号召团员青年用青春的实际行动为党的十九大"点赞"。累计开展活动10场次,1200余人参与学习。在线上开展"不忘初心跟党走·共筑网络强国梦"网上系列主题活动,"青春永宁"微博、微信公众号开辟学习宣传贯彻十九大精神专栏,发布相关知识34篇;发起"学习十九大·我们怎么干","学习十九大,我们有话说"线上大讨论,宣传展示各级团组织干部学习成果,参与浏览、讨论、点赞的网络青年达1000余人次。

【组织建设】 制订印发《共青团永宁县改革方案》,推动新形势下团开展各项工作。8月份完成全县各乡镇、街道、村、社区两级团委(支部)的换届,提名大学生西部计划志愿者为专职副书记候选人,为各级团组织配齐团干部。成立永宁县金融团工委、教育团工委。召开共青团永宁县第十七次代表大会,选举增配1名兼职副书记和1名挂职副书记。

【阵地建设】 3月3日,挂牌成立永宁县青少年事务社工组织孵化中心。中心在社会服务中采用"社工引领志愿者开展服务,志愿者协助社工改善服务"的运行机制,整合永宁县社工、义工的人力资源,利用社工的专业知识和义工的服务热情,实现社工、义工"联动双赢,互补互惠,互动共进"的目标。

【关爱青少年行动】 8月,县团委协调厦门大学研究生支教团的志愿者在永宁县闽宁镇福宁村开展系列寓教于乐活动,与福宁村儿童共度七彩假期活动。10月,开始组织西部计划志愿者,每周六定期在永宁县儿童寄养中心开展康教关爱小课堂活动。

妇女联合会

【概况】 2017年,全县妇联工作开展"两学一做"学习教育活动,实施项目解决移民妇女儿童实际困难、推进妇女创业就业、维护妇女儿童合法权益等方面开展工作、妇联工作完成既定目标任务。

【项目实施解决移民妇女儿童实际困难】 实施正心基金"西部助学"公益项目。对闽宁中学46名初二学生,每人每年资助1500元,全年资助69000元。实施春蕾计划"春蕾女童班"救助项目。资助移民地区50名品学兼优的贫困女童，每人每学年资助600元，全年3万元。建立城乡妇女“两癌”救助基金。县妇联通过政协议案办理，建议政府建立永宁县城乡妇女“两癌”救助基金，2017年城乡妇女“两癌”救助资金45万元到位。3月8日为46名“两癌”妇女发放救助资金23万元。争取区妇联“两癌”救助资金88万元，市妇联单亲母亲资金6.3万元，于1月22日、7月18日发到151名妇女手中。实施先锋村妇联创收基地项目，发展枸杞芽菜133.32公顷，推行“支部+公司+妇联+基地”发展模式，解决近200名妇女的就业问题。实施母亲邮包项目，争取中国妇女发展基金会项目资金6000元，为30名移民妇女争取母亲邮包30个，解决贫困妇女生活中的实际困难。实施母亲循环金创业项目，为板桥村10名妇女发放无息贷款10万元，支持女性创业增收。实施春蕾救助项目，为70名贫困高中女童发放救助金7万元，解决贫困女童上学难问题。

【妇女创业就业】 按照担保基金总额1:5的比例完成农村妇女创业担保贷款发放任务。完成2017年贷款6835.5万元，共计1047户，争取贴息资金508万。完成2017年度到期贷款回收工作。县妇联与经办银行、各乡镇、街道妇联协调对接。2017年，永宁县回收贷款共计7015.32万元，完成贷款催收工作。

【家庭文明建设】 开展县乡村“五好文明家庭”“和谐家庭”“最美家庭”“好家风家训家信”等道德实践和诚信建设活动；县乡两级开展“三八”大型表彰活动9场次，获得全国区、市、县级表彰奖励91人，永宁县贺晓燕家庭获得全国“最美家庭”称号；举办三八红旗手、农村致富女能手、最美家庭事迹报告，在电视台录制节目，滚动播放；制作《巾帼心向党 共筑永宁梦》专题片在表彰会播放，让群众知晓妇女工作业绩；办践行社会主义核心价值观——家风家规家教家训宣讲活动6场，培训人员1000余人次；开展“最美家庭”事迹宣讲进社区活动，引导妇女向先进看起，争做最美家庭。通过一系列活动的开展，弘扬正能量，提升家庭文明素质，践行社会主义核心价值观，为全县创建全国文明县城打下基础。

【家庭教育工作】 制订《永宁县指导推进家庭教育的五年规划(2016—2020年)》《永宁县开展家校共育实施方案》。组织家长参加“家庭教育知识”讲座，广泛宣传普及家庭教育知识。在杨和街道办事处、李俊镇、闽宁镇分别举办父母成长家庭教育、抵制高额彩礼倡导文明婚嫁、和谐家庭创建培训班4场次。开展“护航春蕾”宣讲、演讲、学习经验分享等主题班会等活动6场，参加学生、家长3980人次。县妇联与县一幼、李俊镇李俊社区、杨和街道胜利社区分别联合举办庆六一文艺演出和亲子诵读比赛活动，庆祝六一儿童节。

【化解婚姻家庭矛盾纠纷】 联合司法局建立婚姻家庭矛盾纠纷调委会，选聘2人开展具体工作；在法院建立婚姻家庭矛盾纠纷调解室；各乡镇、街道、村（社区）相应成立调解中心、维权工作站(室)，县妇联明确专人负责维权工作。全县县、乡、村三级婚姻家庭矛盾纠纷调解机制完善。制订《永宁县婚姻家庭矛盾纠纷排查化解工作实施方案》，县妇联成立的婚调委定期在县民政局开设婚姻家庭辅导课堂，对结婚登记对象进行婚前教育宣传，对登记离婚的对象进行家庭矛盾分析和调解。加强12338妇女维权热线接听工作，保持每天有专人接听、专人解答，2017年，接待妇女信访222件，调处率达98%。

【妇女法制宣传教育】 2017年，在杨和南街、利民广场以及街道社区开展以“建设法治宁夏巾帼在行动”、“抵制高额彩礼”、“七五”普法、“三八”维权周、禁毒宣传月、艾滋病日等为主题的法律宣传活动14场次，在闽宁镇4个村开展为期2天的法律知识培训班。建立永宁妇联微信公众号、永宁妇联工作微信群、永宁县妇女联合会QQ群，女律师志愿结对微信群等，开展《妇女权益保障法》《婚姻法》《未成年人保护法》《反家庭暴力法》、“七五”普法、禁毒防艾等法律知识宣传；制作法律宣传折页，印有法律宣传的围裙、袖套、手提袋、口杯、毛巾等宣传品2万份，开展“不让毒品进我家”、“抵制高额彩礼”倡议书等宣传资料1.1万份等发放给群众，群众参与达7000人次。

【反家庭暴力】 举办《反家庭暴力法》专题培训班7场次，参学妇女群众及妇女骨干1670人次。利用三八维权周、母亲节、国际家庭日等节点在杨和街道利民广场设宣传咨询点宣传11场次，开展反家庭暴力法宣传活动和现场咨询答疑解难。联合社区在文化园开展法律知识为主题的文艺节目展演。

【关爱妇女儿童】 在春节期间慰问贫困妇女、“两癌”妇女、单亲、留守儿童、孤寡老人、卸任村妇代会主任及生态移民贫困妇女91名，为她们送去米面油等慰问品。实施“‘两癌’救助贫困母亲行动”，建立贫困母亲‘两癌’求助基金，为全县134名“两癌”妇女发放救助资金111万元。为63名贫困单亲母亲发放慰问金6.3万元。开展六一儿童节慰问活动。县四套班子领导慰问全县优秀、孤残、困难儿童375人。县妇联与县一幼、李俊镇李俊社区、杨和街道胜利社区分别联合举办庆六一文艺演出和亲子诵读比赛活动，共同庆祝六一儿童节。

【妇女教育培训】 组织各乡镇妇联分别与农牧、科技等部门联合举办种植、养殖技单获能培训班13场次，培训妇女3325人次；在杨和街道办事处、李俊镇、闽宁镇分别举办全县父母成长家庭教育和抵制高额彩礼倡导文明婚嫁、和谐家庭创建培训班4场次；举办践行社会主义核心价值观家庭教育培训班6场次，参与家长和学生1000多人。举办刺绣、软淘等手工制品培训班4场次，培训人员200多人次。在杨和镇和李俊镇举办健康教育培训班2期，培训人员600人次。开展法律知识讲座2期，培训400人次。在胜利社区举办青少年暑期系列培训活动。举办和谐家庭大讲堂2期，培训妇女800余人。

【妇联宣传阵地建设】 组织各单位共同配合订阅《中国妇女报》和《中国妇运》247份。为乡、镇、街道村(社区)“妇女之家”、女性领导干部、女致富带头人、优秀妇女干部送上《中国妇女报》和《中国妇运》。建立永宁县妇联公众号、永宁县妇联县乡村队妇女干部微信群、永宁县妇联机关微信群，发送妇联业务知识、政策法规、活动信息。2017年，发布各类信息简报64篇，《中国妇女报》刊登2篇。

【乡、村、社区妇联组建】 完成乡镇、街道、村、社区妇联组织改扩建任务。全县6个乡镇、1个街道和21个社区、66个村全部完成妇联组织改扩建任务，选举产生乡镇、街道、村、社区妇联主席94人，专兼职副主席268人，执委1215人，比改扩建前增员755人。实现村、社区妇女组织与“两委”同步换届，换届率达到100%。

【“妇女之家”建设】 按照“三有五亮”的标准规范打造乡镇、村、社区妇女之家，创建区级示范乡镇妇女之家2个，市级示范妇女之家20个。县级示范建妇女之家40个。

【妇联活动】 召开庆祝三八国际劳动妇女节107周年表彰大会。举办女律师下基层结队帮扶签约仪式。开展“三八维权周”法律咨询活动。开展学雷锋巾帼志愿服务活动。各乡镇、街道分别开展形式多样的培训、慰问及广场舞比赛活动。开展永宁县第一届家政服务业技能大赛活动和广场舞比赛活动。在胜利社区开展亲子朗读比赛活动。承办区妇联在闽宁镇福宁村开展的全区妇联系统“树新风 送温暖”活动。承办区妇联在闽宁镇开展的“中国好家庭好家风巡讲”宁夏行基层首讲暨义诊活动。

【巾帼脱贫工程】 按照区、市精准脱贫工作的相关要求，县妇联制订“巾帼脱贫计划”，召开专题会议研究部署。开展“巾帼脱贫行动”系列培训活动，举办和谐家庭、家庭教育、政策宣讲等培训班20场，培训1200人次。开展巾帼扶贫车间创建活动，在闽宁镇原隆村、福宁村打造区级“巾帼扶贫车间”2个，举办手工制品培训班3期，培训妇女80余人，解决30余名移民妇女长期就业问题，实现部分移民妇女创业持家两不务。县妇联干部参与到闽宁镇、杨和镇9户精准扶贫户的扶贫工作当中。

残疾人联合会

【概况】 2017年，全县残疾人社会保障、社会管理工作围绕县委、政府中心工作，履行“代表、服务、管理”的职能，推进残疾人康复、教育、就业、扶贫、社会保障、文化体育、权益保障等各项重点工作，解决残疾人最关心、最直接、最现实的利益问题，推动永宁县残疾人事业健康发展。

【队伍建设】 巩固和加强基层残疾人组织建设。全县9个乡镇83个村全部配备和选配残疾人专职委员和残疾人联络员。县残联对各乡镇残疾人专职委员工资进补贴780元，村级联络员的生活补贴60元全部纳入到财政预算，保证残疾人管理队伍的稳定。

【残疾人状况信息调查】 设立专项调查数据动态更新办公室，抽调4名工作人员作为调查组办公室工作人员，各乡、街道办残联也成立专专项调查数据动态更新办公室。为保证全区专项调查数据动态更新工作的开展，6月20—21日，县残联组织各乡镇残联分管领导、残疾人工作者和村、社区信息采集员共110人参加动员培训会；7月1日，由残疾人专职委员、基层工作人员等近百余人组成的调查队伍，对全县6716名核查持证残疾人进行入户调查。县残联通过社保、民政、医保、教育等相关部门对残疾人在社会保障、教育、社会福利等方面享受政策的数据进行核实，作为入户调查的基础依据。全县完成7个乡、镇、街道，2个农场，78个行政村和9个社区6716名残疾人的入户调查登记录入工作。其中，入户调查6231人，电话调查307人，查无此人16人，搬迁7人，空挂户5人，外出17人，死亡注销残疾人133人，入户调查率达到95.3%。

【县、乡残代会换届】 县残疾人联合会第七次代表大会计划于2017年12月召开。为县残联第七次代表大会的各项筹备工作，县残联高度重视，成立永宁县残联换届选举筹备工作领导小组，明确工作职责，开展换届的各项准备工作；多次召集干部职工会议，部署换届选举工作相关事宜，确定代表名额，推选参会代表。拟订《永宁县县乡残联换届工作实施方案》，保证实施方案可行。召开部署乡镇残联换届工作会议，要求各乡镇、街道残联主动给乡镇党委汇报，制订本级残代会实施方案，按规定确定代表的比例和主席团的规模，利用此次换届选举工作，发现挖掘优秀残疾人才，将综合素质高、表现突出的残疾人选拔到残疾人工作队伍中。各乡镇换届工作全部完成。

【残疾人证发放】 核发办理残疾人证，依归把关，执行鉴定标准和办证程序，明确责任追究，杜绝人情证。2017年，办理第二代残疾证6700人。针对重症行动不便的残疾人，工作人员进行上门办证，为15名行动不便的重症残疾人进行上门办证，为保障残疾人共享社会发展成果提供依据。

【残疾人维权】 依托县司法局成立县残疾人法律援助中心，全年受理涉及残疾人人身损害、婚姻家庭、交通事故赔偿等法律援助4件；接待来访85件，当场答复解决81例，与相关部门协调办理4件，对来访者的诉求录入中国残疾人信访网，全年未出现集体上访案件。推进城乡无障碍建设工作，通过前期入户登记、摸底调查、基础评估以及核定，最终对115名确有辅具需求的残疾人提供个性化适配方案。投入资金31.6万元，为肢体残疾人配发轮椅、多功能护理床、沐浴椅外，新增腋下代步车、单人站立架、入浴入厕推椅、穿衣辅助器、手指握力器、肩关节旋转训练器等小型家用康复器材564件。

【残疾人康复】 2017年，县财政配残疾儿童康复救助资金4.8万元，通过永宁县残疾儿童康复中心对20名0—6岁的残疾儿童开展生活自理能力、运动功能、社会适应能力等方面的康复训练与服务，有针对性地进行康复指导训练，帮助他们提高生活自理能力。转介16名残疾儿童到区、市残疾人康复中心进行康复训练；为56名白内障复明手术人员发放补助金2.8万元；为79名低视力验配助视器80件；配发成人助听器30例；转介31名肢体残疾人提供假肢安装、矫形器及矫治手术等服务，其中，假肢安装完成9例，矫形器完成2例，对安装假肢的残疾人不定期跟踪随访，随访记录齐全；将全国残疾人基本服务状况与需求数据调查成果运用到残疾人康复需求调查，根据残疾人的康复需求，指导各社区康复站组织开展肢体残疾人康复训练200人次，建立康复训练档案；组织开展一期盲人定向行走生活技能培训班，培训学员

36 人;举办精准康复暨社区康复员培训班一期 35 人;全年永宁县累计免费配发轮椅 249 辆、辅助器具 1074 件。全年县残联投入资金 27.9 万元为 322 名精神残疾人员购置相关药品免费发放;为 23 名重度精神病人住院进行医疗补助 3.68 万元;2017 年,永宁县有康复服务需求 4316 人,为 2748 人提供精准康复服务,服务率达 61.5%,其中,辅助器具适配需求 1059 人,为 1057 人提供辅具适配服务,适配率达 99.81%。

【"两项补贴"发放】 按照"保基本,全托底"的要求,落实残疾人"两项补贴"制度,根据宁政办发〔2017〕46 号文件规定享受低保的残疾人由民政部门负责实施。经永宁县政府常务会议研究,不享受最低生活保障的一、二残疾人的生活补贴和精神、智力三、四级残疾人的护理补贴由残联发放。2017 年永宁县残联、民政局发放困难残疾人生活补贴 3284 人 421.4 万元,发放重度残疾人护理补贴 2747 人 260.4 万元,两项发资金 681.8 万元。"两项补贴"的提标扩面,让更多的残疾人得到真正的实惠。

【扶残助学】 2017 年,累计资助贫困残疾人和残疾人子女 131 名,发放扶残助学资金 12.2 万元。其中,学前阶段在园生 7 名,义务阶段在校生 73 名,高中阶段在校生 12 名,特教学校 15 名,当年考入大中专院校的残疾学生及残疾人子女 24 人,通过银行一卡通全部发放到位。

【文化体育助残】 结合第二十七个全国助残日活动主题,邀请银川市残疾人艺术团在永宁县纳家户举办"助残日"专场演出活动;联合卫生、民政、教育等部门在县城主街道开展宣传咨询活动,为过往的群众免费量血压、健康义诊咨询等;在县残联举办辅助器具免费发放活动,有 300 余名残疾人及其家属到场,免费发放辅助器具 347 件;开展残疾人文化进家庭"五个一"项目工作,用一个月时间,组织残疾人观看电影,游览县人民公园,开展卡拉 OK 联欢,邀请残疾人艺术团在许桥中心村、宁化中心村、胜利小镇举展残疾人文艺演出 3 场次,举办残疾人趣味运动会 2 场次;联合祥和社区在县儿童福利院开展第十一次"全国特奥日"活动。有 100 多名残疾儿童及家属参加,残联拨款 3000 元用于此项活动的经费保障;依托"爱耳日""国际残疾人日""盲人节"等重大节日,上街开展宣传活动,发放相关宣传材料;邀请县电视台宣传报道残疾人活动 3 次;银川生活频道报道永宁县残疾人工作 3 次;订阅各类报刊及残疾人工作的书刊,其中:订阅《三月风》30 本,《中国残疾人》30 本,残疾人研究 2 本,给 6 名热爱阅读的残疾人将这些刊物投寄到家里;组织文艺体育人才参加区、市残联组织的各类文化体育比赛,永宁县输送的聋人选手王一宁代表宁夏参加 2017 年全国首届聋人柔力球交流赛获得团体赛"三等奖"。

【就业培训助残】 2017 年,各类行政、企事业单位可以通过网络完成向地税部门申报残疾人就业保障金的自核自缴工作,税务部门负责保障金的征收工作和减免审批工作。县残联完成 16 家单位的按比例就业年审工作,其中,行政、事业单位 6 家,企业 10 家,安置残疾人就业 42 人,到 12 月底收缴残保金 76.8 万元。2017 年新增残疾人职业技能培训基地 1 个,农村残疾人扶贫基地 1 个。依托李俊镇李俊社区社会组织联合会新建永宁县残疾人职业培训基地,举办手绣工培训班 1 期,培训就业年龄段残疾人及亲属 76 人,投入培训经费 4.8 万元,为培训基地投入各类培训设施费用 1.8 万元。依托宁夏青禾农牧科技开发有限公司新建永宁县农村残疾人扶贫基地,在该基地举办以红树莓种植为主要内容的培训班 1 期,培训农村残疾人及其亲属 110 人。

【助残器械发放】 2017 年,为杨和镇及杨和街道办 50 户重度残疾人提供健身车、踏步机、多功能上肢训练器、综合健身器四种 50 件康复体育训练器材,有专业的康复体育指导员进行入户安装,建立服务档案,县残联对项目实施、服务过程的进行指导和监督。

科学技术协会

【概述】 2017 年,全县科协工作结合科协系统的职能定位,发挥各级科协、科普示范基地、农技协的作用,推广先进的实用技术,提高人民群众的科学文化素质,完成全年工作任务。

【落实农民科学素质行动】 开展全国科普日、科技活动周、文化科技卫生"三下乡"等主题活动,为全县"三农"服务。开展科普宣传、科技咨询、实用技术讲座、实地技术指导等活动。邀请区、市、县农业专家,围绕设施园艺、蔬菜、葡萄种植、畜牧养殖、气象灾害预防等内容开展培训班 21 次,发放农业科普图书 3.5 万册,科普宣传资料 2 万余份,培训种植、养殖农户 3000 人次。

【落实青少年科学素质行动】 组织全县各中小学参加银川市第 14 届、宁夏第 32 届青少年科技创新大赛,第 17 届中国青少年机器人(宁夏赛区)竞赛,参与青少年超过 300 人,累计获市级奖励 33 项、区级奖励 9 项;开展科普大篷车进校园活动 5 次;科技辅导员培训 2 次;在永宁中学举办"大手拉小手"科普报告会 1 次,参与学生 700 人。

【落实领导干部科学素质行动】 主动向县委人大政府政协分管领导汇报工作,在每季度末将《县科协工作动态》整理成册上报各个领导阅览,让领导从各个方面掌握科协工作、区、市会议精神及各分管领导对科协工作要求;向县委政府主要领导、分管领导、乡、镇、街道主要领导干部赠送《新科技知识干部读本》18 套 54 册,涵盖重大的科学发现、重大的科技突破、重要的科技应用、新兴产业发展趋势等内容;组织全县干部职工参加全国科学素质网络知识竞赛。

【落实社区科普益民工程】 开展科技、文化、卫生、安全、健康、环保进社区等活动,普及尊重自然、绿色低碳、科学生活、安全健康、应急避险、反对邪教等知识和观念,提升社区居民应用科学知识解决实际问题、参与公共事务的能力,提高居民健康素养,促进社区居民全面形成科学文明健康的生活方式。开展各类培训、讲座、宣传等活动 25 次,参加的社区居民 3000 余人次,免费发放科普图书 6 万余本;为永宁县 12 个社区赠送科普图书 9600 册,用于更新社区图书室科普内容及开展科普工作。

【落实科普信息化工程】 建立"科普惠永宁"微信公众平台,以每周最少 2 篇的标准,发布科协重点工作或发布科普常识。在永宁县电视台开设《科普大篷车》栏目,每月制作拍摄科普专题片 1 期,播放时间 10~15 分钟;利用宁和广场 LED 大屏、云媒体平台、"永宁映像"微信公众平台,定期推送科普知识。开展"百城千校万村"行动,制订实施方案,在全县 7 个乡村、8 个学校、6 个社区逐步打造具有针对性的科普 e 站。投资开发社区图书阅览"歌德机",在 5 个村、5 个社区、1 个图书阅览室安装科普中国社区 e 站互联网软件,利用便利条件实现科普知识应用落地。举办科普信息化培训班。

【落实科普基础设施工程】 新编辑、制作科普宣传栏 100 个、展板 200 块,涵盖社区、中心村两大板块,包括科学普及、反邪教、全民科学素质、保护生态环境、青少年安全健康等科普知识内容,安装在永宁县人流密集的乡镇、社区、中心村等地,使之成为提高科普宣传效果、弘扬科学精神、普及科学知识、倡导科学思想、传播科学方法的阵地。争取区科协资金支持,在闽宁镇原隆村文化广场建设 LED 室外电子显示屏,显示屏面积 15 平方米,用于传播科普知识、种养殖技术,推动精准扶贫、科技强县战略实施。印制科普知识书籍 30000 册,涵盖公务员、农民、社区居民、城镇劳动者、青少年 5 类重点人群,其中,《农业知识轻松学》一套 10 册,《科普工作手册》一套 5 册,提升全民科学素质。

【主题科普宣传】 5 月 20—27 日,全县各乡镇、街道开展活动,营造学科学、用科学的良好氛围,县委政府四套班子领导参与科普宣传活动,收到十分明显的成效。举行庆祝首个"'5·30'全国科技工作者日"系列活动,通过走访慰问一线科技工作者。围绕"科学破除愚昧,创新驱动发展"主题。开展科普大篷车赶集宣传、科普知识讲座、农技服务等 14 项科普活动,发放宣传资料 1 万余份,环保袋 3000 余个。组织全县机关事业单位、乡、镇、街道群众参加全国科学素质网络知识竞赛活动。

【科技信息服务企业】 促成力成电气、启元药业和红树莓与专家达成服务协议,开展对接工作。组织 80 余名企业技术负责人和骨干进行技术创新方法培训,免费为永宁县 59 家规模企业注册专利信息数据库，进行全程跟踪服务。组织永宁县伊品、紫荆花、泰瑞、多维、启元五家企业 20 参加由宁夏科技咨询服务中心与宁夏科技发展战略和信息研究所联合实施的一线创新工程师培训班。组织启元药业、伊品生物有限公司参加全国企业创新方法大赛宁夏分赛暨宁夏首届创新方法大赛，均获大赛三等奖。

【科技助力精准扶贫】 组织 21 名老科技专家，对接永宁县红树莓、枸杞、葡萄等农业产业，普及先进实用技术，推广农业新技术、新品种、新模式，为永宁县特色产业发展提供智力支持。

【科普宣传教育培训】 利用科普大篷车资源开展科普宣传教育，在“三下乡”期间大篷车开进移民村镇 5 次；5 月份科技活动周期间 3 场次；科普日期间 3 次；编印适合扶贫对象阅读的科教宣传资料，促进农民科技素质。邀请科技工作者，为扶贫对象举办卫生健康、心理健康、慢性病防治、防灾减灾、反对邪教、破除封建迷信和伪科学及农村青少年科技创新教育培训等专题讲座 12 场次，培训累计 1200 人次；邀请银川市眼科专家在原隆村开展科普义诊活动 1 次。

【农村实用技术人才培训】 组织县农业专家服务团和专业技术人员，来到移民和贫困村镇，结合产业发展实际有针对性地提供先进实用技术培训，开展技术咨询与服务 10 场次，培训约 700 人，通过培训使每个贫困家庭掌握 1~2 项脱贫致富的实用技术和技能，能够参与至少 1 项农业增收项目。

【科普惠民行动计划申报】 与各乡镇、街道办配合，通过实地走访、调研等形式，组织申报。经市科协考核，永宁县 4 个基地、1 个社区、4 位带头人获银川市科协科普示范命名；红树莓种植科普示范基地、杨和街道办事处建设社区、永宁县第三小学 3 个单位受“科普惠民行动计划”表彰，获 9 万元资金奖补。

【落实科普惠农兴村计划】 制宁《永宁县“科普惠民行动计划”单位及个人考核评估办法》。2017 年，对 21 个单位，14 个个人进行表彰，分别给予 5000 元、1000 元的资金奖励，合计 11.9 万元。

【科普惠农】 落实《关于开展银川市 2016 年度农业特色优势产业及“银会合作”贷款贴息项目申报的通知》文件精神，通过多方宣传多措并举，共上报 20 余家涉农企业的贷款贴息申请。现经过市科协、农牧局、财政局审核，永宁县小任果业、红树莓产业等 22 家涉农企业获贷款贴息补贴，共计 206.12 万元；联合县邮储银行召开科普惠农“银会合作”工作推进会，参会农业产业种植户申报 1800 余万元贷款申请。

【科协系统改革】 坚持系统推进 12 项改革任务。改革和健全科协组织体系，推进“开放型”科协组织建设，优化科协组织领导机构；健全和完善联系服务科技工作者机制，推进科协能力建设，创新提供科技类公共服务产品的方式；切实加强党对科协工作的领导，落实政治性、先进性、群众性的要求。

工商业联合会

【概况】 2017 年，县工商联围绕中心，服务大局，发挥桥梁纽带作用，创新服务举措，强化对非公有制经济的引导服务职能，为推进全县非公有制经济健康贡献力量。2017 年，全县会员总数上升为 10540 名，企业会员占会员总数 23.19%。商会总数达 16 个，其中，行业商会发展到 9 个，乡镇、街道商会 7 个，占乡镇、街道数 100%。

【理想信念教育】 以“提升青年企业家素质，积聚党建新生力量”为主题的党建活动，编印发放开展非公经济人士理想信念教育应知应会手册 1000 份。坚持加强和改进非公经济人士思想政治工作。加强年轻一代非公有制经济人士教育培养，培养一批政治觉悟高、发展能力强、社会形象好的青年企业家。

【助力脱贫攻坚】 贯彻中共中央总书记习近平视察闽宁镇的指示精神和中共宁夏回族自治区第十二次代表大会精神，以“2020 年同步实现小康社会”为目标，创新模式，切实做到精准扶贫、扶贫到户、责任到人，不脱贫不脱钩，保证帮扶工作措施落实到位,取得实效。争取闽宁协作资金100万元用于闽宁净水厂建设,引导企业履行社会责任。参与光彩事业、公益慈善事业,万企帮万村精准扶贫行动。

【产业扶贫】 按照2017年自治区民生实事分工要求,启动“百企帮百村”活动,永宁县有11家企业承担帮扶任务,其中,企业8家,商会3家。2017年,投入产业扶贫资金1.07亿元,加快闽宁镇脱贫致富步伐。永宁县壹泰牧业公司、华盛绿能(宁夏)农业科技有限公司帮扶闽宁镇原隆村扩规增加养殖肉牛5000头,总投资4800万元;红树莓产业扩大规模,投资3200万元,增加种植面积211.2公顷;鲜切花产业,投资228万元,种植温棚花卉107栋;食用菌产业,投资813.4万元,建设88栋大棚;旅游扶贫重点村建设项目,建设闽宁镇游客服务中心1座,占地1.6万平方米,规划建筑面积6000平方米,总投资1600万元,改造农家乐家庭10户,资金50万元。

【心系困难群众】 为南部贫困山区困难群众及永宁县闽宁镇移民群众做实事、办好事、解难事,彰显企业社会责任感,为社会传递正能量。活动募集资金360万元,永宁县闽宁镇原隆小学等5所小学获赠100万元爱心物资、儿童福利院获赠10万元爱心物资,南部山区海原县、西吉县、隆德县等6所小学及3个山村获赠240万元爱心物资、农机具及现金,全部用于农村学校及村部建设。

【就业扶贫】 宁夏德龙酒业有限公司捐款14.4万元,由县扶贫办发给闽宁镇原隆村6户移民家庭。该公司全年扶贫就业培训119人,用工500人,全部使用闽宁镇本地人,增加农民的收入。宁夏创业谷实业发展有限公司帮扶原隆村马永和一家现金1万元;宁夏紫荆花纸业有限公司捐款50万元,鼎力支持全县脱贫攻坚与闽宁镇建设发展工作。

【非公经济人士综合评价】 重视非公经济人士综合评价工作,先后建立组织数据库、商会数据库、执委数据库等基本数据库,在此基础上,完善31名非公人士数据库,以该数据库为依据,分别向区联、市联推荐政治素质过硬、参政议政能力强、经营业绩好的非公经济代表人士19人。非公经济代表人士担任区、市、县人大代表、政协委员56人。

【招商引资】 3月,在银川市工商联的带领下,会同银川市经济合作局,经银川青岛商会引荐,赴青岛市对4家企业进行接洽。4月,参加宁夏、青岛合作恳谈会及时联系青岛商团到闽宁青岛昌盛光伏发电基地、立兰酒庄参观考察。6月15日,在银川行政中心举办“百名苏商宁夏行”活动推介会,与苏商座谈交流,发放招商引资宣传资料,开展投资环境政策推介各项工作。8月5日,与江苏省连云港市东海县工商联缔结为友好工商联,双方约定开展企业家走访。9月18日,组织企业家参加厦门国际贸易投资洽谈会。

文学艺术界联合会

【概况】 县文联为县委、政府领导下的群众团体事业单位。其职责是管理指导所属文学艺术协会及会员的联络、协调、服务工作;组织文艺创作和文学评奖,开展文艺活动,挖掘、收集、研究、整理民族文化精粹,培养文艺人才,开展文艺采风和文艺作品研讨活动等。2017年,全县有文学协会、书法协会、美术协会、摄影协会、舞蹈协会、音乐协会、戏剧协会、民间协会、朗诵协会、收藏家协会。全县有自治区级会员11名、市级会员111名、县级会员739名。

【队伍建设】 2017年,以“责任意识,担当精神”为文联家风,以“培养人才,创作精品”为文联己任,县文联以“十大协会活起来,所有会员动起来,激励机制建起来,人才队伍带出来”为总体思路,以“树旗帜,带队伍,育人才,出精品”为工作方针,以“坚持正确导向,夯实人才基础;建立长效机制,带出人才队伍;创作精品力作”为具体举措,带出一支与习近平新时期社会主义文艺思想要求和人民群众需求相适应的文艺队伍,创作出一批弘扬社会主义核心价值观的优秀作品,形成风清气正的良好发展氛围,为繁荣永宁县文艺创作事业夯实基础。全县加入区、市各文艺协会的会员人数也有显着增加。

【艺术人员培训】 通过举办丰富多样各艺术门类培训班，指导各文艺协会开展工作。邀请区内、区外名家以开展研讨、座谈、笔会交流等方式，对艺术人才进行现场交流培训。为永宁县广大艺术爱好者提供非常难得的高层次知识的学习机会，使他们得到名家的亲身授课点拨，开阔眼界，提高文艺自信和创作水平。从而促进各文艺协会健康发展。2017 年，邀请甘肃、陕西、福建以及区内等地书法、美术、音乐艺术家到县纳家古街、三沙源、文化园等文化境地开展笔会交流，永宁县艺术工作人员"走出去"学习交流 3 次，跨地区的文化交流，使艺术气息相互流通，让更多的文化名人解永宁、更好的宣传永宁、通过这样的形式，使永宁县艺术人才受到更好的专业培训。累计培训人次达到 2500 人。

【作品成果丰硕】 马凤鸣的散文《二毛皮》，获得全国孙犁文学奖一等奖，《马梅的饭馆》获"礼赞辉煌成就，书写人民情怀——迎接十九大散文、诗歌主题征文"活动二等奖，小说《被举意的牛》获得第十四届中国人口文化奖优秀奖；解怀福出版小说、散文集《仰望星空》；孙玉霞出版诗集《雪花飘在我梦里》；王富荣、解怀福、纪晓文编写的"永宁好人"系列作品被银川市委宣传部、市文联收录于《最美银川人》；王建邦出版个人诗集《古韵新风故乡情》3 册，有多篇作品收录在永宁县志和永宁小说诗歌散文及书法艺术丛书中。一批主题鲜明、生活气息浓厚、群众喜闻乐见，观赏性、艺术性较强的戏剧艺术作品问世。花儿艺术团创作《昨夜无钟声》，曾多次在全区巡演，作品获得银川市"贺兰山文艺奖"二等奖，获"深入生活，扎根人民"大型采风创作活动戏剧类舞台剧创作特等奖；马新芳创作的眉户剧《两个妈》，受到区、市戏曲名家的肯定，多次在县内上演，作品获得银川市"贺兰山文艺奖"二等奖，在"深入生活，扎根人民"大型采风创作活动中获戏剧类舞台剧创作一等奖。

【书法、美术创作活跃】 全县共有各级书法、美术会员近百名，在书画创作中屡见佳绩，多名会员参加全国、以及区、县大赛。在县文联组织日常书画下乡活动中，创作积累大量创作素材。县书法家协会会员马成义的书法作品参加全国文联"喜迎十九大"书法成就展；县书法家协会主席马金成的书法作品在 2016 年中国文化馆年会——文化艺术博览会书画艺术展"中被永久收藏；县书法家协会秘书长关宁宏的多部作品在全区、全县获奖展出。县美术家协会副主席李大伟国画作品分别入选中国美协主办全国书画精品大展，2015 年参加"百新热力杯"美丽宁夏全区书画大赛获二等奖。

【摄影、音乐、舞蹈、民间文艺创作】 摄影家协会在永宁县多次大型宣传活动中用镜头记录全县经济社会发展的全貌，捕捉老百姓幸福笑脸，为宣传工作提供精美的影像材料。音乐家协会深入群众生活，倾听百姓心声，创作歌曲《社会主义价值观之歌》，在各大社区传唱。民间协会的广场交谊舞在全国交谊舞大赛中取得优异成绩、舞蹈家协会创作编排广场舞《水兵舞》《兰花花》火爆全县各大乡县社区。

公安　司法

公　安

【概况】 2017 年，全县公安工作围绕“平安永宁”和县域经济建设发展大局，落实公安“交办制度、审核制度、总结制度、评比制度”四项制度建设，突出打、防、管、控整体推进，保证全县社会治安稳定。

【动态维稳】 坚持“稳定压倒一切”的工作思路，坚定不移地把维护全县政治大局稳定作为首要任务来抓。建立“日汇总，周会商，月研判”的动态维稳机制，组织开展十九大安全保卫专项调查、“敲门行动”以及“铁桶工程”等专项工作，组织开展“310”“717”“055”“430”“061”“217-5”和邪教领域“全能神”等专案侦查，对重点关注人员落实“五见面一核查”工作，全方位开展不稳定因素排查化解稳控工作，防控影响社会稳定的案事件发生。共见面调查邪教人员 236 人，调查“善心汇”“E 租宝”“兴麟系”等涉众型经济案件人员 2199 人，排查群访不稳定因素 25 起、个访不稳定因素 71 起，打击处理非访人员 8 人，排查重点目标 186 处，重点管控场所 16 处，举办反恐业务培训班一期，开展 3 次反恐应急演练。完成国家领导人来宁视察警卫任务 13 次，其他警卫任务 90 余次；胜利完成党的十九大、全国“两会”、自治区党代会、大型群众集会及春节、五一等节日安保工作。

【信息化建设】 以实战为导向，实施智能图控三期、智能交通六期建设项目，新建 300 个视频监控点位，7 处电子警察和信号灯控制系统，3 处车让人系统。建成视频监控 1467 路，联网率 100%，在线率均在 95%以上，监控点位数和在线率均为全市最高。建成网安二级实验室和技侦工作站，安装特征采集点位 654 个，建成望远、李俊 2 个综治视频监看中心。升级案管中心万兆光纤和核心交换设备，划定专属围栏，保障执法规范化建设。结合交巡合一警务机制改革，强力推进以 350M 集群寻呼、移动警务和扁平化指挥调度的应用，实现警力资源多重定位和信息推送。加强信息化应用培训，举办信息化应用培训 5 期，图侦培训 2 期，受训人员 500 余人次。全局利用信息化手段破案占全部破案数比例接近 90%。

【打击刑事犯罪】 依托警务云和扁平化指挥平台，深度整合现有应用系统和数据资源，加强合成作战室建设，完善、规范情报研判、线索传递、精确打击、精准防范的工作流程和机制，强化图侦、技侦、网侦等科技手段的实战应用，加大对刑事犯罪的打击力度。侦破刑事案件 524 起，现发案件破案率为 43.3%，命案破案率 100%，八类刑事案件破案率 100%。抓预测预警预防工作，打击经济领域违法犯罪行为，审查受理案件 35 起，立案 21 起，破案 23

起，抓获犯罪嫌疑人 23 人，排查投资类公司 83 家，捣毁传销窝点 29 处，破获组织、领导传销活动案 4 起，逮捕 4 人，教育遣返涉嫌传销人员 361 人。强化情报信息整合、研判，推进大收戒常态化，破获毒品刑事案件 12 起，缴获毒品 4288.1 克，破获厅级目标案件 1 起；查获吸毒人员 272 人，强制隔离戒毒 117 人，批捕犯罪嫌疑人 22 人。

【社会治安防控】 深化"一村(社区)一警"社区警务，完成交巡合一警务机制改革，细化巡逻防控措施，强化社会治安管控。开展社会治安综合整治暨命案防控利剑行动和"三打击一整治""缉枪治爆"等专项行动，组织对行业场所进行 6 次集中清查整治。全县旅馆业信息管理系统安装率达 100%，寄递、物流业管理全部落实收寄验视、实名收寄、过机安检"三个 100%"制度，望远银子湖小区传销突出问题得到整治。依托"智慧社区"建设，按照先试点后推广的思路，推行智能门禁技防、重点场所红外报警、视频技防入户、三车卫星定位、邻里联防等技防手段，全县 43 个规范化住宅小区完善技防建设改造 39 个，占规范化住宅小区更新改造任务的 90.7%。开展"一标三实"信息采集录入工作，采集录入实有人口 58255 人，实有房屋 19669 处，实有单位 208 家；在全国重性精神病人系统登记采集录入精神病人 139 人，列管在控的重点人口 1320 人。受理各类报警 18514 起，立刑事案件 1210 起，比上年同期下降 7.6%；受理行政案件 2079 起，结案率 83%。

【禁毒示范县建设】 加强禁毒专业队伍建设，按社区戒毒康复"五化"建设工作要求配齐缉毒民警和社区戒毒(康复)专职工作人员。依托社区警务室和禁毒康复站，发挥乡镇、街道等基层社会力量，对在册涉毒人员进行细致的走访和排查，纳入管控视线。社区戒毒和社区康复执行率均为 100%，阿片类吸毒人员就业安置率为 84%。依托青少年毒品预防教育数字化平台，开展校园禁毒预防教育工作，打造毒品预防教育示范学校，以点带面促进永宁县"6·27"工程。开展"全民禁毒宣传月"活动，建成禁毒教育宣传长廊，加大与网络、电视、广播、报纸等媒介的联系，实现全媒体多元化、矩阵化、常态化传播，形成"履行禁毒义务、参与禁毒斗争"的浓厚社会氛围。按照"七统一"标准，落实"六项制度"，强化吸毒人员"全流程"精细化管理模式。以"社区+产业+培训"的帮扶模式，打造绿源丰"阳光工程"吸毒人员就业安置基地，帮扶因毒致贫人员精准脱贫。加大"堵源截流"工作力度，对辖区 41 家易制毒化学品使用企业进行常态化监督检查，从源头加强管理。辖区 35 所中小学校全部开设毒品预防教育专题课程，建立 7 个毒品预防教育示范基地，打造"禁毒示范网吧"3 个、"禁毒示范 KTV"3 个，娱乐场所内部醒目位置均设有带有禁毒宣传标语的标牌，完成，"禁毒示范县"申报工作，申报"禁毒示范乡、镇、街道"7 个。

【道路交通治安】 开展道路交通安全隐患排查整治，新增各类标志标牌 400 余块、爆闪灯 50 多个，施划各类标线 4 万余平方米，安装事故多发点提示牌和安全提示爆闪灯 36 个，安装可掉头标志 18 处 36 个，安装行人安全岛 3 处 6 个。实施"蓝天工程"，完成淘汰黄标车 978 辆，淘汰率 91.06%。常态化开展"酒驾"、涉牌涉证等严重交通违法行为专项整治，组织开展为期 100 天的道路交通安全专项整治行动，查纠各类交通违法行为 82210 起，道路交通四项指数呈"三降一平"趋势。

【消防安全督查】 部署开展"今冬明春"电气线路，夏季消防安全大检查以及高层建筑火灾隐患整治"摩天行动"等专项检查，22 次集中对全县人员密集场所、易燃易爆场所和建筑工程施工现场消防安全工作进行督查。检查单位 2394 家、督促整改火灾隐患 3197 处；建设消防重点单位和物业小区微型消防站 104 个，新增市政消火栓 100 个。全县火灾起数较上年下降 16.57%，未发生造成人员伤亡的重大火灾事故。

【执法规范化建设】 完善县局案管中心和 9 个基层单位案管室设施建设及办案区升级改造，落实派驻检察官监督机制，在县局办案中心设立律师会见室。以日常监督为重点，实行定人、定岗、定责工作机制，对接处警视频上传、案件如实受立案巡查，案管室、执法办案区规范使用以及涉案财物的管理情况进行监督管理。巡查接报警 18514 起，审核行政案件1722起，纠正各类执法问题362个。落实刑事案件“统一审核，统一出口”工作机制，坚持“一案一审一评”加强案件审核，严把案件事实关、证据关、时限关、程序关、法律适用关和裁量关。审核各类刑事案件1199起，提请批准逮捕128案202人，批准逮捕100案156人，批捕率77%；移送起诉183案251人，起诉241人，起诉率96%。主动适应“以审判为中心”的司法体制改革，组织各执法单位负责人参加执法考试3次，组织法制员跟班学习10期，举办以刑事案件办理程序规定、案管中心系统使用、积案清理等各项法制培训30余场次。协调召开“公检法”联系会议3次，促进“两法衔接”工作进行。

【队伍建设】 坚持用习近平总书记重要讲话精神和“四句话，十六字”总要求，武装全警思想。结合警务发展需求和“训练日”活动，紧贴实战和岗位需求，培训培养兼职教官17名，针对不同层次、不同警种、不同岗位，有针对性地制订教育训练计划，突出岗位练兵，注重实战培训，分类施教、按需施教，增强全警实战能力，民警、协警参训率达到100%，提高民警和协勤的业务能力和素质。

【公安典型宣传】 弘扬先进典型事迹，宣传公安正能量。在新闻媒体发布宣传稿件284篇，发布微博3934条；在公安网站发布信息2100余篇，编发工作简报68期。全局有1人荣立个人二等功，2人荣立个人三等功，8人受到嘉奖，3个集体和15名个人受到市县表彰奖励。鲁孝副政委被评为“最美银川人”，黄羊滩派出所所长郭建光“用警灯照亮回家路”被各媒体争相宣传，激发全警自豪感和职业归属感。

【尊重保护民警权益】 组织开展打击整治骚扰“110”专项行动，对打击报复、诬告陷害、侮辱谩骂民警的违法犯罪行为，坚决依法予以打击。排查骚扰“110”案件16起，查处恶意拨打“110”报警电话和侮辱谩骂接处警人员的案件9起，打击处理9人。

【作风建设】 落实“两个责任”和“一岗双责”制度，加强执纪执法问责机制落实，将执法质量纳入问责追责工作范围，延伸纪检工作触角。重点对执法办案中工作拖沓、效能低下、不能按时完成任务以及泄露公民个人信息等行为加大查处力度，约谈3人、问责处理20人，辞退泄露公民个人信息涉事协勤2人，以高效执行、纯洁作风和严明纪律来保证公安事业健康发展。

【警务改革】 将交警和治安警进行整合，在交警大队原有建制的基础上，与城关、望远、闽宁所警力重新整合，成立交巡警大队，统一接处治安和交通类警情。赋予杨和、李俊、望洪、胜利、黄羊滩民警交通执法权，加强重点时段、重点部位的综合巡逻防控。结合便衣打现工作、扁平化综合指挥调度系统，通过350M对讲系统和警务通，打破原警务运行模式，实行县局指挥中心对一线巡逻警力“点对点”扁平化指挥调度。实现处警模式由静态出警向动态出警的转变、指挥调度由多级调度向扁平化指挥调度的转变、交警和治安警由独立作战向合成联动的转变、出警速度由慢到快的转变、民警由一警一能向一警多能的转变。

【刑侦合成作战】 成立刑侦合成研判室，抽调具有较强综合研判能力和实战经验的业务骨干进驻研判室，将刑事技术、图侦、网安等专业手段汇入刑侦研判室，为情报、技术、技侦、网安等警种、部门引入信息端口，开通宁夏云搜等相关应用系统权限，组建配侦专业队伍，派驻刑侦部门服务破案打击工作，形成周会商、月研判工作机制。通过指派民警跟班学习、参加专业培训等方式，完成专业研判队伍培养。利用互联网丁丁软件等建立联络平台，利用微信朋友圈、“平安永宁”微信公众号发布警务信息，广泛发动人民群众提供线索参与到侦查破案及逃犯抓捕之中，实现情报研判的专业化和群众化。通过合成研判，提供破案线索41条，破获各类案件204起，打掉犯罪团伙7个。

【社区警务】 建成10个标准化警务室。将日常法律宣传、安全防范、防电信诈骗知识等内容通过微信群进行宣传。社区民警处置、化解施工过程中的矛盾纠纷325起，打击处理恶意阻挡工程案8起，拘留35人。县局便衣处突大队警力入驻警务室。整合社区民警、市场保安、物业等资源，开展日常治安巡防及维稳处突工作，对各市场重点人员进行排查，排查关注人员106人。闽宁镇派出所紧跟“互联网+社区警务”步伐，成立“红袖章”义务微巡防队伍，在辖区福宁、原隆、武河、木兰、园艺5个自然村以及中小学校、幼儿园、清真寺、宾馆、网吧等行业场所组建99个微信群，吸纳包含镇村组干部、义务巡防员以及辖区学校、各行业场所等成员3968人，覆盖辖区近5万群众。

【维稳防控】 建立完善情报信息工作体制，按照周研判、月会商、季通报的要求，定期对重点人员及事项进行分析研判，适时掌控不稳定因素动态，研究制订应对方案，按照职能分工分别推送主管领导和职能部门，同步开展化解、稳控工作，最终达到实时分析、预警、同步推送，联动化解、逐级稳控的动态维稳工作目的。建立“日登记、日见面、日分析、日会商、日研判”战时机制，对重点稳控对象有针对性地进行精准稳控。与民航、铁路等部门加强协作，对排查出的重点人员通报信息，掌握出行动态，联合乡、镇、街道和村(居)委会干部，落实专人稳控，跟进帮抚教育。

检　察

【概况】 2017年，县人民检察院在正确履行批捕起诉职能，依法查办职务犯罪，规范执法，矛盾纠纷排查化解，促进依法行政等方面实现依法保障公民对于违法的国家工作人员提出控告的权利，追究侵犯公民的人身权利、民主权利和其他权利的人的法律责任。

【批捕起诉职能履行】 受理公安机关提请逮捕案件148件216人，其中，批准逮捕120件172人，不批准逮捕28件44人；纠正漏捕18人。受理审查起诉案件285件403人，起诉255件342人，不起诉16件28人。提请抗诉3件5人；纠正漏诉9人，纠正漏罪15人发出“纠正违法通知书”14份，发出“检察建议书”28份。适用轻刑快办程序办理各类案件103件103人。

【职务犯罪查办】 受理贪污贿赂案件17件21人，决定立案11件11人。受理渎职线索1件3人，决定立案侦查1件3人。收到法院判决15件17人。查办的王某某受贿案、高某某滥用职权案分别被评为全区检察机关扶贫涉农领域十大精品案件。

【职务犯罪预防】 联合县纪委为县委中心组理论学习会成员开展主题为“用廉洁守护党和人民的连心桥”预防职务犯罪专题讲座，邀请银川市检察院预防职务犯罪宣讲团进行宣讲；结合查办的职务犯罪案件，组织相关发案单位领导干部旁听庭审2次，用身边事教育身边人；办理行贿档案查询942件（次）；发出检察建议帮助发案单位进行整改，推动建立制度6件；组织县处级领导干部及各乡镇、各单位党政主要负责人赴银川监狱开展警示教育，为各级干部筑牢廉洁防线；开展“预防职务犯罪邮路”活动，发挥邮政投递网格优势，发送预防职务犯罪宣传资料，推送检察动态微信广告，印制检察邮资封，邮寄给“两代表一委员”，构建覆盖城乡的预防职务犯罪网格。

【刑事立案监督】 受理立案监督案件37件47人，监督立案15件23人，监督撤案17件19人；同意公安机关理由5件5人。

【刑事侦查监督】 受理侦查活动监督案件4件4人，发出“纠正违法通知书”4份，均回复。向公安机关发出“不捕理由说明书”27份，发出补充侦查提纲20份，发出“逮捕案件继续侦查取证意见书”38份，发出“检察建议书”9份，均得到回复。

【民事行政监督】 受理民事行政监督案件202件，名列全区第一；发出检察建议书140份，收到采纳性检察建议回复129份；督促收回国有资金4039.28万元；向银川市人民检察院移送虚假诉讼案件3件；办结全区首例行政公益诉讼案件。

【执法规范化建设】 从案件进口到出口全程监控，进行办案风险评估预警，案件质量得到保证；搭建网络、电话、多媒体交互一体机、案管岗位“四位一体”的案件信息查询平台，让群众监督办案；提供预约、受理、办理“三个一分钟”律师阅卷服务，得到社会各界好评；公布重要案件信息37件，导入案件程序性信息633件，发布终结性法律文书 213 件。

【矛盾纠纷排查化解】 受理信访案件 51 件，办理刑事申诉案件 9 件，检察长接待 23 件 23 人，接听 12309 检察服务热线 10 人次。构建“大控申”工作格局，在全市基层院中首先引入律师坐班接访，参与化解涉检信访矛盾纠纷；各部门干警轮流接访，耐心倾听群众诉求，培养锻炼干警群众工作能力，让检察工作更接地气；开通远程视频接访，实现三级院联合接访、会商案情，促进息诉息访，减少越级访、进京访；实行矛盾排查化解“零报告”制度，所办案件均无涉法涉诉信访问题。

【依法行政】 为推动“法治政府”建设，将 23 家行政执法单位接通“两法衔接”平台，录入案件信息 890 件。通过平台发现涉嫌犯罪案件线索 10 起，建议全部移送公安机关，其中，6 件被立案侦查，人民法院做出有罪判决 2 件 2 人。

【检务公开】 制定《优化法治环境服务经济发展》十六条措施，探索“检察工作站+联系点”的检企沟通互动工作模式，结合检察职能，主动作为，为经济发展保驾护航。发表检察宣传稿件 317 篇，“两微一端”发布 5458 条，拥有粉丝 8934 人。领导班子带队走访“两代表一委员”，让代表委员知晓和支持检察工作。充分利用新媒体，“两微一端”、微信扫码、检察门户网站传播检察“好声音”，建立检察机关新形象。

【监察体制改革】 落实检察官员额制改革，配强一线办案力量，所有员额制检察官回归办案一线。落实检察官司法责任制改革，保障检察官依法独立办案。改革后，受理各类案件 935 件，入额院领导办理 170 件，占比 18.2%。批捕、起诉案件中，检察官自行决定的案件数占总数的 90.8%，初步形成权责明晰、运行高效的检察权运行机制。支持配合国家监察体制改革试点工作，开展转隶人员思想工作，做到思想不乱、队伍不散，保证转隶工作平稳有序。按照《永宁县深化国家监察体制改革试点工作实施方案》的要求，将积案线索、侦查设备、办案车辆及转隶干警的办公设施全部移交监察委，支持监察体制改革进行。

【扶贫监督】 在闽宁镇建立 7 个扶贫监督检察站点，对贫困户建档立卡、扶贫政策落实、项目实施、资金管理使用、工作人员教育等情况进行全程监督，做到“可知、可控、可防、可查”，当好精准扶贫的“守护者”。开展预防职务犯罪进乡村活动，在闽宁镇及下辖的 6 个村开展警示教育讲座，宣传预防职务犯罪 67 场次，发放宣传材料和宣传用品 2 万余份。自开展该项工作以来，立案查处征地拆迁、退耕还林、农村基础设施建设、农田水利建设等涉农扶贫资金案件 25 件 32 人，占立案件数的 75.8%，立案人数的 72.3%。

【社区矫正监督】 依托“社区矫正检察官办公室”全覆盖的优势，创新监督机制，拓展监督方式，提升监督水平。在全区检察机关首先实行社区矫正工作联席会议制度、检察宣告制度、应用“社区矫正检察管理系统”、开展“矫正人员吸毒情况排查、中共党员身份筛查”专项检察、落实“宽严相济”的刑事政策。对矫正人员中吸毒的 3 人建议撤销缓刑，收监执行；对被判刑后未给予相应党纪处分的 6 名党员，向相关部门制发检察建议书，4 人被开除党籍，2 人给予警告处分。这“六个率先”走在全区前列，得到全区司法系统推广。

【队伍建设】 以“建一流班子，带一流队伍”为目标，从严从实加强班子思想政治建设，做到常学理论、常抓教育，强化领导班子的“四个意识”。贯彻民主集中制原则，坚持集体领导与个人分工负责相结合，完善党组议事规则和决策程序，提高党组决策的民主化、科学化水平。班子成员带头谋发展、讲团结、顾大局、守纪律，起到模范带头作用，营造风清气正、团结进取的工作氛围。

【干警素质提升】 提升干警业务理论水平和实战能力，组织干警参加各级各类业务培训和技能竞赛，累计培训 75 人次，在区、市各类检察业务竞赛中获奖 10 余项。鼓励干警提高学历水平，9 名干警取得硕士学位，6 名干警被评为全区青年检察人才。

【党风廉政建设】 突出党组从严治党的主体责任，强化一岗双责，层层签订党风廉政建设责任书和廉洁从检承诺书；建立廉政谈话制度，对重点岗位、关键环节、重点人员进行经常性提醒；遵守中央“八项规定”精神；加强对干警的廉政教育，落实“一案双查”、廉洁从检若干规定、检察人员八小时外行为禁令等制度；坚持“三会一课”制度，强化干警的党性意识；制宁加强司法办案内部监督机制，实行业务部门按月零报告制度。围绕执行党纪条规和内部管理规定，强化执纪，全年无违法违纪问题发生。

审　判

【概况】 2017 年，县人民法院围绕自治区高级人民法院整体工作思路和县委中心工作，开展司法体制改革，加强信息化建设和法院文化建设，提升办案质效。2017 年，受理各类案件 6690 件，同比上升 24.26%，审执结 5543 件，比上年同期增加 418 件，同比上升 8.16 个百分点，结案率为 82.86%。

【思想政治建设】 党的十九大召开后，把学习宣传贯彻十九大精神作为首要政治任务，召开党组专题会议、全院干警大会、专题学习会、党员大会等进行传达学习，制订学习宣传贯彻党的十九大精神方案，班子成员带头给全院干警讲党课，下到包村点宣讲十九大精神，开展学习十九大精神征文比赛、演讲比赛、心得交流活动。在永宁县学习宣传十九大精神诗歌朗诵比赛中，法院代表队获二等奖。依托“三会一课”“支部主题党日”、专题研讨等活动。坚决执行党中央的决定，重要工作主动向县委汇报，保证执行上级、县委的决策、决定不走样。

【惩治犯罪】 全年审结各类刑事案件 239 件，比上年同期上升 13.81%，判处犯罪分子 309 人。落实平安建设工作部署，依法严惩抢劫、强奸、故意伤害、黄赌毒等严重危害社会治安的犯罪，审结此类案件 65 件；打击“法轮功”等利用邪教组织破坏法律实施的犯罪，判处 2 人；依法惩处非正常上访构成寻衅滋事的犯罪；参与反邪教、禁毒等专项活动，维护社会安定。加强重大、疑难案件审判工作，办结刘辉、王明华、邵守峰等特大盗窃系列案。继续推进轻微刑事案件快速办理机制，审结“轻刑快办”案件 47 件，提高效率节约资源。全面推进以审判为中心的刑事诉讼制度改革，组织召开公检法工作联席会议，邀请检察机关进行座谈，畅通办案流程，提高办案质效；规范法庭调查程序，提高当庭宣判率，当庭宣判案件 83 件，简易程序当庭宣判率 73.77%。

【民商事纠纷化解】 全年受理民商事案件 3891 件，同比上升 13.87%，审结民商事案件 3498 件，比去年同期多审结 622 件，同比上升 21.63%，结案率 89.90%，比去年同期上升 5.73 个百分点。紧紧围绕全县工作大局，对涉及影响经济发展的案件，坚持快立、快审、快执行。坚持正确处理依法办案与保护经济发展的关系，审结金融借款、房地产纠纷案件 487 件。服务社会主义新农村建设，审结涉农案件 45 件，依法保护农民合法权益，维护农村稳定和促进农业经济发展。注重民商事调解工作，调解民商事案件 1308 件，调解率达 37.39%，调解率居全市法院首位。

【涉诉信访】 开展远程视频接访、集中清理信访积案专项活动。建立重点案件销号管理制度，通过院长接待，与其他部门联合化解，邀请、委托律师为信访人提供法律服务等方式，妥善化解矛盾。在审判执行中，加强对涉访、涉众案件的处理，妥善处理蓝山投资置业、陈学峰、昊昇三农等系列案，化处成都青羊公司系列案件，执行到位案件 33 件，其中，涉农民工工资案件 19 件，发放执行款 794 万余元。

【执行工作】 建成执行指挥中心，拓展执行协作网络，与 21 家金融机构、车管部门、不动产登记部门、证券机构建立执行网络查控系统，提高财产查控能力。完善执行联动机制，向县委提请建立永宁县“联合惩戒失信平台”，研究制订《团队化执行模式管理办法（试行）》，组建 4 个执行团队。推动案件“繁简分流”，对简易执行案件简化程序快速办理，对普通执行案件集中力量精细办理，对系列执行案件指派专人跟踪办理。

【加大执行力度】 加强执行工作，最大限度实现当事人合法权益。2017 年，全院受理执行案件 2410

件，执结1737件，执结率72.07%。开展“夏日执行攻坚”“破解执行难百日攻坚战”专项活动。开展集中执行活动26次，累计出警人数达1200余人次，依法拘留63人，公布限制高消费记录665条，将915个自然人和281个法人及其他组织纳入失信被执行人名单公开曝光，执行到位标的1.36亿元。加大反规避执行力度，与公安局、检察院建立联动机制，打击拒执行为，移送3案3人，判处拒执案件1件1人。全面推行“互联网+司法拍卖”，最大限度实现执行财产变现额度，减少被执行人的财产损失。对执行未结案件进行全面梳理，建立“一案双查”机制，集中力量破解一批执行积案、难案和“骨头”案件，清理执行积案301件。

【司法体制改革】 加强案件质量保障机制建设，建立专业法官会议制度。规范院庭长审判监督管理权限，制定权力清单、审判委员会议事规则、裁判文书签署办法，落实“让审理者裁判，由裁判者负责”政策。全面落实院庭长办案制度，设定院庭长办案指标。院庭长办理案件2224件，占全院审执结案件数的40.12%。

【涉讼调解】 发挥人民调解工作室、劳动争议调解室、婚姻家庭调解室作用，通过委托调解、特邀调解方式，妥善化处矛盾纠纷。一年来，委托调解案件519件。依托“妇女儿童维权岗”，畅通妇女儿童维权“绿色通道”，推进家事审判工作，审理好各类涉及妇女儿童案件471件，调解率达46.92%。

【拓展诉讼服务】 改造诉讼服务中心，优化布局，完善设施，提供“柜台式”“一站式”便捷服务，窗口服务水平提高。开通互联网案件信息查询、电话预约立案，畅通12368服务热线，加强数字巡回审判便携装备应用，利用便民服务流动法庭车有针对性开展巡回审理，提供现代便捷司法服务。争取多方渠道，加大司法救助力度，为困难群众缓减免交诉讼费 9.62万元，救助21案，发放司法救助款74万元。

【司法公开】 推进“四大平台”建设，在中国裁判文书网公布法律文书2491份、公布案件信息1459条；建立互联网庭审直播工作机制，在中国庭审公开网直播案件105件，在全区法院中居首位。加强自媒体建设，利用内外网主动发布信息199条，法院微信微博发布及转发信息147条，拥有粉丝千余人，接受问题举报及咨询18次均及时回复。完善代表委员联络制度，主动邀请人大代表、政协委员旁听庭审、参观法院工作，听取意见，改进工作。

【法治宣传】 针对不同节日、不同群体，有针对性开展法治宣传教育活动。2017年，开展“法院开放日”活动9次，受邀人员近400人次，组织法官下到乡镇、社区、学校开展法制宣传7次，在永宁一中开展青少年模拟法庭活动，以案释法活动。

【司法能力建设】 建立健全干警学习制度，组织各类培训12次，培训人员376人次。重视司法理论研究能力建设，成功申请承担全区法院重点调研课题1项。对中层干部进行岗位调整，提升中层干部履职能力。建立专业法官会议制度，召开疑难案件分析研讨会、员额法官工作会议，提升队伍专业化水平。开展庭审、裁判文书“两评选”活动。召开青年干警座谈会，开展入额法官宣誓活动。

【司法作风建设】 开展司法廉洁教育、“学、查、改”干部作风整治活动，对庸懒散软等问题开展专项督察整治，有力推动干警思想、观念和作风的转变。落实领导干部干预司法活动追责机制和内部人员插手案件处罚机制。对重点岗位、重点环节监督检查，完善干警执法档案和法官廉政档案等举措。

【精神文明建设】 开展宪法宣誓、升国旗等爱国主义教育活动，按期举办“道德讲堂”，开展评优评先活动，实施文明餐桌、办公节能行动，引导干警把工作岗位作为弘扬文明司法的平台，争做文明礼仪的践行者。依托法院“廉政文化园”，打造法院特色文化。法院制作的执行工作宣传片《依法执行铸民心》获得全区法院“坚定文化自信，建设文化法院”微电影二等奖。开展“全员读书”活动，为干警征订、发放书籍，配备工具书。定期开展丰富多彩的文体活动。2017年，法院获得全国文明单位。

【后勤保障建设】 对办公楼、审判区进行整体排查，改造安检通道，完善安保设施；对审判区、办公区进行隔离，加装门禁，消除审判办公场所的安全隐患。对档案管理、网络安全、车辆使用、安全保卫、环境卫生等进行全方位规范，基层法庭建设初见成效，杨和法庭投入使用；李俊法庭工程建设完成，等待验收；闽宁法庭土建完成，进行室内外装工程招投标；望远法庭装修改造前期准备基本完成，进行招投标程序。

司　法

【概述】 2017年，全县司法工作以法治永宁建设为载体，以创新社会管理为突破点，发挥司法行政部门维护社会稳定、提供法律服务、保障法律正确实施作用。

【新媒体普法】 发挥新媒体优势，2017年"法润永宁"推送60期，6个司法所司法行政微信号推送74期；发挥手机"现场云"直播平台，推送4期内容；充分利用"今日头条"客户端宣传司法行政动态，发表13条动态；挖掘"永宁县法律援助中心"微博功能，发布法律常识等，拥有粉丝37104人，发布微博576条，回复网友提问130余人，回复办理政务平台投诉16余件；加强信息上报工作，多渠道宣传司法行政工作。

【矛盾排查化解制度建设】 社区调解组织坚持每周排查一次，全覆盖、全方位重点排查辖区矛盾纠纷，排查一起，调处一起，结案一起，做到易发性多发性常发性简单矛盾纠纷就地化解。乡镇、街道每半月开展一次矛盾纠纷集中排查，将重点排查征地拆迁、土地承包经营、物业管理等引发的各类矛盾纠纷进行归纳分类，合理分流，限期办结，调后回访。专业调解中心和行业调解中心发挥自身优势，体现专业特点，及时调处和化解道路交通事故纠纷、婚姻家庭纠纷、损害赔偿纠纷及法院、交警大队、民政局、信访局等相关部门委托的纠纷。在春节、全国"两会"、自治区第十二次党代会、中阿经贸论坛、花博会、全国十九大等重要时间节点，开展滚动式、地毯式、排查化解，重点对人民调解受案范围内的重点人、重点单位开展针对性排查，开展预防和化解，力争将矛盾纠纷稳控在当地，解决在萌芽状态，营造和谐稳定的地域环境。

【调解组织完善】 按照区司法厅及市司法局对人民调解"四张网"建设工作的要求，对全县各级各类调解组织进行摸查，做到情况清，底子明。现全县有调解组织127个，其中，村（居）调解组织89个，乡、镇、街道调解组织7个，市场调解组织8个，企业调解组织6个，专业调解组织17个；调解员1563名，其中，专职调解员20名，兼职调解员1543名，实现全县范围内各级各类调解组织全覆盖。部分调解组织借助村居换届选举之际，选优配强调解人员，注入新活力。2017年市场局、旅游局、宁夏广播电视网络公司、永宁县邮政局四个部门协调，分别建成永宁县消费纠纷人民调解委员会、永宁县旅游纠纷人民调解委员会、永宁县有线电视纠纷人民调解委员会、永宁县邮政业务纠纷人民调解委员会。

【诉调对接机制完善】 每个工作日派人民调解员入驻法院工作，受理法院诉前、诉中委托调解，参与重大疑难民商事纠纷以及刑事附带民事纠纷诉中联合调解，真正实现诉调无缝衔接，减轻法官压力，节约法院诉讼资源，降低当事人维权成本。

【人民调解工作】 制定《永宁县司法局关于加强人民调解工作风险防范的实施意见》完善《永宁县人民调解员以案定补管理办法》，细化案卷评查办法，提高人民调解工作整体水平。各级各类调解组织共排查纠纷169次，预防纠纷127件，排查出各类矛盾纠纷1728件，调解1728件，调解成功1718件，成功率99.4%。防止民间纠纷转化为刑事案件6件16人，防止群体性上访14件77人。

【安置帮教】 协调相关部门对刑满释放人员提供免费职业指导和职业介绍等服务，支持和鼓励企业招用刑满释放人员，帮助他们尽快回归社会。全县共有帮教期内刑释解教人员665名，全部为刑满释放人员，帮教率95%，回访率100%。落实责任田80人，落实低保26人，原单位安置35人，自主择业247人，获得救助37人，其他175人，安置率达90%，最大限度地减少重新违法犯罪，为维护全县社会稳定，构建和谐永宁创造良好的法治环境。

【社区矫正】 2017年，为法院、监狱出具调查评估意见书173件。举办集中入矫宣告，进行入矫谈话

135 人次。突出重点监管，对未成年、逆反心理严重、无固定职业社区服刑人员的监管力度。给予警告处罚 19 人次，对 2 名社区服人员提请撤销缓刑建议，对 1 名暂予监外执行罪犯提请收监执行。组织 100 余名社区服刑人员开展社区矫正集中教育日活动。累计接收社区服刑人员 135 人，累计解除 110 人，在册 203 人，其中，缓刑 201 人，假释 1 人，暂予监外执行 1 人，配备定位手机 164 部。组织辖区社区服刑人员在“银川·永宁阳光中途之家”开展集中教育 986 人次，参加社区服务 1132 人次，开展职业技能培训 452 人次，提供心理咨询及心理辅导 138 人次。

【农民工维权】 参加县上农民工工资清欠领导小组成员单位对各建筑企业的专项检查，到兰花花、翡翠城、三沙园和民生蔚湖城等建筑工地督促支付农民工工资，避免群体性事件发生。办结农民工工资法援案件 83 件，为 354 名农民工挽回工资经济损失 776.51 万元。为兰花花三、四、五期等建筑工地农民工代书劳务合同纠纷诉状 80 余份。

【法律援助】 接待受理法律援助案件 327 件，办结 226 件，其中，民事诉讼案件 142 件，刑事案件 24 件，行政案件 1 件，办结代书 59 件(295 份)。接待来访、来电解答法律咨询 1209 余人。为受援人挽回各类经济损失 1023.51 万元。申报普通案件 176 件，彩票案件 50 件，完成办理为民办实事诉讼案件 158 件。

【公证服务】 围绕政府中心工作，为经济建设保驾护航。2017 年，县公证处办理各类公证 1642 件，其中，经济类公证 1473 件，民事类公证 169 件，无涉外公证。落实“社会公开承诺”，坚持做到公证业务范围公开，社会监督投诉电话和公证服务收费标准公开，接受当事人监督。建立专门遗嘱库，对 20 年来的遗嘱案件重新清理一次，建立电子档案库，专人经手，进行密码保护，切实保护当事人的隐私。

【信访矛盾化解】 落实律师接访制度，每天安排一名律师到信访局接待室接访，解答上访群众法律咨询，2017 年，接待上访群众 600 余人次，解答上访人提出的涉法问题 700 多个。与公、检、法等多部门的配合协作，采用诉讼加调解的新方式，县人民调解中心完成历时两年邮政储蓄永宁分公司杨文娟储蓄合同纠纷案件调解工作，涉及储户 134 人。

【党建】 开展星级党支部创建行动，2017 年，组织 20 名干部职工走访 40 户帮扶户 2 次，发放米、面、油等生活必需品及法治文化系列丛书，慰问望洪镇望洪村和闽宁镇木兰村 50 名老党员代表，为他们送上 12000 元的慰问金。2017 年，2 名预备党员按期转正，3 名干部提交入党申请书，发展为入党积极分子。

社会民生

人力资源和社会保障

【概况】 2017年，举办创办你的企业(SYB)培训班6期180人，完成目标任务120人的150%；举办改善你的企业(IYB)培训班1期25人，完成目标任务的100%；举办网络创业培训2期60人，完成目标任务60人的100%。创业培训结束当期，创业起步152人，完成任务130个的117%；全县培育小企业264个，完成目标任务150个的176%；培养小老板371个，完成目标任务275个的135%；创造新岗位3192个，完成目标任务1150个的277%；全民创业带动就业2625人，完成目标任务2500个的105%；创业培训结束当期实现成功创业152人，完成任务130个的117%，自主创业带动就业334人；大学生创业引领计划人数32人。发放创业担保贷款521笔3685万元，为1391人贴息545.61万元。

【就业再就业】 实现城镇新增就业5823人，完成自治区下达永宁县年度目标任务5420人的107%，其中，城镇就业困难人员就业450人，完成年度目标任务420人的107%，失业人员再就业2422人，完成年目标任务2400人的100.9%，实有登记失业人员数709人，登记失业率为3.24%。2017年安置公益性岗位102人，零就业家庭动态清零3户8人。

【就业专项资金使用】 2017年县财政共投入就业补助资金1467万元，创业担保贷款贴息125万元，担保基金200万元。自治区财政投入就业补助资金1172万元。主要用于永宁县灵活就业社保补贴、公益性岗位补贴、职业技能培训补贴、电子商务培训补贴及全民创业担保贷款贴息等支出。就业补助资金支出1462.76万元，其中，公益性岗位工资支出457.64万元，社保补贴支出352.4万元，发放2016年培训费150.41万元，发放创业担保贷款贴息545.61万元，大学生创业补贴0.6万元，就业创业服务补贴7.6万元，其他就业补助7万元。

【优惠政策落实】 2017年，共发布用工信息53期，提供就业岗位5386个，接待群众咨询3785人次，求职登记581人，培训登记30人，推荐就业367人。审核上报2017年灵活就业人员社保补贴共418人，申报金额109.89万元，经审核发放343人灵活就业人员社保补贴90.67万元。将343名领取社保补贴人员信息录入"一卡通"信息系统中。全县失业保险参保人数25885人，征缴失业保险费537.09万元。累计为34293人次发放失业金411.13万元，其中，农民工78人，发放生活补助20.61万元，医疗补助10.31，累计为3696人次代缴医保，金额118.60万元。落实援企稳岗政策，通过审核对2016年33家企业发放援企稳岗补贴资金

190.62万元。审核发放就业创业证2081本。

【被征地农民养老保险】 累计参保20797人，累计筹集资金10.3亿元，其中，个人缴费累计4.1亿元，财政配比资金6.2亿元，资金筹集率100%，从根本上解决全县2.1万被征地农民老有所依、老有所养的问题，维护社会稳定。

【养老金待遇调整】 2017年，累计发放城乡居民养老金219654人次，人均月增资30元，累计发放5055.53万元；累计发放企业职工养老金164019人次，人均月增资138元，累计发放3.12亿元；累计发放机关事业单位养老金29858人次，人均月增资192元，累计发放1.16亿元。

【建筑业工伤保险】 永宁县在建项目18家，新开工项目有43家，参保人数4244人，参保率100%，缴费585万元。

【协议医疗机构管理】 永宁县15家协议医疗机构、81家协议零售药店，全部签订协议。利用监控系统，核查出违规数据5399条，确定属实的违反医保政策、医疗规则的4135条，违规金额20.59万元，全部追回。

【门诊大病及门诊统筹】 县域内门诊大病16750人次，总费用455.3万元元，统筹支付208.8万元；门诊统筹345720人次，总费用1065.5万元，统筹支付670万元。

【社保卡综合应用】 2017年，县社保局制发社保卡22.98万张，按照“一卡通用、一卡多用”的要求，社保卡的发卡基本实现全覆盖。

【人事人才管理】 牢固树立人才资源是第一资源的观念，围绕县域经济发展，加大人力资源开发。发布各类人才供求信息，组织人才专场招聘会4场次，为用人单位和个人提供全方位、一站式服务。提升人事工作服务水平，招录公务员17名，招录事业单位人员51名，公开选聘教师18名，招录“三支一扶”人员36人。开展职务与职级并行工作，开展专业技术人员继续教育和职称评定。

【劳动维权】 劳动保障监察受理259起，协调处理168起，立案91起，涉及金额4180万元，涉及人数2793人，化解256件，结案率98%，监督发放工资1940元，涉及人数710多人。企业劳动合同招收备案914件，招收备案职工4743人，同去年相比增加12.13%；解除劳动合同备案件受理979件，解除备案职工3767人，与去年同期相比减少5.71%。永宁县劳动人事争议调解仲裁委员会受理争议案件83起，调解结案50起，调解率60%，规定时效内案件办结率100%，涉案经济标的1284.45万元，涉及劳动者222人，为劳动者和用工单位追回权益损失629.67万元。

【劳动合同管理】 永宁县建筑领域在建项目23个，实行分账管理项目数23个，分账管理率100%；22%进度款拨付项目数20个，拨付率87%；使用农民工4596人，签订劳动合同4596份，劳动合同签订率100%；实行实名制管理人数4596人，实名制管理率100%；办理银行卡人数4596人，办卡率100%；农民工维权告知牌45个，农民工维权告知牌率100%；设立建筑工地农民工工作办公室23个，配备劳资专管员23名，劳资专管员配备100%；应收农民工工资保证金10066.56万元，实收10066.56万元，收缴率为100%。

劳动就业服务

【概况】 永宁县劳动就业服务在落实国家扶持创业、促进就业、发展劳务产业和完善社会保障体系各项政策，统筹开展城乡就业，为下岗失业人员、企业在岗人员及农村富余劳动力提供职业技能培训，开展全民创业，为创业者提供创业担保贷款、创业培训、创业指导等；失业保险金发放，为下岗失业人员提供生活保障；开展职业介绍、落实政府购买公益性岗位安置完成全年任务。

【全民创业】 举办创办你的企业（SYB）培训班6期180人，完成目标任务120人的150%；举办改善你的企业（IYB）培训班1期25人，完成目标任务的100%；举办网络创业培训2期60人，完成目标任务60人的100%。创业培训结束当期实现创业152人，完成任务130个的117%；全县培育小企业292个，完成目标任务150个的195%；培养小老板 410 个，完成目标任务 275 个的 149%；创造新岗位 3501 个，完成目标任务 1150 个的 304%；全民创业带动就业 3277 人，完成目标任务 2500 个的 131%；创业培训结束当期实现创业 152 人，完成目标任务 130 个的 117%，自主创业带动就业 334 人；大学生创业引领计划人数 32 人。新增发放贷款 521 笔 3685 万元，为 1392 人贴息 545.61 万元。

【就业再就业】 实现城镇新增就业 5823 人，完成自治区下达永宁县年度目标任务 5420 人的 107%，其中，城镇就业困难人员就业 450 人，完成年度目标任务 420 人的 107%，失业人员再就业 2422 人，完成年目标任务 2400 人的 100.9%，实有登记失业人员数 709 人，登记失业率为 3.24%（低于目标任务 4.0%）。超额完成全年的目标任务。2017 年安置公益性岗位 178 人，零就业家庭动态清零 3 户 8 人。

【劳务产业】 实现农村劳动力转移就业 2.13 万人，完成自治区下达永宁县目标任务 2 万人的 106%，实现劳动力转移就业收入 1.96 亿，完成自治区下达永宁县目标任务 1.95 亿元的 100%，其中，中介组织及劳务经纪人带动输出 8651 人，自发转移 10181 人。培育劳务派遣公司 8 个，劳务经纪人 26 人；完成城乡劳动力职业技能培训 28 期 1493 人，完成银川市下达永宁县目标任务 1300 人的 115%，其中，开展生态移民职业技能培训 6 期 310 人，为中银绒业开展订单式培训 2 期 90 人。培训专业有设施园艺、电焊工、电工、计算机、挖掘机、家政服务员、中式烹饪等；2017 年经自治区就业创业服务局审核有 8 家企业被认定为区级就业扶贫示范基地，40 位劳务经纪人（劳务中介机构）被评为"优秀劳务经纪人"。

【人才管理】 2017 年。托管高校毕业生档案 917 份、非公企业档案 320 家 26110 份。登记高校毕业生 917 人，推荐就业 886 人，其中，高校毕业生到事业单位实习 43 人，分别安排到 35 个事业单位实习，高校毕业生就业率 93%以上。落实大学生创业优惠政策，对于毕业五年内自主创业项目且带动就业的大学生，发放补贴 1 人，共计 0.6 万元，其他 4 人申报市局。

【专项资金使用】 2017 年，县财政共投入就业补助资金 1467 万元，创业担保贷款贴息 125 万元，创业贷款担保基金 100 万元。自治区财政投入就业补助资金 1172 万元。就业补助资金共支出 1525.9 万元，其中，公益性岗位工资支出 544.75 万元，社保补贴支出 420.34 万元，发放创业担保贷款贴息 545.61 万元，大学生创业补贴 0.6 万元，就业创业服务补贴 7.6 万元，其他就业补助 7 万元。

【优惠政策落实】 2017 年，发放灵活就业人员社保补贴，389 人共计 101.72 万元，将 389 名领取社保补贴人员信息录入"一卡通"信息系统中；全县失业保险参保人数 25933 人，征缴失业保险费 585.78 万元。累计为 4293 人次发放失业金 411.13 万元，为 3696 人次代缴医保，总计 118.6 万元。通过审核对 2016 年 33 家企业发放援企稳岗补贴资金 190.62 万元，发放就业创业证 2480 本。

【就业扶贫】 2017 年，对建档立卡户当中具有一定劳动能力但无职业技能和就业渠道的贫困人口，有针对性地开展技能培训 3 期 150 人，创业培训（SYB）1 期 30 人，网络创业培训 1 期 30 人；在闽宁镇创建一家创业示范基地和 2 个就业扶贫车间，扶持闽宁镇移民自主创业，带动就业。为闽宁镇 569 户移民发放创业担保贷款 2436 万，其中，建档立卡户 59 户发放 590 万，以保证有创业意愿的贫困家庭创业，逐步实现脱贫致富；在闽宁镇培育 21 家劳务派遣公司，劳务经纪人 126 名，带领移民转移就业。在闽宁镇联合宁夏鹏飞烹饪职业技能学校等 62 家企业，举办精准就业扶贫餐饮企业用工专场招聘会，提供就业岗位 3000 个，达成就业意向 161 人；2017 年银川市下达就业扶贫目标任务 1392 人，实际完成 1460 人。

【党内关爱帮扶】 在七一党日前期，局党支部对因病致困的 2 名 80 岁高龄退休老党员进行走访慰问，送去党内关爱资金每人 500 元；对包扶村闽宁镇福宁村的 19 名困难党员，每人发放慰问金 300 元。

【创业孵化基地建设】 2017 年，加大对创业孵化基地的申报和扶持力度，逐步完善提升孵化功能，通过免房租、免物业、免培训费、提供贴息担保贷款、提供免费创业指导等形式，为创业人员提供低成本的创业起步。建成2个返乡农民工创业示范基地，1个自治区级创业孵化示范基地。

【家政服务培训】 2017年5月23日，又以“展技能，强服务，创品牌，促就业”为主题，组织首届永宁县家庭服务行业技能大赛，推出“永宁月嫂、永宁保姆、永宁护工”等称号，通过大赛表彰一批优质家服企业和优秀家服从业人员，树立行业楷模。全县建立11个家庭服务社区工作站，为永宁县老百姓提供更加便捷的家政服务。成立永宁县家庭服务业协会。

【就业平台建设】 2017年，在闽宁镇联合宁夏鹏飞烹饪职业技能学校等62家企业，举办精准就业扶贫餐饮企业用工专场招聘会，为富余劳动力及生态移民提供就业岗位3000个，达成就业意向161人；3月3日，联合永宁县总工会在永宁县望远镇举办永宁县2017年春风行动专场招聘会。有105家企业及用人单位进场招聘，为下岗失业人员、失地农民、城乡富余劳动力等求职人员提供就业岗位4125个，涉及生产操作、办公室文员、会计、行政管理、司机、保洁员等183个工种。进场应聘2000余人，达成就业协议1103人，发放宣传资料4120份；5月26日，与银川大学联合举办校企联动，建大学生就业平台“给梦想一个机会”为主题的校园招聘会，邀请近300家企业，提供就业岗位4000余个，达成意向性协议1300余人。

社保、医保管理

【概况】 2017年，县社保工作开展社会保险“规范化、信息化、专业化”建设，落实党风廉政建设，提高经办管理能力和服务水平，完成全年目标任务。

【养老金发放】 按规定完成离退休人员养老金上调工作，保证离退休人员养老金按时足额社会化发放，做到当期无拖欠。2017年累计发放城乡居民养老金219654人次，人均月增资30元，累计发放5055.53万元；累计发放企业职工养老金164019人次，人均月增资138元，累计发放3.12亿元；累计发放机关事业单位养老金29858人次，人均月增资192元，累计发放1.16亿元。

【全民参保完善】 全县参加医疗保险或养老保险206819人，应参保未登记21156人。信息登记录入21156人，登记完成率100%。在掌握转准确登记信息的基础上，动员参保缴费。将登记成果转化为扩面成果，将游离于制度之外的应保未保人员纳入参保范围，全民参保登记成果转化扩面率达到100%。企业职工养老保险、机关事业单位养老保险、城镇职工医疗保险、失业保险、工伤保险和生育保险参保人数分别达到46822人、6304人、25910人、26108人、18696人、17974人，分别完成全年目标任务的104%、104%、109.32%、101%、103.87%、112.17%。

【贫困人口养老医疗保险参保】 建档立卡贫困人口养老、医疗保险参保率分别达到90%以上和100%。全县应参加养老保险贫困人口224人、建档立卡人口4985人，实际参保分别为223人、4956人，参保率分别达到99.6%、99.4%；应参加医疗保险“建档立卡”脱贫贫困人口7346人，核查改正250余人错误信息，29人因失联、死亡、出国等原因未缴纳医疗保险，相关证明材料也存档，参保率达到100%。

【跨省异地就医】 跨省异地就医备案工作，备案准确率100%以上。在2016年实现区内异地就医结算的基础上，2017年实现与全国31个省市（区、市）异地就医联网结算，实现永宁县城乡居民基本医疗报险和大病保险“一单式”结算。借助医保网络对低保户、残疾等特殊人群的医疗费用报销实行“一单式”结算，解决跨统筹地区住院报险周期长、往返奔波难等问题。2017年，异地备案253人，异地结算18人次。

【医保基金违法违规查处】 医保基金违法违规行为的查处，监控系统疑似违法违规信息审核率达到100%，纳入调查流程信息调查率达到100%，监控系统疑似违规信息核查率达到100%，纳入调查流程信息调查率达到100%，从系统核查出违规数据 5399 条，确定属实的违反医保政策、医疗规则的 4135 条，违规金额 20.59 万元，将违规资金 20.59 万扣回。

【医保服务医师诚信管理】 组织各协议医疗机构完成医保服务医师诚信管理信息系统医师信息录入工作，开展面向协议医疗机构、执业助理医师等方面的专题培训。全县各协议医疗机构完成医师服务协议签订和医师基本信息采集、上报及审核工作，采集完善 234 名医师信息。落实医保服务医师诚信管理制度，2017 年医保服务医师协议签订率达 100%。

【养老金资格认证】 利用信息化手段推动待遇领取资格认证工作。采取拍摄视频认证、实地走访认证、联合乡、镇等多种方式加强社会保险待遇领取资格认证工作。对未参加认证的人员，采取停发待遇措施，认证 33365 人，认证率达到 96%。

【机关事业单位基本养老保险】 按照全区统一进度开展参保登记、征缴。由县财政局牵头发文，在全县机关事业单位开展改革准备期清算工作，现完成清算工作。开展生存认证工作，认证率达到 100%。使用社保卡发放养老金工作推进，发放率达到 100%。按照经办流程进行参保登记、参保单位及个人信息登记翔实完整，业务经办有据可依，审核权限分配合理。

【被征地农民养老保险】 执行被征地农民参加养老保险政策，对于不符合条件的一律不予参保告知原因，对于财政补助资金没有补助到位的一律不发放养老金，按规定收取续保人员 2015 年以后的滞纳金。

【城镇职工基本医疗保险】 执行城镇职工基本医疗保险业务经办流程。按期完成参保单位的人员参保，全县参保职工医疗保险 25910 人，参保率为 109.32%。人员待遇领取、个人账户划拨等清理工作达 100%。

【协议医疗机构管理】 全县有 15 家协议医疗机构、78 家协议零售药店。按区、市规定，年初，组织召开协议医疗机构、协议零售药店签订会签订《永宁县基本医疗保险定点基层医疗卫生机构服务协议》《永宁县基本医疗保险协议零售药店医疗服务协议》，签订率达 100%。制作“协议零售药店”标识牌、大额药品登记表，要求各协议零售药店在药店内悬挂，个人单次购买金额超过 200 元实行登记制。核查出违规数据 5399 条，确定属实的违反医保政策、医疗规则的 4135 条，违规金额 20.59 万元。2017 年，检查、考核协议医疗机构 2 次。住院病人信息现场核对率一级医疗机构达到 50%以上，二级 20%以上，三级 10%以上。

【城乡居民基本医疗保险】 制定全县的缴费公告下发到乡镇民生服务中心，安排专人指导协调督促参保登记、缴费核定、信息维护等缴费工作。重视生态移民、劳务移民的转移接续工作。开展缴费期过后的补录工作，2017 年协调东软公司为 181 名闽宁镇生态移民、千余名“建档立卡”贫困户做补收补缴工作。2017 年，城乡居民医疗保险从 9 月 1 日起开始缴费，为提高城乡居民医疗保险费收缴效率，经与黄河银行协商，继续加大由委托银行代扣代缴方式的覆盖范围，在全县设置 200 余处便民自助服务终端，方便参保人缴费。实施新生儿落地参加城乡居民基本医疗保险的政策，参保人数达 2897 人。

【生育保险经办管理】 对永宁县职工生育保险住院分娩医疗费用结算实行人头包干结算。2017 年，生育保险参保 17974 人，参保率为 112.17%，基金收入 588 万元，支出 588 万元。

【工伤保险管理】 完成自治区要求工，伤保险参保人数 18696 人，完成目标任务的 103.87%。工伤保险基金收入 994 万元，支出 573 万。按照规定为参保单位办理参保登记，按自治区统一的缴费基数、缴费费率和行业浮动费率申报核定应缴费额，使用自治区统一的社会保险信息管理系统开展业务经办工作。开展本年度工伤保险基金收入预算。为工伤职工因日常生活或就业需要，经劳动能力委员会确认，配置假肢、矫形器、假眼、轮椅等辅助器具。

【城乡居民大病保险】 2017 年，城乡居民大病保险人均筹资标准调整为 37 元，起付标准调整为 9500 元。对城乡居民异地就医人员的不断增多，银川市社保局与中国人寿宁夏分公司续签《医疗保险委托调查业务协议》,以保障异地就医人员医疗费用的真实性,保证基金安全。对于"建档立卡"等大病患者,大病保险起付额标准按政策由9500元统一调整为3000元，将急性白血病等20种大病纳入合规目录,使"建档立卡"等大病患者住院报销比例平均提高12个百分点,可为贫困患者人均减轻医疗负担近万元。

【异地就医结算】 将全县异地就医直接结算工作当做重点来抓,实行一把手负责制和问责制。切实开展医疗机构转诊转院审批和备案工作。按时开展区外异地就医基金预算，异地就医费用对账及费用拨付工作。在2016年实现区内异地就医结算的基础上,2017年实现与全国31个省市(区、市)异地就医联网结算，实现永宁县城乡居民基本医疗报险和大病保险"一单式"结算。

【健康体检】 全面实施城乡居民普惠性健康体检工作。中心在年初即协调软件公司对永宁县符合体检资格的人员信息进行筛检，下发各相关协议医院，全县城乡居民普惠性体检工作累计体检5369人,给体检机构核拨费用536900元。

【基金管理】 按照收支两条线管理规定管理社保基金,基金收入分别建账、分账核算、专户储存,执行统一的会计制度，基金支付专款专用，没有挤占、挪用等违纪违规现象。社保待遇支付全部通过银行转账支付,没有现金开户和现金结算现象。凡重大经费支出均由局务会研究同意后方可支付。财务档案整理规范。

【社会保障卡应用】 所有退休人员统一使用社保卡发放养老金,发放率92%;所有到龄城乡居民统一使用社保卡发放养老金,发放率85%;人社部门工作人员全部通过社保卡发放工资，发放率100%。与县上各单位、部门协调社保卡综合应用工作。全县发放社保卡23.24万张。开展社会保障卡管理工作，指定专人经办社会保障卡制卡发放及预制卡和临时卡管理,按相关文件要求补卡收费,做到账票相符,定期上交费用。全县社会保障卡到手率及激活率均达到100%。

【信息管理】 严把数据质量关，为数据质量提供安全保障,全年无错误数据。推广社保公共服务平台,60%参保单位、40%参保人员安装使用网上社保大厅办理申报业务,所有参保单位、参保人员安装使用"掌上12333"APP,所有参保单位、参保人员微信关注"宁夏12333"公众号。信息业务处理规范,没有发生信息安全事故。

【监控系统建设】 制订监控方案,加大医保基金违法违规行为的查处，监控系统疑似违规信息核查率达到100%，纳入调查流程信息调查率达到100%。查处违法违规行为,从系统核查出违规数据5399条，确定属实的违反医保政策、医疗规则的4135条。查处违法基金从系统核查出违规数据5399条,查处违规金额20.59万元进行扣回。

【医师诚信管理】 按照《宁夏回族自治区基本医疗保险服务医师诚信管理办法》要求,组织各协议医疗机构完成医保服务医师诚信管理信息系统医师信息录入工作,开展面向协议医疗机构、执业(助理)医师等方面的专题培训。全县各协议医疗机构完成医师服务协议签订和医师基本信息采集、上报及审核工作,采集完善234名医师信息。落实医保服务医师诚信管理制度,2017年医保服务医师协议签订率达100%。

【社保宣传】 成立宣传领导机构、明确人员职责,对全年信息工作进行安排。年度投入5万元经费。制订宣传活动方案,按要求报送有关情况。利用微信、微博等新媒体宣传平台开展宣传,制作宣传专题片。在永宁县政府网上发布工作信息和政务动态100余篇,均被采用,在永宁人社微信公众号上发布信息10余篇。

【档案管理】 开展业务档案规范化管理"回头看"活动,制定档案管理制度,专门成立档案管理科,建立标准化档案室,统一管理、统一要求、统一制度、统一规范标准,档案移交按照移交清单和案卷目录进行核对。收集整理刻录近年来相关业务档案,按相关要求进行社会保险业务档案统一分类,做到归档材料齐全完整,立卷及时,编目、编号整齐规范,排列存放有序,使归档率达到100%。

【党建】 党组织班子健全,委员分工明确,工作责任落实好;坚持"三会一课"制度;推进"两学一做"学习教育制度化，学习党的十九大和自治区第十二次党代会精神，组织开展党建主题实践活动。严守中央“八项规定”及自治区若干规定，履行“一岗双责”，层层签订目标责任书；廉政风险防控工作有计划、有清单台账、有落实措施、有岗位职责、有内控制度、有经办风险台账。

民　政

【概况】 2017 年以来，全县民政工作围绕县委政府中心工作、开展各项业务工作，新华中心村创建为首批全国农村幸福社区建设示范单位、南环社区创建为全国综合减灾示范社区，成立团结西路街道办事处，完成全年任务。

【被救助、供养人员核查】 对全县分散供养特困人员和城乡高龄人员进行重新排查，完善高龄特困人员档案资料。2017 年，全县共有各类民政保障对象 7911 户 9071 人，其中，城市低保 1366 户 1884 人，农村低保 4748 户 5348 人，发放保障金 3185 万元；城乡高龄 1513 户 1547 人，发放高龄津贴 995.8 万元；分散供养特困人员 162 户 170 人，集中供养特困人员 51 人，发放供养金 264.5 万元；孤儿 71 人，发放孤儿养育津贴 46 万元；医疗救助各类保障对象 2743 人次，发放医疗救助金 492 万元；大病救助 89 人，发放救助金 108 万元；临时救助 1421 人，发放临时救助金 214.5 万元；累计支出资金 5305.8 万元。

【社会救助家庭经济状况核查】 充分利用信息化手段，联合银行、车管所、工商、住建、人社、税务等单位，对保障对象进行家庭经济状况核对，新增低保 402 户 428 人，新增高龄 221 户 221 人；取消低保 575 户 731 人，取消高龄 204 户 204 人。

【医疗临时救助覆盖】 提请县人民政府完善临时救助办法，将大病救助门槛由 3 万元降至 2 万元，乡镇（街道）临时救助可审批最大金额由 1000 元提至 2000 元。下拨各乡镇临时救助资金 251 万元，用于解决困难群众突发性、紧迫性、临时性生活困难问题，使更多困难群众得到救助。

【农民生活保障】 按照自治区扶贫办、自治区民政厅相关要求，将扶贫线与低保保障标准“两线合一”，保障标准为 3150 元。2017 年把全县符合低保救助条件的 70 名农村困难群众纳入农村最低生活保障制度兜底范围，制度政策实施紧凑、管理标准完善。

【生活最低保障标准提高】 经政府常务会议研究通过，全县从 7 月 1 日起提高城乡生活最低保障标准，永宁县城市居民低保标准由每月 440 元提至 570 元，农村居民低保标准由每月 263 元提高至 317 元。政策的实施，使全县城乡 6114 户 7232 人从中受益，永宁县城乡低保救助标准位于全区前列。

【“56789”工程】 2017 年，为 60 岁以上老人送蛋糕 6000 人，支付资金 182.4 万元，为 70—79 岁老人发放高龄补贴 3197 人，支付资金 321.7 万元；为 80 岁以上老人发放高龄津贴 1547 人，支付资金 118.663 万元。

【特殊人员救助】 完成重症精神病试点工作，建立工作台账，为 34 名精神病患者发放居家监护资金 12.3 万元；为 136 名居家服药精神病患者发放生活补贴 24.5 万元；对 13 名无人监管精神病患者通过购买社会服务进行托养，支出资金 46.8 万元。为 9 名生活困难的精神病患者开辟绿色通道进行免费治疗。完善流浪乞讨救助设施，制订永宁县流浪乞讨救助实施方案，建立公安、城管、卫生、民政、乡、镇、街道等部门组成的救助工作机制，实行 24 小时救助制度，2017 年，救助流浪乞讨人员 158 人，支出救助资金 8 万元。

【留守儿童管护】 开展农村留守儿童“合力监护，相伴成长”专项行动，为全县 66 个行政村各配备 1 名“三留守”关爱督导员，每人每年补助 3600 元。建立闽宁镇福宁村“留守儿童之家”示范点，被自治区民政厅授予“全区留守儿童关爱保护试点单位”称号。依托望远镇政台村老饭桌，按照建立健全监护保护、监测预防、社会保障、救助保障、应急处理等 5 个体系的标准，投入 5 万元建立“永宁县政台村儿童之家”，7 月投入使用。

【特殊人员护理补贴】 按照《宁夏回族自治区困难

残疾人生活补贴办法》《宁夏回族自治区重度残疾人护理补贴办法》的通知要求，由县分管领导召开3次协调会议，在自治区标准的基础上，结合永宁县“56789”暖心工程，提高两项补贴标准，由民政局负责发放享受低保的困难残疾人生活补贴和一、二级重度残疾人护理补贴，残联负责发放非低保户的一、二级困难残疾人生活补贴及三、四级智力和精神残疾人、伴有三、四级智力、精神的多重残疾人护理补贴。初步建立起以“政府主导、民政牵头、残联配合、部门协作、社会参与”的工作制度。为低保户中一级、二级、三级、四级残疾人发放生活补贴，共2065人，发放残疾生活补贴164.6万元；为低保户中一级、二级残疾人发放护理补贴，共2083人，发放护理补贴116.7万元。

【防灾减灾宣传】 修订《永宁县“十三五”防灾减灾规划》《永宁县自然灾害应急预案》，制作宣传画册和展板，利用集市和5.12防灾减灾宣传日向居民普及防灾减灾知识，与街道办、住建局联合举办防灾减灾地震演练。

【落实国家优抚优待政策】 审核60岁农村籍退役士兵61人，接收退役士兵51名，2017年，对672名各类优抚对象，发放补助金454.35万元。对符合条件的86名退役士兵，发放344万元自主就业经济补偿金。对33名退役士兵进行职业技能培训，补助资金3.3万元；组织退役士兵45人参加自治区举办的就业招聘会，参训率和培训合格率达到100%。

【化解退役士兵信访矛盾】 开展退役士兵安置和权益保障工作，开展信访维稳百日攻坚专项行动，2017年，永宁县未发生退役士兵越级上访、集体上访、赴京上访现象。

【双拥模范县城创建】 制订永宁县2017年双拥工作计划，开展八一系列庆祝活动，开展全县干部职工升国旗、国防教育知识宣讲、走访慰问驻永宁部队、组织重点优抚对象短期疗养、书画进军营等活动。召开双拥工作推进会、为优抚对象发放生活补贴、开展文艺进军营等活动，政府各部门及社会各届人士开展丰富多彩的走访慰问活动。

【村民委员会换届选举】 依法依规办事换届选举工作，基层民主参选率达96.9%。组织对村“两委”成员、村监会成员、村民小组长和村民代表进行全员培训，参训率达到100%。推进村民代表会议制度，按照“55124”工作模式，指导各乡镇村，以“五步工作法”为统揽夯实制度基础，以“五联工作表”规范会议程序和记录，以“一份议事清单”明确议决内容，以“乡村两级监督”保证工作合法合规，以“四级联动督查”推动工作落实。村民代表会议实现规范化、程序化、法制化。

【乡风民约建设】 将村规民约作为推进基层群众自治、提升农村文明程度和村民文明素质的重要抓手，指导各村修改完善《村民自治章程》和《村规民约》，村规民约修订率100%，向自治区推荐优秀村规民约5篇；各村结合实际制订村训，弘扬诚信友善、敬老爱老的传统美德，原隆村、新华中心村等各村陆续制订出一批优秀村训；全县各村村村成立红白理事会，吸收德高望重、公道正派的老党员、老干部、宗教贤达参与红白理事会，党员村队干部带头签订承诺书，承诺婚事丧事简办新办。联合宣传部在李俊镇许桥村设立红白理事会民俗服务中心，引导群众婚丧事宜简办，为群众提供优良、卫生的办事场所。

【农村社区建设】 制订《永宁县深入推进农村社区建设试点工作实施方案》，以城边城中村、乡镇驻地村、村民集中进楼村、生态移民集中安置为重点，将望洪镇和胜利乡确定为自治区级农村社区试点乡镇，抽取各乡镇共13个村作为2017年全县农村社区建设首批试点，通过强化村级党组织建设、推进农村基础设施、文化教育和社会保障体系建设，打造“阵地好、党建好、服务好、产业好、自治好、治安好、环境好、民风好”新型农村示范社区。推荐申报望洪镇新华中心村为2017年国家农村社区建设试点村。

【社区减负】 按照《自治区党委办公厅、人民政府办公厅关于进一步开展社区减负增效工作的通知》精神，开展城市社区减负增效工作“回头看”活动，组织专人下到乡镇、社区进行调研和不定期暗访，清理社区内外挂牌、上墙制度，规范精简各类工作台账和材料报表，要求各相关单位对查找出来的问题进行定期承诺整改。推行电子档案，规范印章管理使用，精简创建达标考核，落实社区准入事项，落实“权随责走、费随事转”代办制。做实做细网格化服务管理工作，建立网格员报送对接工作机制，推动网格员在采集基础信息、掌握社情民意、调处矛盾纠纷、排查安全隐患等具体工作充分发挥耳目作用。

【星级和谐社区创建】 将星级和谐社区奖励资金列入财政预算，与组织部门联合，结合各自考评细则，21个城镇社区星级和谐社区、星级服务型党组织考核分别评星定级。为提高星级和谐社区的“含金量”，发挥评星定级“指挥棒”的作用，对评定的星级和谐社区实行动态管理，保证不摘星不降级。

【农村社区、老饭桌项目建设】 建设望远镇唐湾社区服务站和社区日间照料中心装修工程、设备配备项目。该项目投资16万元，按照“办公最小化、服务最大化”的原则，合理进行各功能室划分。配备电脑、打印机、复印机等办公自动化设备39750元，配备办公桌椅、档案柜、棋牌桌花费资金26220元，制作安装“社区服务站”和“社区日间照料中心”门头花费19000元。为李俊镇李俊社区配备电脑、打印机、复印机等办公自动化设备39750万元，配备办公桌椅、棋牌桌投入资金16370元，制作安装“社区服务站”投资7800元，安装电子显示屏投资14586元。胜利乡陆坊村社区服务站装修工程。该项目主要进行室内吊顶、窗套安装、照明灯安装、水电改造、老饭桌室内墙面砖、下水管道联通等，项目花费19.5万元。为闽宁镇园艺村拨付老年活动中心装修款12万元、农村幸福院补助资金1万元，老饭桌配备净水机1台花费9760元。为闽宁镇福宁村老饭桌配备净水机1台花费9760元。2017年，拨付运行的17个农村老饭桌运营补助33万元；拨付老饭桌厨师工资53.3万元；拨付老饭桌运行就餐人员补助经费64万元。拨付2016年27个农村幸福院运营补助资金18.5万元。拨付2015年社区居家养老服务站建设补助资金9万元。为李俊镇许桥中心村民俗服务中心配备厨房设备8万元。保障老饭桌及居家服务站正常运转。

【医养结合工作】 加强老饭桌运营管理工作，为16个老饭桌拨付运行补助经费190万元。对第二敬老院及老年活动中心建设的运营进行衔接洽谈，鼓励社会力量兴建医养结合型养老机构。有序推进医养结合试点，永宁县邦尼沁椿养老院进入试运行，提供日常生活、基础护理、专业护理、医疗护理等15项养老服务，方便周边老人入住医疗。

【老年人意外伤害保险】 对享受高龄津贴的老年人每人购买1份保险，参保各类民政服务对象4847人，资助参保72.7万，赔付51.3万元，得到社会各界一致认可和好评。

【养老院质量建设】 按照自治区《养老院服务质量大检查指南》标准要求，成立永宁县开展养老院服务质量建设专项行动领导小组，召开动员会，主要针对涵盖养老院运营管理、生活服务、健康服务、社会工作服务、安全管理等5个方面23个分项118个项目内容，对照各项检查内容，排查永宁县养老院服务质量问题与不足。各养老院结合实际，限时整改，推进服务质量大转变。

【养老机构安全生产】 组织社会福利机构专项治理、安全管理责任落实年、安全管理月、冬春火灾防控、安全生产百日专项整治和养老院服务质量建设专项行动等活动，通过开展一系列的安全管理工作，永宁县养老服务机构未发生安全责任事故。

【社会组织工作】 建立以社区为平台、社会组织为载体、社会工作专业人才为支撑的“三社联动”机制，培育社会组织，开展华峻星彩幼儿园“向日葵爱心志愿服务队”帮扶闽宁镇留守儿童爱心服务、邦尼沁椿养老院“医养结合”养老模式等社会组织项目，依托社区、社工开展助残、扶弱、济困、养老等活动，激发社会组织发展活力。对全县社会组织进行清理，对连续两年未参加社会组织年检的68个社会组织进行撤销登记，对撤销登记的社会组织进行公告，规范社会组织监督管理，加大社会组织执法力度。申报自治区福彩公益金支持社会组织参与社会服务项目。永宁县申报2个项目，永宁县困境儿童社会工作服务项目（团结社区），拨付资金10万元；永宁县三社区联动社会工作服务项目（南环社区），拨付资金10万元。由华峻星彩幼儿园在闽宁镇开展留守儿童关爱项目，拨付项目资金7万元。

【第二次全国地名普查】 自普查工作开展以来，普查办通过调查摸底和普查登记，共普查到历史地名440条，现今地名4864条，涵盖行政区域、群众自治组织、居民点等11个地名大类37个小类。采集点状地名坐标4257条，线状地名坐标607条，外业采集照片1万张。制作永宁县第二次全国地名普查地名目录，地名普查地名成果表4864张，地名标志登记表80张；标绘8张1:50000军标图，完成成果图整饰工作；完成地名标准化处理统计表，共统计出不规范地名词条13条；建成永宁县第二次全国地名普查国家数据库，包括属性库、图形库，共搜集形成各种影像资料500余兆，依规对永宁县地名普查过程中形成的资料进行归档，普查工作进度和质量位居全区前列。8月3日，永宁县第二次全国地名普查领导小组代表银川市、自治区接受民政部复验。

【规范殡葬管理】 落实《永宁县惠民殡葬及生态殡葬奖补办法》，上半年受理奖补23人，发放奖补资金7.1万元。制订《永宁县农村殡葬制度改革实施方案》，配合自治区民政厅开展贺兰山国家级自然保护区环境整治工作，制订《永宁县民政局关于贺兰山国家级自然保护区生态防火公益性公墓整治方案》《永宁县民政局贯彻落实中央第八环境保护督察组督查反馈意见整改方案》。

【平安边界建设】 履行界线管理工作职能，做到界线走向清晰、界线标志物完整。永宁县与西夏区、金凤区、兴庆区、青铜峡市边界界线两侧百姓和睦相处、社会和谐稳定。

【福彩】 2017年，县福彩中心解决就业岗位7个，募集县本级公益金89万元，利用公益金拟在望远镇建设通桥村、立强村老饭桌，投入资金40万元，减轻县财政在民生方面投入压力。

【国家3A级婚姻登记机关创建】 开展婚姻登记服务标准化建设，通过国家3A婚姻登记机关复验。2017年，结婚登记1559对，离婚登记514对。邀请永宁县人民调解中心婚姻家庭调解室入驻婚姻登记处，使部分可调解的离婚纠纷得以化解。减少离婚案件数量。接待婚姻家庭纠纷635起，其中，调离402对，调和102对，接待法律咨询132对。开展婚姻登记档案补录工作，聘用第三方外包公司对2014年共补录14427条，支付资金5.9万元。

扶贫开发

【概况】 2017年，全县扶贫开发工作贯彻落实习近平总书记视察闽宁时重要指示精神、自治区第十二次党代会精神，围绕“脱贫富民”战略方针，以产业支撑为基础，以金融促动为助力，以收入增长和满意度提升为主旨，以建设社会主义新农村和推进新型城镇化为主线，强基础、补短板、脱贫攻坚巩固提升。

【减贫成效】 全县有贫困村6个，建档立卡贫困户1690户7215人，2户4人因死亡等原因销户。通过3年的精准扶持，1692户建档立卡户实现脱贫退出；6个贫困村全部符合“五通八有”摘帽销号条件，销号申请提交银川市，等待验收。2017年闽宁镇农村居民人均可支配收入达到11976元，增长11.6%，人均增加1609元。

【闽宁结对帮扶】 闽宁两省区开展“3+1”共建（福建漳州台商投资区与宁夏永宁县结成共建对子，角美镇与闽宁镇结成共建对子，角美镇6个村与闽宁镇6个村结成共建对子，闽宁中学与角美中学、闽宁二小与角美小学结成共建对子，通过结对共建，搭建东西协作的平台。闽宁对口扶贫协作不断向基层延伸。

【闽宁扶贫合作深化】 健全干部互派挂职培训机制，闽宁镇、角美镇互派1名干部挂任副镇长，挂职期1~2年。闽宁镇每月选派6名村干部、2名镇干部到角美镇进行一个月的考察学习，安排5批。角美镇帮助闽宁镇培训致富带头人和富余劳动力，完成培训4批次120余人；定期组织福建企业到闽宁镇考察，寻求项目合作机遇，组织3批次40余人，促进闽宁协作多层次、宽领域、全方位发展。

【福建扶贫支援】 2017年，福建省支援宁夏扶贫协作发展资金 8000 万元，资金主要用于闽宁镇福宁村、木兰村、武河村、园艺村、玉海村示范村建设和产业发展。角美镇捐资 3000 万元，援建闽宁第二小学，现投入使用。

【闽宁“一村一品”产业建设】 因地制宜，立足各村资源优势，培育壮大特色产业基础。原隆村打造土地流转、乡村休闲旅游示范村，福宁村打造设施农业、商贸服务业集聚区，武河村打造精品酿酒葡萄示范村，园艺村打造优质饲草种植基地，玉海村打造庭院养殖示范村，木兰村打造枸杞种植示范村。

【闽宁特色种植】 葡萄种植面积 4092 公顷，年产葡萄酒 2.6 万吨；种植红树莓 178.2 公顷、枸杞 330 公顷；种植花卉 107 栋、菌菇 88 栋、茶叶 30 栋；种植业稳定就业 220 人，带动就业 1 万人次，人均增收 1.8 万元。盛源菌包生产线建成投产，年生产 300 万包。福宁村 150 栋高规格可移动设施温棚项目建成大棚 50 栋。

【闽宁特色养殖】 按照“政府引导+企业托管+贫困户受益”的扶贫模式，建档立卡户 2018—2020 年 2 轮肉牛托管项目完成签约，原隆村 1998 户肉牛托管全覆盖项目启动，肉牛托管年分红达到 600 余万元。犇旺肉牛养殖有限公司扩规提档，新增养殖精品肉牛 2000 头，“育母返犊”试点工作有序推进，推广养殖 30 余户。全镇新增庭院肉牛养殖户 600 户。闽宁镇累计肉牛存栏 1.8 万头，羊存栏 4.4 万只，家禽饲养 92 万羽，养殖产业产值达 2.12 亿元；蝎子投养 4800 千克，药用蚯蚓养殖 150 余栋。引进黑毛驴规模养殖项目落户原隆村，前期购进黑毛驴 750 头，年底达到 1000 头。年产 50 万羽种蛋鸡的晓鸣禽业总部大楼及孵化园主体工程完工，2018 年 2 月投产。闽宁镇初步形成草畜种植加工、繁育育肥和屠宰加工的产业链，年人均增收 1 万元。

【光伏产业扶贫】 青岛昌盛光伏产业园建成光伏设施大棚 588 栋，稳定就业移民群众 350 多人，其中，移民返租倒包大棚 200 多栋，每栋棚年收入 5 万多元，移民逐步由农民变为产业工人。依托振发新能源科技有限公司，为闽宁镇 76 户建档立卡贫困户每户贷款 10 万元建设光伏电站，年分红 1 万元，连续分红 20 年。中科嘉业屋顶光伏项目，涉及农户 1635 户，屋顶租赁每户每年增收 300 元，实现农业增效、农民增收。

【闽宁旅游产业扶贫】 创新打造“旅游+扶贫”方式，依托银川西线旅游带和贺兰山东麓葡萄文化旅游长廊核心区的优势，主动融入自治区全域旅游发展布局，推广发展“互联网+品牌+旅游”模式，加大一二三产融合，投资 3000 多万元新建闽宁镇游客集散中心主体工程完工，引进浙江颐高集团有限公司，规划布局吃、住、行、游、购、娱一体的旅游新模式，全方位推动闽宁旅游产业发展。

【闽宁扶贫宣传】 社会各界关注闽宁镇经济社会发展和扶贫攻坚工作的关注度明显提升，全年累计接待国家部委、省市领导、外事考察、大型媒体考察、金融机构考察团等 400 余批次 8000 余人。《新闻联播》《焦点访谈》和《乡约》等央视频道到闽宁镇拍摄录制专题新闻和节目。编辑印发《闽宁快报》31 期。

【闽宁镇综合扶贫】 棚户区闽南风格商业房 284 套 21354.67 平方米，安置 138 套 11357.14 平方米，110 国道 10 万平方米商业房 206 套 84218.79 平方米，安置 184 套 38817.53 平方米，棚户区改造安置楼共计 2138 套，安置 1380 套；镇区排水管网改造、污水处理站等基础配套工程完成，生活污水实现先处理再排放；商贸物流园主体工程完成，闽宁集贸市场投入使用。

【闽宁城乡面貌提升】 实施新镇区景观绿化工程、西环路及福宁街沿线绿化工程和玉海、原隆村绿化美化工程，新增绿化面积 28.9 万平方米。武河村美丽乡村开工建设，玉海村特色街区规划之中。

【闽宁镇域公共服务能力提升】 闽宁二中、二小、幼儿园竣工使用；闽宁敬老院主体工程完工，闽宁镇文化活动中心推进。抓老镇区改造及城乡综合执法，推进农村宅基地、集体土地确权及自发移民管理等工作，打击私搭乱建、违法占地等行为。

【闽宁农村集体产权改革扶贫】 开展土地承包经营权股权化，农民流转土地入股分红等方式，变资源为资产，变资金为股金，变农民为股民，拓宽农民增收渠道。原隆村推行“村委会+合作社+村民”的模式，成立闽宁镇源隆祥土地股份合作社，吸纳社员1981人，入股土地面积为6514公顷，按照投资总额5%的比例作为分红资金一次性返还给委托管理方，作为合作社社员土地二次收益分配给社员和村集体，带动村集体经济壮大、村民增收。2017年，签订协议2份，分红6.39万元。

【金融扶贫】 争取落实区、市扶贫专项资金7375万元，超额完成全年争取5000万元资金的既定目标。开展评信授级工作，建档立卡评信授级覆盖率达到100%。创新金融扶贫模式，推进扶贫信贷发放，全县发放各类扶贫贷款11.59亿元，闽宁镇发放各类贷款3517户2.92亿元，户均发放8.3万元。建档立卡户小额信贷达到447户2493元。强化互助资金管理，全县9家互助社8家评定为A级，互助资金借款期限延至2年，借款额度放大至2万元，全县互助资金总规模2711.28万元，发放2200万元。整合扶贫资金，加大担保资金融资力度，争取资金2500万元注入黄河银行，按1:10比例撬动融资贷款2.5亿元，推进扶贫产业扩规提效，增强产业带动脱贫的实效，移民收入增幅明显。整合各级各类扶贫资金1107万元，投入到宁夏壹泰和犇旺生态养殖有限公司，为6个村共计年分红66.42万元。引进中科嘉业公司发展原隆村屋顶光伏项目，原隆村入股资金80万元，每年分红15万元，整合资金500万元投入永宁县汇发村镇银行作为原隆村光伏产业发展担保金，中科嘉业每年给付屋顶光伏分红资金60万元，分红共计75万元持续20年达1500万元，全部用于增加村集体经济收入和建档立卡贫困户脱贫致富。

【教育扶贫】 执行教育阻断贫困代际传递政策，落实建档立卡学生学前教育“一免一补”，中小学年度定额补贴措施，解决贫困学生上学难问题。继续开展国家电网宁夏电力公司对永宁县精准识别贫困学生捐资助学工作；落实“金秋助学”“雨露计划”等各项慈善救助、教育惠民政策，闽宁地区受补助学生675名，资金41.35万元；雨露计划申报学生113人，通过审核64人，发放补助资金9.6万元。角美镇组织台商企业设立教育扶贫基金，捐资18万元，角美镇杨厝村捐资20万元专项用于建档立卡贫困户子女，每人资助1000元。

【健康扶贫】 推进健康扶贫工程，执行便民住院、提升大病保障水平、扩大医保药品范围、加大医疗救助力度和政府兜底等惠民政策，开展“家庭医生”签约服务活动，闽宁镇建档立卡群众建立健康档案、签约服务6477人，签约服务率96.3%。

【精准培训扶贫】 以“支部+合作社(协会)+企业”的模式，村支部与企业成立联合党支部，签订劳务输出协议，加大定向、订单、定期技能培训，组织技能培训46期2286人，驾驶员培训完成309人，农民工实用技术培训5600人次。新增劳务派遣公司2家，劳务经济人46人，累计达到21家，126人，转移劳动力1.5万人，创收1.99亿元，生态移民转移劳动动力3756人，创收5910万元，由农民转变为产业工人1000余人。开展“村头建厂”，引进昱嵘文化旅游有限公司在原隆村建设扶贫车间，推广、壮大刺绣、软陶、手工编制等传统工艺技能，解决原隆村留守劳动力的就近就业问题；宁夏优素福泽丽哈民族服饰有限公司、中银绒业在福宁村建设扶贫车间，创新推广居家灵活就业，实现对就业“最后千米”难题的突破。

【社会扶贫投入】 加强宣传，营造全社会关心、关注脱贫攻坚大环境，在全区首先建立精准脱贫专项基金，鼓励企业、金融机构、有条件的个人以及全县广大干部职工踊跃捐助，基金总规模达到374万元。伊品、德龙等6家企业主动参与社会公益扶贫，捐助公益金44.4万元，捐助资金针对18户结对帮扶建档立卡户分别用安置村级公岗、新建住房及养殖托管方式进行扶持。协调县财政出资安置建档立卡公益岗位50个。

【政策兜底支持脱贫】 落实兜底政策，对因病、残疾、高龄等缺乏劳动力的特殊贫困人口，通过提高基本养老、高龄津贴、低保档次，采取大病救助、临时救助、一次性清缴养老金等方式兜底。开展“扶贫保”工作，为防止因病因灾等意外出现返贫，全县“扶贫保”覆盖2014—2016年全部建档立卡户，2017年投保金额49.73万元，2017年共理赔48起30.8万元。为600户建档立卡户种植、养殖缴纳产业保险 9.8 万元。

【脱贫教育】 以创建“全国文明村镇”为抓手，把“富口袋”与“富脑袋”有机结合，强化感恩教育，将外力和内力有机结合起来，激发群众的内生动力，点燃求富、求美、求变的致富激情，完成“要我致富”向“我要致富”角色转变。引导移民树立自力更生、脱贫光荣、扶贫不养懒汉的理念，发掘脱贫致富典型案例，在 10 月 14 日“世界标准日”“国家扶贫日”宣传活动中表彰奖励建档立卡自力更生优秀脱贫致富农户 15 户，每户奖励 2000 元。

【就业扶贫】 对宁夏青禾农牧科技开发有限公司、华盛绿能（宁夏）农业科技有限公司、宁夏立兰酒庄有限公司、宁夏德隆酒业有限公司、中粮长城葡萄（宁夏）有限公司 5 家企业给予“自治区产业化扶贫龙头企业”授牌；对永宁县毅诚农业专业合作社、永宁县裕祥源专业合作社 2 家合作社给予“自治区级扶贫示范合作社”授牌；对宁夏青禾农牧科技开发有限公司、华盛绿能（宁夏）农业科技有限公司、宁夏立兰酒庄有限公司、宁夏德隆酒业有限公司、中粮长城葡萄（宁夏）有限公司、宁夏壹泰牧业有限公司、宁夏伊品生物科技股份有限公司、永宁县康润丰农专业合作社 8 家企业给予“自治区就业扶贫示范基地”授牌。

卫生与计划生育

卫 生

【概况】 2017年，全县有各类注册医疗卫生机构80家。其中，县级医疗卫生机构5家，乡镇卫生院8家，小城镇中心村卫生室11家，村卫生室20家，城市社区卫生计生服务站5家，民营专科医院1家，民营个体诊所30家；现有医务人员927人。执业注册护士349人。民营医疗机构从业人员共有62人；卫生专业技术人员795人。全县医疗卫生机构设置床位490张。病床使用率为78.1%。8家乡镇卫生院总计100张、病床使用率为62.1%。2017年，各单位门诊接诊人次共计893869人次，住院人次29067人次，业务收入1.43亿元。

【人口指标】 2017年，全县总人口为286377人（计划生育统计人口）。全县共出生婴儿3583人，出生率12.77‰；死亡1190人，死亡率4.24‰；人口自然增加2393人，增长率8.53‰。计划生育政策符合率达98.24%，比区、市人民政府下达的96%提高2.24个百分点。全县出生婴儿性别比为103。

【健康指标】 全县出生缺陷发生率38.48/万，婴儿死亡率为4.84‰，全年无孕产妇死亡事件发生。

【疾病控制】 全县免疫规划疫苗接种38193剂次，接种率99.25%。全县65岁以上老年人18002人，其中，接受管理10851人，管理率为60.28%。管理高血压患者13691人，规范管理9994人，规范管理率73%。管理糖尿病患者3218人，规范管理2362人，规范管理率73.4%。无本土甲类传染病发生，报告乙丙类传染病16种1569例，报告发病率664.454/10万。

【制定配套政策】 起草《永宁县县级公立医院岗位总数薪酬总额核定办法》《永宁县县级公立医院院长绩效考核细则》《永宁县县级公立医院综合考核和院长年薪发放管理办法》等配套文件，完善县级公立医院综合改革政策体系。围绕2017年医改重点工作任务，制订《永宁县推进家庭医生签约服务实施方案》《永宁县医疗卫生服务体系规划（2016—2020）》等政策文件。

【县乡村医疗卫生服务一体化管理】 实行医院托管、科室包干、精准帮扶、示范引领、远程会诊、医师带徒、多点执业、资源共享等措施，探索建立上下联动、多学科参与、行政与业务齐抓共管、基本医疗公共卫生齐头并进、全方位多系统无缝对接的县乡村医疗卫生服务一体化管理工作新机制。全县县级公立医院共下派医务人员3840多人次，开展基本医疗、公共卫生服务、业务管理、人员培养培训等工作，受益人群达32万多人次。

【提升县域内就诊率】 全县居民住院病人共19416人次，其中，县域内医疗卫生机构收治住院病人17903例，县域内就诊率为92.2%。

【控制医疗费用不合理增长】 全县乡镇卫生院共完成门诊病人 46.15 万人次，住院病人 2167 例，门诊次均费用 45.03 元，住院人均费用 1366.36 元，较上年同期分别下降 11.55%、15.54%。县级公立医院完成门诊病人 28.5 万人次、住院病人 1.51 万例，门诊次均费用 155.6 元，较上年同期增长 3.1%；住院人均费用 3660.52 元，较上年同期下降 7.63%。县级公立医院综合药占比 31.29%（县医院 36.18%，县中医院 26.4%），较上年下降 35.4%；百元医疗收入综合消耗的卫生材料为 14.84 元（县医院 25.6%，县中医院 4.8%），较上年下降 38.5%。城镇职工医保住院实际报销比例为 77.1%，城乡居民医保住院实际报销比例为 74.5%。

【家庭医生签约】 全县共 205 名医务人员投入到家庭医生签约服务工作，组建专家指导组 8 个、家庭医生签约服务团队 52 个。按照电子平台签约和 1+1+4 签约模式，开展以慢性病患者、老年人、残疾人、孕产妇、0—6 岁儿童、精神障碍患者等为重点人群的家庭医生签约服务工作。完成普通人口签约 75708 人，签约率 32.29%；重点人群签约 53963 人，签约率 62.51%。

【医疗卫生服务保障】 开展城乡社区卫生计生服务体系建设。推进唐湾社区、陆坊小镇社区、永和锦城社区及纳家户社区 4 个卫生服务站建设。开展社区卫生服务站服务质量评价认定，团结社区卫生服务站被评定为市级四星级卫生服务站。创建区级第四批群众满意基层医疗卫生机构 15 家，完成县级测评市级复核。

【重点专科建设】 投入资金 96 万元加强县医院骨科建设，成功申报为“自治区级”临床医学重点专科。争取自治区中医药公共卫生项目中医重点专科资金 50 万元，用于加强中医院针灸推拿科、肝病科、肛肠科的学科建设。

【分级诊疗体系建设】 落实《永宁县进一步加强分级诊疗工作实施方案》《永宁县医疗卫生机构分级诊疗目录》等，各医疗卫生机构完善自身建设，优化转诊转院流程，建立健全绿色转诊转院通道，使分级诊疗制度建设得以完善。2017 年，基层医疗卫生机构向县级医院转诊 492 例，县级医院向乡镇卫生院转诊 52 例。

【规范医疗服务】 县人民医院、县中医院通过 APP 和微信实现预约诊疗服务，提高预约诊疗率。县级医院推行日间手术，开展日间手术 64 例。推行临床路径管理，将 52 个病种纳入临床路径管理，完成临床路径管理病人 2336 例，改善医疗质量，提升医疗安全。

【公共卫生水平提升】 疾病预防控制有力，开展预警监测 8 种 131 起，经核查无疑似事件发生。全县报告 24 起传染病聚集性疫情，启动应急处置预案，疫情蔓延均得到控制，全年无突发公共卫生事件发生。创建国家精神卫生综合防控示范县，登记在册精神病病例 1126 例，检出率 4.48‰，规范管理率 92.82%，病情稳定率 89.23%。8 月，创建全国慢性病综合防控示范县通过国家级验收。推进基本公共卫生服务项目工作，组织召开推进会议 5 次，修订完善 2017 年基本公共卫生服务项目考核方案，促进基本公共卫生服务逐步均等化。

【妇幼保健管理】 加强出生缺陷综合防治，降低出生缺陷发生率。提高新生儿疾病筛查诊断水平，新生儿四病筛查率达到 98.1%。开展妇幼健康优质服务示范工程创建活动，对高危孕产妇实行“一对一”保健管理，保障母婴健康。

【药品供应保障】 加强药品供应保障监督检查，执行药品零利润销售政策和“两票制”管理。运用药品及耗材网上交易监管系统，规范药品及耗材采购。落实国家基本药物制度，各医疗机构对新增的 150 种药品均纳入采购使用范围。二级综合医院、乡镇中心卫生院和社区卫生服务站（村卫生室）使用基本药物占比分别不低于 30%、70%、80%，维护基层医疗卫生机构国家基本药物配备使用主导权。

【信息化建设】 依托“卫生云”和银川市人口健康信息平台，全县 52 个医疗卫生机构点位全部连入政务外网，逐步打通各医疗机构 VPN 专网，为加强人口健康信息管理、提高居民电子健康档案动态利用率、优化远程会诊、远程教学等奠定基础。推进省院合作远程医疗政策试点工作，各乡镇卫生院与银川市第一人民医院实现远程心电和远程影像的直通。乡镇卫生院和县级医院上传会诊量728例，开展远程教学5期，超额完成自治区卫计委下达的目标任务。

【卫生人才队伍建设】 组织医疗卫生专业技术人员开展知识培训16期、岗位练兵技能培训3期，参加银川市基层卫生岗位练兵技能竞赛，提高专业技术人员知识水平和服务技能。选派8名乡镇卫生院医生参加市级全科医师培训，组织开展继续医学教育培训项目16期，更好地促进学科专业发展、学科建设及人才培养。2017年，面向全区招聘30名大学专科以上学历的临床医生。

【惠民政策落实】 开展"千名医师下基层"对口支援活动，提升基层医疗卫生机构综合服务能力。为11384名50岁以上城乡居民进行免费健康体检，累计建立健康档案18.38万份，建档率78.43%。实施"七免一救助"工作，完成农村妇女免费宫颈癌、乳腺癌检查8623人，免费婚前医学检查1496人，农村产妇住院分娩补助1408人56.32万元。增加乡镇卫生院医疗设备配置，为黄羊滩卫生院、胜利乡卫生院、杨和镇卫生院各配备DR机1台，玉泉营卫生院配备500mAX光机1台，农村基层远程会诊系统设备和冷链设施配置实施到位。

【健康扶贫】 组建健康扶贫工作指导组，为全县建档立卡贫困人口健康扶贫工作的开展提供组织保障。加强9名农村贫困人口患病人员的健康治疗，建立个性化健康扶贫档案，实行家庭医生签约服务，进行定期随访治疗。2名患者痊愈，5名列入慢性病管理范围，1名重性精神病患者和1名失能类风湿性关节炎患者需转到上级专科医院治疗。

【健康永宁行动】 制订《健康永宁行动规划(2013—2020年)》和《健康永宁行动实施方案(2013—2015年)》，县政府核拨24万元配套经费为健康永宁工作开展提供保障。开展健康示范创建活动，建设健康社区4个，健康单位5个，健康家庭259个，健康学校5个，健康餐饮(食堂、餐厅)19个。投资近3亿元，建设健康主题公园，打造健康步道7个、健康小屋4所及宁和南街"健康一条街"。制作"科学就医""合理用药"，与自治区制作的"味道""选择"公益广告在永宁电视台连续播放，设置《健康之约》专栏，利用微博、微信、手机短信平台等多种渠道刊播公民健康知识、健康技能、疾病预防和食品安全等内容，播出健康栏目10期，发布健康知识微博、微信219条，开展健康教育巡展巡讲活动160场次，营造浓厚氛围。

计划生育

【计生政策落实】 建立健全县、乡、村、组四级计生服务网络，将村级计生专干工资纳入财政预算，比照村级副职待遇执行。加强出生人口监测预警，定期开展统计数据质量检查，不定期开展出生人口性别比综合治理。

【计划生育服务管理体系建设】 加大两孩政策宣传实施力度，优化生育登记服务流程，落实优生优育全程服务。截至9月底，开展免费孕前优生健康检查1582对，高风险人群个性评估指导570例，早孕随访及妊娠结局随访率100%。免费实施孕妇优生筛查(神经管畸形和唐氏综合症)1894人，育龄妇女生殖健康服务16135(B超+乳腺)人次。举办优生优育、妇幼健康知识培训班320期，培训人数2.98万人次，提高育龄群众的优生优育、健康保健知识水平。

【流动人口服务管理】 开展流动人口动态监测工作，完成200户入户问卷和9户村居问卷。全县共有流动人口19668人，建立健全流动人口信息共享机制，推动流动人口卫生计生服务实现均等化。创建流动人口健康促进示范学校1所，流动人口健康家庭5户。开展流动人口关怀关爱宣传服务和新市民健康城市行活动，共发放各种宣传资料1万余份、宣传物品900余个，慰问流动人口困难家庭35户。

【少生快富】 投入帮扶资金40.64万元，对"少生快富"户和困难家庭239户进行帮扶。奖励各种扶助对象455人，奖励资金54.6万元。兑现失独伤残家庭养老保险、独生子女保健费、医保补助费339.99万元，惠民政策配套资金兑现率达100%。

【依法治理】 打击“两非”。县卫生监督所、市监、公安等部门联合对全县医疗保健机构、个体诊所、药店进行检查。按照“医疗机构执业许可证”批准范围开展B超诊断项目，在县乡两级医疗、保健、计生服务机构设置监督举报电话及B超室警示牌，维护正常的生育秩序，提升人口计生工作水平。落实“一票否决”。将计划生育政策执行情况作为评先晋优的前置条件，在全县各类评先评优、干部任用、人大代表和政协委员推荐中，“一票否决”集体2个、村居7个、个人12人次。

【计划生育协会建设】 各乡镇均配备计生协会专职人员，明确责任，量化目标；组织健全，各项工作稳步开展。全县建立县级协会1个，乡镇级9个，村(居)级84个，流动人口协会3个，企事业单位协会组织3个，全县协会会员31056人，占总人口11%。84个村(居)全部开展村民自治示范村活动，其中：5个村获得国家示范村的奖牌。2017年，全县幸福家庭创建覆盖率达100%。

卫生监督

【概况】 2017年，全县卫生计生监督工作以规范行政执法流程和提高执法办案水平为核心，以打击非法行医和保障生活饮用水卫生安全为重点，开展公共场所量化分级管理，开展药品供应保障监督执法和学校卫生工作。

【传染病防治监督】 开展对永宁医疗卫生机构和疾病预防控制中心预防接种工作的监督管理，保证发现传染病疫情能够及时报告、规范处置，医院消毒隔离制度能够执行，医疗废物规范处置、病原微生物实验室生物安全管理得到进一步加强，开展传染病防控重点监督检查工作，完成全县94家医疗机构传染病防治监督检查，监督覆盖率100%。

【放射卫生监督专项整治】 贯彻《放射诊疗管理规定》《放射工作人员职业健康管理办法》等法律、法规，提升永宁放射诊疗服务水平，保障放射工作人员和受检者健康安全，按照抽检要求，对永宁9家放射诊疗机构进行监督检查，监督覆盖率100%。

【计划生育技术服务监督】 联合县市场监督管理局组成监督检查组，对全县11家医疗保健机构，17家开设内(儿)科、预防保健的个体诊所；2家牙科诊所、10家药店，7家性保健品店单位的《B超使用管理制度》《终止妊娠药物管理、销售、使用制度》《怀孕14周以上终止妊娠手术审批制度》《新生儿实名登记管理制度》等落实情况进行监督检查。医疗保健及计划生育技术服务机构B超使用管理制度内容健全，相关科室均在B超室醒目位置张贴打击“两非”警示标语，公布举报电话；随机抽查县医院、保健所的2例引产登记名册，核查引产病历，均持有县、乡、村三级审批手续。在抽查的10家药店，7家性保健品店中，没有发现销售终止妊娠药品及违法销售免费避孕药具行为。未发现医疗保健机构、计划生育服务机构和个体诊所存在非医学需要鉴定胎儿性别和非法终止妊娠违法行为。

【规范医疗执业行为】 按照要求就生活美容场所涉嫌开展医学美容活动进行监督检查，集中举办生活美容场所负责人培训班2期。累计监督检查生活美容场所72户次，监督覆盖率100%。现场监督检查中未发现生活美容场所存在非法行医的现象。生活美容场所、养生馆悬挂中医养生、中医艾灸美容术等涉嫌医学美容内容、疗效的宣传画、人体经络图等情况进行清理。

【药品供应保障专项监督】 出动人员35人次，车辆15车次，检查医疗机构37家，下达监督意见书37份。通过查阅相关资料、现场实地检查等方式，重点对医疗机构药品网上集中采购、国家基本药物使用情况、药品款支付、临床合理用药等内容进行监督检查。2017年，全县实行药品网上集中采购的医疗机构均从药品统一配送企业采购药品，药品网上采购率100%。县医院和县妇幼保健所30日内回款达到100%，绝大部分医疗机构不能按回款期限(30日)及时给配送企业支付药品款；60日回款率可达98%。各医疗机构贯彻落实国家基本药物制度，能优先采购基本药物，基层医疗机构基本药物采购占比达90%，符合自治区基本药物使用要求。全县7家药品配送企业落实从中标药品生产企业采购药品，药品配送到位率基本符合要求达85%。

【公共场所应用水监督】 永宁共有各类经营性公共场所557家，完成经常性监督检查557家，监督覆盖率100%。无集中空调公共场所。对永宁10家二次供水单位，9家集中供水单位的卫生许可证、制管水人员健康证持证情况水房和储水箱设置、储水箱材质、水质清洗消毒等情况进行监督检查，监督覆盖率达100%。

【随机监督检查】 按期开展完成国家监督抽检工作任务。其中，医疗机构家抽检2家，完成率100%。传染病防治任务2家，完成率100%。放射卫生2家，完成率100%。公共场所抽检任务24家，5家停业关闭。实际完成19家，完成率79.17%，完结率100%。4家生活饮用水监督抽检工作完成率100%。协调疾控中心对双随机任务名单中的18家单位的公共用品开展微生物检测。监测样品139项次、合格138项次，项次合格率99.28%。协助自治区卫生监督局开展完成1家消毒产品生产企业监督抽检任务，完成率100%。学校卫生监督"双随机"任务7所，因1所小学撤并，实际完成6家，完成率85.71%。

【学校卫生监督抽检】 对县三中、闽宁镇角美小学等15所学校的教室人均面积、课桌椅高度、教室采光、教室微小气候、教室噪声、黑板照度、课桌面照度、窗地比、学校生活饮用水、学生身高等10个方面进行监督抽检，每所学校随机抽检1间教室。现场检测中发现，15所中、小学校教室噪声、窗地比、饮用水均符合要求。但普遍存在着课桌椅高度配备不符合要求、不能根据学生身高配备不同尺寸课桌椅。

【托幼机构传染病防控监督】 对全县82所中小学校和托幼机构、医疗机构、疾病预防控制中心学校卫生落实情况进行专项监督检查。对永宁四中和永宁二小的水痘、望远工业园幼儿园的手足口病等7起传染病疫情防控情况及时进行监督检查和调查处置。全县中小学校、托幼机构未发生传染病突发或爆发疫情。

【打击违法行】 各科室共对828家各类监管单位进行1054户次的监督检查，总体监督覆盖率99.76%，共对日常检查、专项整治和群众投诉举报的25起违法行为进行立案查处，其中，公共场所9起，无证行医10起，医疗机构，6起，罚款共计40010元。

疾病预防控制

【概况】 2017年，全县疾病预防控制工作在免疫规划管理、传染病防治、结核病防治、艾滋病、性病防治、慢性病防治与管理、地方病、包虫病、布病防治上开展工作。为全县人民的健康事业做出贡献。

【疫苗接种】 一类疫苗预防共接种119522剂次。其中，卡介苗接种1458人，脊髓灰质炎疫苗接种11816人次，百白破疫苗接种12069人次，麻风疫苗接种4260人，乙肝疫苗接种9421人次，乙脑减毒疫苗接种3950，甲肝减毒疫苗接种3054人；加强免疫报告接种情况：脊髓灰质炎疫苗接种2955人，百白破疫苗接种2895人，白破疫苗接种2185人，麻腮风疫苗接种3128人，乙脑减毒疫苗接种2957人，群流脑疫苗接种5292人。

【查验预防接种证情况】 全县各幼儿园、小学在春季开学时对入学的新生（包括转学生）开展预防接种证查验工作，春季应查验小学、幼儿园66所，其中，小学30所，幼儿园46所，实查验76所，应查验人数1856人，实查验人数1856人，需补种人数419人，完成补种人数371人，应补种706剂次，实补种642剂次，补种率90/93%。

【传染病报告】 全县共报告乙类、丙类传染病16种1287例，报告发病率为542.80/10万，报告发病率比上年同期相比下降10.93%。报告乙类传染病10种598例，报告发病率为252.21/10万，报告发病率较上年同期下降27.03%，占乙、丙类传染病发病总数的46.46%。报告丙类传染病6种689例，报告发病率为 290.59/10 万，报告发病率较上年同期上升 10.24%，占总传染病报告的 48.56%。

【突发公共卫生事件】 全县共报告 20 起传染病聚集性疫情，分别为 6 起水痘、11 起手足口病、2 起皮肤炭疽、1 起乙脑疫情；望远镇发生 14 起，街道办 2 起，闽宁镇发生 4 起；无突发公共卫生事件发生。

【传染病预警信息】 传染病自动预警系统共发出预警信号 74 次，核实排除 68 次，疑似事件数 6 次，预警信号阳性率 0，发出的预警信号涉及预警病种 6 种，预警信号分别为：其他感染性腹泻 20 次，流行性腮腺炎 20 次，痢疾 4 次，手足口病 19 次，麻疹 1 次，猩红热 10 次；疑似事件数为手足口病 6 次，预警信号中疑似事件比例 8.11%。

【重点传染病监测】 流感监测：按要求全年进行监测，每周上报监测结果。每年 5 月 1 日—6 月 30 日主动监测 9 周，每周上报监测结果。县疾控中心每 2 周主动搜索 1 次，在监测期间，未发现霍乱病例。监测报告手足口病例 66 例，实验室确诊 66 例。制订人感染 H7N9 禽流感疫情应急预案，对全县的医疗机构、社区卫生服务站、村卫生室的医务人员开展人感染 H7N9 禽流感疫情防控培训。

【朝觐人员传染病防控】 成立中东呼吸综合征医学观察小组，明确工作职责，于 9 月 16—29 日对全县 28 名朝觐人员进行 14 天医学随访。医学观察期间，对朝觐人员发放医学观察告知书，访视人员于第二天上午 12 时前，将当天随访结果汇总后报县疾控中心，县疾控中心将全县当日访视结果汇总上报银川市疾病预防控制中心。在 14 天医学观察后对无发热、无症状的 28 名朝觐人员发放“解除医学观察告知书”。

【传染病漏报调查】 对 14 家医疗机构传染病报告质量进行漏报调查，共查出登记传染病 13 种 196 例，报告 193 例，漏报率 1.53%，报告率 98.46%；报告传染病 193 例，报告及时率 100%；报告卡片 193 张，卡片填写完整 191 例，报告卡填写完整率 98.96%；报告卡片 193 张，卡片填写合格 190 例，报告卡填写合格率 98.44%；报告卡片 193 张，纸制卡片与网络信息报告一致 181 例，一致率 93.78%。

【学校传染病防控】 落实属地管理职能，规范学校和托幼机构晨午检、因病缺勤追查、查验预防接种证、日常消毒等传染病防控工作，预防和控制学校、托幼机构传染病的发生与流行，2017 年，开展基层医疗卫生单位、学校（托幼机构）开学前、后学校卫生责任清单落实工作的督导、检查。对学校（托幼机构）246 例传染病散在病例进行病例核实、传染病疫情指导、病例随访；11 起聚集性疫情进行疫情上报、疫情处置。

【定点医院结核病防治】 结核病门诊共接诊有症状的可疑肺结核患者 633 例，可疑患者就诊率为 2.69‰，患者拍片 633 例，免费拍片 290 例，自费拍片 343 例，免费拍片率为 45.81%，查痰人数 612 例，查痰率为 96.68%。确诊活动性肺结核病人 96 例，其中，涂阳患者 52 例，初治涂阳 47 例，复治涂阳 5 例；涂阴病人 40 例，结核性胸膜炎 4 例，非结核死亡 3 例。对确诊的患者及时建立病例进行网络录入，落实化疗方案，给予规范的免费治疗。对阳性患者开展密接者筛查，对 52 例阳性患者登记检查 96 人，涂阳病人家属筛查率为 96.15%.（50/52），密接者筛查中未发现活动性肺结核。

【艾滋病病例报告及管理】 按现住址新检出 HIV/AIDS 8 例。均由及时随访管理，存活的 HIV/AIDS 8 例，其中，有 7 例进行艾滋病抗病毒治疗，均交由县人民医院定点医院门诊管理。历年来累计报告艾滋病感染者/病人 54 例，现存活的 HIV/AIDS 46人。

【地方病防治】 全县共采集学生食用盐样 200 份，孕妇食用盐样 100 份，监测任务完成率 100%，其中，合格碘盐 270 份，不合格碘盐 27 份，非碘盐 3 份，合格率 90%.碘盐监测覆盖率 99%，合格碘盐使用率达 90.91%。全县共检查 8—10 岁儿童甲状腺肿大率筛查 200 人，采集尿样 200 份，儿童甲状腺肿大率小于 5%，儿童尿碘中位数大于和等于 100 微克/升，且尿碘水平低于 50 微克/升的 不超过 20%。

【包虫病防治】 开展病人筛查和血清学监测。全县完成 B 超筛查 4000 人，完成率 100%；采集居民血清 4000 人份，完成率 100%，采集 14 岁以下儿童血清 100 人份,完成率 100%。

【布病防治】 2017 年，中心按照上级业务部门的安排部署进行门诊布病血清血实验室免费检测，门诊共检测布病可疑病人 250 人，血清血阳性病人 24 人,阳性率 0.96%。门诊复查 83 人,阳性 45 人,阳性率 54%。2017 年,共监测高危人群 204 人,阳性 23 人,阳性率 11%。

【慢性病防治】 全年共为全县居民建立健康档案建档 183842 人;建立电子档案 180135 人,电子档建档率 76.85%。全年共管理高血压 13691 人,规范管理 9994 人,血压控制达标 9383 人。管理糖尿病 3218 人，规范管理 2362 人，血糖控制达标 1988 人。65 岁以上老年人 18002 人,全年共管理 10851 人,健康管理率 60.28%。

【脑卒中高危人群筛查和干预】 全县共摸底登记筛查人群 3463 例,完成初筛采血 3444 例(任务数 3407 例),完成率 101.09%。做心电图检查 162 例。完成网络录入 3444 例,完成率 101.09%。审核通过 3444 例，完成率 101.09%。筛查出低危人群 1868 例,发现率 53.94%;中危 414 例,发现率 11.95%;高危及以上 1162 例,发现率 33.74%,共 1029 例,发现率 29.71%;卒中 121 例,发现率 3.49%;TIA12 例,发现率 0.35%。复筛做糖化血红蛋白检查 401 例,颈部超声 1204 例。

【病媒生物监测】 鼠密度监测:2017 年布夹(粘鼠板)总数为 3600 夹(张),有效夹 3428 夹(张)无效夹 172 夹(张),捕获鼠类 23 只,捕获率为 4.05%,比 2016 年(0.97%)有所上升。蚊密度监测:2017 年共布放诱蚊灯 240 盏,捕获成蚊 1549 只,平均蚊密度为 0.53 只/小时。苍蝇密度监测:2017 年永宁县共布放诱蝇笼 48 笼次,捕获苍蝇 66 只,平均密度为 1.38 只/笼。蟑螂密度监测:永宁县 2017 年蟑螂密度监测共调查 600 间房，布放粘蟑纸 600 张,收回粘蟑纸 600 张,阳性房间 27 间,捕获蟑螂 39 只。

【检验检测】 全年检测碘盐 300 份，检验 306 项次;检验尿碘 300 份,检验 300 项次;体检食品、公共场所从业人员 11153 人,检验 79446 项次;理化室完成生活饮用水样检 60 份,检验 1380 项次;布鲁氏菌抗体检测 479 人份,检验 958 项次;性病艾滋病初筛实验室检测 3571 人份;医院消毒检测 47 份,检验 188 项次;寄生虫检测人便 1000 份,土壤 25 份;包虫病检测成人血清 488 份,儿童血清 800 份,犬粪 800 份。

【健康教育宣传】 “3·15”消费者权益保护日、“3·24”世界防治结核病日、“4·7”世界卫生日、“4·25”计划免疫宣传日、安全生产月、碘缺乏病宣传日、党员奉献日等走上街头，利用集市向群众宣传流感、甲型流感、禽流感防治,免疫规划预防接种,碘缺乏病、结核病防治,艾滋病防治及职业病防治、癫痫病防治等卫生知识。全年更新室外宣传栏 8 期,投送卫生信息简报 88 期,发放宣传材料 5 万余份。全年举办培训班 9 期,参加培训人员达 2000 人次。

工业和工业园区建设

工　业

【概况】 2017年，全部工业总产值同比下降4.0%；全部工业增加值增长1.8%。工业占GDP的比重为31.9%。其中：规模以上工业总产值下降5.1%，规模以上工业增加值增长1.8%。出口交货值35.68亿元，增长14.33%。主要工业产品中，低压开关板产量2670面，同比增长14.2%；化学药品原药21309吨，同比增长11.5%；中成药434吨，同比下降20.6%；商品混凝土117.51万立方米，同比增长26.1%；硅酸盐水泥熟料119.33万吨，同比增长20.6%；水泥124.15万吨，同比增长16.3%；乳制品8660吨，同比下降2.4%；饮料酒5.70万升，同比下降12.3%；化学试剂8222吨，同比增长31.1%；饲料4.29万吨，同比下降14.7%；机制纸及纸板3.22万吨，同比下降11.5%；电力电缆1.91万千米，同比下降34.8%；塑料制品2.39万吨，同比下降18.2%；人造板表面装饰板12.85万平方米，同比下降69.8%；钢结构4.99万吨，同比下降37.8%；铝材1207吨，同比下降24.9%；瓦3008万片，同比下降2.4%；金属门窗及类似制品1.71万吨，同比下降50.2%；家具1.78万件，同比下降36.0%；精制食用植物油3895吨，同比增长2.1%；纸制品0.81万吨，同比下降66.9%；味精18.64万吨，同比下降16.2%；液压元件4101件，同比下降25.4%。

【扶持企业发展】 制订工业经济奖励方案，兑现工业企业奖励资金465万元。广泛宣传《自治区人民政府关于降低实体经济企业成本的实施意见》，完成伊品、启元等6家企业参与自治区电力直接交易。为天一海腾、北方乳业等7家企业争取到自治区经信委2017年新型工业化发展资金135.2万元；为泰瑞制药、银浙包装等9家企业争取到自治区经信委2017年流动资金贷款贴息资金512万元；为凤凰城智能制造、紫荆花纸业2家企业争取到自治区经信委2017年重点技术改造项目贷款贴息资金817万元；争取到自治区经信委2017年企业技术中心专项资金180万元、自治区科技厅仿制药一次性评价先期奖补资金60万元、自治区非公局2017年度中小企业及非公经济发展专项资金242万元。为紫荆花纸业、西夏王葡萄酒业、凤凰城智能制造、伊品生物、泰瑞制药等规上企业发放车辆通行费减征凭单53本，每本100张，用于减免企业普通公路运输费。宁夏凤凰城智能制造有限公司被工信部列为国家两化融合贯标试点企业。2017年度，共申报成功批复专精特新企业5家，专精特新示范企业8家，小微企业创业孵化示范基地1家；8家企业获得2017年自治区首批补助资金160万元，1家微企业创业卵化示范基地补助资金50万元。2017年共为中小企业担保放贷8

笔，担保贷款 600 万元，基金使用额度 120 万元，担保费率为 1.5%。

【重要大企业扩张】 紫荆花纸业秸秆造纸、伊品生物氨基酸生产改造、启元药业维 C 衍生物等项目稳步推进，累计完成技改投资 3.2 亿元。生物发酵及制药产业完成产值 79.2 亿元，实现出口交货值 35.1 亿元，增长 28.2%。泰瑞制药获得自治区科技成果 5 项专利证书，紫荆花纸业获得“中国品牌创新奖”和“宁夏百强企业”称号。

【新兴产业落地】 引进洛客科技有限公司、颐高集团等知名企业 4 家。洛客城市品牌设计工作有序推进，比亚迪银川新能源产业园项目落户永宁，凤凰城智能制造有限公司被工信部评为两化融合贯标试点企业，西夏王获得“市长质量管理奖”。

银川望远工业园

【概况】 2017 年，望远工业园区围绕生物医药、装备制造、建筑产业、印刷包装、新能源、商贸物流六大产业，实施 6 个百亿级产业集群培育工作，开展“三服务三提升”活动，开展“五园同创”，加强作风建设，园区综合管理水平提升，各项经济指标保持平稳增长。

【园区建设】 银川望远工业园区是 1997 年设立的工业园区，是自治区级工业园区、自治区循环经济试点园区、银川市重要工业基地。园区位于宁夏首府银川市南郊，距离市中心 5 千米，109 国道、京藏高速贯穿其中。“十三五”期间，永宁黄河大桥建成通车和银西高铁项目的实施，园区的交通和区位优势将更加明显。规划范围为北起银川城市南环高速，南至观平路，东起京藏高速公路，西至银川至永宁快速通道，规划面积 52 平方千米。园区的功能区划分为：商贸物流区，沿 109 国道两侧，东起京藏高速公路西至望远大道，规划面积 660 公顷；商业住宅区，围绕双庆路、望通路两侧，唐徕渠以西至银川至永宁快速通道以东，规划面积约 1980 公顷；工业产业区，东起望远大道西至银川至永宁快速通道，北接望远人家南抵永清沟。工业产业区包括闽宁产业城，将其打造发展成为继望远工业园后又一个集加工、制造、高新技术、科技研发、商务商贸于一体的现代化综合产业园中园。园区现有入园企业 309 家，从业人员 26195 人，其中，工业企业 294 家，规模以上工业企业 57 家，年产值过亿元企业 18 家，从业人员 6027 人；商贸物流市场 15 个，入驻商户 3831 户，从业人员 20168 人。形成以生物发酵与制药产业为龙头、电气制造、机械加工与制造、食品及农副产品加工、建材及装饰、印刷包装为支柱的优势特色产业共同发展的工业产业。

【主要经济指标完成情况】 2017 年，园区共开工项目 57 个，计划投资 17 亿元，完成固定资产投资 18.43 亿元，同比增长 23.85%。其中，政府投资项目 3 个，计划投资 0.21 亿元，完投资 0.22 亿元；社会投资项目 54 个，计划投资 16.13 亿元，完成投资 18.21 亿元。2017 年，园区 57 家规上企业实现工业总产值 83.17 亿元，同比增长-4.38%；实现工业增加值 22.56 亿元，同比增长-3.03%；实现工业销售产值 76.58 亿元，同比增长-2.03%；实现出口交货值 26.87 亿元，同比增长 12.33%；商贸物流企业实现销售额 180.06 亿元，同比增长 10.27%。

【提升招商引资力度】 通过加强与主流媒体合作，加大对园区企业及产品的推介宣传力度，逐步提升园区知名度。2017 年，组织企业负责人，赴浙江、广州等地参加服务业扩大开放招商会、论坛等 6 次；引进中科院银川创业谷孵化基地落户 宁夏创业谷，举办第六届中国创新创业大赛（宁夏赛区）等活动 5 次，提升园区及企业的知名度。加大招商引资力度，总投资 20 亿元的比亚迪新能源汽车生产基地及宁夏德朗宁铝业有限公司、宁夏宁钢联智能制造、泰和盛食品等 48 家企业落地。与中国中铁、长江汽车等企业对接的“一带一路”闽宁国际新能源汽车产业园项目签署框架协议；对接武汉盈石、京东、华北制药、东风汽车、长江汽车等企业。

【经济运行监测】 园区六大主导产业产值呈现“二增四降”发展态势。“二增”即生物发酵与制药、印刷包装两大产业呈现快速增长趋势，分别完成工业总产值 45.66 亿元、5.13 亿元，分别占园区总产值的 56.3%、6.3%，同比增长 27.61%、19.49%，对园区经济贡献率分别为 339.9% 、28.8%，分别拉动园区经济增长 12.6 个和 1.1 个百分点。“四降”即机械加工制造、建材及装饰、食品及农副产品加工、电气制造四大产业呈下降趋势。其中，机械加工制造、建材及装饰、电气制造、食品及农副产品加工分别完成工业产值 10.8 亿元、6.47 亿元、5.23 亿元、5.62 亿元，分别占园区总产值的 13.3%、7.9%、6.4% 、6.9% ，同比增长 –12.37% 、–36.62% 、–28.65%、–11.59%，分别拉动经济指标下降 1.9 个、4.8 个、2.7 个、0.9 个百分点。

【项目推进】 坚持责任落实到位。坚持经济工作项目化、项目工作责任化的原则，实施包抓项目责任制，将开工项目责任到人，进行全方位跟踪推进。协助企业融资。年初对园区企业融资需求进行统计，就企业融资需求和各大银行进行对接，带领中国银行、宁夏银行等金融机构下到企业进行实地考察洽谈，对接融资；邀请自治区金融局带领金融机构、担保机构和律师来园区开展“2017 年资本市场专题培训暨园区企业融资对接会”，和企业负责人面对面互动；组织企业申报 2017 年新型工业化项目、2017 年自治区工业企业贷款风险补偿资金企业和项目，拓宽企业融资渠道，解决融资难题。2017 年，通过上争项目，为园区落实新型工业化项目等扶持资金 8059.7 万元。加强督查调研。接待区、市、县项目建设督查、调研工作，通过督查、调研，发现和解决项目建设中存在的一些问题，促进项目建设进度。

【跟踪服务】 协调比亚迪项目落地开工建设，专人跟踪服务，从前期手续办理到项目开工建设进行全程跟踪服务，解决项目推进过程中存在的困难和问题，推动项目推进；邀请自治区科协专家为园区企业举办“知识产权战略巡讲暨科技信息企业推广应用服务项目推介会”，提高企业创新意识、品牌意识和知识产权保护及利用能力，推进园区企业转型升级，10 家企业在现场签订相关项目协议。

【生物医药产业集群化发展】 依托启元、泰瑞等生物制药企业，推进生物医药产业集群化发展。重点实施启元药业抗生素原料节能减排项目、原料药工艺装备提升技术改造等项目，加大生物制药企业水处理、异味治理等环保项目实施。2017 年园区生物医药企业完成产值 45.66 亿元，同比增长 11.73%，其中，启元、泰瑞两家药企完成产值 37.96 亿元，占生物发酵产业的 83.1%。

【装配式建筑产业化集群发展】 依托北方精工、正德源科技、凤凰城智能制造、人和管业等新型装配式建筑材料生产企业，开展以商招商，推进装配式建筑产业化集群发展。2017 年园区建筑及建材产业完成产值 17.24 亿元，同比增长–27.3%，其中，北方精工完成产值 6.17 亿元，占该产业的 35.78%。

【推进造纸包装产业集群化发展】 支持和瑞包装、银浙包装产业园等包装印刷企业实施技改和扩规提档，推进造纸包装产业集群化发展。2017 年，和瑞包装新增生产设备 1 套，企业产值产能相应增加。2017 年园区印刷包装企业完成产值 5.68 亿元（上年同期 4.74 亿元），同比增长 19.66%，其中，和瑞包装完成产值 4.27 亿元，在该产业占比 75.17%，成为引领园区印刷包装产业发展的龙头。

【新能源车辆制造产业集群】 依托闽宁产业城东西协作窗口优势，重点培育以新能源汽车及配套电池等生产制造为主的新能源车辆制造产业集群。重点建设比亚迪年产 2000 辆大巴车、年产 50 千米云轨项目，推进氢燃料电池产业聚集闽宁产业城。

【推进商贸物流产业集群化发展】 依托园区 15 家商贸物流市场，推进商贸物流产业集群化发展。主动联系园区内的中联信（宁夏）担保股份有限公司，帮助有融资需求的物流市场商户进行抵押融资，缓解企业发展户燃眉之急，为 41 家企业提供超过 4000 万的发展资金。园区商贸物流业实现交易额 180.06 亿元，同比增长 10.27%。其中，17 家限额以上商贸物流企业完成销售额 22.2 亿元，占园区商贸物流交易额的 13.2%。

【企业普查】 管委会组织全体人员，对园区企业进行摸底调查。入园企业 309 家，从业人员 26195 人，其中，工业企业 294 家规模以上工业企业 57 家，年产值过亿元企业 18 家，从业人员 6027 人；商贸物流市场15个共入驻商户3831户,从业人员20168人。

【闲置土地清理】 经实地调查，园区涉及未利用土地18宗,总占地面积73.838公顷。经核查建议县政府收回土地使用权的闲置土地5宗共39.2公顷，需督促企业尽快开工建设的11宗共34.63公顷。收回土地使用权地块于9月12日上报县政府,县国土局处理。督促开工地块,管委会全部下发限期开工通知书。

【遗漏投资和产值清理】 用时1个多月,对拆迁安置区企业、创业谷入住企业及园区其他创业园和租赁厂房生产企业进行摸排清查，摸排企业149家,租赁厂房面积8.8万平方米。有19家企业投资达到入库条件,总投资4.1亿元,其中,2016年固定资产投资入库报完的企业有15家,完成投资2.15亿元。德朗宁铝业、朗月新材料、奥朗生物等4家企业1.95亿元投资,投资入库。经摸排纳入产值统计的企业有才运达泵业、睿晨鑫门窗等5家企业。

【商贸物流市场商户摸排】 8月，开始对园区15家物流市场3831家商户企业797家，个体3034家进行摸底调查。通过走访,发现不在永宁注册企业24家,个体户年营业收入50万元以上的有210家。协调税务、市管、统计等部门全部发放个转企和本地注册通知书。个转企完成变更3家路丰装饰材料物流园昊博瓷砖、香江米兰壁纸和宁夏苏宁好丈夫商贸有限公司，公司注册地迁移2家宁夏津港物资有限公司和银川昌通物资有限公司。

【安全生产】 明确专人负责。管委会明确1名副科级领导及2名专干负责园区安全生产和环保工作,健全园区消防档案,有银川市重点消防企业2家启元、泰瑞,永宁县重点消防企业6家,园区重点消防企业254家。每季度对262家企业工业247家,商贸物流15家进行排查,累计下发整改通知书23份,对20家存在安全隐患的企业,联合县消防大队进行查封,对12家无证经营企业联合安监局、市监局予以关停。

【环保监管】 2017年度淘汰燃煤锅炉目标42台，拆除42台。重点治污企业启元药业、泰瑞制药停产,进行异味治理。县第二污水处理厂臭氧装置完成安装,活性炭每天正常投放,调试液氧,COD接近正常范围,其余指标全部正常。

【园区党建】 园区党工委共下辖76个基层党组织,泰瑞制药、华润雪花2个党委,旺元集团、远大可建2个党总支,1个机关党支部、49个非公企业党支部、22个联合党支部,共有党员675名。2017年，完成宁夏凤凰城智能制造有限公司党支部组建工作。2017年园区培养入党积极分子50名,预备党员22名,预备党员转正20名。

【矛盾纠纷化解】 加强信访维稳工作,发现和排查园区内各类不稳定因素。成立信访维稳工作领导小组,信访案件包案化解工作具体到各责任人。领导小组实行联席会议制度,每周定时召开会议,研究信访包案化解情况,部署下一步工作安排。通过排查,园区有5家企业存在信访问题,均稳控到位。

【卫生园区建设】 2017年,园区累计拆除20蒸吨以下燃煤锅炉42台,投入环境专项整治资金近40万元,出动铲车、挖机352个工时,清运垃圾300余车，清理平整乱堆乱倒垃圾重点区域79399平方米，查处违规倾倒、无防护措施拉运渣土车辆68辆,拆除破损、过期广告牌119块,在园区人口密集地段新购置摆放垃圾收储箱30个，制作严禁倾倒垃圾警示标志牌20块,开展城乡环境综合整治。

【园林园区创建】 在园区基础设施项目规划中,突出绿化、亮化、硬化、美化要求,保护和利用园区内的湖泊、湿地、河道等自然生态资源。指导企业每月按时上报能源购进、消耗表,通过统计汇总,掌握企业电力消费情况和综合能源消费情况，指导企业开展节能降耗工作,督促启元药业、泰瑞制药及二污厂开展治污工作。

农林　牧渔　水利

农　牧

【概况】 2017年，全县农业农村工作以农民增收为核心，以推进农业供给侧结构性改革、实施“农业品牌”战略，发展乡村旅游，促进休闲农业发展，打造农业标准化生产示范区。全县农林牧渔总产值29.38亿元，同比增长4.6%，农林牧渔增加值16.39亿元，增长5.1%，农村人均可支配收入12932元，增长9%。

【农业产业招商】 2017年，引进招商引资项目5个，年度计划投资4.54亿元，完成投资2.09亿元。其中，供港蔬菜基地扩建项目0.24亿元，闽宁万头黑毛驴养殖项目0.8亿元，闽宁智慧农业扶贫产业园建设项目0.95亿元，福宁现代智能日光温棚建设项目0.1亿元，正大300万蛋鸡全产业链项目与正大集团高层对接中。

【优质粮食生产】 全县落实粮食播种面积30360公顷，较上年增长132公顷，增长率0.4%。其中，小麦7372.2公顷，玉米14520公顷，水稻6613.2公顷，秋杂粮1854.6公顷。建成新品种展示区2个，展示小麦优新品种13个，水稻新品种8个，玉米新品种6个。实施粮食作物优新技术示范推广项目。建设水稻绿色增产模式攻关示范点4个，总面积132公顷。落实水稻绿色增产模式攻关示范2个，总面积132公顷，按照“五优”基地建设标准，选用宁粳43号、619号等高产优质品种，推广应用大棚育秧，示范稻田养鸭、排水沟鱼、沟渠路种植油葵增加效益及防鸟害生态循环模式。

【设施园艺产业】 全县落实经济作物生产面积21912公顷，较上年增加429公顷，增长率3.3%。其中，露地瓜菜播种面积5313公顷，设施农业播种面积5702.4公顷，供外蔬菜播种面积10890公顷。建设自治区永久性蔬菜生产基地4个，设施农业物联网技术推广基地3个。新建二代节能日光温室335栋69.61公顷，新建大、中拱棚467栋45.3公顷，新增供外蔬菜330公顷。供外(港)蔬菜面积稳定在2376公顷，建设胜利乡杨显林场，李俊镇东方、古光，望远镇板桥永久性蔬菜基地4个，2781.57公顷。其中，设施加露地蔬菜生产基地3个208.97公顷；露地蔬菜生产基地1个726公顷。推进标准化生产、品牌化营销、产业化经营，健全冷链、质量追溯体系，引导供港企业、枸杞芽菜企业等带农户种植优质蔬菜，共同发展实现双赢。

【畜牧水产养殖业】 发展清真牛羊肉产业，稳定奶产业，推进畜禽标准化规模养殖。全县大家畜存栏7.77万头，肉牛饲养量14.90万头，存栏5.52万头，出栏9.38万头；奶牛存栏2.1万头；黑毛驴存栏0.1万头；羊饲养量67.4万只，存栏18.86万只，出栏48.54万只；生猪饲养量20.1万头，存栏5.52

万头，出栏 14.58 万头；禽饲养量 367.32 万只，存栏 148.35 万只，出栏 218.97 万只；全县肉类总产量达到 5.45 万吨，产鲜奶 8.07 万吨，禽蛋产量 1.66 万吨；畜牧业总产值达到 10.76 亿元。全县水产总面积 2.11 亿公顷，稻田生态种养面积 330 公顷。水产品总产量 7860.6 吨，渔业总产值 1.54 亿元。建成畜牧业物联网示范点 2 个，推进闽宁智慧农业扶贫产业园，引进发展黑毛驴养殖项目，建设黑毛驴养殖基地，计划利用 5 年的时间，全县黑毛驴养殖规模达到 5 万头。

【农产品安全检测监管】 规范农业标准化生产示范园区农业投入品使用监管，对全县 33 个农业标准化生产园区进行执法监管，印制国家禁限用农业投入品宣传展板 32 块、宣传明白纸 2000 余份、监管台账 300 余份、三品一标认证指南 200 份逐园区进行发放宣传，将执法人员分派到个生产基地指导各项记录的填写和依法使用投入品，从源头杜绝违禁、违规农业投入品流入生产环节造成危害。加大农产品质量安全监测及监管工作，完成农产品定性抽检 67000 余份，检测合格率 99%以上，完成农产品定量抽检 300 样(次)，检测合格率均达到 98%以上。对建成的 75 家农业投入品销售网点在线监管系统进行完善，全面实现农产品可追溯。

【农业品牌建设】 2017 年，以突出优质粮、草畜、蔬菜、酿酒葡萄等主导产业，调优产品结构，调精品质结构，扩大中高端供给，提升品牌效益。重点打造“望洪大米”“老油翁”等一批富有特色、优质安全的农产品品牌。2017 年，新培育晓鸣禽业、小任果业 2 个国家级农业产业化龙头企业，自治区级德龙酒庄、立兰酒庄、巴格斯、东方希望、正春泽农业产业化现代龙头企业 5 家，申报银川市农业产业化龙头企业 6 家。市级以上农业产业化龙头企业产值突破 150 亿元，比上年增长 6%以上，农产品加工转化率提高 1 个百分点达到 65%。组织 13 家休闲农业企业申报参加自治区休闲农业星级企业评选参加自治区农牧厅休闲农业星级评选内审员培训班。

【新型职业农民培育】 对全县新型职业农民开展摸底调查，采集信息，建立新型农业经营主体带头人统计系统和师资库。协调培训机构分别对 419 名新型经营主体带头人在县内、县外农民田间学校、创业孵化基地及实训基地规范开展农民培训和后续跟踪指导服务。组织各乡镇及有关专家开展新型职业农民评审认定工作，认定 2016 年度参培的 413 名学员为“新型职业农民”颁发资格证书。2017 年新型职业农民培育任务 400 人、新型农民培训任务 140 人，明确以“县农业广播电视学校”作为新兴职业农民培育机构开展具体工作，对新兴职业农民培训工作的实施遴选两家社会培训机构实行第三方监管模式开展培训。组织 80%以上学员通过全国农业科教云平台下载“云上智农”APP 完成在线申报、申报认定市级新型职业农民培育实训基地 2 家，建立认定新型职业农民培育实训基地 4 家，建立农民田间学校 1 家，要求各培训机构规范开展培训，全面完成教育培训任务，符合教育培训各环节要求和标准，根据培训任务完成培训班 8 期，新型职业农民培训 6 期，新型农民培训 2 期；每期培训班全年培训不少于 10 天，每天不少于 8 学时。理论培训不少于 4 天，生产实践、现场观摩、实训实操等不少于 6 天。

【农业机械现代化建设】 2017 年，实施的农机购置补贴资金 798.515 万元，完成总补贴 509.014 万元，补贴各类机具 617 台，全县农机总动力达到 46.47 万千瓦。拥有拖拉机 8049 台，联合收割机 382 台，各类农业机械 4.95 万台(套)。在杨和镇旺全村、望洪镇增岗村建设两个全程机械化示范园区，其中，玉米农机农艺融合标准化生产示范园区 1 个，面积 85.8 公顷；水稻农机农艺融合标准化生产示范园区 1 个，面积 66 公顷。加强农时农机技术服务工作，在春耕和三夏、三秋作业中，投入拖拉机 7500 多台、收割机 1800 多台、播种机 866 台、插秧机 438 台、耕整机 9000 多台参加农业生产。新建日烘干能力 200 吨的烘干中心 1 个，为种植大户建设 200 吨储粮仓 5 个，100 吨储粮仓 3 个。完成机耕地 36300 公顷，机播 27060 公顷，机收 27720 公顷。主要粮食作物综合机械化水平达到 95.5%。

【科技服务农业】 组织申报自治区农业高新技术

企业2家、科技型中小企业4家；借力“国家科技特派员创业基地”平台，突出智能信息化、物联网、电商、生物工程、节水及农业机械化装备技术的应用，重点围绕农业标准化生产、蔬菜超高产可持续栽培等技术体系落实研究攻关课题，开展产学研用协同创新，加快科技成果转化。引进、试验、示范新品种54个，新技术、新设备20多项，培育科技示范户500户。开展各类科技培训112场次，培训技术骨干5000人次，培训带动农民3万人次。

【农村改革】 制定《永宁县关于稳步推进农村集体产权制度改革的指导意见》《永宁县农村土地流转经营权证登记管理办法》等文件。闽宁镇原隆、福宁、武河3个村的集体产权制度改革试点工作，清产核资和成员身份界定按照方案的要求有序推进。2017年，流转土地面积450.96公顷，涉及农户1300户。全县签订土地承包合同和地籍图签字确认的村达到55个，占应确权村数的100%，签订合同农户33970户，颁发农村土地承包经营权证书26941本。建立农村集体土地股份合作社和开展涉农扶贫项目资金投改股试点，以村集体为依托，在望洪镇靖益村建立宁夏鑫盛益农土地股份专业合作社，在闽宁镇原隆村建立永宁县闽源祥土地股份合作社，在闽宁镇福宁村建立宁夏欣淼农业专业合作社3个土地股份合作社，开展土地入股合作试点工作，入股土地面积591.756，入股农户2335户。2017年，国家级示范合作社达到9家，自治区级示范合作社达到16家，市级示范合作社达到14个，县级示范社达到5家；四星级家庭农场达到9家，三星级家庭农场6家。充分利用土地确权工作成果和农村产权交易中心平台，开展农村土地经营权的抵押贷款工作。金融机构开展农村土地承包经营权抵押贷款，全县累计发放贷款247笔，贷款金额1127万元。

【科技平台建设】 组织5家企业参加自治区科技型企业认定；申报自治区科技孵化器2家，自治区、银川市众创空间2家；组织县内规模以上企业参加自治区、银川市科技政策、项目咨询、金融扶持、自主创新等方面的专业指导、培训8场次。重点围绕高新技术企业、科技型中小企业实施知识产权“零突破”和“倍增”计划攻坚，开展知识产权优势企业培育工作，组织企业申请自治区知识产权专利补助93项。截至7月份，专利申请量90件，授权量35件，其中，发明专利16件，万人发明专利拥有量5.7件位居全区前列。配合推进“院县合作”相关工作，开展中国农业大学理学院在永宁县挂牌成立“博士工作站”“博士工作点”及“农产品检测第三方实验室”等工作；争取“银川农业科技创客基金”在闽宁镇光伏农业科技园区打造银川农业创客空间，昌盛光伏被认定为银川市众创空间。

【农业标准化生产示范区建设】 加强生产标准体系、质量监测体系、产品认证体系、全程可追溯体系建设，保证农产品质量安全，推进农业品牌化发展。以测土配方、水肥一体化监测为基本，推行优良品种和技术示范遴选机制，首先在农业优势特色产业建立健全从产前、产中到产后各个环节的农业标准化体系。2017年依托与青岛昌盛的战略合作，在全县建设10个核心示范区、23个乡镇示范点。组织生产技术部门对永宁县制订的农业、畜牧水产等20项标准化生产技术规程进行修订，分5大类32项80条。

【下基层，送政策】 开展全程式科技服务，帮助群众和涉农企业解决生产上的问题。冬闲和春播，全系统组织开展各类农技培训班229期，培训农民10992余人次，发放宣传资料5万余份。春节前，全系统组织党员干部分别对结对帮扶村和住建社区困难党员及困难群众进行慰问，慰问216户，发放放慰问品及慰问金8万余元。5月份，局机关还对帮扶村——望洪镇农丰村20户困难群众，每户送去大米1袋。六一国际儿童节前夕，为县镇二小20名家庭困难学生送去“微心愿”。“微心愿”物品总价值2000元。“敬老月”局机关又对永宁县中心敬老院的老人们进行慰问，送去米面油等慰问品，价值1500余元。

【党组织建设】 2017年，将党员干部承诺工作纳入单位的重要工作，做到岗位公开、公示承诺事项。建立党支部党员为群众办好事，办难事公开承诺制度，全局90余名在职党员公开承诺，按照承诺办结承诺事项。每月开展一次“支部主题党日”活动。组织集中缴纳党费;选派2名选手参加杨和镇建设社区举办的以“光荣与辉煌 责任与梦想”为主题的庆祝七一建党96周年诗文朗诵比赛活动。6月，全系统党员干部为县良繁场重病退休党员姚建国开展救助捐款,捐助人民币11100元。

【监督惩处】 2017年，利用县纪委正风纠错预警平台,对工作落实不力、不守纪律规矩的11名党员干部和职工进行正风纠错，对3名干部职工进行经济处罚。

农业技术推广

【概况】 2017年，全县农技推广工作坚持稳粮增收、提质增效、创新驱动,推进农业标准化生产,推动农业结构调整和产业优化升级。完成年度各项工作任务。

【统防统治服务】 全县完成各类农作物病虫害防治面积34155公顷,统防统治面积10824公顷,占全县农作物种植面积的30.92%,其中,小麦统防统治6600公顷,水稻统防统治2640公顷,蔬菜统防统治1584公顷。

【社会化服务组织培育】 全县培育农业社会化综合服务站9家,其中,培育建成三星级一家(宏源达),计划创建一星级6家。全县9家社会化综合服务站开展各类服务面积29040公顷，举办农业科技培训36期,培训农民1000多人次。基本形成“耕—种—管—收”一条龙连锁服务。

【农业主推技术到位率】 遴选发布农业主推技术14项,其中,粮食作物6项,蔬菜及经济作物8项,在全县发布推广应用。围绕主推技术落实,举办培训班46期,召开现场会4次,组织观摩会10次,制作电视同期声2期,在区、市、县各级政府部门网络平台发布信息35条。制订全县主要农作物主推技术操作规范14项,其中,粮食作物3项,有机水稻1项,蔬菜9项,设施葡萄1项。全县农业主推技术应用面积33382.8公顷,技术到位率100%。

【服务绩效落实情】 开展技术攻关、解决生产技术难题2项:开展蔬菜秸秆综合利用技术攻关,建设望洪镇增岗村康润丰蔬菜秸秆商品有机肥加工厂1处,解决蔬菜秸秆利用率不高,秸秆资源化利用不足等问题；开展农作物虫害绿色防控技术攻关,建设性诱诱捕器杀虫示范点4个,解决绿色防控措施应用少、农药减量难度大的问题。建议推行番茄标准化生产,建设番茄“供沪”标准化生产技术验证示范13.2公顷；建议发展玉米种养结合模式,落实玉米地套养土公鸡种养结合示范点2个,面积95062.7公顷;建议发展有机蔬菜种植,瞄准高端市场,提升蔬菜档次,落实有机蔬菜生产示范1.98公顷,种植品种20多个。

【农用残膜回收利用】 制订《永宁县残膜回收资源化利用实施方案》,全县农作物覆膜面积5207.4公顷,农膜使用量918.2吨。残膜回收面积5266.8公顷,残膜回收量904.22吨,回收率98.5%,其中,设施农业覆膜面积3669.6公顷，农膜使用量778.4吨,回收量778.4吨,回收率100%;露地覆膜面积1537.8公顷，农膜使用量139.8吨，残膜回收量125.82吨,回收率90%。回收途径主要以农民捡拾废品收购站收集和农民捡拾交售及农机作业公司机械回收为主,建立乡镇农用残膜回收站6个,设立农用残膜回收专业合作社1个。

【农作物秸秆综合利用】 制订《永宁县2017年秸秆综合利用和禁烧工作实施方案》,全县农作物秸秆资源总量36.09万吨,综合利用量35.43万吨,利用率98.2%,其中,肥料化利用(秸秆还田、制作有机肥)16.15万吨,占44.7%;原料化利用12.14万吨,占33.6%;饲料化利用7.14万吨,占19.9%。

【农药、化肥施用量增减】 制订《永宁县2017年测土配方施肥技术推广工作实施方案》《永宁县2017年化肥施用量零增长行动及化肥减量增效工作落实方案》《永宁县到2020年农药使用量零增长行动方案》《永宁县2017年专业化统防统治与绿色防控融合实施方案》。全县农作物化肥亩均用量14.66千克,较上年减少0.78千克,减5%;全县化肥施用纯量10654吨，较上年减少818吨,减7.1%;全县有机肥施用面积11814公顷,占农作物生产面积的30%。全县农作物农药亩均施用纯量

0.162 千克，较上年减 0.001 千克，减 0.61%；全县农药总用量 76387.4 千克，与上年基本持平。全县绿色防控面积 330 公顷，辐射带动 3300 公顷，占全县农作物种植面积的 10.4%。

【农业标准化生产示范建设】 全县落实种植业标准化生产园区 30 个，完成园区基本情况摸底调查 30 份。召开标准化生产宣传培训 11 场次，培训新型经营主体 542 人次。印制标准化生产管理台账、生产记录、农产品质量安全记录 900 本，制作主要作物标准化生产技术规范、商品质量标准 8000 份，标准化生产标识牌 21 类 24 套。采用“站室包乡，人员包点”形式，开展标准化生园区建设和生产技术指导，保证标准化生产技术落实。

【粮食作物优新技术示范推广】 落实水稻绿色增产模式攻关示范 2 个，总面积 132 公顷，按照“五优”基地建设标准，选用宁粳 43 号、619 等高产优质品种，推广应用大棚育秧，示范稻田养鸭、排水沟鱼、沟渠路种植油葵增加效益及防鸟害生态循环模式。落实冬牧 70 黑麦复种水稻两熟制模式示范 13.2 公顷，亩产冬牧 70 干草 300 千克，水稻平均亩产 671.1 千克。落实望洪镇史庄春麦后复种糜子示范 350 亩，平均亩产 121.5 千克。

【蔬菜新品种新技术示范推广】 建设李俊镇东方蔬菜新品种新技术示范区 1 个。落实番茄抗 TY 品种筛选试验 1 项，参试品种 4 个。落实秋冬茬番茄水肥一体化技术研究试验 1 项，选用 4 个肥料品种(施肥方案)。示范辣椒优良品种 1 栋，番茄优良品种 2 栋。示范应用秸秆生物反应堆、病虫害绿色防控技术，滴灌水肥一体化技术，不同蔬菜作物水肥控制技术，椰糠栽培技术。

【农作物病虫害防控】 建设望洪镇史庄村农企合作小麦绿色防控示范区 330 公顷，实施小麦蚜虫专业化统防统治，示范应用农药助剂，实现农药减量、增加防效。完成稻水象甲招标防治 2640 公顷，病虫害招标防治 2640 公顷。

【测土配方施肥】 落实望洪镇西玉水稻一次施肥技术示范 46.2 公顷，望洪镇前渠小麦化肥减量增效示范 52.8 公顷，展示应用一次性施肥技术、化肥减量有机肥替代技术、个性化施肥技术。落实控释氮肥、有机肥代替化肥、微量元素肥效等田间试验 9 项，完成土样采集化验 100 个。效益分析表明，小麦个性化施肥较一次性施肥技术、有机替代减量增效技术亩产分别减少 5.9 千克和 19.13 千克，产值低 49.74 元和 15.34 元，亩肥料投入节省 53.2 元、96.78 元，净产值高 3.46 元、81.44 元。通过全县调查分析：水稻测土配方施肥亩增产 10.3 千克(1.99%)，增收 28.84 元，节省化肥纯量 1.94 千克(7.5%)，亩均节肥 9.7 元，亩节本增收 38.54 元；小麦测土配方施肥亩节省化肥纯量 2.81 千克，亩均节肥 14.05 元；玉米测土配方施肥亩节省化肥纯量 2.85 千克，亩均节肥 14.25 元。按照项目实施内容看，完成玉米秸秆粉碎还田 1518 公顷，秸秆粉碎长度小于 15 厘米，采集耕地地力等级变更土样 100 个，建立土样养分监测点 5 个。

【小型配肥站建设】 完成小型智能配肥机招标采购 2 台。2017 年全县 6 家小型配肥站为全县 8 家农业新型经营主体和周边农户开展个性化配肥服务 320 吨，施用面积 528 公顷，制定配肥配方 16 个。

【燕麦新品种技术引进试验示范】 建设示范区 4 个，面积 39.6 公顷以上，品种选用贝勒、甜燕 2 号等优良品种。主推精细整地、精量播种、适期灌水、科学施肥等 7 项栽培技术，试验一年两熟粮饲种植模式。

【秸秆生物反应堆技术示范推广】 完成 2017 年项目菌种招标采购。全年完成秸秆生物反应堆技术推广 956 栋，其中，葡萄 873 栋，蔬菜 83 栋。落实设施蔬菜秸秆生物反应堆技术应用。

【农业物联网技术推广应用】 项目位于永宁县李俊镇东方设施蔬菜生产基地，项目建设内容是安装设施温室远程控制系统 1 套、综合管理系统 1 套、数据交换系统 1 套、小型气象站 1 个等。每栋温室配置无线传感器 1 套、温室小管家 1 套、网关路由 1 台、接入交换机 1 台等设备。

【永久性蔬菜生产基地建设】 建设胜利乡杨显林场，李俊镇东方、古光，望远镇板桥永久性蔬菜基地 4 个 281.57 公顷，其中，设施加露地蔬菜生产基地 3 个 208.96 公顷；露地蔬菜生产基地 1 个 72.6

公顷。

【植保服务】 全年上报“植保服务进百家”信息统计表5期，照片19张。组织开展“植保服务进百家”“化肥农药使用量零增长”宣传培训5场次，培训600多人次。召开全县小麦蚜虫防治现场会1场次、稻水象甲综合防控现场会1场次，累计发放明白纸等宣传材料1000余份。

【绿色防控示范区建设】 建设专业化统防及绿色防控示范区，开展农企合作共建示范基地推动农药使用量零增长。建设示范基地1320公顷，其中，小麦660公顷，水稻660公顷；建立史庄小麦核心示范132公顷，李庄水稻核心示范66公顷。联系确立农企合作企业3家，重点应用性诱剂、新型农药助剂等产品，进行专业化统防统治及绿色防控示范。

【农作物病虫害预测预报】 监测对象包括小麦、玉米、水稻、蔬菜等四类作物12类重大病虫害。全年报送农作物病虫测报五日报31期，小麦病虫害周报表12期，玉米螟周报表17期；上报国家农作物重大病虫害数字化监测预警系统专项报表25期次。据监测调查：全县小麦蚜虫、小麦黄矮病中度发生，白粉病偏轻发生，赤霉病、条锈病轻度发生；地下害虫整体偏轻发生，棉铃虫、玉米螟偏轻度发生，玉米叶螨中度发生，玉米蚜虫轻度发生；水稻叶瘟病、胡麻叶斑病偏轻发生，水稻穗颈瘟轻度发生；蔬菜小菜蛾偏轻发生。全年发布病虫害防治信息9期次，发放防治技术简报2000多份，指导农业安全生产。

【粮食作物生长监测】 落实小麦、水稻、玉米三大粮食作物常规监测各10块田、专项监测各2块田。全年上报小麦观察监测信息15期，玉米监测信息12期，水稻监测信息12期。上报农业部粮食作物环境监测15期。在生长关键时期发布监测信息指导粮食安全生产。

【耕地质量长期定位监测】 全县建立耕地质量长期定位监测点5个，其中，设施蔬菜1个，露地蔬菜2个，粮食作物2个。4月，完成监测点春季盐分样的采集，10月中旬完成秋季养分样的采集。调查填报监测田块信息表5套，土样集中送往农技总站分析测试。

【土壤墒情监测】 完成农业遥感监测与作物长势评价18期，发送作物长势与水分监测数据54组，累计上传照片270张。完成土壤墒情监测工作，发布监测信息简报18期，指导农业安全生产。通过监测：初春由于降雨(雪)增多，各点土壤含水量平均数值均高于常年同期，土壤墒情对春播生产有利；4月中下旬至5月土壤失墒加快、墒情差，对小麦生长和玉米播种造成一定影响；5月下旬至6月上旬降水增多，0~20厘米土壤含水量较去年同期高2%，对作物生产有利；7月上旬至8月下旬土壤含水量较去年同期降低6%，对作物生长五影响。

【蔬菜生产信息监测】 监测蔬菜品种20个，向农业部报送10个监测点蔬菜价格信息旬报28期、月度报9期、季度报3期。通过监测，全年蔬菜价格整体较上年上涨3%左右。

【新品种新技术试验示范】 建设新品种展示区2个，展示小麦优新品种13个，水稻新品种8个，玉米新品种6个。落实水稻覆膜直播技术示范0.66公顷，攻关水稻覆膜压草技术；落实水稻硬盘育秧技术示范点3个，硬盘育秧3.6万盘，插秧面积59.4公顷，攻关提高插秧质量、节省劳动用工。引进设施鲜食番茄30个，设施常规番茄品种40个，筛选出适合本地设施栽培的抗病性强、品质好、产量高的番茄品种3个。

【科技人员服务农业实体】 鼓励技术人员参与新型经营主体指导服务，结合示范方点建设和新品种新技术试验示范工作落实，采用技术承包方式，鼓励技术人员开展从规划布局到田间落实、从种到收、从生产到销售的全程技术指导服务。全县21名技术人员参与企业服务，服务新型经营主体46家，服务面积3788.4公顷。

县农业综合开发

【概况】 2017年，全县农业综合开发工作以改善农业生产条件、优化农业和农村经济结构、以提高农业综合生产能力和综合效益为目标，集中力量建设高标准农田，扶持新型农业经营主体，打造农业优势特色产业集群，抓资金争取，促项目建设，实现农业综合开发项目与产业结构调整、生态环境建设、城镇化建设的统一。

【土地治理项目高标准农田建设项目】 2017年度，县农发办以改善农业生产条件、优化农业和农村经济结构、提高农业综合生产能力和综合效益为目标，集中力量建设高标准农田。全年度完善2016年望洪镇农声村高标准农田建设项目，2016年胜利乡烽火村高标准农田建设项目，2016年永宁县宁夏悦丰生态农业科技有限公司高标准农田建设项目，2015年李俊镇李庄、宁化村庄点搬迁区土地复垦项目；启动实施2017年度李俊镇古光友爱侯寨村高标准农田建设项目，2017年胜利乡许旺八渠村高标准农田建设项目，2016年高标准农田建设模式创新试点前渠片区项目，2017年高标准农田建设模式创新试点增岗片区项目，总计建设高标准农田1702.8公顷。

【产业化发展项目】 完成2016年度农业综合开发产业化发展项目8个，其中，财政补助项目5个，贷款贴息项目3个，通过自治区农发办的验收。1200平方米冷冻/冷藏库新建项目：建设钢架结构牛羊肉冷冻/冷藏库1200平方米，购置制冷设备11台套，其中，BF系列压缩机4台、DD冷风机1台、DJ系列压缩机4台，库板1套。10000只肉羊养殖基地扩建项目：扩建标准化轻钢结构羊棚2栋2880平方米，饲料加工车间200平方米，饲料库400平方米；配套铡草机1台、饲料加工机组1套。2000平方米蔬菜储藏保鲜库新建项目：新建钢结构拣选车间800平方米，钢结构蔬菜常温储藏库1000平方米，钢结构蔬菜预冷/保鲜冷库200平方米，购置设备6台套，其中，压缩机2台，冷风机3台，库板1套。7.2公顷设施拱棚扩建项目：扩建钢结构拱棚10栋，购置安装卷帘机20套，保温被10套。56栋设施温棚改建项目：改建温棚56栋，改建侧墙砌护墙体面积1512平方米，更换钢架立柱2128根；更换棚膜67200平方米，更换保温棉被11000平方米，配置微滴灌系统1套。4万吨营养蜂蜜加工扩建项目：建设蜂蜜加工车间3200平方米、仓库6475平方米，配套年产40吨蜂蜜浓缩生产线2条。年产1000吨特色益生菌乳产品加工新建项目：收购优质原奶1000吨，引进国外先进配料系统1套、发酵系统1套、冷灌装系统生产线1条。6.6公顷蔬菜育苗种植新建项目：建设蔬菜育苗拱棚145座，配套育苗设施145套。启动实施2017年度7个产业化经营项目，其中：财政补助项目5个，即：1000头肉牛养殖基地扩建项目、5000平方米玻璃智能连栋温室新建项目、20栋高标准设施温棚新建项目、6.6公顷蔬菜设施拱棚新建项目、1800吨蔬菜秸秆有机肥加工新建项目。贷款贴息项目2个，即100万种鸡生态养殖基地新建项目和528公顷葡萄种植新建项目

【部门项目】 完善2016年闽宁镇种养生态循环农业示范项目的建设任务，完成玉米秸秆青贮池16000立方米，玉米芯发酵饲料生产车间3240平方米，建设年产1万吨玉米芯粉生产线、玉米蒸汽压片生产线1条，建设牛粪原料预处理和后熟处理大棚1260平方米，建储液罐800立方米，硬化道路1818平方米，有机肥机械化深耕施肥330公顷，有机肥田间施肥示范247.5公顷，购置生产加工、玉米芯发酵饲料设备、水肥药一体化滴灌及其他设备仪器等，技术培训300人次。启动实施2017年农业综合开发林业部门项目即枸杞优新品种种植基地示范项目。

【外资项目】 实施外资项目1个，即以色列政府贷款宁夏农田水利建设项目，总投资4981万元，其中，含国外贷款3834万元，企业自筹1147万元，实施片区2个，即闽宁镇井子泉片区、闽宁镇散石子片区，建设任务21320公顷。2017年完成井子泉片区中粮（宁夏）葡萄种植有限公司462公顷基地田间工程，散石子片区宁夏德龙酒业有限公司858公顷田间工程及国内配套水源工程2018年启动实施。

【人大议案建议办理】 承办的人大议案、意见建议工程3件，即关于翻建增岗村三合渠的议案、关于翻建侯寨村三队路跨丁子沟两处方涵的建议、关于砌护友爱村延水渠的建议。投资232.8万元，完

成三合渠全段翻建3.5千米，配套渠系建筑物87座；延水渠砌护2.8千米，配套渠系建筑物61座；翻建侯寨村三队路跨丁子沟方涵2座。

【政府安排工程办理】 承办县政府安排工程2项。即投资49万元翻建李俊镇东方村果子渠1.2千米，配套生产桥、节制闸30座；投资122.4万元配套板桥村设施温棚园区基地沟道治理工程，完成农沟草坪砖治理1.4千米，生产桥6座，配套板桥沟拱桥、尾水、退水等建筑物46座。

林 业

【概况】 2017年，全县林业工作局坚持生态立县战略，完成自治区绿委办下达永宁县新造林任务316.8公顷，封山育林330公顷，未成林补植补造52.8公顷。2017年，全县林业建设投资7491万元，完成新造林316.97公顷，封山育林330公顷，未成林补植补造53.684公顷；完成以葡萄为主的经济林290公顷；森林覆盖率9.36%，有害生物防治率100%。

【县级重点绿化工程】 完成307国道京藏高速至唐徕渠景观绿化工程，闽宁镇蓄草产业基地公路绿化工程，李俊镇一、二支沟上段两侧宽幅林带绿化工程，永宁县快速通道西侧宽幅林带、艾依河西侧护坡工程建设，造林70.64公顷，栽植各种苗木14.3万株。完成黄河大桥连接线续建工程，造林27.918公顷，栽植各类苗木9.3万株。推进黄河护岸林建设，在李俊、望洪河滩完成造林48.88公顷，栽植乔木5.5万株。

【美丽乡村环村林建设】 完成雷台、王团、许桥、李俊中心村环村林建设，造林26.8公顷，栽植各类苗木3.7万株。完成乡镇、企业、酒庄、部队、回民公墓防护林建设，造林142.718公顷，栽植乔灌木18.2万株。完成补植补造53.684公顷，补植苗木6.1万株。

【林业产业规模生产】 推进贺兰山东麓葡萄种植及葡萄酒庄建设。2017年，新增酿酒葡萄198公顷，完成繁育葡萄苗木453万株；新增其他经济林面积92.4公顷，其中，枸杞59.4公顷，苹果、桃、李、杏等其他经济林33公顷。对1320公顷葡萄基地进行病虫害统防统治。引导酒庄投资1.29亿元，完成改扩建酒庄6座；新建德龙公司、立兰酒庄葡萄机械化示范基地，面积1122公顷；新申报酒庄1座，新建标准化示范园区4个。2017年，全县酿酒葡萄产量1.74万吨，葡萄酒产量1.04万吨。

【森林管护执法】 2017年，森林派出所接处警42起，其中，立案查处13起，调解涉林纠纷5起，出火警现场4起。立案查处林业行政案件11起，其中，滥伐林木案件4起，盗伐林木案件1起，违规放牧案件5起，野外用火案件1起。行政处罚1人，罚款20555元。查处刑事案件6起，其中，滥伐林木案件3起，盗伐林木案件1起；制作、买卖国家公文印章案件2起，其中，2起经移送检察机关审查公诉。

【林政资源管理】 2017年，依规落实采伐审批，继续推行采伐许可制度，执行森林采伐限额，公示采伐内容，责任到人，杜绝乱砍滥伐现象发生。办理长期占用林地4起，办理临时性占用林地22起，办理林权证变更3起，补发1起，办理树木采伐50起，树木移植43起，办理林木种苗生产经营许可证34起。

【林地、葡萄园确权】 完成闽宁镇地区林地确权508.2公顷，葡萄确权6349.2公顷，其中，闽宁镇葡萄确权382.8公顷，周边酒庄葡萄确权5966.4公顷。配合开展银川都市圈酿酒葡萄产业协同发展规划工作，对永宁县境内西干渠以西至贺兰山区域未利用地、建成的交通主干防护林带、生态公益林以外宜林地、苗圃、经果林及小面积林地调整林地规划或降低保护等级至可开发利用等级，在贺兰山东麓葡萄产业规划区以外区域进行生态占补平衡增补。全县境内适合种植酿酒葡萄面积15364.8公顷。

【“七五”普法】 组织林业系统干部进行法律法规宣传教育，加大普法、学法、用法力度，特别是把各项林业生产工作与普法结合起来，在巩固上一轮普法工作成果的基础上，开展法治宣传教育，推进依法治理,增强林业干部的法律意识和法律素质。

【国有林场改革】 依据《永宁县国有林场改革实施方案》,完成望洪、征沙林场土地确权、森林资源、固定资产、职工现状等情况的摸底调查。按照《永宁县生态林场机构设置及管理人员竞聘办法》组织 7 名管理人员完成竞聘上岗工作。林场土地勘测定界及固定资产核查完成。

【湿地登记确权】 查清永宁县湿地资源本底,理清权利主体,划清权利边界,加强资源保护,建设健全永宁县湿地保护制度,为建立永宁县湿地产权清晰、激励约束并重、生态系统完整的生态文明体制奠定基础。湿地产权确权工作 10 月 25 日启动,12 月 31 日结束。

【国家园林县城创建】 2017 年春季,无偿为县城学校、小区、街道、厂区及全县学校提供苗木 33.56 万株,与相关责任单位签订合同,保证成活率达到 90%以上;对宁丰街、宁惠街、宁昌街、珍珠湖公园等公共绿地实施绿化提升改造;在杨和街、宁和街、人民公园等主要街道及公园广场节点,增加花箱、花坛草本花卉 35.4 万余株,提高永宁县整体绿化景观效果;组织专业人员对县城内主要街道、广场及永和锦城、幸福小镇等小区绿化进行标准化修剪、养护。通过一系列措施,提升永宁县绿化档次及景观品位。10 月 12 日,住建部城市建设司公示永宁县为国家园林县城。

【林木检疫及病虫害防治】 2017 年,完成苗木调运检疫共计 2526 万株,重点工程绿化检疫用苗 10 万余株,苗木复检 21 万株,实施苗木产地检疫 277.2 公顷,林业有害生物监测覆盖率达 100%。6 月 22 日,全区突发林业有害生物灾害应急预案演练在永宁县举行。

【乡镇标准化林业站建设】 县北部林业站位占地总面积 4.95 公顷,除管理用房和道路外,生产用地占 3.96 公顷,主要用于苗木培育。投资 39.71 万元,其中,补助资金 15 万元。建设办公和职工生活用房 6 间,总面积 252 平方米。县南部林业站,投资 15 万元,维修房屋 110 平方米,购买电脑 4 台,办公桌椅 3 套等。项目完成后、改善基层林业站工作、生活条件。2017 年,自治区林业厅对永宁县南部林业站及北部林业站进行乡镇标准化林业站建设验收。6 月 5 日,国家基层林业站所建设现场观摩会在永宁县观桥苗圃举办。

【县城绿化】 2017 年春季,投资 200.54 万元为县城学校、小区、街道、厂区及闽宁镇各学校免费提供苗木 33.56 万株,改善永宁县附属绿地绿量缺少,景观水平低的现状;投资 80 余万元,在县城主要街道节点增设花箱。

【西部水系乡村旅游景观带绿化】 西部水系乡村旅游景观带边坡绿化工程全长 13.7 千米,均宽 25 米,总面积 34.2 万平方米,总投资960 万元。

水 务

【概况】 2017 年,全县水务工作争取项目资金,突出抓好水利工程建设为重点,开展水利改革,优化水资源合理配置,改善生态环境,提高农业综合生产能力。全县大搞农田水利基本建设,推行河长制,制订《永宁县河长制工作实施方案》,实行县、乡、村三级河长管理机制;推行节水灌溉,打好生态文明建设攻坚战。启动江河水系连通工程、人工湿地工程;完成水库移民贫困人口建档立卡工作。2017 年连续四年获得自治区农田水利基本建设“黄河杯”竞赛特等奖。

【农田水利基本建设】 按照统“统筹规划,分工协作,集中投,连片推进”的思路,累计完成高标准农田建设 19536 公顷,超计划 19.4%。争取国家及区、市项目资金,统筹财政、水利、林业、农牧、农发等资金 8.59 亿元,集中投入农田水利基本建设,其中,中央、自治区和银川市资金 4.16 亿元,县级配套资金 4.04 亿元,社会筹资 0.39 亿元。

【河(湖)长制工作】 县委、政府研究印发《永宁县河(湖)长制工作实施方案》,建立县委书记任总河长,其他县处级领导为成员的河长制工作领导小组,实行县、乡、村三级河(湖)长管理机制,设立县级河(湖)长 29 名、乡级河(湖)长 40 名、村级河(湖)长 100 名,落实巡查员 241 名,保洁员 256 名,配备警长80名。县、乡、村各级河长各负其责、责任任务压茬推动,形成一级抓一级、层层抓落实的工作格局。建立"一河一档"档案资料134个,安装公示牌173块,制订中干沟、永清沟等"一河(湖)一策"方案134个。启动永二干沟和中干沟2个人工湿地项目建设。在主干沟道排污口设置节制闸23座,管控污水达标排放。结合农田水利基本建设,对河长沟道进行清淤整治,河长制管理河道整治达到100%。加大巡查整治力度,河长制以来,认河、巡河、治河、护河工作成效明显,各级河长移交巡查问题清单153个,整改率95%。

【节水灌溉】 完成中粮葡萄滴灌、李俊镇团结、晓鸣农牧3个节水灌溉续建项目,完成投资1500万元。完成2017年节水任务1669.8公顷,完成投资2975万元,超计划26.5%。

【水政与水资源管理】 加大水政执法宣传和监管力度,加强15个重点入河主干沟排污口的监管,开展艾依河、四大干沟、黄河及湖泊湿地等重点水域管理工作,加大水事违法行为的查处力度,查处制止水事违法行为33起,在企业安装水量智能控制系统12套,关闭企业自备井60眼。通过媒体面向社会公开全县各类企业开采地下水监督举报公告,建立社会监督地下水资源使用机制。严守用水总量刚性约束,实行用水总量、用水效率、水功能区限制纳污"三条红线"控制管理。

【节水型社会建设】 年度削减企业用水200余万立方米。农业用水方面,全县累计建成田间渠道防渗节水面积23100公顷,节水灌溉面积累计15180公顷万。全年引用黄河水总量3.05亿立方米,较下达指标3.65亿立方米节约6000万立方米,节水16.4%,农业灌溉水利用系数预测达到0.511。工业用水方面依法管控,全县全年工业用水592.06万立方米,工业增加值为37.11亿元,万元工业增加值用水量为15.95立方米/万元,较2016年减少10.74立方米/万元,降低率为40.231%,工业用水重复率为85%。工业用水节水效果明显,完成水资源费征收799.1万元。生活用水方面,规范水质检测,加强公共机构和场所用水定额监管,2017年实施完成闽宁二小、胜利乡幼儿园等4个节水型学校,发改局、公安局等11个节水型公共机构,雷台、新华等5个节水型中心村建设。全县累计共建成节水型学校、社区、机关、中心村公共机构74家。

【水生态修复】 投资2.3亿元,完成江河湖库水系连通叶家湖二期、三期工程,扩整湖面达到313.5公顷,恢复湖泊湿地面积,改善县城周边环境,使叶家湖、鹤泉湖蓄水能力由300万方提高到900万方,夯实水资源综合利用基础。加大水环境治理。启动中干沟、永二干沟人工湿地2个项目投资1.1亿元。完成县级河长制管理的永清沟、永二干沟、一排沟、中干沟、团结沟、东截渗沟等进行清淤整治,提高防洪能力,又改善水质;结合黄河二期治理工程,对黄河永宁段进行环境整治;结合秋冬农田水利基本建设,整治县、乡、村级河长制沟道86条278千米。严控水污染。对县域内主干沟道生活和企业污水口进行核查,设置重点排污口节制闸门23座,倒逼企业达标排放。开展主干沟道、水系、湖泊水体常态化保洁。在鹤泉湖、叶家湖新安置垃圾箱60个,清除沟道障碍5处;清理沟道、水系、湖泊垃圾60余吨,清理长度90千米;沟道滑坡治理15处,回填土方4500方;清理西部水系10千米、永二干沟4千米水草工作;投入人工760余工日;在叶家湖投放20万尾鱼苗。为湖泊水系适时补水,2017年,多次为叶家湖、鹤泉湖、艾依河等湖泊水系补水,全年完成补水2400余万方,投入资金260余万元,实现,生态补水目标递增目标。

【水利改革】 小型水利工程管理体制改革工作完成。完成小型水利工程维修养护经费测算、产权明晰、经费落实、证书发放等工作,发放产权证书261份,完成年度维修养护经费申报、验收和考核工作,明确管护主体和责任,保证小型水利工程发挥效益。推进农业水权水价改革。对全县232个干渠直开口进行核查,合理分配引用黄河水量,完成农业水资源使用权确权工作,完成水权交易8起。加强农民用水者协会管理。对全县60家农民用水者协会年审工作,执行定额配水、水费收缴管理等制度,落实责任,保障灌溉秩序,干渠水费收缴率达100%。

【农村饮用水安全】 完成南部水厂输配水管道和

闽宁供水厂至高位水池输水管道工程，铺设管道19千米，新打水源井4眼，建井泵房9座，实现农村自来水的“双回路”全覆盖；在中心村小城镇实施绿化、人饮用水分离工程，打井使用地表水满足绿化养护，解决小城镇中心村绿化用水和人饮用水矛盾。委托第三方检测机构对3个水厂出厂水质进行检测。实现水源水、出厂水、末梢水全程检测，供水水质合格得到保障。水厂原水提升、加药、反应、絮凝、沉淀、集水、配水、过滤、反洗、消毒程序自动化，实现数据远程总控，完成水厂财务审计，制订“收支”两条线管理及农村水价改革方案。完成环保清单任务。开展水源地保护工作，编制《永宁县饮用水源地保护工程实施方案》《永宁县水源地规范化建设工程实施方案》，完成南部、征沙、3个水源地及千吨万人饮水工程现状摸底调查工作；配合环保局部门完成县南部水源地、征沙水源地、永宁水源地、银川市掌政水源地、黄河(永宁段)、西部水系及千吨万人饮水工程生态保护红线的划定。启动新水源地勘测前期工作，完成新华北渠新水源地勘测分析工作。

【防汛抗旱】 实施闽宁镇北一沟治理工程，治理北一山洪沟5.5千米，2017年5月30日完工，完成投资700万元。配合区水利厅、市水务局开展黄河二期南方控导工程建设，完成投资2600万元，整治黄河堤防3.7千米，新建丁字坝12座，人字垛5座。2017年6月30日完工。制订永宁县2017年防汛抗旱应急预案，召开全县防汛抗旱及气象防灾减灾应急工作部署会议，落实工作，安全度汛。实施中小河流治理专项资金项目永清沟上段治理工程，对永清沟上段7.16千米进行砌护治理，配套建筑物19座，铺设巡护道路2.4千米，投资451万元。机械清淤中干沟、永清沟、第一排水沟、永二干沟等干沟35千米，保证行洪排水通畅安全。完成水库移民贫困人口建档立卡工作，为全县1573名水库移民后期扶持人员发放直补资金94.38万元。

【民生水利建设】 办理人大议案2件，分别是翻建望洪镇高渠、翻建杨和镇民生渠跨中干沟渡槽工程；办理县人大代表意见建议9件，分别是翻建望洪镇新华村四股渠、杨和镇南北全村长子渠上段、胜利乡杨显村大沙渠建泵站工程、东方村果子渠移位、北渠村农渠砌护、靖益村庄点复垦灌溉渠系恢复、史庄村南渠改造砌护、烽火村五号渠改造砌护、上河村汪渠改造砌护工程；完成投资650万元，全部完工，运行良好。实施京藏高速拓宽水利设施恢复工程，完成投资550万元。新砌护渠道10.4千米，配套建筑物236座，清挖沟道8千米，整修道路17.5千米。

【党的建设】 完成党总支及基层党组织换届工作，落实“一岗双责”，丰富基层组织建设载体。推进“两学一做”学习教育制度化。推进机关干部“下基层”活动，结合“下农村送政策”等活动和精准扶贫工作，开展走访、调研、宣传、帮扶和慰问活动，为东方村、建设社区干部群众讲党课1次，邀请利民社区部分老党员参加党建月观摩活动。落实“两个责任”，制定“永宁县水务局党风廉政建设主体责任清单”。主要领导及分管领导签订党风廉政建设责任书，把党风廉政建设任务与具体业务工作任务相结合，落实限时办结制，对工作中存在的“庸、懒、散、软、拖”等现象实行纠错预警。结合“守纪律敢担当有作为”作风建设活动，针对领导班子和干部职工在思想政治、纪律作风、能力素质、监督管理等方面存在的突出问题，通过门户网站、邮箱、发放纸质征求意见函等形式，广泛征求意见建议建立台账、梳理整改。

城乡建设 环境保护

住房和城乡建设

【概况】 2017年,全县住房和城乡建设围绕“四个永宁”建设为目标,以重大项目建设为抓手,以改善民生为目的,克服困难,加快城市基础设施建设、美丽乡村建设,强化城市规划管理,完成县委、政府交办的各项工作。

【望远消防站项目建设】 投资2100万元,项目建设内容包括办公楼、体能训练馆、训练塔、餐厅及附属设施,总建筑面积5339平方米。

【永和社区公建配套工程项目建设】 永和锦城特色商业街总建筑面积67050平方米,规划建设内容包括酒店综合楼、商业综合楼以及社区服务站、物业管理房、卫生服务站及活动中心(2080平方米)、老年人日间照料中心(3380平方米),综合商场(4780平方米)、幼儿园(4060平方米)等公建配套设施。

【望远胸科医院停车场建设】 总投资256万元,项目总建设面积10999.75平方米,主要建设停车场、道路及附属工程等,其中,地面小型车位261个。

【唐徕渠望远段亮化工程建设】 项目是县人大议案工程,设计安装路灯412盏,设置变电箱6台,铺设电缆19185米。完成路灯电缆基槽的开挖、路灯底座混凝土浇筑工作,铺设电缆19185米米,安装路灯340盏,完成投资692万元。

【纳家户新村室外配套改造工程】 总投资1870.1万元,主要建设内容为,室外管网改造,绿化工程、灌溉工程,道路硬化工程及铺装工程。

【防沙治沙大学道路给排水工程建设】 主要解决银川市公安局“三所”、防沙治沙大学、给排水的问题,项目总投资3875万元,建设内容包括铺设给水管道7750米,污水管道8390米,雨水管道8490米;新建排水泵站1座,配套建设电力、照明、交通设施等基础配套工程。

【第一污水处理厂扩建工程建设】 项目总投资17034.34万元,工程一期为提标改造工程,投资4265.17万元,对原水厂1.5万米^3/天城市生活污水进行提标改造,处理工艺增加缺氧厌氧池、絮凝反应+斜板沉淀+纤维转盘滤池处理单元,保证该规模生活污水提标至国家一级A排放标准,计划在2017年底调试运行达标。

【特色小镇申报】 为推进永宁县小城镇综合服务功能,优化人居环境,培育特色支撑产业,与各乡镇、部门联系协调,成功申报纳家户文旅小镇市级特色小镇,闽宁镇区级特色小镇,闽宁镇国家级特色小镇,争取自治区特色小镇到位项目资金1500万。

【美丽村庄建设】 实施武河村、原隆村美丽乡村建设项目,项目总投资5074万元,其中:武河村投资

3316万元,原隆村游客接待中心项目投资1758万元;计划11月底完成武河村道路、给排水、外立面改造等工程;原隆村游客接待中心主体结构施工完成,实施室内外装饰及配套项目。

【改水改厕】 实施原隆村改水改厕工程,按照任务要求,改水改厕工程完成847户,投入资金900万元,争取区厅以奖代补资金2000元/户。

【城市规划编制】 按照自治区建设厅、自治区规委办及银川市规划局的工作安排,启动《永宁县空间规划》《永宁县停车场专项规划》《永宁县海绵城市专项规划》《永宁县消防专项规划》《永宁县市政公用设施专项规划》的编制工作。《永宁县海绵城市专项规划》进入立项阶段;《永宁县消防专项规划》编制;《永宁县空间规划》完成资料的收集、资源环境承载力评价和空间开发适宜性评价、差异性图斑的处理工作。

【城市规划管理】 按照专家评审、县城市化领导小组审核的工作流程,2017年,召开专家评审会14次,审核项目44个。提请县政府召开城市化领导小组会议2次,审定项目27个。加大对审批项目放线、验线、规划核实的管理,保证项目按规划部门审批的要求建设。按照《宁夏回族自治区城市建成区违法建设专项治理工作五年行动实施方案》的要求,联合城管局对城市规划区违法违章建筑进行摸底排查,共配合城管局、望远工业园区管委会拆除违章建筑6处。

建筑业

【概况】 2017年,全县总建设项目65项,总面积279.58万平方米,总投资49.98亿。其中,续建41项,面积194.29万平方米,投资27.6亿,新建24项,面积85.29万平方米,投资22.38亿元。落实“安全生产年”的各项工作部署,开展以“加强安全法治,保障安全生产”为主题的安全生产月的宣传和检查工作。发放各种建筑安全知识手册1000余份,组织全县各建设、开发、监理、施工单位在永宁县望远“三沙源A14区“工地举办质量安全标化工地观摩学习,参加人数近300人。

【建筑行业管理】 按照自治区五部门《〈关于继续开展工程建设领域突出问题专项整治行动方案〉的通知》(宁建发〔2017〕16号)要求,开展本地区突出问题专项整治工作。执行质量安全报监、施工许可、竣工验收备案等基本建设程序,落实农民工实名制、施工现场设立农民工工作办公室、工程款和农民工工资分账管理等制度。坚持以日常巡查为主要手段,加大各方责任主体的质量行为管理和主体结构的实体质量安全抽查力度及强制性标准的落实力度,发现问题的坚决责令整改到位,保证工程主体质量处于受控状态,杜绝工程质量安全隐患。各方责任主体的质量行为逐步规范,工程主体质量得到控制。在工程实施过程中,组织专业人员对不同性质的工程进行实体质量及内业资料检查,强化对监理企业的监管,抓好监理在施工现场的监督保证作用。加强检测与监督的联动,落实见证取样送检制度落实,加大对“假试块”“假试件”“瘦身钢筋”“虚假监测报告”的日常”的整治力度,严禁不合格材料用于工程。

【建设工程安全监督】 重点对高处坠落、施工用电、起重机械、临边洞口和基坑坍塌等方面进行检查,对查出的安全隐患进行跟踪落实,直至整改到位,将安全隐患彻底消除。从3月中旬开始,对在建工程进行安全检查,对现场存在安全隐患或不符合开工条件的工程下发限期整改通知书,对存在的安全隐患实施跟踪落实,从6月份以来,以项目为单位,根据工程进度情况对在建工程开展高处坠落、施工用电、起重机械、临边洞口、基坑坍塌、消防安全等进行专项检查,通过对全县建筑工程危险性较大工程的专项检查,开展施工现场安全管理,落实企业和管理人员、从业人员安全生产主体责任,消除施工现场安全隐患,保证危大工程按照规定编制专项施工方案及组织专家论证,按照方案组织施工,防止和防范高处坠落、坍塌事故、建筑起重机械、模板支撑系统、深基坑、脚手架坍塌等群死群伤事故的发生,促进建筑安全生产形势稳定好转。

【建设工程节能监督】 强化新建建筑施工、监理、竣工验收等环节执行节能标准的监管，规范设计变更行为，现场检查节能信息公示制度。在大部分工程主体施工结束后下发文件，对永宁县建筑节能工程项目进行检查，对进场的保温板材和网格布现场抽查做实验，发现有个别工地现场的保温板材属不合格产品，现场下发整改通知书要求施工和监理单位将不合格材料立即清场；建筑物实体部分，施工单位未按要求做保温处理（窗洞口八字处、楼梯间等部位），对检查中发现的问题，向参建单位下发质量整改通知书要求进行整改。

【突出问题整治】 贯彻国务院、自治区、银川市相关政策文件精神，落实实名制管理、银行直接支付、分账管理、劳动合同签订、22%进度款拨付等制度。2017 年，全县建筑领域使用农民工 4276 人，签订劳动合同 4276 份，劳动合同签订率 100%；应收农民工工资保证金 3652 万元，实收 3315 万元，农民工工资保证金收缴率为 91%；银行卡办卡人数 2181 人，办卡率为 100%；实名制管理人数 4276 人，实名制管理率 100%，分账管理率 100%，22%进度款拨付完成率 87%。

【扬尘治理工作】 加强对建设单位的监管，明确建设单位对建筑垃圾运输处置、施工工地对扬尘污染防治负总责，对施工工地作出要求。要求各施工工地安装车辆冲洗设备，在出入口安装电子监控系统设备，加强对出入车辆的监控；建筑工地现场的土堆使用密目安全网等材料进行覆盖，保证封闭严密、固定牢靠，避免因大风等天气造成扬尘污染，建筑工地施工现场防治措施做到“六个100%。

房地产

【概况】 2017 年，全县房地产工作以提升房地产布局和提升住房品质为抓手，加大供给侧结构改革，强化房地产行业监管，优化经济发展环境，提高服务水平。2017 年，全县实施的房地产项目 24 个，房地产开发投资额 36.15 亿元，完成房地产开发固定投资额 28.16 亿元 。

【房地产市场运行】 全县房地产市场商品房全年共销售 6020 套，建筑面积 72.87 万平方米，其中，住宅商品房销售 5312 套，建筑面积 60.08 万平方米。整体销售同比上升 18%，销售价格同比上涨 200~500 元/米^{2}不等，全年办理商品房买卖合同备案 6020 套。2017 年，全县存量商品房 4748 套，面积 427320 平方米。各房地产企业销售 2501 套，面积 22.5 万平方米，剩余 2247 套库存，面积约 20.2 万平方米。去库存周期由年初的 15.3 个月，控制在 7.8 个月，去库存控制周期在合理水平。

【房地产市场专项整顿】 开展的涉嫌非法集资风险专项排查工作，对全县 34 家房地产开发公司和 26 家房地产中介服务机构进行检查，对检查中发现的问题，要求企业整改。对存在逾期交房问题的项目，要求房地产企业制订化解风险的方案，解决问题、化解矛盾。在检查中，房地产市场经营行为中没有发现发布虚假房源信息广告、恶意炒作哄抬房价、未取得预售许可证或未按预售许可证批准的范围预售商品房、违规收取订金或预收款、一房两卖等违法违规经营行为。对销售信息公示不齐全、消费者投诉、销售价格等问题，责令房地产开发企业限期整改。

【物业管理】 落实物业服务事项公开公示制度。各物业企业在小区内明显位置设置标准化公示栏，公式企业人员信息、物业费的收费标准、服务等级标准，半年如实公布一次企业收支情况，接受广大业主的监督。制定标准化建设工作考核机制，建立综合考核评级体系。为加强住宅小区物业管理工作，规范物业服务企业服务行为，提高物业管理水平，制订《永宁县住宅小区物业服务企业考核管理办法》，加大对企业进行季度考核，全年对物业公司下发整改通知 42 份，要求物业企业限期整改，在物业列会上通报整改情况，对整改不如实上报市物业办建议扣除企业信用分值。发现问题不姑息、不手软，对永清花园、阳光花园、三沙源、杨和三期、四期物业企业的不规范行为做扣除信用分值的处理。

【燃气工作】 按照区、市主管部门工作安排,对全县燃气企业安全生产活动进行5次检查,对检查中发现的问题下发限期改正通知书15份,相关企业做整改。处理12345热线燃气相关投诉11起。对全县燃气经营企业开展换证工作,办理新证15个,组织燃气企业开展物业燃气安全汇演10场次,联合消防大队组织开展消防演练2次,开展每月不定期的检查督导工作,保证燃气安全使用。

【供热管理】 在采暖期间多次到全县供热点和供热单位进行检查,督促供热单位对供热设备进行安全检修,开展供热协调工作,保证各个供热单位按时供暖。

【住房保障】 2017年,住房保障工作主要围绕公租房配租工作,完成累计配租1860套的目标任务。启动对公租房的维修工作,对宁和家园两栋公租房、祥和名邸等40多套公租房的室内漏水、墙面起皮等问题进行维修。4月、10月分2次,会同街道办事处、民政局对全县8个社区96户申请公共租赁住房的家庭进行入户走访,完成"三审两公示"的程序进行实物配租。为和瑞包装、晶润生物、泰瑞制药、凤凰城等10多家企业的外来务工人员配租260套。完成公租房1860套的配租任务。收取公租房租金71万元,接待来访政策咨询人员200多人。完成望远镇富原劳务移民安置小区372套公租房装修工程,通过竣工验收。

人民防空　防震

【概况】 按照执法程序,对人防工程进行监督管理,保证按照标准施工,征收人防易地建设费。开展"5·12""9·15"防空袭疏散演练活动及人防工作进社区工作,使广大人民群众掌握防灾减灾知识和防灾减灾法规,增强全民防灾减灾的意识,推动全县避灾自救技能的普及,提升综合减灾能力,培育群众防灾减灾意识。

【人防工作】 以"9·15"防空日为契机,在全县各社区,学校开展防空警报鸣放活动及演练活动,参加人数达2.65万人,组织对人防工程使用情况检查3次,对县域范围内25处警报设施进行检查、维护。新安装电声警报2台、多媒体警报1台。办理人防工程16项,收取人防易地建设费427万元。

【地震监测预警演练】 结合"5·12"防灾减灾日,在县宁和广场举行全县地震、防灾、防空应急演练。县抢险救援、治安保卫、医疗救护等15个应急救援队伍和街道居民现场开展应急指挥能力和救援能力演练,参加人数达2000多人。开展人防知识和防震减灾灾知识宣传活动。展出展板40块,悬挂横幅90条,发放防震、防空、防灾宣传资料2万多份。

环境保护

【概况】 2017年,全县保环工作以推进生态文明建设为统领,以建设美丽永宁为目标,以改善环境质量为核心,整改落实中央环保督察问题,实施"蓝天碧水·绿色城乡"专项行动,展开大气、水、土壤污染三大战役,服务经济发展转型。

【中央环保督察反馈问题整改】 按照《永宁县贯彻落实中央第八环境保护督察组督查反馈意见整改方案》《永宁县领导同志包抓重点环保问题工作方案》要求,梳理出环保局牵头负责的整改问题10项,明确整改任务、整改分管领导和负责科室。压实责任,强化措施,保证全面完成整改任务。制定《关于开展中央第八环境保护督察组督察反馈意见整改落实协调联络工作的通知》《关于加强中央第八环境保护督察组督查反馈意见整改宣传工作的通知》,按月对全县整改工作进行汇总上报,组织整改工作督查2次,蓝天工程工作开展情况督查3次,下发督查通报3份。

【生物发酵企业异味治理】 组织专家对《永宁县生物发酵异味治理"十三五"规划》进行论证、在充分征求企业意见的基础上修改完善,通过政府审议。加强地院合作,“走出去,引进来”。由永宁县人民政府主导、市科技局立项支持,宁夏泰瑞制药有限公司和中科院生态环境研究中心共同实施的“生物发酵制药异味污染控制集成技术与系统优化研究项目”启动,该项目总投资500万元,市科技局拨付科研项目经费200万元,计划用2年时间通过对污染因子的分析,制订切实可行的治理技术方案和恶臭监测方案,帮助永宁县制订异味物质管控手册和生物发酵大气质量检测、治理的地方标准,能依托中科院生态环境研究中心在恶臭治理方面的研发能力、人才优势和已取得的科研成果,彻底破解异味治理瓶颈。中科院课题研究组多次进驻泰瑞制药,在厂区内共设置20个采样点,进行全面的初筛分析、初步鉴别。县人民政府副县长王辉带队赴天津考察在线预警监控项目,随后天津环科院专家前来永宁县实地调研企业异味治理情况,制订在线预警监控项目设计方案。行政约谈企业负责人,加大资金和科技投入,细化措施,倒排工期。按照8月22日县政府在约谈时提出要求启元药业生产负荷降低到33%,泰瑞制药生产负荷降低到47%,伊品生物生产负荷降低到38%。8月25日起,安监局、城管执法大队等单位抽调执法人员9名,对异味企业实行24小时全天候监管,对企业生产负荷进行监督记录,保证企业落实限产要求。

【北控水务废水超标排放督查】 向北控水务集团总部发函,敦促北控水务集团总部重视永宁北控水务有限公司存在的问题,6月份由总部委派技术、运营团队进驻永宁北控水务有限公司进行督查。2017年,公司对澄清池的除泥设备进行改造更换,解决带泥出水问题,对进出水在线监测设备进行更换,保证监测数据的准确性。对北控水务有限公司实施立案处罚10起,启动按日计罚,提出处以罚款2075.8558万元的方案。

【环境执法检查】 加大环境监管力度和污染物监测频次,帮助企业发现问题,改进污染治理工艺。共对重点污染企业开展现场监察900余次,出动执法人员2300余人次,监察企业130余家,通过夜间突击监察和驻厂监管等特殊监管方式,监督企业污染设施正常运行,污染物达标排放,主动落实环保主体责任,杜绝环境违法行为。联合区、市环保部门开展专项执法检查,对企业污染源进行研判,结合各企业自身情况及专家、技术人员提出的建议。立案处罚17起,启动按日计罚1起。

【环保信访投诉办理】 制定永宁县环保局举报投诉受理办法,做到举报投诉件件有登记、有回复,投诉处理分管领导和人员对投诉办理结果负责,出现问题追究相关人员责任。受理上级转办信访案件、12369环保投诉热线、12345智慧银川网络投诉平台、微博、微信、来电投诉1348件,投诉处理率100%。

【危险废物监管】 规范危险废物、固体废物和医疗废物集中规范处置工作,核实全县5家危险废物产生单位、7家固体废物产生单位实际产生量、处置量和申报量,全面排查产废单位固体废物堆存、转移过程中的安全隐患进行限期整改。联合卫生监督所开展医疗机构综合治理工作,对县人民医院、县中医院等18家涉及医疗废物的企事业单位进行排查。

【排污费申报核定】 执行排污申报和排污费征收使用管理规定,依法开展排污费核定与征收工作。2017年核算排污费215.4673万元。与县地税局对接“费改税”工作。

【专项执法检查】 2017年,开展工业园区涉水企业专项整治、“小散乱污”企业专项排查、纳污坑塘专项整治、危险废物管理工作专项整治、医疗废物综合治理专项整治、沟渠沿线企业排污口专项整治,下发责令整改通知书15份,打击企业违法排污。对小、散、乱、污企业进行集中取缔整治,取缔小塑料、空心砖制造小作坊14家。

【燃煤锅炉拆除】 2017年,县蓝天办牵头,望远工业园区、住建、卫计、旅游等部门配合开展燃煤锅炉淘汰工作,全县淘汰燃煤锅炉指标计25台。完成区、市淘汰燃煤锅炉指标年内燃煤锅炉淘汰任务。对排查过程中发现的园区、建成区其余35台燃煤锅炉一并淘汰。

【人工湿地建设】 推进人工湿地建设,改善入黄排水沟水质。争取国家、区、市环保资金推进中干沟、永二干沟人工湿地建设项目和一污厂扩容提标改造工程，为2018年底入黄排水沟水质达到Ⅳ水体奠定基础。永二干沟、中干沟人工湿地项目已开工建设。

【工业大气污染治理】 宁夏伊品生物科技股份有限公司火电机组二氧化硫治理项目已于2017年5月份完成投入运行。宁夏泰瑞制药有限公司的项目2016年8月份开工建设。宁夏伊品生物科技股份有限公司、宁夏泰瑞制药有限公司火电机组氮氧化物治理项目开工建设。宁夏瀛海天琛建材有限公司新型干法水泥窑氮氧化物治理项目建成投入运行。宁夏瀛海天琛建材有限公司新型干法窑脱硝设施运行稳定，污染物达标排放。

【水污染防治】 配合水务、住建等部门开展入黄排水沟的综合治理工作。争取国家、区、市环保资金推进中干沟、永二干沟人工湿地建设项目和一污厂扩容提标改造工程。永二干沟、中干沟人工湿地项目开工建设。加大对水源地保护巡查力度。坚决取缔、搬迁在饮用水水源地一级保护区内畜禽养殖、工业企业和加工小作坊。完成三个水源地的摸底排查工作。农村生活污水治理。对建成投入运行的污水站加大监管力度。督查李俊中心村、新华中心村一期、八渠中心村三个扩容污水站、望洪中心村污水站、新华中心村二期污水站全部建成进水调试运行。闽宁污水处理厂日处理5000吨污水项目建成投入运行通过验收。配合农牧局推进18家规模化畜禽养殖场粪污综合处理设施建设工作。督促宁夏伊品生物科技股份有限公司、宁夏紫荆花纸业有限公司污水提标改造项目，2017年底前达到《城镇污水处理厂》一级A排放标准。宁夏伊品生物科技股份有限公司、宁夏紫荆花纸业有限公司均完成可研和方案的确定，签订施工合同、技术合同，9月份开工建设。督促全县加油站双层罐体更换及防渗漏池的建设。联合发改部门对16家加油站逐一进行督促，下发限期治理更换通知书，保证按要求的时间节点完成双层罐体更换及防渗漏池的建设。

【大气污染防治】 全面淘汰燃煤锅炉。细化任务清单，明确要求责任主体。组织开展全县乡镇、建成区、工业园区20蒸吨以下燃煤锅炉排查普查工作，对乡镇、建成区、工业园区的燃煤锅炉名单、吨位、锅炉型号、用煤量、台数进行汇总、统计上报自治区环保厅、银川市环保局。争取资金，推进燃煤锅炉拆除工作。开展扬尘、堆土、工业料场综合治理。对宁夏路桥工程股份有限公司京藏高速改扩建望远至金积段JZ16合同段项目经理部、中交第四公路工程局有限公司京藏17标段项目经理部、京藏高速JZ15合同段项目经理部、京藏高速JZ14标段项目经理部、中铁十六局银吴项目部拌和站等存在扬尘污染的场所督促其限期完成整改；县城所有建筑工地于11月15日全部停工，对工地内裸露地面、土堆采取硬化遮盖措施；宁夏启元药业有限公司、宁夏伊品生物科技股份有限公司封闭式煤场建成投入运行。加强煤质监管。联合市场监管、住建、交通、交警等部门，强化煤炭销售、运输储存、使用全环节管控，责令启元药业、县人民医院、伊品生物科技等6家单位改正不按规定使用高硫份、高灰份煤炭行为。对秸秆禁烧督查通报。联合农牧局开展秸秆等废弃物禁烧工作督查，共督查3次，下发督查通报3期。

【土壤污染调查】 制订《永宁县土壤污染防治工作实施方案》，联合农牧、国土、发改等部门开展全县土壤污染状况详查农用地点位核实工作培训班1次。建立疑似污染地块名单。公布全县土壤环境重点监管企业名单。实现对污染地块的开发利用实行联动监管。开展土壤污染防治项目储备库建设工作。

【生态文明建设】 作为生态文明建设示范县创建牵头部门，在县人大常委会的安排下对全县自2015年创建以来的工作进行梳理，查找存在问题，召开工作推进会10次，邀请国家环保部环境规划研究院专家3人次对全县各部门培训《国家生态文明建设示范区管理规程》和《国家生态文明建设示范县、市指标》，指导各创建部门开展档案整理工作。外出进行观摩学习1次。

【党风廉政建设】 制订《后进党支部整改转化工作方案》，开展民主测评，建立整改台账，推进整改。落实学习专题研讨会、党课日、党员大会、党员评星定级、一岗双责制度。完成调研报告2篇。组织开展4次党委联席会。春节、七一慰问困难老党员、困难户累计26户，给他们送去生活必需品米、面、油。认领微心愿活动给7名失孤儿童送学习用品。2017年，对3名工作人员口头警告，扣罚三定两评绩效考核。

【宣传环保】 多种媒介、多种形式宣传环境保护工作，提高群众环保意识。2017年，在县电视台开设"环保一线"专栏，宣传环保工作和中央环保督查问题整改工作进展情况。开设"永宁县环保局"微信公众号和领导短信平台，运用新媒体及时发布环保动态。开展12369环保热线进农村活动，开展政策培训2次，干部到位率达80%，发放宣传材料4000余份。向省、市、县新闻媒体上报信息稿件，被市局网站、县级媒体采用信息117篇。

城市供水

【概况】 2017年，永宁公司围绕"保障供水，提升服务"的工作重心，改变思路，勇于创新，推进各项工作，提高经营管理水平，营造和谐、快乐、融洽的工作氛围，完成集团公司下达的生产经营指标。

【生产经营情况】 2017年，公司实现营业收入2135.47万元，其中，售水收入2069.52万元，较去年同期增长16%，供水量1074万吨，较上年同期增长10.4%，售水量1024万吨，较上年同期增长20.1%，供销差3.66%，较上年同期下降68.1%。

【信息化建设促生产】 公司依托新成立的客户服务中心，拓展职能管理系统，改变原有的工作方式，创新服务理念，使供水服务更加方便、快捷。利用"互联网+"信息平台将供水压力向市民公示，随时接受监督；供水管网维修"微直播"让大家的心中多一份踏实；生产车辆GPS定位监控使生产和服务多一份安全。创新的管理模式使部门之间的沟通与交流、更快捷，客户服务工作流程更顺畅，降低投诉率，提升服务质量。

【规范化管理】 水厂按照公司计划对二级泵房进行彻底的整改，从细节做起，对每一台设备、管线、制动手轮阀门进行除锈刷漆、上黄油、加注润滑剂、对每台机泵技术参数及养护人进行明确标识，建立安全保障室，制度上墙，积累各项数据，让机修人员形成分析数据的习惯，逐步建成一个标准化管理泵房。

【供水服务进社区】 2017年，公司组织党团员、业务骨干组成的供水志愿服务队，走进社区开展"为民服务零距离，足不出户解烦忧"的便民志愿服务活动，将供水服务延伸到用户家中，为用户解决各类急难愁问题。5月，对望远地区多个小区进行管网冲洗，改善用户水质，得到用户的认可，特别是对兰花花公寓水质事件解决。9月，组织党团员对望远富源移民区新建住户近2000户进行水表核对，活动中发现一些不足之处改进。

【人性化管理】 公司在强调制度化管理，提倡人性化管理的理念，在企业发展中发挥出作用。2017年，打造党建活动阵地，提升职工之家功能。实施厂区绿化美化工程，充实和完善职工的文化生活，振奋职工的工作热情，化解职工的思想压力，使之全身心地投入工作之中。组织职工运动会、"安康杯"竞赛、"创双优"竞赛活动。

【安全生产】 树立安全就是效益的观念，围绕落实安全生产责任制为中心，强化各项安全生产工作落实。2017年初，公司分别与各部门签订安全生产管理责任书、与司机签订车辆安全管理责任书、与施工方签订施工安全责任书。通过签订各项安全生产责任书，层层分解落实安全责任，到上下合力，齐抓共管，公司组织安全领导小组每月20日进行安全检查，通过检查排除各种隐患。

【项目建设】 为让永宁第二水厂发挥更大的产能，彻底缓解望远区域水压、水质，公司从3月份，从109国道鹏达加气站由南向北延伸至双庆路DN600配水管网7.2千米的配水管网安装工程，全程安排专人督促协调解决各类阻挠施工的问题，5月底此管线铺设完毕，通水，此趟管线的铺设彻底解决高峰期县城、望远地区水压水质问题，对银川南部供水提供帮助。为扩大供水市场，公司克服困难，完成三沙园项目DN300毫米配水管网4.5千米。为保证高峰期供水能力,2017年在南部水源地新增两眼深井，在永宁水源地和二水厂院内共新增两眼深井，完成永宁东升至叶盛段黄河取水工程前期勘探的协调工作。

【党建】 坚持"两学一做"常态化、制度化,开展"先锋工程",规范党员评星定格活动实施,党支部组织党员开展"支部主题党日"活动,"两学一做"专题研讨会;党员职工十九大报告学习会;完成公司党支部换届选举工作。

城乡管理综合执法

【概况】 2017年，县城乡管理综合执法工作围绕城市管理体制改革、创建国家卫生县城等中心工作,加强队伍建设,转变作风,稳妥推进综合行政执法改革,落实"以克论净,深度清洁"环卫保洁标准,开展城乡环境综合整治,创建国家卫生县城取得突破性进展,通过国家卫生县城综合评审,获得银川市深化全国文明城市建设工作先进集体等多项称号。

【城管体制改革】 2017年,联合编办制订《永宁县城乡管理综合执法体制改革实施方案》。组建"永宁县城乡管理综合执法局",实现城乡管理领域的机构综合调整设置。清理调整原有城乡管理综合执法职责,重新划转综合执法机构"权力清单",将住建、环保、市场监管、公安等7个部门400项行政处罚权、行政检查权和相应的行政强制进行划转县城乡管理综合执法局。

【大城管格局建设】 2017年,创新管理模式,成立执法大队和环卫调度中心，分别指定两名副局长兼任大队长和环卫调度中心主任，负责指导、监督、考核永宁整体执法区域及环卫保洁工作,扩大乡镇政府服务管理权限,做到执法重心下移,由乡镇政府独立开展辖区内综合执法工作，负责日常管理,县城乡管理综合执法局主要负责对乡镇综合执法的业务指导、监督考核、教育培训和承担不宜交给乡镇、跨乡镇重大案件的查处,通过这些举措,实现城乡管理综合执法与乡镇工作的对接,提高依法行政和公共服务能力,形成大城管工作格局。

【县城设施提升改造】 2017年，以创建国家卫生县城为契机，县城乡管理综合执法局争取县委政府领导的高度重视和支持，实施垃圾分类收集处理工程、垃圾收集转运系统工程、南环农贸市场改造工程、智慧城管建设项目、公厕提升改造建设项目等8项工程。加快城乡生活垃圾一体化处理,全县生活垃圾无害化处理率达98%，机械清扫率由2016年60%提高到80%，城乡环卫保洁管理水平明显提升,城乡环境面貌明显改善。

【智慧城管项目运行】 2017年，县城乡管理综合执法局推进"智慧城管"平台建设,建立县数字化城乡管理指挥中心于10月上线运行。2017年,智慧城管平台立案数327件,结案数259件,结案率80%,将城市管理被动监督转化为主动服务。

【创建国家卫生县城】 邀请区、市爱卫办创建国家卫生县城专家在政府召开全县创卫协调会，为全县创卫工作提供指导;对闽宁镇、胜利乡创建自治区卫生乡镇、卫生村开展常态化督导工作,协助2个乡镇完善创建资料，保证自治区卫生乡镇评估验收;开展形式多样的宣传活动、引进专业消杀公司对城区公共区域及各乡镇进行集中消杀。2017年,完成机关单位51个,居民住宅楼1026栋、公共水域124740平方米、公园广场及公共区域131880平方米集中消杀。

【创建国家卫生县城宣传】 制作投放对联、挂历、宣传折页、宣传品、喷绘垃圾箱宣传标语、垃圾箱广告等数万份。在电视台《五城同创我先行》栏目广泛开展创卫工作进展情况的报道和创卫知识普及。2017年,在宁和广场隆重举行创建全国文明城市、国家卫生县城攻坚誓师大会暨第29个爱国卫生月启动仪式。

【生活垃圾分类】 2017年，县城乡管理综合执法局在文萃苑、胜利小镇、永和锦城等7个小区开展垃圾分类宣传活动506场、"资源垃圾积分兑换商品"活动212场,发放垃圾分类宣传品7万余个,投放分类垃圾桶3.36万个,受益人群达6.2万人。组建专业队伍,定期开展资源垃圾积分兑换活动,充分利用“垃圾换物”、积分奖励等形式对居民分类投放进行引导奖励。2017 年，回收各类资源垃圾 20 余吨,参与兑换户数达到 2 万余人,被住建部列为全国第一批开展农村生活垃圾分类和资源化利用示范县。

【城乡环境管理考核】 制定印发《永宁县城乡环境综合管理长效考核办法》《永宁县城乡环境综合管理长效考核细则》,明确城管委各成员单位的职责分工及考核标准。坚持定期明察与不定期暗访、督办考核相结合,发挥社会监督的作用,邀请县人大代表、政协委员、新闻媒体代表组成社会公众城乡管理考评员、监督员,共同参与监督城乡管理工作;结合城管体制改革工作,成立县城乡管理综合执法局改革领导小组办公室，专题研究解决人员任用进出机制、工资绩效机制、工作创新等突出问题,实现工资以岗定薪、人员能上能下。

【所获荣誉】 12 月,获得中共银川市委员会、银川市人民政府颁发的银川市深化全国文明城市建设工作先进集体奖牌。获得“自治区爱卫会 2017—2019 年自治区卫生县城”称号。

交通　通信

交　通

【概况】 2017年,全年开工建设农村公路项目16个,总投资11975万元。新建改造农村公路61.764千米,完成桥梁改造4座124延米。307国道永宁段完工通车,京藏高速公路永宁改扩建段、银西高铁永宁段进展基本顺利。境内二级以上公路里程逐步增加,全县等级公路通畅率提升。

【农村公路建设】 全年实施建设项目计16个,总投资12238.53万元。完成公路建设项目9个,总投资10146万元,建设里程61.076千米。其中,三级公路项目2个17.345千米;四级公路项目7个,建设里程44.419千米,危桥改造项目4个,投资731万元,共81.792延米,道路绿化工程2个,投资882万元,旅游标志牌项目1个,投资216万元。

【配合区、市重点交通工程建设】 协调配合自治区交通运输厅307国道(望洪至闽宁段)拓宽改造工程,11月中旬全线完工通车。协调配合自治区交通运输厅实施京藏高速公路永宁段改扩建项目,协调配合实施银西高铁建设项目,2个项目进展基本顺利。配合实施201省道向南延伸拓宽改造工程。该项目由宁夏交通运输厅实施,项目完工通车。

【公路养护】 2017年,全县农村公路养护总里程660.508千米,其中,国省道66.099千米,专用道28.189千米,县道22.807千米,乡道374.954千米,村道144.459千米,列养公路平均优良路率达到55.29%,MQI值达到82.72分;设公路养护站10个,其中,县公路段直管公路养护站4个,乡镇公路养护站6个,全县农村公路列养率100%。

【路政管理】 治理超限运输工作取得新进展。制订《永宁县关于加强货运车辆超限超载专项治理工作实施方案》,加大与县治超领导小组成员单位的沟通协调,综合运用行政、经济和法律手段依法对超限超载进行全方位、多层面治理,开展路面执法。规范处罚行为,对超限超载车辆的处罚,使用统一的处罚文书,遵守《交通行政处罚程序规定》。2017年,上路巡查2616人次,巡查里程25620千米,清除路障1840平方米,纠正各类路政违法案件32件,其中,立案查处19件,结案19件,路政案件的查处率、结案率均达到96%以上。管理公路两侧建筑控制区违法建筑6件,依法审批涉路工路政施许可7件,处理路产赔补偿案件24件,拆除违法设置非公路标志标牌63处,清理摆摊设点216处,清理打场晒粮18350平方米,制止14起侵占路权案件的发生。治理超限运输共纠正和处罚违法运输车辆136辆,卸载和现场转运货物1325吨,收取公路赔补偿费和收缴罚没款32.6万元。与交警、城管部门联合执法开展货运车辆专项整治，结合县政府“百日”道路交通安全整治行动，全县90%的货运车辆自行恢复国家规定的标准车厢，新增车辆杜绝改装或擅自加高栏板。农村公路上增设4处限高设施，遏制超限运输蔓延的势头。

【客运管理】 银川公交永宁有限公司于4月份入驻县城城中公交停保场办公，所属车辆全部入驻县城城中公交停保场。在公交车、出租行业优先采购使用纯电动、混合动力和天然气等新能源汽车。城中公交停保场充电桩建设开展前期工作。开展优化公交线路前期调研工作，年底前将优化调整部分公交线路、站点。推进同城化公交体系建设。新华中心村、靖益中心村、宁化中心村、胜利小镇、望洪小镇等5个公交首末站进行前期选址立项工作。316路公交线路途经109国道线路调整方案经上报银川市公交公司，待批复后实施，302线路调整方案确定。实施望远工业园区陆坊小镇公交综合停保场建设工程，陆坊公交停保场完成土地预审、初步设计和评审，进入招投标阶段。运管所加大客运市场的整治力度，查处中巴车不遵守客运秩序的行为，查处“黑车”101辆，查处无证经营企业28家，超范围经营9家，关停取缔2家不合规维修企业，查处关停外辖区驾校私培点3处，维护市场秩序。

【五城同创工作】 开展创建“美丽永宁公路”，全县总计创建29条183千米示范路，依据路况将S305石平线、黄河大桥路及其连接线、永黄路、永宁东线、靖吊公路及其支线、西部水系道路等路段作为创建的重点，坚持高标准养护，做到路面无病害、路基无缺陷、沿线设施完好，绿化协调美观，突出特色、亮点。组织机关工作人员，每周按时参加环境卫生大扫除活动。投资18.4万元，在县城406路、402路公交车上制作文明创建城市车体、车厢公益广告，改建公交候车亭18个。定制文明劝导志愿者服装，组织交通志愿者，在宁河大街、杨和大街公交站台、十字路口参与文明劝导，营造文明和谐的交通环境，树立交通人良好形象。

【安全生产】 抓现场管理，对在建重点项目由建设业主、总监办、项目部层层签订安全生产责任书，按季度实施考核奖惩兑现。强化全员安全生产意识及安全生产主体责任的落实。普及安全生产基本常识。以“安全生产月”活动为载体，实施“安全生产知识进工地”活动，强化应急值班和应急现场处置，重点加强对滨河大道永宁段道路隐患排查治理工作。海事执法人员重点加强对鹤泉湖、望洪渡口、三沙园等旅游景区船舶安全管理，联合水务局等对全县各景观水道、人工湖进行隐患排查。开展客运中巴车、公交车、铁路沿线安全隐患排查整治。全年共开展现场安全检查30多次，排查出安全隐患6起，整改6起，整改率达100%。修订完善各类应急预案5项，开展汛前安全检查，消除隐患。保证春运、五一、端午节、开斋节等重点节假日道路客运安全无事故。2017年，全系统安全生产形势基本稳定，未发生安全责任事故。

【推进依法行政】 结合建立健全行政执法责任制情况，梳理完善《永宁县交通运输局行政执法评议考核制度》等八项制度，修改完善《永宁县交通运输局行政执法责任制》。结合“七五”普法开展全员学法知法用法，印制《全县七五普法宣传手册交通读本》2000册。坚持依法行政，落实重大处罚案件集体讨论、“一案一卷”、自由裁量权、行政许可和行政处罚“双公示”等制度，推行阳光执法，规范执法行为。聘请专业法律顾问，对重大行政决定进行合法性审查，对处理敏感问题进行法律指导。开展12328交通服务热线运政业务受理、转办、承办等工作，规范办理流程，年受理12328投诉均得到妥善解决和处理。编制行政职权事中事后监管清单，开展简政放权自查整改，开展刑事司法与行政执法对接，开展行政执法评议考核工作。将局属执法单位的执法依据、执法职责、权利清单、责任清单全部在政府公众网、自治区编办权力清单网页上对外公示，无自行设定实施的处罚、检查的情形。经过清理，永宁县交通运输局行政职权主要有：行政审批4项，行政处罚70项，行政强制12项，行政检查2项，行政确认2项，其他类5项。

公路管理

【概况】 2017 年,全县公路管理列养公路 660.508 千米,列养公路平均优良路率达到 57.43%。其中,国道 26.186 千米,省道 63.913 千米,专用道 28.189 千米,县道 22.807 千米,乡道 374.954 千米,村道 144.459 千米。

【资金投入使用情况】 县交通运输局拨付 2017 年度公路养护区级补贴资金 184 万元,2016 年滨河大道以奖代补资金 48.62 万元;县本级财政年初预算安排农村公路和滨河大道养护配套资金 320.06 万元,人员经费 574.02 万元,养护设备购置款 126.05 万元;累计投入养护资金 1074.52 万元,其中小修保养资金 986.17 万元,养护设备支出 88.35 万元。

【预防养护】 春融期即对路况进行调查评定,根据不同病害种类,制定相应的养护对策,防止路面病害的进一步扩大。3 月份组织养护人员对许黄公路、青黄公路、望滨公路等 19.2 千米路段裂缝实施灌缝胶处治,共灌封裂缝 14243.4 米;5 月份对 S103 银西线、S305 宁平线、青黄公路、许黄公路、滨河大道、广夏公路、闽许公路、胜通公路等路段路面坑槽、沉陷等破损类病害采用沥青混凝土进行处治,处治面积 8397.6 平方米。

【日常养护】 加强路面的养护保洁,采取定期与不定期相结合、人工清扫与机械清扫相结合的方式对管养线路进行清扫,做到清扫及时,路容路貌干净整洁;实施路政养护两位一体联合巡查管理,加强日常巡查频率,及时发现公路病害和破坏公路路产路权的行为,及时清理路面、路肩堆积物,对公路沿线缺失、损坏的标志标牌及时进行维修与更换,保障行人行车安全;加强季节性养护。春季组织基层养护站对沿线枯死苗木进行清除,对路树进行整枝修剪及刷白,夏季重点防汛抗旱;及时处治路基不稳定病害,修复水毁,填补路基缺口,及时消除安全隐患。小修保养工程量完成情况为:整修路肩边坡 1165.35 万平方米,清扫路面桥面 2353.47 万平方米;疏通排水系统 1936.1 米/431 处,清理桥涵淤塞、维修刷新桥涵 2579 米^3/5592 座(道),维修防护设施 495 处,补植修剪刷白树木 23565 株,清障 13931.4 立方米,更换维修刷新交通标志 11497 块,整修平交道口 730 处。

【示范创建】 围绕永宁县“五城同创”工作,创建“美丽永宁公路”。全县总计创建 29 条 183 千米,依据路况将 S305 石平线、黄河大桥路及其连接线、永黄路、永宁东线、靖吊公路及其支线、西部水系道路等路段作为创建的重点,坚持高标准养护,做到路面无病害、路基无缺陷、沿线设施完好,绿化协调美观,突出特色、亮点,同时加大考核力度,将创建工作纳入到日常考核中全面抓好落实,以点带面,逐步完成“美丽永宁公路”创建工作。

【桥梁养护管理】 定期巡视检查桥涵结构有无破损现象,填写桥涵经常检查记录表,做到精修细养,保障安全畅通,杜绝养路不养桥现象的发生。开展桥梁专项安全检查 3 次,投资 78 万元对李银公路宋澄沟桥进行改造,投资 11.4 万元修复 S305 宁平线红丰沟桥、永黄公路民生渠和惠农渠桥等 5 座桥破损栏杆,对增胜公路 K5+980 处破损涵洞进行翻建,对青黄路接巴格斯酒庄处涵洞更换涵板 1 块。

【逐步推进养护机械化】 先后购进综合养护车、铲车、挖掘机、扫路车、洒水车及路面灌缝机、切缝机、小型养护保洁车等养护机械设备,结合养护工作实际,有效发挥机械设备的效能和作用。在清扫保洁方面,对银西线、西部水系、永宁东线、望滨公路等车流量大、路面抛撒物多的路段以机械清扫为主,先洒水再清扫,做到清扫及时,而且也没有灰尘满天的现象,保障环保及安全生产;在病害修补工作中,综合养护车利用挖除废料再掺配一定比例的砂石、沥青进行废料二次加热拌合后现场铺筑,减少成本的同时也提高路面修补质量和病害修补速度。小型养护保洁车 20 辆,定人定路段全天候作业,减轻养护人员的劳动强度,提高养护生产的快速机动作业能力。

【路政管理】 共上路巡查 2416 人次,巡查里程 23620 千米,清除路障 1740 平方米,纠正各类路政违法案件 29 件,其中,立案查处 19 件,结案

19件，路政案件的查处率、结案率均达到96%以上。规范管理公路两侧建筑控制区违法建筑6件，依法审批涉路施工路政许可6件，处理路产赔补偿案件24件，拆除违法设置非公路标志标牌63处，清理摆摊设点216处，清理打场晒粮18350平方米，制止13起侵占路权案件的发生。治理超限运输共纠正和处罚违法运输车辆136辆，卸载和现场转运货物1325吨，收取公路赔补偿费和收缴罚没款32.6万元。5—6月，与交警、城管部门联合执法开展货运车辆专项整治324人次，发放货运车辆超限专项整治行动通告800余份，自治区五厅局货运车辆非法改装通告400余份，责令非法改装车辆自行拆卸高栏板79辆。8月15日，又结合永宁县政府"百日"道路交通安全整治行动的要求，将路面治超执法作为工作重点，与政府相关部门开展百日交通联合执法，出动治超稽查车辆约162台(次)，出动稽查人员约672人次，部门联合处理超限超载车辆291辆次，卸载货物640吨，劝返超限车辆返回装货场卸货78辆，警告教育放行165台（次）。全县90%的货运车辆自行恢复国家规定的标准车厢，新增车辆基本杜绝改装或擅自加高栏板，农村公路上增设4处限高设施。

【应急保障】 落实节假日及汛期领导带班制度和24小时值班制度。加大对重点路段、桥梁、涵洞、交通标志、安全设施等隐患排查，及时对管养的桥梁、涵洞进行彻底疏通清淤，保障桥涵安全过水。定期对养护车辆进行检修保养，铁锨、洋镐、编织袋、融雪剂、发电机、水泵、安全警示桩及应急手电、雨衣等各类应急物资储备到位，专人管理。

【安全生产隐患整改】 不定期地下到公路养护作业现场开展安全生产检查，及时发现排除安全生产隐患，投资126万元在S305宁平线与广夏路交叉口、望滨公路接滨河大道连接线、双庆路等5条公路上增设9处限高设施，投资5.6万元修复望滨公路与京藏高速交叉口、109国道永宁段波形护栏128延米，投资3.69万元补充更换标志标牌42块。

运输管理

【概况】 2017年，永宁县运管工作围绕运输管理中心工作，稳中求进，服务民生，强化行业安全监管，全县道路运输行业健康、有序发展。

【客运服务管理】 在县城南市场西门设定中巴车临时查验点，划定客运车辆停靠站点，最大限度满足群众的出行需求，提高运营效率。加强客运源头监管，投入资金5万余元，在李俊汽车站安装安检门，配置手持式安检仪和便携式可燃气体检测仪，加大对"三品"的查堵力度，进出站车辆的安全例检，保证"三不进站，六不出站"制度落到实处，春运期间共运送旅客212600人次，实现连续多年春运期间安全无事故。联合县交通局、教体局等部门，加强运力协调，形成以客运中巴车为主，公交和校车为补充的周末学生流运输体系，缓解周末客流高峰学生回家难的问题。开展12328交通服务热线运政业务受理、承办等工作，2017年，受理12328热线投诉39件，均得到妥善的处理，办结率100%。

【规范货运市场】 开展危货运输专项整治工作。重点对危货运输企业安全教育培训、车辆动态监控、安全管理制度的落实情况等方面进行监督检查，对整治工作中存在的突出问题制定整治台账，在整改过程中逐项销账，保证问题和隐患得到治理。加强普货运输管理。开展货运清理工作，注销企业65家。重新梳理全县源头运输企业，开展源头治超巡查工作，执行新的《超限超载管理规定》，落实"一超四罚"政策，巩固治超成果，源头企业巡查40余次，检查车辆170余辆次，下发整改通知书两次。核查燃油耗值，全年淘汰高油耗老旧货车55辆，引导发展高效低耗货运车辆。

【维修市场管理】 规范维修企业经营行为，开展维修行业前置许可取消后的事中事后监管，2017年，共许可机动车维修经营企业43家，注销172家超3年未参加质量信誉考核的三类企业维修资质，注销3家不具备二类维修企业维修资质，批准2家维修企业由二类降级为三类综合小修，维修市场格局进一步优化。开展机动车“非法改装，拼装”专项整治工作，联合县发改局、市场监督管理局等部门，对辖区维修企业开展专项整治行动，查处非法改装企业1家，对非法改装车辆进行现场切割，拓展延伸“3·15”维修义诊与维修救援工作，2017年，全县7家一二类维修企业共计进行机动车维修义诊72台，参与维修救援96次。

【驾校培训监管】 执行“先培后付”培训模式，引导驾校推行预约培训模式，创新驾校培训服务新思路、新模式。共培训学员5011人，其中，先培后付4204人，比例达83.9%。以科技和信息化管理为主要手段，引导驾校扩大场地规模、完善教学设施设备，形成一批具有布局合理、品牌优势、诚信经营的龙头驾校，使机动车驾驶员培训质量得到根本转变，全县3所驾校均为一类驾校，使学员在家门口就可以享受一流的驾培服务。开展驾培市场专项整治行动，重点对望远周边及闽宁镇驾校私培点进行集中清理整顿，查处取缔私培点3处，对银川兴盛驾校闽宁镇培训点给予2万元的行政处罚。

【行业安全监管】 成立所安全生产委员会，分解落实安全生产责任制，把安全生产制度落实到岗位、落实到人员、落实到具体环节。细化目标责任，完善责任体系，层层按监管职责签订安全生产目标管理责任书。加强“平安交通”建设，推进“道路运输平安年”活动，按照工作要求和时间节点开展、召开全行业安全例会4次，安全专题会议3次，安全培训7次，促进行业安全监管水平提升。开展安全生产隐患排查治理，健全安全生产隐患排查治理制度，建立隐患排查整治台账，形成检查、整改、复查、销号的闭环管理，整治安全生产薄弱环节。2017年，全行业排查一般事故隐患90余处，下发整改通知书11份，均整改完毕。落实动态监控工作流程，处置违规行为，保证车辆一动，全程监控；车辆不停，监控不断。2017年，通过动态监控系统发现违章42起，对1家落实监控主体责任不力企业进行处理。

【百日专项整治】 联合交警，路政开展道路交通“百日专项整治”活动，围绕“除隐患，查违法，压事故，保安全”的目标，重点查处“两客一危”和重型货车的“三超一疲劳”等违法行为，保证道路交通安全形式稳定。

【打非治违】 协助市局在银川汽车南站打击非法营运车辆，查处“黑车”130辆，查处无证经营企业28家，超范围经营9家，关停取缔不合规维修企业2家。开展春运、“两会”、十一等重要节假日期间的安全保障工作。完成自治区“十二次党代会”“中阿博览会”及“十九大”期间的运输安保工作。修订完善应急保障预案，更新应急运力储备数据库，储备客运应急运力30辆、危货运力10辆、普通货运18辆，其他运力29辆。分行业组织开展应急演练4次，参与企业16家(次)，提高应急保障能力。

【依法行政】 坚持理论中心组学法制度，制订年度学法计划，定期组织职工集中学习，开展“七五”普法宣传活动，通过丰富多彩的学法形式，使干部职工法治理念和依法行政能力不断增强。落实重大处罚案件集体讨论、“一案一卷”、自由裁量权、行政许可和行政处罚“双公示”等制度，推行阳光执法，规范执法行为。2017年，公示行政许可信息160条，行政处罚信息171条开展“行政执法与刑事司法信息共享”工作。安排专人对2016年、2017年行政处罚信息进行录入、上传，按时完成行政执法与刑事司法信息共享工作。开展行政执法人员培训工作。组织执法智能化培训，推广使用移动执法应用设备，组织职工参加道路运输市场信用信息系统培训20余人次，推进IC卡电子证件换发工作，换发493张。

【文明建设】 开展运政“蓝丝带”志愿服务工作。提供以“道路救援、维修救援、客运救援、灾害天气救援”为主要内容的专业救援服务，增加务内容，提升服务水平。利用以志愿服务网络平台，定期组织开展文明交通、尊老爱幼等各类志愿服务活动，2017年，开展志愿服务活动42次，参与人数292人次。开展以“四德建设”为主要内容的“道德讲堂”活动，评选行业中的身边好人，讲述爱岗敬业、孝老爱亲等方面的先进事迹，提升行业从人员思想道德素质。发挥文明单位的辐射带动作用，在全行业开展争创文明单位活动，驾培行业3所驾校争创县级文明单位。

中国电信永宁分公司

【**概况**】 2017年，累计运营收入完成6000万元，完成全年任务的75.2%；集团信息化收入累计完成200万，完成全年任务的86.33%，移动宽带新增客户数108096户，完成全年指标的85.5%，4G客户达到90032户，4G渗透率达到88.63%。

【**务实宽带基础**】 2017年，分公司围绕做“优”宽带市场的主经营思路，拓展家庭市场，县城小区进行摸底。完成小区光改洽谈54个，覆盖用户数88000户，覆盖率占比全量用户95%。抢占竞争对手市场份额，上半年家庭市场份额达到48.15%，较年初上升6.75%。开展小区承包制，片区经理联动渠道发展，渠道受理占比由年初的85.05%上升至88.32%，核心优质社区型厅店受理占比高达90%。拓展多元化营销方式，创新线上宣传模式，借助微信预约功能、开展业务微信群、朋友圈统一营销、联合社区物业及商户、强化宣传效果。优化业务发展、安装、售后闭环流程，实现渠道网点，自有人员和装维师傅的直线沟通，提升发展装维效率，提高客户的服务满意度。

【**促进4G业务发展**】 分公司将全网目标客户细分为大众客户、集团客户、农村市场开展精细营销。大众市场采取终端+换卡+流量激活三步走策略，将换卡任务，流量激活工作责任到厅店，责任到个人。引导客户换卡推荐4G业务；业务员联动客户，形成传播“线”，进行4G业务的二次传播效应；客户之间交流沟通，组成4G“网”，最终扩大营销效果，提升大众市场4G渗透率。成立农村市场项目组，明确农村市场发展的主体力量为社会渠道，实现每个网格内覆盖2个核心经销商，以区域核心经销商为龙头带动整个网格内4G终端销售氛围，逐步提升农村市场4G渗透率。

【**关注农村市场**】 提升农村市场4G渗透率为主要目标，明确农村市场发展的主体力量为社会渠道，实现每个网格内覆盖2个核心经销商、1个宽服站，以区域核心经销商为龙头带动整个网格内4G终端销售氛围。在社会渠道酬金体系调整的情况下，分公司开展“第五届手机展销节”，调动社会渠道销售终端热情，结合社会渠道分层分级管理办法，农村项目小组为甄选核心厅店，安排4G客户数提升具体计划，节日营销与渠道户外营销活动常态化，结合营销活动安排以及节日营销，农村市场网格内社会渠道网点每季度至少开展1次户外统一营销活动、按季度申请个性化的销售奖励方案，引导社会渠道尽快适应渠道转型的整体要求。

【**做深集团客户经营**】 2017年，坚持以信息化收入为核心，以项目组的形式安排专人针对校园市场、工业园区进行专项提升信息化收入的工作，项目组成员对负责的集团客户进行优化梳理，做到精耕细作，细分集团客户，掌握核心客户资源，以ICT、专线、和校园为重点收入增收点，甄选集团单位进行重点攻关，寻求信息化收入稳定、长期的来源，最终实现累计开通专线26条，签署闽宁镇工业园项目、县新华物流人员定位项目、永宁县交警大队微信平台、县建设社区安保项目、宁夏创业谷实业发展有限公司框架协议项目。校园市场通过更换和教育代理商，新签订6家和教育协议，新增和教育用户数1200户，在推广和教育的过程中推进电子内刊、集团彩铃、集团统付等业务，与望远小学签订微信公众平台等业务。

【**班子建设**】 2017年，党支部按照“一月一活动”为原则，制订全年工作计划。设立党员先锋示范岗、党员责任区、健康健步行等团队活动，周五学习日、每月党课等有意义的党建活动。针对“两学一做”制订工作计划，实现每月由1名党员做1次学习培训教材，把“党支部书记讲党课”的课堂坚持做下来。支部书记还创建党员微信群，进行实时的交流和互动。

【**客户满意度提升**】 分公司针对营业厅与社会渠道在服务举措上的不足之处开展分别开展专项提升工作，其中，自有营业厅和合作营业厅业务受理台席均利用电脑背贴进行“10分”满意及业务的宣传。培养卖场销售人员服务意识，在客户进厅时做到礼貌问询，在客户购买终端时根绝客户需求推荐业务帮助客户下载合适的软件客户端。在业务受理高峰、排队等候时长超过10分钟时，有营业厅的引导员开展业务预处理免填单的提前填写、发放宣传单等措施，开展现场管理，维持秩序。

中国联通永宁分公司

【概况】 2017年，联通永宁县分公司本着一切以经营业绩发展为目标，组织动员广大员工在业务发展第一线建功立业。全年完成全年任务指标111.59%，年累计发展新用户57665户。

【建设与提效】 制订县级发展激励方案，安排网格落实渠道，在一季度活动开展抢占渠道的资源，在农村、聚类市场进行业务拓展。在渠道的建设及效能提升中，按照KPI中的考核内容及要求，细化建设目标、聚焦提升效能渠道名单，制订县分公司督办制度，每日市场营销中心晨会进行督促，每月25日督办各网格的完成进度。

【校园营销】 2017年，各校园迎接新生时，抢占营销第一站，利用腾讯大王卡产品优势开展营销。在占据学校有利的主场营销战地上，按区分工，自有人员和校园直销共同驻守，对新老学生开展联合促销。开学迎新期间每日销量均破百。从校园迎新分同步开展高中校园市场拓展，利用腾讯大王卡优势重点营销。在学校门口、校内周边要道及小区附近分组宣传，根据学生用户群体特征，开展与网吧、餐饮、文具店、理发店的异业联盟、针对性联合营销。

【非信息业界合作发展】 2017年，分公司在发展中一直在用异业联盟的方式促进业务发展，与服装业、网吧、小区物业、电器商场等相关业态均有合作，在发展过程中互惠互利，互相引流，异业联盟的合作为公司业务的提升贡献量收。

【集团客户业务发展】 分公司鼓励全员发展集客业务，充分利用集客业务优势促进业务发展，所有人员有集客资源时由集客中心协助共同发展业务，县城网格和银川大学续签专线业务合同，望远网格利用集客产品优势在泰瑞药业做业务促销，李俊网格通过集客关系代理人在工地发展务工亲情卡业务，集客中心在二季度和三季度分别取得单项产品活动组织奖。2017年，分公司累计完成集团客户新发展用户数4455户。

【精神文明建设】 分公司开展道德讲堂，让员工形成感知道德、崇尚美好、爱岗敬业的公司氛围。组织员工品德素质教育，开展精神文明创建工作，2017年的精神文明复验工作通过审查领导小组的审查，取得县级精神文明单位的称号。

财政 税务

财 政

【概况】 2017年,全县财政工作在围绕工业强县、农业品牌、旅游兴县战略,组织财政收入,合理筹划支出,深化财政改革和财政监督,落实新《预算法》,突出民生,保证重点,完成县委、政府确定的各项目标任务。

【财政收支平稳增长】 面对宏观环境复杂多变的严峻形势,全县财政工作通过社会综合治税,加强税源培植,强化征收征管,保证财政收入持续增长。2017年完成县本级财政总收入152021万元,其中,一般公共预算收入126633万元,较上年下降17.77%,非税收入完成76045万元,增长43.24%;同口径增长10.49%,政府性基金收入25388万元,增长9.89%。财政总支出324804万元,占预算变动数的72.3%,同比减少1227万元,下降0.38%。其中,一般公共预算支出297554万元,占预算变动数的99.82%,同比减少3360万元,下降1.12%。政府性基金支出27250元,占预算变动数的18.3%,同比增长8.49%。

【项目争取工作取得新进展】 主动捕捉项目信息,配合相关部门申报项目,争取项目资金。2017年,共从上级部门争取项目资金17.32亿元,县财政局自身争取7.8亿元,超额完成年初任务。全县财政争取自治区政府置换债券指标29.2亿元,回补占用政府债券置换资金20.9亿元,组织完成债务置换工作,化解政府债务,维护政府信誉。

【"八项支出"总体增长】 2017年,县财政在国库资金调度异常困难的情况下,仍保障"八项支出"。2017年,财政"八项支出"总体增长15%;一般公共服务支出15891万元,同比增长10.72%;科学技术支出3348万元,同比增长2.2%;社会保障和就业支出33927,同比增长3.29%;节能环保支出10051万元,同比增长71.07%;城乡社区事务支出81876万元,同比增长67.76%;教育支出41368万元,同比下降10.02%;医疗卫生支出18840万元,同比下降20.61%。

【惠农政策支出】 落实各项惠农政策,发放粮食直补和综合直补资金3324万元,用于农业综合开发、扶贫资金5194万元,农村饮水安全工程建设资金150万元,美丽乡村建设资金986万元,提高农村生产生活条件。

【社会保障和就业支出】 社会保障和就业支出33927万元,用于城乡低保、五保户供养、城乡困难群众临时救助、城乡医疗补助、失地农民、城镇职工、城乡居民养老保险补助、"56789"暖心工程、退役士兵安置、义务兵优待、就业补助、就业贷款贴息、重度残疾生活津贴、小饭桌运营等。

【医疗与计划生育支出】 医疗与计划生育支出

18840万元,用于疾病防治、医疗设备购置、基本公共卫生服务、基本药物补助、县医院迁建、乡镇卫生院信息化建设等。

【教育支出】 教育支出41368万元，用于义务教育阶段公用经费、农村义务教育薄弱学校改造、中小学改扩建工程、教学设备采购、免高中学费、住宿费及书本费、普通高中国家助学金、初高中寄宿生生活补贴、农村小学伙食及交通补贴、幼儿园临聘教师工资等。

【公共安全支出】 公共安全支出10620万元,主要用于业务用房建设、城市综合监控报警联网系统建设、智能交通综合管控系统建设、智能图控系统建设、警务支数据中心建设、道路交通安全管理、城市综合报警联网光纤费、矛盾纠纷排查、法律援助办案补助等。

【文化体育支出】 文化体育支出2114万元,主要用于市民公园体育设备购置、千村百乡健身气功交流展示、健身步道和多功能运动场建设、纳家户清真寺综合改造、闽宁镇文化活动中心建设、“送戏下乡”演出、社区文化活动等。

【保障重点支出】 城乡社区事务支出81876万元,主要用于人民公园建设、闽宁产业城创新路道路及排水工程、西部水系资源生态保护、宁丰北街道路排水工程、县城路政路灯维修管理、中心村农民安置住房工程、城镇化建设等。交通运输支出6386万元，主要用于黄河永宁段标准化堤防路面工程、惠农渠永黄路至滨河大道景观步道工程、永宁东线及黄河公路大桥连接线工程、永黄路至火车站电缆入地工程、西部水系专用道路养护、农村公路养护、道路运输场站安全监管及环境整治等。节能环保支出10051万元,主要用于水源地保护、环境监测、县城及望远生活垃圾收集转运、污水处理厂污水处理、闽宁镇垃圾填埋场工程、农村环境综合整治示范项目长效运行、黄标车淘汰补贴等。

【农业科技支出】 科学技术支出3348万元,主要用于知识产权保护、信息点建设、兑现企业技术创新奖、科技服务网络体系运行、日光温室大棚采购安装等。农林水事务支出49316万元,主要用于精准扶贫项目、闽宁镇武河村整村推进项目、闽宁镇游客服务中心建设、有机水稻设施农业新品种、葡萄产业建设、农业综合开发项目、村级“一事一议”项目、发展壮大村集体经济农民专业合作社发展、村土地承包经营权确权,109国道、西部水系、闽宁产业城、滨河大道绿化养护、叶家湖环境综合整治、农田水利基本建设、黄河永宁段标准化堤防、拦洪库清淤整治等。

【支持企业发展投资】 投资6000万元用于望远创业谷基础设施建设,优化投资环境,引进比亚迪、氰能源、银西高铁等有发展前景的企业，培植财源,增加财政收入。投资5840万元支持生物医药、新型建材、葡萄酒、养殖、科技等企业健康发展。财政补贴创业就业贷款利息600万元，支持“互联网+”、商贸物流业、现代服务业、金融业及特色生态旅游发展,促进第三产业的快速发展。

【财政监督】 充分发挥工程预决算审查、会计集中核算、政府统一采购、财政监督检查等监督职能，提高财政资金的使用效益。2017年经财政监督职能部门共审核核减资金2.59亿元,其中,工程预决算审查中心共审核结算工程项目171项，送审值43.18亿元,审定值41.1亿元,核减值2.08亿元;审核决算409项，送审值1.15亿元，审定金额8769万元,核减金额2731万元;政府采购中心完成集中采购项目99批次,预算金额9230万元,实现政府采购合同金额8256万元,节约资金974万元;会计核算中心严把审核关,拒付不合理、不合法、不符合财务规定的业务326笔1425万元,从而提高财政资金使用效益。执行中央“八项规定”精神和区、市、县若干规定,从严控制财政拨款支出安排的出国(境)费、车辆购置及运行费、公务接待费支出,永宁县2017年财政拨款支出安排的出国(境)费、车辆购置及运行费、公务接待费支出同比下降46%。

【财政改革】 2017年，政府置换债券资金实行分户管理。按照政府置换债券资金管理要求,在中国人民银行永宁县支行开设“永宁县政府置换债券资金账户”，用于政府置换债券资金的核算和管理,规范资金使用和运行,杜绝政府置换债券资金的挤占和挪用，提高政府置换债券资金的使用效益。推进电子化政府采购公共服务平台建设,完善政府采购交易流程、信息发布等规程,建立监督约束机制,实现财政内网与政务外网的互联互通,政府采购数据完整、信息透明,提高工作效率,方便服务对象。完善国库单一账户体系,直接支付率达99%。强化财政内控工作,按岗位不相容原则分工负责,规范电子密令使用权限,保证财政资金的规范、安全运行。推行预算执行网上动态监控,对财政资金支付在事前、事中、事后进行监控,2017年通过网上动态监控,共退回不合规资金854.4万元,保证财政资金安全规范运行。继续推行公务卡结算,2017年永宁县公务卡结算1010万元,清理不合规的财政专户7个,从源头上杜绝金融腐败。清收设施园艺贷款,防止国有资金流失,2017年共清收设施园艺贷款本金484.22万元,利息114.24万元,本息合计598.46万元。

国　税

【概况】 2017年,县国家税务工作按照年初确定的目标任务,以落实十九大精神和"两学一做"学习教育强化作风建设,坚持以组织收入为中心,全年累计入库各项税收9.11亿元,同比增长10.43%,增收8604万元。

【税收收入】 落实组织收入目标责任制。建立"横向到部门,纵向到干部,多方共担当"抓收入机制,层层分解税收任务,签订目标责任书,局领导落实包片责任,定期督促检查,形成全局上下齐抓收入的良好局面。坚持按季召开税收分析会,定期发布预警数据,查找税收征管薄弱环节,整改落实。成立重点项目税收服务领导小组,加强重点税源监控,密切跟踪重点项目完工进度,为税收收入增长奠定基础。多次召开欠税清缴、增值税发票虚开虚抵专项整治等专题会议,修改完善欠税管理办法,成立组织收入调度组,督导机关各部门、各分局(所)组织收入工作。全年累计入税收9.11亿元,同比增长10.43%,增收8604万元。其中,中央级收入4.93亿元,自治区级1.72亿元,县级2.46亿元。完成年度计划9亿元的100.11%,累计清缴欠税1340.42万元。

【政策减税】 落实国务院六项减税政策等各项税收优惠政策,全年减免增值税1.13亿元,企业所得税1.19亿元,办理出口企业免(抵)退税2.25亿元,三项合计4.64亿元。其中,落实小型微利企业税收优惠,为243户增值税纳税人减免增值税3355.49万元,为374户企业纳税人减免企业所得税178.73万元;为1户残疾人就业福利企业办理增值税退税108.50万元;为6户资源综合利用企业退还增值税762.01万元;为8户享受西部大开发企业免征企业所得税4654万元;为符合政策的农林牧渔企业减免增值税5404.66万元,减免企业所得税3836.55万元;4户开发新技术、新产品、新工艺等创新企业减免所得税1965.09万元。税收优惠的落实,为降低企业成本,增强市场主体的创新动力,推动实体经济转型升级,激发市场活力,扩大供给。

【税收执法行为监管】 密切监控规范日常执法行为,对过错行为考核。减少税务行政处罚裁量空间,对3户重大税务案件实行集体审议,补交税款、加收罚款和滞纳金69万元。

【税收违法打击】 做出税务行政处罚268户次,其中,一般程序处罚72户次,简易程序处罚196户次,罚款金额44.27万元。对区、市局4次执法督察反馈的6类41项786条疑点数据开展核查,责令84户企业补缴税款87.04万元,加收罚款、滞纳金52.32万元。

【税法宣传】 联合县地税集中开展"深化税收改革、助力企业发展"的主体宣传活动。在12月4日"法制宣传日",组织开展"尊法学法守法用法"主题实践活动,宣传普及税收法律知识,社会各界尤其是纳税人的税法知晓率逐渐提高。此外,全年累计有286人次参加县法制部门组织的学法用法无纸化法律知识考试,干部职工的法治意识、法治观念大幅提高。

【便捷办税】 推进实名办税,累计采集2852户、4229条纳税人的身份信息,纳税人的合法权益得到保障；推进商事登记制度改革，与市场监管部门建立登记数据传输通报机制，1249户“多证合一”纳税人在首次办税环节不再补充采集信息，登记环节压减；实行“零门槛”办税，对3061户（次）领购10万版以下发票的纳税人实行即时办结，在1651户网上申报纳税人中推行“一表集成”，申报纳税更加便利。

【纳税信用等级评价】 与地税部门召开3次联席会议，评价A级纳税人168户，B级纳税人546户，C级纳税人312户，D级纳税人40户，办税服务厅公告栏、区、市、县三级局的门户网站和国家税务总局手机APP逐户公告A级纳税人名单，调动纳税人依法诚信纳税的积极性。兑现守信激励承诺，62户A级纳税信用企业单次领用发票的数量扩大到3个月的用量，对未发现税收违法行为的233户小规模企业快速办理注销，为退出经营提供便利。

【纳税服务】 召开5次协调会议，分析纳税人的合理诉求，逐户核实、更正纳税人的户籍信息，围绕8类29项提升纳税满意度的目标任务定工作内容、工作步骤、完成时限、牵头部门、配合部门、责任人，局领导分工分项抓工作督导，对落实不力的部门纳入绩效考核。2017年度，在纳税人满意度调查中，国税的满意度排名在全区74个税源管理部门中位列第13名，在全市7个县级局中位列第2名。

【“放管服”改革】 在简政放权方面，取消外出经营税收管理证明，接受跨区经营120户，填报跨区经营信息24户次。在强化管理方面，加强跨区域风险管理协作工作，责令78户纳税人到其他市县办理非正常户解除手续，接收失控发票51户394份，办理协查案件12户，追缴税款48.2万元。在8户生产型出口企业中推行出口退税无纸化管理，退税时限由原来的15个工作日缩短至5个工作日。把占全年税收比重58%的年纳税50万元以上的49户重点税源企业和金融业统一交由李俊税务所管理，稽查局专司风险应对工作。全年完成风险应对任务334户次，查补税款1840.94万元，调减留抵715.19万元。征管质效提升，在自治区国税局组织开展的“区直考县”绩效考核工作中，国税绩效成绩在全区27个县级局中排名第五。

【推进“两学一做”】 教育引导党员干部以“四个合格”为标尺，把做人底线画出来，把党员形象树起来。在党支部和党员中实行“双向承诺”，继续开展“三亮三比”和“主题党日+”活动，参加“聆听身边好故事，传承身边正能量”主题报告会，组织党员干部实地参观军事博览园和白芨滩治沙林场，现场聆听战争年代的故事和“人进沙退”的治沙事迹。全年组织党组中心组学习12次，专题研讨7次。

【教育培训力度】 参加上级各类培训20余人次，依托中国税务网络大学开展4次全员网上练兵和3次十九大精神学习测试活动，邀请区局征科处的专家讲授风险应对和纳税评估知识，协调3名新招录公务员到12366热线锻炼学习，与县地税局互派1名副科级领导干部挂职锻炼。将“练兵比武”活动融入日常工作中，在县局内网开辟“练兵比武”学习专栏，提升干部职工的业务素质和岗位技能。

【党的建设】 加强支部管理，从参加人员、时间内容、记录要求、考核管理等方面对“三会一课”制度进行规范。发展党员1名，培养7名入党积极分子，县局党总支连续两年被县直机关工委评为“三星级”党总支。

【责任落实】 制定“永宁县国税局领导干部落实党风廉政建设责任制主体责任和监督责任清单”。将全年的党风廉政建设工作任务逐项分解。结合深化督察整改和自查自纠工作制订工作方案，纪检组长主抓监督落实，对照四大类自查自纠的246项具体问题查找的38个问题全部整改到位。

【强化监督】 在日常工作中时刻谨记各项廉政规定，办公家具用品采购、固定资产处置等重大事项坚持集体研究决策，按照程序进行招标采购，做到公开透明，监督到位；开展民主评议机关和干部作风活动，向纳税人及社会各界发放问卷调查表400余份，广泛征求意见和建议。加大明察暗访力度，不定期对干部着装、上下班工作纪律、会议纪律等进行监督检查。针对市局巡察发现的4类15个问题，制定整改措施15条；对照《市局办公室关于改进工作短板的通知》，对短板问题整改。此外，强化安全管理，执行24小时值班和领导带班制度，规范财务管理，控制财政拨款支出安排的出国（境）费、车辆购置及运行费、公务接待费支出，提升行政效能。

地　税

【概况】 2017年，县地税局工作在经济增速放缓、政策性减收的严峻形势下，紧盯目标，攻坚克难，全年共计入库各项收入116628万元，其中，税收收入41463万元；社保费66386万元；其他收入8779万元。

【从严治党】 组织学习贯彻自治区第十二次党代会精神和党的十九大精神，教育全局党员进一步增强"四个意识"。组织党员干部前往将台堡和红军长征纪念馆参观学习，强化信念教育。推进"两学一做"学习教育常态化制度化，召开4次学习研讨会。坚持问题导向，将原来建立在"科、所分离"基础上的3个基层党支部撤销合并为2个党支部，基层党组织作用得到进一步发挥。把党的政治优势、组织优势融入到服务社会、服务企业的大局中。与杨和镇建设社区"结对共建"，帮助社区60户家庭实现微心愿。以党建带动税收工作，与立兰酒庄建立"一廊一队一学"帮扶体系，对闽宁特色产业发展提供支持，在葡萄酒产品税收政策方面给予政策支持。

【征管改革】 推进税收风险管理，开展变更核查，风险应对率达100%。开展大企业服务与管理，按照"属地+重点税源"管理模式，开展千户集团成员企业财务报表报送工作，银西铁路银吴客乘高铁项目委托代征协议的签署、临时组织登记、管户分配及税款征收入库等相关工作。开展单管户数据清洗工作，修改国地税双方状态不一致的数据2602户、税收档案编号重复户1477户。开展国地税合作，联合办理注销登记280户，开展个体工商户联合定额14户，追征城建税等3项附征13万元，查补各类税费30余万元。推进电子税务局网上申报，网上申报率达84.23%。

【便民办税】 推进改革措施落地，与纳税人建立税企微信群，进行政策解读辅导；按需适时设立绿色通道、纳税咨询窗口，压缩办税时间，全局限时办结率97.03%，在全区地税系统排名第四，市局排名第二。开展导税服务，推行登记管理等26个项目免填单服务，实行办税服务事项编码管理，逐步做到"同一事项，同一标准，同一编码"。借力三沙源风筝文化节和税法宣传月活动，开展纳税服务宣传活动；开展大走访活动，回应纳税人关切，增强纳税人的认同度和满意感。深化纳税服务合作，施行"三证合一，一照一码"联合办证，减轻企业负担。推进"银税互动"工作，拓展纳税信用等级评价结果增值应用，助力小微企业降本增效。

【依法治税】 增强落实优惠政策的主动性，受理、办结各类备案（核准）事项145件，减免税款7855.16万元。开展环保税和水资源税征收准备工作，推进政策宣传和工作对接，为开征打基础。坚持依法治税与法治实践相结合，深化"法律十进"活动，推进税收普法全覆盖、常态化。强化"以地控税"运用，共修正地籍信息404条，补充录入地籍信息723条。累计发现疑点纳税人154户，清理入库土地使用税1814万元，增收1150万元。严把股权转让关，加强执法督查，防范执法风险。开展企业所得税汇算清缴及后续管理工作，预缴企业所得税5,546.53万元，应补企业所得税额572.87万元。汇算面达到100%，预缴率达到90.63%，位居全市第一。

【队伍建设】 开展青年志愿者进社区慰问孤寡老人、妇女节"爱家敬业"厨艺比拼、在职党员进社区讲政策、"为光荣家庭奉献爱心" 募捐、"我为党旗添光彩"演讲比赛等活动，增强队伍的凝聚力和战斗力。坚持用好绩效管理的指挥棒作用，将绩效管理各个环节纳入制度管理范畴。坚持每季度定期召开绩效讲评分析会，逐个点评、逐项分析、一把手讲绩效课，实现组织绩效和个人绩效的双轮驱动，绩效管人管事氛围更加浓厚。加强教育培训，获得党的十九大知识竞赛团体第 1 名、“岗位大练兵业务大比武”技术比武团体第 2 名，3 名同志获市局岗位能手称号，2 名同志入选宁夏地税“115 工程”专业骨干项目，青年人才业务素养不断提升。

【廉政建设】 制定实施“两个责任”清单，签订《党风廉政建设目标责任书》14 份、《税务人员廉洁自律承诺书》55 份，层层压实反腐倡廉工作。创新廉政警示教育形式，利用党员活动室、廉政教育示范基地等阵地宣传廉政文化，使廉政文化教育入耳、入眼、入脑、入心；组织观看反腐败警示教育片，撰写观后心得体会 72 篇；制作《倡廉悟语》《税苑清风》《读书思廉》《最美地税人》等读物开展教育引导，以身边的最美地税人激励干部，用反面警示案例警醒干部。邀请银川市纪委反腐倡廉警示教育宣讲团进行廉政宣讲教育，强化广大党员拒腐防变和抵御风险的政治警觉。突出监督执纪，做到“逢会必要求，逢节必提醒，逢疑必督导，逢季必汇报”。开展纪律巡查 6 次，税收执法督查 2 次，加强对票证管理检查、固定资产管理情况、“五费一资金”审计、科所长离任审计及“八项规定”回头看等重大事项的整改落实及公务用车管理、婚丧备案、班子成员个人财产登记制度的落实监督，拓宽监督执纪的深度。

商业贸易

综　述

【概况】 2017年,实现社会消费品零售总额20.22亿元,比上年增长9.0%。分城乡看,城镇实现消费品零售额18.26亿元,增长8.9%;乡村实现消费品零售额1.96亿元,增长9.5%。分行业看,批发业实现消费品零售额5.85亿元,增长8.3%;零售业实现消费品零售额12.25亿元,增长8.8%;住宿业实现消费品零售额0.0083亿元,增长12.2%;餐饮业实现消费品零售额2.10亿元,增长12.1%。分规模看,限额以上企业实现消费品零售额4.31亿元,增长4.9%,限额以下企业实现消费品零售额15.91亿元,增长10.1%。

粮　食

【概况】 2017年,永宁县高度重视粮食安全省长责任制考核工作,粮食安全粮食生产工作纳入县委、政府目标责任考核。县委、政府召开专题会议研究,安排部署粮食安全责任工作,印发《永宁县关于分解落实2017年度粮食安全省长责任制考核考核目标任务的通知》。

【耕地保护】 落实耕地保有量35402.8公顷、基本农田保护面积均完成银川市下达的目标任务。建立自治区级耕地质量长期定位监测点4个、国家级1个,完成春季盐分土样和秋季养分土样采集化验工作。新增县级土壤养分监测点72个,总数达到100个。完成永宁县2017年耕地质量检查评价报告。建立规范的耕地占补平衡台账,经自治区国土厅核定,永宁县上报的占补平衡土地开发整理项目建设规模新增耕地国家利用等级为九等。

【高标准农田建设】 完成高标准农田建设,全县85%的主干沟道得到整治,85%的农毛渠得到清理,90%的农田路得到整修。累计投资3.63亿元,新建、续建节水灌溉项目8个。完成南部水厂输配水管道和闽宁供水厂至高位水池输水管道工程,实现农村自来水的“双回路”全覆盖。完成江河湖库水系连通叶家湖二、三期工程,扩整蓄水核心区水域面积318.25公顷。配合区、市水利部门整治河道3.7千米。完成中小河流治理永清沟上段治理工程、京藏高速拓宽水利设施恢复工程。实施北一沟治理续建、水毁工程修复。

【落实粮食扶持政策】 全年发放粮食补贴资金41325户3324.94万元。无挤占、截留、挪用和套取补贴资金等违规行为。投入各类资金785万元,培育新型农业生产经营主体和推进特色农产品品牌建设。全县从事粮食生产的农业专业合作社、家庭农场等新型经营主体达到 82 家，建设有机水稻生产基地 17 个。完成新型职业农民培育任务 400 人，培育对象满意度达到 85%。

【粮食收购】 执行国家粮食收购政策。全县有 25 家粮食收购网点开展粮食收购工作，保证农民种粮卖得出，没有发生卖粮难现象和负面舆情。加强协调，组织落实收购资金。永宁农发行全年发放粮食收购贷款 23191 万元，没有因收购资金不到位而导致的农民“卖粮难”和“打白条”现象。

【仓储能力建设】 开展粮油仓储设施专项调查。全县完好的标准仓容 24.35 万吨，油罐罐容 0.38 万吨。为种植大户建设储粮仓容 1300 吨，基本满足本县粮油收储需要。永宁县“粮食银行”信息化建设项目全面完成，通过验收。推进粮食流通节粮减损和产后服务体系建设。新建粮食产后服务中心 3 个，全县粮食日烘干能力达到 2350 吨，输送、清理能力达到 338 吨/时。开展粮油健康知识进社区、进家庭活动，组织企业职工、社区群众、学校教师生代表参观“中小学生爱粮节粮教育基地”和“粮食产后服务中心”，宣传爱粮节粮和粮食产后“五代”服务相关内容，推广科学储粮技术。落实仓储物流设施备案管理制度。对 10 家具备仓储单位备案条件的企业进行仓储设施备案登记。

【储备粮油管理】 修订印发《永宁县应急成品粮管理办法》，落实县级应急成品粮 400 吨，应急成品油 160 吨。全县承储区、市、县三级应急成品粮 600 吨、应急成品油 1010 吨，应急成品储备费用 50 万元列入财政预算。加强县级应急成品粮的监管力度，保证县级应急成品粮数量真实，质量安好。

【粮食调控、应急和监管体系建设】 修订完善《永宁县粮食应急预案》，全县建立粮油应急供应网点 12 家、应急配送中心 1 家、“放心粮油店”9 家、应急加工网点 2 家。落实粮食订单 10.8 万吨，订单履约率 100%；组织开展粮食收购及节日粮食流通市场专项检查。成立粮食企业信用监管领导小组，开展粮食企业守法经营评价及监管活动。制订下发《永宁县粮食系统生产安全事故应急预案》《永宁县 2017 年粮食行业安全储粮和安全生产工作要点》，与 16 家重点粮食行业企业签订 2017 年度安全生产目标责任书。开展安全生产大检查，发现隐患就地督促整改，未发生安全生产事故。

【粮情检测预警】 安排专人开展粮食流通统计工作，通过网络准确、及时上报各类相关数据。完成 2016 年度全县社会粮食、食用植物油及油料供需平衡调查和 2017 年乡村居民存粮专项调查。建立粮油价格信息监测点 12 个，定期采集上报粮食价格信息。完成国家粮食流通统计制度执行情况专项检查工作。

【供给侧结构性改革】 全县年加工转化粮食 109 万吨；推进主食产业化和“主食厨房”建设，新建年产 800 万盒速食米饭生产线 1 条，正常生产。新建年加工 1500 万个馒头生产线 1 条、年加工 200 吨面条生产线 1 条、年加工 500 吨马铃薯粥生产线 1 条全部进入试生产阶段。组织上报《永宁县 2017 年“好粮油”行动计划示范工程实施方案》。

【粮食质量安全监管】 制订《永宁县土壤污染防治工作实施方案》，建立疑似污染地块名单 2 家，公布土壤环境重点监管企业 4 家。与 8 家重点监管企业签订土壤污染防治目标责任书。对污染地块的开发利用实行联动监管，创建共享账号，建立土壤污染防治项目储备库。制订《永宁县农业标准化用地土壤污染状况调查实施方案》，对全县土壤进行检测，建立数据库。全县建立农产品质量安全检测点 25 个，完成农产品定性检测 8 万份，检测合格率达 99%以上。完成农产品质量定量抽检 300 样次，检测合格率达 98%以上。对永久基本农田进行划定，对粮食生产区进行划定研究，明确规定粮食生产区域的界限。配备必要的粮食检测仪器和粮食质量安全监管执法装备，组织开展 2017 年度收获粮食质量安全监测和质量调查品质测报采样工作，扦取送检样品 132 份。

供　销

【概况】 2017 年，县供销社全年实现商品总销售 18000 万元，比上年同期 10772 万元增加 7228 万元，增幅为67%。其中，化肥销售9200万元，比上年同期5450万元增加3750万元，日用消费品销售5360万元，比上年同期3570万元增加1790万元，农副产品销售3240万元，同比增长1650万元；再生资源销售200万元，同比增长40万元；实现利润360万元。

【化肥经营】 巩固供销社化肥经营优势，改造提升农资农家店，延伸服务触角，扩大农资商品供应份额。加强增岗供销社化肥经营部与永宁县宏源达农机作业服务公司的联合，开展测土配肥业务，利用供销社农资经营资源优势和农机作业公司的配肥机为种田农户提供测土配方肥和送肥下乡服务。全年销售各种化肥31000吨，发挥农资商品供应主渠道作用。

【日用消费品配送】 发挥日用消费品配送业务主渠道作用，改善农村消费环境。指导永宁县新合作农村物流发展有限公司望洪配送中心，发挥点多面广、商品齐全、配送网络覆盖全县的经营优势，强化日用百货配送业务，为全县小城镇中心村居民提供质优、价廉的商品服务。

【扶持农业龙头企业发展】 指导扶持农业产业化龙头企业和各类专业合作社健康发展。加强宁夏昊鑫现代农业综合服务中心业务指导，监督管理好宁夏昊鑫现代农业开发有限公司实施2015年农业综合开发供销合作总社新型农业社会化服务体系试点项目：永宁县土地托管试点项目，项目争取财政扶持资金700万元。项目建设全部完成，经自治区供销社、农业综合开发办公室验收通过，财政资金全部拨付到位；开展农民专业合作社人才培训，推荐2名年轻农民专业合作社管理人员参加自治区供销社举办的商贸流通行业业务培训班，推荐1名再生资源经营人员参加自治区再生资源管理协会举办的全区再生资源高级研修班，提高其业务能力和综合素质。

【烟花爆竹安全经营】 在区供销社日杂鞭炮有限公司和县安监、公安、市场监管局等部门支持配合下，强化市场监管力度，完善各项制度，加强安全管理，科学合理设立烟花爆竹长期连锁经营网点，2017年完成烟花爆竹销售130万元。

【农家店的管理】 2017年，对改造提升建设的10家日用百货农家店在全部进行“六统一”改造建设和对经营人员培训工作的基础上，对农家店的经营服务制度进行规范，更新经营设施，提高其服务水平和质量。

【服务网络体系建设】 对李俊供销社、增岗供销社、通桥供销社农资门市部的经营服务工作的管理，对经营商品及安全工作进行检查指导，提高农资商品供应服务工作能力。开展与宁夏新合作农村物流发展有限公司联合，加强对永宁县杨和康城平价超市和李俊镇仁存中心村平价超市的管理，对经营人员进行经常性培训，提高业务水平，对代销商品完善手续，进销台帐日进日记，保障商品安全。

【五城同创工作】 成立供销社“五城同创”工作领导小组，制订工作计划，明确责任，具体到人。为改善供销社商业广场环境，社投资近3万元对广场破损的地砖进行更换，对残破经营设施进行清除，安排专人开展商户思想工作，配合县住建局和相关部门开展供销社家属院及广场外围的环境整治工作，每周组织人员对供销社的卫生区进行清扫。参与党建联系胜利社区组织的各种卫生创建活动。

【供销社综合改革】 落实好宁党发〔2016〕3号文件精神，在县委、政府的支持下，向区社报备《永宁县人民政府关于深化供销合作社综合改革的实施意见》（永政发〔2017〕14号，明确县供销社改革方向和发展目标。根据《意见》精神，县社机关登记证由县编办颁发，与县域内农业产业化龙头企业和农业大户进行沟通，加强合作，永宁供销集团筹备组建工作有序推进。

【地方政策性财务挂账处理工作】 在区供销社、区财政厅的支持下，划拨永宁县供销社地方政策性财务挂账专项资金989.6万元。在银川市中级人民法院的多次协调下，与中国长城资产管理股份有限公司达成还款协议，以357.7万元化解永宁供销社拖欠原永宁县农业银行的债务1571万元。

烟草专卖

【概况】 2017年,县烟草专卖局紧盯"量本利"目标和打造"精品网格"为抓手,开展卷烟营销、市场监管、队伍建设等重点工作,保障经济运行回稳向好、市场环境规范有序、基础管理牢固。

【运行保持平稳】 结合辖区、市场实际,根据市场状态、开展货源投放、扩展客户品牌宽度、引导客户库存管理等一系列措施,保证经济运行呈现销量基本稳定、价类布局合理、结构增幅明显的良好态势。

【终端建设】 按照年度现代零售终端建设实施方案要求,本着重新梳理、分类建设、逐户指导的原则,重点加强对主要街道、居民社区、集镇中心村的标杆终端和领袖终端建设工作,逐步提升终端盈利水平。共建成现代零售终端 202 户,占总客户数的 16.8%;加装推烟器、柜台改造客户 132 户,占总客户数的 11%,总体进度达到预期。

【品牌发展】 针对永宁区域客户对主销规格依赖度高、新品适应度差、消费需求满足率低的现状,选取主要街道、集镇中心村等流动人口密集区域,以各品牌二线规格及新上市品牌为主,开展特色主题陈列活动,重点加强定制烟、细支烟、爆珠烟等各品类的培育上柜动销工作,户均品牌宽度 84 个,满足市场消费需求。2017 年,共开展元春、工地、集镇、精准扶贫客户等多种形式的驻店促销活动 61 场次,实现卷烟促销 5.28 箱。

【专卖管理】 以"打源头,净市场,保销售"为主线,抓好市场监管、打非治假、行政许可、内部监管各项工作,规范辖区、市场环境,为卷烟销售保驾护航。

【市场净化】 按照全市守卫凤城、查案竞赛等总体部署,落实"双随机,一公开"方案要求,开展卷烟市场日常监管和专项检查, 特别对重点区域和重点客户采取交叉换片、错时检查的方式,打击真烟非法流入、假冒走私卷烟等违法经营活动,全面净化辖区、市场。针对下半年多家物流企业搬迁至望远市场的现状, 采取有力措施开展物流寄递企业专项监管,通过前期调查摸底、分类建档,培养情报员,联合执法部门定期开展专项检查,每天由各网格小组分批次对寄运货物进行抽检, 严打利用物流业贩售假私卷烟的违法行为, 市场净化率持续巩固在 98.2%以上。

【行政许可办理】 按照"高效便民"的原则开展行政许可受理、审批工作, 通过多渠道公开办证流程,精简申请提交材料,做到实时受理、实时勘验,采取系统、微信双重信息传递方式,强化落实五日证件办结制,每日开展新办证培训和发证工作,提高许可证办理效率。

【内部监管】 把防范不规范经营行为和真烟非法流通作为各项工作的重中之重, 强化内管人员职责履行,充分发挥四员协同监管机制,开展货源投放、宣传促销、经营大户等关键环节的监管,防范各类不规范经营行为的发生。2017 年,内管派驻组共实地开展终端监督检查 494 户, 处理系统预警 3064 条,预警处理及时率达到 100%,通过监管未发现内部人员违规违纪和不规范经营问题。

经济管理

发展与改革

【概况】 2017年,全县上下贯彻区、市决策部署,坚持稳中求进工作总基调,主动适应新常态,实施工业强县、农业品牌、旅游兴县"三大战略",深化改革,抓产业转型,统筹城乡发展,持续改善民生,完成经济发展目标。完成地区生产总值135.9亿元,增长4.5 %;地方公共财政预算收入12.7亿元,同口径增长10.5%;固定资产投资134.8亿元,下降21.9%;社会消费品零售总额20.2亿元,增长9%;城镇居民人均可支配收入29211元,增长8.4%,农村居民人均可支配收入12855元,增长8.3%。

【工业经济】 2017年,规模以上工业累计完成产值145.35亿元,同比下降5.1%。其中,发酵及生物制药行业占60.12%,同比增长2.91%;机械加工及电气制造行业占11.29%,同比下降22.62%;造纸行业占5.86%,同比增长5.92%;食品加工业占10%,同比下降16.48%;建材行业占8.7%,同比下降2.63%;家具制造行业占1.19%,同比下降48.16%;化学原料及塑料制品业行业占1.5%,同比增长19.34%;电力燃气行业占1.4%,同比下降1.43%。完成规模以上工业增加值32.2亿元,可比增长1.8%。单位工业增加值能耗同比下降7.6%。

【工业扶持政策落实】 制订工业经济奖励方案,兑现工业企业奖励资金465万元。广泛宣传《自治区人民政府关于降低实体经济企业成本的实施意见》,完成伊品、启元等6家企业参与自治区电力直接交易。为天一海腾、北方乳业等7家企业争取到自治区经信委2017年新型工业化发展资金(第一批)135.2万元;为泰瑞制药、银浙包装等9家企业争取到自治区经信委2017年流动资金贷款贴息资金(第一批)512万元;为凤凰城智能制造、紫荆花纸业2家企业争取到自治区经信委2017年重点技术改造项目贷款贴息资金817万元;争取到自治区经信委2017年企业技术中心专项资金180万元、自治区科技厅仿制药一次性评价先期奖补资金60万元、自治区非公局2017年度中小企业及非公经济发展专项资金(第一批)242万元。为紫荆花纸业、西夏王葡萄酒业、凤凰城智能制造、伊品生物、泰瑞制药等规上企业发放车辆通行费减征凭单53本,每本100张,用于减免企业普通公路运输费。宁夏凤凰城智能制造有限公司被工信部列为国家两化融合贯标试点企业。2017年度共申报成功批复专精特新企业5家,专精特新示范企业8家,小微企业创业孵化示范基地1家;8家企业获得2017年自治区首批补助资金160万元,1家微企业创业卵化示范基地补助资金50万元。2017年共为中小企业担保放贷8笔,担保贷款600万元,基金使用额度120万元,担保费率为1.5%。

【商贸服务业】 加快闽宁商贸汽车物流园、路丰建材物流园(二期)等重点项目建设,加大市场宣传培育,开展四季鲜第三届糖果干货节、路丰物流园“5·1”放价惠民大行动、鸿曦汽车城4S店家用轿车巡展等活动,激发市场活力,2017年16家物流企业实现物流业交易额180.28亿元,增长12.54%。加大政策宣传和服务,组织外贸企业走出去,观摩企业走进来,推广和宣传本地优势企业,2017年永宁县7家具有进出口经营权企业累计实现出口额35.68亿元,增长14.33%。制订《永宁县加强监管促进第三产业持续健康发展实施方案》《永宁县关于促进服务业加快发展实施方案》等,明确目标任务。对全县房地产、交通运输、健康养老、文化旅游、物流、批发零售等行业排摸,建立拟纳规入库企业名录库,联合统计等部门企业,加大培育和服务。

【项目立项】 2017年,征集入库的180个计划投资项目,年度计划投资189亿元,实际开工建设175个,完成投资130亿元。其中,政府类投资项目86个,年度计划投资83亿元,实际完成投资57亿元;社会类投资项目94个,年度计划投资106亿元,实际完成投资73亿元。三沙源国际生态文化旅游及休闲度假园项目、利民广场综合改造工程等5个自治区60大庆项目,完成投资23亿元。永宁县综合文化体育中心、望远九年一贯制学校、永宁县中医院迁建等20个重点项目全部开工建设,完成投资37.4亿元。筛选、汇编“准备之冬”实施各类项目56个,其中38个施工项目,18个办理前期手续类项目,年度计划投资3.38亿元。筹备“建设之春”开工项目89个,完成投资15.9亿元。

【项目资金争取】 筛选申报2017年服务业引导资金、高新技术和战略性产业专项资金;组织上报永宁县2017年申请重点流域水污染防治中央预算内投资项目;上报2017年PPP项目引导资金;2017年贺兰山东麓葡萄产业及文化长廊建设项目资金等,落实项目资金26574万元,其中,中央预算内资金2013万元,自治区补助资金23996万元,银川市补助资金565万元。梳理2018年拟争取中央预算内投资项目160个,总投资365亿元,拟申请中央预算内投资292.4亿元。开展项目资金争取工作,2017年全县累计争取项目资金17.3亿元。

【项目招投标】 2017年,全县各类工程施工、监理及勘察设计发布招标公告141次,其中,施工112个,监理13个,勘测设计14个,资格预审2个。完成各类项目招标132个,总中标金额10.02亿元,其中,政府投资项目施工招标107项,总中标金额9.91亿元;监理招标7项,分别以费率中标;勘察、设计招标项目13项,分别以费率或单价中标;资格预审项目2项;企业投资项目施工招标2项,中标金额1130.44万元。

【诚信体系建设】 建立健全永宁县信用信息公示机制、守信联合激励和失信联合惩戒协同机制、信用修复机制、触发反馈机制,保证“双公示”信息“全覆盖,无遗漏”。开展诚信企业评选和重点领域联合惩戒活动;推动诚信“红黑名单”制度建设;开展重点领域诚信执法活动,加强重点领域失信突出问题专项整治;完善重点人群的信用信息数据库建设,推进重点人群诚信建设。2017年,永宁县各相关单位共向“中国宁夏”双公示信息平台报送信息13609条,其中,行政许可信息12670条,行政处罚信息939条。列入不诚信开发企业有2家、不诚信施工企业10家、不诚信劳务企业1家、不诚信承包人及法人25人。闽宁镇3000户黑名单解决1800人,建档立卡户1692户只剩余30户未消除。诚信体系建设工作上半年考核名列银川市第一。

【电子商务】 利用县域电商运营中心与永宁蔬菜生产基地、合作社等企业合作,通过统一包装、销售、配送,形成整合产品资源,深化产销衔接,网订店取的线上线下相结合的新型业态。2017年在银川市发展线下合作社区便利店52家,覆盖3万多个家庭,实现线上销售712.64万元,带动就业和创业60余人。制订《永宁县2017年促消费汽车巡展活动工作方案》,利用家用轿车销售淡季,联合县内宁夏和锐、和嘉汽车两家汽车销售公司在全县各乡镇、中心村开展家用轿车宣传、巡展销售活动,提振永宁县汽车销售行业,方便居民购车消费。2017年,全县建成1个县域运营中心和20个村级服务站，累计实现代购代销408.57万元。加强与电信、企业合作，开拓手工制品在网上和线下市场销售渠道，由宁夏昱嵘文化旅游有限公司和原隆村留守妇女共同制作的软陶、刺绣、柳编等51个单品手工制品在“京东商城中国特产永宁馆”、“淘翼夏”电商平台展销，售出200多件。

【节能降耗】 监测伊品、启元、泰瑞、玉元生物等重点用能企业能耗情况。开展工业企业落后设备摸排上报工作。制订《永宁县地条钢生产经营专项整治行动实施方案》，对县区内的钢铁、铸造及废旧金属回收等行业开展地毯式摸排，聘请专家对通桥立强铸造厂等5家以中频炉为主要生产设备的企业进行设备和工艺上的鉴定。对恒泰轧钢公司、天麒冶金公司、银郡铸钢厂、首峰金属制品公司开展摸底调查。开展全县燃煤锅炉基础调查。制订《2017年永宁县节能宣传周和低碳日活动实施方案》，组织开展以“节能有我，绿色共享”“工业低碳发展”为主题的节能宣传周及全国低碳日宣传活动。开展重点用能企业能源管理岗位和能源管理机构备案工作。开展单位产品能源消耗限额执行情况和高耗能落后机电设备淘汰情况监督检查。动员年取水量较大的企业创建自治区节水型企业和国家水效领跑者，紫荆花纸业、华润雪花(啤酒)宁夏分公司在创建节水型企业。

【产业金融合作】 2017年，将融资租赁扩展到肉羊、肉牛及葡萄种植、葡萄酒生产等行业。完成4000头肉牛融资租赁签约。拓展存货质押融资，解决望远工业园区和瑞包装现金流600万元。首推“政融保”险资直投。协调人保财险公司，出台“政融保”险资直投实施方案，充分发挥无担保、无抵押、利率低、时效快的优势，完成壹泰牧业500万元转贷和李俊镇悦丰科技300万贷款办理工作。

【上市公司总数突破】 全县在新三板上市公司有4家，晓鸣禽业、悦丰科技、玉泉生物、金维制药等。泰瑞制药、伊品生物两家企业开展做IPO待发行前期准备工作。

【债券融资】 2017年，解决全县企业各类债8.8亿元，其中，伊品通过企业发债3.8亿元，泰瑞制药5亿元企业发债获批，优化企业融资结构。

【特色产业扶贫】 推进特色产业扶贫扩规提效，2017年切块500万元投入永宁县汇发村镇银行作为原隆村光伏产业发展担保金；整合资金900万元投入到原隆村生态移民养殖园区肉牛托管项目、宁夏奔旺生态养殖有限公司项目；争取资金2500万元注入黄河银行，按1:10比例撬动融资贷款2.5亿元，增强产业带动脱贫的实效，农村贫困人口收入大幅增加。

【金融体系建设】 2017年引进组建全县第一家村镇银行，发放原隆村屋顶光伏扶贫项目贷款2000万元，覆盖闽宁镇1635户农户享受到扶贫项目的益处。全县共有开业金融机构11家，其中，银行机构11家，保险机构3家，小额贷款公司15家。存款余额129.6亿元，贷款余额128.8亿元。

【商贸流通监管】 开展再生资源和二手车摸底调查工作。全县有再生资源经营单位7家，其中，法人公司1家，个体经营户6家。全县经过注册、备案的二手车交易企业和个人11家，其中，县城5家，闽宁镇2家，望远镇4家。加大对各成品油企业的监管力度，2017年永宁县成品油市场未出现销售不合格质量的油品。加大水污染防治力度，全县23家加油站地下油罐双层罐更换或防渗漏池建设有14家完成改造工作，施工改造的有4家，未动工改造的4家，1家要迁建。抓好速递物流行业管理和典当行业摸底调查。开展典当行业的调查摸底，永宁县共有典当业务企业5家。开展单用途商业预付卡和打击非法集资排查整治活动。制订《永宁县开展单用途商业预付卡专项风险排查整顿实施方案》《2017年永宁县商贸流通领域防范和处置非法集资排查整治工作方案》，开展单用途商业预付卡发卡企业进行整顿工作。

【价格监管】 组织开展物业、平价商店专项检查，整顿规范市场价格秩序。发放《便民手册》1000余册，对全县16家平价商店、30家物业公司、22个拆迁安置小区物业服务收费公示情况进行拉网式的检查。对全县10家大型销售网点化肥、农药、种子、柴油等农资价格秩序，对个别销售网点违规行为，提出告诫、责令改正。加大重大节日市场价格监管工作力度，保证节日市场价格秩序稳定。对县城2所公办高中、1所民办高中、4所初中、14所小学、5所幼儿园春季教育收费、29所民办幼儿园秋季收费进行检查,对全县70多家医疗服务机构进行检查,发放价格提醒告诫书150余份。开展商业银行收费专项检查工作。按照"双随机一公示"工作要求,对永宁县农村信用合作联社(含增岗信用社、玉泉营信用社、闽宁信用社)收费情况进行检查。开展电力价格专项检查工作。开展电信、交通、旅游专项检查工作,对电信、移动、联通3家网络公司收费、乡村客运票价、2家旅游公司门票收费及明码标价情况,发放提醒告诫书10余份。2017年受理各类价格投诉咨询60件,全部限时办结,案件办结率100%。受理涉案物品价格认定68件,鉴定标的总金额达120余万元。

【粮食监管】 严把粮食"市场准入"关,通过年审的29家,注销28家。新办理粮食收购许可证1家。对本县10家粮食企业仓储设施的总量、布局、结构、状态和利用情况开展调查,完成粮油仓储设施专项调查。加强县级应急成品粮的监管力度,保证县级应急成品粮数量真实。修订《永宁县粮食应急预案》,落实成品粮油储备。委托3家民营企业代储应急成品粮400吨、食用植物油160吨,同企业签订委托承储协议。抓好"粮安工程"。对全县应急供应网点和放心粮油店逐个进行复查。落实全县粮食订单数量10.8万吨,其中,优质粮占96%,订单面积18.6万,完成粮食订单签约任务。完成2016年度全县社会粮食、食用植物油及油料供需平衡调查,调查样本142个,其中,城乡居民70个,粮食经营企业28个,油脂企业4个,餐饮业及单位食堂40个。开展2017年乡村居民存粮专项调查,入户调查农户样本40户,建立粮油价格信息长期监测点12个。

经济技术合作服务

【概况】 县经济技术合作服务中心1月8日设立,是县政府直属事业单位。承担全县招商引资、对外经济技术合作工作。2017年,经合中心以促进永宁县产业结构调整和转型升级为目标,加大招商引资力度,引进和培育新产业、新经济、新业态。

【招商引资】 2017年,经合中心围绕县委制订的10个百亿级产业集群目标,重点考察对接新能源汽车产业、文化旅游产业、健康医养产业等新经济、新产业、新业态。开展"走出去"活动20多批次,"请进来"活动近70批次。招商引资项目55个,外方总投资429.7亿元,累计完成实际到位资金85.54亿元,同比增长10.81%,完成全年目标任务的103.01%,引进中国500强企业1家。全年签约项目21个,总签约额235.42亿元。其中,工商联大会签约项目5个,签约额171.1亿元,中阿博览会签约项目14个,签约额60.32亿元,自行签约2个,签约额4亿元;完成自治区、银川市工商联大会、中阿博览会下达的签约任务。

【招商项目储备】 2017年,对接、储备京东开放物流、"亚洲一号"项目、汉能集团移动能源产业园项目、西安通用航空科技集团有限公司永宁通用航空机场项目、东方园林全域旅游项目、中国旅游资源整合联盟银子湖水上乐园及特色小镇项目、中储智运结算平台项目、葡萄酒瓶生产基地项目等14个项目,涉及现代商贸物流、文化旅游、金融、光伏装备、新能源汽车制造、葡萄酒产业、健康医养和葡萄酒产业等领域。

【新能源汽车产业招商】 围绕县委、政府提出的"工业强县"和打造"百亿级新能源车辆制造及配套产业集群"战略,对接比亚迪股份有限公司、东风汽车集团、安徽江淮汽车集团股份有限公司、杭州长江汽车有限公司、南通泽禾新能源科技有限公司、中博源仪征新能源科技有限公司、江苏卡威汽车工业集团有限公司、中铁建设投资集团有限公司、上海申龙客车有限公司等一批汽车制造企业和低速电动车、万润汽车配件、汽车轴承生产等上下游产业链企业、项目。签订项目投资合同2个,框架协议2个,签约额160亿元,其中,比亚迪跨座式云轨及纯电动大巴生产基地项目落地开工建设,总投资20亿元,达产后年产值不低于100亿元。姜志刚书记接见东风汽车集团总经理李绍烛、中铁建设投资集团有限公司总经理温德智、中博源（云浮）燃料电池有限公司董事长吕唯思等一行，促使东风汽车集团加入“一带一路”闽宁国际新能源产业聚集区项目合作。

【文化旅游产业招商】 围绕县委、政府提出的“旅游兴县”和“百亿级文化旅游产业集群”产业发展规划，借助“首批全域旅游示范县”的金字招牌，对接碧桂园集团、颐高集团、北京洛可可创新设计集团、东方园林股份有限公司、中国旅游资源整合联盟、昆吾九鼎投资有限公司、泊鹭通航产业有限公司、西班牙伊比利亚中国文化基金会、北京复华旅游文化发展有限公司等企业，重点考察江苏美丽乡村余村、桐庐、莫干山特色小镇、江西遵义花茂村、陕西袁家村等特色小镇。其中，颐高集团为永宁县规划运营闽宁镇特色小镇、原隆村美丽乡村项目开工；东方园林股份有限公司对永宁县全域旅游进行规划、设计和回乡文化园收购对接事宜；中国旅游资源整合联盟对银子湖、叶家湖项目进行规划设计。

【健康医养产业招商】 围绕“百亿级健康医养产业集群”战略，发挥胸腔医院、永宁县第二敬老院等现有医养资源，对接九华兮秀养老产业集团、美国科诺集团、北京大学医学院、华融集团等一批大型健康医养企业，推动相关企业对永宁县胸腔医院收购、运营和永宁县第二敬老院运营等事宜，依托胸腔医院、银子湖水系规划建设健康医养小镇项目。

【产业扶贫招商】 对接正大集团、振发新能源产业集团、东阿黑毛驴牧业科技有限公司等企业，5万头黑毛驴养殖基地项目开工建设，总投资约2亿元；泰国正大集团永宁300万只蛋鸡全产业链项目签约，总投资约6.2亿元，可提供闽宁镇移民就业。

【金融服务业招商】 对接引进北京洛可可创新设计集团、中储南京智慧物流科技有限公司、第一证券等服务业企业，加强在永宁县城市品牌建设、工业项目设计、金融融资、平台建设等领域合作。利用企业平台，吸引外地企业赴永宁县开展上市、融资、股票发行等业务，发展金融服务业等第三产业，提升永宁县经济软实力。

【发酵企业环保改善招商】 面对新的环保标准和永宁县启元、泰瑞、伊品三大药企的环保压力，对接环保异味治理企业，邀请中科院生态环境研究中心、福建新大陆环保科技有限公司等企业对启元、泰瑞、伊品3家药企进行调研，提出治理方案，达成整治共识，为永宁县发酵企业发展改善现状。

【投资环境宣传】 在各类公众媒介上宣传永宁县的区位优势、资源优势、投资环境等，在区、市媒体宣传永宁县葡萄酒产业招商引资成果，制作永宁县宣传片和PPT，发放招商引资投资指南500余份，向自治区商务厅上报永宁县主要招商项目，提升永宁县对外知名度和影响力。为落地企业提供“保姆式”服务，由专人负责对新引进招商引资项目涉及事项进行快速办理，提高项目推进速度。

【党建】 经县委组织部批准，县经济技术合作服务中心成立党支部。8月28日，县委组织部批复中国共产党永宁县经济技术合作服务中心党支部书记为刘印。支部制订《经济技术合作服务中心2017年学习计划》，每周一、四机关集中学习。把习近平总书记系列重要讲话、党的十九大全会精神、党风廉政建设及《党章》作为重点学习内容。每人摘抄学习笔记2万字以上，撰写心得体会3篇。

【干部下基层】 6月29日，经合中心干部职工走访慰问结对帮扶李俊村困难老党员8户，送去慰问品。7月21日，经合中心全体干部到银子湖社区送政策、讲党课。随后向银子湖社区全体党员讲党课，银子湖社区党员10余人参加本次党课培训。

【民主评议党员】 以“评星定格”活动为载体，经合中心党支部按照县委组织部《关于在“两学一做”中进一步规范党员“评星定格”活动的通知》文件要求，通过自我评议、民主评议、组织审定等程序评选表彰优秀党员1名，将党员“评星定格”结果公布，接受党员、群众的监督。

物价管理

【概况】 2017年，以价格监管，加强市场价格行为监管为主要工作，营造公平竞争市场价格环境，疏导价费矛盾，优化价格服务，解决人民群众最关心的价格突出问题，畅通 12358 价格诉求渠道，2017 年，受理各类价格投诉咨询 60 件，全部限时办结，案件办结率 100%。

【物业、平价商店专项价格检查】 对全县 16 家平价商店、30 家物业公司、22 个拆迁安置小区物业服务收费公示情况进行拉网式的检查，发放《便民手册》1000 余册，规范市场的价格行为、维护市场价格秩序的稳定。

【农资市场价格监管】 对全县 10 家大型销售网点化肥、农药、种子、柴油等农资价格秩序，对个别销售网点违规行为，提出告诫责令改正。

【节日市场价格监管】 组织开展春节、清明节、五一、端午节、国庆节、中秋等节日市场价格检查工作工作。重点对 23 家大型超市、农贸市场、平价商店、旅游景点、大型宾馆酒店及停车场等收费和明码标价工作以及部分商店节日用品、祭祀用品等商品明码标价情况进行检查。对在检查中发现的商品未标价、标价不规范等价格违法行为，提出告诫，责令限期整改。

【教育、医疗服务收费检查】 开展春秋两季教育收费专项检查。对县城 2 所公办高中、1 所民办高中、4 所初中、14 所小学、5 所幼儿园春季教育收费、29 所民办幼儿园秋季收费进行检查，结合医药改革，对全县 70 多家医疗服务机构进行检查，发放价格提醒告诫书 150 余份，对检查中出现的问题提出整改意见进行复查，规范教育和医疗服务收费行为。

【涉企收费价格检查】 对 2016 年检查发现的问题，对全县涉企收费单位又进行回头看检查，对去年存在问题的收费单位着重检查，复查未发现各涉企收费单位存在违法违规收费。

【商业银行收费价格检查】 按照“双随机一公示”工作要求，对永宁县农村信用合作联社（含增岗信用社、玉泉营信用社、闽宁信用社）收费情况进行检查，进一步规范商业银行收费行为，降低企业融资成本。

【电力价格专项检查】 采取走访、调查等方式，对永宁县部分居民区、乡镇、用电大户用电、电价执行情况进行检查。检查结果表明，永宁县电力价格执行情况总体良好。

【开展电信、交通、旅游价格检查】 重点检查电信、移动、联通 3 家网络公司收费、乡村客运票价、2 家旅游公司门票收费及明码标价情况，发放提醒告诫书 10 余份，规范收费行为。

【价格认证】 2017 年受理涉案物品价格认定 68 件，鉴定标的总金额达 120 余万元，维护当事人权益。

【价格政策宣传】 开展元旦、春节、“3·15”消费者权益日、“5·8”价格举报电话开通纪念日等大型宣传活动 4 次，发放价格资料 1000 余份，价格政策宣传手提袋 600 多个。

【农产品价格调查工作】 完成 2017 年全县专项调查 3 项、直报调查 9 项、常规调查 9 项，形成专项调查分析报告 3 篇、直报调查分析报告 9 篇、常规调查分析报告 7 篇；完成 2016 年养殖业、种植业小麦、玉米、粳稻 3 种粮食成本与收益常规调查上报、审核、汇总工作。完成全县 2016 年度 55 家行政事业性单位收费统计工作，统计总额 2900 多万元，收费统计率 91.8%。

【价费改革】 完成永宁县中水定价成本测算及相关工作。落实自治区、银川市党委、政府价格机制改革精神，起草《永宁县关于推进价格机制改革的实施意见》《关于落实〈永宁县委人民政府关于推进价格机制改革的实施意见〉责任分解方案》等文件。加强涉企收费目录清单公示和清理规范工作，在永宁县政府公众网站更新公示行政事业性涉企收费 69 项，经营服务涉企收费 10 项，中介服务 5 项，清理规范行政事业性收费 38 项。

【精神文明】 春节慰问离退休、困难职工、扶贫帮困户 3 家，送去米、面、油等慰问品 300 多元。完成原隆村 8 户贫困户进户对接、信息采集、建档立卡、问卷调查、政策宣讲等精准扶贫工作；配合自治区物价局完成蔬菜基地冷链设施建设情况调研、5 家企业生产基地冷链设施建设项目申报等工作。完成县委、政府交办的《永宁县人民政府关于建立社会救助和保障标准与物价上涨挂钩联动机制的实施意见》和《关于收费细化实施方案》撰写工作，完成自治区物价局安排的《关于征求宁夏回族自治区中学教育培养定价成本监审办法》《宁夏回族自治区公办幼儿园定价成本监审办法》《宁夏回族自治区价格管理条例》征求意见的回复等多篇相关材料的撰写工作。

国土资源管理

【概况】 2017年，全县国土资源管理工作坚守耕地保护红线，开展项目用地报批供应、闲置土地处置、卫片执法、不动产登记、土地整治等工作，推进各项重点目标任务的落实和完成。

【耕地保护】 经过多轮修改完善，全县土地利用总体规划调整完善方案通过审查，对部分建设项目进行预审。完成自治区重点项目预审系统填报工作，上报区厅为银川至永宁立掌公路建设工程出具预审。对全县150宗设施农用地和18宗农民建房申请逐个进行实地调查后上报县人民政府。完成永宁县永久基本农田数据库建设任务，共划定永久基本农田28149公顷，比银川市人民政府下达的划定任务多33公顷，划定基本农田保护区546个，基本农田责任保护片块884个，全部落实到户。县人民政府与五镇一乡签订耕地保护目标责任书6份，乡镇与村签订耕地保护目标责任书68份，填写基本农田保护责任卡30131本，建立完善五级耕地保护体系。在主要道路沿线新设立基本农田保护标志11个，实现全县基本农田保护区保护标志全覆盖。

【永久基本农田划定】 开展永久基本农田划定工作，将成果与县土地利用总体规划调整完善相衔接，按照落地块、明责任、设标志、建表册的要求，更新完善永久基本农田数据库，做到图、数、实地相一致。望洪镇、杨和镇城乡建设用地增减挂钩二、五期项目通过自治区国土资源厅专家组的验收，下达项目验收批复。李俊小城镇、八渠中心村、四期增减挂钩项目调整方案编制完成上报区政府等待批复。

【闲置土地处置】 依法处置闲置土地。6月，国家土地督察西安局对永宁县进行土地例行督查，反馈全县共有闲置土地86宗。国土资源管理局高度重视，召开专题会议进行研究部署，抽调专人成立闲置土地处置领导小组，细化分解整改任务，落实整改责任，依法依规开展闲置土地清理处置工作，全部处置到位。

【国土开发整治】 完成2012年度永宁县闽宁镇原隆村占补平衡项目验收工作，2013年度李俊望洪镇高标准农田建设项目竣工验收工作，2014年度望洪杨和镇高标准农田建设项目外业实体工程整改验收工作，2015年度永宁县闽宁镇原隆村地质灾害治理项目竣工验收工作，2015年度望洪镇和胜利乡高标准农田建设项目验收工作。

【国土执法监察】 加强动态巡查，加大违法案件查处力度。采取划片包干、分工负责等多种形式，每天组织对国土资源进行动态巡查，发现、制止和查处国土资源违法行为。开展动态巡查900余次，发现违法占地行为92起，制止92起。开展2016年度土地卫片执法检查工作，按照国土资源部提供的2016年度土地变更调查图斑中，涉及违法用地图斑309个，占地面积63.665公顷，立案查处图斑150个，涉及违法用地面积47.4758公顷，没收违法建筑物415157.1平方米，拆除违法建筑物171050平方米，收缴罚没款287.38万元，全县违法占用耕地比例为6.63%。

【违法违章建筑拆除】 2017年，住建、公安、司法、卫生、供电等部门及有关乡镇密切配合，整体联动，参加依法拆除行动8次，出动执法人员160人次，动用大型机械36台（次），依法拆除违法违规建筑物19.75万平方米，涉及53个图斑。对巡查中发现的39宗违法用地一并进行依法拆除，拆除违法违规建筑物面积1.8万平方米。依法立案查处违法用地行为。2017年，对闽宁镇地区10起未供即用违法行为及巡查中发现的3起未批先建违法行为进行立案查处，收缴罚款73.77万元，没收建（构）筑物面积11.28万平方米。

【信访事项落实】 没有因土地审批、征地拆迁、土地纠纷等问题而造成大的群访和越级上访现象。2017年，共受理信访案件22起，完成国土资源厅挂牌督办事项1件,做到来信来访件件有着落,事事有回音。

【土地变更调查】 2016年,国家共下发监测图斑847个,监测面积为1075.46公顷,相对2015年度的771个监测斑,总面积1030.60公顷,图斑总个数上升9%,图斑总面积上升4%。为完成2016年度土地利用变更调查任务,局各业务股室协同配合,逐一对遥感监测图斑、新增耕地图斑、其他变化图斑开展外业实地调查、拍照填写土地变更调查外业调查记录表,按期完成2016年度土地变更调查外业实地调查和内业数据库变更成果上报区厅。全县2016年末土地利用情况为:农用地面积为62355.81公顷,其中,耕地34674.08公顷,占全县土地总面积的66.76%;建设用地面积为12816.94公顷,占全县土地总面积的13.72%;未利用地面积为18233.17公顷,占全县土地总面积的19.52%。

【农村宅基地确权登记颁证】 开展农村宅基地和房屋一体登记确权颁证工作。按照区厅2017年度完成20%目标任务要求,9月确定技术承担单位,在原农村宅基地及集体建设用地使用权确权登记成果的基础上,补充开展闽宁镇原隆村、胜利乡杨显生态移民点、李俊镇雷台新村、望洪镇南方新村、望远镇政权新村房屋面积、结构、建成年代等权籍信息调查。完成杨显生态移民点100户、原隆村1990户的颁证工作。在年底前完成剩余雷台、南方和政权新村的颁证工作。

【土地征收及土地资产核查】 2017年,完成征收前期勘丈测算土地5宗,勘丈测算土地面积212.192公顷。组织开展收储土地清查工作。经清查,自2012年以来,全县共征收土地总面积为8871.6公顷,使用面积为5306.4公顷,占全县征收土地总面积的60.27%;实际储备面积为5.32万3511.12公顷,占全县土地征收总面积的39.73%。

【国家、区、市重点工程土地征收及协调】 开展银西高铁征地协调工作。沿线占地涉及5个行政村,征地拆迁工作全部完成。向区厅争取安置补偿费、征地补偿费等共计1.75亿元。开展京藏高速征地协调工作。京藏高速东移段改扩建长12.5千米,征收土地面积为78.062公顷,土地征收工作完成。京藏高速拓宽段全长21.06千米,占地面积50.094公顷,土地征收工作完成。开展灵武华电银川供热项目用地服务工作。项目全长22千米,需临时用地及征地83054.78公顷,签订工程征地租地框架协议。抽调专人配合乡镇对项目征地勘测施工进行全程协调,保证工程实施。

【不动产登记推进】 2017年,受理各类业务25146件(起),其中,首次登记2386件,转移登记2861件,补换证登记127件,更正登记106件,变更登记77件,转本位登记629件,注销登记2132件,预告及预告抵押登记3483件,查解封登记345件,查询受理13000起,创历史新高。整合分散在住建、林业、农牧等部门的不动产权登记数据及档案资料,完成土地、房产登记数据约80%的不动产登记数据,汇交至自治区不动产登记局。

【争取国土整治项目】 在国土整治项目倾斜山区县市的不利情况下,争取2018年度杨和镇、望洪镇高标准基本农田建设项目。该项目建设规模588.588公顷,投资1000余万元。自治区国土资源厅对该项目予以立项。完成闽宁镇原隆村占补平衡土地开发整理项目验收工作,补充新增耕地78.342公顷。既缓解永宁县建设用地占用耕地指标紧张的压力,又解决西安督察局反馈永宁县绿化景观林带占用耕地的问题。

【维护砂石资源管理秩序】 开展贺兰山东麓非法开采砂石资源集中专项整治行动,打击矿产资源盗采行为。改变以往由国土部门单打独斗执法局面,探索公、检、法、司及部门、乡镇参与的土地管理联合执法机制,实行全天候24小时不间断全覆盖巡查制度,取得良好效果。清理砂石料场3处,设立限高杆6处,砌设围墙1处,封堵道路3条,设立执法宣传警示牌4处,建设夜间值班室1处。组织开展砂石资源巡查活动300余次,查扣涉嫌盗采砂石资源装载机7辆,移送公安机关立案侦查3辆,立案查处4辆,作出罚款15万元的行政处罚。打击违法分子嚣张气焰,遏制盗采砂石资源行为的发生,解决因盗采砂石资源产生的扬尘污染问题,开创永宁县砂石资源管理工作新局面。

【地质灾害防治】 以“4·22”地球日、“6·25”土地日、“12·4”法制日、安全宣传月为契机,充分利用网络、手机短信等各种媒体,针对防灾薄弱环节,向社会广泛宣传地质灾害预防知识和简明防灾避灾方法。10余次下到乡镇、村、组广泛宣传,出动宣传车30车次,设立宣传站点9个(次),发放防灾明白卡400余张,发放宣传资料12000余份,接受群众咨询320余人次,设置地质灾害隐患警示牌100块。继续巩固国家级地质灾害防治“十有县”成果,通过年度复验。2017年实现地质灾害防治“零伤亡”,保证人民群众生命财产安全。

【科学合理安排使用计划指标】 2017年,自治区国土资源厅下达永宁县新增建设用地指标112.2公顷,使用65.054公顷。另外使用自治区点供指标22.337公顷,使用城乡建设用地增减挂钩指标248.4716.399公顷。抓好建设项目用地报批工作,保障经济发展用地需求。2017年,整理上报项目用地16个批次,上报面积108.31公顷,涉及比亚迪、粮食银行、速食米饭、贺阙巅峰酒庄等项目。经自治区人民政府审批项目用地11个批次,面积65.054公顷。供应各类项目用地46宗,供应面积212.493公顷,成交价款2.72亿元。

安全生产监督管理

【概况】 2017年,全县发生生产安全事故5起,同比下降28.6%;死亡6人,同比下降33.33%。全县亿元GDP生产安全事故死亡率实际完成值0.046,比控制指标减少0.085。本年度全县未发生较大以上生产安全事故。

【安全生产会议落实】 编制《永宁县安全生产十三五规划》《安全生产十三五规划分工方案》《永宁县2017年度安全生产专项整治工作方案》《2017年全县安全生产大检查工作实施方案》,明确工作目标任务和具体措施,抓工作落实。全年召开5次安委会扩大会议,通报安全生产形势,安排部署重点工作。

【整改落实国务院安委会督查组反馈问题】 落实国务院安委会第八巡查组、第十五督查组、第二十督查组工作要求,整改落实巡查、督查、“回头看”、交叉检查等大检查反馈问题,逐项逐条对照检查,明确责任分工、整改目标、整改措施和整改时限,实施清单管理,完成整改。

【安全生产目标责任制落实】 分解下达《2017年安全生产目标管理责任书》26份,强化目标责任考核。把安全生产目标责任与干部提拔和考核任用相衔接,实行“一票否决”制。

【十九大期间安全生产】 组织召开专题会议,安排部署党的十九大期间、自治区十二次党代会期间、汛期等安全生产工作。制订方案,突出重点,强化排查治理事故隐患,保证全县安全生产形势稳定。

【安全生产大检查】 在危险化学品、冶金、职业卫生、防尘防爆炸、工矿商贸等行业领域开展安全生产大检查,共检查各类企业71家,发现隐患679条,下发隐患整改通知书150份。

【安全生产失信行为惩戒】 对9家存在安全生产违法行为和严重安全隐患的企业列入2017年度“黑名单”管理,进行立案处罚,责令停产整顿,在国家(宁夏)企业信用信息公示系统进行公示、曝光。

【重点行业领域专项整治】 在危险化学品、冶金、职业病危害、防尘防爆炸等行业领域开展安全生产专项整治,检查各类企业124家,查处违法行为22起,立案调查22起,停产停业整顿23家,行政处罚11.7万元。

【生产安全事故调查】 按照生产安全事故调查“四不放过”原则,依法调查处理生产安全事故4起,严肃追究相关单位和责任人的责任。

统 计

【概况】 2017年,全县统计工作以提高统计数据质量为宗旨,围绕县委、政府中心工作和区、市统计部门下达的效能目标任务,推进统计改革,完成全年统计工作。

【完成各项统计任务】 制定《永宁县 2017 年统计工作要点》,对各项重点工作任务进行分解,明确各专业的工作任务及完成时限。召开 2016 年统计年报及 2017 年定期报表培训会议。完成 2016 年地区生产总值年报及 2017 年报表任务;完成贺兰山东麓百万亩葡萄生产加工统计监测、规模以上工业及能源统计监测、规模以上服务业月度统计工作、电子商务统计年报、企业科技创新调查、文化及相关产业调查、2017 年人口抽样变动、大城市月度劳动力调查。

【县域经济统计监测工作】 每月都对各项主要经济指标进行评估、审核、分析,编印,完成《永宁县国民经济统计指标》《统计分析报告》32 期,上报信息 62 条。向社会发布《永宁县 2016 年国民经济和社会发展统计公报》,组织编印《2016 年统计年鉴》。挖掘经济发展的支撑点和亮点,对符合入库条件企业进行申报,共有 174 家。配合闽宁镇核算建成小康监测指标体系表。联合多部门对全县第三产业行业底数进行排摸,分类筛选,为建立拟纳规上限、上限企业名录库做基础工作。

【普查、调查】 开展第三次全国农业普查工作。以县政府下发《关于开展第三次全国农业普查的通知》,对永宁县开展第三次全国农业普查工作进行周密的安排部署。成立永宁县第三次全国农业普查领导小组,设立普查领导小组办公室,各乡(镇)街道、农场也按要求成立相应的普查机构,确定普查指导员及普查员。安排负责普查的领导及骨干参加全区普查试点会议和普查培训会议,制订《永宁县第三次全国农业普查综合试点方案》《永宁县第三次全国农业普查考核评比办法》《永宁县第三次全国农业普查宣传工作方案》《永宁县第三次全国农业普查数据处理工作方案》等文件。筹措普查经费 107 万元。对 2017 年人口变动抽样调查工作进行安排部署,完成全县被抽调的 22 个小区调查样本信息的核实整理工作和调查表填写及 PDA 移动终端数据采集操作等调查业务培训工作。

【推进依法统计】 制定《永宁县统计局 2017 年法制工作安排意见》《永宁县统计局 2017 年依法治县工作要点》《永宁县统计局统计法律法规暨统计知识宣传》。7 月 26—28 日,对 20 家企业进行统计执法检查,重点对各企业贯彻落实统计法律法规的情况。

【统计队伍自身建设】 开展统计宣传教育,将加强统计职业道德作为学习培训的重点,通过形式多样的集中学习、党员讲党课、专题讨论、座谈交流等方式方法,组织党员干部开展“两学一做”学习教育制度化学习;参加全县“五城同创”活动;突出干部职工思想教育,每月开展“支部主题党日”活动;进一步完善规章制度,强化监督制约,考核奖惩抓落实。

社会经济调查

【概况】 2017 年,国家统计局永宁调查队强化国家队意识、调查队意识,夯实调查网点基础工作,强化业务管理,加强辅调员和调查户的培训,加大检查指导力度,执行制度,高质量,严要求,完成年初制定的《永宁队 2017 年工作任务》,按期完成居民收支、农产量、主要畜禽监测、规下工业、规下服务业、农产品价格、限下批零住餐业等 14 余项调查工作的季报和半年报任务。完成专项调查和地方调查任务。党风廉政建设民意专项调查,永宁县公众安全感满意度调查,自治区第三方效能建设满意度调查,组织实施总队批准的永宁县分乡镇农民可支配收入调查、贫困监测调查。

【完成常规调查】 调查队夯实调查网点基础工作,强化业务管理,加强辅调员和调查户的培训,加大检查指导力度,执行制度,高质量、严要求。完成年初制订的《永宁队 2017 年工作任务》,按期完成居民收支、农产量、主要畜禽监测、规下工业、规下服务业、农产品价格、限下批零住餐业等 14 余项调查工作的季报和半年报任务。完成居民收支调查样本轮换工作。新一轮样本的抽选关系到未来永宁县居民收支调查的数据衔接和能否准确反映地区经济发展水平问题,此次样本轮换工作,涉及 14

个调查村、居委会,1000余户摸底调查户和140户调查样本记账户，140户调查户全部开户成功且在线记账。

【城镇居民人均可支配收入增长调查】 2017年,永宁县政府推进结构战略调整,采取稳增长、惠民生措施,城镇居民收入增收态势良好。永宁调查队调查显示:2017年,永宁县城镇居民人均可支配收入29210.8元,同比增加2262.8元,增长8.4%,增幅较上年同期提高1个百分点。城镇居民人均可支配收入增幅居银川市三区两县一市第2位,比银川市金凤区8.6%低0.2个百分点，比银川市整体水平高0.2个百分点。

【粮食专项调查】 永宁调查队专项调查显示：2017年永宁县全年粮食总产达226808吨,比上年减少8616吨,减少3.7%。全县夏粮总产40951吨,比上年增加76吨，增长0.2%。秋粮总产185857吨，比上年减少8692吨，减少4.5%；水稻产量63413吨,较上年减少15768吨,减少19.9%;玉米产量121694吨,比上年增加6826吨,增长5.9%。

【调查网点的管理】 执行调查网点管理办法和要求,开展调查网点和调查企业的动态维护。落实辅调员、调查户慰问制度,按照财务制度规定,2017年提高调查户和辅调员的补贴标准，给记账户发放记账补贴和慰问品。对160户国家点记账户及260余户地方点记账户、80余名辅调员分别进行慰问。

【业务培训】 加强业务培训，提高调查户及基层统计人员的业务素质。在全县6个乡镇1个街道，召开记账户培训会，就记账过程中容易出现的错误做讲解,300余户国家点和地方点记账户参加培训；组织乡镇统计人员和辅调员集中培训12余次，及时通报各专业调查中出现的新情况、新问题,明确工作要求,保证数据质量。

【数据质量评估】 加强数据的审核评估，保证主要指标趋势合理，在执行各专业调查方法制度的基础上,与县统计局、农牧局、政研室、气象局、国土局等部门沟通联系,加强彼此间的合作,联合开展调研活动，几部门联合召开县域经济形势分析会,做到准确把握经济形势,科学评估县域情况。

【信息服务建设】 针对社会经济发展中的新情况、新问题，开展经济运行状况及各项政策落实情况调研,根据《永宁队主要调查数据和调研成果报告制度》，将国家定性可以公布使用的调查数据、重要情况撰写信息分析,报送县上分管的党政领导,为决策提供可靠依据。编发调查信息28篇,专题调研24篇,调查分析22篇,工作动态38篇,编发的信息分析,被总队内网、永宁县政府公众网及永宁政务信息采用的用率为90%以上。信息、分析报告立足于客观实际、准确及时,得到县委、县政府领导的高度评价。

【学习教育】 学习习近平总书记对“两学一做”学习教育制度化做出的重要指示，学习国家统计局推进“两学一做”学习教育制度化视频会议精神、自治区党委和总队党组关于《推进“两学一做”学习教育制度化实施方案》,结合《中共永年县委组织部关于组织开展“两学一做”学习教育制度化专题学习研讨会的通知》,按时召开学习研讨,撰写发言材料。

【党风廉政建设】 落实党建工作责任制,制定党建工作责任清单,从工作机制上把从严治党、从严治队责任落实到党支部和党员干部。落实《关于新形势下党内政治生活若干准则》，坚持民主集中制，坚持“三会一课”等党的组织生活。强化权力阳光运行,在执行财经纪律、财政拨款支出安排的出国(境)费、车辆购置及运行费、公务接待费管理方面按照有关规定和程序办理。按进度填报《调查队基层党组织工作台账》和《调查队党建工作信息》,向上级党组织反映本队党支部、支部成员变动情况、重点工作进展情况。经过支部考察,县机关工委审批,支部一名预备党员如期转正。

【保密工作】 结合2017年度“保密法制宣传月”活动,开展自查、不留死角。对近三年来的保密工作进行梳理总结,修订调查队《保密工作管理办法》规章制度。组织队员学习保密工作的基础知识和防范泄密的基本技能。

审 计

【概况】 2017年,永宁县审计局在县委、政府的坚强领导和上级审计机关的指导帮助下，坚持以党的十八大,十八届三中、四中、五中、六中全会,十九大精神为引领,履行审计职责,提升审计成效,优化审计作风,充分发挥审计监督保障职能,审计工作成效明显。全年完成审计项目122个,查处违纪违规资金1.29亿元，提出各项审计建议29条;委托审计政府投资项目控制价和工程结算项目106个,送审资金13.42亿元,审减0.78亿元,完成县委、政府和上级部门安排的其他临时审计工作任务14项。被各级报刊网站采用审计信息56篇,审计工作成果被市级媒体进行宣传报道。永宁县财政大预算审计项目被银川市评为优秀审计项目。

【财政审计】 对2016年度财政预算编制、财政收支、“三公”经费支出管理、社会保障资金专户管理及农业补贴专户资金管理情况做重点审计，对发改局、交通局、人社局、统计局、扶贫办、望洪镇6个单位的预算执行情况,农牧局、供销社、城投公司3个单位的专项资金支付情况,国土资源局、住建局、农牧局、林业局、望洪护岸林场5个单位的国有资产出租收益情况进行延伸审计。审计中发现违规违纪问题13个，涉及管理不规范资金11.11亿元。针对预算不细化、社会保险基金违规多头开户、债务置换专项资金未按照既定用途支付使用、国有林场违规享受农业补贴等几大突出问题提出审计建议。在财政预算执行审计的基础上,综合其他项目审计结果,向县人大常委会作专题报告,提出审计整改建议。联合县政府督查室对经责审计和财政预算审计中发现的问题督查相关责任单位进行整改,向县委、人大、政府进行专题汇报,受到高度认可。

【领导干部经济责任审计】 完成永宁中学、档案局、医保中心、住建局、教育局、胜利乡、史志办、残联、文联、科协、妇联、机关事务局、环保局、文广局、市场监督局15个单位党政主要领导干部离任、任中经济责任审计工作。探索环保局领导干部自然资源资产离任审计试点工作，开展胜利乡耕地和基本农田保护经责审计。计查处违规资金1.29亿元,管理不规范资金21.79亿元。按时完成县委组织部委托的审计工作任务，将审计结果报县委、政府主要领导。抄送组织、纪检机关,为考核任用干部提供依据。

【政府投资审计】 完成政府投资项目审计106个。完成政府投资工程标底控制价审计98个,送审资金13.42亿元,审减0.78亿元,审减率5.8%。按照县政府安排，完成永宁粮食银行土地托管试点项目、南部农村供水水质监测中心项目、农发办2014年闽宁镇中型灌区节水配套改造项目、2015—2016年其他农发项目、水务局南部农村供水水质检测中心等8个政府投资项目审计工作。通过审计,纠正工程管理不规范、多计工程量、虚增工程造价等问题,节约财政资金,提高资金使用效益。

【参与配合上级机关完成审计任务】 完成上级交办的其他工作任务14项。协调配合完成审计署西安特派办审计组开展对永宁县15项稳增长中央投资项目跟踪审计工作；抽调3名骨干配合银川市审计局完成对永宁县2016年城镇保障性安居工程跟踪审计的工作、2017年第三季度政策跟踪审计的跟踪审计和市审计局对永宁县13个单位26个项目的跟踪审计工作；抽调1名骨干参与银川市巡察工作；抽调2名骨干参与审计厅对南部地区扶贫专项审计工作。

【县委、政府安排临时性工作任务】 完成永宁第一中学、档案局、医保中心、机关事务管理局党政主要领导干部经济责任审计和财务收支专项审计工作;开展对工信局、体育中心资产负债损益、财务收支情况的审计工作；完成闽宁镇政府投资情况审计调查,望远人家供暖费收支情况,银峰铝业一期、二期土地及资产回购，国资公司设施农业贷款,望洪镇、李俊镇征地拆迁资金使用,土地储备中心银西高铁土地征收成本核算，全县供销社系统深化企业改革清产核资工作等审计调查工作,为县委、政府决策提供准确依据。

【审计信息与调研】 全年向上级审计机关和县信

息平台报送审计信息、论文审计信息稿件121条，被中国审计报采用1篇，被自治区审计厅网站采用10篇，被《银川审计动态》采用18篇，被县级媒体网站采用27篇。

市场监督管理

【概况】 2017年，全县市场监督管理工作履职尽责，各项工作取得成效，获得永宁县2017年度精神文明建设工作先进集体，法制政府示范创建、安全生产目标管理三等奖，“民族团结进步创建示范单位”，“创建国家卫生县城卫生达标卫生单位”等称号。

【党风廉政建设】 落实领导班子成员“一岗双责”、党政一把手“五个不直接分管”、“三重一大”备案等工作机制。每半年听取各支部落实党风廉政建设工作情况汇报，每季度对落实中央“八项规定”及干部廉政教育和廉洁自律执行情况进行明察暗访。执行民主集中制，一把手坚持末位表态制度，纪检组长对会议进行全面跟踪监督。配合县纪委、县审计局对局党委一把手的离任审计，协助配合银川市委第四巡察组的巡察督查工作，全面整改存在的问题。执行公务接待、差旅费报销、财务管理、三重一大事项集体决策等制度，防止违反“八项规定”的问题再次发生。

【作风建设】 推进“庸、懒、散、软、奢”整治，修改制订执法车辆管理制度、执法人员着装管理规定、“三定两评一应用”绩效考核办法、领导分工和AB岗工作制度、党委会议制度、局长办公会工作例会制度、党委委员联系基层制度、非编制人员管理办法、财务管理制度、政府采购管理办法、差旅费管理暂行办法等12项制度，查找制订廉政风险防控措施，严明工作纪律、规范日常工作行为，对4名履职不到位、违反工作纪律的干部进行诫勉谈话，下发督查通报6期，对迟到、早退，不按规定着装，工作效能差等6人次进行通报批评。

【案件稽查】 2017年，以食品、药品、医疗器械、建筑材料、特种设备、不正当竞争等为重点，全局立案查处各类违法案件66起，罚没款79.94万元，较2016年的违法案件48起，罚没款59.14万元分别增加37.5%，罚没款增加35.17%。

【规范行政执法】 建立执法办案区和涉案物品保管区，提高执法办案信息化建设水平，实现从案件受理到案件审查全程监控、电子化信息采集，规范执法办案程序，促进依法行政，此项创新亮点工作得到银川市委领导的肯定。加强对行政执法行为监督，维护当事人及执法人员合法权益，为执法人员配备31台执法记录仪，实现执法过程全记录。

【依法行政】 在行政权力全面清理的基础上，逐一编制行政权力运行流程图，全面完成行政权力清理工作，清理后的行政权力共723项，其中，行政审批（行政许可）6项，行政处罚659项，行政强制28项，行政检查22项，行政裁决1项，其他类别7项。建立健全重大案件报告和集体讨论等制度。落实首办责任制、责任追究制，建立健全行政处罚案件集体研究制度和处罚内审制度，建立健全行政处罚事先告知和听证告知制度。定期开展案卷评查工作，规范执法行为。提高执法人员办案水平，大幅提升案件办理质量，得到区食药局肯定。推进行政处罚案件公示制度，接受社会监督。2017年，公示行政处罚案件43起，电话回访43人次，营造公开透明的执法环境。

【食品安全监管】 推进卫生县城和国家慢性病防控示范县创建工作，创建健康1条街，健康餐厅、食堂14家，示范乡镇1个，食品安全示范店40户，全县“明厨亮灶”改造815户，改造率达96.1%，其中，学校食堂实现100%，为创建全国卫生县城做出贡献。

【群众用药安全监管】 推行药品药械生产经营质量安全承诺书制，GMP、GSP跟踪检查实现常态化，加强药械不良反应/不良事件监测上报。共评价审核上报药品不良反应病例855例，与2016年同期的752例相比增长13%。评价审核上报医疗器械不良事件87例，较2016年同期的55例相比增长54%。

【特种设备安全监管】 加强特种设备安全大检查

力度，保证特种设备安全无事故，受到上级表彰。全年开展特种设备专项整治 55 次，检查（复查）特种设备使用单位 409 家（次），发现问题 73 处，督促整改问题隐患 73 条，立案查处 4 起违法生产经营行为；协调解决“陆坊小镇”安装单位与使用单位不移交 62 部电梯使用手续问题，彻底解决 1116 户居民使用电梯难问题。

【打击传销】 打击传销工作机制体制趋于合理，发展社区（村）打击传销志愿者队伍，建立完善以出租房屋和流动人口的信息档案为主的动态监管制度，初步形成社区群众举报、抵制传销意识得到增强，群防群控的打传工作体系。县社区（村）打传志愿者队伍发展到 1200 多人。全局清理传销人员居住点 33 处，遣散传销人员 393 人，解救 6 人，治安拘留 12 人。

【品牌建设】 围绕品牌兴县、质量强县战略，突出重点，打造亮点，推进全县企业品牌建设。全县现注册商标 1047 件，中国驰名商标 4 件，宁夏著名商标 36 件，在全区均名列前茅。指导宁夏西夏王葡萄酒有限公司导入运用卓越绩效管理模式获得银川市第二届市长质量管理奖。2017 年，有 7 家企业的 7 个产品获得宁夏名牌产品称号，永宁县名牌产品累计数达到 11 家 13 个品牌。数量在全区 22 个县（市）、区中名列前茅。全年开展食品、药械、农资以及电线电缆、建筑材料、配装眼镜等质量抽检 1454 批次；计量惠民成效明显，免费检定 1140 台计量器具，累计为企业和个人减免费用达 51.3 万元。

【消费维权】 3 月 14 日，在利民广场举办大型“3·15”国际消费者权益日大型宣传启动仪式，开展形式多样的“3·15”消费维权宣传服务活动，营造氛围，取得明显成效。同司法局联合建立永宁县人民调解委员会，分别在县局和 5 个基层市场监管所设立调解室，完善消费维权措施，社会矛盾纠纷化解更加有力，维护社会稳定。全年共化解来人、来电、微博等各类矛盾纠纷 153 起，为消费者挽回经济损失 5.4 万元，较 2016 年的 4.4 万元提高 22.7%，维护消费者合法权益。

【企业年报公示】 全县共有内资企业 5021 户，个体工商户 15399 户，户数及注册资金比去年同期增长 6.2%、17.5%。2016 年度企业年报公示率 92%。完善“双随机一公开”工作机制，加强对市场主体事中事后监管，以信用监管为核心的市场监管体系初见成效。

【“五城同创”】 全局上下齐心协力，承担任务重，以创建工作为抓手，广泛组织开展病媒生物防治和各类市场专项整治，规范食品市场秩序，开展国家慢性病示范县创建，创建健康一条街，推动创建全国卫生县城工作完成。在文明县城创建中，广泛开展宣传活动，按时上报各类资料，落实环境专项治理要求，开展经营户星级信用等级评定活动，推动诚信市场创建开展。机关各牵头科室、宁和所、杨和所、望远所在“五城同创”活动中，发挥优良作风，敢打敢拼，敢打硬仗，加强对辖区各类经营户无证无照、食品安全等综合整治，在县局机关各科室的帮助指导下，加班加点完成创建任务。

【大气污染防治专项整治】 以冬季大气污染治理的关键问题为导向，全面开展煤炭治理工作。加强煤炭销售监督检查，严查无照经营行为。全县持营业执照从事煤炭经营的经营户 21 户，对 3 户无照经营户，下发责令整改通知书，责令对煤炭进行遮盖、停止销售，立案查处 1 起无照经营煤炭行为，收缴罚没款 4600 元。开展散煤使用情况调查摸底。全县有 393 户餐饮经营户使用散煤，整改餐饮散煤用户全部使用清洁煤。开展煤炭质量监督抽检工作。联合宁夏计量质量产品监督检验院对 12 户煤炭经营户经营的 12 个批次的煤炭进行煤质抽检工作，收到 7 个批次的检验报告，煤质达标率为 85.7%，超过达标率提高到 80%以上的要求。

金融

人民银行永宁县支行

【概况】 2017年，人民银行永宁县支行坚持稳中求进工作总基调，深化“夯基础，抓特色，强调研，树品牌”工作思路，以党的十九大精神为统领，履行基层央行核心职能，强化内部管理，推进从严治党，完成全年目标工作。

【政策执行】 完善政银企沟通机制，搭建银企对接平台。在永宁县2017年政银企联席会上推动达成合作意向6.6亿元。全年发放支农再贷款4笔，金额1.2亿元。

【金融精准扶贫】 多次组织召开辖区金融精准扶贫工作座谈会和推进会，落实中央金融扶贫工作会议精神、上级行关于金融支持深度贫困地区脱贫攻坚座谈会精神。强化财政政策与信贷政策的配套联动，建立与县扶贫办、财政局、农牧局、金融办及辖区金融机构的协调合作和信息共享机制，推进金融扶贫示范区创建工作。

【“两权”抵押贷款试点】 落实《宁夏“两权”抵押贷款试点工作领导小组关于试点工作中期评估情况的通报》工作要求，组织召开辖区“两权”抵押贷款工作推进会。联合永宁县农牧局、农经站、农村产权交易中心组织辖内5家主办银行，制作永宁县农村承包土地的经营权抵押贷款宣传手册和宣传片，下到五镇一乡开展政策宣传，推动试点工作常态化开展。

【金融稳定】 履行“两管理，两综合”和重大事项报告制度，按时上报金融稳定报告和风险监测月报，为上级行提供决策服务。开展辖区银行业金融机构综合评价工作，经评价，辖区银行业金融机构全部为A级。制订《永宁县突发金融风险应急演练预案》，增强防范、化解和处置金融风险的实战能力。全年共为永宁县2家新设机构进行开业辅导，受理开业报告2件。按照银川中心支行《存款保险风险处置预案》的要求，试行存款保险风险早期纠正和处置措施，明确突发风险应对措施。推动应收账款融资服务平台的推广应用工作，组织辖区金融机构参加应收账款融资业务专题培训讲座。

【经理国库能力增强】 2017年初，正式上线运行国库集中支付电子化管理系统，财政资金收支清算业务实现信息化、网络化，资金清算业务数据传输更加安全规范。开展“TCBS系统故障后切换启用TBS系统”和“双停电”状态下的TCBS应急演练，培养国库人员风险意识、责任意识和危机处置能力。开展国债宣传、监督及检查工作，提升国债管理水平。开展国库业务现场执法检查，规范辖区国库工作。

【征信管理】 开展个人及企业报告临柜查询服务以及机构信用代码推广应用工作。推进农村信用体系建设，提请永宁县政府出台关于推进农村信用体系建设的实施方案和信用乡(镇)、信用村、信用户评比办法，经永宁县委常委会讨论通过在全县实施。配合县政府召开永宁县“推动信用体系建设,改善金融生态环境”促进会,为永宁县经济社会发展创造良好的金融环境。针对当前层出不穷的校园网络借贷事件,为银川能源学院5000余名大学生开展4次“征信大讲堂”活动,新学期以“征信就在我们身边”为主题开展3次讲座,受到广大师生的好评。与永宁县玉海小学(耿飚红军小学)和永宁县玉泉营小学签订诚信文化教育基地协议,向两所小学捐赠500册《诚信伴我成长》青少年诚信教育画本,推进诚信文化教育向小学延伸。

【支付结算环境改善】 加强人民币银行结算账户管理。落实加强支付结算管理防范电信网络新型违法犯罪工作，要求辖区银行业金融机构落实相关文件精神,加大宣传力度,联合打击防范电信网络诈骗。举办以“提高责任意识,加强支付结算管理工作”为主题的专家讲堂,组织辖区金融机构开展2017年永宁县银行业金融机构支付结算业务竞赛,推动支付结算工作由服务型向管理型转化。

【反洗钱推进】 落实《金融机构大额交易和可疑交易报告管理办法》。召开基层反洗钱业务座谈会。组织召开辖区银行业金融机构落实反洗钱3号令业务推进会，对反洗钱监测分析工作及反洗钱3号令实施监测配套措施进行讲解。

【货币金银工作】 按照《中国人民银行假币收缴、鉴定管理办法》开展收缴假币工作。结合实际印发《永宁县硬币自循环工作实施方案》,加大督查力度。

【金融统计】 执行金融统计和经济调查制度,开展金融统计分析和货币信贷运行监测及反馈工作,督促辖区银行业金融机构落实金融统计制度。加强企业景气调查、农户问卷调查及农户生产、消费、金融需求状况问卷调查工作,为上级行科学决策提供支持。参加总行举办的经济调查制度远程培训，组织辖区各银行业金融机构对近年来统计工作及2017年金融统计制度落实情况开展自查,开展“金融统计数据质量提升年”活动,开展金融统计业务知识竞赛,提高金融统计业务水平。

【金融知识宣传】 开展“‘3·15’消费者权益日”“‘6·14’信用记录关爱日”“‘12·4’国家宪法日”主题宣传,以“金融知识普及月”为依托,针对不同群体消费者的金融需求,重点围绕低净值人群,分别走进农场村部、中小微企业、校园、社区、市场等开展特色专场宣传，提升社会群众的金融素养和金融风险防范意识。组织辖区金融机构参加银川中支举办的金融消费者权益保护电视电话培训,引导金融机构开展金融知识宣传，规范提供金融服务。开通“永宁县金融工作平台”微信公众号,打造“激情开拓,创新奋进”的支行辖区金融工作新形象。

【调研信息工作】 修订《中国人民银行永宁县支行调研信息工作管理办法》,全年发表工作信息一百余篇,调研文章8篇,向县委、县政府报送专报件16篇,多篇获主要领导批示,参与相关领域政策、制度、办法制订10余次,基层央行话语权提升。

工商银行永宁支行

【概况】 2017年，应对经济新常态和竞争发展新挑战,围绕县域及周边市场,服务实体经济,稳固经营管理水平，围绕客户和存款两大经营发展基础及大信贷、大零售、大新型市场“三大”重点业务领域,扩展市场,实现质量和效益双提升。

【经营业绩】 2017年,实现拨备前利润4498万元,受不良贷款提取拔备所致，净利润10年来首次出现负增长;2017年2项存款时点余额10.21亿元,增速放缓,其中,公司存款出现负增长;贷款工作方面,各项贷款余额8.17亿元,较年初减少1.76亿元,主要是公司信贷压降不良贷款所致;个人贷款较年初增加0.93亿元;实现中间业务收入1922万元。

【业务开展】 以支付结算、政府支出、工商注册等切入点开展拓户增存,提升客户质量和数量。系统客户数量112534户,新增客户14048户;开展代发工资营销活动,月度新增代发额1083万元,留存率39.31%,推进同业竞争力的提升。落实银政合作项目,牵头组织银团贷款。

【金融产品服务】 以文化旅游产业为突破，牵头组建银团贷款 6 亿元，其中，本行贷款 5 亿元，中行贷款 1 亿元。个人信贷按揭贷款发放实现新突破，年内发放个人贷款 633 笔，金额 14938 万元。

【清收不良贷款】 坚持“一户一策”，不良贷款清收处置取得实效。年末，全行累计清收处置 4 户公司不良贷款，累计清收处置不良客户融资 23506 万元；个人信贷不良贷款处置方面，起诉 5 户，金额 160 余万元，法院均受理，正式立案。

【内部管理】 加强党建及队伍建设，提升内控合规管理工作水平，开展案件防范和风险意识教育，内控案防工作得到进一加强，各类风险得到治理。内控评价二级三档。

中国农业发展银行永宁县支行

【概况】 2017 年，中国农业发展银行永宁支行全行累计发放各项贷款 109370 万元，累计收回贷款 131700 万元。各项贷款余额 249997.78 万元，比年初减少 22330 万元；各项存款余额 14143.83 万元，比年初减少 43763.13 万元；全年实现利润 2236.34 万元，人均利润 101.65 万元；各项存款日均余额 14092.88 万元，比年初减少 43777.85 万元，人均日均存款 1222.47 万元；中长期贷款到期收回率 100%；实现中间业务收入 42.20 万元，人均中间业务收入 1.92 万元；无新增不良贷款；办理国际结算业务 269 笔，金额 3082 万美元，实现外币汇兑收益及手续费收入 27.29 万元，国际业务有效发展。

【“三农”金融服务】 2017 年，支持宁夏储备粮兴庆储备库粮食库存 1606 万千克，累计收到下划小麦轮换贷款 344 万元，累计上划营业部水稻轮换贷款 547 万元；对宁夏伊品生物科技股份有限公司进行收购贷款资格认定工作，向该公司发放玉米收购贷款 10000 万元，发放粮食购销贷款 18800 万元，累计支持收购玉米 107638 万千克，做到“钱随粮走，出库还贷”。

【助力规范地方政府举债】 在 2016 年发放 7 亿元农民集中住房贷款的基础上，继续支持农业农村基础设施建设，2017 年发放续贷项目贷款 3 亿元。依照规范地方政府举债的相关政策的要求，停止相关项目营销、准入及上报工作；在对地方政府举债融资和购买服务排查的基础上，密切关注地方政府及承贷主体的动态，保证支行 18.8 亿元存量贷款债权有保障；主动与县政府及有关部门对接，寻求与地方政府开展在棚户区改造、易地扶贫搬迁贷款等方面的合作，按照新的政策规定合规发放贷款。

【助力农业龙头企业发展】 支持农业龙头企业健康发展。2017 年，支行助力辖区内 2 家龙头企业加速发展，继续与宁夏伊品生物科技股份有限公司合作，开展粮油购销储扶贫贷款收回再贷工作。累计发放产业化龙头企业粮食购销流动资金扶贫贷款 18800 万元，发放产业化龙头企业玉米收购贷款 5000 万元，发放产业化龙头企业粮油短期贷款 6200 万元，发放产业化龙头企业粮油短期扶贫贷款 25900 万元，发放产业化龙头企业玉米收购扶贫贷款 5000 万元。通过解决贫困人口就业，帮助 12 户贫困户增加年收入约 14000 元。

【推动扶贫企业发展】 利用闽宁镇优势，扶持德福公司建设葡萄现代农业产业园。通过续贷和新增贷款方式支持企业做大做强。年度累计发放产业化龙头企业园艺扶贫固定资产贷款 8000 万元，支持宁夏德福葡萄酒有限公司 198 公顷葡萄种植基地项目建设，发放产业化龙头企业园艺类扶贫短期贷款 2700 万元，用于企业日常经营资金需求。企业的经营效益也以一年翻一番的速度增加，2017 年实现销售收入近 1.5 亿元，解决周边村镇 2000 多人的就业问题，人均增加贫困人员年收入 2 万余元，带动 90 名建档立卡贫困人口脱贫。

【支持农村物流产业发展】 2017 年，支行围绕全国东西部协作扶贫样板镇闵宁镇，调查摸底，挖掘亮点，最终确定在前期基金投入 6400 万元的基础上，支持宁夏金润通实业有限公司农村流通体系建设固定资产扶贫贷款 7770 万元，用于闽宁商贸物流园农贸市场建设项目。解决当地 2000 多个就业岗位。

【推进存款发展】 2017年初，支行以增加企事业单位存款为主线，吸引客户将过渡性资金存入，挖掘县域财政资金存款，激励考核加强贷款企业销货款归行的监督。2017年底，各项存款余额14143.83万元，比年初减少43763.13万元。存款日均余额26894.24万元，比年初减少26781.53万元。

【优化服务】 提升国际业务水平。2017年，支行推动增加国际业务结算量再创新高。2017年，成外汇结算269笔，涉及金额3082万美元，实现外币汇兑收益27.29万元，同比多收入3.64万元。

【提升基础管理工作水平】 完善信贷数据与财会核算质量管理，提升数据质量。采取数据“多人复核”制，保证数据“零差错”。测算信贷资金需求，力求准确、编制资金计划。准确掌握利率政策，开展利率管理工作。按照会计综合业务系统运行要求，按规程规范操作，各岗位相互制约监督，账务核算达到“五无”“八相符”。

【风险管理】 严控准入，开展评级授信工作，推进信贷全流程标准化管理，请经验丰富的老信贷员出任信贷资金支付审核岗位，严把支付风险口。按要求定期开展贷后检查工作，按新的贷后管理办法，保证真实地反映客户实际情况和剖析客户风险状况；落实十二级分类工作，保证贷款分类真实准确；按要求定期开展抵质押物重评工作，避免因抵质押物价值变动造成风险隐患；执行重大事项报告制度，向区分行专题报告。

【完善内控机制】 完善财会工作内控制度和财会人员岗位职责考核办法，奖优罚劣。落实内勤坐班主任制度和会计人员岗位工作职责，落实不相容岗位相分离。加强印、押、证、卡的管理使用。落实大额支付“双线”验证制度，保证客户大额资金汇划安全。重控管理，实现全年安全无事故。对支行13个基金项目进行风险分类。针对基金项目进行的自查，查摆问题69个予以整改。

【依规经营】 2017年，法律合规风险管理工作审查信贷担保项目9个，标的额73100万元，出具法律意见9条，无隐患项目；审查业务合同9笔43份，标的额73100万元，出具法律审查意见9条；审查非业务合同4份，标的额26000万元，出具法律审查意见4条。合同规，要素完整，合法合规；支行员工在业务操作过程中违规积分28人次，计58分。

【反洗钱工作】 按新系统上线要求和工作流程，指定专人对反洗钱系统大额交易和可疑交易进行监测，对大额交易信息补录，对可疑交易排查，上报案例分析，按区分行工作安排完成反洗钱风险自评估工作。加强支付结算管理工作。落实大额支付“双线”验证制度，保证客户大额资金汇划安全，支行支付结算工作水平。加强财会基础管理工作。细化财会人员岗位职责及奖惩办法，加大监督检查力度。做到日常工作有落实，事后有监督检查，财会工作质量得到提升。

【“两学一做”】 做到学习教育有计划、有落实、有交流、有考核。强化思想意识，把学习抓细抓实，知行合一。领导以上率下，落实“一岗双责”，突出关键少数。支部领导结合工作实际，以普通党员身份参加党支部的组织生活，与党员一起学习讨论、一起查摆解决问题、一起接受教育。组织支行全体党员及入党积极分子开展“五个一”系列党建活动，全年全体党员集中学习15次，中心组学习12次，集体专题座谈讨论2次，中心组成员讲党课2次，党员撰写学习心得体会16篇。

【文化建设】 充分利用业余时间，组织迎新春趣味运动会、全年健步走、春游等活动。参与永宁县金融系统职工运动会，取得羽毛球女子单打第二、三名，羽毛球团体第三名的好成绩。组织员工参加“绿茵·1000”公益植树活动、“关爱残障儿童，六一送温暖”慰问残障儿童活动。开展以“弘扬最美家风 传承家庭美德”为主题的庆祝“三八”妇女节系列活动。通过与员工家属签订《永宁县支行家庭助廉承诺书》，发放家庭助廉倡议书、邀请心理咨询专家为大家做心理讲座等形式。

建行永宁支行

【概况】 2017年，建行永宁支行一般性存款、对公存款、储蓄存款时点余额分别为：13.27亿元、6.02

亿元、7.25 亿元，比年初新增分别为：0.57 亿元、0.74 亿元、-0.17 亿元；日均余额分别为：13.26 亿元、5.81 亿元、7.45 亿元，比年初新增分别为-1.06 亿元、-0.89 亿元、-0.17 亿元；各项贷款、对公贷款、个人贷款余额分别为 11.64 亿元、5.66 亿元、5.98 亿元，比年初新增分别为-1.56 亿元、-2.64 亿元、0.20 亿元；中间业务净收入 1754.47 万元，较上年同期增加 669.47 万元。网上银行当年活跃客户新增 518 户，手机银行活跃客户净增 4269 户，短信金融服务本年新增 9861 户，微信银行客户本年新增 5148 户，信用卡发卡净增 3043 张，信用卡客户新增 2586 户。扫码付新增 396 户，裕农通服务点新增 4 户，云平台新增 7 户，POS 商户新增 328 户，慧兜圈净增 141 户，收单交易额 41402 万元，消费交易额 49063 万元。

【旺季营销】 成立旺季营销领导小组，制订《永宁支行 2017 年旺季营销活动实施方案》，通过绩效分配、费用配置以岗定责，多劳多得，在全行上下形成“比、学、赶、帮、超”的氛围。开展 PK 赛，加大奖惩力度，对涌现出的先进单位及先进个人予以奖励，实现旺季营销目标任务。

【个人吸储】 盯县域征地拆迁款项目、资产类客户及中高端客户，挖潜存款源头，加大对重点客户的维护力度和拜访频率。关注客户资金流向，以基金、理财产品等锁定客户，将有可能流失的客户资金以其他产品形态沉淀到建行。

【信贷结构优化】 加大对快贷、小微快贷的宣传营销力度，发展普惠金融领域贷款业务。2017 年普惠金融贷款新增 2800 万元，完成分行计划任务的 131.07%。

【中间业务收入发展】 开展重点创新产品的营销、推广，拓宽收入渠道，改变过去仅收靠财务顾问的单一中间业务收入模式，2017 年，在造价咨询、国际业务综合咨询服务方面取得突破。

【夯实客户基础】 以 IC 卡、结算卡等产品为抓手。从公司机构客户中筛选优质客户，由业务部牵头联动网点成立营销团队，主动出击，上门营销。支行营销团队部署，进校园、进机关、进工厂及各大企事业单位，成功营销“悦生活”3 户，代发工资客户 270 多户，配套开通并激活电子银行、龙支付等、办理信用卡百余张。开展零资产客户激活、新开户质量提升、存量客户保有三大客户营销活动。全年走访客户 372 次，网点支行长累计走访客户 753 次。

【发挥财务管理作用】 制订《永宁支行“期期达标”活动考核方案》《永宁支行费用配置方案》《永宁支行分期业务百日竞赛活动方案》《永宁支行 2017 年夏季营销方案》等，发挥考核对业务发展的引导作用；合理配置支行经营费用，营销费用向一线网点倾斜。

【新一代核心系统建设推广】 支行通过成立新一代对私核心推广领导小组、制订《永宁支行新一代对私核心系统推广业务培训演练方案》，全面推进对私存款与借记卡项目及相关组件测试演练工作。网点梳理影响智慧柜员机人脸识别自动通过率的因素，加强人员培训、改造周边环境，提高通过率。2017 年，支行 3 个网点均达标，身份审核工作全部上收。

【绩效管理】 提高会议精细化管理水平。2017 年，永宁支行组织召开全行性工作会议 10 次、领导班子召开党总支会议 20 次，党总支中心理论组会议 14 次、行务会议 43 次，加强精细化管理。

【党的建设】 行党总支坚持中心理论组学习制度，全年共组织学习 13 次，制订《中国建设银行永宁支行党建工作考核办法》，与各党支部签订党建工作目标责任书等方式，将党建工作列入重要工作议程，实行党建工作目标化管理。优化党员结构。1 名基层女党员按期转正，吸收 1 名年轻基层女党员为预备党员。

【内控管理】 实现不因违规而导致不良贷款、监管处罚、操作风险损失、案件和声誉风险损失的目标。抓重点业务、重点环节、重要事项的制度落实。开展公章管理、集中采购、信贷违规、柜面业务四大领域专项排查及银监局“三违反”“三套利”“四不当”及市场乱象专项整治自查活动。

【安全营运】 加强网点防火、防盗、防抢劫演练，同时把查防金融诈骗、盗窃、抢劫、“三类”案件和重大责任事故作为一项重要任务常抓不懈。强化员工安全教育，明确员工岗位规范和业务流程操作，明晰违规操作应承担的责任，培养员工诚实守信的职业操守，增强各级管理人员安全意识，

【队伍建设】 坚持德才兼备、以德为先的选人用人导向，选拔3名优秀年轻员工在网点挂职副行长，对7名中层领导干部进行交流任免职；加强年轻员工的培养与使用。2017年，通过自主报名、竞聘演讲答辩、组织考察等环节为业务管理部选拔3名年轻客户经理；新增1名骨干人才，4名潜力人才，安排2人参加基层管理岗位后备及骨干人才培训班、优秀青年管理人才培训班等培训项目；落实项目评估人才队伍“163”规划，择优评选1人加入区分行项目评估储备人才队伍。

永宁县信用联社

【概况】 2017年度，永宁联社各项存款余额456284万元，其中，对公存款67144万元，较年初增加22653万元，增幅50.92%。各项贷款余额400122万元，较上年同期增加34602万元，其中，涉农贷款余额277491万元，占各项贷款的69.35%。实现各项收入26,528.2万元，其中，中间业务收入共计1106万元，收支轧差实现利润总额5751.86万元，同比增加22902.9万元。

【助力春耕】 一季度共投放春耕资金4.7亿元，服务农户8299户，对接“1+4”特色产业，先后为设施园艺、有机水稻、供外蔬菜、酿酒葡萄及相关延伸产业投入涉农信贷资金28.68亿元。为玉泉营地区发放葡萄种植贷款4000万元，帮助农户扩大种植规模；支持村民通过土地流转建立众志成农林种植专业合作社；与永和盛景果蔬产销专业合作社签订合作协议，为合作社400户温棚种植户户均投放信贷资金5万元，用于合作社2000栋温棚种植等。

【创业扶持】 扶持有创业愿望和创业项目的本地居民走上创业之路。2017年，累计发放全民创业贷款3758笔，金额1.80亿元；妇女创业贷款4214笔，金额2.49亿元。支持新型农业经营主体224户，累计发放贷款7416万元。

【金融扶贫】 2017年度，永宁联社完成对全县未脱贫的建档立卡贫困户评级授信工作，为1692户建档立卡贫困户发放贷款625户4256万元，实现闽宁镇互助基金贷款各村全覆盖，2017年累计发放互助基金担保贷款278户金额943万元。

【诚信建设】 2017年度，联社在闽宁镇推动召开“推动信用体系建设，改善金融生态环境”推进会，多方协调，解决黑名单客户的信贷需求，通过展期、续贷、借新还旧等方式，有条件解除农户黑名单限制，营造诚信和谐的社会金融环境。年末，累计退出“黑名单”客户1799户，为曾失信人员发放贷款27笔248万元。

【普惠金融】 2017年末，联社在全辖五镇一乡建立47个便民金融服务点，覆盖全辖37个行政村。对96户个体工商户类型的电话自助终端商户在后台进行维护，打造精品便民金融服务点服务县域群众。全辖布放144台电话自助终端、便民终端商户模式14户，网点自助终端15台，自助终端机具全年办理业务6517692403笔，金额1975723311万元。

【金融产品创新】 2017年，联社开展承包土地经营权抵押贷款，利用“永宁县农村产权交易中心”服务平台，推出特色信贷产品“农地贷”，全县有223户农民凭借“农村承包土地经营权证”拿到贷款，贷款总额1047万元，抵押土地123.42公顷，盘活农村“沉睡”的土地资本。

【所获荣誉】 2017年，在服务“三农”、脱贫攻坚、推动地方经济发展等方面做出获得“永宁县2017年度支持县域经济发展先进单位”“2017年度支持园区发展先进单位”“永宁县2017年度支持妇女发展协作先进集体”称号。

住房公积金管理

【概况】 2017年，银川住房公积金管理中心永宁分中心围绕永宁县委、政府，银川住房公积金管理中心的决策部署，统一行动，完成2017年各项工

作任务。

【业务指标完成】 2017年，实现当年住房公积金新增开户单位22个，新增缴存人数2453人。全年归集住房公积金13359.01万元，同比增长10.98%；年底累计归集89110万元，归集余额39458万元。全年为454户职工家庭发放住房公积金贷款12357万元，回收贷款本息合计6745.9万元，累计发放贷款82259万元，贷款余额27919万元；个贷率为70.76%，贷款逾期率为0.06‰。全年提取住房公积金7396笔，提取金额7616万元，占当年归集额的57%。累计提取住房公积金49051万元。全年分中心实现业务收入990.38万元，完成业务支出546.61万元，实现增值收益443.77万元。2017年划拨给县政府廉租住房补贴资金757万元，累计为永宁县提供廉租住房建设补充资金2116万元，资金使用率86.38%。

【扩缴宣传】 走访县统计局、工商局、税务局等部门，结合委托银行的优质客户资源开展调查摸底，从永宁县“四上企业”名单中筛选出年度非公企业生产经营状况较好的确定为公积金扩面重点，针对性地进行走访宣传，到企业送政策、送服务。北起教育科技有限公司、四季鲜置业有限公司等22家企业2453名职工开户缴存公积金。

【缴存扩面】 落实县人大代表提出的为社区干部和村干部缴存公积金提案，力争为全县行政事业单位聘用人员缴存住房公积金，经过与县政府主要领导和县委组织部及县财政等有关部门沟通对接，县政府常务会研究决定为永宁县422名村干部和社区干部缴存住房公积金。实现继永宁县环卫工人、协警员之后村干部缴存公积金的全覆盖。

【公积金宣传】 建立缴存单位协管员微信和QQ联系群，通过搭建起公积金中心服务缴存职工的平台，让公积金归集、使用、贷款等一系列惠民政策大家共知，扩大公积金制度影响力，拓宽公积金制度普惠面，推动缴存比例提高、缴存基数扩大、财政配套资金的到位，保持归集额增长。

【规范缴存基数】 督促缴存单位调整缴存比例和基数，扩大缴存额。2017年，有宁夏泰瑞制药有限公司、银川三沙源上游学校、宁夏科泰种业有限公司等4家单位上调公积金缴交比例，有141个单位完成基数调整工作，仅此一项全年增加缴存额1172万元。

【强化归集】 定期开展对欠缴单位的分类催收工作，特别是对非正常状态的缴存账户进行催缴，建立常态化管理机制。2017年，分中心主动联系协调县财政局，保证每季度末行政事业单位归集正常汇缴。生产经营困难的欠缴企业，分中心主动下到企业，引导企业按程序提出申请缓缴书面报告，报请审批。对个别暂时因资金周转困难欠缴的企业，保持经常联系，掌握企业动态，待企业效益好转时进行补缴。宁夏泰瑞制药有限公司将拖欠职工2年的住房公积金2017年全部补齐，步入正常汇缴状态。

【清理重户】 整理出永宁县重户名单，通过与缴存单位协管员联系，清理管辖范围内的系统重户139户，委托银行从源头治理，杜绝出现重户的情况。

【防控支取风险】 公积金提取执行三级审批制度，加强与房地产登记部门、婚姻登记部门及业务银行的沟通联系，杜绝购房、租房及商业还贷中职工利用假购房合同、抵押贷款手续骗提住房公积金行为。

【贷款风险防控】 从预售楼盘源头防范贷款风险，开展对预售楼盘申报项目的调查、勘验及审批准入，防范烂尾楼盘造成贷款损失。加大逾期贷款催收力度，建立月度催收台账，根据逾期程度采取差别化催收方式，对每月银行扣款之后的逾期，分中心领导主动协调委托银行，缴存单位进行上门催收，降低贷款逾期率。

【制度建设】 2017年，从完善各项服务制度入手，制定《服务承诺制度》《服务规范制度》《效能建设制度》《窗口行为规范制度》等窗口行为管理制度，制度包括行为准则、仪容仪表、窗口岗位、例会规范、环境卫生、服务时限、投诉处理，细化服务标准。防止违规操作、推诿扯皮，用规范性文件条款对业务办理流程、条件、时限进行要求。将贷款、提取、归集、核算四项业务明确岗位职责，实施过错追责。将服务管理纳入分中心季度工作人员绩效考核，对工作人员服务情况按照现场办事群众评价进行综合考核，做到每月有督查、督查有通报，通报和季度绩效考核挂钩；对日常业务办理全程电子监控，将前台人员服务方面存在的问题，每月汇总通报 1 次，找出差距进行整改。

【服务标准化建设】 分中心在窗口配备查询机、休息座椅、填单台、饮水机、报刊架等便民设施，为老弱病残及异地贷款职工开设“便民通道”。利用服务大厅 LED 屏幕，滚动播出各项政策制度，业务流程及业务宣传片。解分中心服务承诺、效能建设制度及岗位服务之星评选，通过意见本、意见箱和监督投诉电话等渠道收集群众诉求，制作摆放贷款和 15 种支取业务告知卡。

文化　教育　旅游
广播电视

文　化

【概况】 2017年，加大创作题材的研究、梳理、论证和对立项作品的创作指导，制定《永宁县文化艺术精品扶持奖励办法》，设立文艺精品专项经费，完善扶持引导方式，加大引导和扶持、奖励力度。眉户小戏《两个妈》获得银川市2017年度重点支持文艺项目，舞台剧《昨夜无钟声》获得银川市贺兰山文艺奖一等奖。10个村、社区综合性文化服务中心。通过政府购买公共文化服务方式为每个乡镇配备1名文化指导员，为每个行政村、中心村配备1~2名专职文化管理员。对全县27处不可移动文物进行梳理排查，纳家户清真寺修缮项目和明长城永宁县段磨石沟烽火台修缮项目通过国家文物局审批。“仁存渡口”红色教育基地申报工作启动。新挖掘发现传统羊毛制品技艺、银饰制作技艺、剪纸技艺3项非遗项目。

【体育活动中心建设】 体育活动中心占地面积7994.53平方米，建筑面积15197.32平方米，三层框架结构，部分屋面为钢架结构，固定座位3021个，活动座位为470个，主要设置比赛大厅、各类比赛用房、健身房、篮球馆、羽毛球馆、乒乓球馆、武术馆、休息室、控制室等，一层结构完成80%。整个工程2018年底建成投入使用。

【村、社区综合文化服务中心建设】 农民文化大院17个，村(社区)综合性文化服务中心建设(农民文化大院)15个。建成图书室、电子阅览室、书画室、文化活动中心、非物质文化遗产培训展览室及文化活动广场等文化阵地，为群众开展文化活动提供物质保障。完成靖益、宁化、胜利小镇、康城、杨和四期、新华、李俊小城镇、望远文化站等中心村、小城镇文化活动阵地建设。全县建设有农家书屋75家，每家配置图书750种1600余册，电子音像制品100种，实现农家书屋全覆盖。

【中心村综合文化项目建设】 建设具有村级特色的综合性文化服务中心24个，建成17个。第一批新华、宁化等7个综合性文化服务中心通过银川市验收命名。因永宁县城镇化进程，行政村进行整合，建设综合性文化服务中心，整合部分农民文化大院，现有农民文化大院17个，农家书屋48个，图书流通服务点26个，社区中心图书馆9个。全县文化信息资源共享工程县乡村服务网络健全，县支中心设置率达到100%，乡镇、街道、社区公共电子阅览室覆盖率达100%。

【节庆文化活动】 举办庆元旦、春节、元宵节、七一、八一、十一等节庆系列文化活动。协助举办永宁县第二届市民运动会、2017年全民健身节暨永宁县首届户外徒步大会、永宁艾依河生态园景观路全民健步行、“勇士之路”贺兰山越野挑战赛、宁夏著名老艺术家国画作品展等大型文化活动。

【基层文化活动】 开展“三下乡”、百场文艺进基层、湖城之夏广场文化演出、书香永宁全民阅读、送文化进基层、农民文化大集等各类文化活动共400余场次。开展电影贺岁下基层活动，放映城乡数字电影共1300余场次活动安排覆盖各个行政村和社区。

【大型群众文化活动】 举行“踏歌起舞 欢乐永宁”千人广场舞展演。永宁“踏歌起舞 欢乐永宁”千人广场舞展演，全县各乡镇、街道24支广场舞队1500余人参加此次比赛，观众达6000余人次。举行永宁县第三届“永宁最美声音”乡村歌手大赛。举行首届“永宁大集·大吉永宁”活动，单个活动接待游客45万人次。

【镇村两级文化人才配备】 完善镇村两级文化人才网络，创新机制，面向全区以政府购买公共文化服务的方式为乡、镇、街道文化指导工作人员7名，通过政府购买公共文化服务的方式，为每个乡镇配备1名专业文化指导员，为行政村各配备1名文化管理员，配齐配强基层文化人才，为基层文化发展提供智力支撑。

【民间文艺团体培养】 2017年初，举行全县社会民间文艺团队协会换届。实行协会、文化馆不定期地对演出内容、形式进行审查和抽查，开展群众满意度测评。促使各民间文艺团体提高节目质量，提高演出水平。采取政府向社会力量购买公共文化服务的形式，扶持永宁县回族花儿歌舞团、胜利乡农民艺术团、杨和街道奇星艺术团等10家民间文艺团队。这些民间文艺团队自编自演文艺节目，活跃在全县城乡。

【基层骨干培训】 文化馆面向社会举办全县基层文艺骨干培训班、乡镇文化指导员培训班、村级文化辅导员培训班、全县暑期少儿舞蹈公益性培训班、全县民族民间舞公益性培训班、全县歌手大赛培训班、新华中心村剪纸培训班等各类培训班10期40余班次，培训3000余人次。

【建立文化服务志愿】 完善公共文化服务志愿工作机制，建立文化志愿队伍，定期开展活动。永宁县实行干部包乡、镇、街道指导培育民间文艺团队，提升演出水平，培育本土文艺骨干和文化人才，为乡村文化活动开展提供人才智力支撑。组织文化志愿者到社区、村镇开展文化志愿服务活动。开展文艺骨干培训，文化义演活动，举办合唱、舞蹈等培训活动。

【文化事业单位改革】 建立图书馆以理事会为核心的法人治理结构，坚持政事分开、转变职能，突出主体、重在治理，以及坚持公益、提高效能。县文化馆以政府购买公共文化服务形式，构建人才竞争上岗的文化管理模式，达到人尽其才，物尽其用，提高效能的目标。

【新春秧歌社火巡游】 2月11日，2017年全县新春大拜年秧歌社火展演在永宁县杨和大街、宁和大街举行，由各乡镇/街道组建的21支秧歌社火表演队，3000余人的展演团队在永宁县主街道进行巡游展演，观看展演的观众达2万人次。社火展演即展现永宁春节期间欢乐祥和的热闹氛围。2月11日，永宁县2017年“永宁大吉·大集永宁”社火展演举行，展演由胜利乡胜利中心村社火队、望洪靖益中心村社火队、李俊许桥中心村社火队3支优秀的社火队600余人进行。

【湖城之夏广场文化演出】 5月4日晚，永宁县第十四届湖城之夏·广场文化季启动仪式在永宁人民公园举行。全县各民间文艺团队5000人次。湖城之夏广场文化季从4月份至10月份，共组织广场文艺演出20场次。

【乡村歌手大赛】 11月10日，永宁县第三届“永宁最美声音”乡村歌手大赛总决赛在永宁县体育中心二楼羽毛球馆举行。此次比赛自9月初开赛以来历时2个月，由各村镇、社区层层选拔，最终从1200余名选手中选拔出19位进入总决赛。

【送戏下乡】 6月7日晚上，永宁县“美丽乡村 文化大集”送戏下乡在李俊镇文化广场启动，活动从6月份一直延续至10月份，为期5个月，在每个乡镇、中心村、小城镇开展3—5天的文化大集，以“移风易俗”为主题，内容有文艺演出、送图书、送法律、送政策、送科技等。此次活动为永宁县推进移风易俗、树立良好家风文明乡风民风营造良好的文化氛围。

【全国自行车越野挑战赛】 10月28日，在闽宁镇贺兰山南麓举办全国“勇士之路·贺兰山自行车越野挑战赛”，来自全国知名山地自行车越野车队运动员400多人参加比赛。自治区体育局局长张柏森、自治区旅游发展委员会副主任张仁汉、银川市委常委、永宁县委书记钱克孝同志，区、市、县自行车协会会员参加开幕式。

【全县首届农民篮球争霸赛】 12月，在人民公园举办“中国体育彩票杯”永宁县首届农民篮球争霸赛，来自全县各乡镇的六6支队伍，70人参加。冠亚军分别由望远镇和闽宁镇获得，2支球队代表永宁县参加银川市首届农民篮球争霸赛。

【群众类竞赛】 5月13—16日，组队代表宁夏参加在山西省晋中市举行的第十三届全运会群众比赛柔力球预赛，综合成绩取得三等奖，在28个省份中位列16名。9月，组队参加全国“久久星”柔力球比赛，青年组获一等奖，中年组获优胜奖。9月下旬，组队参加2017年第三届“全民健身节”宁夏社会体育指导员交流展示大赛，获得二等奖。9月27—30日，组队参加2017沙坡头杯首届大漠健身运动大赛，排球、拔河分别获得三等奖，拉沙舟获得二等奖，足球获得冠军。

【竞技体育】 2017年，永宁县共注册运动员329人。田径、举重、乒乓球、跆拳道、排球、足球和篮球，运动员近300人，其中，注册251人；外训的项目有游泳、篮球、武术和田径，运动员达到78人，注册人数为78人。自训队员年龄分布主要为中小学生，外训队员主要为初中生。参加2017年全区青少年田径、篮球、足球、排球、游泳、武术、举重、摔跤和跆拳道9个项目比赛，获得金牌6枚，银牌2枚，铜牌3枚，第四名至第八名35人次。

教　育

【概况】 2017年，全县共有小学28所，初级中学5所，九年一贯制学校1所，完全中学2所，职业学校1所，幼儿园41所民办普通高中1所，民办职业学校1所。在校学生51794人，其中，学前教育9399人，义务教育34871人，普通高中5753人，职业高中1771人。教职工3577人，专任教师3047人。

【教育协调发展】 学前三年入园率达到119.4%，义务教育阶段小学适龄人口入学率达到99%，在校生巩固率达到100%，初中适龄人口入学率达到98.48%。对全县承担义务教育阶段教育任务的8所中学和19所小学进行督导检查。为迎接2018年国家对宁夏义务教育均衡发展复验开展准备，基本普及高中阶段教育工作在原有基础上得到提升。职教中心通过国家开放大学、中央广播电视大学的评估验收。

【课堂教学推进】 推进银川市“推动课堂变革，提升教学效率”的课堂教学评比活动。全县144节课获得银川市一、二等奖。组织开展“一师一优课，一课一名师”晒课活动，注册教师达到99%，各学段超额完成晒课任务。2017年有7节课获得教育部优课。2017年，全县高考一、二本共上线582人，上线率33.8%。高考突破600分以上2人；中考600分以上307人，比去年增加123人。实现平安考试和阳光招生，高考、中考、会考考试零事故，中考招生零投诉。

【提升党员干部素质】 落实机关中心组、党员的学习。组织干部学习习近平总书记讲话，学习区、市、县会议精神。邀请区党校教授刘文长、区教育工委李秋玲、李玮等授课。利用暑期，组织校长培训班，讨论学校的章程建设、信息化建设、校园文化建设等内容。结合“两学一做”学习教育制度化工作，开展四个专题讨论，明晰党员“四个合格”的要求。

【联系基层群众】 投资9万元为东河村五、六队和八队改造抽水扬水站蓄水池2个，解决东河村五、六队79.2公顷、八队公顷农田淌水难的问题，为东河村捐赠100千瓦变压器1台，协调供电局帮助免费给予安装，解决东河村九、十队每到农忙等用电高峰期因变压器功率小经常断电，无法给44.4公顷地淌水的问题。到东河村为党员宣讲自治区第十二次党代会精神、十九大报告、乡风文明知识等，组织机关全体党员干部参加东河村主题党日活动，慰问东河村老党员、困难党员36户，慰问米面合计约

3800元。来到闽宁镇,开展精准扶贫工作。

【党组织建设】 解决望远地区民办幼儿园党组织书记问题,对永宁二幼党组织软弱涣散进行整改活动,指导党务干事规范建档,通过走访、培训改进基层党建工作中存在的问题。县教育工委制订印发《永宁县教体系统2017年党风廉政建设工作安排》,落实“一岗双责”制,梳理制定教育工委党风廉政建设主体责任清单八大项二十小项,逐层签订党风廉政建设、师德师风目标责任书。做到在重大节庆日前、开学及放假前,发送廉政短信10余条4000余人。表彰6个党组织、30名党员,有5名党员被自治区教育工委授予优秀共产党员示范岗称号。慰问4名大病、困难党员教师。评选典型,组织“讲奉献,敢担当,有作为”演讲比赛。来自基层、22位同志用鲜活的事例阐释党员对党的忠诚,对教育事业的热爱,对工作的担当精神。吸收20名同志为中共预备党员,按期转正9名同志。

【传统文化传承】 依托升国旗仪式、建党、建团、建队周年纪念、五四、六一、十一等重大活动,组织开展“喜迎十九大,童心向党”,“我向习爷爷说句心里话”,“喜迎十九大,向国旗敬礼”,“文明礼仪进校园”,“中华经典诗文诵读”,“日行一善”,“我的中国梦征文比赛”,“保护母亲河行动”,“雷锋精神代代传”,“清明祭英烈”,“美德少年评选”,“孝敬父母月”,十八岁成人宣誓仪式,“模拟法庭”,戏曲进校园,汉字听写大赛等活动,丰富未成年人思想道德建设的活动载体,提高学生的道德素质和社会责任感。2017年,永宁县获得全国未成年人思想道德先进县称号。

【师资队伍建设】 招聘特岗教师50名,面向全区选调教师13名,免费师范生5名,调整超编学校教师74人到缺编学校,缓解乡村缺编现象。招聘第三方劳务派遣幼儿园教师和保健人员68名,解决幼儿教师短缺。设立幼儿园园长助理3名,开展园长培训工作,培育园长后备人才。开展免费师范生、骨干教师、特岗教师、校园长、党务工作者等各类培训2000多人次。发挥人才引领作用,成立10个名师工作室,辐射全县农村学校。实施合作共建,与福建角美结对,与北京、银川名校开展教育合作。设立洪致平乡村奖教金,奖励突出贡献的乡村教师。

【特色学科建设】 开展特色学科建设活动。构建由县教研室、基地学校、中心教研组构成的教研共同体。制订《永宁县特色学科建设实施方案》,确定22个特色学科,建立13个基地学校开展工作。

【教师信息技术应用能力提升】 完成回高等10所学校289套多媒体设备的配置;实施全县中小学幼儿园光纤提速工程,为实现教育资源的共享提供保障。2月22日,开展三轮逐校抽听20%教师的课堂教学活动,对800余名教师的信息技术运用能力进行测评,推动和提高教师应用交互式电子白板的能力。6月,完成中小学全部教师的测评,发放县级证书。12月27日,通过教育厅的检查验收。永中、四中申报成功自治区信息化示范学校。

【教育投入】 2017年全县教育的各类投入达到3.03亿元,争取专项资金4275万元,用于教育基本建设的投入达2.17亿元,总建筑面积52260.56平方米。新建、改建、扩建中小学、幼儿园基础设施11所,学校标准化建设水平提升。教育设施设备的投入达到3671万元,用于教师培训的投入达到120万元,用于助学、补助及奖励的投入达到2004万元。

【联系群众下基层】 投资9万元为东河村五、六队和八队改造抽水扬水站蓄水池2个,解决东河村五、六队79.2公顷、八队36.96公顷农田淌水难的问题,为东河村捐赠100千瓦变压器1台,协调供电局等部门免费给予安装,解决东河村九队、十队每到农忙等用电高峰期因变压器功率小经常断电,无法给48.84公顷地淌水的问题。到东河村为党员宣讲自治区第十二次党代会精神、十九大报告、乡风文明知识等,组织机关全体党员干部参加东河村主题党日活动,慰问东河村老党员、困难党员36户,慰问米面价值3800元。

【大学生生源地贷款扶贫助学】 与国家开发银行对接,办理大学生生源地助学贷款1209人,贷款799.7万元,保证高考各类录取学生不因家庭贫困而放弃学业。协助开发银行开展贷款回收工作,贷款还款率100%;为166名应届贫困大学生争取办理燕宝基金每人每年4000元,连续资助4年,保证每一个家庭困难的学生都能入学。

【校车卫星定位系统安装实现全覆盖】 8月,经永宁县教育局、永宁县交通运输局、永宁县公安局交警大队研究,决定强化校车源头化安全监管,对全县20辆校车全部安装使用卫星定位系统,纳入监管平台,实施统一动态监管。校车GPS设备安装达到100%。实现校车源头化安全监管。

【基础设施建设】 2017年全县共对6所中小学、幼儿园进行新建、改扩建,总建筑面积54576平方米,总投资21114.45万元,争取项目资金3716万元。新建27栋单体楼,2017年底,单体楼的主体工程完成26栋，进入粉刷、安装阶段，完成投资11555万元。其中,学前教育建设2所。建筑面积8326.51平方米,投资2344.08万元,争取项目资金1204万元;义务教育阶段建设4所学校,新增建筑面积46970.31平方米,投资18770.3万元,争取项目资金2512万元。

【普通高中国家助学金】 2017年，自治区下达永宁县春秋季普通高中国家助学金239.6万元。春季资助高中贫困学生997名，发放助学金88.55万元;秋季资助高中贫困学生1251人次,发放助学金151.05万元;平均每生每年2000元。免除高中建档立卡等四类学生学费16.32万元。永宁县学生资助管理中心下拨各高中学校,3所高中学校均以银行卡的形式按要求下发到贫困学生手中。

【中职学生资助】 根据《自治区中等职业学校国家助学金管理办法》，由县学生管理资助中心牵头，由职教中心具体负责办理助学金发放的日常工作,专人负责学生注册、学生学籍管理、资助信息申报、助学金申请、免学费审核、资金的结算发放监督、发放台账和资金落实情况及节余资金管理建档等工作。2017年春秋季落实中职助学金193人次,发放助学金19.3万元;全体受助学生全部办理银行卡,规范资助金发放办法。落实中职免学费金额119万元。本县财政对义务教育阶段学生和在职大学生的资助。按照《永宁县教体局资助家庭经济困难学生工作实施方案》，根据摸底调查、审核、上报审批,永宁县对全县义务教育阶段家庭经济困难学生资助2075人次,小学1490人,中学585人,总共资助125.93元。大学生资助43人,资助资金8.6万元。幼儿园学生的资助。按照《宁夏回族自治区开展学前教育建档立卡家庭经济困难儿童“一免一补”资助工作的通知》《宁夏回族自治区学前两年教育资助制度试点工作助学金管理暂行办法》,永宁县2017年对学前一年和学前两年2210人次幼儿教育大班和中班贫困学生进行资助,发放助学金110.2万元。发放学前教育建档立卡级残疾学生“一免一补”资金347人次,发放资金41.64万元。

【社会捐资助学】 2017年，为166名学生争取燕宝基金会为永宁县受资助学生发放资金66.4万元。争取“佑华公益基金”资金20万元,用于资助2017级闽宁移民地区50名品学兼优的学生。争取国家电网助学资金35万元,对建档立卡的学生进行资助。争取自治区妇联“护航春蕾”捐资助学资金7万元,对70名高中贫困学生进行资助。争取县工会“春雨助学”资金12万元,资助家庭经济困难学生100人。在大病救助方面,按照扶危济困的工作要求,根据学生得病的实际,2017年为闽宁中心小学刘亦菲、永宁三中陈海凡、永宁四中哈余晓募集发放救助资金5.08万元。

【特殊教育】 9月份,投资100万元建设的特殊教室正式挂牌，该教室可辐射县城地区义务教育阶段特殊儿童进行康复训练。

【学前教育】 坚持政府履职、多元办园、成本分担的学前教育发展和运行机制,为幼儿提供文明、和谐、安全教育环境。有2所区级示范园,1所区级一类园,7所市级一类园,22所市级二类园,7所市级三类园,15所普惠性幼儿园。2017年,通过政府购买服务的形式,又为公办幼儿园招聘68名幼儿教师和8名保健医生,稳定幼儿教师队伍。

【义务教育】 规范转学、休学制度,启用全国统一的学籍管理系统,完成589人转入,487人转出。完成中小学生毕业升级、数据更新、转学等提交的数据。规范学校招生行为。制订《永宁县2017年义务教育阶段招生工作实施方案》,协助城区小学开展招生工作。接收进城务工人员子女入学160人次。按照“划片免试就近入学”的规定,全部安排到公立学校就读,享受与城镇居民子女同等待遇。

旅游产业发展服务

【概况】 2017年，全县旅游产业发展服务工作围绕把旅游业融入经济社会发展全局的思路，依托一园三线六区的旅游格局，以“百亿级文化旅游产业集群”为重点，打造全域旅游示范县。推动全县旅游事业发展。全年接待游客298.49万人次，实现旅游收入10790.91万元，同比分别增长150.55%和97.37%。

【冬季采摘旅游】 2017年，举办“生态永宁·情溢满园”旅游采摘季活动，宁夏新闻网、银川新闻网等媒体进行78次宣传。采摘季5个月游客达2.26万人次，实现旅游收入110.73万元，同比分别增长201.6%和195.28%。

【农家乐旅游】 实施星级农家乐厨房、厕所、服务的标准化体系建设，按照等级标准逐项评定，通过标准化建设，推动永宁县农家乐向环境整洁优美、特色突出、高档农家乐发展。2017年，宣威生态园、黄四宝农庄分别投资260万元和35万元实施农家乐改造，农家乐内外环境得到改善，游客数量增加。

【滨河大道、艾依河生态园散客游】 滨河大道和艾依河生态园沿线环境绿化、美化及道路基础设施建设等方面逐渐优化，艾依河生态园投资2700万元，建设彩色步行道27千米，吸引大批市民周末前来垂钓、露营。2017年自驾前往滨河大道和艾依河生态园的游客达到2.8万人次。2017年，全县乡村旅游共接待游客17.75万人次，实现旅游收入676万元。

【三沙源文化旅游区建设】 2017年，三沙源国际生态文化旅游度假区项目完成投资15.09亿元。实施四季乐园基础建设，商业街区装修，运动公园和沙枣林公园建设以及部分桥梁、市政道路基础配套等建设。

【长城云漠酒庄生态旅游项目建设】 2017年，长城云漠酒庄生态旅游建设项目投资3367万元，建设会议室、宴会厅、售卖区改造装修，防洪堤坝建设。

【人民公园欢乐运动项目建设】 2017年，人民公园欢乐运动提升建设项目投资760万元，完成人民公园健康运动环线建设，国际化游乐设备的安装，市民体验内容不断增加，吸引县内外的居民前来体验，人民幸福指数大幅提升。

【活动带动旅游业发展】 2017年，举办大小各类活动18个。三沙源冰雪嘉年华、“永宁大集·大吉永宁”大型新春灯会、“生态永宁·情溢满园”、永宁县冬季旅游采摘季、“百里桃花开·千里踏春来”2017年永宁县胜利乡醉美桃花节、三沙源风筝节、“5·19”中国旅游日宁夏分会场、2017宁夏旅游美食季暨第三届永宁特色文旅一日游、三沙源夏季系列活动、第三届葡萄酒庄丰收自驾游暨棚湖湾生态景区特色产业成果展，2017永宁金秋重阳田野自驾游等活动，被中央电视台及中央级媒体报道10余次，被自治区、银川市各类媒体以及新媒体集中报道和跟踪报道400余次，形成永宁县旅游活动宣传热。

【旅游推介】 参加海南“沙与海的对话”新闻发布会、银川“首届中国（宁夏）国际旅游博览会”，第八届“丝绸之路”大漠黄河国际旅游节等各类推介活动推广永宁林业资源。在全国旅游期刊《假日旅游》杂志上刊发4期永宁旅游宣传彩页，增加省内对永宁县的知晓度。

【旅游形象宣传】 主要节庆日在广场、街道、重点路段等人流量密集的场所通过发放宣传册、手提袋等宣传品，在全县营造良好的旅游氛围。2017年累计发放旅游宣传册11000本、宣传品5000个，宣传条幅24条，宣传海报120余张，制作展板35块。

【旅游特色小镇布局】 围绕东线，依托黄河文化、黄河大桥交通枢纽、鹤泉湖资源优势，打造具有国际影响力的洛可可创意设计特色小镇。集聚创新创意的思维，谋划旅游产业规模化、国际化、旅游会展品牌化的旅游产品。围绕西线，依托贺兰山、明长城历史文化、葡萄酒文化、干沙滩变成金沙滩的生态区域优势，打造闽宁镇特色小镇。发展酒庄品鉴游，休闲自驾游、光伏生态采摘游、红树莓观光体验游、明长城徒步运动游、风情小镇购物游，打造富民旅游的展示地，成为国家级特色小镇。闽宁镇游客集散中心完成框架主体工程建设，游客服务、展示馆、创客中心展示区、颐居草堂展示区、移民文化展示区等功能布局。2017年，闽宁镇被评为国家级特色小镇，原隆村被评为国家级乡村旅游创客示范基地和自治区特色产业示范村。

【旅游业人才引进】 2017年，引进成都原乡文化投资有限公司董事长周莉、文物收藏家李福林、上海乡伴文旅设计师朱胜宣、洛可可科技有限公司董事长贾伟等多位国内创新驱动型人才为永宁县旅游产业发展贡献智慧。在永宁双百工程推进、纳家古街的盘活、全域旅游规划设计和艾依河生态园乡村旅游示范点规划、城市名片设计及贺兰山红酒平台打造等方面带来新思想、新理念。

【旅游产业招商】 引进洛可可有限公司为永宁县打造贺兰山东麓葡萄酒平台和城市品牌名片，引进中国旅游资源整合联盟在永宁县银子湖投资建设文化旅游项，引进东方园林集团对永宁县全域旅游进行投资建设和整体运营，引进泊鹭通航产业有限公司和北方铨盛（宁夏）科技有限公司投资建设海子湖通航小镇项目。

【旅游业安全监管】 联合县市场监督管理局、文广局、安监局、消防队等相关部门，对景区、星级农家乐、星级宾馆、旅行社等旅游企业进行安全检查18次，专项节前检查11次，专项节后复查8次。针对全县旅游景区（点）、星级农家乐、星级宾馆、旅行社、重点旅游项目等45家企业举办旅游管理人员提升及安全生产培训班3期，累计91人次参加培训，提升企业的管理水平和安全生产事故预防意识。对不符合标准的毛湖咀农家乐予以摘牌，实现行业动态化管理，推动全县旅游行业标准化建设步入新轨道。

【作风建设】 开展“送温暖，下基层”活动，为上河村20户困难老党员和困难群众送去生活慰问品，发放优秀老党员和困难老党员慰问金5280元。开展“送学上门”服务，发放习近平总书记重要论述及系列讲话读本200本，组织讲党课3次，使党员领导干部在下基层的过程中接地气、解民忧，宣传党和国家惠民政策，增强宗旨意识和群众观念，密切党群、干群关系。开展“守纪律，敢担当，有作为”作风建设活动，向全县30家旅游企业征求意见，将反馈意见建立台账，逐项落实整改。

广播电视

【概况】 2017年，围绕党的路线、方针、政策，配合县委、县政府的中心工作，坚持正确的舆论导向，全方位宣传永宁的“五城同创”工作，发挥广播电视媒体的作用，为全县的改革发展稳定创造良好的舆论环境。

【围绕中心工作开展宣传】 2017年，围绕全县的中心工作以《永宁新闻》为平台，全年编播《永宁新闻》260档组1500余条，完成各项宣传任务。制作播出《砥砺奋进的五年》《喜迎十九大，百姓说变化》等子栏目。全方位、多角度反映永宁县经济社会发展和日新月异的变化，展示全县各行各业所取得的成绩。

【开办《永宁问政》】 《永宁问政》栏目由县纪委、县委宣传部、县广播电视台联合推出的一台百姓参与、百姓监督、百姓评议、治庸问责、优化环境的电视问政节目。从演播厅到节目现场，数名政风行风监督员走上街头巷尾，进社区、下企业、访市民，将镜头对准群众反映最现实、最直接、最强烈的问题。

【平台建设】 广播电视台正式投入大量人力，建设微信公众号“永宁映像”“永宁县广播电视台”新浪微博，与自治区广电网络合作上传永宁新闻到“新闻荟萃”栏目，2017年，永宁新闻正式入驻宁夏电信IPTV点播栏目，实现永宁新闻通过广电网络走向全区，通过新媒体走向世界。永宁电视台广电网络电视用户3万户，“永宁映像”微信公众号平台关注用户已超1.2万人，每天点击阅读量超2万人次。“永宁县广播电视台”新浪微博粉丝量在3400人左右，每日点击量达1万人次。6月，永宁县利用新华社“现场云”平台，建立直播分平台，利用新华社党政客户端手机平台，开通“和美永宁”手机电视,为永宁县广播电视台突破地域限制,扩大宣传提供条件。“现场云”直播平台参与报道的记者及通讯员达到250人,编辑8人,直播节目包括图文和视频直播650场次，点击人数达到58万人次。其中,永宁县组织各界群众收看十九大开幕式,点击量达到8万人次。永宁手机台每日点击量突破1万人次。永宁手机客户端用户也达到3000人,每天点击量也达到1万人次。

【媒体与其他行业融合】 举办永宁好声音、回乡歌手大赛、才艺大赛、闽宁秦腔大赛,丰富全县人民的文化生活。承办五一劳动节表彰大会、七一建党节歌咏比赛、八一建军节文艺晚会、环卫工人节表彰大会、新春茶话会等多项重大活动，锻炼队伍,增强影响。将宁和广场电子屏也作为县电视台的宣传工具,每天安排专人,保证正常编排播出,既保证部门宣传工作的需要。

【培养直播团队】 组建团队，研究现场云的开发和使用。购买手机8部,推流编码器4个,可移动型N8导播台1台,手持稳定器8个,手机三脚架8个,组织全台记者及技术人员研究、进行实战化的演练,现有成熟的现场网络直播团队。

【采编体制改革】 改革全台的采编体制，建立以编辑部为中心,将编辑部整合为全媒体编辑部、集中对视频、现场、图文报道进行编辑审核,多平台分发。将记者部整合为全媒体记者部,采取直播、图文报道、电视新闻一体化采访。

广电网络

【概况】 2017年，广电网络分公司累计实现各项经营收入1568万元。其中,主营收入829万元;多元化经营收入676万元,其他收入62万元。全年新增用户5975户,新增数字电视用户2029户,新增互动宽带用户3946户。

【宽带网络建设】 2017年，分公司完成全县五镇一乡385千米主干光缆和68各行政村分配网络建设,建设乡镇PTN机房6座,行政村分前端机房18座。实现全县各乡镇、行政村广电网络信号开通，完成县城和望远44个老旧小区5.3万套住房的FTTH网络改造任务。

【网络质量提升】 制订《永宁分公司2017年度网格营销实施方案》，对全县用户进行网格划分为，做到“人人头上有担子,人人头上有压力”,根据每月片区营销任务考核员工月度绩效奖金。5月份，对《永宁分公司2017年度网格营销实施方案》进行修订，成立经理层担任组长的网格片区加实战营销宣传小组，每周不低于4次开展广电便民服务进小区。对县城、望远以及各乡镇中心村开展开展“六盘云”业务推介宣传活动,上门宣传营销累计400余场次,现场发展新装用户1125户,宽带互动用户1920户,带来直接经营收入220万元。针对续费率和主营收入下降的情况，公司按月对全体员工下达催费任务，返聘退休员工对新到期欠费用户进行催费,开展将呆死用户激活活动。

【乡镇业务代理商】 与各乡镇政府、行政村和各中心村物业公司沟通协调，广泛发展乡镇业务代理商,签订代理业务合同21家,在偏远乡镇、中心村联建6家广电社区便民服务店,方便偏远乡镇、中心村的用户办理广电业务，促进分公司的用户发展。

【智慧社区店建设】 2017年，永宁分公司落实集团和区公司公司经营策略,主动参与地方“智慧城市”项目建设。5月,完成闽宁镇原隆村农村基层文化服务中心建设。11月,完成望远翡翠城智慧社区店建设。配合电视合对永宁融合媒体分平台、手机APP进行完善。

【广电网络发展】 采取多项措施抓续费率和网络配套建设工作。2017年,建成开通全县五镇一乡,68个行政村的有线电视分配网络,覆盖全县农村住户3.9万户。累计竣工5个小区新建工程,签订新建工程项目3个,回收三沙源、民生逸兰溪、花间墅等新建小区的网络配套建设费共计676万元。

文化馆

【概况】 2017年,县文化馆以转变作风为突破,推动群众广泛开展,组织完成“三下乡”“文化惠民,四送六进”送戏下乡百场文艺下基层活动,完成各项工作。

【推进全国文化先进县创建】 2017年,文化馆还是围绕“五城同创”这一中心内容开展工作。将创建“全国文化先进县”的相关内容确立为重点工作。对照“全国文化先进县”考核内容,将每项具体内容细化分解、责任到人。每月逐一自查推进进度,通过逐一、逐条自查。加大对弱势群体的服务力度,选派优秀团队为敬老院、儿童托福中心、部分外来务工人员集中的工地送演出。加强基层服务倾斜力度,让每个村都能组建广场舞队、自乐班等文化活动团队,组织辅导开展各类文化活动。

【业务提高提升】 派出业务骨干人员参加中国非遗传承人群研培训计划宁夏回族乐器培训班,2017年全区公共电子阅览室管理服务人员培训班、全国数字文化馆建设培训班、“2017年戏曲艺术人才培养高级研修班、全国春雨工程钢琴调律培训班、中国非遗传承人群研培训计划秦腔普及培训班、全国公共文化巡讲暨春雨工程大讲堂全区文化业务骨干培训班、2017年银川市社会文艺骨干、文化志愿者广场舞、钢琴 、二胡艺术培训班、全区人才建设舞蹈培训班、全区人才支持计划摄影创作培训班、银川市文化馆2017年专业扩声技术免费培训”等培训,积极利用区、市各类培训学习机会,让文化馆干部职工走出去,加强自身业务学习成为适应新常态下群众文化工作中“一专多能”的文艺骨干。

【文艺演出活动】 组织参与永宁县春节团拜会、“永宁大集·大吉永宁”、正月十五元宵社火展演等2017年春节系列活动。组织开展“湖城之夏广场文化季”活动,2017年演出20场次。观众近6万人次。

【文化“三下乡”】 组织参与“三下乡”,“文化惠民,四送六进”送戏下乡和“深入生活,扎根人民”百场文艺下基层活动。在“三下乡”活动中共组织免费送春联、送书法1000余幅,配合宣传演出。在“文化惠民,四送六进”送戏下乡和“深入生活,扎根人民”百场文艺下基层活动中,组织永宁县回族花儿歌舞团、胜利乡农民艺术团、杨和街道办奇星艺术团、杨和镇霓彩艺术团、望远星光青年艺术团等优秀文艺团体,为社区、行政村下基层演出各达100场次,观众达5万人次。

【重点创作】 文化馆协助杨和镇创编的舞台剧《暖春》和闽宁镇赵鸿文化大院创编的眉户小戏《两个妈》,在全县进行巡演申报国家艺术基金项目。

【基层文艺骨干培训】 举办“全县基层文艺骨干培训班”“乡镇文化指导员培训班”“村级文化辅导员培训班”“全县暑期少儿舞蹈公益性培训班”“全县暑期公益性书法培训班”“全县民族民间舞公益性培训班”“全县歌手大赛培训班”“新华中心村剪纸培训班”等共计10期60余班次3000余人次。

【重点文艺演出】 举办宁夏首届2017年全民健身节暨永宁县首届户外徒步大会,各单位干部、职工、群众6000余人参加。在八一建军节开展庆祝建军90周年送文化进军营双拥活动。在十九大召开之际,开展喜迎十九大永宁县“踏歌起舞,欢乐永宁”千人广场舞展演活动。全县共有20余支广场舞队1500余人参加,观看群众达5000余人,在永宁进行首次现场直播。组织开展“和美永宁·韵律青春”国际标准舞、交谊舞大赛、“全县青少年书法绘画大赛”、第三届“回乡最美声音”农民歌手大赛、“美丽乡村,文化大集”等自主品牌化文化活动100余场次。2017年吉祥中国农民春晚永宁分会场由永宁县承办,文化馆组织编排演出,高质量地完成任务。

新华书店

【概况】 2017年,新华书店永宁分公司以干事创业,争先创优,主动开展工作,各项事业稳步发展,取得较好的社会效益和经济效益。

【经济指标完成情况】 2017年，永宁分公司完成销售码洋756.84万元，与上年同期相比增加250.52万元，增幅49 %。

【中小学教材教辅征订】 教材、教辅的征订和发行工作一直以来是永宁新华书店的头等大事，2017年春、秋两季教材发行工作，按时保质完成教材教辅、学习之友、成长教育等发行任务。实现“课前到书，人手一册”的目标。

【助力全民阅读】 以“宁夏全民阅读日”、“世界读书日”为契机，结合“书香永宁·永宁书香”全民阅读活动，组织开展流动售书活动，集中在永宁县南市场集市和人民公园展销优秀出版物，联合永宁中学举办第36届“新华书店杯”创新作文大赛。向学校捐赠种类丰富、门类齐全，适合中学生阅读的图书。结合农村文化实际需求，利用外出农民工和放假学生集中返乡期，春节前夕到永宁县各乡镇开展以“新春送文化，阅读进农村”为主题的下乡流动售书活动。

【政治读物发行】 配合政府部门，开展政治理论类读物和其他重点出版物的发行工作。2017年，完成《十八届六中全会》《从严治党理论热点面对面》《党内基本法规学习读本》《习近平谈治国理政》《习近平的七年知青岁月》及十九大相关图书销售。

档　案

【概况】 2017年，全县档案工作履行档案工作职能，强化数字化加工工作，档案业务建设，档案服务能力、基础业务工作和自身建设提升，各项工作推进。2017年，馆藏各类档案88872卷117689件，107个全宗，接收进馆各类档案6285卷15006件，各类图书资料17188本(册)，建立征地拆迁、土地确权、婚姻档案、实物档案16个信息数据库。

【档案业务培训】 制订下发《关于举办全县档案业务培训班的通知》，特邀市档案局业务主管为全县各乡镇、机关、企事业单位专(兼)职档案员讲解《归档文件整理规则》。规范全县各单位档案的收集、整理、保管、移交等业务工作。落实国家政策，做到应收尽收。加强与各单位的协调沟通，督促指导杨和镇、行政审批服务局、审计局 、政协等11个单位将整理规范的档案移交进馆。

【民生档案收集】 开展望远、杨和、胜利、住房与城市建设局征地拆迁档案规范化整理及接收工作，抽调专业人员长期驻守、全程负责参与协助整理接收李俊镇征地拆迁档案278卷，全文数字化8752件61423页。拓宽档案资料的收集渠道，征集《宁夏旧方志集成》35本、《宁夏通志》34本，丰富馆藏史料。

【档案接收】 县委、政府、人大、政协、组织部、法院等26个单位档案实现规范整理。与“两办”及有重大活动单位的沟通和协作，对承办重大活动、项目的单位，多次上门督促、指导，协助完成重点项目档案、重大活动档案资料的收集、整理与归档，就重大活动档案的归档范围、载体、中央领导人来永宁县视察工作的照片、音像、外交活动中获赠的礼品及重大工程、重大项目的文件资料等实物档案收集归档做重点督察、指导、验收。2017年，接收进馆5992件。主动上门接收习近平等国家领导人来永宁视察工作、省外领导及区、市领导视察、调研资料41件，重大活动资料15件，接收国务院总理李克强来永宁视察工作时在纳家户清真寺的题字、笔墨、砚台等8件。

【完善档案利用制度】 收集和整理与群众切身利益相关的婚姻档案、征地拆迁档案，加快馆藏档案和新接收进馆档案数字化加工工作，加紧征地拆迁档案的全文数字化及挂接，对著录、扫描好的征地拆迁档案、土地确权、婚姻档案，优先挂接，优先开放，优先利用。

【档案服务】 为机关单位编史修志工作查考提供便利，为群众工资工龄、土地、婚姻纠纷问题等提供大量的档案资料。对档案利用者做到“来有问声，走有送声”，做到随到随查，热情接待。2017年，接待查阅925人次，查阅档案1071卷751件，复印4221页。

【档案安全管理】 加强领导，落实责任，将档案安全工作列入单位的重要议事日程，将档案安全工作责任细化分解，明确到人。安装安全监控设施，对档案馆重要通道及馆库重要部位进行全天监控，邀请消防总队的教官为大家定期进行消防知识的培训和安全工作的指导。坚持档案库房专人保管、专人查阅。制定节假日值班制度，保证档案安全。

【数字化档案馆建设】 安排档案数字化专项经费，配合银川忠盛恒档案数字化公司按合同规定和要求完成馆藏档案的数字化加工工作。完成全文数字化全宗77个，著录条目级档案111542条，全文扫描915147幅，挂接全文78105条。扩建和改造档案著录室2间，新配置电脑、扫描仪等专用设备。派专人负责指导各乡镇、各单位完成进馆档案的电子著录、全文扫描、挂接等档案数字化加工工作，完成条目级著录25647条，扫描185770页，挂接全文34638件281584页。对涉及征地拆迁及二轮土地确权档案的部门和乡镇，派专人全程指导协助完成档案的规范整理和全文数字化加工工作，完成著录1433卷68599件349659页，档案数字化总储存容量达6.27 TB。对完成的107个全宗馆藏纸质档案及数字化档案进行抽检、刻录光盘及异地异质备份，对原有的档案数字化硬件设备进行升级，基本实现档案现代化管理的功能。

【扶贫帮困】 “两节”和七一前，走访王太村25户特困户、残疾群众和老党员，送上价值4000余元的米、面、油等。精准帮扶制订帮扶方案和措施，先后到原隆村樊平贵、张九成等5户建档立卡户家中，拍全家福，送慰问品，在访问中帮助帮扶对象制订就业方向、脱贫计划。下到所包王太村30多户人家和原隆村6户人家，入户调查，开展建档立卡。帮助所包户协调办理残疾证、帮助困难户实现打工就业、承包温棚。依法依规有序监督指导所包王太村村委会的换届选举。

【联合大党委共建活动】 与胜利社区、共建单位开展“密切联系群众主题党日”“领航党建月”2次支部主题党日活动。参加社区组织的志愿服务活动。开展在职党员“服务进社区，关爱进社区，感情进社区”的“敬老月”系列活动，组织党员到邮政局11户居民家中走访慰问，开展问卷调查，宣传惠民政策，向社区寡居、多病老人送电热宝30个。七一前夕，慰问胜利社区的5户老党员、困难党员，为群众送去米、面、油等生活用品。

科学技术

综　述

【概况】 2017年，新建自治区级技术创新中心3家；培育认定自治区科技型中小企业15家,2017年申报5家待认定；建有自治区级科技孵化器2家;经动态调整全县农村科技特派员有189人,其中,自治区级法人科技特派员83人;农业科技信息服务站点覆盖所有乡镇、农业科技示范园区。

【科技投入】 申报自治区科技后补助项目15项；落实5家企业加计扣除抵扣税项目73项,项目经税务部门认定的研发投入21682.91万元，实际抵扣税额4188.48万元。获批各级各类项目24项,争取资金近1365万元企业对科技投入的力度加大,全县研究与开发经费投入达3.0亿元，比2016年的2.52亿元增长19%。

【科技项目示范引领】 共组织申报区、市科技计划项目64项,组织实施国家、区、市各级各类科技计划项目38项;申报自治区、银川市科技成果鉴定5项;申报自治区科技孵化器2家,技术创新中心3项,科技金融2项,后补助引导3项,科技惠民计划1项,基础条件建设2项,创新团队2家,科普教育基地1家,知识产权申请专利补助1项,区科技特派员创业行动项目10项;申报银川市重点研发22项,众创空间4家;泰瑞制药、启元药业与中科院共同实施的东西部合作项目“生物发酵制药异味污染控制集成技术与系统优化研究”待审批。

【科技支撑工业】 开展科技政策的宣传培训,落实企业研发费用加计扣除、高新技术企业税收优惠政策;组织5家企业参加自治区科技型企业认定;申报自治区科技孵化器2家,自治区、银川市众创空间2家;给予县内规模以上企业参加自治区、银川市科技政策、项目咨询、金融扶持、自主创新等方面专业指导。围绕高新技术企业、科技型中小企业实施知识产权“零突破”和“倍增”计划攻坚,开展知识产权优势企业培育工作，组织企业申请自治区知识产权专利补助93项。专利申请量136件,授权量48件,其中,发明专利21件,万人有效发明专利拥有量6件,高于全区2.52件的水平,位居全区前列。

【科技支撑农业】 组织申报自治区农业高新技术企业2家、科技型中小企业4家待认定;借力“国家科技特派员创业基地”平台,突出智能信息化、物联网、电商、生物工程、节水及农业机械化装备技术的应用,重点围绕农业标准化生产、蔬菜超高产可持续栽培等技术体系落实研究攻关课题,开展产学研用协同创新,加快科技成果转化。引进、试验、示范新品种54个,新技术、新设备20多项,培育科技示范户500户。自治区科技惠民计划“宁夏分布式光伏扶贫工程智能化监控运维与规划类碳资产开发技术集成示范”“原隆村特色产业综合信息技术服务体系转化与应用”等项目按年度实施计划推进，配合自治区科技厅完成2项惠民项目的绩效评估工作。

【科技创新平台建设】 开展中国农业大学理学院在永宁县挂牌成立“博士工作站”“博士工作点”及“农产品检测第三方实验室”等工作；争取“银川农业科技创客基金”在闽宁镇光伏农业科技园区打造银川农业创客空间，昌盛光伏被认定为银川市众创空间；组织企业继续申报自治区、银川市“创客科技”“自治区科技孵化器”。县生产力促进中心、科技特派员创业协会等科技中介服务组织创新管理方式，联合区、市科技中介组织开展科技专项申请验收、结题及专利申报代理、体系认证等服务。

【科技特派员工作】 2017年，科技特派员达174人，其中，自治区级法人科技特派员83人全部挂牌认定；争取创业项目8项；完成2014—2016年度自治区科技特派员创业项目的验收及材料提交工作，配合自治区科特派创业服务中心完成对2015年重点项目的抽验工作；组织科技特派员参加区、市众筹众创培训、创新创业能力提升培训23人次，组织4名科技特派员到北京中科院参加为期10天的培训学习。科技特派员与农民共建经济实体72个，创新创业领域覆盖全县各乡镇。

气　象

【概况】 2017年，县气象工作启动重大气象灾害应急响应10次，发布预警信号100次，编发《农用天气预报》《气象信息专报》等决策材料132期，其中，获领导批示7次，接受电视台采访4次。对全县72名决策用户、291名高敏感行业用户、96名基层气象灾害防御人员更新备案，气象信息发布乡村覆盖率达到100%。针对春运、春播、中高考期间、三夏、秋收秋种、重大社会活动等与组委会联系，利用手机短信、新媒体等多种方式为活动提供准确的气象服务。

【气象社会管理】 3月6日，与县住房和城乡建设局交接建设工程防雷装置设计审核、竣工验收许可工作。5月25日，印发《永宁县气象局2017年“安全生产月”和“安全生产万里行”活动实施方案》。到易燃易爆场所、人员密集场所、在建工地开展《宁夏回族自治区气候资源开发利用和保护办法》、防雷安全法规宣传。加强气象行政执法监管力度，开展执法检查12次。

【气象助力脱贫攻坚】 2017年，永宁县气象局制订《2017年永宁气象助力精准扶贫工作要点》，配合银川市气象局在闽宁镇光伏产业园2号阴阳棚、壹泰牧业和崩旺养牛场建成气象物联网3套。对闽宁镇76户贫困户建档立卡，开展“一户一号”气象预警服务模式，发布气象信息。基于手机APP和微信公众号开展实况、预报预警、专题服务和气象物联网控制等特色服务。向扶贫产业管理员和务工人员推广安装“致富宝”手机APP、“气象助力闽宁脱贫”和“永宁气象”微信公众号、阿里钉钉智慧气象信息员平台，服务方式获得服务对象的一致好评。2017年，闽宁镇政府印发《关于推进气象信息服务和乡镇农机服务工作的通知》，将闽宁镇辖区内的气象信息服务站融入农技服务站，按照“六有”要求履行气象职能，实现乡镇气象职能标准化。2017年，中国气象局对气象助力闽宁精准脱贫工作予以肯定。

【春运气象服务】 2017年春运期间，利用大喇叭、电子显示屏、手机短信、微博微信等多种手段，发布天气预报和出行提示信息。发布预警信号时电话告知交通局、广电局等。其间，累计制作气象服务专报5期，天气预警8期，累计报送服务材料150份，通过电话向县委办公室汇报近期雨雪天气情况3次，发送各类气象服务短信36条16029人次。

【完成春播气象服务】 2月初，制作题为《永宁县2017年“春潮”强度及适宜春播期预报》的春播会材料。农业气象服务气中心人员在春播前及春播期间根据当地的农业生产实际，下到农业生产第一线，组织开展土壤墒情普查，调查春播进度，征求用户对气象服务工作的意见和需求，将天气预报情况、雨情、墒情向县委、政府及涉农单位报送，利用电子显示屏、大喇叭等设施传递到农民手中，为他们春播工作提供参考依据，有利保证春播工作的进行。制作《春播气象服务专报》2期。

【大雪气象服务纪实】 2月20日傍晚至21日清晨，全县普降大雪。其间，发布天气预警信息5条。预警信息、最新天气预报均通过预警大喇叭和电子显示屏发送，通过手机短信传送至政府领导、乡镇领导、各相关部门领导、农村信息员、设施农业用户等。开展降雪加密观测12点(次)。2月20日17时至2月21日20时，每隔3小时人工加密观测1次，记录天气现象、降水量和积雪深度，报送相关科室。开展人影作业4点(次)，发射火箭弹24枚。

【暴雨气象服务】 在“6·4”强降雨天气过程中，联合国土资源局发布地质灾害气象风险3级(黄色)预警信号，联合水务局发布山洪灾害气象风险黄色预警信号，发布城市积涝气象风险预警信号1次，发布暴雨预警信号2次。6月1日，向永宁县委、政府及相关部门呈报《3—4日永宁县有一次明显降雨天气过程》的气象信息专报。3日下午，电话叫应县委、县政府及国土、水务、民政、农业、林业等部门及各乡镇负责人，告知天气变化趋势，提醒各部门开展防汛救灾安排。5日，制作《6月4—5日永宁县普降大到暴雨 局地大暴雨》的气象信息专报。

【人工影响天气工作】 制定印发《2017年度人影工作计划》《人工影响天气通告》。在汛期气象服务动员会上对人影工作进行安排部署，同黄羊滩农场、玉泉营农场作业点签订人影安全协议。修订《永宁县气象局火箭人工增雨防雹作业应急预案》《永宁县气象局人工增雨作业事故处理预案》。5月10日，永宁县3个人影作业点相关人员参加银川市气象局组织的人影作业培训。火箭架等作业装备均按要求进行年检，发放合格证。人影工作安全未出现重大失误。年内完成玉泉营农场和黄羊滩农场人工影响天气装备弹药库标准化建设。

【业务工作】 按时完成定时观测、重要天气报的发报、传输，无重大责任性事故发生，数据可用率达100%，5月份安装天气现象仪、综合集成硬件控制器，年内完成新型自动站的年检、升级业务软件，降水现象仪安装调试运行正常。按时完成小麦、玉米、水稻、自然物候及生态日常观测工作，按时传输各类报文。配合完成宁夏气象局科研所项目《宁夏灌区干旱致灾机理研究》。区域自动气象站传输率为99.57%、大喇叭在线率为100%、电子屏上线率为70%。

【党风建设】 元旦、春节、清明、五一、端午等重要时间节点，通过发廉政提醒短信等方式加强警示，提早介入，尽早提醒，明确纪律要求。制订《永宁县气象局“作风建设年”活动实施方案》，成立领导小组，明确主题和时间安排。每位职工上报个人问题清单和整改措施，向市气象局上报《永宁局“作风建设年”问题清单及整改措施》，按时间节点开展活动。

【精神文明】 按月完成党员教育积分考核评分工作，按时足额收取党费。1月9日，到南环社区慰问困难户2家，开展微心愿1次。3月24日，班子成员到新银社区讲党课1次。5月12日，到永宁县三小开展“气象防灾减灾进校园”科普讲座，组织学生到气象观测站参观场。5月31日，开展“支部主题党日”活动，由支部书记为党员、入党积极分子及部分职工讲党课。县气象台在5月份被宁夏气象局机关委员会评为“青年先锋号”。6月14日，在永宁县杨和大街开展安全生产宣传。6月23日，到望远镇兴盈社区开展结对帮扶1次，为社区10户困难户送去米面油。10月24日，开展“道德讲堂”1次。在重大节日期间，组织青年志愿者开展气象科普宣传5次。

乡镇　街道办事处

李俊镇

【概况】 李俊镇位于永宁县最南端，东靠黄河，南接青铜峡，西邻玉泉营农场，北与望洪镇相邻，距县城25千米，是永宁县的“南大门”。全镇面积105平方千米，辖15个村1个社区，总户数约9056户，约有3.8万人。汉延渠、唐徕渠、惠农渠、西干渠自南向北穿境而过，农业灌溉条件十分优越，109国道、许黄公路、李银公路纵横交织，交通十分便利。四棵树、多宝塔、雷祖庙、仁存渡等文化旅游资源丰富。2017年，全镇农业总产值达4.4亿元，同比增幅4.8%；农村居民人均可支配收入达到11945元，同比增幅9%。

【班子队伍建设】 组织开展党的十九大学习、中央一号文件解读、自治区第十二次党代会精神解读、村“两委”干部培训班、入党积极分子培训班、“两学一做”专题讨论、廖俊波同志先进事迹学习等。完成村“两委”、村监会换届选举工作，调整村书记、主任4名，其他村干部6名，新当选的村干部平均年龄48.6岁，高中以上文化学历占比达到48%以上，村级班子年龄结构、知识层次优化。

【党组织阵地建设】 重点打造中心村阵地，在雷台中心村打造红色渡口教育阵地，展示1949年解放军从仁存渡口渡河解放银川的历史，在许桥中心村落实“党建+”特色化阵地党建项目，打造以党史长廊为中心，辐射廉政文化长廊、民俗服务中心、村史馆、民生代办点、老饭桌以及留守儿童快乐之家等服务场所，提升村级党组织服务水平；在王团中心村推行“11234”工作法，提升村级办公服务效率；在镇区中心村成立“一站式”民生服务大厅，解决服务群众“最后一公里”的问题；在宁化中心村开展“431”工作法，加强党员教育管理。

【廉政建设】 建立督查曝光台，对重点工作进行日督促、周通报，限期整改，“正风纠错预警”与“三定两评一应用”相结合，发出督查通报25期，进行正风纠错12人次，进行经济处罚40人，问责4人，调动干部干事创业的积极性。执行中央“八项规定”，全镇2017年财政拨款支出安排的出国（境）费、车辆购置及运行费、公务接待费整体下降18%。2017年，镇纪委接到信访案件、投诉15件，镇纪委负责办理11件，初核了结4件，立案1件，答复2件，办理中4件；转交第二协作区办理4件。

【项目建设】 利用全镇128个复垦庄点和部分集体闲散公用地，通过对外承包、租赁的方式，以增加村集体经济收入；整合各中心村营业房资源，引进手工业和家庭作坊，实现村集体经济和商业户增收。2017年，村集体收入在15万元以上的村4个，10万元以上的村5个，8万元以上的村6个，村集体经济增幅20%。

【农业结构性改革】 按照“三精农业”的发展思路，继续抓“一园、二带、四个万亩基地”建设，重点扶持五项优势产业，累计流转土地 3814.8 公顷，种植粮食 2085.6 公顷，打造露地瓜菜 1729.2 公顷，新增供港蔬菜 294.346 公顷，促进农业产业升级。

【农业标准化建设】 按照标准化生产要求，抓基础、抓环境、抓标准、抓品牌，建设标准化生产园区 8 个面积 1359.6 公顷，促进全镇农业产业向组织化、产业化、规模化发展。取得无公害产地 2 个，取得绿色农产品产地认证 1 个，古光村宁夏佳运玉园蔬菜基地和许桥村宁夏悦丰农科港菜基地标准化建设走在全县前列。

【设施农业发展】 在团结村占地 28.38 公顷建设高标准固定温棚 103 栋，全部以农户种植为主，年底园区总收益可达到 206 万元，实现当年建设、当年生产、当年见效。

【特色产业品牌建设】 提高李俊牌韭菜、侯寨牌西瓜、麒麟西瓜、许桥番茄、鲜食葡萄等“一村一品”优势特色产业的发展，种植有机水稻 839.52 公顷，新增韭菜 9.9 公顷、侯寨西瓜 17.16 公顷、麒麟西瓜 52.8 公顷，新建果菜基地 13.2 公顷，扩大农户的参与面，提高收益率。

【改善民生】 整合镇村两级资源，在雷台、许桥、王团建立 3 个民生代办点，整合镇区 6 个村建成民生服务大厅，将待办事项下放，推动“小民生，大服务”，解决服务群众“最后一公里”的问题，让人民群众在家门口就能办成事、办好事，实现为民服务“零距离”，全年累计接待群众 1.2 万人次，为群众办实事 7000 余件。落实“56789 暖心工程”，城乡居民养老保险、医疗保险参保率均达 98%。结合临时救助资金，研究制订临时救助资金办法，对全镇 153 户生活困难人员和患有重大疾病生活拮据家庭实施常态化救助。发放救助金 14.65 万元。在李庄、雷台、王团、许桥中心村新设立老年饭桌，解决空巢老人、无人照顾老年人的吃饭问题。上半年争取县财政拨付拆迁补偿款 1.2 亿，各类工程款 4900 万按比例分期化解全镇拆迁农户拆迁款项，10 月份通过协同信用社办理贷款 1.6 亿元。

【就业创业】 全年转移就业劳动力 6315 人，培育劳务经纪人 36 人，实现农民增收 1.14 亿元。开展“电工、电焊、家政服务、妇女手工制作、残疾人就业等多种职业技能培训形式 8 场次，帮助农民实现在家门口就业。开展妇女就业创业小额担保贷款工作，为全镇 80 余户办理就业创业贷款，办理贷款资金近 500 余万元，解决中心村拆迁后妇女群众发展和壮大经济的后顾之忧。

【人口与计生】 开展“亲情计生万家行”活动，宣传“两孩”政策及人口和计划生育新条例，开展各类培训 18 期，培训 8500 余人次；巩固完善候寨村流动儿童服务之家，打造许桥中心村流动儿童快乐之家。全镇上半年出生人口政策符合率达 100%。

【作风建设】 开展“下基层，送政策，促发展”活动。组织学习党的十九大精神和自治区第十二次党代会精神以及农村政策和相关法律法规 30 场次；走访群众 550 户 1523 人；下发政策宣传册 3200 册，收集到的意见建议和问题 325 条，现场答复 180 条，转交各站所中心办理 110 条，不能立即解决的 35 条问题建立整理台账，实行销号制度，确群众反映的问题能够件件有回音，事事有着落，做到政策宣传、联系群众。推进群众评议机关作风工作，收集手机号 22666 人，手机号采集率达 95%以上，抽中测评 523 人，完成测评 509 人。

【精神文明建设】 开展民风建设月启动大会，为 15 个红白理事会授牌，开展文明创建“十二个一”、“道德讲堂”、“好家风好家训”评选、“红白理事会”推选、民风知识讲座、农民才艺大赛、迎新春运动会、“树文明新风，心随舞动”广场舞大赛、“好婆婆好媳妇”、“最美永宁人评选”、“星级文明户评选”以及典型示范人员宣讲报告会等一系列活动，户均宣传覆盖率达 90%。累计参与人数达到 2.8 万人次，活动覆盖率达到 80%。

【民风建设】 在许桥中心村打造全县第一家民俗服务中心，利用中心村营业房，为群众免费提供一个办理婚丧嫁娶事宜的场所，设立“十桌行规”，主张喜事新办、丧事简办，在方便群众的杜绝大操大办。自民俗服务中心运行以来，为 10 户群众办理婚丧嫁娶提供服务，减少群众办理婚丧嫁娶费用。各村举办“立家规，树家风，传家训”民风教育讲座

16场次、“道德讲堂”16场次、制作宣传橱窗16个、制定村规民约和村训32条、收集好家风家训160多条。形成党风带政风促民风的氛围。

【平安乡镇创建】 落实每日值班领导接访制度，面对面倾听群众诉求，实打实为群众排忧解难，化解一批影响社会和谐稳定的信访问题和突出矛盾。采取日常排查、特殊时期重点排查和分部门、分区域相结合的方式开展信访突出问题和不稳定因素排查。对信访突出问题实行领导包村、干部包人，做到沉下去、稳得住，信访案件减少。

【社会治安】 实行信访维稳工作报告制度。各村（社区）每天向综治中心汇报当天的信访维稳信息，重大紧急信访信息随时发现、随时报送，做到“有事报情况，无事报平安”。2017年，全镇排查各类矛盾纠纷92起，调处90起，调解成功率达98%；刑事案件破15起，破案率上升25%，群众安全感满意度测评满意率达94%。

【美丽乡村建设】 以中心村内外绿化为重点，辐射完成一、二支沟两侧林带的规划造林和老丰登沟、南大沟、109线两侧的造林工作，绿化面积51.348公顷，栽植林木13万株。完善中心村污水处理厂运营机制，开展主干道路、镇区街道、各中心村环境卫生综合整治工作和“两违”建设专项整治行动，整治主干道路累计246千米，义务出工酬劳16200人次，整治设施园区277.2公顷，累计清运中心村垃圾杂物等15.6吨，林带修整累计230万平方米，清运拆迁区、空地土方沙石建筑垃圾等2700方，镇容镇貌得到改善；完成侯寨整村庄点复耕26.4公顷；完成京藏高速公路两侧征地任务224户16.14公顷，完成银西高铁电力输送铁塔改造征地0.452公顷。

【落实河长制】 根据全镇河湖、沟渠水系实际情况及管理体系，按河湖、沟渠级别和流经区域，成立河长制工作办公室，设置镇、村、队三级河长，其中，镇级河长11个，村级河长17个。通过加强水资源保护、加强河湖、沟渠水域岸线管理保护、加强水污染防治、加强水环境治理、加强水生态修复、加强执法监管落实河长责任制。

【农田水利建设】 以团结沟为主线，规划实施5个新建片区，3个巩固提高片区，按照“田成方，林成网，路相连，旱能灌，涝能排”的农建标准，建设高标准农田5742公顷，改造中低产田264公顷，农水建设累计投入人工10.7万余人次，出动机械1300台（次），清淤镇村队三级河长制主干沟道65条155千米，整治农渠682条546.7千米，整治斗沟37条74千米，修复林带59条69.3千米，机深松1980公顷，秋翻地3300公顷，铺设砂石道路7.8千米；新修和恢复林带132条198.924公顷；平田整地132公顷，迁坟1139座，完成侯寨村剩余庄点20余户拆迁任务，依托财政“一事一议”项目，对和尚渠边路、团结路、李古路、丰登路实行硬化13.5千米。全镇农业基础配套设施进一步完善。

望洪镇

【概况】 望洪镇位于永宁县城西南方向，东与灵武市隔河相望，西至贺兰山东麓，南接李俊镇，北邻杨和镇、胜利乡。辖16个村民委员会：南方村、望洪村、西玉村、农丰村、农声村、西和村、东和村、增岗村、前渠村、史庄村、宋澄村、北渠村、靖益村、金星村、高渠村、新华村；望洪林场、宁夏大学试验农场。146个村民小组。2017年，坚持“产业兴镇，生态立镇，和谐建镇”，建设“现代农业发展示范镇，美丽乡村建设示范镇，生态休闲旅游示范镇”，全镇城镇化水平、农业现代化水平、公共服务水平、文明创建水平和人民生活水平提高。

【示范园区建设】 建设6个标准化生产园区，打造高标准农田3960公顷，巩固提高土地的综合生产能力。充分发挥龙头企业在农业标准化工作中的带头作用和辐射效应，打造南至307国道、北至增全沟、东至109国道、西至中干沟的1个万亩产业示范区，在有机水稻、供外蔬菜、设施园艺等主导产业上，形成由龙头企业带动的“公司+基地+标准+农户”的农业产业化模式。

【特色优势产业发展】 重点扶持设施果蔬、供港蔬菜、有机水稻等优势产业，累计流转土地3498公顷，种植粮食 4026 公顷，打造露地瓜菜 1247.4 公顷，推进标准化生产园区建设，打造无公害农产品 4 个、无公害产地 4 个、新认证绿色（有机）食品 2 个、新登记农产品地理标志 2 个，高渠韭菜、望洪大米、麒麟西瓜、增岗前渠葡萄等优势特色产业发展良好。依托壮大村集体经济项目，围绕农丰、新华、靖益 3 个中心村，建设 198 公顷节水灌溉设施基地，发展拱棚和露地蔬菜，解决中心村农民就近就业生产问题。在高渠村流转土地 8.316 公顷，投资 900 万元，建设高标准设施拱棚 106 栋，通过反租倒包的形式，发动农户参与经营。

【生态环境建设】 制订望洪镇城乡环境综合整治推进方案，坚持抓好每月 5 日的环境整治日活动，以主干沟渠路、未拆迁庄点、设施农业园区、供外蔬菜基地为重点，综合进行整治，建立环境卫生综合整治的长效机制及考核办法。完成 109 国道与 307 国道交叉口处 4 户加工企业拆迁工作。巩固提升主干道路、沟渠两侧、环中心村等重点区域绿化整治工作，提升绿化水平。加强农村面源污染整治，完善垃圾收储、中转设施配套，创建国家级生态镇。

【河长制落实】 建立望洪镇河长制办公室，落实责任，健全机制。现有收入河长制名录的县级、镇级、村级河湖共计 42 条，其中，县级河湖 15 条，镇级河湖 15 条，村级河湖 12 条，河流信息全部排摸清楚，为镇村两级 27 条河湖建立安装河长制信息公示牌，公示河流基本信息，明确各级河长职责权限。在落实河长制工作过程中，从望洪实际出发摸索创新出 123 工作模式，即“一档一策，两级巡查，三个量化”，推进全镇河长制工作开展。

【国土资源管理】 对拆迁复垦土地进行清查核实，以村队为单位建档立卡，做到一个庄点一档一卡一图，做到四至界限清，土地使用情况明。组织开展土地卫片执法强制拆除工作，对全镇 17 处土地卫片违法违章建筑物进行强制拆除，彻底消除违法图斑。按时完成京藏高速改扩建征地拆迁及复沟复渠工作。

【农田水利基本建设】 2017 年，全镇农水建设以惠农渠、汉延渠、唐徕渠、西干渠、滨河大道、西部水系、中干沟、一排沟 7 条主干沟、渠水系；滨河大道、109 国道、京藏高速、307 国道、永黄路、靖吊路、李银路 7 条主干道路为主线，向两侧纵深推进，建设 5 个高标准基本农田片区 6138 公顷，其中，重点片区 2 个 2046 公顷，新建片区 1 个 924 公顷，巩固提高片区 2 个 1848 公顷。2017 年，望洪镇获得永宁县秋季农田水利基本建设一等奖。

【劳务产业发展】 实施“新型农民培育”工程，开展职业技能培训、创业培训、电子商务培训、农业标准化培训，培育新型职业农民，全镇有各类劳务输出人员 5350 人，劳务产业实现年产值 9580 万元，劳务输出产业逐渐向专业化、产业化发展。

【农村示范社区建设】 全镇以农村基层社会治理创新为引领，按照“管理有序，服务完善，文明祥和”的要求，启动全国农村社区示范创建活动，满足农村居民的多元化需求，提高农村居民生活质量和文明程度。新化中心村于 9 月 8 日接受国家民政部专家组的评估验收。

【平安建设】 落实领导接访和党委班子集体接访制度，全年接待来访群众近 4000 余人次，排查各类矛盾纠纷 62 起，成功调处 58 起；化解历年遗留重大疑难信访案件 4 起；查处治安案件 32 起，查处率为 66%。未出现进京非防和群体性到区、市上访现象的发生，群众安全感满意度测评满意率达 95%以上。

【镇村党组织建设】 2017 年，结合村“两委”班子和村监会换届，对新华中心村、靖益中心村、农丰中心村的村民监督委员会进行改革，以中心村选举成立联合村民监督委员会，打破过去各村分设村民监督委员会的模式，加强对村级资产、财务的监督管理。镇党委中心理论组会议和晨会集中学习区、市、县纪委全会精神和市委《关于不履行党风廉政建设主体责任和监督责任追究办法》《中国共产党纪律检查机关监督执纪工作规则》等规章制度，强化党员干部不敢腐、不想腐、不能腐的思想防线，全镇办理纪检信访件 11 件，初核 11 件，立案 2 件，正风纠错 8 人。

杨和镇

【概况】 杨和镇位于银川市永宁县中部，东临黄河与灵武市隔河相望，南与望洪镇西和、增岗、高渠村毗邻，西靠唐徕渠，北与胜利乡八渠村、望远镇永清、东升村接壤。杨和镇地处永宁县城四周，距自治区首府银川20千米，境内环境优美，资源丰富，交通发达，通信快捷，土地肥沃，石中高速、城际快速通道、109国道、永黄公路横贯全镇；著名的纳家户清真大寺、鹤泉湖等旅游景点，以其浓郁的民族文化特色、美丽的自然风光吸引着八方游客前来参观游览。杨和镇面积63平方千米，辖10个行政村106个村民小组，2017年底，城乡户籍总户数12431户，总人口33756人。全年全镇工农业总产值完成33.33亿元，农民人均可支配收入达到13025元，分别较2016年增长10%和7.5%。

【党组织建设】 杨和镇党委下设机关支部1个，离退休干部党支部1个，农村党支部10个，44个功能党小组，有党员998名。

【粮食生产】 全镇土地种植总面积2646.468公顷，粮食播种1786.686公顷。发展小麦制种132公顷，单种小麦收获后复种秋菜132公顷，玉米制种132公顷。农业土地主要分为两片：县城东侧区域，杨和、王太、纳家户等村委会进行土地流转，流转土地主要种植露地蔬菜17.16公顷、玉米318.78公顷、小麦97.68公顷，水稻17.16公顷。

【设施农业】 2017年，杨和镇铺设南北全村设施温棚泥结石道路3700米，硬化蒲湖沟北沟道路800米，完成南北全村13队设施园艺水电配套设施，新建旺全村、东全村抗旱扬水站4座。配套高效节水灌溉396公顷、平田整地19.8公顷。完成京藏高速两侧涉及旺全村、东全村7.062公顷农田的复沟、复渠工程。

【特色产业】 发展劳动密集型农产品生产，扩大温棚蔬菜种植、优质粮食种植等主导产业的规模。建设以旺全村、南北全村为中心的3个标准化生产园区，农业生产组织化程度提升。依托南北全壮大村集体经济项目新建的高标准拱棚40栋，形成15.18公顷的番茄种植园区。组织冠丰苑番茄拱棚、南北全村集体拱棚、宁夏众志成拱棚基地和刘海露地番茄等种植龙头合作社，组建产业联盟，打造供外番茄标准化产业示范基地，扩大优势产业效应；结合全域旅游整体思路，分片打造以观光采摘、亲子种植等为重点的休闲农业。惠丰村QQ菜园流转土地13.2公顷，发展露地蔬菜的亲子种植。杨和村利用集体闲置土地建设生态园，发展露地蔬菜、瓜果采摘，逐步形成集休闲、烧烤、水果采摘、农事体验一体的休闲度假园，盘活闲置土地，壮大村集体经济收入；旺全引进冠丰苑投资900万元占地26.4公顷建设152栋拱棚打造供外番茄种植基地；东全枸杞种苗繁育基地完成80栋拱棚续建工程，推进枸杞种苗繁育产业做大做强。南北全冬牧70+玉米青贮饲草标准化生产基地稳定发展。

【河长制工作】 按照河长制工作要求，对县乡村三级24条河湖沟道，设置警长8人，巡查员17人，保洁员27人，配备44套河长巡查服装，强化日常巡查监管，形成参与，齐抓共治的保护局面。结合农田水利基本建设清理整治河长制沟道20条57.4千米。结合秸秆禁烧工作，清理整治鹤泉湖、珍珠湖、马大湖湖内芦苇杂草364.056公顷，推进天蓝、地绿、水美宜居环境建设。

【农业基础设施建设】 组织实施以农田水利建设为主的农业基础设施建设，结合全镇实际制订《杨和镇2017年秋冬季农田水利基本建设实施方案》，采取集中会战和分散上工的形式，人机结合，集中精力解决群众行路难、灌排难和农村沟渠巷道脏乱差等问题。全镇规划建设高标准农田片区4片2379公顷，其中，清淤支斗沟22条37千米，农毛沟650条320千米；整修农毛渠1215条450千米；整修农田路1215条242千米。完成秋季农业三项任务，机深翻农田1122公顷，机械秸秆粉碎还田264公顷，整修主干道路林带33千米、农田林网19.14公顷，涂刷、修枝、抚育林带28条3.5万株。

【秸秆禁烧】 将秸秆禁烧工作纳入各村年终目标考核，实行镇、村、队三级网格化联动机制，执行24小时值班制度，责任到人。投入资金460余万元，出动2.2万余人次，机械车辆680余台（次），清理树枝、秸秆、杂草 400 余吨。

【城乡一体化建设】 2017 年，开展城乡环境综合整治工作。保障县重点工程开展。完成叶家湖二期工程，涉及杨和、观桥、永红 527 户 246.83 公顷征地工作；完成京藏高速公路改扩建工程，涉及旺全、东全、纳家户 300 户 15.09 公顷的征地任务；完成南部水厂输配水管道工程 2.9 公顷征地协调工作；完成银西铁路宁夏白鸽牵引站 220 千瓦外部供电工程 20 座基座征地协调工作；完成华电供热建设工程，涉及纳家户、惠丰、王太、杨和 6.88 千米 14.916 公顷租地和 1.55 公顷的征地任务。依法开展动迁清理整治，规范、完善动迁程序和资料。通过回购面积支付 83 户 459 万元，兑付动迁补偿款 1495 户 5240 余万元，主动协调房源，按照安置政策标准，将历年动迁群众妥善安置。建立保洁员管理制度和环境卫生长效管理机制，投工投劳 5000 余人次，出动清运车辆、机械 360 余辆，清理设施园区垃圾 1 万余方。新增垃圾箱 200 个，开展“僵尸车”整治行动，建设完善东全、王太停车场，联合小区物业公司，将杨和 1、2、3、4 期，永康社区内的农用车辆全部清理至停车场集中停放，社区环境优化。对辖区主干道路、农田林网有碍观瞻的建筑物依法拆除。联合县公安、国土、城管等单位，对纳家户、旺全、东全、观桥等村违法违规建筑进行综合执法，拆除 4 户 4000 平方米，拆除违法卫星图斑 7 处 6000 平方米，制止乱搭乱建、违法违规建设。

【惠农补贴政策落实】 2017 年，惠民政策落实。推进“56789 暖心工程”，对全镇符合条件的 1248 位老人送去生日的祝福。对符合 70—79 岁高龄补助的 181 位老人登记造册，发给高龄津贴 147 人，月发放高龄津贴 66150 元。落实残疾人生活津贴，月发放资金 24500 元。补发惠农资金 288 户 40556 元。社会保障工作推进。城乡居民社会养老保险参保 9202 人，新增 60 岁领取养老金 135 人，领取养老金总数达 1950 人；被征地农民养老保险办理 1590 人，城乡居民医疗保险总参保 3150 人，按照低保动态管理工作要求，核销城乡低保 166 户 169 人。全镇共享受农村低保 469 户 585 人，月发保障金 17.65 万元；城市低保 479 户 636 人，月发保障金 29.13 万元；开展临时救助 117 人 10.7 万元，申请民政大额临时救助 23 人 9.5 万元，大病医疗救助 36 人 38.5 万元；全镇完成小额保险 4530 户。在惠丰村、永康社区、永安社区、纳家户村设立老年饭桌，解决空巢老人、孤寡老人等吃饭问题。

【村级“一事一议”项目建设】 储备村级“一事一议”项目 21 个，完成东全村葡萄园区扬水泵站、6、8、10 队渠道砌护工程，旺全村五子渠支渠渠道砌护及配套设施等 4 个工程，解决群众生产排灌难等问题。

【卫生与计划生育】 推进第三轮全国艾滋病综合防治示范县工作，加强和规范慢性病防治工作。全镇共出生 177 人，二孩 11 人。人口出生率为 8.06‰，出生政策符合率为 98.3%。孕前优生健康检查 116 对，两项筛查完成 158 人，育龄妇女乳腺癌检查 936 人。计划生育宣传品入户率达 95%，全镇享受计生医保补贴共计 1139 户 3001 人，发放资金 27 万元。领取独生子女保健费 960 人，发放资金 29.91 万元。

【民生服务阵地建设】 全镇的 10 个村级为民服务全程代办点正常运行。按照《杨和镇村级为民办事全程代办点建设实施方案》，以及年初制订的村级代办点、代办员考核办法，各村代办点分别印制亲情便民服务卡，公开代办员行为规范和代办员联系方式，把村级代办点办成“民心工程”，工作人员无偿地为群众提供代办、帮办服务。

【科技教育培训】 2017 年，根据各村实际，开展形式多样的培训。规范纳家户劳务市场的管理，安排专人负责劳务输出和就业培训工作。举办保健按摩、家政服务、木工、电焊工、设施园艺等培训班 9 期，培训群众 380 余人。培育劳务经纪人 43 人，实现劳动力转移 1640 人，失地农民再就业 780 人，劳务转移输出 2560 人，劳务总收入 3221 万元。开展妇女就业创业小额担保贷款工作，为全镇 156 户创业妇女办理就业创业贷款 1057 万元。

【精神文明建设】 开展文明创建“十二个一”活动，建设永康社区党史馆，在杨和三期、永康社区建设党建、道德文化主题广场、道德文化长廊 7 个，修订完善村训 6 条，村规民约 3 条，成立红白理事会 10 个，举办道德讲堂 6 期，开展“书香家庭读书比赛”活动2次，评选星级文明户5268户，获评最美永宁人13人，最美银川人4人，以群众身边事、身边人为题材自编自导自演节目65个，举办“革陋习，树新风，育家风，正乡风，强民风”说唱杨和大舞台移风易俗文艺专场演出8场次，人民公园公演2场次，累计观看人数1.5万人次，全镇民风向上向善。多次组织读书伴我行、广场舞、新春社火、新型农民科技知识大奖赛等，每月组织全民健步行，打造志愿服务队伍等延伸文化内涵。策划编排舞台剧《暖春》，在银川大学，望远、胜利、李俊、望洪等乡镇巡回演出10场次，近2.2万人观看。

【社会管理事业】 2017年，利用集市举行防火、防盗、安全生产、常用法律知识的图片展出；举办展出9场次，共解答群众咨询448人次，印发宣传材料3700余份，悬挂横幅36条，受教育群众达6000人次；规范信访程序，化解疑难问题。全镇建立“网格化”服务管理模式。镇政府为第一级网格，主要对“网格”建设及运行提出意见，对重大事项进行综合协调、办理和处置，对下级网格进行考核、评估、监督与管理，村为第二级网格，10个网格。各村书记为该区域网格建设的第一责任人，各级网格组织借助微信群，结合网格化化管理，以每个网格为单位，建立一个微信群或QQ群，加强与社区网格员信息联络，提供求助咨询、案情通报、防范宣传等服务，回复网上信访舆论诉求，处理宁夏网上信访件43件，全年处理银川智慧城市“12345”居民投诉51件。

【党管武装】 高标准完成年度民兵政治工作及军事训练任务，组织120名基干民兵参加年度民兵组织整顿点验，到点率达到100%。完成年度兵役登记、夏秋季网络化征兵工作任务，为部队输送合格兵员6名。

【人大履职】 履行人大监督职能，召开杨和镇第十六届人民代表大会第二次会议，选举产生镇人大主席团主席。完成镇议案5件，建议意见6件。开展人大代表联系选举单位的基层组织活动，将解决叶家湖、鹤泉湖、珍珠湖周边环境卫生问题、王太村民生渠东1号路道路硬化问题、纳家户村新村西路翻建等关系民生的意见上报县人大。

【民族宗教工作】 成立以党委书记为组长的民族团结月活动领导小组，制订《杨和镇2017年“民族团结月”活动实施方案》，制作横幅11条，在各村、宗教场所推进“民族团结宣传教育“八进”活动，使“三个离不开”“五个认同”思想观念扎根在各族群众心中。投资3万元在杨和康成打造民族团结进步示范点，更换灯牌、制作展板、悬挂政策宣传画。加强对宗教干部及宗教人士法规政策的培训，通过以会代培，组织党员干部及各宗教场所管理人员学习贯彻《民族区域自治法》《宗教事务条例》和中央、区、市、县民族宗教工作会议精神。举办8期培训班，参加190人次，提高广大干部、宗教管理人员的综合素质和业务能力。结合各业务站所及各寺庙的实际，利用“主麻日”等群众宗教活动日进行法律法规及党的路线、方针、政策宣传培训4场次，参加人数2300人次，制作横幅22条。

【党建工作】 2017年，杨和镇创建四星级党支部1个，三星级党支部4个，二星级党支部1个，一星级党支部2个，零星级党支部3个。以大党建的工作格局和思路抓好全镇各项工作的落实。配强新一届机关支部班子，专门腾出一间30平方米会议室作为离退休党支部活动室，加强党员群众对村“两委”监督，促进“两委”履职尽责。2017年，累计查办案件36件，26人给予党纪处分，诫勉谈话7人，正风纠错17人。对1名履职不到位的村书记给予6个月停职处理，对换届后不能胜任工作的3名村干部免职、调岗，以问责倒逼责任落实。整合镇、村微信群12个。处理政务微博、书记县长信箱等网上信访舆论诉求6件。任命1名大学生村官担任永安社区联合党委副书记，培养后备干部24人。按期转正党员11名，新发展党员14名，确定积极分子32名。完成全镇998名党员基本信息采集工作。在全镇开展“不按时参加组织生活，不按规定缴纳党费”两项整治工作，诫勉谈话党员22名，组织关系转出5名，核算补缴党费19人2746元，学习宣传贯彻党的十九大和自治区第十二次党代会精神。个人带头讲党课4次，组织党员干部集中学习75场次。策划“党在我心中，永远跟党走”知识竞赛、“弘扬十九大，我为党旗添光彩”演讲比赛等

5个主题活动。落实“三会一课”制度。全镇下载“先锋永宁”APP 322人。各支部相继开展“四个专题”研讨,“学习党章,尊崇党章,做合格党员”主题教育等活动完成南北全村、永康、永安社区等6个党建阵地的“红色氛围”营造;率先在红星村党支部开展党员“亮身份,树形象,做表率”活动,全镇613名党员做出个人承诺,10个党支部共计承诺事项52项。

【党风廉政建设】 推进惩治和预防腐败体系建设。落实一把手负总责、抓和班子成员“一岗双责”要求,逐级签订党风廉政责任书,形成“一级抓一级,层层抓落实”的责任体系。开展“四务”公开,公开党务信息73期,政务信息88期。遵守党委议事规则,尤其在干部任免、大额资金使用等“三重一大”事项决策时,一律通过党委会议集体讨论决定。

【集体经济发展】 拓宽以旺全村王保利、南北全村陶学忠蔬菜种植、王太村纪国斌企业发展等致富带头人的队伍建设,增加群众务工性收入600余万元。打造示范园区促动。提升做大做强快速通道两侧设施园艺、番茄种植等特色品牌。建成占地297.99公顷高标准二代日光温棚1250栋,打造旺全、南北全千亩供外番茄标准化产业示范基地,提升109复线休闲旅游观光农业发展。结合全域旅游整体思路,充分利用集体闲置土地,分片打造惠丰村QQ菜园、杨和村生态园为观光采摘、农事体验一体的休闲度假园。村集体经济收入达到50万元以上的村2个,20万元以上的村5个,10万元以上的村2个,5万元以上的村1个,实现村集体经营性收入285万元。

胜利乡

【概况】 胜利乡地处永宁县西北部,唐徕、西干和汉延三大干渠流境而过,石中高速、109国道及李银、观平、广厦、金玉公路贯穿全乡,区域面积105平方千米。现辖9个行政村,85个村民小组,总共有7586户20728人,农业资源丰富,生态环境良好,地理位置优越,交通条件便利。2017年,全乡农业总产值完成4.9亿元,增长7%;全乡农民可支配收入达到11905元,增长10%,全乡经济社会呈现事业进步、经济发展、社会和谐的良好态势。

【基层组织建设】 明确“三会一课”制度的内容、形式,规范各支部“三会一课”流程,充分利用党建工作QQ群、乡微信公众号、宁夏农村村务公开信息平台、党员远程教育等媒介,定期为党员干部推送学习资源,引导党员自主学习。建立党建工作“四个清单”制度,明确整改责任和时间,完善党建工作季报制度,保证各项党建工作任务制度化执行;创新党员教育“积分制”四色分类管理,规范党员管理。各支部通过设立“积分兑换银行”“红黄黑”榜、季度“光荣榜”等多种形式,调动党员学习的积极性。引导633名农村党员结合自身年龄和岗位做出承诺。教育引导各村党支部和广大党员在任何地方、任何时候都能带头承诺践诺,接受群众监督,发挥星级服务型党组织和党员的先锋模范作用。

【党群活动中心建设】 投入30余万元,对乡政府办公楼与9个村支部的院落、楼道、党员活动室等阵地设施进行粉刷装修改造,将党建知识、党的重大方针政策,自创党建品牌,创新设计制作宣传栏、宣传板,营造浓厚的党建氛围。

【村集体经济】 坚持因村制宜,开展“双增双减双富”专项行动。全乡各村全年村集体经济收入达到216万元,其中,村集体经济收入50万以上的村2家,30万以上的村2家,20万以上的村2家。

【换届选举】 乡村“两委”换届选举工作经过周密部署、宣传、组织,保障党员和群众的民主权利,完成换届选举任务,选出新一届村党支部和村委会班子。

【乡镇机构改革】 在保持现有机构限额及人员编制数不变的前提下,打破行政、事业界限,将乡内设机构由“三办四中心”调整设置为“一办三中心一执法队”的模式,优化干部结构,强化服务意识。

【推荐选拔后备干部】 按照“青苗工程”的要求,坚持德才兼备,以德为先的标准,从复退军人、外出务工经商和农村致富带头人等人员中推荐选拔出24名村级后备干部作为重点培养对象,保证每个村保有2~3名后备干部。将2名被选举为村副书记的大学生村官安排到党建工作的重要岗位,发挥大学生村官的作用。

【人大代表履职】 组织召开胜利乡人代会3次、组织代表对政府工作进行评议2次，组织代表督察观摩全乡经济社会发展和重点工作3次、组织代表学习培训2次,配合县人大调研2次。对9个村人大代表小组阵地进行统一规划,完善“人大代表活动室”,将相应的制度上墙,组织代表开展活动。制作胜利乡人大代表联系基层分组表,明确代表联系选区工作的主要职责,丰富代表活动内容,为代表参政、议政、监督提供方便。

【党风廉政工作】 组织乡、村干部开展中纪委七次全会、自治区纪委十一届八次全会、市纪委十四届二次会议、十八届中央纪委七次全会精神的学习。开展“守纪律,敢担当,有作为”作风建设活动,明确乡党委领导班子对全乡党风廉政建设负领导的集体责任,党委书记承担第一责任人责任,纪委书记抓监督,乡村一级抓一级、层层抓落实。胜利乡纠正“四风”问题,加强改进三级干部党风廉政建设,年内受理信访举报件8起,初核8起,立案7起,党纪处分7人,案件办理力度创历史最高。

【精神文明建设】 推进精神文明阵地建设、志愿队伍创建和最美人物、星级文明户评选。全乡9个村均结合实际制订村训,完善村规民约。开展志愿服务活动11次,评选“好媳妇”“好婆婆”等最美人物3人和十星级文明户770户；完善包括中心村社会主义核心价值观主题广场在内的9个村部阵地建设,以“革陋习,育家风,正乡风,强民风”为主题,建立完善“一约一会”,将移风易俗纳入村规民约,建立健全“红白理事会”,倡导婚事新办、丧事简办,坚决制止大操大办、炫富攀比和借婚姻索取财物等不良风气,用“红白理事会”章程和村规民约管人管事、维护公序良俗。鼓励党员干部实行“零彩礼”嫁娶。全乡共涌现11个移风易俗示范户。胜利乡农民文化艺术团、胜利乡阳光艺术团在各村开展“移风易俗引领风尚，文明新风润泽胜利”,“弘扬中华美德,感恩母爱亲情”等主题演出活动18场，通过群众喜闻乐见的文艺演出宣传，推进全乡文明创建工作。

【民风建设】 协助组建胜利乡阳光艺术团、征沙秦腔艺术团、园林村秧歌队、舞狮队、6个广场舞团队。培育民间艺术团队,文化团体百花齐放；组织群众参与第二届“才艺回乡·欢乐永宁”才艺大赛，主办全县“秦之韵”秦腔联谊活动、“普通话学习班”、“诗歌朗诵比赛”、“唱响胜利·踏歌起舞”第三届农民歌手大赛、“和美胜利·健身你我”农民运动会等活动，在全县第二届市民运动会取得4个第一2个第二的成绩,文化活动日益丰富。拍摄《忆苦思甜·胜利小镇旧貌换新颜》专题片。更新村史馆基础设施，融入现代元素展示村容变迁，建立“胜利微政务”微信平台、拓宽现场云宣传平台。

【农业标准化园区建设】 按照“七个一”工作要求,建设小任果业设施果蔬、森森枸杞芽菜等2个县级农业标准化园区；建设八渠设施园艺、先锋露地蔬菜、绿思源瓜蔬基地等3个乡级农业标准化园区,收集整理汇编推行特色农产品生产标准、种植标准化操作规程,开展园区绿色食品认证,健全农产品质量检测追溯体系，打造辖区特色农产品高端品牌。

【瓜蔬基地扩建】 依托“合作社+大户+农户”发展模式,加大烽火地区万亩山药、西瓜、红薯、辣椒、西兰花等优质露地蔬菜特色种植基地建设，新增种植面积46.2公顷,总面积达到871.2公顷。

【果林基地改造提升】 以园林、烽火村建495公顷经果林基地为基础,新建经果林19.8公顷,盘活烽火果品销售市场,对接电商销售平台,打造金沙优质水果品牌,与休闲观光旅游产业紧密结合,吸引银川市民到胜利乡进行休闲自驾游，延伸经果林产业链带动农民增收。组织发动109国道两侧农户拆除老旧果园及林木,重新定植成品“大观桥”桃、李、杏,借助“一事一议”项目实施,改善基础设施条件,招商引进项目,鼓励农户一家一户建设采摘点,吸引游客游农家园,吃农家饭。

【优质粮食产业发展】 以五渠、先锋、八渠、杨显村为重点区域,继续创建“优质、高产、高效、生态、安全”粮食生产园区,建设五渠有机水稻标准化生产示范园区79.2公顷，以建立全程标准化和可追溯为抓手,保证优质粮食稳定生产。

【特色标准化生产示范园区建设】 加强与森森公

司的合作，以先锋村为重点区位，巩固建设135.3公顷枸杞芽菜产业标准化生产示范园区，建立从种植、管理到销售各个环节的标准化生产体系。新建“宁杞8号”枸杞鲜果生产基地33公顷，通过森森公司提供种苗、技术和产品收购，带动农户分户进行标准化管理，打造“公司+基地+农户+标准”的新模式，建立龙头企业和种植农户风险共担、利益共享的生产机制。

【观光休闲农业发展】 举办胜利乡第二届“桃花节”，与宁夏农旅联盟协作主办“农夫市集”活动。引入瑾成农业公司在杨显村、五渠村建105.6公顷农业休闲旅游度假区，帮助协调解决项目建设中的各项问题，推进休闲观光农业实现跨越发展。依托小任果业、鲜果世家、胜利村大观桥休闲观光采摘园，辐射带动许旺设施园区、八渠设施园区及胜利村鲜果、蔬菜、草莓等特色产品的休闲旅游采摘产业，打造“东线”休闲观光带，带动胜利、陆坊、许旺、八渠、杨显村农户增收致富。

【劳务产业增效】 依托辖区6家劳务派遣公司和60名劳务经济带头人，按照服务全乡全县、辐射银川周边、面向全区内外的有组织务工发展方向，充分利用县、乡、村三级就业网络信息平台，发布各类劳务用工信息23期113条就业信息，组织开展各类就业创业培训班5期，培训人员450余人次。2017年累计完成劳动力转移3399人，实现劳务收入2400万元。

【美丽乡村建设】 配齐配强工作人员，推进京藏高速改扩建工程征地拆迁工作。组织、安排、推进陆坊小镇房屋安置工作。

【农田水利建设】 完成征沙渠、二支渠17千米的渠道清淤，人工清淤支斗渠12条26千米，砌护支斗渠4条、农毛渠28条25.7千米，完成辖区2970公顷农田灌溉。争取“一事一议”财政奖补项目两批9个总计546.01万元，落实永清沟许旺沟桥翻建、杨显村大沙渠砌护、许旺园区温棚道路硬化等人大议案、建议，硬化乡村、设施园区道路，砌护各村农渠，全乡道路、灌排等基础条件得到改善。建设高标准农田2475公顷，整治清淤支斗沟21条53千米，农沟348条215千米，清淤支斗渠28条76.5千米，农毛渠385条154千米，整修田间路705条290千米。实施秋翻地2428.8公顷，其中：机深翻1828.2公顷，秋施肥1386公顷，秸秆还田1452公顷，整修绿化带42.24公顷。

【环境卫生综合整治】 召开秸秆禁烧、燃煤散烧管控部署推进会，签订责任书。成立乡、村巡防小组，细化工作分工、明确工作职责，定时定点在各村开展巡防工作，制止处置秸秆焚烧情况20余起。锁定154处重点环境整治任务、9个重点整治片区，清理青植路、烽园路、金玉路、靖吊路等7条主干道路25.5千米及主干道路两侧绿化带15条88千米。争取专项资金，实施农村饮水安全工程，在许旺村沿线铺设给水主干管线4500米，八渠村沿线铺设给水管主干管线5000米。组织对八渠、许旺、胜利等设施园区的作物秸秆、粪土、杂物进行多次综合治理，动用大型机械24台（次），平整路段，清除垃圾、杂物167车，平整路段4.8千米，建设园区植物垃圾堆放处理点，明确各村环境卫生属地管理责任。

【落实河长制】 根据乡辖区河道、沟道性质落实乡级河长、村级河长、巡查员、巡视员，建立河道档案，形成“一河一档”。配合县环保、水务等部门联动，加大环保执法力度，联合环保部门对排污企业进行专项治理，农业方面对实施畜禽养殖、水面养殖、入河垃圾进行清理，各村对主要河道沿线垃圾进行清理。

【民生保障得】 累计为农户发放粮食补贴4777.08公顷586万元，为428户510人的低保户每月发放补助金12.25万元。分别慰问优抚对象、60岁退役士兵、五保户、现役士兵家属、困难群众、孤儿等群众。为困难家庭发放临时救助，实现全乡困难救助全覆盖。继续落实统筹城乡居民社会养老保险工作，为7430人办理养老保险，其中，1968名为满60周岁享受待遇人员。办理失地农民养老保险145户429人，累计为被征地农民办理养老保险845户2536人。统筹城乡医疗保险应缴费人数18943人，医保参保率达到全乡人口数的98.7%。落实“先住院后付费，先诊疗后付费”模式。为全乡3999名50岁以上农民开展身体健康体检，为1993名农村60岁以上老人生日当天送去祝福。全乡237名

70—79岁的老人纳入高龄津贴补贴范围。为全乡144名一级二级残疾人每月发放生活补贴，为191名一级二级智力残疾人每月发放护理补贴。为105名残疾人发放“阳光家园”补贴。

【综合治理】 推进综治中心建设工作，整合司法所、综治办、信访办人员集中办公，采取统一登记、统一接待受理、后台分类处置，责任领导一线办理的运行模式。设立视频、音频通话系统和联网监控系统，实现综治基础信息和相关数据资源互联互通、共享共用。将治安巡防队及9个村级综治信访维稳工作站纳入综治信访维稳中心的工作协调管理当中，定期开展护路巡防和铁路安全隐患排查整治，安装遥控电子狗报警设施160套，组成技防网络格局，控制发案。全乡刑事案件发案46起，比去年同期下降67.3%。治安案件121起，比去年同期下降48%。排查出各类矛盾纠纷156件进行调解，调解率100%，调节成功率96%以上，未发生进京非访和50人以上到区、市、县集体上访事件。实施易肇事精神病人的排查与管理救助工作；开展打击传销、打击赌博、打击电信诈骗、打击传播邪教等工作，全乡无重大事件发生。

【普法宣传】 以综治宣传月、三八妇女节、五四青年节等节点，进集市、小区、村庄、学校开展法治宣传、法律援助，开展禁毒、反邪教、移风易俗等宣传活动，悬挂宣传条幅36条、发放宣传材料600余份、法治宣传品250余份、制作宣传展板6块，接受咨询60余人次。

【安全文明建设】 落实全县禁毒工作会议与新修订颁布的《自治区禁毒条例》精神，定期在中心村、集市开展禁毒咨询宣传，设立大型禁毒宣传喷绘与宣传长廊，加强重点人员入户随访，使全乡群众牢固树立禁毒意识，保持禁毒工作的高压态势。利用八渠中心村村民居住较集中的优势，建立“四室一站”规范化办公场所，制定的工作流程、社会化管理网格图、社区戒毒社区康复人员动态管控机制等。实施网格化双“四色”预警管理模式和“五级联动”禁毒网络、居民联防联控联禁毒品、妇女管夫管子戒毒(康复)的“三联三管”模式，形成社区戒毒康复管控全覆盖。通过开展创建“无毒社区”工作，全乡治安状况明显好转，胜利乡涉毒人员增速得到控制。

望远镇

【概况】 望远镇是永宁县北部经济、现代商贸物流产业发展聚集镇，位于永宁县北部、银川南郊，京藏高速公路、南环绕城高速公路、109国道、滨河大道、望滨路、胜通路、永宁东线、银川—永宁快速通道贯穿镇区，地理环境优越，交通便捷畅达。全镇辖11个行政村9个社区，总面积105平方千米。2017年，完成农业总产值4.74亿元，增长8%；农村居民人均可支配收入13615元，增长10.5%。

【党的建设】 开展学习宣传贯彻党的十九大精神，镇党委召开学习宣传党的精神主题宣讲活动4次，邀请县处级领导，区、市包村包社区部门领导宣讲十九大精神8场次，各村(社区)党支部利用“支部主题党日”、党员大会，邀请党委班子成员、县党校讲师集中为党员宣讲十九大精神20次，组织党员干部集中学习十九大精神210场次，把全镇党员干部群众的思想统一到十九大精神上来。共新建大型户外宣传牌8块300平方米，喷绘十九大精神宣传标语11块440平方米，各支部悬挂横幅200余条，举办1次十九大精神知识竞赛，举办1次“学习十九大.共筑中国梦”主题演讲比赛。推进“两学一做”学习教育制度化，坚持每月集中开展一次“支部主题党日”活动，将“两学一做”学习教育制度化落实到“支部主题党日”活动，讲党课35场次，解决突出问题280余件。开展民主评议党员活动，民主评议党员合格率99.7%。发展党员，接受中共预备党员16名，按期转正党员20名。开展基层服务型党组织建设，开展“亮身份，树形象，做表率”党员“奉献日”活动，集中慰问困难党员146名，慰问金额2.53万元。严肃换届选举纪律，开展村“两委”、村监会换届选举工作，完成10个村“两委”、村监会换届选举任务。开展机关作风评议活动，建立村居评议服务点19个，利用张贴倡议书、微信群、个人微信朋友圈等媒体广泛宣传，采集群众电话42178个，测试出被抽中电话1397个，完成评议1218个。落实党风廉政建设“两个责任”，落实中央“八项规定”精神，执行“五个不直接分管”、个人重大事项报告、“三定两评一应用”、“正风纠错预警”等制度，建立巡视督查制度，对重点工作进行日督促、周通报，限期整改，抓早抓小抓细，抓纪律、立规矩，为全镇经济社会发展提供坚强的纪律保障。镇纪委收到县纪委转办问题线索11件，初核结5件，问责1人件，函询1件，立案2件，司法部门转来违法党员线索1件，开除党籍1人；印发督查通报18期，正风纠错15人次。

【设施农业产业发展】 以“支部+合作社+农户”的模式，创建“生产种植、冷链物流、蔬菜育苗、休闲观光、文化餐饮、科普展示、采摘品尝”为一体的现代农业综合体全产业链。以“土地+资本+销售商”的股份合作经济模式，投资1023万元，新建大型拱棚256栋，露地番茄29.7公顷，打造“一村一品”农业标准化园区，推动优势特色产业发展，实现农业增效、农民增收。年底，示范园收益将达到1800万元，农民股金分红率40%以上。全镇设施园艺种植面积877.8公顷，设施园艺总产值达3.2亿元，占全镇农业总产值的68%，占农村居民人均可支配收入的70 %，特色农业凸显新优势。7月3日，自治区党委副书记、银川市委书记姜志刚调研镇板桥村现代农业综合体及绿色蔬菜标准化示范园区建设情况。7月20日，板桥村现代农业综合体建设被列为全市县域经济观摩点，接受市县区领导的观摩。9月11日，自治区主席咸辉视察镇板桥村现代农业综合体及绿色蔬菜标准化示范园区建设情况。

【农田水利建设】 围绕“稳粮、增收、强基础、重民生”的目标，以汉延渠、惠农渠、望滨路、109东线、滨河大道两侧为主线，对政权、板桥、通桥项目区内的沟道、渠道、尾水进行疏通、砌护，改善农业生产条件，提高农业综合生产能力。为推进美丽乡村建设，美化农村人居环境，对政权项目区内的原始田、边缘死角进行平田整治，做到畅通灌溉、不留死角，解决农村“灌溉难、排水难、行路难”等民生问题。建成高标准农田3069公顷，平田整地369.6公顷，镇政权项目区农田水利建设代表永宁县接受区、市检查验收。

【信访维稳】 新建望远镇综治中心，设置综治指挥中心、案情研判室、综治室、信访接待室、律师咨询室、心理疏导室、综合执法调解室、档案室，将天网、地网、综治网、司法网全部纳入综治中心信息平台，建成集前台统一接待受理、后台统一分流处置的一站式服务综治中心，建立完善预警研判、受理分流、工作联动、管理考核等协作联动机制，有效发挥乡镇综治信访维稳等工作资源联动联防联治的统筹枢纽作用。

【社会治安综合治理】 开展社会治安综合整治暨命案防控利剑专项行动，为创建“平安望远”打好基础。化解群体性信访问题3件，化解个体信访问题20件，受理各类矛盾纠纷236件，调处化解198件，打击非法传销6次，取缔传销窝点6个，遣送非法传销人员202人。加强禁毒工作，与各村（社区）签订《禁毒工作目标管理责任书》，明确责任，落实措施，打击侵财、涉毒等各类违法犯罪活动。

【民风建设】 推进民风建设。修订完善村规民约、市民公约，征集家规家训180条，成立红白理事会19个，新建唐徕渠道德主题公园，板桥村手绘文化长廊，政权村村史馆，评选星级文明户5665户，文明家庭17户，优秀民风示范户95户，“最美永宁人”4人，城乡居民文明素质提升。自开展移风易俗树文明新风工作以来，全镇婚事彩礼普遍控制在6万~8万元，长湖村、新银社区、望远社区最高下降1万元，婚事礼金稳定在300元，白事礼金普遍降低、最高不超过300元，白事不再待客或简易待客成为望远镇。

【城乡环境整治】 开展城乡环境综合整治，清理垃圾1.53万方，清理乱搭乱建82处，清理小广告6万处，清理设施温棚园区垃圾1.5万方。开展望滨路沿线环境综合整治专项行动，6次对望滨路沿线两侧乱搭乱建进行专项整治，对涉及35户农户乱搭乱建建筑进行清理整治，对通桥、永清村2个设施园区违章建房进行清理拆除，新建围墙1.2千米，对沿线两侧围墙墙面进行粉刷，整治效果明显。推进城乡环境污染整治，实施蓝天、碧水、净土“三大行动”，落实秸秆禁烧，与各村签订目标责任书，强化责任，抓落实，兑现奖惩，制止秸秆焚烧现象。落实“河长制”，制订《望远镇河长制工作实施方案》，对镇区内14条河湖实施“一河一策”“一湖一策”河长制。建立监测监管、考核奖惩制度，对纳入河长制管理的河湖实行全时段、多点位的督查、考核，将督查、考核内容纳入绩效考核。

【保障改善民生】 实施“56789”暖心工程和被征地农民养老保险，发放社会保障金、津贴980.4万元，办理被征地农民养老保险4276人，享受被征地农民养老保险3201人。发放各类粮食农资综合补贴资金523.53万元，发放妇女创业担保贷款1416万元，城镇新增就业2869人，实现农村劳动力转移就业4553人次，完成劳务收入3125万元。

【征地拆迁】 重点抓银西高铁、京藏高速公路东线迁移、叶家湖环境整治、银西高铁高桥至白鸽段、银西高铁李俊至白鸽段供电线路等重点项目工程建设征地拆迁和协调服务工作。征收土地178.93公顷，安置征地拆迁户住房860户1400套，保证重点项目工程施工建设。

闽宁镇

【概况】 闽宁镇位于贺兰山东麓百万亩葡萄长廊核心地带，行政区划面积210平方千米，农户耕地面积3533.333公顷，下辖6个村民委员会86个村民小组。2017年，闽宁镇深化闽宁合作，壮大优势特色产业，发展特色服务业，提高公共服务水平，创新体制机制，闽宁发展取得新成绩。东西合作扶贫、生态移民、美丽乡村、农村改革4个样板镇建设有新突破。2017年，镇农民人均可支配收入突破11976元，增长18%。

【金融扶贫】 推进扶贫信贷发放，共发放各类贷款3094户2.48亿元，户均发放7.8万元。建档立卡户小额信贷368户1777万元。整合扶贫资金，加大担保资金融资力度，争取资金2500万元注入黄河银行，按1:10比例撬动融资贷款2.5亿元，推进扶贫产业扩规提效，增强产业带动脱贫的实效，移民收入增幅明显。整合各级各类扶贫资金900万元，投入宁夏壹泰和犇旺生态养殖有限公司，为6个村共计年分红54万元。引进中科嘉业公司发展原隆村屋顶光伏项目，原隆村入股资金80万元，每年分红15万元，整合资金500万元投入永宁县汇发村镇银行作为原隆村光伏产业发展担保金，中科嘉业每年给付屋顶光伏分红资金60万元，分红共计75万元持续20年达1500万元，全部用于增加村集体经济收入和建档立卡贫困户脱贫致富。通过“投改股”的带动，闽宁镇各村村集体收入增长强。

【教育扶贫】 开展国家电网宁夏电力公司对精准识别贫困学生捐资助学工作；落实“金秋助学”“雨露计划”等各项慈善救助、教育惠民政策，全镇受补助学生675名，资金41.35万元；雨露计划救助64人，发放补助资金9.6万元。角美镇组织台商企业设立教育扶贫基金，捐资18万元专项用于建档立卡贫困户子女，每人资助1000元。

【健康扶贫】 推进健康扶贫工程，执行便民住院、提升大病保障水平、扩大医保药品范围、加大医疗救助力度和政府兜底等惠民政策，开展“家庭医生”签约服务活动，闽宁镇建档立卡群众建立健康档案、签约服务6477人，签约服务率96.3%。

【精准培训】 以“支部+合作社（协会）+企业”的模式，村支部与企业成立联合党支部，签订劳务输出协议，加大定向、订单、定期技能培训，组织技能培训46期2286人，驾驶员培训完成309人，农民工实用技术培训5600人次。新增劳务派遣公司2家，劳务经济人46人，有组织输出劳务1万余人，劳务创收超过亿元。开展“村头建厂”，引进昱嵘文化旅游有限公司在原隆村建设扶贫车间，推广、壮大刺绣、软陶、手工编制等传统工艺技能，解决原隆村留守劳动力的就近就业问题，实现对就业“最后一千米”难题的突破。

【社会扶贫投入】 建立精准脱贫专项基金，鼓励企业、金融机构、有条件的个人以及全县广大干部职工踊跃捐助，基金总规模达到374万元。昌盛、德龙等6家企业主动参与社会公益扶贫，捐助公益金44.4万元，捐助资金针对18户结对帮扶建档立卡户分别用安置村级公岗、新建住房及养殖托管方式进行扶持。

协调县财政出资安置建档立卡公益岗位 50 个。

【政策兜底落实】 落实兜底政策，对因病、残疾、高龄等缺乏劳动力的特殊贫困人口，通过提高基本养老、高龄津贴、低保档次，采取大病救助、临时救助、一次性清缴养老金等方式全面兜底。开展“扶贫保”工作，2017 年投保金额 49.73 万元，共理赔 38 起 22.24 万元。为 600 户建档立卡户种植、养殖缴纳产业保险 9.8 万元。

【特色种植产业发展】 新增葡萄种植面积 3000 亩，红树莓基地种植增至 2600 亩，深加工品种增加。成立木兰红枸杞合作社，全镇枸杞种植面积达 2216 亩，亩均收益达 7000 元。宁夏富宁振农生态农业发展有限公司投资 4500 万元，150 栋高规格可移动设施温棚 6 月 2 日入驻正式开工建设。昌盛盛源菌链有限公司菌包生产线年生产力达 300 万包，是西北最大的菌包生产线，生产加工菌棒 5 万棒。

【特色养殖产业发展】 2017 年新增肉牛存栏2100 头，羊存栏 1.2 万只，累计肉牛存栏 1.8 万头，羊存栏 4.4 万只。晓鸣农牧集团总部大楼及孵化园工程建设有序推进。建设黑毛驴规模养殖基地，购进黑毛驴 1100 头。

【光伏产业发展】 以“光伏+农业”的新型农业开发项目作为切入点，青岛昌盛二期光伏发电项目推进中。依托振发新能源科技有限公司，在闽宁铁西小学建设光伏项目，保证学校通过光伏网发电收益 25 年；计划建设 50 兆瓦光伏电站项目，覆盖原隆村 2000 户移民，保证生态移民每户每年发电分红 3000 元。中科嘉业屋顶光伏项目，涉及农户 1650 户，每户每年增收 300 元。闽宁镇光伏小镇效果凸显，开创现代农业发展的全新模式，实现农业增效、农民增收。

【旅游产业扶贫】 投资 1758 万元的游客集散中心主体完工，内部装修中，红树莓基地观光餐厅开业运营，日可接待游客 100 余人。

【劳务产业发展】 采取“政府+合作社+企业”的模式，加大定向、订单、定期技能培训，依托宁夏生态移民培训示范基地和生态移民创业就业服务中心，组织各类技术、技能培训，培育发展劳务派遣公司、劳务经济人有组织输出劳务人员。按照“企业搭台，群众唱戏”的模式，通过青岛昌盛、红树莓基地等公司，移民返租倒包大棚 200 多栋，年收入 5 万多元，移民逐步由农民变为产业工人。

【重点项目建设】 编制完成《永宁县闽宁特色小镇（2017—2030）》。完成闽宁镇原隆村市场大棚改造工程以及闽宁镇回乡南街环境综合整治等 8 个政府投资类项目，总投资额 11977 万元。完成闽宁会议中心以及宁夏润腾跃牧业闽宁镇万头黑毛驴养殖繁育示范基地建设等社会投资项目共计 9 个，投资额 35800 万元。完成玉海村特色街区、武河村村部勘测、规划设计等工作。实施月玉路万亩草蓄带两侧土地流转工作。闽宁镇 201 省道沿街农户自建商业平改坡工作推进。

【生态环境建设】 加强镇村环境卫生整治。动用人力 1 万余人次，大型机械 120 台次，四轮拖拉机 400 余台次，共清除积存垃圾及杂物 11000 方，清除建筑垃圾 800 余吨。实施“蓝天 碧水 净土”三大行动，构筑生态宜居小城镇。推进美丽镇村建设。

【精神文明建设】 开展社火表演比赛、市民运动会、青年歌手大奖赛等群众性文化活动。2017 年，共评选出“闽宁好人”35 人、“最美永宁人”6 人，移风易俗示范户 12 户，道德积分榜上榜人员 56 人，六星级以上文明户 2271 户。编制完成《恩泽原隆 厚德为善》宣传册。接待国内部委、省市领导、外事考察团、国内外大型媒体以及金融机构领导调研累计超过 400 次，闽宁经验得以向全国推广。

【教育事业发展】 扶贫先扶智，2017 年闽宁镇结对共建福建省漳州台商投资区角美镇，共同申请成立“永宁县闽宁镇教育扶贫救助中心”，注册资金 18 万元在全镇范围内广泛开展查困核困活动。

【社会保障】 审批发放低保户 681 户，有 1 万人办理农村合作医疗，7400 人办理养老保险，全镇互助资金总规模达到 2200 万元，发放贷款 1994 户，2000 万元。2017 年享受粮食直补、农资补贴、粮种补贴户数 6499 户。

【社会治理】 整合 300 多平方米的独立办公区域，规划建设融信访、司法、民政、土地、城管等基层力量为一体的综治服务中心，将全镇划分为 11 个二级网格，89 个村组三级网格，实现城镇网格化管理全覆盖。共排查受理矛盾纠纷共108件，调解成功101件，调解成功率达94%。

杨和街道办事处

【概况】 杨和街道办事处是县政府的派出机构。位于永宁县城团结西路16号，行政区划面积11.2平方千米，管辖范围北起观湖路，南至王太堡，西起汉延渠，东至宁惠街。县城辖区居民小区86个，常住人口2.29万户、7.25万人，下辖社区居委会10个，社区工作者58人。

【民生保障】 累计发放低保金148.8万元，发放救助金7.93万元，救助困难大中专学生17人4.8万元，核发10户重症精神病监护生活补贴共计3.6万元。审核公租房97户，为49户困难及重度残疾人累计，发放2.45万元慰问金，累计核发残疾人生活补贴保障金17.5万元，发放护理补贴保障金21.2万元。投入30.3万元对1236户辖区各类困难人员进行全方位走访慰问。开展微心愿心系群众活动，88个单位988名党员认领微心愿1092个。举办各类培训班14期526人，共登记各类失业人员1582人，其中，下岗失业人员177人，“4050”人员544人，其他失业人员943人，大中专毕业生33人。实现就业人员共1580人，其中，下岗行业人员实现再就业183人，“4050”人员实现就业580人，其他失业人员实现就业1072人，实现大中专毕业生就业32人。街道辖区共有个体经营户总数2644户，共带动解决从业人员6493人。落实居民医疗保险9659人，参保率99.1%。开展老年人意外伤害综合商业保险和小额全家福意外综合商业保险工作，登记参保616人。落实“二孩生育政策”，出生政策符合率为99.30%，人口自然增长率为13.31‰，男女出生性别比为118。投入资金1.2万元，为240户计划生育家庭制作“全家福”。开展已婚育龄妇女B超服务1126人次，乳腺服务1126人次，累计健康普查1864人次，免费孕前健康检查498对、优生“四项”病毒检测498人，“两筛”检测693人，叶酸服用519人，随访服务1184人次。开展精神病、慢性病、艾滋病防治及宣传工作，计生工作被自治区政府授予“计划生育五星级街道”。

【平安建设】 加强信访工作和矛盾纠纷排查化解信息系统的应用。2017年，共排查出矛盾纠纷108起，进行系统信息录入，成功解决纠纷103起。共登记信访事项45件。加强特殊人群管理。对9名社会闲散青少年进行帮扶。对辖区23名刑释解教人员、22名社区矫正人员落实社区矫正和安置帮教工作。对辖区内160社区戒毒人员实施“四色预警”动态管控。与236名精神病患者监护人签订《严重精神障碍患者看护管理记录手册》；加强对重点地区的排查整治。强化对“两抢一盗”、传销等违法犯罪活动集中区域的整治力度，解决县城宁昌街以及一中、二中、四中校园周边治安突出问题和安全隐患。推动中医院、社区、派出所“三方群治”。举办各类法律知识讲座32场次，充分利用微信、微博、QQ群、易信等社交媒介开展普法宣传教育，扩大居民普法覆盖面；开展公众安全感满意度调查，公众安全感总体满意率达93.81%。运用智慧社区成果，推进“信息化、网络化、社会化、专业化”有机融合。制定《杨和街道社区网格员过错责任追究制度》《杨和街道社区网格员管理实施办法》，落实网格员管理服务考核奖惩机制。开展消防讲座及消防演练进社区50场次，参与群众2200余人。

【“五城同创”】 投入资金52万元在92个居民小区制作和更换“五创”宣传橱窗708块，制作开关贴2万个，纸巾盒5000个，调料盒5000个，油壶3000个，印制《居民应知应会》手册2.6万本，进居入户发放调查问卷2万份，举办“共推五城同创，争做最美家庭”等大型文艺汇演9场次，增强广大群众的创建意识，营造全民参与的浓厚氛围。

【树立模范典型】 开展优秀传统文化、孝老敬亲、勤俭节约、社会主义核心价值观等主题教育活动，宣传群众中的先进典型和感人事迹。评出最美永宁人23人、全国“最美家庭”1户，银川市“最美家庭”2户，永宁县“最美家庭”17户；评选街道“星级文明户”890户。举办“榜样的力量”表彰大会，对辖区的“十星级文明户”、“最美家庭”、幸福家庭、民族团结模范人物代表进行表彰；评选“道德积分榜”和“善行义举榜”上榜人物 268 人；举办“道德讲堂”活动 68 场次，经典诵读活动 27 场次。

【移风易俗】 开展民风建设，成立 9 个社区红白理事会，居民共同参与修订《市民公约》《居民婚丧喜庆公约》，引导居民自觉革除婚、丧讲排场、比阔气等陋习。倡导喜事新办、丧事简办、厚养薄葬、勤俭节约的文明新风尚。在开斋节举办“巧媳妇厨艺大赛”，在民族团结月举办“居民书画手工艺术大赛”，组织县城居民歌手大赛。在伊品水岸、祥和名邸二期打造道德主题广场和文化长廊，在阳光花园打造社会主义核心价值观文化长廊。在辖区内各小区更换制作各类宣传栏、文明提示标语 2300 多副。为创建文明城市和民风建设营造浓厚的氛围。

【培养居民健康生活方式】 利用社区文化活动中心、电子阅览室、图书室、市民学校等阵地，满足居民文化的需求。引导社区组织业余文艺团队开展文艺节目编排和小区、广场文化演出 84 场次。举办知识竞赛、诗歌朗诵、家风家训征集、箴言创作、演讲比赛等活动 50 余次，组织社区文化体育团队参与县上各类活动 15 场次，举办大型社区文化艺术节 3 次；以街道奇星艺术团、东环社区“连心桥”艺术团为代表的文艺团队开展“送戏下乡”社区巡回慰问演出 69 场次，以“我们的节日”活动为契机，举办青少年、市民、老年人、残疾人等各类运动会 26 场次。扶持和发展社区业余文化演出队和民间文艺团体，打造一批特色文化示范社区。街道各社区有各类文艺活动团队 27 支，参与活动群众 3200 余人，业余文化人才队伍初具规模。组建“千人秧歌队”“千人广场舞队”“千人柔力球队”“千人气功队”“千人柔乐球队”等“五个千人”队伍，打造“全民健身.快乐永宁”品牌。2017 年，杨和街道被命名为“自治区体育产业特色基地暨体育特色小镇”称号。

【和谐社区建设】 取消涉及社区创建、检查、评比等 34 项工作任务，落实 28 项目社区准入事项。在社区推行电子档案和 PPT 等信息化模式。按照社区减负增效问题清单，对无扰民证明、其属关系证明、税票证明等 25 项需要社区证明盖章的全部取消，方便群众办事。协调解决阳光社区活动场所 1700 平米；投资 75 万元，将启元药业家属小区内园幼儿园 1~4 层建筑面积 565.5 平方米的综合楼回购给予利民社区使用；成立永和社区居民委员会，协调住建局解决永和社区办公用房及公益服务用房 5700 平米。2017 年，创建为五星级和谐社区 1 个，四星级和谐社区 3 个，三星级和谐社区 5 个。组织全体机关干部及社区网格员共计 100 人，开展为期 2 个月的进居入户下基层送政策走访活动，走访群众 1.8 万余户，征集群众关于意见建议 1329 条，集中街居人力、物力、财力，调解矛盾纠纷 45 件，解决居民反映的热点难点等问题 18 件，街道无法解决上报住建、林业、环保等相关部门 13 件。制订下发《关于进一步加强社区协商工作实施方案》，健全社区“联合党委”运行机制。街道通过多方协调，集中力量对南环社区所辖乳品厂、紫荆花等小区的煤房全部拆除进行改造；对胜利社区所辖幸福巷、街心家园等进行整合；对部分老旧小区的下水不通、管道老化、围栏破损等问题统一进行疏通、改造、修补。

【防灾减灾应急能力建设】 联合永宁县住建、民政、城乡执法、消防、卫生、通信等单位在宁和广场组织辖区居民千余人开展防震减灾综合演练活动。组织各社区立足自身优势，争创全国综合减灾示范社区，组织居民参与应急逃生模拟演练，掌握不同场合各类灾害的逃生方法，增强辖区群众防灾减灾意识。通过举办培训班、悬挂横幅、发放宣传资料、播放影片等方式加强防灾减灾宣传。在广场、学校及居民小区楼栋安装应急疏散图引导牌，设立应急避难场所。定期为辖区居民举办消防安全知识专题培训。

【街居干部培训】 开展社区“两委”班子“一专多能”的技能培训，编印《街居干部应知应会》册子，培养每名社区工作人员都基本掌握民政、医保、计生等各项政策，实现 1~2 名社区班子成员就能办理全部服务事项，使大多数社区工作者能够沉下网格。出台报销学费、书费、兑现职称待遇等优惠政策，鼓励社区工作人员报考社会工作者职称，筹集培训经费 7 万元，邀请专业技能培训学校，利用周末对 60 名社区干部和网格员进行社会工作者职称考试精讲集训。

企　业

永宁县供电局

【概况】 2017年，县供电局安全生产长周期运行达8233天；综合电压合格率99.123%，比计划值低0.877%；农网用户供电可靠率99.9814%；累计完成售电量8.89亿千瓦时，同比上升13.79%；应收电费4.43亿元，电费回收率100.00%；综合线损率累计完成2.64%，同比下降2.12%；采集覆盖率99.97%。

【安全生产责任制落实】 签订安全目标责任书，健全管控体系。2017年，安全生产现场稽查覆盖率100%，督促整改问题441项。春秋安检及“安全月”大检查，发现各类问题167项，整改完成167项，整改完成率100%。

【电网结构规划】 完成2018—2020年永宁地区配电网建设规划，规划投资1.69亿元，解决电网当前存在的主要问题。至2020年末，永宁农网供电可靠率将达到99.9%，农村综合电压合格率将达到100%。配合永宁县城乡建设局完成永宁县城市地下管线综合规划，规划周期至2030年，在规划周期内计划建设综合管廊7条，全长41.5千米，在县城形成“两纵一横”、在望远镇区形成“三纵一横”的综合管廊布局。

【电网基建】 2017年，共下达项目3个批次14项，总投资3319.1万元，完成闽宁镇110国道至福宁110千伏变电站3.5千米电缆沟建设工作，总投资1442万元，电缆沟建设长度和难度，单体项目投资金额，均创永宁县供电公司之最。

【农网设备综合整治】 对51台环网柜和分支箱进行特高频、暂态地电压和超声波检测，对19条架空线路进行非接触式超声波检测，对8条电缆线路进行震荡波局放、超低频介质损耗检测，开展各类不停电作业327次，用户平均停电次数1.568次/户，同期下降0.256次/户，用户平均停电时间9.03时/户，同期下降2.13时/户，用户供电可靠性得到提升。修剪树木8000余棵，补装拉线护套132处，加装防撞贴500余张、安装驱鸟器67个，保障线路及设备的安全可靠运行，2017全年，永宁公司10千伏配网共发生变电跳闸11次，较2016年39次下降28次，下降率71.79%。

【县调一体化实施】 全年对21条电缆线路进行配电自动化改造，安装DTU78台、FTU10台，敷设光缆172.41千米，目前所辖所有10kV线路全部纳入银川供电公司调度控制中心集中调度，全年执行调度指令468次，执行正确率100%。

【配电网工程标准化建设】 建设实施4个机井通电工程项目，改造机井13眼，改造4个小城镇、中心村，完成1个农网改造升级工程项目，项目完成率100%，送审率100%；配合永宁县建设完成闽宁镇西镇区电气配套建设任务，新建电力线路 25 千米，通过工程建设实施，调整农村配电网网架，提高线路运行的可靠性。

【打击窃电及违约用电】 开展用电检查和反窃电工作，共追补电量 96.29 万千瓦时，追补电费 85.12 万元。联合各乡镇派出所对各乡镇地区开展冬季反窃电夜查工作，查处窃电用户 17 户，追补电量 2.62 万千瓦时，追补电费和违约使用电费共计 4.94 万元。

【电力市场拓展】 全年共受理高低压申请 28557 户，同比增长 9.12%，各项业务均按照流程办理，业扩服务时限达标率 100%。

【电费回收】 密切关注用电客户的生产经营与交费情况，对电费回收困难的客户，制订对应的催费措施，采取提前预缴、分次结算等手段，全年电费结零。

【台区线损治理】 落实台区责任制，成立线损专项治理小组。维护和巩固现有合理台区，以负损、高损台区为抓手，2017 年累计核查不合理台区 1013 台(次)，完成整改台区 223 台，台区合理率由整治前的 72.06%提高到 84.59%。

【计量管理】 更换各类老旧终端 471 台，为业扩工程、用电抢修配发各类电表 21134 只，各类采集终端 1273 台，满足城、农网用电电表需求。

【提高办电效率】 2016—2017 年，共受理高压业扩工单 561 件，通过主动联系、指导客户施工完成送电、走访调查发现客户资金不足、项目暂缓等问题暂时无法继续办理业务的终止流程工单，工单压降成效明显，结存工单 217 件，结存率 38.68%。

【“互联网+”电子渠道推广】 形成完善的“互联网+”工作流程，高压线上办电率达到 100%，低压线上办电率达到 97.5%；远程充值工单及时接单率为 100%，现场处理及时率达到 95.062%，应急充值合规率达到 97.037%。

【同业对标】 定期召开同业对标分析会，开展现状分析。深化工程生产管理系统系统应用，全口径维护设备台账和运维记录，账卡物对应 100%。采用变压器档位调整、变压器增容、负荷切改等方式解决系统中抽出的配变异常问题。全年共对 279 个台区进行变压器调档、更换重过载变压器 14 台，调整台区负荷 126 个，台区合理率 83.99%，同期线损达标率 88.31%。全年各项指标稳步推进。

【电网改造】 投资建设县域重点项目 11 项，投资金额 6509.1 万元，建设电缆线路 31 千米，安装箱式开闭所 11 台，环网柜 12 台，变压器 12 台，解决闽宁镇西镇区和 12 个小型扬水泵站的供电问题，完成望洪、新华中心村的双电源接入工作，对新华街道、陆坊中心村周边架空线路进行入地改造。完成闽宁镇新镇区和陆坊小镇两个自治区重点安置项目的电力配套建设工作；完成望洪、新华中心村的双电源接入工作；解决 12 个小型扬水泵站的供电问题；配合银西高铁及京藏高速对辖区内 220 千伏、10 千伏线路进行迁移；配合政府完成公路拓宽改造过程中的线路迁改工作。

【社会责任履行】 配合玉海道路、307 国道等公路拓宽改造，迁移 10 千伏线路 6.3 千米，0.4 千伏线路 3.7 千米。完成永宁县闽宁镇玉海幼儿园“煤改电”工程送电。协助治理污染企业，重点对启元药业、泰瑞制药、伊品三家大型企业的自发电量和用电量进行实时监控进行相关数据的分析诊断。圆满完成十九大、高考、青年创业大赛等各类重大事件及节庆日保电工作 31 次，在永宁县评议机关作风活动中再次获得公共服务行业第一名。

【星级供电所建设】 结合各乡镇实际情况，开展星级供电所建设。2017 年，所辖望远供电所、杨和供电所通过国网宁夏电力有限公司四星级复验及验收。

黄羊滩农场有限公司

【概况】 黄羊滩农场有限公司位于贺兰山东麓，独特的区位优势造就酿酒葡萄核心区域，辖区面积 6586.8 公顷，耕地面积 3630 公顷，现有在职职工 423 人，退休职工 1315 人，管理及工作人员 55 人。

【任务完成情况】 2017 年，实现营业收入 8960 万元，职工人均收入 31920 元，利润亏损 600 万元，收回各类欠款 1079 万元，上缴资源占用费 71.73 万元。资产负债率为111%。上交各类利息及本金553.95万元,还亚行款204.17万元。

【葡萄产业发展】 葡萄种植面积665公顷,2017年总产8579吨。为减轻西夏王酒业公司压力,组织外销8100吨,收回葡萄地81.543公顷,对其中66公顷采用平茬葡萄复壮技术措施。

【适度规模经营推进】 2017年规模化经营132公顷制种玉米相对大田玉米增收400元/亩、660公顷青饲两用玉米增收150元/亩,完成玉米总产20662.58万千克,单产755千克,单产比2016年增加107.5千克,增幅16.1%。

【产业多元化生产】 与多家公司合作,制种玉米132公顷,种植酿酒高粱132公顷,块茎类作物40.59公顷,西红柿制种2.25公顷,水果玉米9.438公顷,西兰花1.056公顷。

【土地管理】 2017年,组织相关人员对全场土地进行重新丈量,清理出土地363公顷,重新登记造册,规范收费标准,为公司创收近百万元。

【国有房屋明晰产权】 7月,对农场公司国有房屋进行确权、登记,明晰产权,清理回国有房屋302间,收回往年房屋欠款8.04万元。重新签订房屋租赁合同29份111间。

【资产加大清欠】 2017年,各类应收款达到2675万元,公司每个星期召开清欠专题会,成立清欠小组,分公司联合机关各部室,责任落实到人,召开专题会7次,制定《黄羊滩农场有限公司欠款清收管理办法》,采取先易后难,先干部后职工,先党员后群众等多种措施。2017年,收回欠款1079万元。

【重点项目实施】 实施以色列贷款节水灌溉滴灌项目投资1900万元,新建5万方蓄水池1座,田间管网覆盖面积693公顷;农垦小型农田水利工程建设项目完工,投资127万元,砌护斗渠5条,配套建筑物131座。

【农田水利基本建设】 公司自筹资金60余万元,投入机械826台(次),人工4520人次,土地整治面积663.3公顷,清淤整理支斗沟4条3.5千米、支斗农渠153条102.2千米,整修生产路7条7.6千米,平整林带6.6公顷,庄点环境综合治理7处。深松1056公顷,秸秆还田1980公顷,激光平地198公顷,开展农田水利基本建设及环境整治。

【环境卫生整治】 在2017年环境整治工作中,突出强调环境治理常态化,各部室划分片区,定时定点,联系群众,打扫片区,使场区环境得到改善。

【社会职能移交】 按照集团公司社会职能改革会议部署,成立黄羊滩农场办社会职能改革移交领导小组,初步制订农场办社会职能移交方案,2017年,召开8次移交改革专题会,按照方案分工各职能部门行动对场域内拟移交的社会职能与服务设施、设备及用房、交通基础设施和林带完成测量及审定工作,完成核实场区人口、地域面积等基础资料。移交中坚持重大事项向党委汇报、民主决策,依法按程序办理。

【党的建设】 2017年,召开党委学习会12次,党委(扩大)学习会26次。2017年,农场公司发展党员5名,参加集团公司举办的入党积极分子培训班4人,参加集团公司举办的基层党支部培训班13人。2名管理人员,分别采取调离岗位和降职处理。召开庆祝中国共产党建党96周年大会,到宁夏回族自治区廉政警示教育中心、农垦博物馆和国务院直属口五七干校接受廉政教育和红色教育,投资1.2万元资金增添党员活动室的阵地设施建设。

玉泉营农场有限公司

【概况】 2017年,玉泉营农场有限公司落实宁夏农垦集团公司第一届四次职工代表大会精神,以科技支撑和提质增效推进葡萄产业发展,依托项目推动玉泉葡萄小镇建设,以降低成本和激发动力聚力完成经营目标。

【经营指标】 2017年,农垦集团公司下达玉泉营农场有限公司经营指标为:实现营业收入7210万元,实现企业利润-180万元;上缴集团公司各类款项244.36万元;完成应收款清收1031万元;实现职均收入28800元。完成情况为:实现营业收入7700万元;实现企业利润-150万元;上缴各类款项 244.36 万元；完成应收款清收 1100 万元；实现职均收入 30050 元。

【葡萄生产管理】 实施“三化”和“五统一”，稳定葡萄产量和提升葡萄品质。为生产出市场需求的葡萄产品，实施“厂”字架型改造 33 公顷，深施有机肥 1120 吨 199.32 公顷，实施水肥一体化 379.17 公顷，实施病虫害统防统治 528 公顷。

【葡萄园区建设】 按照自治区葡萄园区建设规范，建设葡萄标准园 2 个，面积 141.57 公顷；建设葡萄优质园 3 个，面积 146.678 公顷。

【葡萄销售】 2017 年，产出鲜食葡萄 3791 吨，主要是种植户自行销售，销售额 2653.7 万元；产出酿酒葡萄 5897.13 吨，交售给西夏王酒业公司 867.43 吨。公司提前制订销售方案，种植户自行销售，联系商家组织外销，销售额 1871.35 万元。

【重点项目工程】 2017 年，公司重点项目工程 10 个，总投资 5191.06 万元，其中，续建项目 5 个，新建项目 5 个。续建项目投资 4480.76 万元；2015 年三大干渠改造项目、2015 年扬水站改造工程、2015 年小农水渠道砌护建设完成，2013 年世行贷款节水滴管工程完成 90%，2014 年以色列节水项目工程投资 817 万元完成 80%。新建项目投资 710.3 万元，2015 年公益事业建设“一事一议”财政奖补人畜饮水项目打井工程、2016 年移民后扶持项目晒场硬化工程、2016 年气象作业站工程、2015 年危房改造道路硬化工程等建设完成，2015 年文化长廊建设项目、人畜饮水工程完成。

【土地经营管理】 规范土地承包，公司职代会通过“玉泉营农场有限公司土地管理办法”，从制度上加强土地的经营和管理。清理回收土地，扩大集中经营管理规模。2017 年收回土地 7.774 公顷，其中，葡萄 7.227 公顷。加大对土地的巡查力度，坚持每天 2 次对公司内基本农田、耕地保护区、各队片区以及与银川市、永宁县接壤地段进行巡查，发现违建和违占行为做到制止。公司辖区内共发生违建 54 处，下发侵权停工通知书 54 份，限期整改通知 54 份，制止率为 100%。

【场镇建设】 推进玉泉葡萄小镇建设，对玉泉葡萄小镇酒堡规划区实施拆迁安置工作，涉及拆迁户 51 户，按照实施方案对拆迁户房屋及地上附着物进行实地评估丈量、测算补偿。拆迁安置 32 户 5916 平方米，补偿资金 366 万元。按照招拍挂程序办理用地手续，推进城镇化建设。玉泉街拆旧建新采取土地招牌挂 11 户 3273.7 平方米，建设商住楼 6547.4 平方米；办理招拍挂手续 7 户 940.7 平方米。玉泉街铺设道砖约 4678 平米，补栽行道树 83 株。

【动物防疫】 公司与各生产队签订《动物防疫目标管理责任书》，动物防疫工作有防疫员专门负责。定期对养殖户园区进行消毒、宣传教育。对动物防疫工作按照统一部署、统一技术指导、统一免疫程序、统一规范管理、统一监督检查；做到场不漏队，队不漏户，户不漏禽，开展高致病性禽流感、牲畜口蹄疫、猪瘟、猪蓝耳病及鸡新城瘟的强制免疫，防疫羊 1260 只，牛 280 头，家禽 588 只。

【安全生产】 成立安全生产领导小组，制订安全生产应急预案，完善节假日值班制度。与辖区各企事业单位、企业和各生产单位签订安全生产目标管理责任书。开展安全生产检查，开展安全生产检查 5 次，发放整改通知书 16 份。对重点区域重要环节进行排查，发现隐患整改，组织安全生产培训 2 次，参加 265 人次。

【农田水利基本建设】 2017 年，农田整治面积 277.2 公顷，沟渠清挖 34 条 24.5 千米，整修道路 14 条 8.5 千米。在 307 国道两侧新植林木 9.9 公顷，平整林带 9.9 公顷，涂红刷白 9.9 公顷。机深翻 726 公顷，配方施肥 382.8 公顷，秸秆还田 561 公顷。葡萄修剪埋压 1188 公顷。动用机车 212 台班、人工 2421 工日。

【综合治理】 制定完善治安、保卫民事调解工作制度，组织辖区驻场单位召开联席会议，传达上级相关文件精神，针对工作中出现的问题进行研究，提出解决方案。与当地公安机关沟通协调，对突出的不稳定的社会因素反馈信息。辖区内无重大刑事案件发生。落实信访责任制，制订公司、农场维稳应急预案和突发事件快速处置方案，进行矛盾排查。全年接待群众个访 5 起 20 人。排查矛盾纠纷 3 起，解决职工群众合理诉求 2 起。

【计划生育】 与辖区12个单位签订《计划生育责任书》;考核实行一票否决制。农场联合玉泉营卫生院共同举办庆三八女性健康知识讲座和宫颈癌筛查活动,筛查100多名育龄妇女。全年累计发放宣传资料5200份,开展咨询服务320人次;4对育龄夫妇到计生局免费做孕前优生检查,10对两筛检查。提高优质服务水平。农场辖区设立6个药具免费发放点。

【低保、医保】 实行民主评议和"三榜公示"制,做到公平、公正、公开、透明。2017年,农场共享受低保生活保障对象74户123人,月发放保障金54670元,每年发放低保金额近57万元。动员居民参加城乡居民医保,2017年参加城乡居民医保1461人。

【扶贫帮困】 春节和国庆节为92户低保、高龄、孤儿、优抚人群发放80袋米、120袋面和16桶油;为14户贫困人群发放临时救助金21700元。春节期间为4户特扶家庭和一户计划生育困难家庭共发放米面24袋,油8桶。开展残疾人帮扶工作,为残疾人申请生活补贴5450元,护理补贴3600元;为14位精神残疾患者申请治疗药物;为1名儿童申请助学金;为114名"4050"失业人员申请社会养老保险补贴26万元。

【获奖情况】 3月,苗木繁育公司被农业部评为"全国三星级休闲农业园区",8月份,被自治区农牧厅评为"全区三星级休闲农业园区"。

媒体中的永宁

闽宁镇“立体化”脱贫硕果累累

在闽宁镇，记者们见到的是整齐的房屋，神奇的光伏大棚，各有特色的扶贫合作企业，还有神奇的“4+1+1”精准扶贫政策，正是这些立体化的扶贫策略齐头并进，才使闽宁镇脱贫取得了丰硕成果。

1996年，福建和宁夏启动了对口扶贫协作，作为起点，闽宁镇从无到有、由弱到强，见证了闽宁镇携手从单向扶贫到互利共赢的20年。如今，曾经的戈壁荒滩变成了现代化的生态移民示范镇，4.4万多名祖祖辈辈生活在西海固贫困山区的农民走出大山，通过移民搬迁走上了脱贫致富之路，农民人均可支配收入从开发建设初期的500元增长到2015年的10350元，增长了20.7倍。

说到闽宁镇扶贫，不得不提的是原隆村“4+1+1”的特色精准脱贫模式：“4”是每户养4头牛，2个“1”分别是发展光伏农业以及每家分得2块光伏电板，这些分红获利能让全村76户建档立卡的贫困户每年获得2.6万元的收入。而这样的扶贫模式正是由原隆村首创。

除了精准脱贫模式，闽宁镇在产业扶贫上也下了大功夫，闽宁县在2013年以来共投入财政资金18.1亿元，实施了节水灌溉、道路畅通、园区建设、老镇区综合整治、棚户区改造、新镇区建设等重点项目153个。葡萄种植面积达到6.2万亩，建成酒庄13座，葡萄酒年产量达2.6万吨，移民种植葡萄亩均增收3000元以上。青岛昌盛30MW光伏电站并网发电，588栋光伏农业设施大棚投入使用，香菇、秋葵等产品上市销售。园艺村万亩草畜基地已竣工，肉牛存栏1.6万头，1537户贫困户通过托管养殖分红284万元。引进中银绒业、中粮集团、德龙酒业等企业36家，撬动社会资金6.7亿元。依托宁夏生态移民培训示范基地建立区市县联网的生态移民创业就业服务中心，培育劳务派遣公司11家，劳务经济人56名，输出劳务9000多人，人均收入1万多元。

当记者们来到光伏农业产业园，这里种植着各种光伏农产品。“在这里贫困户通过养殖花卉、食用菌，等等农作物。我们公司负责给他们培训，让村民们学会这些高科技种植技能，参与劳作的村民每人每月能拿到2000多元的收入。此外我们还鼓励村民们承包光伏农业大棚，由我们提供生产资料，村民负责打理。收获后，最后再由我们负责销售。最后将利润分配个农户。村民们通过承包大棚，收入也能得到相应的提高。”华盛绿能运营经理杨广平热情地向记者介绍道。正是精确扶贫与产业相结合的扶贫模式，让闽宁镇做到了“补血”“造血”两不误。既然贫困户们得到了资金补助，也让他们学会了更多的生产技能，永久走上脱贫致富的道路。正是有了先进扶贫政策的落实与干部灵活多元的扶贫思路，加上企业纷纷积极响应号召，积极参到产业扶贫工作中来。最终使闽宁镇的脱贫之树结出了累累硕果。

（央广网银川3月2日消息，记者汪洋）

永宁：生态建设刷新城乡“颜值”

拿出1.3亿元资金计划造林3560亩，在各乡镇、企业及县城主干道上全面推进绿化体系扶植——

大地回春，正是植树造林的季节。目前，在位于永宁县宁惠街两侧、利民路两侧及团结路两侧，总长10公里的县城道路补植补栽现场，植树造林高潮涌动，百余名园林绿化工人挥汗如雨间，一棵棵河北杨顺利栽下，错落有致的绿化带随之形成。

在永清路至滨河大道连接线绿化工程项目现场，整齐站立的樟子松在微风中轻轻摇摆，丁香虽然还未长出新枝叶，但嫩嫩的芽儿正极力往外绽放……

围绕“主干道路绿化，中心村环村林建设，县城绿化提升、补植补造”三大工程，今年，永宁县拿出1.3亿元资金计划造林3560亩，以生态建设刷新县城发展“颜值”。如今的永宁，看路，绿树相随；看城，城在绿中；看村，村隐林中……绿色，俨然成为永宁大地上的主色调。

3月初，永宁县便拿出《2017年城乡造林绿化工作方案》，吹响绿化建设“冲锋号”。“全县上下要坚决把城乡造林绿化的责任扛在肩上，落实在步履上。”这样的口气，足见永宁县对植树造林的重视和底气。

道路宽阔，却缺乏绿化配套是永宁县不少街道的“硬伤”。今年，永宁县将主要街道变为绿化战役“主阵地”。在永宁县城道路补植补栽现场，园林绿化工人正在进行挖坑、栽植、培土、浇水作业。“这个项目涉及全县7条主要街道，总长度是10公里，将于4月底栽植乔木1742株，栽植灌木1212株。”项目负责人白伟说。

“开车行驶在县城内，处处都开始种植花卉和树木，很多年没见这么大动静，等夏天到了一定漂亮得很！”经常往返于兴庆区与永宁县城之间的的哥高师傅掩饰不住内心的喜悦。而高师傅的喜悦是有根据的，创建国家园林县城是永宁人多年的奋斗目标，是一项系统工程，是一项顺民意、得民心的绿色工程、实事工程。据了解，今年永宁县将在各乡镇、企业、葡萄酒庄、学校以及县城主干道上，全面推进点、线、面、环、块有机结合的绿化体系扶植，总种植面积将达800亩，植树16万株。

县城绿化重点是提档升级，而在绿化相对薄弱的中心村，则是以建设环村林带为“突破口”。李俊镇一、二支沟上段、新华中心村、望洪镇新华村等地的绿化工作目前已经开始，栽植的近万株河北杨、新疆杨、旱柳、金叶榆、紫叶李、桧柏将为永宁县提升村庄绿量，打造绿树掩映的美丽乡村提供支撑。

随着永宁黄河大桥的建成通车，永清路连通了永宁和灵武两地，地理位置不一般。在永清路至滨河大道连接线绿化工程现场，只见齐刷刷的樟子松、排列整齐，在微风中摇曳。该项目西起京藏高速，东至滨河大道，建设面积423亩，投资概算4436万元。据永宁县林业局副局长苏庆录说，永清路全长20公里，由于是新建道路，之前并没有进行绿化。“今年将在这里共植乔木树2000株、常青树3000株以及花灌木20多万株。”苏庆录说。

作为一项常规性工作，永宁今春绿化的落脚点在于保障成活率。今年，永宁县在绿化大整治行动中将成活率作为招标的重要标准，《方案》显示，所有招标单位建设绿化项目的成活率必须达到95%。

（原载于4月5日《银川日报》，记者范晓儒）

永宁“1+X”主题培训为村干部“充电”
增强党性修养　提升履职能力

银川市永宁县胜利乡杨显村大学生村官靳丹将前几天培训的笔记整理完毕，准备在村里先着手党建工作的创新。近日，永宁县百名村党组织书记、主任、第一书记及大学生村官，在该县举行的5天封闭式“1+X”主题培训班上，通过理论讲解、实地观摩、视频教学等方式，切实提升自身履职能力，增强党性修养。

据介绍，“1+X”即每天设置1个主题，采取“X”种方式，对村干部进行强化培训。永宁县按照培训对象需求，精心设置“党性修养吧”“农村新政策”“双富新视野”“警示高压线”和“带头我能行”5个主题培训模块。参训村干部在自治区党校教授、基层党组织书记、农技“高手”等专家深入浅出的讲解下，对当前农业农村政策、农村基层民主政治建设等有了更深刻的理解和认识。

在对自治区廉政教育警示基地、宁夏农业学校菌菇基地、兴庆区花卉基地等进行实地观摩后，百名村干部不仅提升了培训实效性，也对下一步工作开展有了更多思路。“兴庆区大新镇新水桥村推行的‘阳光村务’很值得学习，杨显村今年在村务政务公开方面也要多下功夫。”在“带头我能行”环节，靳丹围绕如何做好当前农村工作和怎样当好村级带头人，与其他村干部深入交流，收获颇多。

“这次培训就像一场及时雨，让我更理解了怎样当好一名村干部。只有给群众指路子，群众才会给我们搭台子。”闽宁镇原隆村党支部书记王升坦言，主题封闭式培训除了促进村干部更好地掌握农村基层党务工作方法外，还在做好群众工作、依法办事、抓党建促脱贫攻坚能力等方面有了实际提升。

（宁夏新闻网4月11日消息，记者张唯）

永宁县全域旅游渐入佳境

黄河岸边，乡村采摘一年四季有花有果；贺兰山下，酒庄自驾游方兴未艾；主要景区，探索“全景、全业、全时、全民”经营……

对于永宁县旅游业来说，有资源却无品牌一直是其发展的瓶颈。资源如何盘活，旅游业如何壮大？在这其中，全域旅游的多元化、集聚化效应将使该县旅游产业在未来异军突起。

从畅玩贺兰山东麓葡萄长廊到漫步于滨河大道，从集中展示中华回族民俗特色的永宁文化园到艾依河畔的三沙源，从中华回族第一街的美食到胜利乡的采摘果园……自去年起，永宁县以全域旅游为统揽，以永宁文化园、三沙源国际休闲度假区等项目建设为重点，通过发展乡村旅游、举办大型活动等宣传措施，大力推进旅游大景区建设、全产业链打造等重点工作。仅今年1—3月，永宁县共接待游客近66万人次，实现旅游收入超1200万元，同比分别增长413.46%和162.93%。快速发展的文化旅游产业，正逐渐成为永宁现代服务业的龙头和县域经济发展的核心“增长极”。

融合：打造百亿级文化旅游产业集群

永宁文化园自2002年起开发建设，整体规划占地1000亩，现已完成一期工程300亩的建设任务。作为永宁县旅游龙头企业，该园去年以近3000万元收入的傲人成绩占据该县全年旅游收入的“半壁江山”。但在总经理夏小川看来，再好的“领头羊”也需创新、求变。

“璀璨的灯光变换出丝绸之路的昔日盛景，游客不仅能参与其中，还能和灯光灯影来一场月光下的互动，这是我们重点打造的夜游项目。”夏小川说，为响应全域旅游号召，使景区从单一的建筑展示向大众体验式转变，永宁文化园景区在传承中不断创新、突破，去年下半年举行的“一千零一夜”嗨玩季系列活动，内容包括光影秀、花妖动漫音乐节、大型艺术焰火等，为游客带来更惊艳的视觉感受；今年春节期间举行的“永宁大集·大吉永宁”新春花灯美食节更是将中华回乡文化园“全景、全业、全时、全民”的要求展现得淋漓尽致。

全域旅游就是打造全产业链。“要想再进一步，除了自身景区功能需拓展外，打造精品旅游线路更为重要。”在夏小川看来，将永宁文化园、中华回族第一街以及纳家户景区“融合”发展，就是永宁县完善全域旅游、打造百亿级文化旅游产业集群的关键所在。

去年5月，第二届永宁特色文旅一日游活动在中华回族第一街启动，一幅幅永宁全域旅游的美丽画卷徐徐展开。短短一天里，近10万名游客慕名至此，油香、馓子、羊肉臊子、八宝茶、贺兰山东麓葡萄酒及特色农产品让游客大呼过瘾。

自此尝到“甜头”的永宁县将全域旅游作为区域发展的新路径和拉动消费的主引擎，依托特色文化旅游资源，创新旅游营销理念，通过开展丰富多彩的节会活动，吸引游客，聚集人气，全域旅游风生水起，创响了全域旅游的“永宁品牌”。

拓展：乡村游激活“一池春水”

在大项目的支撑下，永宁县全域旅游声名鹊起，渐入佳境。而如何进一步扩大旅游产业优势，让全域旅游更全面？永宁县走出“乡村搭台，采摘唱戏”之路：利用田园景观和农业资源，提供观赏、采摘、旅游等体验性休闲节会活动，吸引更多游客，放大旅游效应。

“高秧子的草莓更甜。”走进胜利乡鲜果世家农家大院一栋大棚内，技术人员杨钧正为游客指点草莓采摘“诀窍”。“清明小长假期间，园区迎来游客1000多人次，3天下来收入近万元。”看着园区内桃花朵朵、草莓鲜红欲滴，相比于过往“无人问津”的窘状，如今的“盛况”让杨钧高兴得合不拢嘴。“全域旅游是一场供给侧改革，市民需要周末放松，我们就更新品种、完善设施，全力打造乡村游，为大家提供所需服务。如今看来，效果很好。”杨钧说。

记者了解到，除了鲜果世家采摘园外，永宁县187家各种形式的休闲经营户都从“乡村游”中受益，而让他们尝到的“甜头”则源于年初的一场节会。“‘生态永宁·情溢满园’冬季旅游采摘季系列活动自2017年1月启动以来，截至3月底，到永宁县参观、采摘的人数达到12590人次，收入62.15万元，相比去年同期增长176%。”永宁县旅游产业发展服务局局长沈学华说。如今的永宁县，东线以乡村游为主，涵盖滨河大道、109国道的休闲农业和乡村旅游。在黄河岸边、在经果林带、在慢行道旁，一年四季有花有果，已形成百姓和游客采摘、烧烤、休闲的好去处；西线以葡萄酒文化旅游为主，涵盖23家葡萄酒庄、闽宁镇红树莓基地、原隆村光伏生态园，打造出设施农业和酒庄自驾游为主的旅游项目。“除永宁胜利乡醉美桃花节于本月开幕外，今年永宁县还将举办立兰酒庄葡萄展藤节、三沙源夏日清凉嘉年华、冰雪中国年等活动。做到月月有活动、月月有体验、月月有氛围，人人来参与。”沈学华说。

如今的永宁县，各类节会已经成为带动当地旅游发展的重要平台，每一个节会都会迅速成为搜索热点。在全域旅游的影响下，从城区到乡村，永宁县旅游市场持续发酵，游客量和旅游收入进入快速增长期；在节会加温助推下，永宁乡村游呈现出“多点开花，持续火热”的喜人景象。

大格局：全域旅游风景这边独好

去年7月，永宁县召开全域旅游示范县创建工作促进会，提出将通过科学编制规划、狠抓旅游项目建设、拓展乡村旅游、完善基础设施、促进产业融合等措施全力推进全域旅游建设，至此，永宁旅游产业发展已在快速前行。

据了解，结合地域特点和现有景点，今年，永宁县将大力推进三沙源、永宁文化园、贺兰山东麓闽宁葡萄小镇等项目建设。并利用旅游产业推进一、二、三产融合发展，打造旅游+文化、+工业、+农业、+体育、+健康医养、+葡萄文化的全产业链，重点推进纳家户回族家访游、农业采摘观光游、移民家访体验游、养生健康休闲游等。

“打造葡萄小镇，发展房车营地、帐篷露营、自驾车露营、自酿葡萄酒、葡萄酒品鉴游等休闲旅游方式，实现集种植、酿酒、旅游、文化于一体的葡萄观光体验游。”在坚持旅游兴县战略，全力打造全域旅游示范区上，沈学华说，永宁县将继续发挥贺兰山东麓葡萄、光伏、草畜产业资源优势，推进农业采摘游，启动滨河大道、西部水系乡村游示范项目。依托纳家户资源优势，提升改造，打造千户家访，推进回族家访游。

如今的永宁，正快速驶入“全域、全时、多元”旅游发展新时代，必将在全国全域旅游建设中大放异彩。

（原载于4月17日《银川日报》，记者范晓儒）

杨和镇《暖春》传递乡风民俗正能量

“走的是柏油路，喝的是自来水，用的是天然气，住的是新楼房。”4月15日，在永宁县杨和镇策划组织的舞台剧《暖春》首演中，一名演员的台词描绘出该镇村民如今的幸福生活。当天，永宁县各乡镇、街道的1300多名群众代表共同观看了这台精神文明大戏。

《暖春》以永宁县着力推进城镇化建设进程为背景，以哈老汉一家“动迁”巨变为主线，真实反映各级基层干部自觉履职尽责，积极深入群众家中，用真情实意打动思想守旧、不愿动迁的钉子户哈老汉，让其最终放下思想包袱住进“兰花家园”小区，人民公园等惠民工程随之相继竣工投用，小区居民生活发生巨大变化的故事。

当天带着公婆一起来“看大戏”，剧中很多剧情让她深有同感。“这个剧演得特别真实。以前住在村里平房，居住条件差，孩子上学远，得天天接送，老人看病也不方便。”2015年，沈淑荣一家搬入新落成的杨和康城，140平方米的新房干净敞亮，学校就在家门口，小区里还有社区卫生室，公婆也办了失地农民养老保险。杨和镇党委书记潘毅告诉记者，排练舞台剧一方面是想将基层干部在城镇化建设中不计得失，积极和群众沟通交流的情景展示出来，另一方面是想丰富群众精神文明生活，发扬优良的乡风民俗。

（原载于4月17日《宁夏日报》，记者张唯）

永宁“精准识别”甄选干部
落实“凡提四必”　严格把好“四关”

4月19日，记者从永宁县委组织部获悉，该县着眼于选准用顺干部，严格落实凡提必审、凡提必核、凡提必听及凡提必查的“凡提四必”要求，把好资格关、审核关、廉政关和公示关，坚决防止干部“带病提拔”“带病提名”，努力建设经得起检验的高素质干部队伍。

永宁县扎实组织开展干部人事档案专项审核工作，严把材料审核、补充登记、信息确认“三关”，着力解决干部档案中存在的材料不齐全不规范、信息记载不准确不一致和涂改造假等突出问题。建立领导干部个人有关事项查核机制，对被“推荐提名”或被确定为考察对象、拟提拔任职的科级干部，要求其填报个人有关事项报告表，并对审核填报事项进行层层把控。

同时，在考察中按照知情度、关联度和广泛性、代表性原则，采取个别谈话和发放民主测评表、干部德的正向测评和反向调查表等形式，全面了解考察对象德、能、勤、绩、廉等各方面表现。重点看考察对象在道德品行、遵纪守法、廉洁自律及其他方面是否有不良表现和问题反映。一旦查出，则视具体情况，严格按照“三个不上会”等规定，一律暂缓任用或取消提名、选拔任用资格。

永宁县还开通“12380”举报电话，实行专人专办、24小时值守，随时接受来自社会各界的监督举报。凡查核属实的，一律取消提名、选拔任用资格。

（原载于4月17日《宁夏日报》，记者张唯）

永宁60余种农产品
定制配送银川52家网点

5月12日，记者从永宁县电子商务县域运营中心获悉，去年以来，该中心结合本地农产品市场状况，利用电子商务平台，创新农产品销售模式，同城配送服务到社区，为市民日常生活购买放心农产品提供了便利。

“目前，我们已在银川市区设立了52家分销网点，每个分销网点都有一个微信群。”永宁县电子商务县域运营中心相关负责人告诉记者，分销网点都设立在各住宅小区门口，微信群覆盖小区大多数住户，每天早晨工作人员都会在群里推送当日农产品相关信息，有60多种，包括种类、价格及农产品采摘时直播、录制的视频、成品包装图片等，消费者通过电商平台就能下单，实现农产品定量配给，避免了浪费，减少了中间营运环节，节省成本的同时还能保证农产品的质量。

在永宁县电子商务县域运营中心冷库区产品分拣中心，工作人员正在通过人工分拣包装当日的订单产品。为了保证所售农产品质量，所有进库的农产品都是在永宁县定点农业基地种植，当日采摘后会在当地合作社做初检，进库后做二次复检，两次检测由相关管理部门统一监控、联网管理，对存在问题的农产品一律回收处理，不予销售。

“越来越多的人开始接受这种新的销售模式。”市民张先生说，“对于忙碌的上班族来说，每日订单送货上门节省了我们出门购买的时间和精力，产品质量有保证，吃得放心，是一个值得推广的模式。”

为了满足不同年龄层消费者的购买需求，中国电信宁夏分公司特别推出了包括微信社群、400热线、APP、网络电视在内的4种订购方式，并逐步统计订单数据，力图通过大数据分析来指导定点采购基地的种植品种，进一步完善同城配送服务。

（原载于5月13日《银川日报》，记者齐平）

永宁三大战略谋划新跨越

近年来，在区市党委、政府的领导下，永宁县委、县政府紧紧围绕“四个全面”战略布局、“四个宁夏”以及“全域银川”建设，坚持“工业强县，农业品牌，旅游兴县”三大战略不动摇，主动适应经济发展新常态，全县政治、经济、文化、社会、生态文明和党的建设成就显著，人民群众的获得感、幸福感空前提高。过去五年是永宁全县上下开拓创新、奋发有为的五年，也是永宁全县综合实力提升最快、城乡面貌变化最大、百姓收益最多的五年。

永宁县产业集群县域经济稳步发展

过去五年，永宁新型工业快速发展，打造了“望远工业园区、闽宁产业城、闽宁扶贫产业园、杨和工业功能区”四大工业园区，生物医药、机电制造等产业，在全国竞争优势明显，工业经济对GDP的贡献率达到44.7%，被评为国家循环经济示范县。

工业发展基础愈加坚实，建设完善四大工业园区，积极落实各项扶持奖励政策，扶持力度不断增强，成立中小企业发展服务中心，伊品生物、启元药业等5家企业入围自治区百强企业，全县规模以上工业企业由32家增加到79家，规模以上工业产值达到166.42亿元。战略新兴产业持续壮大，先后引进实施人和管业、振发光伏、盛景光伏、凤凰城智能制造等一批新产业、新业态。五年来，主要经济指标增速保持了快速增长，总量均实现翻番。2016年地区生产总值、地方公共财政预算收入、固定资产投资分别达到125.36亿元、13.28亿元、172.65亿元，县域经济的质量效益、综合实力和可持续发展能力大幅提升。

精准扶贫现代农业初具规模

五年来，永宁县在响应国家政策号召、结合当地实际情况的前提下，积极推动移民搬迁和精准脱贫工作，大力发展现代农业，实施“农业品牌”战略，被评为第一批国家农产品质量安全县。

永宁县闽宁镇移民的脱贫致富见证了闽宁携手从单向扶贫到互利共赢的二十载风雨。永宁与福建漳州台商投资区达成战略合作协议，将两省区对口协作从高层对话落实到基层互助，建立了“3+1”对口协作新模式，形成了“产业对接，经济共赢，互助共进，共同发展”的新局面。永宁县认真落实自治区百万贫困人口扶贫攻坚战略，创新实施“一户四牛一棚一电站”的“4+1+1”精准脱贫模式，打好教育扶贫、金融扶贫、政策兜底扶贫等“组合拳”，截至2016年，闽宁镇农民人均可支配收入达到10732万元，连续三年增长约15%。全县1692户建档立卡贫困户全部脱贫，贫困村全部脱贫销号。闽宁镇被评为全国重点乡镇，并荣获“全国社会扶贫先进集体”称号。

农业方面，以“一特三高”为引领，大力发展“三精”农业，初步形成以“设施农业、葡萄种植、有机水稻、供外蔬菜”四大优势产业为主导的现代农业产业体系。牛羊肉产业初具规模、新型农业经营主体逐步壮大、产业化经营水平不断提升，晓鸣农牧、悦丰农科成功登陆“新三板”。农业优势更加突出，持续推进“四个十万亩”工程，培育国家级农业产业化龙头企业2家，自治区级农业产业化龙头企业17家，建成农业标准化生产示范基地33个12万亩，以点带面推进全县农业标准化生产。绿色、有机、无公害农产品种植面积达到41.4万亩，连续四年荣获全区农田水利基本建设“黄河杯”竞赛特等奖。

全域旅游特色旅游持续“吸金”

这五年，永宁县坚持旅游兴县战略不动摇，围绕“做优做强旅游城市、做精做大旅游景区、做美做特旅游乡村”，加快构建旅游公共服务体系，大力推进旅游产业与相关产业融合。

在打造全域旅游过程中，永宁立足本地，扩大视野，围绕黄河金岸、西部水系、贺兰山东麓百万亩葡萄长廊三线旅游，打造了一批独具特色、具有优势的旅游产品，初步构建了“一园三线六区”全域旅游发展格局，累计完成投资约108亿元，并加强对旅游景点项目建设的监管，不断提升旅游业发展水平和质量，为进一步推进景区创建和确保全域旅游工作顺利推进打下坚实的基础。全县3A级以上旅游景区达3个，4星级农家乐4家，3星级农家乐7家，被列为国家首批全域旅游示范县创建单位、全国休闲农业与乡村旅游示范县以及2016中国年度最佳投资休闲目的地。

城乡统筹深化改革惠及百姓

这五年，永宁县民生工程不断完善。开展“千处百日”城乡环境综合整治、主干道路大整治大绿化、城乡建设用地增减挂钩项目等，承办了全国城乡环境整洁行动现场会。累计投入205亿元，率先在全区整县推进新型城镇化，实施了507万平方米的16个棚户区改造和小城镇中心村建设，实现了基础设施“十到位”和公共服务“十配套”，全县城镇化实现程度由35%提高到75%。扎实推进生态绿化工作，高标准规划建设永宁人民公园，实施了主干道路和水系两侧宽幅林带及中心村环村林等生态绿化工程。创新实施“56789”暖心工程、被征地农民养老保险等一系列民生工程，全县近20多万群众直接受益，社会保障工作经验在全区推广。承办了全国被征地农民养老保险现场教学会，被评为全国首批民生改善典范县。深化医药卫生体制改革，率先在全区实行“先住院后付费”“先诊疗后付费”“县乡村一体化”医疗服务模式。扎实推进“五城同创”，培育践行社会主义核心价值观，广泛凝聚社会正能量。创建工作让老百姓见到成效、得到实惠，有力提升了人民群众的获得感。

在稳步推进深化改革方面，成立全区首家县级行政审批服务局，率先在全区实行“三证合一”“一照一码”“五证合一”商事制度改革，并建立首个区市县乡村五级联动电子政务服务网络。积极运用PPP等模式，撬动社会资本近200亿元，参与小城镇中心村、永宁黄河公路大桥等重点项目建设，被列为国家深化县城基础设施建设投融资体制改革试点县。

美好未来奋斗目标

力争全县经济年均增长8%；固定资产投资、地方财政预算收入、城乡居民收入与经济增长同步；完成区市下达的主要约束性指标。

今后五年，是永宁县深化改革加快发展的攻坚期，更是全面建成小康社会的决胜期。永宁县将严格执行区市党委、政府的各项决策部署，全力实施“工业强县，农业品牌，旅游兴县”三大战略，强力推进“四个永宁”建设，同步推进“五城同创”，全面打造“六个示范区”，努力培育“十个百亿级”产业集群，谋划新跨越，圆满完成“十三五”规划目标，推进县域经济发展，保持社会和谐稳定。

重点任务：释放发展活力打造“开放永宁”

用改革创新增强发展新活力，用扩大开放赢取发展新机遇。深化政务服务改革，通过简政放权、放管结合、优化服务，规范行政行为，打造“两优”发展环境，积极开展机构改革，深化投融资体制改革，全面探索新型融资模式。深化农村产权制度改革，探索农村土地承包经营权有偿退出和土地入股机制，激发农村发展活力。持续推进对外开放，加强信息基础设施建设，将永宁县打造成“一带一路”的重要驿站，积极培育“外向型产业”，充分发挥资源优势，构筑大开放格局。

加快转型升级打造“富裕永宁”

将产业集群作为推动地区经济发展的核心推

动力，依托现有产业优势，打好项目谋划、资金争取、人才吸引、政策支持、环境优化的组合拳，重点培育10个百亿级产业集群（包括生物医药、造纸包装、光伏装备、新能源车辆制造、建筑产业化、商贸物流、优质葡萄酒、现代农业、文化旅游、健康医养十大产业集群），打造“产业集聚创新发展示范区”，力争县域经济再上新台阶。

推进民生改善打造“和谐永宁”

切实保障和改善民生，不断提升人民群众的公平感、幸福感和获得感。

拓宽创业就业渠道。规范创业服务组织发展，完善创业园区和孵化基地建设，提高城乡居民收入。强化教育均衡发展，持续加大教育投入，优化教育资源配置，促进教育公平和质量稳步提升。提升医疗卫生水平，形成更加完善的公共卫生计生服务体系。完善社会保障体系，继续深化“56789”暖心工程，提高社会救助精准率，真正实现老有所养、困有所帮。打赢脱贫攻坚战，将富口袋与富脑袋有机结合，率先在全区扶贫地域全面建成小康社会。

巩固生态优势打造“美丽永宁”

深入实施大气、水、土壤污染防治行动计划，严守生态底线。全面统筹城乡发展，努力建设天蓝、地绿、水美的“美丽永宁”，打造生态文明示范区。

实施碧水蓝天保护工程，加强水环境治理，严控大气污染物排放总量，确保环境空气质量优良率达到75%。实施绿地保护工程，积极推进工业固体废弃物处理，力争到2021年，新增造林面积7.62万亩，全县森林覆盖率达到18%以上。推动城市基础设施改造力度，构建外联内畅、互联互通的综合交通网络。提升城市管理水平，加快市政公用设施智慧化改造升级。

（原载于6月6日《银川日报》，记者齐平）

永宁盘活农村“沉睡资本”

在永宁县李俊镇金塔村，村民杨永看着10亩待收的西瓜，露出一脸笑容，再过20天，这些西瓜将走进市场。这一切都得益于永宁县大力推行的农村土地承包经营权抵押贷款。

2016年，永宁县被全国人大常委会授权开展农村承包土地经营权抵押贷款试点，是全区5个获准开展此项试点的地区之一。今年以来，很多村民和杨永一样，通过承包土地抵押贷款获得了扩大生产的资金。

完成土地确权贷款不用找担保人

土地是农民最主要的生产资料和财产资源，以农地做抵押进行融资，使沉睡的资源“活”起来，是拓宽农村金融供给渠道、破解农村资金短缺难题的有效途径。

据统计，永宁县土地承包经营权确权登记工作共涉及农户47139户，需要确权土地面积44.5万亩。为让更多的农民享受到这一政策，从今年4月中旬开始，永宁县农村合作经济经营管理站组织各乡镇，陆续召开农村承包土地经营权确权及抵押贷款推进会，由乡镇落实到村队，限时完成土地确权登记。

“确权后，土地就可以用于抵押贷款、入社入股了，不动产即可当‘动产’使用。”永宁县农村合作经济经营管理站站长刘登彪说，各乡镇完成土地确权后，可利用“永宁县农村产权中心”平台开展价值评估。

在确权、价值评估基础上，永宁县组织各乡镇同人民银行永宁县支行、永宁县农村信用合作联社，依托乡镇集市、社区银行、助农取款服务点，开展了为期3个月的宣传，通过发放传单、现场讲解等形式让村民了解承包土地经营权抵押的相关政策和操作流程。

据了解，永宁县农民可在永宁县农村合作经济经营管理站等4个土地确权中心办理登记并领取“农村承包土地经营权证”，在乡镇民生服务大厅现场登记（包括土地确权登记、抵押权登记），无需担保人和其他抵押资产即可办理承包土地经营权抵押贷款。

申领贷款最多只需两个工作日

目前，永宁县农村信用合作联社已针对承包土地经营权抵押贷款，推出特色信贷产品“农地贷”

以及相应的新卡种“富农卡”，一亩地能够贷款3600元，贷款利率为5.49%。

如果村民有抵押贷款需求，永宁县农村合作经济经营管理站会对发给农民的权证进行查询，确认其持有的土地经营权证书的真实性，签字确认后反馈给永宁县农村信用合作联社。同时，永宁县农村信用合作联社会对申请贷款的农民本人进行征信查询，如无不良记录在，则随时发放“富农卡”。“富农卡”的具体使用额度根据使用者个人所拥有土地来确认的，具有一次核定、余额控制、随用随贷、周转使用的特点。

“办理时核定的额度将一次性写入个人卡上，需要使用时农民可以随时提取，只要不超出使用额度，不再进行二次审批。”永宁县农村信用合作联社信贷审批部总经理高智勇说，贷款人提出申请后，通过抵押登记、权证复核、征信查询三项流程即可领取贷款，最多两个工作日就能办理完毕。今年年初，永宁县李俊镇友爱村村民张广华通过承包土地经营权抵押获得贷款4万多元，他用这些钱投资两栋温棚用来种植蔬菜，目前第一茬全部卖完，收入8000多元，“另外一部分钱用来买了牛和羊，搞养殖成本低一点、见效快，一年下来收入个五六万元，比出外打工好多了。”

新建征信体系惠及更多农民

据了解，为了降低放贷风险，承包土地经营权抵押贷款最高不得超过30万元，且需要在3年内还完。对于不能够及时还贷的，永宁县农村信用合作联社将流转贷款人的部分土地使用权，承包给其他农户生产经营并收取租金。

针对部分农民对征信系统不够重视导致的不良记录，永宁县农村信用合作联社推出了新的信用评级体系，将国家征信系统作为一个参考，如发现未及时还贷、还贷未完、担保未止等情况，该社将督促有贷款需求的农民完成信用重建，正常发放贷款。

目前，永宁县已有145户农民凭借“农村承包土地经营权证”在当地农村信用合作联社拿到了银行贷款，贷款总额达553万元，累计抵押土地1793亩，解决了农民贷款贵、担保难的问题，为当地发展农业生产、激发农民动力、盘活农村经济起到了极大的作用。

（原载于6月8日《银川日报》，记者齐平）

永宁：创新驱动驶入发展超车道

6月5日，在自治区第十二次党代会即将开幕之际，永宁县传来喜讯，首批诞生在永宁的30辆比亚迪K8纯电动公交车于当日投入运营，将用于更新银川市1路和12路公交车。

对于永宁而言，类似的惊喜和发展中频频闪现的亮点，成了外界关注这里，了解这里的新途径。

西依贺兰山、东滨黄河的永宁，因西干、唐徕、汉延、惠农四条源于黄河的著名干渠由南向北纵灌全县，是银川平原的农业精华地带。五年来，作为银川市最具活力的县区之一，立足于自身的优势，持续不断推进美丽永宁向美好永宁的转变。

作为银川市南大门的永宁县，不仅拥有纳家古街、华夏河图、三沙源等多个代表性的地标，同时也因为活跃的“旅游+文化”新业态吸引着各地游客。每逢假日，大批银川市及周边地区群众已经习惯被永宁丰富多彩的活动所感召，体会那种都市氛围之外的生活方式。

端午节刚过，记者来到永宁县，探寻这里创新发展的根源所在，感受这里群众的美好生活。

银川市委常委、永宁县委书记钱克孝说：“过去的五年，永宁县主动适应经济发展新常态，主要经济指标保持了快速增长，总量均实现翻番。这是全县综合实力提升最快、城乡面貌变化最大、老百姓收益最多的五年。特别是2016年7月19日，习近平总书记来宁视察期间专程到闽宁镇，走访移民群众，查看精准扶贫工作和产业发展情况，并作了重要指示，为全县进一步坚定信心、鼓足干劲，注入了强大动力。”

一连串数字和沉甸甸的荣誉，成为永宁发展成果的有力佐证：2016年地区生产总值、地方公共财政预算收入、固定资产投资分别达到125.36亿元、

13.28 亿元、172.65 亿元，是 2011 年的 1.6 倍、3.2 倍和 1.9 倍。永宁县先后荣获国家级生态文明先行示范区、国家现代农业示范区、全国文明城市提名城市(县级)、全国首批民生改善典范县、全国科技进步先进县、全国科普示范县等一批“国字号”荣誉，成为国家首批全域旅游示范区创建单位、国家循环经济试点县、国家智慧城市试点县、国家深化县城基础设施建设投融资体制改革试点县，进入中国西部百强县行列。

新兴工业成为发展助力引擎，优越环境打造优质项目平台

随着比亚迪公司新能源产业园落户永宁，永宁再度成为各界关注的焦点，以此为代表的新兴工业，是过去五年拉动永宁快速发展的强劲动力。

近年来，永宁县相继打造了“望远工业园区、闽宁产业城、闽宁扶贫产业园、杨和工业功能区”四大工业园区，其中生物医药、机电制造等产业具有全国性的优势和认知度，工业经济的 GDP 贡献率达到近 45%。

2017 年 4 月，比亚迪公司在永宁县闽宁产业城启动建设新能源产业园项目，总投资 20 亿元，主要建设整车、轨道梁、焊接、涂装等核心产品制造及相关配套设施，重点打造跨座式单轨产业项目和纯电动客车生产基地，其中跨座式单轨计划年产能 50 公里，纯电动客车计划年产 2000 辆，目前电动大巴总装车间已具备组装能力，预计全年可生产 1000 辆电动公交车。

5 月 30 日，银川氢燃料电池产业基地项目签约仪式在永宁县举行。这一签约的进行，标志着银川(永宁)率先在西北地区引进国际领先的燃料电池技术及相关产业，并结合优质社会资本通过设立产业基金形式培育和带动燃料电池产业集群，对地方产业结构的调整与升级将启动积极的促进作用。此项目也将带动永宁县近年来城乡环境大整治向着“氢能社会”转变。

PEMFC 氢燃料电池，是中国“十三五”重大国家战略项目之一《能源技术革命重点创新行动计划(2016—2030)》提出的重点创新任务，以其高能量密度、清洁(唯一的排放是可以饮用的水)、续航远、加注时间快(4 分钟)等优势已经成为科技创新基金的新宠，该项目对所在地的城乡环境有极高的要求。五年来，永宁县城乡环境面貌发生了巨变，全县城镇化实现程度由 35%提高到 75%，为新产业的落户打下了基础。

如今，永宁县规上工业企业由 32 家增加到 79 家，规上工业产值达到 166.42 亿元，先后引进实施了振发光伏、盛景光伏、人和管业、凤凰城智能制造等一批新产业、新业态。由于产业结构的不断优化和前沿性企业的不断进驻，永宁县的综合实力和可持续发展能力得到明显提升。

优势农业南方市场打响品牌，传统业态变身现代高效产业

永宁望远镇板桥村是闻名遐迩的西红柿外销村，记者到来时，永宁县佳蕾种植专业合作社的新园区正在建设中。该园区于今年 3 月 20 日启动，投资 1000 万元，将建设 205 栋全钢架大跨度温棚，预计于 6 月 20 日启用。届时，这里生产的主打产品西红柿、西芹等优质蔬菜将源源不断南下，进一步扩大对广州、杭州、重庆等南方大城市的蔬菜供应。

佳蕾合作社新园区投资的 1000 万元，90%来自板桥村民的入股，10%是客商投资，棚区 900 亩土地全部为流转而来。20 岁开始子承父业投身设施蔬菜种植、今年 33 岁的合作社理事长索立佳说，宁夏光能资源丰富，日照长，温差大，温度和日照条件可满足多数农作物生长发育的需要，有利于有机物质的合成和积累，适宜优质农产品生长。过去一家一户小规模经营不利于提高农业现代化水平，2009 年合作社成立后，吸收 90 多户社员入社，同时强强联手上规模搞外销，掌握了全国的行情，实现了利润最大化。

2016 年，佳蕾种植专业合作社成为宁夏首批“供渝蔬菜基地”牌匾合作社之一，与重庆商业投资集团及重庆双福农产品国际批发市场实现对接。同时，广州等南方市场对合作社的认可度也日益增强，需求旺盛，加上永宁县适时的改革力度跟进，合作社尝试以入股模式，投资 100 万元，集中建起了 100 亩温棚扩大种植规模，当年 7 月至 11 月 5 个月的销售旺期，合作社每天以 5 万公斤的销量将生产的西红柿等运往南方市场。索立佳说,合作社在这些市场已有品牌效应,要打出品牌,在设施标准上要提高,今年上的这种全钢架、大跨度温棚,结构好,强度高,对提高生产效益将有进一步帮助。

五年来,永宁县为促进传统农业向现代高效农业转变,不断深化农村综合改革,尤其是加快推进农村金融服务、土地承包经营权确权登记颁证、产权交易等改革工作。不仅率先成立农村产权交易中心、农村土地仲裁委员会和仲裁法庭,同时还鼓励农民以承包经营权入股发展产业化经营,累计流转土地 17.2 万亩,促进县域农业优势更加突出,成为国家现代农业示范区。

为了支持全县设施农业上标准、快见效,永宁县在园区建设上予以当年建设,当年通水、电、路等的支持。同时,农牧、水利等部门,还提供水肥一体化、设施蔬菜秸秆生物反应堆、设施温棚微循环控制系统等硬件配套的技术支持。

近年来,永宁县还以工业化的思路经营农业,在望远镇的宁夏恒生种苗有限公司的育苗大棚,采用无土化栽培的西红柿等种苗郁郁葱葱,长势良好,行走式喷灌及一体化水肥操控系统,已经具备工厂式生产的感觉。总经理魏广恒说,公司物联网一体化操控系统马上就要上线了,届时将实现园区温室开合卷帘机、风口、水肥、长势监控智能化控制,年产种苗可达 8000 万株,能够满足周边县区对蔬菜种苗的需求。

闽宁协作缔造幸福富裕小镇,精准脱贫模式取得重大进展

提起闽宁镇,作为东西扶贫协作缔结的硕果,早已是永宁县、银川市乃至宁夏扶贫攻坚工作值得骄傲的优良范本。干净平坦的马路,整齐划一的瓦房,枝叶繁茂的行道树,平静安宁的新生活……当记者乘车行驶在闽宁镇福宁路上,完全想象不出这里曾经的样子:茫茫戈壁滩,风吹沙石跑。

现在的闽宁镇,学校、医院、商店、广场应有尽有,功能完备,配套齐全,宁静中透着繁华,颇有城市的气息,变成了现代化的生态移民示范镇。4.4 万多名祖祖辈辈生活在宁南贫困山区的农民通过移民搬迁来到这里,走上了脱贫致富之路。

“小康路上,不让一个困难群众掉队”“小康不小康,关键看老乡”……五年来,永宁县扶贫攻坚工作扎实推进,“亮点”多多。特别是在闽宁镇创新实施的“一户四牛一棚一电站”的“4+1+1”精准脱贫模式更是卓有成效。这种模式为建档立卡贫困户在壹泰牧业每户托管 4 头肉牛,每户每年享受分红 8000 元;为每户在盛景光伏科技公司种一栋大棚,每户每年享受分红 1 万元;通过光伏小镇建设项目,采取“企业担保+被扶贫户+政府贴息”的模式进行光伏扶贫,保证扶贫户 5 年内每年收入不低于 1 万元,25 年内总收入不低于 20 万元。有了主打模式,当地还配合打好教育扶贫、金融扶贫、政策兜底扶贫等“组合拳”,截至 2016 年,闽宁镇农民人均纯收入由建镇初期的 500 元增加到 10915 元,连续三年增长 15%以上;全县 1692 户建档立卡贫困户全部脱贫,贫困村全部脱贫销号。

采访中,记者遇到了原隆村村民海国宝。习近平总书记 2016 年来宁考察时曾到海国宝家中详细了解村民们的生活情况。回忆起那激动人心的时刻,海国宝感觉就像是在昨天一般。海国宝说自己和村民们时刻铭记着总书记的话,要通过勤劳的双手创造新生活。

午后,在原隆村移民安置点北区一组,一幕幕温馨的画面映入眼帘:老人们安详地坐在房外的树荫下乘凉,孩子们穿着旱冰鞋在平坦的路面上嬉戏打闹,你追我赶……

从当年只有 8000 人的贫困移民村发展成为拥有 6 万多人的“塞上大镇”,从当年的戈壁荒滩变成了今天环境优美的新型乡镇,闽宁镇,演绎着福建宁夏对口协作、携手共进的时代交响。

小城镇中心村建设大步迈进,城乡同步发展处处收获幸福

走进永宁县洪望镇新华中心村,你会发现这个由 6 个行政村组成的中心村,跟城市中的大型小区没什么不同。细细比较,这里的周边环境更加秀美,配套设施更加完善,街道平坦宽阔,花草绿肥红瘦,人行道平整洁净,新华湖波光潋滟,村民们都住上了“湖景房”。

2012年，永宁县新农村建设开启了望洪镇新华中心村的建设，当时共有126户村民搬出了破旧的砖瓦房，搬进了明亮的楼房。第二年，全县全面铺开小城镇中心村建设，新华中心村的新华、高渠、增岗、北渠、宋澄、史庄6个行政村的4624户1.7万人动迁，集中安置，全部住上了楼房。

走进村民谢平的家中，110平方米的三居室宽敞又明亮，谢平90多岁的母亲和快4岁的小外孙也住在这儿。"这居住条件不知道比我们以前强了多少倍，村里还设立了便民服务大厅，办什么事都很方便。我每天早晚都去跳广场舞，要是小孙女想在这里上幼儿园，我们小区门口就有。"谢平的妻子脸上乐开了花。她说以前村里有人家要娶媳妇，女方都会提出男方必须在县城买套房自己才肯嫁；如今，再没人提出这样的要求了，大家都觉得新华村就挺好！

谢平妻子提到的新华村便民服务中心，用高渠村村支书曹玉进的话说就像微缩版的银川市民大厅。走进中心三层小楼，一层就是民生服务大厅，每个行政村都在这里设立了两个窗口，为村民处理各种"疑难杂症"，每天前来办事的人相当多。增岗村村民周秀芹是来办理准生证的，"现在比以前方便多了，没搬过来之前，我们想办个什么事经常得走七八公里路到镇上甚至县上拿表、填表，要是有什么东西没带全，还得再跑七八公里路回去拿，特别折腾人。现在，家门口就可以办，非常方便。"周秀芹高兴地说。

除了改善村民的居住环境，完善公共服务体系外，新华中心村还非常注重非遗文化融合与传承，特意在便民服务中心二楼设一个乡愁记忆馆，全面记录了拆迁前农村的风貌，很多村民搬迁前准备扔掉的农具和生活用品都被陈列在这里。2016年9月，新华中心村被列为中国文化馆年会公共文化服务体系建设观摩点。

像新华村这样的中心村，永宁县共建有19个。五年来，永宁县坚持统筹城乡发展，城乡环境日趋美好。全县以持续改善农村环境为重点，加快新型城镇化建设步伐，集中解决"三旧"问题，全面消灭"城中村"。同时，按照"十到位""十配套"，高质量完成西部水系、第一排水沟、人民公园建设、宁和广场改造等一批重点项目。在该县最大的公园——人民公园，人们可以享受到山水一色、有林有沙的美景，只见一座座小山植被郁郁葱葱，很难想象它们是由数以万吨的建筑垃圾堆积后用黄土覆盖、种植绿色植被形成的。园内还引进全球先进的系列智能互动运动设备，为永宁居民带来全新、健康、智能互动的快乐生活方式。

处在新发展阶段的起点，永宁县目标清晰、定位精准、措施明确。

钱克孝书记说，未来五年，永宁将按照"三四五六十"的攻坚思路，推动永宁改革发展再上新台阶。大力实施工业强县、农业品牌、旅游兴县的"三大战略"，牢固树立和贯彻落实新发展理念，推动永宁产业转型升级。同时促进"五城同创"的内涵外延得到进一步拓展，让老百姓的幸福指数不断攀升。全县要加大战略新兴产业培育力度，抢抓中国制造2025新机遇，加快推进比亚迪银川新能源产业园、凤凰城智能制造等项目，推动新兴产业"小树变大树"，实现由中低端向中高端迈进，激发创新动能，厚植发展优势，实现换道超车，争做宁夏向西开放的"先锋梯队"。

立足于沿黄城市带精华地段，处于宁夏空间发展战略规划的中心区位，永宁用扎实稳健的步调，沿着发展的正确方向和路径行进。那种沉稳坚毅背后，是永宁县敢为人先的"豪情壮志"。新一轮发展竞逐，我们期待永宁的精彩表现。

（宁夏新闻网6月8日消息，记者王霞、姜盼）

"质量+效益"保障农民钱袋子

近日，记者从永宁县了解到，今年以来，永宁县继续实施设施农业效益倍增项目，有效控制种植规模，转变思路，以"质量+效益"推动设施农业标准化生产，采取产业化运营模式及产、供、销一体化的技术服务体系，为农户提供产前、产中、产后全过程综合配套服务，有效地保障了农民收益。

“设施农业标准化生产,我们主要为农户提供包括硬件设施、品种选择、统一管理、技术指导、销售订单等服务,确保设施农业向专业化、产业化方向发展。”永宁县农牧局工作人员杨瑞介绍说。今年以来，该局已督促建成了果蔬产销联合社和蔬菜产销协会这两家为保障设施农业产品销售服务的社会组织,通过市场调查和实地走访,产前确定设施农业的种植品种,把控产量,保证农产品适销对路,降低了农户的生产经营风险。

永宁县望远镇育苗中心是永宁县已建成的两家大型育苗中心之一，年育苗量在7000万株左右。据介绍,新建成的育苗中心除了提供育苗服务外,还进行种植品种的实验、示范工作,通过调查新品种的市场需求量，指导设施农业种植结构的调整并提供技术指导，保证生产过程的有序、高效。在设施农业产品销售上，永宁县创新合作模式，允许销售商以资金入股农业示范区生产合作社,采取“合作社+园区+农户+技术服务+订单”的产业化运营模式,形成多方共同参与、风险共担的新模式,打消了农户的顾虑。

据了解，目前，永宁县建有设施农业园区50个、设施温棚及各类拱棚11895栋，面积达到27500亩,年播种面积稳定在5.5万亩以上,参与农户3141户。2017年,新建设施温棚、大中拱棚2200亩。

（转载于6月9日《银川日报》,记者齐平）

永宁县:推进新型城镇化 提升群众获得感

塞上江南风景异,农家新居映林田。夏日踏访永宁县,一幅农景新图扑面而来:田园平畴上,水渠笔直延伸,林网纵横交错,镶嵌其间的一处处小城镇和中心村交相掩映。

“这得益于我们实施的特色小城镇和中心村建设。”正在银川参加自治区第十二次党代会的永宁县县长李润军说,“近年来,永宁县大胆探索,先行先试,坚持以人为核心,统筹城乡发展,加快推进新型城镇化，全县农村面貌发生了翻天覆地的变化,广大群众的获得感和幸福感也不断提升。”

永宁县地处宁夏平原腹地，农村原有庄点零散分布。随着全县经济社会快速发展,不仅居住环境脏乱差、基础设施短板、公共服务不足等矛盾和问题日益凸显,还严重制约了农业标准化生产、规模化经营和社会化服务,直接影响农业增效、农民增收。

从2013起,永宁县全面统筹城乡发展,以新型城镇化推进特色小城镇和中心村建设，即县城周边的村落向县城集中，乡镇周边的村落向乡镇中心区集中，其他村落逐渐向附近小城镇和中心村集中，县里集中力量在小城镇和中心村配齐基础设施、完善服务功能,打造新型农村城镇中心。

在过去的四年间，这个县累计投资205亿元，实施了16个城镇棚户区改造和小城镇中心村建设项目,涉及总面积507万平方米,拆迁安置2.9万多户10余万人，全县城镇化实现程度由35%提高到75%,基本实现城乡基础设施、公共服务均等化。

为确保“建”让群众满意,“住”让群众住得舒心,永宁县按照城乡一体、梯次布局的思路,将全县67个行政村规划为以县城为中心的四级新型梯级式城镇空间格局,对城乡道路交通、环境卫生、垃圾排污、绿地照明、供热供水等基础配套,统一规划、同步配套,全面落实了水、电、暖、气、道路、绿化、公交车等“十到位”。

“我们的目的不是要破坏农民的生产生活方式,而是要全面提升他们的获得感和幸福感。”李润军说,“推进新型城镇化建设是系统工程，让农民就近上楼,村庄变城镇,村民变产业工人,我们在具体实施中也暴露出不少问题。”

针对暴露出的问题,永宁县委、政府及时进行调整,抓服务、抓管理、抓兜底,特别是坚持产城融合,产业配套,围绕小城镇中心村科学布局粮食银行、农机作业公司、微型菜地、设施温棚等,着力解决农民入住后的就业问题，从根本上改善生产和生活条件,夯实全面建设小康社会的基础。

以人为核心推进新型城镇化,变化实实在在。

过去,当地农民上旱厕,洗澡因陋就简,现在,用的是抽水马桶和家庭浴室；上楼前，吃水靠手压井，上楼后，伸手一拧水龙头，自来水就哗哗流了出来；过去，庄点多为土路、石子路，现在，小区内都是柏油路或水泥路……

变化还不只是人居环境。

李润军介绍说，永宁县通过小城镇中心村集中安置，为农村土地流转创造了条件，也把大批农民从土地劳作中解放了出来，加速向新型职业农民、新型产业工人转变。以一个四口之家为例，进小城镇或中心村集中居住、土地流转后，年家庭收入增长约 2.28 万元。

在推进新型城镇化过程中，永宁县规划复垦土地 2.37 万亩，现已复垦土地 2 万亩；农民上楼后，年流转土地 17 万多亩，显著推动了全县农业的集约化经营、标准化生产，初步形成了以粮食、园艺和葡萄为主的现代农业生产体系。

自治区第十二次党代会报告强调，今后五年，宁夏要“着力推进城乡统筹发展，有序推进以人为核心的新型城镇化，加快农业转移人口市民化。”“要顺应民生需求新变化，保障人民平等参与、平等发展权利，促进人的全面发展……多办民生实事，多解百姓难事，让人民群众有更强获得感和幸福感。”

“未来五年，永宁县委、政府将坚决贯彻落实自治区党代会精神，务实创新、苦干实干，加快推进新型城镇化、农民市民化和农业现代化，让更多农民在发展中提升获得感和幸福感。”李润军说。

（新华网银川 6 月 8 日电，记者姜雪城）

宁夏永宁：阳光安置修筑吸毒人员“回归之路”

每天清晨，在永宁县王太村的一间小工厂里，过往的村民时常会看到穿着蓝色制服的工人出出进进忙碌。而在旁边的田间地头，也会目睹他们低头弓背劳作的身影。不知道的人都把他们看作是普普通通的工人。实际上，这些人都曾是陷入迷途令人厌恶的“瘾君子”，包括他们企业的负责人姜某。

作为永宁县先富起来的一批人，姜某曾靠着开专场、当包工头，积累了可观的财富。后因交友不慎、难抵诱惑沾染上毒瘾，妻子抱着拯救丈夫的心态也吸食上毒品，儿子也在不良影响下走上了吸毒路。“钱都败光了，老婆儿子全都吸毒，几乎到了家破人亡的边缘”。

走到悬崖边缘的姜某幡然醒悟，主动带领妻儿参加社区戒毒，并在禁毒部门的帮助下成功戒掉毒瘾。2016 年 11 月，恰逢城乡建设改造，姜某得到一笔拆迁款，并希望以此为基础开办公司，重走创业路，同时帮助其他涉毒人员戒掉毒品、回归社会。永宁县禁毒办、公安局了解这一情况后，积极奔走、多方协调，从政策帮扶、法律帮扶、资金帮扶、思想帮扶、产品营销帮扶等方面给予支持，帮助他开办了“永宁县绿原风劳务有限公司——阳光工程就业安置基地”。

经过近一年的发展，公司已集中安置吸毒人员 22 人，解决廉租住户 1 人，通过抽纸制造、劳务输出、种植养殖等方面提供多个吸毒人员再就业岗位，企业预计年收入将达到 120 余万元，就业安置人员月收入可达到 2800 元。“有业就有事干、有收入”的良性循环，让戒毒人员进一步增强了融入社会、重塑人生信心。

如今，在永宁县禁毒办的积极帮助指导下，“绿原风”安置就业基地已相继建成了阳光之家、帮扶办公室、心语书屋、康乐健身等基础设施。在工作之余，企业积极主导开展多种文体活动，定期举办法律知识、健康知识、科学生活知识、生产安全知识及劳动就业培训班等活动，努力让他们曾经灰暗的人生在阳光的沐浴下得到重塑。

据悉，近年来，银川市各级禁毒部门以就业安置工作带动社区戒毒康复工作为抓手，确定“政府搭台，企业唱戏，多方参与”的吸毒人员就业安置工作方针，积极拓宽吸毒人员安置渠道，通过打造“阳光工程”吸毒人员就业安置基地，实现集中就业与分散安置、开发种植与养殖培训和鼓励扶持自主创业相结合的禁毒帮扶新思路。目前，全市已建成就业安置基地 7 个、安置点 1 个，安置吸毒人员 123 人。共为吸毒人员解决低保 235 人，解决医保 3046 人，申请廉租房 170 人。一批“阳光安置企业”在全市、全区乃至全国戒毒人员就业安置工作上起到了典型示范和模范引领作用。

银川市公安局副局长、市禁毒办常务副主任史跃文表示，吸毒人员既是违法者又是受害者，需要给予特殊的关爱，只有不断创新理念、抛弃歧视，以开放式更人性化的管理，才能帮助吸毒人员跳出吸毒—强戒—复吸—再强戒的怪圈，使吸毒人员实现有业就、有收入，让他们真正的回归到社会当中，这也是我们社区戒毒、社区康复工作的最终目标。

（宁夏新闻网 7 月 7 日消息，记者胡俊）

银川市永宁县联手中科院共治药企异味污染

日前，宁夏银川市永宁县人民政府、银川市科技局与中科院生态环境研究中心共同签署了“深化科技创新合作推动生物发酵异味治理”战略合作协议，共同致力于破解生物制药异味治理瓶颈、解决异味污染问题。

签约仪式上，宁夏泰瑞制药有限公司和中科院生态环境研究中心签订了生物制药异味污染治理技术开发合作合同，明确了双方开展科研攻关的具体任务和权责关系；永宁县人民政府、银川市科技局、中科院生态环境研究中心共同签署了生物制药异味污染治理三方战略合作框架协议，依托中科院生态环境研究中心在恶臭治理方面的研发能力、人才优势和已取得的科研成果，帮助政府破解异味治理瓶颈、解决异味污染问题，并制定异味污染物的地方排放标准。

据了解，永宁县现有 3 家生物发酵企业且建设年限较早，随着城镇化加快，周边逐步建成居民小区，生物制药异味污染问题逐渐显现。近年来，各级政府和环保部门采取多种措施强化监管，企业也投入上亿元深度治理，取得了一定成效。但由于对异味重要污染因子成分缺乏科学分析、治理针对性不足、规划布局不够合理、企业自主研发不够等因素，永宁县异味治理仍然存在技术瓶颈，异味污染扰民问题并未彻底解决。

此次签约标志着由宁夏泰瑞制药有限公司与中科院生态环境研究中心共同实施的“生物发酵制药异味污染控制集成技术与系统优化研究项目”正式启动，该项目计划用 2 年时间彻底破解生物发酵制药异味治理瓶颈，解决异味污染问题。项目的实施也搭建起科研院所与地方政府科技创新合作的平台，有利于推动创新资源和成果共享，增强银川市科技创新能力。

（新华网银川 7 月 14 日电，记者任玮、郝晨颖）

闽宁勾画“十三五”扶贫协作新蓝图

7 月 19 日下午，宁夏、福建两省区在银川举行部门合作协议签约仪式，双方将在教育、科技、人力资源社会保障、旅游等领域开展一批合作项目。这是推进 2017 年闽宁扶贫协作的具体行动，也为加大闽宁协作力度、拓展协作领域、丰富协作内容，提升协作层次搭建了更加务实高效的平台。自治区党委常委、自治区副主席马顺清，福建省副省长洪捷序等出席签约仪式，并见证签约。

仪式上，闽宁两省区教育厅、科技厅、人力资源社会保障厅、旅游发展委分别签订了合作协议。根据协议，双方将在以往合作的基础上，进一步策划生成并推进一批新的合作项目，力促两省合作向更深层次、更宽领域、更高水平迈进。

教育方面，双方将在基础教育、职业教育、高等教育以及加强对闽宁镇中小学帮扶等方面开展协作。根据协议，福建每年选派中小学骨干教师赴宁支教，并将帮助培训宁夏中小学教师；将建立闽宁高、中职院校“一对一”对口帮扶关系，实施闽宁中职招生协作兜底行动，支持宁夏健康立卡贫困家庭学生到福建接受中等职业教育；推进建立宁夏、福建高校合作机制等。

科技方面，双方将围绕宁夏农业“1+4”特色产业和地方精准脱贫产业，重点在绿色高效种养、生态环境修复、农产品深加工等领域，联合开展技术攻关，并将在人才培养、招商引智等方面开展全方位多层次的共建与合作。

人力资源社会保障方面，双方将加强人力资源、人才培养、社会保险、技工学校、实训基地、精准扶贫等方面的合作交流。

旅游方面，双方将加强旅游目的地和客源地建设，开展旅游扶贫，拓展项目合作，共同促进形成旅游良好环境。并通过多种渠道将本地接待的境内外游客特别是境外游客推荐到对方省区旅游。福建依托在台湾设立的旅游服务中心等平台，共同推介形成“台湾—福建—宁夏”旅游线路产品。同时，还将开展旅游扶贫，对宁夏的贫困重点村进行帮扶。

（宁夏新闻网7月20日消息，记者杨兆莲）

福建和宁夏对口扶贫协作20年硕果累累：扶贫贺兰山　闽宁美名传

盛夏时节，记者再次前往碧水蓝天、花海如潮的“塞上江南”，再次来到闽宁镇。刚进镇，巨型展板上一幅茶园采茶姑娘的宣传画即映入眼帘。“扶贫离不开产业。福建遍地是茶园，是闽商把茶产业移植到了这里。”闽宁镇原隆村党支部书记王升介绍说。

宁夏永宁县闽宁镇，位于首府银川南端，贺兰山东麓，有耕地4.3万亩，常住人口8870户。20年前的春天，在贺兰山脚下荒芜的戈壁滩上，一个由“吊庄”形成的移民村迎来了一批福建客人。从此，这片飞沙走石之地就成为闽宁两地的共同牵挂。

1996年，福建和宁夏启动了对口扶贫协作。作为起点，闽宁镇见证了闽宁携手从单向扶贫到互利共赢的20年。如今，曾经的戈壁荒滩变成了现代化的生态移民示范镇，4.4万多祖祖辈辈生活在西海固贫困山区的农民走出大山，通过移民搬迁走上了脱贫致富之路，农民年人均可支配收入从开发建设初期的500元增长到2016年的10350元。

“除了茶叶，贫困户还种鲜切花、食用菌，养蚯蚓、蝎子……”记者走进几公里外光伏农业产业园，华盛绿农农业科技有限公司负责人张东方介绍，“公司规划流转土地1万亩，光伏并网发电装机容量200兆瓦。目前，一期项目占地1245亩，装机容量30兆瓦，建成农业设施大棚588栋，应用智能精准灌溉、农业物联网溯源、农业自动化控制、二氧化碳气肥等先进技术及设备……”

如何做到既确保贫困户脱贫，又将企业投资风险降到最低？“这确实是我们企业面临的最现实问题。但由于是搞光伏农业，可以以‘长’补‘短’，以‘短’助‘长’！”张东方说，农副产品产业投资回报周期长，扶贫项目投入就更大。比如，引领贫困户种植食用菌，市场价每斤3.5元，公司要保证按每斤6元收购，2.5元的差额就是公司参与扶贫了。怎么补呢？每年并网发电公司利润有3000多万元，虽说光伏发电年损耗逐年加大，但设施种养业效益逐年递增，这样一来，8—10年企业投资收回成本没问题。

“上市企业股东有分红，我们村的建档立卡贫困户去年也拿到分红。现在政府精准扶贫早就告别单一模式。”王升告诉记者，村民都是2012年5月从西海固地区的原州区和隆德县13个乡镇50多个自然村迁徙过来的。政策扶贫，产业带动，经过几年的艰苦努力，全村多数村民摆脱了贫困。然而还有76户建档立卡户仍旧迈不出贫穷这道坎儿。

如何打通精准扶贫这个“最后一公里”？经过近几年的反复摸索，原隆村针对这76户实施“4+1+1”精准扶贫模式获得成功：即每户养4头牛，年户均获利8000元左右；发展光伏农业，种养食用菌、花卉和蚯蚓等，每户年终分红1万元；每家分得光伏电站两块光伏面板，年终每户分红1万元。

（中国经济网7月21日消息，记者许凌、拓兆兵）

考察宁夏脱贫攻坚工作 共商闽宁扶贫协作大计

7月19日至20日，来宁出席深入贯彻落实习近平总书记东西部扶贫协作座谈会重要讲话精神座谈会的代表，深入移民村、企业详细考察宁夏脱贫攻坚工作，与我区干部群众深入交流，看望慰问福建援宁干部，共商闽宁对口扶贫协作大计。

代表们一行先后到宁夏中牧亿林畜产股份公司、闽宁镇扶贫展示馆、中银绒业闽宁针织厂、青岛昌盛光伏农业科技示范园、宁夏德龙酒业有限公司等处考察，每到一处，代表们详细了解宁夏在产业脱贫等方面的好经验和好做法，并对我区在基础设施建设、工业经济发展与生态环境保护等方面取得的成绩给予充分肯定。

在闽宁镇扶贫展示馆，代表们详细了解了闽宁镇历史变迁和发展成就。在闽宁镇原隆村青岛昌盛光伏农业大棚内，代表团成员与项目负责人交谈，详细了解项目投资、土地流转和企业的运行模式，查看设施农业种植和生长情况，与在园区务工的当地移民群众交谈，询问他们的工作和收入情况。了解到闽宁镇实施“一户四牛一棚一电站”的“4+1+1”脱贫模式，有效带动周边百姓脱贫致富，代表们表示，要认真总结闽宁镇精准扶贫的好经验好做法，创新扶贫协作形式，提升产业扶贫协作的层次和水平。

贺兰山东麓，得益于绝佳的自然生态条件，昔日无人问津的戈壁荒滩，成为中国葡萄酒的明星产区，也成为世界优质葡萄酒的一匹“黑马”。

在德龙葡萄种植基地和酒庄，代表们详细了解葡萄种植和酿酒工艺等情况。代表团成员认为，要突出协作共赢，将福建的资金、技术、人才优势和宁夏的土地、劳动力等资源优势相结合，在互利共赢中实现扶贫开发新目标。

代表们一路看、一路听、一路议。“没想到，这几年宁夏经济社会和城乡面貌变化这么大！”大家表示，宁夏这几年发展势头非常好，成就令人瞩目，这次来宁考察收获颇多，受益匪浅。

人民日报社社长杨振武，福建省领导王洪祥、洪捷序，国务院扶贫办副主任欧青平，自治区领导姜志刚、马顺清参加考察。

（原载于7月21日《宁夏日报》，记者李志廷）

闽宁镇产业化扶贫 “补血”“造血”两不误

一座由移民人口构筑的小镇，一片在戈壁滩上打造的绿洲，一块承载着人民群众脱贫致富的土地，这里是坐落于宁夏贺兰山东麓的永宁县闽宁镇。2012年，为解决宁夏一些地区世代贫困的难题，当地政府采取将贫困群众移民到闽宁镇建设新村的方法来扶贫，前后安置了7批移民，共1987户10515人。

“补血”“造血”两不误，帮助群众“拔穷根”

“输血”容易“造血”难。为帮助当地群众“拔穷根”，当地政府采用精确扶贫与产业相结合的扶贫模式，让闽宁镇做到了“补血”“造血”两不误。

产业化扶贫是闽宁对口协作从“输血”到“造血” 转变的关键。在发挥闽宁镇移民擅长养殖业、劳动力充足、贺兰山东麓最佳酿酒葡萄种植区、未利用荒地多等资源优势和福建对口援助的技术优势，闽宁镇坚持走“种葡萄，养黄牛，育苗草，抓劳务，建园区”的产业发展路子，保证了移民稳定增收，从脱贫致富迈向小康之路。

闽宁镇由于地处贺兰山洪积平原中下部，气候干燥，日照充足，昼夜温差大，当地政府引进德龙酒庄产业，如今全镇酿酒葡萄种植面积6.2万亩，葡萄酒年产量2.6万吨，移民实现种葡萄亩均纯收入超过3000元。

德龙酒庄陈德启感叹道：“初到闽宁镇，我真的很失望，想着一个镇的收入怎么都不及我的一个酒庄。”五年过去了，闽宁镇发生了翻天覆地的变化，至今酒庄门口都摆放着闽宁镇未开发前一片戈壁和如今生意盎然的景观对比图。“每次看到这个图，我都告诉自己，人可以扭转生态，那好日子也是可以干出来的。”

在戈壁上打造绿洲 在绿洲中衍生“红宝石”

“习总书记说的社会主义是干出来的我深有体会。”望着开业在即的红树莓旅游产业园区，宁夏青禾农牧科技开发有限公司董事长车秀珍说，“这个园区只用了一年零四个月的时间就建到这样规模，我们就是这样踏踏实实干，我很有信心。”

作为自治区认定的扶贫龙头企业，青禾公司以扶贫开发和生态开发为宗旨，打造一二三产融合的田园综合体为目标。目前自有种植基地 3200 亩，在全区辐射带动推广面积 11000 亩，并研发生产多种深加工产品。

“我们既然可以在戈壁滩上打造绿洲，那么就可以把我们的产品打造成为绿洲上的‘红宝石’。”车秀珍指着园中的红树莓说。

产业园区的建设最直观的效益就是带动了当地人口就业。据了解，该园区项目建成后，可解决产业工人 80 人稳定工作，人均年收入 25000 元以上，灵活就业 50000 人次，人均收入 5000 元以上。“现在产业越做越大，身上的责任也越来越多了，如今公司能够为人们脱贫致富提供条件我也感到很欣慰。”

2016 年底，全镇农村经济总收入由 1997 年的 1350 万元增加到 3.5 亿元，农民人均纯收入从开发建设初期的 500 元增长到 2016 年的 10732 元，超过了全区平均水平。

“闽宁镇从当年的‘干沙滩’变成了今天的‘金沙滩’，是我们结合实际探索出的一条康庄大道，不让一名贫困群众掉队，不让一名脱贫群众返贫是我们的建设初衷。”永宁县人民政府县长李润军说。

（央广网银川 7 月 21 日消息，记者梁爽）

杨振武：闽宁协作是“扶真贫，真扶贫”样本

7 月 20 日下午，由宁夏回族自治区、福建省、人民日报社与国务院扶贫办共同主办的“深入贯彻落实习近平总书记东西部扶贫协作会议重要讲话精神座谈会”在银川市召开。会议以“聚焦精准，深化帮扶，长期合作，实现共赢”为主题，旨在深入贯彻落实习近平总书记在去年东西部扶贫协作座谈会上的重要讲话和在深度贫困地区脱贫攻坚座谈会上的重要讲话精神，进一步扎实推进闽宁对口扶贫协作工作，推动东西部扶贫协作再上新台阶。

宁夏回族自治区党委书记石泰峰在会上表示，深入贯彻落实习近平总书记在东西部扶贫协作座谈会上的重要讲话精神，要从全面建成小康社会的高度来认识脱贫攻坚的重要性和艰巨性，进一步增强信心和决心，稳扎稳打，一步一个脚印，推动脱贫攻坚取得实实在在的成果；要在精准扶贫、精准脱贫上下功夫，大力实施脱贫富民战略，努力打造全国脱贫攻坚示范区；要把东西部扶贫协作长期坚持下去，进一步提高水平，深化闽宁对口扶贫协作，加强与中央部委、央企、东部发达省市、国内高校的交流合作，构建大扶贫工作新格局。

人民日报社社长杨振武说，实践证明，东西部扶贫协作，是西部贫困地区加快发展、加速减贫的有效对策；是践行新发展理念的时代创举；是深化供给侧结构性改革的重大课题。在东西部扶贫协作中，跨越 2000 多公里的闽宁协作，无疑是教科书般的“扶真贫，真扶贫”样本。打赢脱贫攻坚战，主流媒体责无旁贷。人民日报社要带头弘扬主旋律，传播正能量，为脱贫攻坚、为东西部对口帮扶提供强大的舆论支持。

福建省委常委、政法委书记王洪祥介绍，下一步，福建省将抓好既定目标任务落实，进一步完善扶贫协作机制，全力打造闽宁对口扶贫协作“升级版”。国务院扶贫办副主任欧青平说，一年来，东西部扶贫协作取得了新进展。今年是精准扶贫、精准脱贫的深化之年，要按照中央要求，不断提高东西部扶贫协作水平，希望闽宁两省区继续当好标杆、做好示范。

座谈会上，闽宁两省区对口帮扶市县代表和中央相关部门负责人围绕会议主题进行了交流发言。

（原载于 7 月 21 日《人民日报》，记者李增辉、杨学博、朱磊）

“金沙滩”，红红火火的日子

永宁县闽宁镇原隆村村民海国宝和福宁村村民谢兴昌家中挂着同一张照片——2016年习近平总书记视察宁夏时，在闽宁镇接见两人时的合照。

海国宝仍记得见到总书记时的每个细节：“总书记握着我的手嘘寒问暖，如同亲人般温暖。他对农村的事情特别了解，也真心为我们移民脱贫致富高兴。”

时隔一年，海国宝说，自己一家人总算没有辜负总书记的希望。去年8月，海国宝的大儿子海富贵凭借拖拉机驾驶经验，在附近的宁夏立兰酒庄找到一份每月4500元的工作，结束了打零工的日子。大儿媳马爱红参加了原隆村举行的厨师培训班后，开始在家门口一家养牛企业食堂打工，月薪2500元。小儿子海富财则在村里开了家饼店，一年下来，净收入近6万元。今年，小儿子夫妻俩双双到中宁县打工，3个月挣了4万元。

“只要勤劳，必定能有所收获。”海国宝笑着说，总书记的到访给移民们带来了令人振奋的精神动力。如今在原隆村，村民们都在较劲，比谁家挣得多，形成一股良性竞争之风。在原隆村的709户建档立卡贫困户中，仅剩70户正在实施精准脱贫，其余全部脱贫。

谢兴昌是1997年第一批到闽宁镇“扎根”的搬迁户，他带着玉泉营农场的4根玉米棒子和4颗高粱穗子，回西吉县老家鼓励村民搬迁的事，还得到了总书记的夸赞。

落户闽宁镇20年，曾是福宁村村支书的谢兴昌引领村民种枸杞、种葡萄、搞养殖，将福宁村移民的人均年收入从原先的不足2000元增至1万多元。谢兴昌一直用实际行动践行着总书记对他的3条评价——闽宁镇移民搬迁的引路人、闽宁镇移民搬迁脱贫致富的带头人、闽宁镇移民搬迁的见证人。“只有建好了小家，才有能力为闽宁镇的建设出力。”谢兴昌说。

现在谢兴昌已不再担任村支书，但他的心仍牢牢拴在村民身上。两个儿子谢旭锋和谢旭2011年开始承包建筑工程，今年，50多名村民在他们的帮助下到贺兰县南梁台子打工，月收入5000元到8000元不等，大伙儿在脱贫致富路上快步前行。

闽宁镇在完成从“干沙滩”到“金沙滩”的蜕变中，移民的观念也从“等靠要”转变为脚踏实地、一步一个脚印地努力。

“希望总书记再次来到这片土地的时候，我们能用更好更美的生活，让他放心。”谢兴昌说。

（原载于7月22日《宁夏日报》，记者张唯）

永宁“粮食银行”助粮农增收

7月30日，记者跟随百家媒体聚焦宁夏采访团来到永宁县宁夏昊鑫现代农业开发有限公司，探访永宁粮食银行项目的所在地。

据了解，永宁“粮食银行”是昊王米业集团借鉴银行业经营模式，利用自身仓储经营条件，代农户存储粮食，农民在通过契约方式保障所有权的同时，将粮食经营权以“定期”或“活期””的形式让渡给企业，农户按6%分红，并按约定提取粮食或兑换现金的新型粮食流通业态。在宁夏水稻主产核心区建立了优质水稻基地10万亩，其中直接托管水稻基地5万亩，辐射带动面积5万亩，在永宁县望洪镇组建了宁夏昊鑫农业产业化合作社联合社。通过联合合作的方式，组织开展农产品的产销对接，品牌化销售，提高农产品的销售额和附加值。

“粮食银行”主要是为农户、农民专业合作社、家庭农场、粮食经纪人等实行存储服务。主要有转款、取粮、兑换、续存、转存、担保、贷粮、代存等八个功能。

永宁粮食银行为存粮人和用粮户提供多功能、一体化、全产业链的综合性服务，解决农民晾粮难、储粮难、卖粮难的问题，提高粮食品质，增加农民收入。同时，组织成立永宁现代农业社会化服务中心。以水稻全产业链为构建重点，按照标准化、特色化进行优质粮食生产，实现以种植环节“品种、育秧、耕种、灌溉、施肥、植保、收货”的七统一模式；以产、加、销环节“品牌、品管、烘干、加工、仓储、交易、销售、配送”的八统一模式，实现资源整合、优化，使服务中心体系成员紧密联合、风险共担、利益共享，共同发展。

据悉，未来，宁夏昊鑫现代农业开发有限公司将按照永宁粮食银行模式在宁夏全区内复制，建设标准化营业网点100家，覆盖宁夏粮食主产区全境，实现“一村一点”。在做好”粮食银行”现有工作的基础上，提升一、二、三产业融合力度，增加更多为农民服务的项目。

（光明网银川7月30日消息，记者郭润喆）

永宁县：城镇化建设显成效 农民获得感提升

30日，由宁夏回族自治区党委宣传部、中国经济信息社宁夏中心承办的“百家媒体及新闻网站聚焦宁夏”系列活动走进银川市永宁县，感受永宁县独具特色的小城镇和中心村建设。

近年来，永宁县委、政府牢牢抓住新型城镇化的政策机遇，大胆探索，先行先试，坚持以人为核心，统筹城乡发展，加快推进农村城镇化、农民市民化和农业现代化，有力推动了经济社会发展和民生持续改善，增强了广大人民群众的幸福感和获得感。

自2013以来，永宁县全面统筹城乡发展，以新型城镇化推进特色小城镇和中心村建设，采取县城周边村落向县城集中，乡镇周边村落向乡镇中心区集中，其他村落逐渐向附近小城镇和中心村集中的方式，累计投入资金205亿元，实施了16个城镇507万平方米的棚户区改造和小城镇中心村建设项目，安置2.9万余户10万余人，集中力量配齐基础设施、完善服务功能，打造新型农村城镇中心。真正实现“‘拆’让群众安心、‘建’让群众放心、‘住’让群众舒心”。

通过努力，永年县城镇化实现程度已达到75%，农村人居环境得到全面提升，小区内卫生院、幼儿园、文化活动中心、“老饭桌”等一应俱全；农民家庭经济状况明显改善，年家庭收入增长约2.28万元。

永宁县望洪镇村民李国兵一家四口从原来的土坯房住进了100多平方米的楼房，“可算住进了楼房，过上城里人的生活了，交通便利，就连卫生院都在小区里，以后看病啥的都方便了。”李国兵衣着朴素，说话时神情透着满足感。

小城镇中心村的建设带来的不只是人居环境的改善，更加快了现代农业的发展步伐。永年县全县规划复垦土地2.37万亩，目前已完成2.01万亩，流转土地17万亩，推动了农业的集约化经营和标准化生产，无公害、绿色、有机农产品认定、认证面积达41.4亩，初步形成了粮食、园艺、葡萄为主的现代农业生产体系。同时，永宁县还扎实开展农田水利基础设施建设，将20余万亩的中低产田改造为高产田，农民亩均增收250元，10万余人直接受益。

此外，记者们还参观了永宁县粮食银行、人民公园、垃圾处理中心，从方方面面感受城镇化给农民带来的翻天覆地的变化。

（新华网银川7月31日电，记者于晶）

戈壁滩上崛起闽宁镇

宽敞平坦的马路，整齐划一的商铺，枝叶繁茂的行道树，平静安宁的新生活……

当“聚焦精准扶贫·全国主流媒体宁夏行活动”的大巴车行驶在闽宁镇路上的时候，一行的记者谁也没猜到这里就是以福建、宁夏两省简称组合命名的生态移民小镇——闽宁镇。更让大家想不到的是它曾经的样子：茫茫戈壁滩，风吹沙石跑，干旱不长草……

在镇史馆，闽宁镇的历史和发展有了全面的呈现：1996年，福建和宁夏启动对口扶贫协作。作为闽宁协作共建生态移民村的起点，闽宁镇从无到有，从弱到强，见证了闽宁携手从单向扶贫到互利共赢的十九载艰辛路，以及对口扶贫协作的巨大成就。4.4万多名祖祖辈辈生活在宁南“西海固”贫困山区的农民通过移民搬迁来到这里，走上了脱贫致富之路。闽宁镇的诞生与兴起，承载了党和国家领导人的亲切关怀，倾注了闽宁两地各级领导的心血。

曾经的戈壁荒滩变成了现代化的生态移民示范镇。为帮助当地群众“拔穷根”，当地政府采用精确扶贫与产业相结合的扶贫模式，让闽宁镇做到了“补血”“造血”两不误。为了更好地发挥闽宁镇移民擅长养殖业、劳动力充足、贺兰山东麓最佳酿酒葡萄种植区、未利用荒地多等资源优势和福建对口援助的技术优势，闽宁镇坚持走“种葡萄，养黄牛，育苗草，抓劳务，建园区”的产业发展路子，保证了移民稳定增收，从脱贫致富迈向小康之路。

由于地处贺兰山洪积平原中下部，气候干燥，日照充足，昼夜温差大，当地政府引进德龙酒庄产业，如今全镇酿酒葡萄种植面积6.2万亩，葡萄酒年产量2.6万吨，移民实现种葡萄亩均纯收入超过3000元。

“每次看到这个图，我都告诉自己，人可以扭转生态，好日子是可以干出来的。”福建商人、德龙酒庄董事长陈德启感叹道。初到闽宁镇时，这个镇的收入都不及陈德启的一个企业。数年间，闽宁镇发生了翻天覆地的变化，这一切都在德龙酒庄葡萄园区旁的闽宁镇未开发前一片戈壁和如今生意盎然的景观对比图中得到呈现。

望着即将开业的红树莓旅游产业园区，宁夏青禾农牧科技开发有限公司董事长车秀珍说：“我这个园区只用了一年零四个月的时间就建到这样规模，我们就是这样踏踏实实干，我很有信心。园区项目建成后，可解决80人稳定就业，人均年收入2.5万元以上，灵活就业5万人次，人均收入5000元以上。”

2016年底，闽宁镇全镇农村经济总收入由1997年的1350万元增加到3.5亿元，农民人均纯收入从开发建设初期的500元增长到2016年的10732元，超过了全区平均水平。

“闽宁镇从当年的‘干沙滩’变成了今天的‘金沙滩’，是我们结合实际探索出的一条康庄大道，不让一名贫困群众掉队，不让一名脱贫群众返贫是我们的建设初衷。”永宁县县长李润军说。

（内蒙古新闻网、《内蒙古日报》8月2日消息，记者相恒义、李文明）

永宁县：坚持文化惠民，让市民生活更精彩

7月30日，由中国经济信息社宁夏中心承办的“百家媒体聚焦永宁”采访团走进永宁县，深入望洪镇新华中心村综合文化服务中心非遗展示室、排练厅、手工编制室、书画室、电子阅览室、乡愁记忆馆，永宁县人民公园等地进行实地观摩。

近年来，永宁县立足文化惠民，提升百姓幸福指数，积极实施文化广电“惠民工程”，大力推进公共文化服务体系建设，提升公共文化服务水平，不断丰富城乡群众精神文化生活。

永宁县结合全县新型城镇化，扎实推进文化阵地示范工程，建成集非遗文化展示厅、手工编织培训室、电子阅览室、图书阅览室、乡愁记忆馆、书画培训室、文化活动室、老年棋牌室、便民服务大厅、老年饭桌、固定电影放映点、党员活动室等功能室、文化广场等为一体的综合性文化服务中心15个。

为破解乡（镇）、村公共文化服务困局，永宁县开拓思路、摸索办法，开展“美丽乡村·文化大集”送戏下乡活动，将全县各种优势资源整合，打破白天单一演出模式，率先在全区尝试开展夜间多元演出创新模式，从单一模式，拓展为3—5天的综合文化服务大集。

永宁县文化体育旅游广电局局长周永平介绍，通过这种综合服务大集模式，永宁县中心村单场次演出观看人数最高达5000人，群众参与率大幅增加，节目质量显著提高，赢得了群众良好反响。

永宁县人民公园、西部水系38公里运动休闲带、三沙源冰水运动场、鹤泉湖慢行步道等健身惠

民工程深受市民喜爱。永宁县在乡镇、街道配有“三场两室一广场”,社区体育设施达到“两场一室一广场”,行政村体育设施达到“一场一室一工程”,城乡实现基本公共服务体系标准化配置,实现全民健身全覆盖。

永宁县委常委、宣传部部长任丽琴介绍,永宁县在人民公园引入荷兰特温特市 YALP 集团系列智能运动设施,这些运动设备的引入,在带给市民健身快乐的同时,对永宁的文化旅游业起到推动和促进作用,吸引了更多游客。

在人民公园健身的市民李萍说:“自从有了人民公园,我们健身不仅有了去处,孩子们也玩得不亦乐乎,足球墙、动感彩虹等科技运动设备给孩子带来了新鲜体验。”

(新华网 8 月 2 日消息,记者杨柳)

宁夏永宁县:统筹城乡发展
小康路上一个都不能少

喝着自来水,吃饭在食堂,闲来无事在干净的中心村跳跳广场舞……这些宁夏银川永宁县的农民群众曾经想都不敢想的“城里人”生活,却是他们而今生活的真实写照。然而在永宁县进行城乡一体化建设之前,这里的农村是脏乱差的代名词,农民饮用的是含氟量很高的地表水,所谓的文化活动是坐在村子的南墙根下拉家常……

以百姓之愿为源,城乡一体化建设破发展困局

随着近年来全县经济社会快速发展,农民群众对人居环境、公共服务、基础设施城乡均等化的要求越来越迫切,原有的分散居住模式弊端日益凸显。

永宁县县长李润军介绍,一是人地矛盾凸显。全县共有耕地 52.1 万亩,占土地总面积的 37.2%,随着人口增加,人均耕地面积逐年减少。二是基础设施配套矛盾凸显。光纤、有线电视、天然气、自来水、污水处理等基础设施,难以短时间内在分散的农村庄点实现普及。三是人居环境矛盾凸显。历年来实施庄点改造、改水改厕、洗脸修面等工程,年均投入近亿元,农村环境虽能暂时有所改观,但是脏乱差问题并没有彻底解决。四是公共服务矛盾凸显。公共交通、医疗、教育等服务设施落后,不能满足老百姓对出行、看病、上学等方面优质公共资源的要求。五是现代农业发展矛盾凸显。农村庄点零散分布,严重制约了农业标准化生产、规模化经营和社会化服务,部分区域灌排体系不畅,农户土地流转困难,面源污染无法消除,直接影响农业增效、农民增收。

据介绍,2013 年以来,永宁县面对以上突出矛盾和群众期盼,全面推进统筹城乡发展,累计投入 205 亿元,实施了 507 万平方米的 16 个城镇棚户区改造和小城镇中心村建设项目,安置 29762 户 104170 人,基本实现城乡基础设施、公共服务均等化。全县城镇化实现程度由 35% 提高到 75%,成为全区统筹城乡发展推进最快、最富成效的县区之一。

永宁县委书记钱克孝说,推进统筹城乡发展,城乡一体化建设不能盲目进行,要充分尊重群众的意愿。

2014 年 4 月,根据人大代表、政协委员的议案提案和农民群众的迫切需求,永宁县委、政府针对新型城镇化,在全县范围内组织开展“千人百村万户大民情大数据调查”活动,全县近千名干部深入农户家中,详细了解农户家庭收入构成、住房意愿、就业意愿等 18 项内容,经过分组讨论、梳理汇总,全县 4 镇 1 乡接受调查的 26662 户农户,愿意在小城镇中心村居住的有 25750 户,占调查总数的 96.6%。

以百姓之便为基,配套措施解农民后顾之忧

在“千人百村万户大民情大数据调查”活动后,永宁县政府发现,老百姓很希望搬进楼房却又有住进楼房之后“粮食存哪里? 农机具放在哪儿? ”的后顾之忧。

“这些都是农户们日常生产生活中要遇到的实际问题,我们必须站在他们的角度,一切以为群众提供便利出发,科学谋划配套措施,切实帮助扫除所有后顾之忧,让他们真正脱身上楼当市民。”钱克孝说。

围绕百姓之困，永宁县政府在规划城乡一体化建设时坚持产城融合，同步设计小城镇中心村规划和产业配套规划，科学布局粮食银行、农机作业公司等，着力解决农民入住中心村后的粮食储存问题、农机停放问题。

宁夏昊鑫现代农业开发有限公司总经理王建华说，公司建设的大型综合项目永宁“粮食银行”借鉴银行业经营模式，利用自身仓储经营条件，代农户存储粮食，农民在通过契约方式保障所有权的同时，将粮食经营权以“定期”或“活期”的形式让渡给企业，农户按6%分红，并按约定提取粮食或兑换现金的新型粮食流通业态。

除此之外，粮食银行还可以托管农户的农田，进行统一种植生产，更好地实施农业标准化生产。

王建华说，公司在宁夏水稻主产核心区建立了优质水稻基地10万亩，其中直接托管水稻基地5万亩，辐射带动面积5万亩，在永宁县望洪镇组建了宁夏昊鑫农业产业化合作社联合社。通过联合合作的方式，组织开展农产品的产销对接，品牌化销售，提高农产品的销售额和附加值。

关于农机作业公司，永宁县农牧局局长王金成介绍，农机作业公司为农户提供农机具统一存放、标准化生产、农资经销等服务，进一步破解了我县新型城镇化建设中农户机具停放难、维修难的问题，通过“代耕、代播、代种、代收”的全程化服务模式，实现土地家庭经营与机械化大生产的有机对接，促进土地合理流转和农村劳动力转移，推进农机服务产业化、农机管理规范化、农业机械现代化，促进现代农业发展和农民增收。

不仅如此，在实施城乡一体化建设过程中，永宁县始终坚持高标准规划设计。按照城乡一体、梯次布局的思路，制定“望远周边村庄向望远镇区集中，县城周边村庄向县城集中，其他村落向附近小城镇和中心村集中”的总体构想，将67个行政村，规划为1个中心城区，1个新市镇，4个特色乡镇，16个中心村，形成以县城为中心、望远为副中心、特色小城镇和中心村为补充的四级新型梯级式城镇空间格局。聘请高水平设计团队，在小城镇中心村户型、外立面设计上多次征求村民意见，充分考虑各村实际，防止千村一貌。

以百姓之心为心，让群众住得舒心、暖心、开心

城乡一体化建设的初衷是改善农民生活环境和生活条件，让农民搬进楼房只是改善农民生活第一步，住进楼房之后住的是否舒心，政府服务是否到位才是增加农民“城市体验”的重中之重。

永宁县县长李润军说，近年来，永宁县以百姓之心为心，创新实施“先住院后付费，先诊疗后付费”，“56789”等暖心工程和被征地农民养老保险等一系列民生工程，不断提升农民群众获得感。

正在永宁县望远镇新华中心村卫生院看病的刘月娥说，在这里看病非常方便，只需要身份证和医保卡就可以立刻办理住院手续，住院的费用也是在住院之后才扣除的，而且这里的住院费用比城里的医院要低，到现在住院10天，花了不到1000元。

关于“56789”暖心工程，永宁县宣传部部长任丽琴介绍说，“5”是指为50岁以上的农民开展健康体检，由政府出资提供相应的医疗服务；“6”是指给全县60岁以上老人祝福生日，每人发放现金200元和生日蛋糕；“7”是指将70—79岁老人纳入老龄津贴补贴范围，未享受低保和领取退休工资、养老金的每人每月补贴100元；“8”是指提高80岁以上老人老龄津贴标准，80—89岁低收入老年人由每人300元/月提高到350元/月；“9”是指加强重症精神病人监护、建立失独家庭特别扶助金制度、提高重度残疾人津贴补助标准、建立农村廉租房制度等9项保障措施。

家住永宁县望远镇新华中心村87岁高龄的曹万科说，在搬到中心村之前，他的家在望远镇高渠二队，有两处宅基地和不到1.5亩的农田。永宁县实施城乡一体化建设之后，他们一家在中心村分得两套70多平米的房子和十几万元的剩余拆迁补助金，除此之外，每个月还能领到1100元的被征地农民养老保险。吃饭也不用自己做，每天只需要花6块钱就可以在中心村的爱心食堂吃上美味的三餐。他激动地说：“没想到自己老了老了还能享受这样的‘小康生活’。”

除此之外，永宁县为了让农民群众住得开心，在丰富农民群众业余文化生活方面做了很多努力。据永宁县文化体育旅游广电局机关负责人介绍，近年来，永宁县创新性的开展“美丽乡村·文化大集”送戏下乡活动，极大地丰富了群众的精神文化生活；结合全县新型城镇化，建成集非遗文化展示厅、图书阅览室、老年棋牌室、文化广场等为一体的综合性文化服务中心15个。永宁县文化体育旅游广电局局长周永平说，永宁县农民群众的文化生活再也不仅限于“南墙根儿”了。

（中国金融信息网8月2日消息，记者李文斌、巨晓飞）

宁夏永宁县率先推进城乡一体化进程

宁夏永宁县从2013年开始大胆探索先行先试，统筹城乡发展，加快推进农村城镇化、农民市民化和农业现代化，有力地推动了经济社会发展和民生持续改善，为全面建成小康社会奠定了坚实基础。

据永宁县长李润军介绍，随着近年来全县经济社会快速发展，全县农村弊端和矛盾日益凸显，突出表现为人地矛盾、基础设施配套矛盾、人居环境矛盾、公共服务矛盾和现代农业发展矛盾。2013年以来，他们面对以上突出矛盾和群众期盼，全面推进统筹城乡发展，累计投入205亿元，实施507万平方米的16个城镇棚户区改造和小城镇中心村建设项目，安置29762户104170人，基本实现城乡基础设施、公共服务均等化。其中，中央、区市配套农村危房改造、棚户区、美丽乡村、公租房、廉租房等项目资金9亿元，县级投入196亿元，其中小城镇中心村及棚户区改造建设99亿元，征地拆迁补偿74亿元，水系、道路、绿化等基础设施建设19亿元，土地复垦4亿元，扣除农户缴纳购房款44亿元后，县财政实际投入152亿元。全县城镇化实现程度由35%提高到75%，成为全区统筹城乡发展推进最快、最富成效的县区。

据记者采访了解，永宁县充分尊重群众意愿，高标准规划设计，“阳光”推进整体动迁。县委、政府针对新型城镇化，在全县范围内组织开展“千人百村万户大民情大数据调查”活动，按照城乡一体、梯次布局的思路，形成以县城为中心、望远为副中心、特色小城镇和中心村为补充的四级新型梯级式城镇空间格局。坚持产城融合，同步设计小城镇中心村规划和产业配套规划，科学布局粮食银行、农机作业公司、微型菜地、设施温棚等，着力解决农民入住后的就业问题。

永宁县还对城乡道路交通、环境卫生、垃圾排污、绿地照明、供热供水等基础配套统一规划、同步配套，实现了水、电、暖、气、路灯、道路、光纤、绿化、幼儿园、公交车“十到位”。抓好人居环境改善，以美丽乡村建设为抓手，扎实开展城乡环境综合整治“八大提升工程”，实现城乡环卫保洁、垃圾清运全覆盖。实施西部水系、四大排水干沟综合整治、农村饮水改造提升工程、叶家湖、银子湖等一批重点水利项目，加快推进江河湖库水系连通，进一步提高水资源综合利用率。加快推进传统优势特色产业壮大，全力打造生物医药、商贸物流、优质葡萄酒、健康医养等10个百亿级产业集群，努力实现千亿级产值规模。

永宁县在全区率先实行“先安置，后拆迁”的惠民政策，千方百计扩大就业，建成了全区第一家生态移民创业就业培训基地，2016年农村转移就业2.93万人，实现收入1.97亿元。以百姓之心为心，创新实施“先住院后付费”、“先诊疗后付费”、“56789”暖心工程、被征地农民养老保险等一系列民生工程，按照政府引导、社会化运作的模式，实现了文化活动室、卫生室、老饭桌、民生服务中心、粮食银行、电商服务、污水处理、农机作业公司、微型菜地、农民创业园“十配套”。

县委书记钱克孝向记者表示，永宁县推动了农业集约化经营、农业标准和化生产和灌排体系畅通，社会保障显著加强，服务水平不断提升，群众文化生活丰富活跃。县财政投入资金6.7亿元，在全区率先推行失地农民养老保险，现在失地农民每月平均领取864元；创新实施“56789”暖心工程，累计投入 3340 多万元，全县 14.5 万群众直接受益。新建扩建幼儿园 10 个，幼儿入园率由 2012 年的 67%增加到 85%，学生就餐补助每年投入 1100 万元。今年开始全县高中阶段实行免费教育，高标准建设了村级卫生服务站，解决了群众就近就医的问题。在小城镇中心村设立了民生服务中心，将综治、信访、国土、民生、计生等站所整合，实现了一站式、一条龙服务，真正满足了群众在家门口办事的愿望。推进“智慧永宁”建设，实现了县乡村电商服务网点全覆盖，村镇文化活动阵地实现全覆盖。

钱克孝信心十足地说，永宁县从 2015 年开始，制定用 3 年时间同步创建全国县级文明城市、国家卫生县城、国家园林县城、国家生态文明建设示范县、全国文化先进县的目标，通过全县干部群众的真抓实干一定能够实现。

（央广网银川 8 月 1 日消息，记者廉军）

永宁县全域旅游示范县创建工作效果显现

记者从永宁县政府获悉，今年上半年，永宁县共接待游客 162.94 万人次，实现旅游收入 3916.62 万元，分别同比增长 315.39%和 116.09%。永宁县全域旅游示范县创建工作效果显现，并于 2014 年荣获首批国家生态文明先行示范区，2016 年荣获首批国家全域旅游示范县创建单位。

近年来，永宁县坚持旅游兴县战略不动摇，坚持科学规划，并通过实施文化旅游项目、完善基础配套、改善城乡环境等措施促进旅游产业健康快速发展。

截至目前，永宁县已全面完成了全县旅游发展总体规划，初步构建了以永宁文化园为核心的“一园三线六区”全域旅游发展格局，形成以永宁文化园、三沙源国际生态文化旅游度假区等重点文化旅游项目为主，东中西三线旅游首尾相接、多点成线、环抱银川市的 U 字形文化旅游产业带。

据悉，永宁县先后引进实施了三沙源、等一批重点文化旅游项目，累计完成投资 116.34 亿元。与此同时，永宁县把抓好旅游基础配套设施建设作为推进全域旅游发展的物质基础，累计投资 47.5 亿元，实施了黄河大桥连接线、109 扩建和改线等道路交通项目 47 个，形成了“十纵八横”互联互通的网格化交通体系；投资 13 亿元，完成人工造林 2.8 万亩；投资 8.7 亿元，对永宁境内的叶家湖等水域进行综合整治。

永宁县把宣传推介作为发展旅游产业的重要抓手，先后举办了新华社“一带一路”全球行“宁夏旅游周”永宁行、西部大漠音乐节、点亮永宁玩嗨季、第二届葡萄酒庄丰收季自驾游等活动，不断提升永宁的知名度和影响力。

永宁县副县长马燕说，今年下半年，永宁县将以重点文化旅游项目建设为抓手，坚定实施“旅游兴县”战略，具体通过加快推进项目建设，优化旅游发展环境、完善公共服务体系，提升旅游服务质量、不断壮大产业体系，打造百亿级文化旅游产业集群、加强宣传营造声势，树立永宁良好旅游形象等措施推进永宁县旅游产业健康发展，打造全国全域旅游示范县。

（新华丝路网银川 8 月 2 日电，记者巨晓飞）

网络媒体聚焦宁夏闽宁镇：戈壁变现代化生态移民示范镇

8 月 31 日下午 4 时许，“沙湖杯第十二届全国网络媒体宁夏行”采访团走进位于银川南端、贺兰山东麓、永宁县西部的闽宁镇，先后前往该镇镇史馆、原隆村一站式民生服务大厅等地实地参观采访，感受这一移民镇“移”出的新气象、新生活。

闽宁镇是由宁夏回族自治区党委、政府于上世纪 90 年代从西吉、海原两县通过易地搬迁方式建立的吊庄发展而成的移民镇。1996 年，福建与宁夏启动了对口扶贫协作，作为起点，闽宁镇从无到有、从弱到强，见证了闽宁携手从单向扶贫到互利共赢的二十载艰辛历程。网媒记者们在现场看到，曾经的戈壁荒滩，如今已变成了现代化的生态移民示范镇。

据当地相关负责人介绍，闽宁镇辖区面积210平方公里，下辖6个村民委员会86个村民小组，户籍人口8870户4.4万人（常住人口6万），回族人口占总人数的83%。4.4万多名祖祖辈辈生活在西海固贫困山区的农民走出大山，走上了脱贫致富之路，移民人均可支配收入从开发建设初期的500元增长到2015年的10361元，增长20.7倍。闽宁镇的发展，谱写了扶贫攻坚的壮丽画卷，创造了东西扶贫协作的“闽宁模式”。

（四川在线8月4日消息，记者余普）

永宁县城乡一体化工作引入第三方评估

2008月5日至9日，中国经济信息社以国家发改委城乡一体化专家提供的指标为行动纲领，对银川市永宁县城乡一体化建设的成效进行第三方评估，分派了7个评估小组，共60余人，同时对永宁县7个乡镇、街道的近千名城镇居民和农村居民进行实地调查。

2013年以来，永宁县委、政府牢牢抓住新型城镇化的机遇，大胆探索，先行先试，坚持以人为核心，全面推进统筹城乡发展，累计投入205亿元，实施507万平方米的16个城镇棚户区改造和小城镇中心村建设项目，安置29762户104170人，城镇化实现程度达到75%，成为宁夏全区统筹城乡发展推进最快、最富成效的县区。

据中国经济信息社宁夏中心介绍，本次第三方评估以专家团队为主体，对标国家测评体系，按照国家发改委城乡一体化专家提供的评估指标，采取座谈、现场调研等形式，对永宁县7个行政区随机抽取到的城镇和农村居民进行实地调研评估，及时把脉永宁县“城乡一体化”工作存在的问题，并提出对策建议。

参与本次评估的团队构成为：国家发改委城市和小城镇改革发展中心政策研究院副院长、研究员、博士生导师范毅、中国农科院农业经济与发展研究所农村发展研究室主任、研究员、博士生导师夏英和中国经济信息社农业信息部副主任冯莽等专家，以及银川大学的部分学生。

（新华网银川8月6日电，记者巨晓飞）

永宁县行政审批“简”字当头提效能

今年以来，永宁县行政审批服务局继续推进“简政放权，放管结合，优化服务”各项工作，在巩固改革成果的基础上，“简”字当头，优化流程、缩减时限，深化商事制度改革，进一步提升了服务效能。

优化流程缩减审批时限

今年以来，永宁县行政审批服务局着力推出创业、投资、户籍、文化、就学、社保、就医、治安和生态等多个方面改革的硬招实招，取得扎实成效。

据了解，该局推行“一表通”服务，最大限度地优化审批程序，缩减办理时间及申报材料。此轮“瘦身”，再次减少审批环节53个，压缩审批时限437个工作日，取消申请材料涉及事项44项，取消109个申请材料，划转事项即办件达206项，占划转事项的57%。另外，对不涉及向上争取资金和新增建设用地的项目，一般不再组织可行性研究报告评审，直接批复项目可行性研究报告或建设方案；对不涉及新增建设用地，绿化工程及在土地利用总体规划确定的城镇建设用地范围内使用已批准建设用地的项目，不再办理用地预审手续；对年综合能源消费量不满1000吨标准煤，且年电力消费量不满500万千瓦时的固定资产投资项目，只需提供项目节能情况说明，不再进行节能审查。

此外，今年3月1日起，永宁县行政审批服务局实行企业简易注销登记改革，企业只需在宁夏企业信用信息公示系统发布简易注销公告，45天公告期过后即可申请简易注销登记。

清理证照便民利企

为进一步精简优化权力清单范围内证照事项，清理规范权力清单范围外证照事项，最大限度地方便群众办事，永宁县行政审批服务局开展了全面的证照清理工作。

据统计，永宁县行政审批服务局对划入的审批事项中涉及证照的共梳理 34 项，其中保留 33 项，取消 1 项；压缩审批时限涉及事项 22 项，共减少 31 个工作日；调整申请材料涉及 9 项，共调整申请材料 25 个；取消申请材料涉及事项 11 项，共取消 42 个申请材料。同时，该局开展了“证明”材料清理工作，制定了“证明”清单，凡没有纳入清单的“证明”，一律不再要求办事对象提供。如取消了工商注册登记中的无扰民证明，办理“娱乐经营许可证”不再要求法人提供无犯罪记录证明等。

“经过此次梳理，使涉及证照的事项办理达到了最简化，最大限度地方便了办事群众和企业。”永宁县行政审批服务局监察科科长马立华说。

“互联网+”助推审批提速

今年以来，依托“宁夏投资项目在线审批监管平台”实现企业投资项目网上申报，永宁县行政审批服务局线上发放了“宁夏回族自治区企业投资项目备案证”，替代了原有的“企业投资项目备案通知书”；企业登录注册“宁夏回族自治区投资项目在线审批办事大厅”即可申请办理固定资产投资项目审批相关事项，审核通过后就可以到投资项目科领取批复文件；建设项目环境影响登记表实行网上备案。“以前环评审批至少要 8 个工作日，必须到窗口办理，实施网上备案后，只要 10 分钟，登记表网上备案手续即可完成。”马立华说。

永宁县行政审批服务局建成“永宁县政务服务网上办事大厅”，同步开通了手机客户端、微信公众号，实现了面向企业和群众的所有政务服务事项的网上申报、网上受理和网上审批，使行政审批由传统的逐级书面审核向流程限时化、过程公开化、全程监督化的网上审批转变。

此外，永宁县行政审批服务局推行办事服务二维码一次性告知，办事群众只需拿出手机扫描相应事项名称下面的二维码，手机便能显示出相关服务事项的设立依据、所需材料、办理时限、办理地点、咨询电话等内容。同时，办事群众也可以通过微信平台关注“永宁县政务服务中心”公众号，能随时查询所需的办理事项流程，真正实现了方便群众、节省时间、规范服务，让办事群众体验到了“互联网+政务”带来的方便、快捷、高效。

（原载于《银川日报》8 月 7 日，记者 齐平）

宁夏永宁县践行闽宁东西部协作共同发展纪实

2014 年，在闽宁两省区互学互助对口协作第 18 次联席会议上，福建省漳州台商投资区角美镇与宁夏银川永宁县闽宁镇正式结成共建对子。从县与区结对共建，到镇与镇对口帮扶，再到村与村交流合作，闽宁两省区对口协作从高层对话一步步延伸到基层互助。闽宁与角美这对兄弟镇探索出的“3+1”对口协作新模式，经过多年来的生动实践，如今形成“产业对接，经济共赢，互助共进，共同发展”的新局面。

县镇村三级结对互帮互助“3+1”模式带来全方位深度协作

地处宁夏贺兰山东麓的闽宁镇，是福建、宁夏两省区对口帮扶打造的样板镇。

2016 年 7 月 21 日，闽宁对口扶贫协作第二十次联席会议在银川召开。福建省委书记、省人大常委会主任尤权感慨道：“闽宁两省区携手走过了 20 年历程。20 年是一个历史节点，也是一个崭新的起点，要探索更多经验，与时俱进，将闽宁协作提升到一个崭新的水平，继续为全国东西部扶贫协作作表率。”他提出，“要继续把改善民生放在首位，要把对口扶贫的重点向民生、向基层、向困难群众倾斜；进一步拓展产业协作、优势互补、强强联合，实现资源整合、品牌共建、市场共拓……”

站在新起点，闽宁镇与角美镇一年来继续深化合作，两地干部交流互助，逐项落实会议精神。

2016 年 10 月，福建漳州台商投资区党工委书记、管委会主任蔡丽芬带领漳州台商投资区企业家考察团来到永宁县考察，与永宁县及闽宁镇各村签订结对共建协议，建立县镇村三级结对、互帮互助、共同发展的闽宁协作新机制，搭建开放永宁建设的新平台，形成“3+1”对口合作的新模式。

“3+1”对口合作新模式：“3”，即永宁县与漳州台商投资区结对共建，进一步深化干部培训、产业发展、人才交流、教育医疗等方面的合作；角美镇与闽宁镇对口帮扶，进一步推动“四大产业”壮大、助力脱贫攻坚、统筹城乡等方面的合作；新开拓了角美镇6个村与闽宁镇6个村交流合作，探索进一步加强民风建设、移民增收、改善民生等方面合作的新机制。“1”，即永宁县在漳州台商投资区设立开放永宁建设的新窗口、新平台，以旅游合作、特色农产品销售、劳务输出为抓手，推动永宁开放内涵式发展。

永宁县委常委、闽宁镇党委书记钱冬坦言：“新机制为闽宁镇提供了派驻挂职干部锻炼、组织镇村干部赴福建培训学习、邀请福建优秀企业投资兴业的大好平台，进一步扩大了各领域的交流学习和友好合作的新局面。”

2016年12月，闽宁镇6个村每村派出1名村干部，闽宁镇机关派出2名干部到角美学习锻炼，目前已选派4批共32名镇村干部。同时，经福建省委组织部协调，角美镇与闽宁镇于2017年2月互派一名副科级干部异地挂职，交流互助，对接解决各类具体问题，为期2年。

永宁县县长李润军介绍，“在挂职交流的基础上，我们还明确每年召开一次两县乡镇联席会议，每半年双方党政领导互相走访一次，加强交流，深化协作措施，积极探索建立市场主导、互助互学、各领域交流的协作机制，推动两镇协作交流向更宽领域、更深层次拓展”。

产业项目落地为群众致富带来红利

在福建各级领导和企业家的关怀和支持下，在角美镇的协作帮扶下，闽宁镇加快建设“一城两园”，形成“特色种植、特色养殖、劳务产业、光伏产业、旅游产业”五大产业，推动了移民群众增收致富。

初秋的8月，来到闽宁镇，一派火热的项目建设场景，一个个东西协作产业项目硕果拔地而起，孕育着希望，也预示着丰收：

晓鸣农牧智慧农业、福建亚通创新等项目加快推进；江苏振发公司原隆村2000户光伏扶贫项目正在实施，群众每年每户可分红3000元，持续受益20年；总投资20亿元的比亚迪银川新能源产业园项目落户闽宁产业城，2018年2月将投产新能源客车和轨道交通车辆；山东东阿集团闽宁镇万头黑毛驴养殖基地开工建设，全镇养殖业市场销售额达到1.7亿元……

在福建省的大力支持与协助下，近几年来，闽宁镇共引进8家福建企业、商户，总投资22.8亿元。特别是福建籍侨商陈德启，在闽宁协作旗帜感召下，到闽宁镇拓荒开发，用了近10年时间，将贺兰山东麓10万亩荒漠戈壁打造成有机葡萄生态产业园。截至目前，共投入资金8亿元，栽植防风林400多万株，种植酿酒葡萄2.3万亩，建成贺兰神酒庄1座，成功打造“贺兰神”有机干红葡萄酒品牌，获得国际国内行业金奖5个。2015年酒庄加工葡萄2000吨，生产成品酒1200吨，产值逾3亿元；2016年收获酿酒葡萄3500吨，实现产值近5亿元。同时，基地解决就业3000余人，移民人均年劳务收入3万元。

闽宁镇原隆村村民海国宝介绍了这一年的变化。2016年8月，海国宝的大儿子海富贵凭借拖拉机驾驶经验，在宁夏立兰酒庄找到一份每月4500元的工作，结束了打零工的日子。大儿媳马爱红参加了原隆村举行的厨师培训班后，开始在家门口一家养牛企业食堂打工，月薪2500元。小儿子海富财则在村里开了家饼店，一年下来，净收入近6万元。今年，小儿子夫妻俩双双到中宁县打工，3个月挣了4万元。

随着一批批项目的逐步投产，海国宝同他的乡邻们将在共同致富的道路上分享东西协作硕果带来的更多红利。而闽宁镇与角美镇这对兄弟也将通过产业合作进一步实现品牌共建，利益共赢。

文化旅游教育领域全面开花 推动两镇协作深层次拓展

为推动闽宁镇科学发展、追赶发展，2013年福建省建设厅安排福建省设计院、泉州古建筑设计院帮助闽宁镇修编了经济社会发展规划和新镇区建设规划，全面指导闽宁镇建设工作，帮助打造“文化+休闲+商业+生态+居住”五位一体的闽南风情小镇和葡萄小镇，全面启动2600亩的新镇区开发建设，使闽宁镇美丽乡村建设迈上新台阶。

经过几年的发展，闽宁镇旧貌换新颜，不仅彻底改善了人居环境，更在特色小镇建设的浪潮中，切实增强了乡村旅游、休闲观光的核心实力。

依托银川西线旅游带和贺兰山东麓葡萄文化旅游长廊核心区的优势，闽宁镇聘请浙江颐高集团规划运营闽宁镇美丽乡村游，全面启动原隆村核心旅游区建设，初步形成“游览、采摘、娱乐、吃住”和“自然—有机—生产—休闲—游乐”一体化的旅游格局。

除此之外，在福建省党政部门和社会企业的大力支持下，角美镇对闽宁镇的协作帮扶在教育、就业等多领域全面开花：

角美镇捐赠3000万元援建的闽宁镇角美小学目前已竣工投用，拥有教学楼两栋，实验楼、综合楼各1栋，设置教学班24个，解决了1080名适龄学生的入学问题。注资18万元，组织台商企业设立教育扶贫基金，专项用于闽宁镇建档立卡贫困户子女，每人每年资助2000元，防止因学返贫。

为吸引更多闽商在闽宁投资置业，角美镇不定期组织福建优秀投资企业家到闽宁镇参观考察，极力促成企业和项目落地闽宁。与此同时，积极帮助开展创业就业培训，2016年冬季农闲时间，角美镇6个村帮助闽宁镇6个村培训致富带头人、富余劳动力。目前已完成培训4批次120余人，并定期组织福建企业到闽宁镇考察，寻求项目合作机遇，已组织3批次近40人。

同时，角美镇积极协助、指导闽宁镇开展“全国文明村镇”的创建工作，使得闽宁镇精神文明建设和创建成果在中国文明网和精神文明报被重点报道，有力地促进了闽宁镇文明村镇创建工作的有序开展。

从基础财政援助到社会帮扶，角美镇对闽宁镇对口帮扶可谓宽领域、全方位，形成政府推动、社会支持的帮扶格局，有效地推进协作向更深层次发展。闽宁镇从无到有、从弱到强，不仅见证了闽、宁两省区对口帮扶协作的巨大成就，更探索出了一条东西部携手前行的康庄大道。

永宁县委书记钱克孝表示，角美镇与闽宁镇的“3+1”对口协作新模式，为闽宁两省区在新起点上的深化协作提供了最新注解和不竭动力。闽宁对口扶贫协作第二十一次联席会议目前正在福建召开，这次会议将为闽宁协作提出更高要求，并绘就美丽蓝图。我们相信，在两省区各级党政部门、社会各界力量的鼎力支持和默契配合下，作为扶贫样板的闽宁镇将为东西协作年年结出新硕果，带来一个又一个惊喜。

（新华社8月10日电，记者冯莽）

宁夏闽宁镇：生态移民让村民日子红红火火

宽阔的马路，一排排整齐的移民院落，马路两旁是太阳能发电光板，三五村民在自家门口拉着家常……这是宁夏永宁县闽宁镇原隆村的一处街景，生态移民让村民日子红红火火。

8月11日，全国网络媒体宁夏行记者团来到宁夏永宁县闽宁镇。闽宁镇位于银川市南端、贺兰山东麓，辖区南北长22.5公里，东西宽3.5公里，区域面积210平方公里，下辖6个村民委员会86个村民小组，户籍人口8870户4.4万人（常住人口6.6万）。闽宁镇是于上世纪90年代从西吉、海原两县通过易地搬迁方式建立的吊庄发展而成的移民镇。

“我对未来生活有信心”

原隆村村民张彩霞满脸笑容地迎接记者团一行，说起自己的新生活，张彩霞非常满意，“政府给了我们54平方米的房子，其余是自建的，现在生活好了，我们就自己盖房子。”张彩霞指着身后的一排房子告诉记者。

原隆村是永宁县最大的生态移民村，安置了来自固原市的14个村组10515人。该村主要有种植、养殖、土地流转、劳务输出等五种帮扶政策，劳务输出约1万人，占总人口1/6，针对贫困户有肉牛托管养殖项目，每户托管2头肉牛，每年分红2000元。目前，该村的人均年收入从1996年的500元增加到现在的10732元，翻了20倍不止。

谈及自己的移民生活，张彩霞露出了灿烂的笑容。今年快50岁的她，自己经营了一家肉铺，肉铺就在家门口，从以前靠天吃饭，到现在不用出家门就能实现个人月收入最低3000元，这样的转变，对张彩霞一家而言，无疑是巨大的。“从山里搬出来后，我们的日子越过越好，我们以前在山里，我的孩子都没有地方上学，早早出来打工，这事儿我一直后悔。”张彩霞告诉记者。问及对未来生活的期待，张彩霞说：“我对未来生活很有信心，我们会越来越好。”

党和政府指路，咱靠双手致富

干净的院落，漂亮的瓦房，大门上惹眼的家训：勤为本，德为先，这是今年60岁的海国宝的家，海国宝是原隆村党支部书记，2012年从固原市原州区开城镇响应生态移民号召，迁到闽宁镇。

海国宝一家7口人，对生态移民政策感触颇深。

“我们一家7口人，我儿子在立兰酒庄上班，一个月工资4500元，媳妇儿在移民牧场上班，我们家现在月收入总共就有1万元左右，这要放在以前，想都不敢想。”海国宝告诉记者。

谈起几年前的移民场景，海国宝说：“刚开始我们还担心移民后的生活，来到这儿后，发现有自来水，还可以用电磁炉做饭，我们感到非常高兴。”

从2012年移民至今，短短几年时间，海国宝一家人从年收入2万元，涨到现在的7万元，最好时能有近10万元的收入。“不仅我们家，我们村搬过来的，到2016年实现了整体脱贫。”海国宝告诉记者。

海国宝说：“以前山里自然灾害大，生活条件差，老百姓只能靠天吃饭，现在各项惠农政策，把农民的致富经落到实处，生活好的太多了，主要是党和政府指路，我们也要靠双手致富。”

如今，祖祖辈辈生活在西海固贫困山区的农民走出大山，过上了好日子，闽宁镇也成功步入全国重点乡镇行列，并获得“全国民族团结进步模范集体”“全国社会扶贫先进集体”荣誉称号，谱写了扶贫攻坚的壮丽画卷。

（天山网8月11日讯，实习记者马小萍）

宁夏闽宁镇原隆村：企业扶贫的好样板

夏日的塞上，骄阳似火。贺兰山东麓，翠绿的葡萄园一望无际，各色酒庄的彩色尖顶不时闪现，穿插其间的是大片的蓝色光伏发电板和巨大的白色风车。近年来，贺兰山东麓形成了优质葡萄酒产业和新能源产业，不但成为宁夏调整产业结构的“绩优股”，也成为带动贫困人口脱贫致富的“伊甸园”，为企业扶贫树立了好样板。

从银川市区沿着国道110向西驱车20多公里，就来到了位于贺兰山脚下的永宁县闽宁镇原隆村。原隆村是个移民新村，村民们大部分近两年从宁夏南部山区的固原市隆德县搬迁而来，故取名原隆村。走进原隆村，红瓦白墙，道路整齐。虽然号称移民新村，但原隆村实际是一个新社区，学校、卫生所、幼儿园、老饭桌、市场等公共设施一应俱全，十分亮眼。然而，最引人注目的是小区道路旁架设的一排排巨大的光伏板和光伏大棚，这是青岛昌盛日电太阳能科技股份有限公司专门为原隆村扶贫而建设的。

“公司与闽宁镇政府签订了扶贫协议，依托原隆村昌盛光伏科技大棚园区，采取“政府+企业+贫困户”的方式，实施“一户一栋大棚”的精准扶贫方式，帮助原隆村70多户建档立卡户按期脱贫。”昌盛集团下属的宁夏华盛绿能农业科技有限公司负责人介绍说，考虑到贫困人口来自贫困山区，不但缺乏技术、资金，更缺乏把握市场的能力，因此该公司不但提供生产资料和技术指导，还包销产品。

走进昌盛光伏科技大棚园区，一栋栋白色大棚十分壮观，架设在大棚顶上的光伏板充满了玄幻的科技感。去年8月，经过一年多在园区打工学习，贫困户万军红掌握了种植香菇和花卉的技术，他申请到了一栋大棚。“大棚年产香菇1万多斤，年收入在25000元左右。”万军红告诉记者，他高度近视，妻子患有轻度精神疾病，属于残疾人家庭，在老家时全家6口人年收入不到2万元。现在大棚收入加上1万元的大棚托管兜底分红，家庭年收入将超过3.5万元，收入水平有了很大提高。“另外，在家门口种大棚不用走山路，方便了我这个高度近视眼，也方便了孩子上学。”万军红满意地说。

不仅对建档立卡户进行手把手帮扶，昌盛公司还吸纳了一些脱贫户在光伏科技大棚园区就业，帮助原隆村巩固脱贫成果。39岁的刘晓耐两年前从老家搬迁而来，因为文化程度较高到公司当收购员，月工资2400元，丈夫在银川市区当厨师，月收入5000元，全家一举脱贫，开始向小康生活迈进。

酒庄也是帮助原隆村脱贫致富的主渠道。宁夏立兰酒庄2011年流转了原隆村2400亩土地，为了帮助村民脱贫致富，除了每年每亩地给村民支付500斤小麦保证大家的口粮，酒庄还培训村民学习葡萄种植技术，培训服务员，每年有3万多人次在酒庄打工。“每年工资支出达400多万元。”酒庄负责人邵青松介绍说。35岁的刘莉是两个孩子的母亲，两口子在老家打工种地，年收入不足2万元。2013年从老家搬迁下来后和丈夫到立兰酒庄打工，由于勤快利索有礼貌，刘莉被酒庄聘为长期工，负责接待工作，每月工资3500元，收入大幅度提高，生活质量有了很大改善。

目前，有多家企业参与到原隆村的脱贫攻坚中。“有了企业的大力帮扶，大家不愁过不上好日子。到2018年，我们村将如期脱贫。”60岁的村民海国宝满怀信心地说。

（中国经济网银川8月11日讯，记者拓兆兵）

宁夏永宁：光伏产业扶贫见成效

“除了土地租金，现在光承包光伏大棚一年就有4万多元收入，再加上工资收入，每年能收入9万多元钱，计划今年再盖一间房。”8月12日，正在青岛华盛绿能农业科技有限公司光伏农业产业园干活的何利霞开心地告诉笔者。何利霞是宁夏银川市永宁县闽宁镇原隆村村民，也曾是闽宁镇建档立卡的贫困户之一。

为了实施扶贫大开发搬迁移民战略计划，2014年，何利霞随村民从“贫瘠甲天下”的西海固地区移民到原隆村。为解决搬迁移民的后顾之忧，使移民能扎根落地发家致富，宁夏各级主管部门积极出台扶持鼓励政策，引进了青岛华盛绿能农业科技有限公司等农业产业化龙头企业建立农业产业园，通过光伏龙头企业示范引领发展循环光伏农业创造就业岗位带动周边村民发家致富。

据介绍，产业园周边土地贫瘠，既散又干满是砂石，产业基础薄弱，通过工农业一体化投资，完善了设施、水、电、交通等配套，发展光伏农业产业，通过循环种植养殖，园区内有了鲜花、食用菌、苗木、茶叶种植及蚯蚓养殖等十几个产业，并配备专门的农业专家团队指导农业技术，使单位面积产出效益明显提升，辐射带动周边村民共同致富。截至目前，全镇共有76户贫困户连续3年每年户均获得企业分红逾万元。

（原载于8月16日《农民日报》，记者仇志承）

永宁“四个清单”推动党建责任由“软”变“硬”

日前，记者从永宁县组织部获悉，永宁县列出任务、问题、责任和成绩“四个清单”，通过亮措施、摆问题、晒责任，扎实推进“两学一做”学习教育常态化制度化。

今年以来，永宁县印发《中共永宁县委员会关于推进全面从严治党若干问题的实施方案》，建立党组织书记抓党建责任、任务、成绩、问题四个清单，对存在问题，坚持与人对应、与事对应，科学制定各级领导班子和成员整改方案，明确整改目标任务、责任人、整改具体措施以及完成时限，并集中攻坚复杂遗留问题。永宁县还将督查和整改落实情况作为季度绩效考评的赋分依据，每季度对辖区各领域党建工作进行“地毯式”督查指导，通过下发问题整改督办、函询单位主要负责人限期整改、正风纠错党组织负责人等方式，对各级党组织整改落实情况进行跟踪问效。

今年上半年，该县共开展党建工作督查3次，约谈科级干部39人，实施纠错232人次。

同时，永宁县将基层党组织重点任务分领域细化为16项共性部分和16项个性部分，建立基层党组织责任清单，健全完善各领域结对帮扶共建机制，将包村、包社区县处级领导和各级机关单位予以调整，由300多名机关党员领导干部联系指导97个农村、社区、非公等基层党组织，推动党建责任由“软”变“硬”、由“虚”变“实”。该县还将基层党建工作纳入“三定两评一应用”绩效考评，工作督查及平时情况均将作为绩效考评加减分依据，并要求辖区各单位党组织针对每月工作中存在问题列出清单，采取实时跟进、全程跟踪问效等办法反馈问题整改动态。

（原载于8月16日《宁夏日报》，记者张唯）

永宁：产销一体让土中掘金成为可能

推行“村支部+合作社+公司+基地+农户”新模式，创新“土地+资本+销售商”股份合作经济——土地能给农民带来多大效益，除了取决于种植品种，还取决于土地的运作模式。日前，记者在永宁县望远镇板桥村了解到，去年以来，该村依托土地资源优势和市区近郊优势，引导群众发展日光温室，种植番茄等蔬菜，推动了设施蔬菜产业快速健康发展。

土地流转农民受益

“土地是农民的命根子，如何从土地上实现效益最大化是这几年我们乡镇干部思考的问题。”永宁县望远镇党委书记姜利介绍说。去年以来，板桥村开始推行“村支部+合作社+公司+基地+农户”的新模式，创新“土地+资本+销售商”的股份合作经济模式，让农民受益良多。

“一亩土地，如果种植传统粮食作物，可获得1000元左右的经济效益。如果采用土地流转的方式，每亩地除了获得固定的900元左右的土地流转费，还能解放人工，增加打工收入。”姜利说。不仅如此，农民还可以选择其他方式入股到合作社中获得收益。

永宁县望远镇板桥村村民谢涛，在去年以土地加资金的模式入股到当地的合作社，对于年底分红情况，他直言想不到。“我去年是以土地和资金入股了10万元，没想到分红分了4万多元。”谢涛告诉记者，去年和他一起流转土地的村民们对年底分红数目都特别满意，其他村民看到了他们的收益，也自愿加入到了这一新的模式中。

据了解，在板桥村，这种新的模式今年已经开始在全村推广，通过土地入股实现土地效益最大化使该村的农民收入和集体收入都有了较大的提升，土地入股由去年的100亩增加到了今年的1000多亩。

对于流转土地的收益保障方面，宁夏佳蕾种植专业合作社负责人锁立佳介绍说，入股分红的依据是合作社盈利状况，入股后村民能得到盈利总额18%的分红，另外，对流转土地设置保底收益红线，一亩地最低收益是900元，即使出现亏损，流转土地的农民也能拿到基本的流转费。上不封顶，下有保底，这让农民没有了后顾之忧。

产销一体实现共赢

以标准化育苗为生产保障、以订单销售为收入保障是永宁县望远镇板桥村新农业发展模式运营的关键所在。该村各合作社入股的终端批发商通过调查了解全国的番茄批发市场的行情及信息，负责提供种植的时间和茬口的安排及品种的选择，产品分拣、包装、运输、销售以及番茄价格依据市场行情由股东共同研究决定。合作社则把更多的精力转移到高新品种的引进、示范、推广及品牌培育上来。

宁夏科瑞恒生种苗有限公司是板桥村引进的优质集约化育苗中心，在不断的市场调查和总结的基础上，做新品种的引进和实验，面向周边种植户推广。"我们在给种植户提供种苗的同时,实时监测种苗生长,并为种植户提供技术指导。"该公司负责人魏广恒说,这样既保证了产品的质量,销售的产品在市场上也更受欢迎。

"流转土地后,我们只需要负责种植,把品质搞好了,收入自然就没问题了。"该村村民陈志平说,"现在挺好的,少了操心销售的麻烦。"

为避免产品集中上市导致销售"撞车",目前该村以"大地番茄(4、5 月份种植)+拱棚番茄(6 月份种植)+温棚番茄(1、7 月份种植)"的种植模式,错峰抢占市场高位期,实现了一年四季都有新鲜果蔬的生产、销售和收入,促进了种植户的持续增收。

据了解,通过实施设施农业效益倍增项目,今年永宁县望远镇板桥村新建温棚、大中型拱棚 421 栋,占地 1130 亩,现已建成集中连片日光温室、大中拱棚共计 1190 栋、占地 3750 亩,露地蔬菜 450 亩,辐射带动村民 356 户,实现年产番茄 1.03 万吨,年产值达到 2400 万元,形成了"一村一品"特色种植的镇村经济模式。

(原载于 8 月 22 日《银川日报》,记者齐平)

污染少了环境好了获得感多了

近年来,永宁县作为银川都市圈的重要组成部分,坚持创新驱动、生态立县、脱贫富农,在经济社会发展、生态环境改善、城镇化进程等方面取得了巨大的成就。在"绿色、高端、和谐、宜居"发展理念的指导下,永宁将进一步优化城市服务、营造宜居环境,在城市辅助、配套、服务功能上发挥更有力的作用。

城乡一体化持续改善民生为实现城乡一体化发展,永宁县坚持完善功能与宜居宜业相结合,主动融入自治区空间发展战略规划,大胆探索、先行先试,走出了一条城镇化发展道路。

"以前住在农村,出门很不方便,要走几公里才能坐上车。"永宁县望洪镇新华中心村居民薛梅英告诉记者,"现在搬到这儿,不仅交通方便了,社区医院、幼儿园、老饭桌等设施一应俱全,早晚还能带着小孙女去湖边散步,过上了和城里人一样的生活,别提多开心了。"

据了解,永宁县按照"六个一体化"和"五个有利于"的工作思路,实施了康城、新华、宁化等 16 个城镇棚户区改造和小城镇中心村建设项目,同步推进基础设施"十到位",公共服务"十配套",基本构建了城乡均等化的公共服务体系。和薛梅英一样,10 万多农民群众圆了"上楼梦",永宁县城镇化实现程度由 35%提高到 75%,并率先在全区开展城乡建设用地增减挂钩试点,复垦并整合闲置土地 2 万亩,土地集约利用率大幅提高,成为全区统筹城乡发展推进最快、最富成效的县区。

同时,为提升城市功能和品位,永宁县实施了宁丰街、王太路、宁和广场改造等 30 项城市基础设施建设工程,县城综合承载能力全面提高;完成了利民苑等老旧小区改造 19.2 万平方米,建成公共租赁房 1609 套,实物配租入住率达到 84%,住房保障能力不断强化,居民获得感不断提高。

环境综合治理生态建设成效显著

改善民生,生态建设同样重要。家住永宁县胜利社区的万西宁老人,每天早、晚都会来到永宁县人民公园散步。"环境好,空气自然就好了,每天过来溜达一圈,总觉得神清气爽。"万西宁说。

据了解,按照统一规划布局,永宁县大力开展公园绿地建设,先后改造了珍珠湖公园、宁和广场、汉延渠带状公园等公园绿地,并兼顾街头游园和广场绿地的建设,相继改造、建成临胜园、核桃园、永宁县人民公园等绿地景观,人均公园绿地面积达到 20.62 平方米,形成了集观赏、休闲、健身、游乐等功能为一体的休闲娱乐场所。

不仅如此,永宁县还大力推进街道绿化及城区防护林带建设。"我们始终坚持道路建设与绿化同步,坚持一手抓新建、一手抓改造,坚持'绿色'发展。"永宁县五城同创指挥部办公室主任张庆说,除了对迎宾大道、宁丰街等老城区道路进行绿化改造、对新建城区道路严格按规范要求配置绿化用地外,重点实施了 109 国道、滨河大道、西部水系等重点绿化工程，完成造林13.6万余亩，累计植树1356万株。“目前城区建成区主干道路共19条，绿化总长度4.5万米，道路绿化普及率100%，道路绿地达标率78%。”张庆说。

此外，为保障居民生活用水安全，永宁县大力实施碧水行动，以建设和完善城镇以及工业园区水污染防治设施为重点，全面加强重点入黄排水沟、河湖湿地污染防治，建立了县、乡、村河长制体系，并先后建设了永宁(望远)第二污水处理厂、闽宁镇污水处理厂和12个中心村污水处理站，铺设污水管网101.5公里，城乡生活污水处理率超过95%。

优化产业结构工业经济发展迅速

宁夏北方精工钢结构实业有限公司是银川望远工业园区内集轻、重型钢结构、新型墙体防火保温板材、仓储物流配送为一体的现代化钢结构集群产业加工基地。依托技术创新，目前该公司所有产品加工均已实现自动化。“这架钢结构是展厅的框架，有几十吨重，现在通过我手里的这个遥控器，即可完成装车。”一位在流水线上的工作人员告诉记者，以前像这样的钢结构必须得几台起重机一起工作才能完成装车。

宁夏北方精工钢结构实业有限公司通过技术创新和设施改进，不仅节省了人力，在工作效率和产品质量上都有了巨大的突破，该公司钢结构工程产品也已辐射至新疆、青海、内蒙古、陕西、山西、安徽等地。

“园区现有入园工业企业251家，规模以上企业58家，年产值上亿元企业18家，年产值10亿元以上企业2家。”银川望远工业园区负责人告诉记者，目前该园区已形成以生物发酵与制药产业为龙头、电气制造、机械加工与制造、食品及农副产品加工、建材及装饰、印刷包装为支柱的优势特色产业共同发展的工业产业。随着园区在调整产业结构、促进技术创新、提高生产效率、降低消耗污染等关键环节上的不断发展，园区工业产业也将逐步向无污染、低耗能、高产值的生产方式稳步过渡，实施节约型、技术型工业产业布局，以实现工业产业的技术革新和科学发展。

“下一步，全县上下将以建设‘绿色、高端、和谐、宜居’银川为己任，使命在肩，责任在心。”永宁县县长李润军说，永宁县将持续推进绿色发展，坚持创新驱动，生态优先；落实高端引领，坚决淘汰落后产能，发展新产业、新经济；构建和谐社会，全力维护民族团结；营造宜居环境，优化城市服务，提升居民收入。着力在产业发展、城乡管理、生态建设、民族团结、民生改善等方方面面，干在实处，走在前列，振奋精神，实干兴银。

（原载于8月23日《银川日报》，记者齐平）

闽宁女企业家共商发展大计

为加强闽宁两省区妇联的交流与合作，进一步促进闽宁两省区女企业家互访交流，凝聚两地优秀女企业家共商、共建、共享“一带一路”的共识和力量，9月6日至10日，由福建省妇联党组书记、主席吴洪芹带领福建省女企业家一行15人来到宁夏回族自治区，开展福建省女企业家宁夏行及妇女手工制品展览展洽活动。

此次活动，福建的女企业家们参观了在宁夏国际会展中心举办的中阿博览会闽宁两省区名优特色商品展，在银川市考察了宁夏女企业家协会组织抱团发展项目，在银川市永宁县、固原市隆德县、西吉县考察了闽宁妇联“妇女儿童之家”“闽宁月嫂”培训、闽宁产业园等两省区互学互助对口扶贫合作项目，看望了福建省援宁工作队，两省区女企业家一路交流分享、探讨合作意向，为进一步加深了解、深化友谊，搭建了交流与合作的平台。

近三年，福建省妇联投入资金近200万元，培训妇女人才130多名，资助贫困妇女及女童400多名，对口扶贫协作的效果越来越好，贫困妇女群众得到的实惠越来越多，充分体现了闽宁姐妹深厚的情谊。

（原载于9月11日《中国妇女报》，记者党柏峰、马妮娜）

宁夏回族移民村村民海国宝家：不等靠要，脱贫增收门路多

一年前，习近平总书记告诉村民们，看到大家摆脱了过去的贫困日子，他打心眼里感到高兴。

总书记的话让海国宝备受鼓舞。习总书记走后，海国宝召集全家人开了个会，“我跟娃娃们说，总书记这么关心我们，你们也要考虑干个长远的工作，咱要把日子过得更好。”

很快，大儿子在村里引进的立兰酒庄找到了一份驾驶员的工作，“活儿不累，比原来在外打零工好”，现在每月能挣4000多元，公司还给缴纳“五险一金”。大儿媳也回了村里，在壹泰牧业公司的食堂做厨师，每月能挣2500元。小儿子两口子今年在中宁承包工程，完工后预计也可收入6万元。

移民5年，海国宝一家工作稳定了，收入增加了，生活踏实了。他估算了一下今年的收入：自己在村里的工资约3万元，大儿子和儿媳能挣7万元，家里的4亩2分地每亩流转费520元，年底还可能有土地分红，算下来全家收入将超10万元。“总书记来之前，我们全家收入不过五六万元，现在比一年前翻了一番，是在老家的5倍！”

前些天，海国宝的大儿子贷款买了辆12万元的SUV，在他看来，自己和妻子收入稳定，还车贷不成问题，将来还想奔小康。海国宝说“这是娃娃们有决心”。

今年，海国宝开始领养老金，加上之前交的养老保险，每月能领410元，老伴明年也有养老金了，已是老有所养。

他更高兴的是，以后看病不用愁了。新农合在永宁县医院可报销70%，自治区医院可报销百分之三四十，县医院还能先住院后付费。去年他因腰椎间盘突出住院，花了7000多元，报销后自己只掏了2200多元，这让他连夸：“这个政策确实好！”

作为永宁县最大的生态移民村，原隆村分批安置了固原市的14个村组10578人。近年来，发展葡萄产业、建立红树莓种植基地、引进光伏农业科技示范园和肉牛养殖基地、发展劳务派遣和技能培训……一项项产业扶贫措施在村里落实，走出大山的移民在家门口脱贫增收的门路多了，大家都有了奔好日子的劲头。

在老家时，海国宝就是村里的老书记，搬到原隆村后，又任村党支部副书记。工作中，他敏锐地观察到群众的思想观念变了，“到这儿后家家在搞竞争，看谁家收入更多些”。

如今，白天在村里很少能见到闲逛的年轻人，劳动力都去工作了，不少农民就近就业，成了产业工人。海国宝生动地总结说：“只要家里不就（方言，待）人，那发展快得很。”

村民致富有门路，政府扶贫政策也来帮忙。依靠闽宁镇的“一户四牛一棚一电站”的“4+1+1”产业扶贫模式，每户贫困户单从肉牛托管、光伏电站、光伏农业大棚3个项目中，每年就可获分红2.8万元，此外还有其他务工和承包收入。截至去年底，全村最后的70户贫困户全部脱贫。

村里的妇女、老人和残疾人也有了更多就业机会。他们闲时可去红树梅基地打工，还能到村里成立的巾帼扶贫车间学习手工技能，根据订单在家做手工制品换取收入。

原隆村也将以更开放的姿态来迎接四方游客。按照闽宁镇“一村一品”的规划，这里将被打造成休闲旅游示范村，美丽乡村建设项目今年已全面启动，游客集散中心也将建成。

在新家园，村民们的日子正越过越美。一年前，在海国宝家里，总书记跟村民们说，在我们的社会主义大家庭里，就是要让老百姓时时感受到党和政府的温暖。这番话，海国宝深有体会。

一口固原乡音未改，故乡的生活永远成了海国宝的回忆。他在手机里存了老家的不少照片，想留着给孙辈看，让他们记得老家的苦，别忘了党和政府的恩情。他还想告诉总书记，他的关怀村民们都记得，现在大家都过上好日子了！

（原载于9月15日《中国妇女报》，记者张园园、李凌霄、党柏峰）

永宁县政风行风评议促作风建设

“截至目前，永宁县已开展群众评议机关作风活动专项督查3次，发现解决问题31个，让政风行风评议工作落到了实处。”永宁县直机关工委书记王蕾告诉记者，政风行风评议工作开展以来，群众的积极性不断提高，为干部改进工作、提高服务能力和水平提供了支持。

为推进政风行风评议工作，永宁县充分利用电视台等传统媒体和微信公众号等新媒体进行宣传。“此外通过向各行业各领域印发宣传海报等，我们实现了宣传工作覆盖非公经济组织和社会组织、85个村（社区）和20万名各领域人群。”王蕾说，“这也让更多的人参与到了这项活动中，为提升活动知晓率和参评率提供了保障。”

在强化监督方面，永宁县委、县政府针对“两学一做”学习教育工作中梳理出的群众反映的机关作风方面的问题，向党员干部印发11000本《永宁县党员干部不当言行本》。此外，在政风行风评议工作落实上，永宁县盯紧“小、早”、落实“反映”，把群众反映的意见建议融入到日常工作中，切实改善机关干部为民服务质量。“盯紧‘小、早’、落实‘反映’，即对部分机关干部工作不深不细、责任心不强造成工作失误等问题及时督促改正，对群众反映的如门好进、事难办及工作人员庸、懒、散、软、拖等问题实行监督与约谈，及时解决评议工作中的群众关切。”王蕾告诉记者，永宁县直机关工委还设立了群众评议机关作风活动热线，在各村、社区设立群众评议机关作风活动服务点，指导帮助一些年纪偏大、不识字、对手机操作步骤不熟悉的人群完成测评。“这样才能真正做好民意收集工作，为我们抓政风行风评议落实工作提供了很好的参考。”

（原载于9月28日《银川日报》，记者齐平）

宁夏闽宁镇：“移民吊庄”工程“移”出脱贫康庄道

一颗颗红树莓挂在枝头，娇艳欲滴；一块块光伏板铺满屋顶，熠熠生辉；一头头肉牛悠闲漫步，健硕丰满。宁夏银川市永宁县闽宁镇，这个习近平总书记牵挂了20多年的“移民吊庄”，时刻牢记总书记的嘱托，在扶贫开发中充分利用东部资源，以产业发展带动当地农民快速脱贫致富，创造了“干沙滩”变成“金沙滩”的奇迹。

东西协作，穷山村“吊出”山沟沟

1996年9月，党中央做出推进东西部对口协作的战略部署，其中确定福建对口帮扶宁夏，共同推进宁夏扶贫工作。之后，时任福建省委副书记的习近平前往宁夏银川参加闽宁对口扶贫协作第二次联席会议。双方决定共同建设作为扶贫协作示范窗口的闽宁村，地处银川市永宁县的闽宁村因此诞生。

在宁夏，把贫困地区群众整体跨区域搬迁称之为“吊庄移民”，有将村庄直接“吊”过来的意味。很快，在福建援助资金的支持下，“吊庄”闽宁村正式奠基，第一批移民从西海固地区搬出，来到这个更具发展前景的“吊庄”。

闽宁镇福宁村村民苏玉莲一家1997年从宁夏固原市西吉县偏城乡搬迁而来，见证了首批移民搬迁和闽宁镇发展全过程。

“老家十年九旱，庄稼没什么收成，吃水也是大难题，我们在大山沟沟里都快苦死了，听说政府组织移民，赶快就来了。”苏玉莲说，刚搬到闽宁村时，这里还在建设，看起来就像一片“干沙滩”，盖座土坯房还得把老家的旧房子拆掉，把杨木椽子拉来用。

和所有“吊庄”一样，闽宁村奠基之初，基础设施尚在建设完善之中，移民们在政府帮助下，于这片贺兰山冲击扇平原上白手起家，经过多年发展，昔日的闽宁村逐步发展成为如今常住人口达6万余人的闽宁镇。

产业为先，激活扶贫内生“造血”功能

搬出大山并不意味着脱贫，但为接近“产业”这把脱贫金钥匙提供了极大便利。闽宁镇20年的发展经验,就是一本产业脱贫的教科书。

以光伏农业为例,2014年,永宁县引进青岛昌盛日电太阳能科技股份有限公司的光伏农业项目入驻闽宁镇原隆村。永宁县扶贫办主任撒奋勇说,项目可从三方面增加村民收入。首先,政府组织村民将土地统一流转给昌盛公司,公司给予农户连续30年的土地流转费用;其次,政府整合扶贫资金,与企业合作建设光伏大棚并交由公司经营,公司则连续三年给予70户贫困户每户每年1万元的经营分红;再次,公司负责农产品销售,提供技能培训、劳动岗位,贫困群众每人每年可增加打工收入2万元左右,当其掌握生产技能后还可承包大棚。

原隆村村民万军红2014年开始在青岛昌盛的蘑菇种植光伏大棚里打工。2016年9月,已经掌握香菇种植技术的万军红直接将一座大棚承包下来自己种。“根据近几个月的种植情况看,今年收入4万元不成问题。”万军红说。

2016年7月,习近平总书记在闽宁镇原隆村考察时指出,当地企业在加快自身发展的同时,也要在产业扶贫过程中发挥好推动作用,先富帮后富,实现共同富裕。

习近平总书记的嘱托声声在耳。原隆村党支部书记王升说,目前原隆村已经形成了劳务输出、葡萄种植、光伏农业、肉牛养殖、红树莓种植、光伏发电为主的六大产业增收渠道。依靠这六大产业,原隆村农民人均可支配收入达到7000元。

放眼整个闽宁镇,一个脱贫产业群正在形成:晓鸣农牧智慧农业项目加快推进;江苏振发公司原隆村2000户光伏扶贫项目正在实施;总投资20亿元的比亚迪银川新能源产业园项目落户闽宁产业城;山东东阿集团闽宁镇万头黑毛驴养殖基地开工建设……

永宁县委书记钱克孝说,仅2017年,就有18亿元产业项目落户闽宁镇,“造血式扶贫”的内生动力源源不竭。

双向互动,多维度合作助力全面小康

钱克孝说,福建省从民生改善、产业发展、生态改善等多方面入手帮扶,不仅为闽宁镇带来了项目和资金、先进的生产技术和管理理念、开拓进取的精神,更带来了创新帮扶机制、发展成果共享等前瞻性思想。

记者在闽宁镇采访感受到,移民搬迁后的变化,更主要体现在观念、视野上可喜的“跨越”。从打工仔成功转型企业主的万军红说:“现在‘等靠要’的人越来越少了,在周围群众的影响下,原来懒惰的人也开始走出家门,用双手去创造财富。”

2016年10月,福建漳州台商投资区与永宁县及闽宁镇各村签订结对共建协议,建立了县镇村三级结对、互帮互助、共同发展的闽宁协作新机制。闽宁镇6个村每村派出1名村干部,闽宁镇机关派出2名干部到福建角美镇学习锻炼,目前已选派4批共32名镇村干部。同时,经福建省委组织部协调,角美镇与闽宁镇于2017年2月互派一名副科级干部异地挂职,交流互助,对接解决各类具体问题,为期2年。

永宁县县长李润军介绍:“在挂职交流的基础上,我们还明确每年召开一次两县乡镇联席会议,每半年双方党政领导互相走访一次,加强交流,深化协作措施,积极探索建立市场主导、互助互学、各领域交流的协作机制,推动两镇协作交流向更宽领域、更深层次拓展。”

干部交流之外,闽宁镇的村民还期盼更多的民间交往。一些受访的群众希望,在联席会议、干部交流这些官方的合作之外,多组织当地村民去福建看看。他们期盼福建相关学校能开展“闽宁教育合作”的初高中特色班,让闽宁镇的孩子出去多见见世面,接受更加优质的教育。

(新华社银川10月8日电,记者张亮、靳赫、叶含勇)

永宁:打破壁垒统筹城乡发展

10月3日早晨,当第一缕阳光照进永宁县李俊镇雷台中心村时,强峰已驱车采购新鲜食材。他在村里经营一家餐馆，因菜品味道好，很受欢迎，年收入10多万元。他说："是美丽乡村建设的成效，激发了我回村创业的热情。"

说起以前的雷台村，强峰直摇头，"环境不好，污水靠蒸发，垃圾靠风刮，村里年轻人纷纷外出打工。"

美丽乡村建设行动开始后，雷台村的面貌一天一个样。2015年，雷台村和东方村1200多户村民入住雷台中心村，从平房搬进楼房。村里还建设了文化广场、超市等配套设施。随后，永宁县生活垃圾转运调度中心投入使用，全县15个乡镇中心村、82个小区的生活垃圾统一运往银川市中科环保发电有限公司焚烧发电。

这一年，在外打工的强峰返乡开起了餐馆。

如今，雷台中心村楼群林立、道路洁净、绿树成荫、空气清新，一二三产业融合发展。村党支部书记吴政告诉记者，全村去年人均收入超过1.2万元。

回望过去的五年，永宁县按照"绿色发展，生态富民，科学跨越"总目标，加快推进城乡一体化，全力打造西部宜居宜业示范区。在小城镇中心村建设中，按照政府引导、社会化运作的模式，圆了10多万农民的"上楼梦"，老百姓的获得感和幸福感不断增强。

9月30日，在闽宁镇卫生院，为儿子取药的王桂提起蒙景琢医生，感激之情溢于言表。9月22日，王桂8个月大的儿子因急性喉炎到卫生院就诊，在副主任医师蒙景琢精心治疗下转危为安。蒙景琢表示："我能及时救治病人，与县人民医院专家来我们这里指导医护人员提高业务水平密不可分。"

2014年4月，永宁县以县人民医院整体托管闽宁镇卫生院为起点，实施县乡医疗卫生服务一体化管理试点工作，破解过去县域内优质医疗资源下不去，乡镇卫生院医疗技术力量薄弱的难题。当年，闽宁镇卫生院门诊量超过2.4万人次，较上年翻番，收治住院病人160多例，实现了零的突破。

2015年，永宁县又将另外7家乡镇卫生院分别纳入县人民医院、县中医院业务管理之内。2016年，全县乡镇卫生院门诊量达50.82万人次，与2013年相比上升了24.1%，住院病人2627例。全县县级医院累计派出2360多人次的医务人员到基层医疗卫生机构开展工作，有52000多人次的门诊患者接受了专家门诊的诊疗。

党的十八大以来，永宁城乡居民共创同享改革成果。"56789"暖心工程、被征地农民养老保险、闽宁扶贫开发等成为民生改善的名片；"千处百日"城乡环境综合整治、小城镇中心村建设、永宁黄河公路大桥建成通车，大大促进了城乡统筹发展。

（原载于10月9日《宁夏日报》，记者高菲）

永宁县村干部坐班服务让群众少跑腿
窗口式集中办公　争做群众知心人

种植大户黄兴国耕种的1000多亩田地，今年8月出现灌溉、排水困难。他心急火燎地来到永宁县望洪镇新华中心村党群活动服务中心，村干部立即联系镇政府寻求解决办法。在今秋农田水利基本建设中，困扰黄兴国的这一"烦心事"得以解决。"以前农村办事，白天大多找不着人，现在群众都去党群活动服务中心现场解决。"10月9日，说起基层干部作风的转变，黄兴国感触颇深。

新华中心村集中安置了新华、增岗等6个村1.7万名农民。为更好地服务于民，2015年这里建起党群活动服务中心，创新服务方式、拓宽服务范围。在该中心，村干部进行窗口式集中办公，群众事务由村干部全程"跑腿"办理。"每年为群众代办20多项民生事项，总量达3000多件。"中心村联合党委书记杨青说，村干部还充当着方针政策法规"宣传员"、社情民意"联络员"、矛盾纠纷"调解员"和兴村富民"服务员"。低保户张素珍智力残疾，无人照料，七旬空巢老人曹万科为一日三餐如何解决犯愁，11岁的留守儿童曹嘉鑫渴望更多关爱，为提升这部分群众的生活质量，党群活动服务中心开办了老年饭桌、日间照料中心、儿童快乐家园。在李俊镇许桥中心村党群活动服务中心，党史长廊成为新时期党员教育新平台。

记者从永宁县委组织部获悉，2014年以来，该县成规模地打造农村党群活动服务中心，融党员活动、村民议事、便民服务、技能培训、文化娱乐、村史传承、红色教育等功能于一体，增强基层党组织服务发展、服务党员、服务群众的功能和水平。截至目前，共投入资金7200余万元，新建21个高标准党群活动服务中心，受益群众达15万人。党群服务中心运行管理与基层服务型党组织星级评定和个人报酬挂钩，通过压实责任，推动4500余名农村基层干部争做群众知心人。

（原载于10月11日《宁夏日报》，记者高菲）

创业当老板

——移民刘晓耐的“小目标”

“如今我也可以为新来的姐妹们讲解花卉与香菇种植技术了，希望她们和我一样，通过自己的双手，走上脱贫致富路。”刘晓耐是永宁县闽宁镇原隆村村民，2014年刚搬迁到原隆村时，她对未来还有些迷茫，时隔3年，在各项政策的帮助下，她已在脱贫致富路上迈出了一大步，并定下了自己的“小目标”。

2014年以前，生活在固原市隆德县的刘晓耐和其他村民们一样，靠天吃饭，每年靠种地得来的收入甚至解决不了家庭日常花销，很多人无奈地选择出外打工以补贴家用。“那样也没法解决问题，挣得少，还无法顾家，不是一个长久之计。”对于搬出故乡，刘晓耐虽然也有些眷恋，但更多的是对未来生活的期盼。

搬到原隆村以后，刘晓耐和大部分移民一同开始接受各类技能培训，并很快走上了工作岗位，每月3000多元的固定收入既保证了日常生活所需，又能让她随时照顾家庭。“一开始也挺难的。”刘晓耐一脸苦笑地谈起最初接触大棚菌菇的情形，“以前一直以为菌菇就是长在土里的，无土种植还是第一次见。”除了新奇，潮湿的大棚环境，复杂的种植技巧，都让刘晓耐感到不小的压力。

功夫不负有心人。3个月后，刘晓耐和其他姐妹一起，成为了原隆村第一批实现就业的移民。现在她不仅负责这里3栋大棚的种植管理，还在工作中承担着对新人的指导工作。“我是从头开始学习的，所以对新来的姐妹们遇到的问题感同身受，指导起来自然顺手。”刘晓耐感到新来的姐妹们学习起来都特别认真，“她们也一定能靠自己的双手实现脱贫致富。”

如今，政府补贴解决了住房问题，在家门口工作的刘晓耐也开始做下一步打算了——创业当老板。“我相信我一定能够创业成功，实现小康生活。”刘晓耐对未来充满憧憬。

（原载于10月20日《银川日报》，本报记者齐平）

通过《永宁县生物发酵企业停产整治实施方案》，今日起，三药企全面停产整顿——永宁县“亮剑”异味扰民问题

夯实生态基础，是推进现代生态城市建设的根本所在。今年来，按照中央、自治区及银川市委部署要求，永宁县多措并举、主动出招，并于12月3日，研究通过《永宁县生物发酵企业停产整治实施方案》，12月4日，宁夏泰瑞制药股份有限公司、宁夏启元药业有限公司、宁夏伊品生物科技股份有限公司3家企业全面停产整治。

主动出击，多方着手备战充分

为根治永宁县生物发酵企业异味扰民问题，今年来，永宁县委、县政府领导多次深入企业调研，不断加大治理和管控力度，同时主动服务企业，先后邀请上海复旦大学、天津恶臭研究所及各类环保科技公司到几家生物发酵企业对异味物质进行科学分析，商议治理方案，改良生产工艺，实施精准治理。7月12日，永宁县和中科院生态环境研究中心签订异味治理战略合作协议，希望在全国顶尖科技团队的研究和帮助下，尽快圆满解决异味扰民问题。在科学治理的同时，实行驻厂监管，加强日常监察，将望远药企列为重点监察对象，采取

夜间突击检查与昼间日常检查相结合的监察方式，进一步强化异味监测，切实做到“有味必测”“夜查必测”，确保企业污染治理设施正常运行，污染物达标排放，监督企业在不利气象条件下降低生产负荷。

自治区党委、政府召开实施生态立区战略推进会后，自治区环保厅下达了对永宁县制药及生物发酵企业停产整治要求。为全面贯彻落实自治区生态立区战略推进会、大气污染防治暨中央环保督查反馈问题整改推进会以及石泰峰、咸辉、姜志刚、刘可为等自治区领导关于环保工作一系列批示精神，切实解决异味扰民问题，满足广大人民群众对美好环境的要求，银川市和永宁县立即行动，市县两级联合成立了以银川市委常委、永宁县委书记钱克孝为组长，副市长韩江龙、市环保局局长王光英、永宁县县长李润军等人为副组长，永宁县相关部门(单位)负责人为成员的永宁县生物发酵企业重点污染源停产整治工作领导小组，专门负责实施企业停产整治工作。

在研究制订停产整治工作方案期间，永宁县委、政府自觉提高政治站位，以群众满意作为检验异味治理成效的标准，要求相关部门和企业不讲条件、不打折扣、克服困难，坚决落实生物发酵企业停产整治的要求，并先后多次召开专题会议，研究停产整治相关工作。

11月26日，永宁县生物发酵企业重点污染源停产整治工作领导小组成员以及泰瑞制药、启元药业和伊品生物有限公司企业负责人等人赴中科院生态环境研究中心，专门听取中科院生态环境研究中心对永宁生物发酵企业异味污染问题研究成果，并对研究中心给出的根治方案进行研讨，制订应急污染源工程治理方案。11月30日，银川市副市长韩江龙就异味扰民问题约谈了宁夏泰瑞制药股份有限公司、宁夏启元药业有限公司、宁夏伊品生物科技股份有限公司3家企业负责人，并在永宁县召开专题会议，研究企业停产整治相关事宜。

泰瑞制药、启元药业和伊品生物有限公司3家生物发酵企业根据中科院治理方案，研究并制定停产整治方案，明确整改措施、异味污染治理工程项目内容及实施进度、资金保障和责任人员等事项，按照整改方案进一步完善异味治理设施，加大工艺改进力度，加强环境监管措施，精准施策、对症下药，确保整治后达标生产，恶臭不逸散、不扰民、无公众投诉。望远工业园区管委会进行了企业停产社会风险评估，并制订了应急预案。

刮骨疗伤，确保停产整治到位

12月3日，永宁县人民政府召开常务会议，研究通过《永宁县生物发酵企业停产整治实施方案》，并决定宁夏启元药业有限公司、宁夏伊品生物科技股份有限公司、宁夏泰瑞制药股份有限公司从12月4日起全面停产整治。

按照《永宁县生物发酵企业停产整治实施方案》要求，停产整治期间，3家生物发酵企业及政府相关部门进一步强化应急防范工作，完善应急预案体系建设，做好突发事件应对。企业在停产整治的同时，做好停产整治期间的设备维护、人员安置、培训维稳的预案。永宁县环保局负责做好企业停产整治期间的环境监督工作，联系有资质的技术单位指导、帮助企业加快异味污染治理设施的建设。积极向市县停产整治领导小组汇报整治情况，配合做好整治后的验收工作。望远工业园区管委会负责做好企业停产整治期间的各项服务工作，及时收集各类信息，加强研判，及时向相关部门反馈，采取措施，让县委、政府及时掌握动态，确保停产期间管理稳定可控。永宁县行政审批局禁止审批企业除环保治理项目以外的一切新改扩建项目。永宁县住建局妥善解决企业停产整治和保障供暖之间的矛盾。永宁县财政局协调解决困难职工生活保障经费。永宁县总工会开展企业工会的指导工作，做好停产期间职工的思想稳定工作，教育职工积极参与自我解困，互助帮困，立足自身努力走出困境。永宁县安监局负责做好企业停产整治期间，技术改造期间的安全生产工作，并提供积极帮助。永宁县人社局采取有效措施，督促企业支付职工的生活费，正常续缴职工的医保社保等，开展职工技能培训等。永宁县公安局做好社会稳定工作，对非法信访，挑头闹事，扰乱社会秩序的违法行为坚决予以打击。永宁县信访局做好停产期间信访维稳工作,维护社会和谐稳定。永宁县民政局深入调查了解，对于停产期间生活确实困难的职工,予以临时救助。中国人民银行永宁支行协助企业做好融资贷款银行的解释沟通工作，防止企业出现资金链断裂情况发生。水务局、供电局、发改局从用水、用电、产值、能耗等环节管控相关指标,切实履行监管责任,确保停产整治到位。

3家生物发酵企业完成整改任务,报请市县停产整治领导小组同意后,进行自验,15个工作日内将整改验收任务完成情况报永宁县环保局备案,并提交监测报告以及整改的防治污染设施、工艺、流程、更换的设备等材料,县环保局聘请第三方进行验收,并报请区市环保部门进行验收,验收合格后,方可恢复生产。

（原载于12月4日《银川日报》,记者范晓儒）

西部城镇化“永宁样本”

新型城镇化的核心在于写好“人”字,这是永宁县在推进城乡一体化进程中的最大亮点。它不是单纯追求经济规模，而是紧紧围绕人的需求发展,满足农民子女就学、就医、消费、交通出行、就业求职等需求,使城镇化成为一个顺势而为、水到渠成的发展过程。

一边是农村“脏、乱、破”和“空心化”,一边是推进新型城镇化建设缺乏资金……这是西北地区县域城镇化发展普遍遭遇的难题。近日,《瞭望》新闻周刊记者在宁夏回族自治区永宁县调研发现,近年来该县整县推进新型城镇化建设，运用土地增减挂钩政策解决资金问题，在解决好农民上楼问题的同时,加快城乡基础设施一体化、社会服务均等化的进程,为破解“工业如何反哺农业,城市如何支持农村”的命题提供了典型样本。

“美好生活需要”引领城乡统筹

“过去家里取暖一直是个头疼的问题,铁炉不仅费煤,取暖效果有限,还总担心煤气中毒。每当看到城里有暖气的楼房就特别羡慕，但靠自家种的那十几亩地，不知何年何月才能买得起这样的楼房。”回忆起以前的农村生活,永宁县八渠中心村村民唐梅英感慨颇多。

受城乡二元经济结构影响,以小农经济为主的永宁县农村不仅在人均收入、基础设施和公共服务等方面远远落后于城区，近年来还出现了人居环境矛盾突出、农民房屋和宅基地大量闲置等问题，农民幸福感提升受限的同时也造成大量土地资源浪费。

据了解,2012年之前,永宁县新农村建设也取得了一定成效,但城乡统筹工作处于较低水平,天然气、光纤、有线电视、污水处理等基础设施短时间内难以在分散的农村庄点普及，公共交通、医疗、教育等服务设施落后，不能满足老百姓在出行、看病、上学等方面享有优质公共资源的需求,“修修补补”“零敲碎打”式的推进方法并不具有全面性、协调性和一体性,造成农村交通网络、超市、医院、学校、天然气、厕所等设施和社会服务水平长期落后于城镇,12.7万农村人口生产方式和生活水平难以提高。

同时,近年大量青壮年农民常年外出务工,永宁县农村地区空心化趋势日益明显，不仅导致农村发展活力下降,也造成大量农村土地资源闲置。据永宁县相关部门统计，在实施新型城镇化整县推进之前，永宁农村住户户均宅基地面积达0.89亩,而实际人均住房面积为33.64平方米,房屋和宅基地大量闲置,但农民又缺乏转让途径。

“进一步理顺城乡发展关系,缓解城乡二元对立,以人为核心的新型城镇化是根本出路,也是群众所想所盼。”接受《瞭望》新闻周刊记者采访中,永宁县委书记钱克孝介绍说,此前,永宁县委、县政府曾就新型城镇化问题在全县范围内组织开展了“千人百村万户大民情大数据调查”活动,全县近千名干部深入农户家中，详细了解农户家庭收入构成、住房意愿、就业意愿等18项内容。

经过分组讨论、梳理汇总,接受调查的26662户农户中,愿意在小城镇、中心村居住的有25750户,占调查总数的96.6%,加强顶层设计、以全盘推进式的城镇化手段改善农村生产生活条件成了绝大多数农民的心愿。

集约土地资源做强集体经济

为顺应经济社会发展和群众意愿,2013 年至今,永宁县整县推进统筹城乡发展工作,相继实施 16 个城镇棚户区改造和小城镇、中心村建设项目,让 10 万多农民住进楼房,全县城镇化程度由 35% 一举提高到 82.8%。

在推进城镇化建设过程中,永宁县将 67 个行政村规划为 1 个中心城区、1 个新市镇、4 个特色乡镇、16 个中心村,形成了以县城为中心、望远镇为副中心、特色小城镇和中心村为补充的四级新型梯级式城镇空间格局。

思路有了,钱从哪里来?10 万名农民上楼,507 万平方米项目建设面积,扣除相关项目资金和农户缴纳的购房款,政府还需投入 150 多亿元,县级财政根本无力承担。

“我们探索的办法是通过运用土地增减挂钩政策解决资金来源问题。”永宁县县长李润军介绍说,具体做法为,将分散居住的农民就近集中安置,节约出的 2 万多亩宅基地拆除复垦,并将指标挂钩周转,在城区附近的转变为等量的建设用地指标,预期土地挂牌收益可达 140 多亿元,基本覆盖整县推进新型城镇化的总体投资。

有了充足的资金,永宁县新型城镇化建设快速推进,特色乡镇、中心村等纷纷建成,在完成农民住宅建设之外,永宁县还加大了建设配套设施、改善人居环境的力度,农民集中安置的优势显现出来,交通、光纤、学校、医院,甚至是快递配送中心等基础设施建设事半功倍,短短几年间,永宁县农村面貌实现大变样。

《瞭望》新闻周刊记者在调研中发现,农民上楼后,永宁县土地流转面积由 6.6 万亩增加到 17.3 万亩,土地集中连片为永宁县激活农村发展内生动力创造出了巨大的空间,农民专业合作社、家庭农场、涉农企业等如雨后春笋般出现,田园综合体等新型农业发展模式也在酝酿成长之中。

在永宁县望洪镇靖益中心村村部大门旁,挂着一块“鑫盛益农土地股份专业合作社”的牌子。靖益中心村建成后,“洗脚上楼”的农民们将 2560 亩土地流转给村集体,村集体以这些土地为资本成立土地股份专业合作社,实行统一决策、统一种植、统一销售,并根据农民各家的土地面积配股,每年在按照当地土地流转费标准给农民发放保底分红之外,还根据当年收益情况发放浮动分红。

“成立合作社以后,我们可以更加科学地分析市场,每年种什么、种多少,有的放矢,通过发展现代农业,还能压缩成本、提高收益,所以虽然给村民发放两份分红,但效益依然不低。”靖益中心村联合党总支书记姜文村说,村里有了钱,就能为村民多办事,比如村里出资组建一个环卫队伍,对中心村的卫生实行社区化管理,让村里的卫生面貌赶上了城市小区的水平。

为了让农民“放下锄头有活干”,永宁县还狠抓重点产业培育,全力打造优质葡萄酒等 10 个产业集群,打造望远工业园区、闽宁产业城、闽宁扶贫产业园等,发展设施温棚产业和旅游业,并引导各类企业为失地农民提供更多就业岗位,培育创业孵化基地,提高失地农民自主创业、自谋职业能力。另外,通过普调城乡居民基础养老金标准、提高现有失地农民养老保险待遇、扩大失地农民参保范围等措施确保群众生产生活得到保障。

以人为核心实施乡村振兴战略

走进永宁县新华中心村、胜利小镇等多个村民住宅小区,《瞭望》新闻周刊记者看到,供水、供电、供热、天然气、路灯、道路、光纤、绿化、幼儿园、公交车等基础设施已先后配备到位。小区内干净整洁、楼房规划整齐,不但各项设施一应俱全,还设置了文化活动室、卫生室、“老饭桌”、民生服务中心、电商服务中心、微型菜地等生活服务设施。村民家中都装上了自来水、天然气壁挂炉、热水器、抽水马桶等。

“冬天再也不用烧煤,天然气直接入户,热水随开随有,晚上可以洗个澡再睡觉,感觉自己都洋气起来了。”新华中心村村民陆冬梅说,老房子拆掉后,政府给了 20 万元补偿款,买 100 平方米的新楼房花了 7.5 万元,装修花了 3 万多元,家里还剩下将近 9 万元的存款,这在过去想都不敢想。

接受《瞭望》新闻周刊记者采访的几位当地农

民表示，相比于到县城购房安家，中心村的吸引力在于距离乡村更近，在这里买房居住不仅价格低，还可以过一种“不离土，不离乡”的就地城镇化生活。

农民集中居住后，生产生活方式也随之改变，不少农民将土地流转出去，以便有更多时间外出打工。据测算，永宁土地流转均价为每亩 850 元，土地流转后农民每年减少田间集中劳作时间 4 个月，人均打工收入从每年 1.2 万元增长到 2.4 万元，减去原先每亩地每年 1000 元的平均收入，有两个劳动力、8 亩地的四口之家每年可增收 2.28 万元。

但是，如同一枚硬币有两面，农民延续千百年的生活方式在短短几年时间里猝然改变，一些问题也随之而来。比如农民没了院子，农机具、农资、粮食等都无处放置。

另外，由于没有晒场，粮食收获后，村民们只能在公路两旁晾晒。据永宁县胜利乡八渠村村干部们反映，在前几年的收获高峰期，村民的玉米甚至从中心村一路铺到了几公里外的国道，整洁的中心村小区空地也常常被农机具横七竖八地停满，小区一度变成“半土不洋”的怪模样。

针对暴露出的问题，永宁县迅速进行调整，在各个小城镇和中心村配套建设了晒场、农机集中停放场所，同时在每个中心村成立专业的农机具作业公司，农户以大中型农具入股后，公司对农具进行集中统一管理和调度使用。为了解决存粮难题，永宁县建起了“粮食银行”，农民可以根据需要随时存取粮食，或将粮食直接变现。

一系列调整措施后，永宁县新型城镇化工作日趋成熟，农民的生产生活方式没有遭到破坏，而是得到了提升。钱克孝认为，几年的实践证明，永宁县新型城镇化进程不仅补齐了乡村建设的短板，而且逐渐成为后发优势，并为激活农村市场、培育发展优质高效农业提供了前提条件，为实施乡村振兴战略奠定了基础。

（原载于 12 月 18 日《瞭望》新闻周刊，记者孙波、靳赫）

文献选编

永宁县生产经营单位安全生产“黑名单”制度管理办法

（2017年3月7日）

第一条　为加强安全生产监督管理，有效对生产经营单位安全生产违法失信行为实施惩戒，根据《安全生产法》《职业病防治法》《国务院办公厅关于加强安全生产监管执法的通知》（国办发〔2015〕20号）、《国务院安委会关于加强企业安全生产诚信体系建设的指导意见》（安委〔2014〕8号）和国务院安委会办公室关于印发《生产经营单位安全生产不良记录“黑名单”管理暂行规定》（安委办〔2015〕14号）等法律法规和规章，结合本县实际，制定本办法。

第二条　生产经营单位安全生产“黑名单”管理制度是对存在严重非法违法生产经营建设行为、重大安全隐患整改不力及发生生产安全责任事故的生产经营单位，通过新闻媒体向社会公布，实施社会综合监管，督促企业认真落实安全生产主体责任，依法履行安全生产义务的制度。

第三条　生产经营单位安全生产“黑名单”管理遵循分级负责、属地管理与行业指导相结合的原则组织实施，由县安全生产委员会办公室统一管理，各负有安全生产监管职责的部门负责信息采集。

第四条　生产经营单位具有下列情形之一，纳入企业安全生产“黑名单”：

（一）发生1次较大及以上生产安全责任事故，或一个年度内累计发生2次责任事故死亡的；

（二）一年内因违反安全生产规定受到2次以上（包含2次）重大行政处罚的；

（三）发现职业病病人或疑似职业病病人后，瞒报、谎报或故意破坏事故现场、毁灭有关证据的；

（四）存在作业岗位职业病危害因素强度或浓度严重超标，经负有安全监管监察职责的部门指出或者责令限期整改后，不按时整改或整改不到位的；

（五）暂扣、吊销安全生产许可证的；

（六）谎报、瞒报生产安全事故的；

（七）重大事故隐患未按期整改的；

（八）恶意拒不执行行政处罚决定的；

（九）拒绝安全生产监督检查，阻挠安全生产行政执法的；

（十）存在其他严重违反安全生产、职业病危害防治法律法规行为的。

第五条　被列入“黑名单”的生产经营单位将在永宁县政府公众网和有关媒体上予以公布；各负有安全生产监管职责的部门应当在永宁县政府

公众网主页转载公布的“黑名单”。

第六条　公布事项包括违法生产经营单位的名称、经营地址、组织机构代码、法定代表人或者负责人姓名以及违法事由、行政处罚结果、刑事处罚结果、公布起止日期等信息。

第七条　企业被列入“黑名单”，按以下程序办理：

(一)信息采集。

1. 按照职责分工，各负有安全生产监管职责部门对生产经营单位实施行政处罚的，应当在处罚决定生效后，10 日内抄告县安全生产委员会办公室。

2. 各负有安全生产监管职责的部门通过安全检查、群众举报、事故调查等途径，发现符合本办法第四条规定情形的，应当将生产经营单位名称、案由、违法行为等信息进行采集。

3. 各负有安全生产监管职责的部门负责汇总本级采集的纳入“黑名单”管理的生产经营单位信息，符合本办法第四条规定情形的，应当将信息在十日内抄报至县安全生产委员会办公室，逐级上报至银川市安委会办公室。

(二)信息告知。对符合“黑名单”条件的企业，由县安全生产委员会办公室联合负有安全生产监管职责的部门出具《企业安全生产“黑名单”预通知书》，告知当事企业，并听取其陈述和申辩意见。当事生产经营单位提出的事实、理由和证据成立的，应予以采纳。

(三)评议审定。拟列入“黑名单”的生产经营单位由县安全生产委员会办公室组织安委会相关成员单位召开会议讨论审定。

(四)信息通报与公告。经审定列入“黑名单”的生产经营单位，由县安全生产委员会办公室出具《生产经营单位安全生产“黑名单”告知书》，并向安委会各成员单位通报。同时，通过永宁政府公众网和相关媒体向社会公告。

(五)信息移出。生产经营单位在“黑名单”管理期限内未发生新的符合纳入“黑名单”条件行为的，由该生产经营单位向原信息采集部门提供情况说明。原信息采集部门对其情况进行确认后，将相关情况信息告知县安委会办公室，逐级上报至市安委会办公室，在管理期限届满后移出“黑名单”，并于 10 个工作日内向社会公布并通报相关部门和单位。

其中受到责令限期改正、责令停产停业整顿等现场处理或行政处罚的生产经营单位，应当在“黑名单”管理期限届满 30 个工作日前，向原信息采集部门报送整改材料并提出移出申请，经原信息采集部门组织验收合格、符合规定后方能移出。

第八条　列入“黑名单”管理的日期以公布日期为准，管理期限为 1 年。管理期限届满前 1 个月，由生产经营单位提出复查申请后，由县安委会办公室组织负有安全生产监管职责的部门进行审核，经审核合格，将其从“黑名单”信息中予以删除；经审核仍不合格的，监管部门提出意见可以继续延长其“黑名单”管理期限，直至消除隐患；连续两次审核仍不合格的，依法给予处罚，直至依法关闭、取缔。

第九条　对列入“黑名单”的生产经营单位，除依法给予行政处罚外，实施以下监管措施：

(一)生产经营单位列入“黑名单”期间，必须每月向行业主管部门和县安监局报告 1 次安全生产情况。

(二)负责该生产经营单位日常监管的行业主管部门应当将其列入重点监管对象，至少每季度检查 1 次，并随时追踪整改情况，直至达到整改要求。

(三)县安全生产委员会各成员单位和各金融机构接到通报后，要严格限制列入“黑名单”的生产经营单位新增项目核准、土地使用、采矿权取得、政府采购、证券融资、政策性资金和财税政策扶持等措施，并作为银行决定是否贷款等重要参考依据。

(四)在生产经营单位纳入“黑名单”管理期间，各负有安全监管职责的部门应当严格执行《银川市人民政府办公厅关于印发银川市落实进一步加强安全生产监管执法实施方案的通知》(银政办发〔2015〕215 号)有关规定，制定并落实各项制约措施和惩戒制度,在各类评先表彰中,对该生产经营单位及其主要负责人实行“一票否决”。

第十条　本办法自印发之日起30日后实施。

永宁县公务用车制度改革实施方案

(2017年3月31日)

为认真贯彻落实党的十八大和十八届三中、四中、五中、六中全会精神及《党政机关厉行节约反对浪费条例》,推进县级公务用车制度改革,加强建立新型公务用车制度,有效降低行政成本,根据中共中央办公厅、国务院办公厅印发的《关于全面推进公务用车制度改革的指导意见》(中办发〔2014〕40号)、《宁夏回族自治区全面推进公务用车制度改革总体方案》(宁党办〔2015〕58号)和《银川市全面推进公务用车制度改革总体方案》(银党办〔2016〕46号),制订本实施方案。

一、目标要求

认真贯彻落实党中央的政策要求和自治区、银川市与永宁县委、政府关于公务用车制度改革的统一部署,围绕节约型、廉洁型机关建设,坚持社会化、市场化方向,合理有效配置公务用车资源,创新公务交通分类提供方式,建立公务出行便捷合理、交通费用节约可控、公车管理规范透明、监管问责科学有效的体制机制。

公务用车制度改革要坚持制度创新,改革公务用车实物供给方式,切实保障公务出行;要坚持统筹兼顾,科学制定改革方案和相关配套政策,确保新旧制度平稳过渡、有机衔接;要坚持厉行节约,确保改革后公务交通支出低于改革前支出总额,整体节支率不低于7%。

二、主要任务

(一)参改范围。

1. 机构范围:永宁县各乡镇(街道),县直各部门及参照公务员法管理的事业单位。具体包括各乡镇(街道)、县委各部门,人大机关,政府各部门,政协机关,审判机关,检察机关,各人民团体,群众团体,各民主党派县委机关,工商联,县委、政府所属参公管理事业单位。中央驻永单位和自治区垂直管理单位按照属地化原则,与永宁县同步进行。

2. 人员范围:各级各部门在编在岗的县处级及以下公务员、参公管理人员。

3. 车辆范围:取消一般公务用车,保留必要的机要通信、应急、特种专业技术用车和符合规定的一线执法执勤岗位车辆及其他车辆。

(二)改革方式。

1. 对参改的处级及以下工作人员适度发放公务交通补贴,自行选择公务出行方式。

2. 鼓励县、乡镇(街道)党委、政府党政正职主要负责人参加改革。确因工作需要不便取消公务用车的,允许以适当集中形式提供工作用车实物保障,但应优先从本单位参改车辆中选择,必须严格规范管理,不得再领取交通补贴,具体岗位在中央核定的总量范围内由永宁县公务用车制度改革领导小组确定。

3. 按照节约成本、保证公务的要求,制定公务交通补贴管理办法,合理确定各职级工作人员公务交通补贴标准。根据国家关于边疆少数民族地区交通补贴标准不得高于中央和国家机关补贴标准的150%的规定,结合永宁县实际情况,划分为5个档次,具体标准为:正处级每人每月1200元,副处级每人每月1080元,正科级每人每月750元,副科级每人每月690元,科员及以下其他人员每人每月630元。参改部门车辆停驶封存并经验收合格后,方可核拨公务交通补贴。

4. 永宁县各参改单位、各乡镇(街道)根据实际,可自主选择从发放的公务交通补贴中拿出一定比例作为单位统筹部分,用于集中解决不同岗位之间公务出行不均衡问题,统筹比例原则不超过补贴总额的10%。统筹资金使用要公开透明，具体管理办法由参改单位及各乡镇、街道自行制定。

5. 取消一般公务用车，保留必要的机要通信、应急车辆。永宁县委、人大、政府、政协机关及各乡镇（街道）保留必要的机要通信、应急车辆（各乡镇、街道保留应急通信车辆原则不得超过2辆），县级机关各部门、各单位一律不保留一般公务用车（特种车辆除外），一般公务出行用车，确因工作需要可由社会化方式提供保障。县委和政府承担机要交通、通信应急、保密工作任务的用车按照特种专业技术用车予以保留。允许县委、人大、政府、政协机关适当保留调研、接待用车，保留车辆以中巴车型为主，实行总量控制、集中管理，具体编制数量由县公务用车制度改革领导小组审核确定。

6. 从严配备执法执勤用车。进一步压缩执法执勤车辆规模，县级机关保留比例不超过70%。执法执勤用车配备严格限制在一线执法执勤岗位，各机关内部管理和后勤岗位以及机关所属事业单位一律不得配备。具体方案在执法执勤用车制度改革实施办法中予以明确。要筹建跨部门综合执法执勤定向化保障用车服务平台。对中央明确的17个执法执勤部门（我县确定为8个）以外的确需配备的地方行政执法执勤车辆，在严格控制总量的前提下，经县公务用车改革领导小组审定后纳入平台，统一保障。

7. 实行公务用车定编管理，严格核定定向化保障公务用车的编制。除涉及国家安全、侦查办案等有保密要求的特殊工作用车以外，执法执勤用车实行统一标识管理。各部门按规定保留的公务用车实行本部门集中管理，逐步探索社会化监督的有效形式和具体办法。按照《政府机关及公共机构购买新能源汽车实施方案》（国管〔2014〕293号）要求，确保更新车辆时购买新能源汽车达到一定比例，用于机要通信、相对固定路线执法执勤车辆配备更新时应选用新能源汽车。

8. 县级机关各部门（单位）、各乡镇（街道）参改人员在永宁县行政区域（即北至南环高速、西至闽宁镇、南至李俊镇、东至黄河边）范围内从事公务活动，不再报销公务交通费用。县级机关各部门（单位）、各乡镇（街道）公务人员在全县行政区域范围以外的公务活动，自行选择出行方式的，按照重新修订后的差旅费管理办法领取驻在地至目的地间的交通费（点对点定额费用）和按出差自然天数计算的城区内公务交通费。

9. 对特别重大抢险救灾、事故处理、突发事件处置等不可预见的特殊事项，由县政府应急工作主管部门会同有关单位，在应急预案中另行制定特殊情况下公务用车保障办法，所需经费由财政部门安排。各部门、各乡镇（街道）按规定留用的车辆也可用于地方性突发性事件的应急保障。

10. 中央驻永宁县单位和自治区垂直管理单位，按照属地化原则，与永宁县同步推进改革，补贴标准参照所在地区标准执行，经费按原资金供给渠道予以保障。

（三）妥善安置司勤人员。司勤人员安置原则上以内部消化为主，不得简单推向社会。各部门要根据保留公务用车的实际需要，合理设置司勤人员岗位，按照公平、平等、竞争、择优的原则，在现有在册正式司勤人员中，采用竞聘上岗、综合择优等方式确定上岗人员。对未留用的司勤人员，分类采取不同的安置措施。编制内的司勤人员，通过征求个人意愿，采取内部转岗、开辟新的就业岗位、提前离岗等多种方式妥善安置。提前离岗的人员限制在距国家法定退休年龄5年以内。编制外的聘用司勤人员，按照国家有关法律法规处理劳动关系，维护其合法权益，相关必要支出由县财政安排专项经费予以保障。

（四）规范处置核定取消公务车辆。对核定取消的公务用车要制定处置办法，通过公开公平方式统一规范处置。车辆处置要防止甩卖和贱卖现象，避免国有资产流失。公务用车处置收入，扣除有关税费后全部上缴国库。（牵头单位：县财政局）

（五）完善公务交通保障机制。车改后，县级机关通过社会化方式保证公务出行。对于保障区域内的公务出行，鼓励使用公共交通服务。不再单独设立过渡性车辆服务中心，各部门公务人员一般公务出行选用社会租赁车辆的，应自行支付相关费用，县级财政不得直接或变相提供补贴。对于保障区域外的公务出行，按照重新修订的差旅费管理办法执行，财政局要做好公务交通补贴范围与差旅费保障范围的衔接。

（六）健全公务用车管理制度。各级各部门（单位）要建立严格的公务出行审批和登记制度，定期公布车辆租赁费用使用情况。县财政部门负责牵头制定公务交通补贴管理办法，按照在编在岗公务员、参公管理人员数量和职级核定补贴数额，严格公务交通补贴发放，防止擅自扩大补贴范围，提高补贴标准。公务用车配备和运行维护费用、交通补贴发放、车辆处置等情况纳入审计监督及政务公开范围。

三、组织实施

（一）加强统筹协调。永宁县公务用车制度改革领导小组负责组织实施全县公务用车制度改革工作及本实施方案的组织协调和督查落实。各牵头单位要根据分工，负责制定相关方案及配套政策措施，报县车改领导小组审定后组织实施；永宁县各保留车辆的参改部门，按照永宁县公车改革实施方案确定的原则，结合实际，制定本单位公车改革实施方案和配套管理办法，报县车改领导小组审定后实施。

（二）严格工作纪律。永宁县各级各部门（单位）要将公务用车配套和运行维护费用、交通补贴发放、车辆处置等情况纳入日常和专项审计监督及政务公开范围。任何单位和个人不得以特殊用途等理由变相超编制、超标准配备公务用车，不得以任何方式换用、借用、占用下属单位或其他单位和个人的车辆，不得接受企事业单位和个人赠送的车辆，不得以任何理由违反用途使用或固定个人使用执法执勤、机要通信等公务用车，不得以公务交通补贴名义变相发放福利，公务人员不得既领取公务交通补贴，又违规乘坐公务用车。纪检监察机关要加强对车改工作的全过程监督检查，对出现的各种违规行为，要依纪依法严肃查处。

（三）注重宣传引导。宣传部门要切实加强新闻宣传和舆论引导工作，大力宣传公务用车制度改革做法、政策、经验和成效，及时回应社会关切，使广大公务人员和人民群众了解、支持公务用车制度改革，努力为改革营造良好社会氛围。

永宁县公务用车制度改革司勤人员安置分流实施办法

为保证永宁县党政机关公务用车制度改革的顺利进行，进一步做好党政机关司勤人员分流安置工作，根据《永宁县公务用车制度改革实施方案》，依据《劳动合同法》，制定本办法。

一、适用范围

本办法适用于永宁县行政区域内机关和为机关提供后勤服务的正式在编、按《劳动合同法》占聘用编制聘用的司勤人员。

二、全县党政机关工勤人员基本情况

永宁县共有机关工勤单位 48 个（含参公单位），核定编制数 66 人，实有人员 65 人，经摸底调查，目前全县还在机关工勤司机岗位工作的人员 43 人（含县法院 2 人），各单位自行临聘 64 人，共计 107 人。根据《永宁县公务用车制度改革实施方案》，不保留公务用车的单位工勤人员需分流安置。

三、安置原则

（一）自行消化为主。正式在编司勤人员，原则上由本单位自行分流安置；本单位无法安置的，由主管部门在系统内根据编制和岗位情况负责安置。按《劳动合同法》占聘用编制聘用的司勤人员在政策允许范围内可转入本单位的其他岗位。

（二）提前退休和离岗。鼓励符合一定条件的正式在编司勤人员提前退休、提前离岗或辞职自谋职业。提前退休的司勤人员，按规定享受相应的退休人员待遇;提前离岗的司勤人员,离岗期间只领取离岗时的基本工资,达到国家法定退休年龄时,办理退休手续;辞职自谋职业的司勤人员,按规定给予一次性经济补偿。

(三)实施培训转岗。正式在编聘用司勤人员,通过培训转入到单位主管的后勤服务性工勤岗位或调入、转换到新成立的跨部门行政综合执法执勤用车服务平台。

四、安置途径

(一)提前退休。截至2016年10月31日前,工作年限满30年的,或距国家法定退休年龄不足5年且工作年限满20年的,本人自愿提出申请,经本单位审核,报县人力资源和社会保障局批准,可办理提前退休手续。

(二)内部转岗。在本单位编制内安排合适的工作岗位。

(三)工作调动。通过培训调入本系统事业单位工作,或调入其他系统所属事业单位工作,或调入新成立的跨部门行政综合执法执勤用车服务平台。

(四)辞职自谋职业。本人经批准可辞职自谋职业。

(五)待岗处理。对车改时本人不接受单位转岗、调动安置,又不符合提前退休,且不办理辞职自谋职业的在编司勤人员,本单位可对其作待岗处理。待岗期间按本人基本工资且不低于本地区最低工资标准发放生活费,待岗一年后,本人仍不接受单位转岗、调动安置的,本单位可按照有关规定予以辞退。

(六)自行解聘。各单位临聘人员由各单位自行解聘。在同等条件下可优先竞聘跨部门行政综合执法执勤用车服务平台岗位,继续从事司勤工作。

五、相关规定

(一)正式在编的司勤人员转岗后,其他待遇根据新岗位确定。

(二)为安置就业困难人员提供的给予岗位补贴和社会保险补贴公益性岗位的司勤人员,用人单位与其签订的劳动合同不适于《劳动合同法》支付经济补偿的规定,由用人单位按照国家有关规定执行。

(三)正式在编人员的经济补偿金,由本单位报县人力资源和社会保障局、财政局审核后发放,在单位经费中列支。

永宁县公务用车制度改革定向化保障公务用车管理办法

(2017年3月31日)

总　则

第一条　为规范永宁县党政机关定向化保障公务用车的管理,加快构建新型公务用车管理制度,降低行政成本,促进党风廉政建设,根据《党政机关厉行节约反对浪费条例》《自治区行政事业单位国有资产管理暂行办法》《永宁县公务用车制度改革实施方案》以及公务用车管理有关规定,制定本办法。

第二条　本办法适用于永宁县党委各部门、人大机关、政府各部门、政协机关,审判机关、检察机关,人民团体、群众团体,民主党派机关、工商联及党委、政府所属参公管理事业单位的定向化保障公务用车管理。中央驻永宁县单位和自治区直管单位参照此办法执行。

第三条　本办法所称定向化保障公务用车,是指公务用车制度改革后保留的机要通信用车、应急用车、特种专业技术用车、执法执勤用车、定向化提供实物保障岗位工作用车以及其他车辆。

机要通信用车,是指按照有关规定配备的用于保障机要通信工作的车辆。

应急用车,是指按照有关规定配备的用于保障应急工作的车辆。

特种专业技术用车,是指长期固定装载专业技术设备、用于执行特殊工作任务的专用车辆。

执法执勤用车，是指用于侦查、办案、监察、稽查、税务征管等执法执勤公务的专用机动车辆。

定向化提供实物保障岗位工作用车以及其他车辆，是指按照规定予以实物保障的相关岗位配备工作用车以及按照规定配备的其他车辆。

保留的机要通信用车、应急用车、特种专业技术用车、执法执勤用车在现有车辆中自选留用。

第四条　定向化保障公务用车应当遵循编制管理、经济适用、规范有序、节能环保、运转高效、公开透明的原则。

第五条　永宁县小汽车定编管理领导小组负责各级党政机关定向化保障公务用车管理工作。领导小组办公室设在县财政局。永宁县各级党政机关公务用车的编制和配备标准由自治区统一管理，利用资产管理信息系统进行动态监管。

编制管理

第六条　公务用车编制是各级党政机关定向化保障公务用车配备的依据，定向化保障公务用车严格实行编制管理。

第七条　定向化保障公务用车编制根据《永宁县公务用车制度改革实施方案》、“三定”方案和业务需要等因素全面考虑，从严控制，合理核定。

第八条　机要通信用车、应急用车、特种专业技术用车、执法执勤用车、定向化提供实物保障岗位工作用车以及其他车辆的编制，实行分类核定。

第九条　永宁县各党政机关定向化保障公务用车编制核定标准如下：

（一）定向化提供实物保障岗位工作用车编制核定标准：鼓励永宁县党政正职主要负责人（含县人大、县政协、乡镇、街道党政主要负责人）参加改革。确因环境所限、工作需要或特殊需求不便取消公务用车的，经批准后，予以核定定向化提供实物保障岗位工作用车编制。

（二）机要通信、应急公务用车编制核定标准：予以保留永宁县党委、人大、政府、政协机关、乡镇、街道机要通信、应急公务用车，保留数量根据工作性质和任务，经永宁县公务用车制度改革领导小组审核确定。其他各参改单位不再保留定向化用车。

（三）执法执勤用车编制核定标准：从严控制执法执勤用车编制，严格按照《永宁县执法执勤用车制度改革管理办法》规定标准核编保留。

（四）非执法执勤部门特种专业技术用车编制核定标准：非执法执勤部门特种专业技术用车编制，原则上不予核定，确因中央部委要求、业务所需保留特种专业技术用车的，由业务主管部门报县小汽车定编管理领导小组办公室核定编制，报自治区小汽车定编管理领导小组办公室批准。

第十条　永宁县各党政机关定向化保障公务用车编制实行控制数管理。改革初由县公务用车制度改革领导小组在满足保障业务、符合节支率条件下，确定定向化保障公务用车编制数，报自治区公务用车制度改革领导小组审定。领导小组审定编制数定为永宁县各党政机关定向化保障公务用车编制控制数。

第十一条　永宁县公务用车制度改革领导小组负责全县定向化用车编制数总数控制，并负责全县各参改单位定向化保障车辆分配编制数。

第十二条　公务用车制度改革完成后，永宁县各党政机关因机构或人员编制变化需要增减定向化保障公务用车编制数量的，由县小汽车定编管理领导小组办公室按公务用车管理规定程序核定编制，报自治区小汽车定编管理领导小组办公室审定。

配备管理

第十三条　永宁县各党政机关根据定向化保障公务用车配备标准、编制和现状，编制年度车辆配备更新计划，经县小汽车定编管理办公室审核后报县财政部门列入年度预算。

第十四条　永宁县各党政机关配备更新定向化保障公务用车，应当按照《中华人民共和国政府采购法》等有关规定组织实施政府集中采购。

第十五条　永宁县各党政机关配备定向化保障公务用车应严格执行以下标准：

（一）轿车配备排气量 1.8 升（含带 T）以下、价格 18 万元以内的国产轿车，机要通信用车配备排气量 1.6 升（含）以下、价格 12 万元以内的国产轿车。

（二）小型客车（7~15 座）配备排气量 2.5 升（含）以下、价格 25 万元以内的车辆。

（三）原则上不配备越野车。确因地理环境、道路交通条件限制或担负抢险救灾等应急任务的部门（单位），可适当配备排气量控制在 2.5 升（含）以下、价格 25 万元以内的国产越野车（含 SUV）。因特殊情况需配备超标准车辆的，由县小汽车定编领导小组审核后报自治区小汽车定编管理领导小组办公室经审批核定后报县纪委（监察局）备案。

上述车辆配备价格是指车辆购置价格（发票价格），不包括车辆购置税和其他相关费用。配备享受中央或地方财政补助的自主创新的新能源车辆，以补贴后的价格为计价标准。

第十六条　永宁县各党政机关特种专业技术用车的配备标准，根据中央部委要求，由主管部门按照保障工作需要、厉行节约的原则，经县财政部门审核后上报银川市财政局审批。

第十七条　公车改革后，逐年增加各级党政机关定向化保障用车配备国产自主品牌新能源车辆比例。

第十八条　永宁县各党政机关计划统一购置车辆给县所属部门的，应报县小汽车定编管理领导小组办公室审核后报自治区小汽车定编管理领导小组办公室审批，没有空编的部门（单位），一律不得接受上级配备的车辆。

使用管理

第十九条　永宁县各党政机关应当加强定向化保障公务用车使用管理，建立健全各项使用管理制度，车辆应当集中管理，统一审批调度，提高使用效率，降低维修保养成本。实行车辆保险、维修、加油政府采购和定点保险、定点维修、定点加油制度，健全并执行车辆费用的单车核算、公示和奖惩制度。除执行特殊任务的用车外，车辆应当执行回单位存放及节假日封存停驶制度。完善车辆使用管理绩效评价机制。

第二十条　永宁县各党政机关定向化保障公务用车统一喷涂“永宁公务”标识（黑体、绿色、不小于 10 厘米、前门外两侧居中直观位置）、卫星定位、车辆号牌定段等管理，推进车辆管理公开透明，接受社会监督，实行全程有效监管。涉及国家安全、侦查办案等保密要求的，可以不喷涂统一标志图案，必须报县财政部门核准，进行单独登记和报县纪委监察局备案，加强管理。

第二十一条　永宁县各党政机关重要和大型公务、接待活动等用车，可通过政府购买服务方式解决。

第二十二条　永宁县各党政机关定向化保障公务用车不得对外出租出借，不得借用、占用、换用下属单位或者其他单位和个人的车辆，不得接受企业捐赠和个人赠送车辆，不得借项目名义或违规使用项目资金购置车辆，不得违反用途使用或固定给个人使用，不得将使用车辆注册在下属单位、企业或个人名下。严禁为定向化保障公务用车增加高档配置或者豪华内饰（新增配置和内饰不得超过购置价格的 2%）。

第二十三条　定向化保障公务用车使用年限超过 8 年不能继续使用的可以更新；达到更新年限仍能继续使用的，应当继续使用。

第二十四条　永宁县各党政机关的车辆注册登记、转移过户、号牌变更，未经县小汽车定编管理领导小组办公室审核批准的，公安交通管理部门一律不得办理相关业务。

处置管理

第二十五条　车辆处置是各党政机关对其占有、使用的车辆进行产权转移或核销的行为。处置方式包括无偿调拨、有偿转让（出售、出让）、报废等。

第二十六条　车辆处置遵循公平公正、公开透明、保值增值的原则。车辆处置严格履行审批手续,未经审批的,不得处置。

第二十七条　处置车辆应当产权清晰，权属关系不明或存在权属纠纷的车辆，待权属界定明确后处置。

第二十八条　车辆处置应当由车辆管理部门会同财务部门,经专业技术鉴定机构审核,提出处置意见,按审批权限报批。对特种专业技术用车技术鉴定，应委托符合规定资质的中介机构进行鉴定,合规后报批处置。

第二十九条　各单位对车辆处置事项的批复,是单位车辆资产、会计账务处理以及办理产权变更和登记手续的依据。

第三十条　车辆处置收入抵扣相关税费后，按政府非税收入管理规定上缴国库。

监督检查

第三十一条　永宁县各党政机关要高度重视车辆管理工作,按照谁主管、谁负责的原则,明确责任分工,切实履行相应责任的监督检查,纳入领导干部党风廉政建设责任制和节能减排考核内容。要定期内部公示车辆编制、配备、使用、处置等管理情况。对违反规定采取虚报、瞒报手段取得编制、擅自增加编制、违规配备车、违规用车、违规操控中介机构和隐瞒、截留、挪用处置收入等行为的,依照《财政违法行为处罚处分条例》有关规定追究单位领导和相关责任人的责任。

第三十二条　永宁县纪委(监察)、审计部门应加强对定向化保障用车配备、使用、处置等工作情况的监督检查,纠正和查处违规违纪行为。

附　则

第三十三条　本办法自印发之日起执行。

永宁县执法执勤用车制度改革管理办法

(2017 年 3 月 31 日)

总　则

第一条　为规范永宁县各党政机关执法执勤用车管理,推进永宁县执法执勤用车制度改革,根据《中共中央办公厅国务院办公厅〈关于全面推进公务用车制度改革的指导意见〉的通知》(中办发〔2014〕40 号)和《永宁县公务用车制度改革实施方案》,制定本办法。

第二条　本办法所称执法执勤用车,是指用于侦查、办案、监察、稽查、税务征管等执法执勤公务的专用机动车辆。特种专业技术用车也适用执法执勤用车相关规定。

第三条　执法执勤用车改革坚持满足一线执法执勤工作需要,从严控制配备范围、编制、标准,按照“保障业务、规范管理、降低成本、加强监督”的原则,做到改革与保障兼顾、管理与规范并重,形成规范有序、运转高效的执法执勤用车新机制。

第四条　严格限定配备执法执勤用车的部门(系统)范围,保留执法执勤用车。按照 2011 年自治区公务用车问题专项治理工作中明确的 10 个(中央 17 个部门)部门(系统)口径,永宁县确定为 8 个部门(系统),即纪委(监察)、法院、检察院、公安、司法、农业、林业和市场监督管理部门(系统),配备执法执勤用车。

除上述明确的执法执勤部门(系统)外,确有地方行政执法的其他职能部门,在严格认定车辆保障必要性的前提下,经永宁县公务用车制度改革领导小组审定后纳入执法执勤用车综合平台保障范围。

编制管理

第五条　永宁县各党政机关执法执勤用车编

制核定原则：

（一）执法执勤用车编制，严格限制在一线执法执勤岗位。

（二）执法执勤用车编制，依据部门（系统）现行机构设置和行政执法人员编制（指专项执法执勤编、公安专项编、行政执法编等）等因素核定执法执勤用车编制数。

（三）特种专业技术用车编制，以车辆长期固定装载专业技术设备为标准，用于执行特殊工作任务的车辆，严格编制控制。

（四）机关内部管理和后勤岗位以及机关所属事业单位一律不得配备执法执勤用车。

第六条　永宁县各党政机关执法执勤用车编制核定：

（一）县本级保留一线执法执勤用车比例不超过测算执法执勤用车编制数扣除其中的特种专业技术用车编制数后的 70%。

（二）永宁县确定的 8 个执法执勤部门（系统）之外的其他承担地方执法执勤职能部门（系统）的用车，在从严控制总量的前提下，统一纳入跨部门行政综合执法执勤用车服务平台管理，统一保障。

（三）经审核核准保留的特种专业技术执法执勤用车予以核编保留。

保留管理

第七条　永宁县各党政机关保留执法执勤用车要严格编制数控制，保留比例超过确定比例的部门，每多保留 1 辆，从部门交通补贴总费用中按每年每辆 6 万元扣减，保留比例超过 90%的，不发放公务交通补贴。

第八条　永宁县各党政机关保留的执法执勤用车管理，根据《永宁县公务用车制度改革定向化保障公务用车管理办法》的规定，加强管理。

取消与处置

第九条　永宁县各级党政机关除按编制核准保留的执法执勤车辆外，其他车辆一律取消。

第十条　核准取消的执法执勤用车根据《永宁县公务用车制度改革车辆处置管理办法》有关规定，按照统一规范、公正公平、保值增值、公开透明的原则进行处置。

实施程序

第十一条　改革初期，永宁县小汽车定编管理领导小组办公室要科学制定保留和取消执法执勤用车方案，按规定程序审核后报自治区公务用车制度改革领导小组办公室审定。

第十二条　改革完成后，因机构和人员编制变化需调整执法执勤用车数量的，由县小汽车定编管理领导小组按执法执勤用车管理规定程序审核后，报自治区小汽车定编管理领导小组审定。

监督管理

第十三条　永宁县各党政机关应严格执法执勤用车使用管理，不得以任何理由违反用途使用或固定给个人使用执法执勤用车，不得以任何方式换用、借用、占用其他单位或下属单位执法执勤用车，不得既领取公务交通补贴又违规乘坐执法执勤用车。

第十四条　县纪委（监察）、财政、审计部门要加强对执法执勤用车配备、使用等改革情况的监督检查，纠正和查处违规违纪行为。

附　则

第十五条　本办法自印发之日起执行。

永宁县食品安全事故应急预案

（2017 年 4 月 6 日）

指导思想：全面贯彻落实党的十八大及十八届三中、四中、五中、六中全会精神，紧紧围绕全面构建和谐社会的总体目标，落实科学监管理念，遵循预防为主的方针，全面提高政府应对各级各类食品安全事故的能力，促进经济社会全面、协调、可持续发展。

1 总则

1.1 编制目的

建立健全对突发食品安全事故的救助体系和运行机制，有效预防、及时控制和减少食品安全事故的危害，保障公众身体健康与生命安全，领导和规范全县食品安全事故应急处置工作。

1.2 编制依据

依据《中华人民共和国食品安全法》《中华人民共和国食品安全法实施条例》《中华人民共和国农产品质量安全法》《国家重大食品安全事故应急预案》《宁夏回族自治区突发公共事件总体应急预案》和《永宁县突发公共事件总体应急预案》，制定本预案。

1.3 适用范围

在食物（食品）种植、养殖、生产加工、包装、仓储、运输、流通、消费等环节中发生的食物污染事故、食物中毒及其它食源性疾患，造成社会公众严重伤亡或者可能对人体健康构成潜在的重大危害，并造成社会影响的各级各类食品安全事故。

1.4 工作原则

坚持统一领导、分级负责、部门协调、各方联动的食品安全工作原则；坚持按照食品安全事故的范围、性质和危害程度，实行分级管理的原则；坚持加强群防群控和日常监测，及时分析、评估和预警，对食品安全事故早发现、早报告、早控制的原则；坚持采用先进科学技术，充分发挥专家作用，确保应急预案的科学性、权威性和可操作性的原则；坚持快速反应和高效处置，做好各级各类食品安全事故的善后处理及整改落实的原则。

2 食品安全事故的分级

按食品安全事故的性质、危害程度和涉及范围，分为特别重大食品安全事故（Ⅰ级）、重大食品安全事故（Ⅱ级）、较大食品安全事故（Ⅲ级）、一般食品安全事故（Ⅳ级）。

2.1 特别重大食品安全事故（Ⅰ级）

事故危害特别严重，对全区及其他省（区、县）造成严重威胁，并有进一步扩散趋势的。

2.2 重大食品安全事故（Ⅱ级）

事故危害严重，影响范围涉及自治区内 2 个以上市级行政区域的；造成伤害人数 100 人以上，并出现死亡病例的；造成 10 例以上死亡病例的；自治区人民政府认定的其他重大食品安全事故。

2.3 较大食品安全事故（Ⅲ级）

事故影响范围涉及市辖区内 2 个以上县级行政区域，给人民群众饮食安全带来严重危害的；造成伤害人数 100 人以上，或者出现死亡病例的；市级人民政府认定的其他较大食品安全事故。

2.4 一般食品安全事故（Ⅳ级）

事故影响范围涉及本县行政区域内，给公众饮食安全带来严重危害的；造成伤害人数 30~99 人，未出现死亡病例的；永宁县人民政府认定的其他一般食品安全事故。

3 组织指挥体系及职责

3.1 永宁县食品安全事故应急指挥部

3.1.1 永宁县食品安全事故应急指挥部组成及其职责

成立永宁县食品安全事故应急指挥部，负责食品安全事故的统一指挥和应急救援工作。指挥部由县政府分管副县长任总指挥，政府办副主任、县食品安全委员会办公室主任及事发地乡（镇）长及街道办事处主任任副总指挥，县委宣传部、监察局、行政审批服务局、市场监督管理局、农牧局、卫计局、发改局、宗教局、住建局、城乡管理综合执法大队、环保局、教体局、公安局、财政局、旅游局、各乡镇、街道办事处等部门分管领导为成员的应急指挥领导小组。其主要职责为:发布启动永宁县食品安全事故应急预案的命令;领导、组织、协调、督查事故应急救援工作;负责应急救援重大事项的决策;负责发布事故的重要新闻信息;决定食品安全事故应急救援处理系统、保障体系建设事宜,审议批准应急指挥部办公室提交的工作报告等;向县人民政府和银川市食品安全委员会办公室报告事故救援情况。

3.1.2　应急指挥部成员单位主要职责

县食品安全委员会办公室:负责永宁县食品安全事故应急指挥部办公室工作;组织协调辖区内较大食品安全事故的应急处理和救援工作;负责食品安全事故信息收集、分析、报告、通报、处理工作;组织编制和修订应急预案;建立食品安全专家库;开展应急救援宣传、教育、培训等工作及食品安全事故应急救援所需生活必需品的供应。

县委宣传部:负责指导、协调新闻宣传单位做好食品安全事故的新闻报道工作。

监察局:负责对造成食品安全事故以及食品安全事故应急处理工作中工作人员的失职、渎职进行责任调查和责任追究。

农牧局:按照《中华人民共和国农产品质量安全法》的有关规定,负责辖区内农产品质量安全事故的调查处理和相关产品的技术鉴定等工作。

市场监督管理局:依法开展对辖区内食品流通环节、生产加工环节、餐饮服务环节造成的食品安全事故原因调查处理和相关技术鉴定等工作。

卫生和计划生育局:按照国家《突发公共卫生事件应急条例》有关规定,负责辖区内突发食物中毒的应急响应及医疗救治,开展对食物中毒事故原因调查处理和相关技术鉴定等工作。

宗教局:协助有关部门对辖区内清真食品造成的食品安全事故进行原因调查和应急处理。

城乡管理综合执法大队:负责对辖区内食品流动摊点占道经营的监管,协助市场监督管理局对食品流动摊点食品安全事故原因进行调查和组织应急处理。

住建局:负责协助市场监督管理局等部门对建筑工地食堂食品安全事故进行原因调查和组织应急处理。

环境保护局:负责因环境污染造成食品安全事故或环境污染公害事件的违法行为调查及环境监测工作;协调、指导事发地人民政府对环境污染违法行为的处理;负责受污染食品毒害机理的调查和环境污染治理。

发展和改革局:负责组织辖区内粮油收购、储存、运输环节造成的食品安全事故原因调查处理和相关技术鉴定等工作。组织实施自治区促进餐饮服务和酒类流通发展规划和政策,协助市场监督管理局对负责餐饮服务和酒类食品安全事故原因调查和组织应急处理工作。

教体局:负责协助卫生等部门对辖区内学校(幼儿园)饮用水、食堂、学生营养餐造成食品安全事故原因调查及组织应急处理工作;根据突发事件的性质和调查结果,对有关责任单位进行通报;及时向教育系统各部门通报突发事件相关信息,并督促各学校(幼儿园)认真开展防控工作。

公安局:负责组织、指导、协调食品安全事故涉嫌犯罪案件的侦查工作,组织指导事发地公安机关维护社会稳定。

财政局:负责食品安全事故应急救援资金保障及管理。

行政审批服务局:协助、配合有关部门对食品安全事故原因调查中涉及食品生产经营、食用农产品、定点屠宰、清真食品等方面行政许可的有关内容的调查取证工作。

旅游局:协助相关部门督促旅游景点落实食品安全工作,组织、协调因旅游景点用餐造成食品安全事故原因调查以及善后处理事宜。

各乡镇、街道办事处:组织协调、督促检查辖区内各部门、各单位和群众落实食品安全预防措施;协助和配合相关部门对突发食品安全事故调查处理工作。

3.1.3　应急指挥部办公室组成及其职责

县食品安全事故应急指挥部办公室设在县市场监督管理局,市场监督管理局长任办公室主任,成员由应急指挥部成员单位有关科(室)负责人组成。其主要职责为:提出启动永宁县食品安全事故应急预案建议;贯彻落实县应急指挥部的各项部署;组织实施应急工作,提出协调解决应急救援具体意见;检查督促事故发生地人民政府和有关部门做好应急处理工作,及时有效控制势态,防止蔓延扩大;建立和管理食品安全专家库,组织专家分析论证;负责县食品安全事故信息日常管理工作;向银川市食品安全委员会办公室、县应急指挥部及其成员单位报告、通报应急救援处理情况;完成应急指挥部交办的其他任务。

3.1.4　应急处置工作组及其职责

本预案启动后,应急指挥部根据工作需要,成立综合协调组、调查处理组、危害控制组、社会维稳组、医疗救治组、专家评估组、物资供应组、善后处理组、新闻宣传组。各应急处置工作组在指挥部的统一指挥下,采取应急处置措施,并及时将情况报县应急指挥部办公室。

综合协调组:由县食品安全委员会办公室牵头,市场监督管理局、农牧局等部门参加。主要承担县食品安全突发事件以及指挥部办公室工作,贯彻落实应急指挥部各项部署,组织实施事件应急处置工作协调解决事件应急处置工作中的具体问题。

调查处理组:由指挥部根据事发情况,按照成员单位职能确定牵头单位和参加单位。其主要职责:深入调查事故发生原因,做出调查结论,提出处理意见;协调政府职能部门实施救援工作,监督救援措施的落实,评估事故影响,提出事故防范意见;依法实施行政处罚,监督召回有毒有害食品,追根溯源,严格控制流通渠道;依法追究责任人责任,涉嫌构成犯罪的,移送司法机关查处。

危害控制组:由指挥部根据事发情况,按照成员单位职能确定牵头单位和参加单位。其主要职责:负责对事发地食品召回、下架、封存有关食品、原料、食品添加剂及食品相关产品,严格控制流通渠道,防止危害蔓延扩大。

社会维稳组:由公安部门负责。其主要职责:组织事故现场的安全保卫、治安管理工作,开展对涉嫌犯罪案件的侦查工作。

医疗救治组:由卫计局负责。其主要职责:迅速组织抢救队伍,开展医疗救治工作,尽快查明中毒、致病(死)原因,提出和采取救治控制措施。

专家评估组:由市场监督管理局牵头,食品安全委员专家组参加。其主要职责:对事件进行分析评估,为应急响应的调整和解除以及应急处置工作提供决策建议,必要时参与应急处置。

监测评估组:由市场监督管理局牵头,农牧局、卫计局等部门参加。主要职责:确定食品安全突发事件技术检验检测机构,提出检测方案和要求,组织实施相关检测,综合分析各方面监测数据,查找事件原因和评估时间发展趋势,预测时间后果,为制定现场抢救方案和采取控制措施提供参考。

物资供应组:由发改局负责。其主要职责:协调有关部门组织供应应急救援物资,确保救援工作的顺利进行。

善后处理组:由事故发生地所在乡镇(街道)人民政府负责。其主要职责:组织营救受害人员,做好事故发生后的伤亡人员善后及其家属的安抚工作。

新闻宣传组:由县委宣传部门负责。其主要职责:把握重大食品安全事故宣传工作的正确导向,指导、协调新闻宣传单位做好食品安全事故的新闻报道工作。

3.2　永宁县食品安全委员会办公室

永宁县食品安全委员会办公室负责全县行政区域内食品安全事故应急救援的组织、协调以及管理工作。办公室主任由市场监督管理局局长兼任,办公室常设值班工作电话为 8012880。

永宁县食品安全委员会办公室主要职责:在应急领导小组的统一领导下,按照永宁县食品安全事故应急指挥部的工作部署,分类管理食品安全突发事件。协调组织成员单位排查、治理和监控突发事件风险隐患;落实突发事件预防、预警措施;编制和执行相关应急预案;依据永宁县应急体系总体规划落实应急体系建设任务和目标、预案演练活动、业务培训和科普宣教工作;指导、监督基层组织和单位加强应急管理工作;总结评估应急管理工作和突发事件处置工作；承担上级指挥部交办的其他工作。

接到监测、预测、预警信息或发生重大或特别重大突发事件后，食品安全事故应急指挥部办公室要立即组织各成员单位开展会商或分析研判灾害发展趋势、灾害影响程度和范围；及时向县委、政府、应急指挥部报告情况，提出启动或终止应急响应级别和处置措施等工作建议；根据县食品安全事故应急指挥部的决定，协调组织各成员单位到指定地点集结或赶赴突发事件现场；落实事件处置工作中综合协调、信息报送和值守应急工作。

3.3 乡镇(街道办事处)应急指挥部

一般食品安全事故(Ⅳ级)发生后，由乡镇人民政府成立应急指挥部，在县级应急指挥部的统一领导下，组织和指挥一般食品安全事故应急处置救援工作，并向上级应急指挥部提出相关建议；完成上级应急指挥部交办的其他工作任务。

3.4 专家咨询委员会

食品安全事故发生后，成立食品安全事故专家咨询委员会，对食品安全事故应急工作提出咨询和建议，并进行技术指导。

4 监测预警机制

4.1 监测系统

建立全县统一的食品安全事故监测和通报网络体系，加强食品安全信息管理和综合利用，构建各部门间信息沟通平台，实现互联互通和资源共享。

农牧局发布有关农产品农药、兽药、渔药残留等质量安全检测信息。

市场监督管理局、卫计局联合发布市场食品质量监督检查信息。

县食品安全委员会办公室负责食品安全信息收集、汇总、及时传递、分析整理，定期发布食品安全综合信息。

4.2 预警系统

4.2.1 加强日常监管

农牧局、市场监督管理局、卫计局、发改局、宗教局、住建局、城乡管理综合执法大队、环保局、教体局等部门应当按照各自职责，加强对重点品种、重点环节、重点场所，尤其是高风险食品种植、养殖、生产、加工、包装、贮藏、经营、消费等环节的食品安全日常监管；市场监督管理局建立健全食品安全信息数据库和信息报告系统，及时分析对公众健康的危害程度和可能的发展趋势，并及时做出预警。

4.2.2 建立通报制度

通报范围：对公众健康造成或者可能造成严重损害的重大食品安全事故；30 人以上群体性食物中毒或者出现死亡病例的重大食品安全事故。

通报方式：

食品生产经营者发现生产经营的食品造成或可能造成公众健康损害的，应在 2 小时内向所在地乡镇、街道食安办或市场监督管理所报告。医疗卫生机构发现其接收的病人属于食源性疾病病人或疑似病人的，应在 2 小时内向卫生行政部门报告。县卫生行政部门认为与食品安全有关的，应在 2 小时内向县食品安全委员会办公室报告。县直各有关部门接到食品安全事故报告后，应当在 2 小时内向县食品安全委员会办公室通报；县食品安全委员会办公室接到报告后，应当在 2 小时内向事故发生地乡镇、街道和各相关部门通报，加强预警预防工作。涉及港澳台地区或者外国公民，或者事故可能影响到境外，需要向港澳台地区有关机构或者有关国家通报时，及时通报县外办、台办。

4.2.3 建立举报制度

任何单位和个人有权向政府有关部门举报食品安全事故和隐患以及相关责任部门、单位、人员不履行或者不按规定履行食品安全事故监管职责的行为。

政府有关部门接到举报后，应当及时组织或者通报有关部门，对举报事项进行调查处理。

4.2.4 应急准备和预防

县食品安全委员会办公室对食品安全事故信

息进行分析，按照应急预案的程序及时研究确定应对措施。

对可能导致Ⅲ级以上食品安全事故的信息，按照预案做好应急准备和预防工作，并及时上报县人民政府。

4.3 报告系统

县食品安全委员会办公室会同有关部门建立健全食品安全事故报告系统。各乡镇、街道、相关部门应当按照食品安全事故报告的有关规定，主动监测，按规定报告。

4.3.1 报告范围

对公众健康造成或者可能造成严重损害的食品安全事故；群体性食物中毒或者出现死亡病例的食品安全事故。

4.3.2 责任报告单位

食品安全事故发生（发现）单位；食品检验机构、科研院所以及与食品安全有关的单位；县食品安全委员会办公室和有关部门。

4.3.3 责任报告人

食品安全委员会办公室和相关部门的工作人员；从事食品行业的工作人员，消费者。任何单位和个人对食品安全事故不得瞒报、迟报、谎报或者授意他人瞒报、迟报、谎报，不得阻碍他人报告。

4.3.4 报告程序

食品安全事故发生（发现）后，事故现场单位负责人应当立即向当地人民政府、食品安全委员会办公室及有关部门报告，县人民政府和食品安全委员会办公室接到食品安全事故报告后，在2小时内向银川市人民政府和市食品安全委员会办公室报告。

4.3.5 报告时限要求

事故发生地人民政府或有关部门应在知悉食品安全事故后1小时内做出初次报告；根据事故处理的进程或者上级的要求随时做出阶段报告；在事故处理结束后10日内做出总结报告。

4.3.6 报告要求

初次报告：报告事故发生的时间、地点、单位、危害程度、死亡人数、事故报告单位及报告时间、报告单位联系人员及联系方式、事故发生原因的初步判断、事故发生后采取的措施及事故控制情况等，如有可能应当报告事故的简要经过。

阶段报告：报告新发生的情况，也要对初次报告的情况进行补充和修正，包括事故的发展与变化、处置进程、事故原因等。

总结报告：包括食品安全事故鉴定结论，对事故的处理工作进行总结，分析事故原因和影响因素，提出今后对类似事故的防范和处置建议。

4.4 预警信息报告与发布

各乡镇、部门要根据突发事件的种类和特点建立健全监测网络，划分监测区域，确定监测点，明确监测项目，落实监测人员，配备必要的设备、设施，对有关突发事件进行全天候监测。要经常调查和分析研究本地区、重点领域、重点企业和要害部门，定期分析预测可能出现的紧急重大情况，及时发现和掌握苗头性问题，如有重要情况须采取有效措施进行处置并按照《永宁县突发事件预警信息发布管理办法》，提出预警信息发布方案，并配合做好预警信息发布工作及时通报有关情况。

4.5 预警行动

永宁县食品安全委员会办公室接到可能导致特别重大、重大食品安全突发事件的监测预测预警信息后，要密切关注事态进展。按照应急领导小组或应急指挥部的统一安排和部署，组织、协调有关乡镇和食品安全事故应急指挥部成员单位，按照预案做好应急准备和预防工作，并及时向应急领导小组和应急指挥部动态报送有关信息。

5 食品安全事故的应急响应

5.1 分级响应

食品安全事故的应急响应分为一般（Ⅳ级）、较大（Ⅲ级）、重大（Ⅱ级）、特大（Ⅰ级）四级，依次由乡镇级、县级、市级和自治区人民政府决定启动本级应急预案，并及时上报上一级人民政府及食品安全委员会办公室。超出本级应急救援处置能力时，及时报请上一级人民政府启动上一级应急预案。

5.1.1 特别重大、重大食品安全事故应急响应（Ⅰ级、Ⅱ级）

特别重大食品安全事故应急响应在国家重大食品安全事故应急指挥部的统一领导和指挥下，自治区应急指挥部迅速有效地开展应急救援工作。

重大食品安全事故发生地县人民政府要启动或设立现场应急指挥部，在自治区应急指挥部的统一指挥下，按照要求认真履行职责，落实有关工作。

5.1.2 较大食品安全事故应急响应（Ⅲ级）

县级人民政府应急响应。县级人民政府负责组织发生在本行政区域内的较大食品安全事故应急处置的统一领导和指挥，根据市场监督管理局的报告和建议，成立县应急指挥部，决定启动本级食品安全事故应急预案，组织实施应急救援。

县食品安全委员会办公室应急响应。接到较大食品安全事故报告后，应当立即会同有关部门进行调查确认，对事故进行评估，根据评估确认的结果，按规定向上级报告事故情况；提出启动本级食品安全事故应急预案和应急工作处理建议，及时向其他有关部门、毗邻或可能涉及的地区相关部门通报有关情况；相应工作小组立即启动工作，组织、协调、落实各项应急措施；指导、部署相关部门开展应急救援工作。

县级人民政府应急响应。较大食品安全事故发生地县政府要成立现场应急指挥部，按照县政府及县应急指挥部的要求和部署，组织开展现场应急处置和救援工作。

5.1.3 一般食品安全事故的应急响应（Ⅳ级）

一般食品安全事故发生后，县级人民政府负责统一指挥开展应急救援工作。县食品安全委员会办公室接到事故报告后，应当立即组织调查、确认和评估，及时采取措施控制事态发展；按规定向县人民政府报告，提出启动应急预案的建议，并将有关事故情况立即向相关部门报告、通报。

县食品安全委员会办公室要加强对事发地应急处置工作的指导、监管和有关方面的支持，必要时组织县级有关部门赴事发地指导督办应急处理工作。

5.2 响应措施

食品安全突发事件发生后，根据事件性质、特点和危害程度，各有关部门、单位应根据工作需要，做好先期处置工作，组织采取以下相关措施。

5.2.1 医学救援

卫生行政部门迅速组织医疗资源和力量，对食品安全突发事件患者进行诊断治疗，根据讯要及时、安全地将重症患者转运到有条件的医疗机构加强救治。

5.2.2 现场处置

食品安全监督管理部门应当依法封存可能导致食品安全突发事件的食品及其原料和被污染的食品相关产品；对确认属于被污染的食品及其原料，责令生产经营者依法予以召回或者停止经营；对被污染的食品相关产品，责令生产经营者进行清洗消毒；必要时应当标明危害范围，防止危害扩大或证据灭失等。依法封存涉事相关场所以及用于食品生产经营的工具、设备，待现场调查结束后，责令彻底清洗消毒被污染的场所以及用于食品生产经营的工具、设备，消除污染。

5.2.3 流行病学

调动县级以上疾病预防控制机构及时组织开展对现场进行卫生处理，并对与事件有关的因素开展流行病学调查，及时向同级食品药品监督管理部门、卫生行政部门提交符合相关要求的流行病学调查报告。

5.2.4 应急检验检测

食品监督管理部门应当组织对引发食品安全突发事件的相关产品及时进行应急检验检测，提交科学的检验检测报告，为事件调查提供技术支撑；检验后确认没有安全问题产品的予以解封。

5.2.5 事件调查

食品监督管理部门牵头，组织相关部门及时开展事件调查工作，准确查清事件性质和原因，分析评估事件风险和发展趋势，认定事件责任，研究提出应急防范措施和整改意见建议，并提交调查报告。对涉嫌犯罪的，及时移交公安机关。公安机关迅速开展相关违法犯罪行为的立案侦查工作。

5.2.6 做好信息发布和舆论引导

通过政府授权发布、发新闻稿、接受记者采访、举行新闻发布会、组织专家解读等方式，借助电视、广播、报纸、互联网等多种途径，运用微博、微信、手机应用程序（APP）客户端等新闻媒体平台，主动、及时、准确、客观向社会持续动态发布食品安全突发事件应对工作信息，回应社会关切，澄清不实信息，正确引导社会舆论。信息发布内容应当包括事件概况、严重程度、影响范围、应对措施、需要公众配合采取的措施、公众防范常识和事件调查处理进展情况等。

特别重大、重大食品安全突发事件信息经自治区人民政府批准后由自治区食品药品监督管理局（自治区食品安全委员会办公室）发布。

5.2.7 维护社会稳定

公安部门加强事件发生地区社会治安管理，严厉打击干扰、阻碍行政等部门执法、暴力抗法和借机传播谣言制造社会恐慌、哄抢物资等违法犯罪行为；做好各类矛盾纠纷化解和法律法规等宣传教育工作，防止出现群体性事件，维护社会稳定。

5.2.8 事件通报

根据事件发展态势，向事件可能蔓延到的地方人民政府通报信息，提醒做好应对准备。事件可能影响到国（境）外时，及时报告，并协调外事等有关涉外部门做好相关通报准备工作。

5.3 响应的升级与降级

响应的升级：当食品安全事故随时间发展进一步加重，事故危害特别严重，并有蔓延扩大的趋势，情况复杂难以控制时，应当报上级食品安全委员会办公室和人民政府审定，及时提升预警和响应级别。

响应的降级：对事故危害已迅速消除，并不会进一步扩散的，经上级食品药品监管局和人民政府审定，相应降低响应级别或者撤销预警。

5.4 指挥协调

5.4.1 组织协调要求

进入Ⅲ级应急响应后，县应急指挥部及其办公室和有关专业应急救援机构，应立即按照本预案组织相关应急救援力量，组织实施应急救援。

事发地人民政府负责成立现场应急指挥机构，在县应急指挥部或指挥部工作组的指挥、指导下，负责现场应急处置工作，全力控制事态发展，防止次生、衍生和耦合事故（事件）发生，果断控制或切断事故危害链。

发生在一些特殊领域或者跨领域、跨地区、影响较大的较大食品安全事故，县应急指挥部认为必要时，可指派指挥部办公室有关负责人组织指挥协调。

食品安全事故应急预案启动后，上一级应急指挥部办公室应当指导事故发生地人民政府实施食品安全事故应急处理工作。

5.4.2 指挥协调内容

县应急指挥部：决定启动本预案；提出应急处置要求；协调指挥应急力量实施救援行动。

县应急指挥部办公室：向县应急指挥部提出应急救援重大事项决策建议；派出有关专家和人员参加、指导现场应急救援指挥工作；协调、组织实施应急救援；及时向县应急指挥部报告应急救援行动的进展情况；指导对受威胁的周边危险源的监控工作，确定重点保护区域。

5.5 紧急处置

现场处置主要依靠本行政区域内的应急处置力量。食品安全事故发生后，发生事故的单位和当地人民政府按照应急预案迅速采取措施。

跨县、跨领域、影响较大的较大食品安全事故紧急处置方案，上报市应急指挥部办公室提出并协调实施。跨县的、影响特别严重的重大食品安全事故紧急处理方案，报银川市应急指挥部决定。

5.6 响应终结

食品安全事故隐患或相关危险因素消除后，食品安全事故应急救援终结，应急救援队伍撤离现场。应急指挥部办公室组织有关专家进行分析论证,经现场检测评价确无危害和风险后,提出终止应急响应的建议,报应急指挥部批准宣布应急响应结束。

6 应急保障

全县各级人民政府、各有关部门应当建立健全食品安全应急保障措施。

6.1 队伍保障

加强应急救援队伍建设;建立健全食品安全专家库,当发生食品安全事故时,由指挥部统一调度,派出专家和相关技术人员参加事故处理;对应急救援队伍进行定期、不定期培训与考核,动态管理人员和设施、设备;及时更新相关设施、设备,确保随时处于良好的应急备战状态。

6.2 技术保障

食品安全事故的技术鉴定工作必须由具有相应资质条件的机构承担。当发生食品安全事故时,应急指挥部或其办公室委托有资质的检测机构,承担采集样本、按标准实施检测等技术鉴定工作,为食品安全事故定性提供科学依据。

6.3 通信保障

县食品安全委员会办公室会同有关部门建立食品安全事故信息报告系统,认真做好食品安全事故信息的收集、处理、分析、传递、发布等工作。

组织有关基础电信运营企业,设立信息相互通报值守电话,畅通信息报告渠道,保障食品安全突发事件相关信息及时沟通和有效利用,必要时,在现场开通应急通信设施。

建立应急救援信息平台和数据库,完善应急救援信息资源共享机制。

6.4 治安保障

县公安部门要对食品安全事件应急处置中的重要目标和危险区域实施治安、警戒和交通道路管制。

6.5 医疗卫生保障

食品安全事故造成人员伤害的,卫生系统立即启动应急医疗救治。救治人员立即赶赴现场,开展医疗救治工作。县直有关部门及时调集必需的药物、医疗器械等物资,支援现场救治和防疫工作。

6.6 物资经费保障

县人民政府要全力保障食品安全事故应急处理所需设施、设备和物资,提供应急救援物资和资金,所需经费列入同级人民政府财政预算。

7 恢复重建

7.1 善后处置

发生地人民政府负责组织食品安全事故的善后处置工作,包括人员安置、补偿,征用物资补偿,污染物收集、清理与处理等事项。尽快消除事故影响,妥善安置和慰问受害和受影响人员,尽快恢复正常秩序,确保社会稳定。

食品安全事故发生后,保险机构及时开展应急救援人员保险受理和受灾人员保险理赔工作。

造成食品安全事故的责任单位和责任人应当按照有关规定对受害人给予赔偿。

7.2 总结评估

食品安全委员会办公室会同有关乡镇、部门,及时调查统计灾害事故影响范围和受灾程度,评估、核实灾害事故所造成的损失情况,以及开展应急工作的综合情况,组织分析、研究,提出改进工作的意见,形成处置突发事件专项工作报告报政府应急办,并抄送各成员单位。

8 日常管理

8.1 宣传培训

各乡镇、部门要建立健全食品安全应急管理培训制度,充分利用广播、电视、互联网、报纸等各种媒体，加大对食品安全应急管理工作的宣传、培训力度。各相关部门要按照分级负责的原则，加强应急处置技能培训，提高应对突发事件的能力。广泛开展食品安全知识教育宣传，提高消费者在食品安全预防、避险、自救、互救、减灾等应急防护知识和能力。每年宣传教育活动不得少于1次。

8.2 预案演练

各有关部门和企事业单位要按照“统一规划、分类实施、分级负责、突出重点、适应需求”的原则，进一步完善应急预案，每2年至少要组织开展一次突发食品安全事故的应急演练。县食安办要加强对各地应急演练的指导，组织区域性突发重大食品安全事故的应急演练。

8.3 预案管理与更新

本预案由市场监督管理局会同有关部门制订，经由县人民政府审批后，由县政府办公室印发。

各乡镇人民政府及部门、群众自治组织、企事业单位等要按照本预案的规定履行职责，结合当地实际，制定本地区、本部门食品安全事故应急预案，报县食品安全委员会办公室备案。

县食品安全委员会各相关成员单位要根据演练时发现的问题、机构变化等情况，适时组织修订完善本预案。

8.4 责任与奖惩

县人民政府及有关部门、单位对食品安全事故应急处置工作做出突出贡献的先进集体和个人，按照县政府有关规定给予表彰和奖励；对在食品安全事故的预防、通报、报告、调查、控制和处理过程中，有玩忽职守、失职、渎职等行为的，依照有关法律法规追究有关责任人的责任，构成犯罪的，依法追究其刑事责任。

9 附则

9.1 预案解释部门

本预案由永宁县食品安全委员会办公室负责解释。

9.2 预案实施时间

本预案自印发之日起实施。

永宁县河长制工作实施方案

（2017年7月26日）

为全面落实河长制，建立健全河湖管理保护机制，完善水治理体系，进一步加强河湖管理保护，保障水安全，根据中央、自治区推行河长制的工作部署和全面建成小康社会要求，结合永宁实际情况，特制订本方案。

一、指导思想

全面贯彻党的十八大和十八届三中、四中、五中、六中全会及习近平总书记系列重要讲话精神，紧紧围绕“五位一体”和“四个全面”战略布局，牢固树立生态文明发展理念，坚持“节水优先、空间均衡、系统治理、两手发力”治水方针，以保护水资源、防止水污染、改善水环境、修复水生态为主要任务，全面落实河长制，构建责任明确、协调有序、监管严格、保护有力的河长制管理保护长效机制，维护河湖健康生命，实现河湖资源永续利用。

二、基本原则

坚持生态优先、绿色发展。牢固树立尊重自然、顺应自然、保护自然的理念，处理好河湖管理保护与开发利用的关系，强化规划约束，促进河湖休养生息，维护河湖生态功能。坚持党政领导、部门联动。建立健全以党政领导负责制为核心的责任体系，实行属地管理、分级负责制，明确各级河长职责，强化工作措施，协调各方力量，形成一级抓一级、层层抓落实的工作格局。坚持问题导向、因地制宜。立足不同河湖实际,区分水污染程度和水生态状况,实行一河一策、一湖一策,解决好河湖管理保护的突出问题。坚持强化监督、严格考核。依法治水管水，建立健全河湖管理保护监督考核和责任追究制度,鼓励群众参与河湖水系管护,营造全社会关心和保护河湖的良好氛围。

三、主要目标

按照习近平总书记关于全面推行“河长制”的指示精神,围绕生态立区战略的实施,以维护生态安全为使命，以与全国同步建成全面小康社会为目标,以水生态文明建设为载体,保障全县重点河湖(含排水沟、水库、湖泊)水域面积只增不减、只扩不缩、只退不占,水污染治理形式总体向好,河湖生态空间有效保护,水生态环境整体改善,水生态功能持续上升,实现“水清、河畅、岸绿、景美”的目标。到2018年底,列入自治区重点入黄排水沟污染综合整治的河湖水质得到改善；全面清理关闭直接入河湖企业污水口直排口。到2020年底,主要水功能区水质达标率80%；全面消除城市建成区黑臭水体；集中式饮用水水源地水质达标率100%(本底值超标除外);湿地面积只增不减,基本实现重点河湖水资源、水环境承载能力与区域经济社会发展相协调。

四、河长设置

根据我县河湖水系实际情况及管理体系,按照河道级别和流经区域,全县实行县、乡、村三级河长,下一级总河长同时担任上一级河长,如遇人事调动,下任领导依次替补。

总河长:

钱克孝　银川市委常委、永宁县委书记

副总河长:

郭雪平　县人大常委会主任

李润军　县委副书记、县人民政府县长

段伏林　县政协主席

(一)县级河长

县域内黄河、第一排水沟、中干沟、永清沟、永二干沟、西部水系(包含三沙源水库);银川南部水源地、银川征沙水源地、永宁水源地;新桥滞洪库、北五沟拦洪库、横沟水库、二旗沟水库;鹤泉湖、叶家湖、银子湖、海子湖、珍珠湖;永安沟、东截渗沟、团结沟、丁字沟、二分沟、红丰沟、黑阴沟、西四三支沟、马大湖沟、增全沟等10条跨乡镇支斗沟及闽宁地区山洪沟,设置县级河长实行“总管+分管”模式,县级河长由县处级领导担任,负责整个河湖水系的统筹管理。分段负责人由乡镇党委书记担任,负责各自管辖范围内河湖管理。

县级河长:在职县处级领导干部

分段负责人:各乡镇党委书记

(二)乡级河长

各乡镇区域内列入永宁县河长名录的7处湖泊、25条跨村支斗沟设置乡级河长,实行“总管+分管”模式,乡级总河长由乡镇党委书记担任(兼任县级河长分段负责人),负责整个乡镇跨村河湖水系的统筹管理,乡级河长由乡镇党委、政府领导班子组成成员担任，分段负责人负责各自管辖范围内跨村河湖水系的日常管理。

乡级总河长:乡镇党委书记(兼任县级河长分段负责人)

乡级河长:乡镇党委、政府领导班子组成成员

分段负责人:村书记

(三)村级河长

各村域内列入永宁县河长名录的51条不跨村支斗沟,设置村级河长,村级总河长由各村村书记担任(兼任乡级河长分段负责人),负责整个村不跨村的河湖水系的统筹管理，村级河长由村两委班子成员担任，负责各自管辖范围内不跨村河湖的日常管理。

村级总河长:村书记(兼任乡级河长分段负责人)

村级河长:村两委班子成员

(四)河长办公室

永宁县河长制办公室设在永宁县水务局,对外挂牌办公;分管副县长兼任办公室主任,水务局局

长兼任常务副主任，望远工业园区管委会、发改局、财政局、国土局、环保局、住建局、公安局(副)局长、城乡管理综合执法大队大队长兼任副主任。各责任单位确定一名负责人为组成成员。

五、工作职责

(一)河长职责

永宁县总河长、副总河长负责领导河长制工作,承担督导、调度职责。各级河长是所辖河湖、水库、水源地、沟道管理的直接责任人,负责组织贯彻落实上级河长决策部署，牵头健全河湖管理工作机制和政策制度,组织领导河湖、水库、水源地、沟道水资源保护、水域岸线管理、水污染防治、水环境治理等工作，牵头组织对侵占河道、围垦湖泊、超标排污、非法采砂等突出问题依法进行清理整治;协调河湖、水库、水源地、沟道上下游、左右岸实行联防联控；对下一级河长及责任单位履职情况进行督导,对目标任务完成情况进行考核。

(二)河长办公室职责

作为河长制日常办事机构和各相关部门协同工作平台,负责建立健全河长制工作制度,制定年度工作计划,组织召开河长制联席会议,组织开展综合督导检查、评估考核责划分工作,沟通河湖管理信息,落实河长确定的具体事项。

(三)河长制责任单位职责

1. 望远工业园区管委会：负责望远工业园区企业、第二污水处理厂污水的达标排放及取水监管工作。

2. 组织部：负责指导对河长和责任单位责任人的考核。

3. 宣传部：负责指导河长制宣传教育和舆论导向。

4. 编办:负责河长制有关机构设置、人员编制和职能调整工作。

5. 政府办:负责永宁县河长制督查、总协调工作;负责组织河湖水系管理保护有关制度编制;指导行政执法人员培训,考核等相关工作。

6. 发改局：负责协调推进河湖保护有关规划和重点项目，研究制订河湖水系保护产业布局和重大政策；负责推进工业企业污染控制和工业节水，协调新型工业化和河湖水系管理保护有关问题，制定重点河湖流域重污染企业搬迁规划并监督实施;负责配合完成节水型企业创建工作,严格污水项目的论证审批。

7. 教育局：负责指导和组织开展中小学生河湖管理保护教育活动。

8. 行政审批服务局：负责河湖水系开发利用保护项目审批工作。

9. 公安局:负责依法打击破坏河湖环境、影响社会公共安全的违法犯罪行为。

10. 财政局:负责落实本级河长制工作专项经费,争取区市河长制专项经费,协调河湖水系管护所需资金并列入年度预算，监督资金的使用及应急资金的筹备调拨。

11. 国土局:负责开展矿产资源开发整治过程中环境保护工作；负责协调河湖水系治理重点建设项目用地保障；负责调处河湖水系及水利工程重土地权属纠纷,按职责负责境内采砂管理,对涉河违章建筑进行联合查处。

12. 环保局：负责水污染防治的统一监督指导,制定更严格的河湖排污标准,组织实施跨县区和乡镇水污染防治规划，开展入河入湖工业污染源的调查执法和达标排放监管，实施地表水水质监测，协调水务局完成水功能区水域纳污能力核定工作;负责河湖水系突发性水污染事件应急、预警、调查处理,安排有关河湖水污染治理、水环境保护、生态修复项目;负责水源地工业污染源的监督管理,水质监测。

13. 住建局:负责污水处理厂提标改造项目的实施,确保排污标准达到一级 A;负责所管理的生态湖泊的补水、城镇规划区内黑臭水体综合整治协调、监管工作;负责河道湖泊湿地规划及违法建设行为查处,严格涉水项目规划论证;负责全县城市节水、排水和污水处理工作。

14. 交通局：负责协调各级河湖水系沿线道路、桥梁的建设和维护;负责河湖水系水上交通安全及航道、船舶运行、排污监管工作;负责水上运输及码头污染防治。

15. 水务局：负责开展水资源管理保护，制定河湖水系管理标准，编制河湖水系管理有关规划；负责核定江河湖泊水功能区水域纳污能力，提出限制排污总量控制指标；负责河湖水库水量调度管理；负责水功能区和跨界河流断面水质监测，推进节水型社会和生态文明建设，协助行政审批服务局组织完成取水许可、水土流失治理、堤防工程管理与养护、河湖水工程建设、占用水域补偿、涉河建设项目和活动审批等；负责县域小型水利设施及堤防工程管理与养护，做好事中、事后监管，按职责开展河湖水系行业管理，依法查处水事违法违规行为；负责“河长制”办公室日常工作，加强同区市河长制办公室沟通联系；负责河流、湖泊、水库、排水沟等排污口设置审批，依法取缔违法排污口。

16. 农牧局：负责拟定河湖流域中长期种植业、畜牧业、渔业专项规划，做好农作物种植结构调整；负责督查农村综合环境治理，明确污染减排目标，减少农业化肥、农药等面源污染排放；负责监管畜禽养殖和水产养殖污染防治工作，推进农业废弃物综合利用，依法依规查处破坏渔业资源的行为；负责组织节约用水、水资源保护、河湖水污染防治、水环境治理、水生态修复等科学研究和技术示范；负责引领河湖管理和保护科技合作，加强理论和技术支持。

17. 林业局：负责推进生态公益林和水土涵养林建设，推进河湖水系沿岸的绿化造林和湿地修复改造工作，查处在林地湿地擅自经营行为。

18. 市监局：负责规范、监督查处在水流域管理范围、防洪防汛沟道、水系通道岸边无证无照经营行为。

19. 卫计局：负责指导和监督农村卫生改厕、饮用水卫生监测和医疗废弃物处置等工作。

20. 审计局：负责水环境治理专项资金跟踪审计工作，提出审计意见，促进有关工作规范有序。

21. 统计局：负责指导河湖评估、河长制考核的相关统计工作。

22. 安监局：负责指导协调河湖水系安全生产监督管理工作。

23. 旅游局：负责组织开展全县河湖水系旅游资源有序开发，指导河湖水系旅游线路规划、开发工作，指导和监督景区内河湖水系保护管理，确保游客生命财产安全。

24. 城管大队：负责指导监督河湖建设管理“查违控违”及水事纠纷的综合执法工作；负责城市地下水污水管网管理。

25. 各乡镇：负责完成上级河长交办的任务，认真落实辖区河湖水系管理保护工作。

26. 村委会：负责完成上级河长交办的任务，对本辖区沟道进行日常管护监管及沟道沿线小型水利设施的维修管理，同时结合每年农田水利基本建设组织群众清理辖区内沟道，保证沟道排水畅通。

27. 供电局：全面保障河湖水系管护范围内公益性设施项目用电问题，严禁向河湖水系管护范围内未经国土、住建、水务、林业等部门规划审批的农家乐等非法经营场所供电。

六、主要任务

（一）加强水资源保护

1. 强化水资源管理“三条红线”刚性约束。严格落实区市有关最严格水资源管理制度要求，促进水资源可持续利用和经济发展方式转变。

2. 落实水资源消耗总量和强度双控。深化节水型社会建设、调整优化河湖水系生态空间开发格局，大力推广高效节水农业，着力推动用水方式转变，对取用水总量接近、达到或控制指标的地区限制或暂停审批建设项目新增取水。

3. 着力提高用水效率和效益。严格限制发展高耗水项目，加快实施农业、工业和城乡节水改造，积极推进水资源使用权确权登记，培育水权交易市场，探索多种形式的水权流转方式。

4. 加强水功能区管理监督。从严核定重点河湖纳污容量和限制排污总量指标，落实污染物达标排放要求，加大入河湖排污口监管力度，对排污量超出水功能区限排总量的地区限制审批入河湖排污口。

5. 强化水资源优化配置。加强水资源综合调度，科学确定重点河湖生态流量，将生态用水纳入流域、区域水资源配置和管理，发挥控制性水利程在改善河湖水质中的作用。

6. 加强水资源保护监控能力建设。实行水资源承载能力监测预警，跨县(乡)河流界断面水量水质自动监测全覆盖，建立环保、水务等多部门标准统一、布局合理、功能完善的河湖生态监管网络，实现监测成果共享。

(二)加强河湖水域岸线管理保护

7. 依法划定河湖水域岸线空间管控，科学编制河湖岸线利用规划，依法划定河湖管理范围，明确地理坐标，设立界桩、标示牌，并及时向社会公布划界成果。

8. 加强规划岸线分区管理。落实规划岸线分区管理要求，强化岸线保护和节约集约利用，划定水域岸线功能区域，建立河湖水域占用补偿制度，严格限制建设项目占用河湖水域和自然岸线，非法挤占的应限期退出，土地开发利用要留足河湖管理和保护范围。

9. 加大水域岸线突出问题清淤整治。严禁以各种名义侵占河道、围垦湖泊、非法采沙，对岸线乱占滥用、多占少用、占而不用等突出问题开展清理整治，恢复河湖水域岸线生态功能。

(三)加强水污染防治

10. 加强入河湖排污监管考核。落实自治区《水污染防治工作方案》(宁政发〔2015〕106号)，完善入河湖排污管控机制和考核体系，统筹水上、岸上污染治理，推进主要排水沟生物治理，对水质Ⅴ类或劣Ⅴ类水体水域执行水污染特别排放限值。

11. 加强工业和城镇生活污水处理。取缔工业企业直接入河湖排污口，加快城镇污水处理设施及配套管网建设与改造，全面落实一级A排放标准。

12. 加强农业面源污染防治。大力推广测土配方施肥技术，合理控制化肥、农药使用量，依法关闭或搬迁禁养区内的畜禽养殖场(小区)，积极推进城镇污水处理设施和服务向农村延伸。

13. 加大重污染排水沟综合治理。加快中央环境保护督查组反馈问题整改，落实自治区《重点入黄排水沟污染2016—2018年综合整治实施方案》(宁政发〔2016〕28号)治理目标任务，保障重污染河流、河段限期治理。

14. 加强水污染追溯倒查。全面排查追溯入河湖污染源，加快建立水质恶化倒查机制，严格落实整治责任和限期整改措施。

(四)加强水环境治理

15. 加强水环境质量目标管理。按照水功能区确定各类水体的水质保护目标，定期排查达标状况，未达标的地区要制订方案，将治污任务逐一落实到排污单位，明确防治措施及达标时限，实施挂牌督办，必要时采取区域限批等措施。

16. 加强饮用水源地规范化建设。全面保护和改善饮用水水源地环境质量，定期检测和评估本行政区域内饮用水源水质状况，依法清理饮用水水源保护区内违法建筑和排污口，提升饮用水水源地管理与突发事件应急处置能力。

17. 加强水环境预警能力建设。推进水环境治理到河段、到乡村、到重点污染防控点的网格化和信息化建设，建立健全水环境风险评估排查、预警预报与响应机制。

18. 加强水环境治理。结合城市总体规划，因地制宜建设水生态岸线，采取控源截污、垃圾清理、清淤疏浚、生态修复等措施，加快黑臭水体治理，改善河湖水系水环境质量。以生活污水、生活垃圾处理为重点，加快农村河湖水系综合整治，统筹实施农村小河沟、小塘坝、小湖泊的清淤疏浚、岸坡整治和沟渠联通，推进美丽乡村建设。

19. 加强水环境日常监管。健全完善河湖保洁及水域岸线管理养护制度，分段、分区域全面落实河湖水域岸线管理主体和责任，积极探索推行管养分离和政府购买服务方式，实现水域保洁、岸线管理养护专业化、社会化。

(五)加强水生态修复

20. 加强河湖湿地修复与保护。保障自然河湖、湿地等水源涵养空间不被侵占，稳定实施退田还湖还湿，重点加大黄河滩地保护，恢复河湖水系的自然联通，有效提高水体交换速率。大力实施河湖沿岸绿化造林，改善河湖周边生态环境，开展水生物多样化和水体净化调节功能，维持湿地生态系统健康。

21. 加强山水林田湖系统治理。推行“山水林田湖”统一规划、一体整治模式，完善水土流失综合治理体系，加快引黄灌区高效节水现代化改造，高标准建设黄河永宁段综合治理和景观生态工程，开展保护“母亲河”行动，建设黄河生态文明、协调发展示范带。

22. 加快建立生态保护补偿机制。落实中央及区市脱贫攻坚总体部署，建立地区间横向生态保护补偿机制，建立生态补偿项目评级制度和社会参与的生态融资机制。

23. 开展河湖健康评估。对水污染严重、水环境恶化、公众关注度高的重点河湖定期组织开展调查和健康评估，评估结果及时向社会公布，广泛接受社会监督。

（六）加强执法监管

24. 健全涉河涉湖制度体系。加快研究出台河湖管理保护制度，保障河湖管理保护有章可循，完善行政执法与刑事司法衔接机制。

25. 加强河湖日常巡查监管。完善河湖日常监管巡查制度，加快河湖监管信息平台建设，对重点河湖、水域岸线进行动态监控、入河排污口自动化监控实现全覆盖。开展河湖管理保护综合执法，积极推进执法和服务向乡村延伸。

26. 加大违法违规行为打击力度。开展河湖管理保护突出问题专项整治，严厉打击涉河湖水系违法行为，清理整治非法排污、设障、捕捞、养殖、采沙、采矿、围垦、侵占水域岸线等活动。

七、保障措施

（一）加强组织领导

永宁县河长制办公室在县委、县政府的领导下，负责统筹推进河长制落实工作。成员由望远工业园区管委会、组织部、宣传部、编办、政府办、发改局、教育局、行政审批服务局、公安局、财政局、国土局、环保局、住建局、交通局、水务局、农牧局、林业局、市监局、卫计局、审计局、统计局、安监局、旅游局、城管大队、供电局25个责任单位和各乡镇负责人、村两委班子组成，逐级签订责任书，层层落实责任制，做到组织到位、人员到位、责任到位。

（二）健全工作机制

建立河长会议制度，协调解决河湖水系管理保护重点难点问题，每季度组织召开一次河长联席会议，每年组织召开一次总河长会议。建立信息共享制度，及时跟踪河长制进展落实情况，每季度对下一级河长制工作进展情况进行通报，建立工作责任制度，对河长制实施情况和河长履职情况进行监督。建立考核问责与激励机制，对成绩突出的河长及责任单位进行表彰奖励，对失职的严肃问责。建立验收制度，按照方案确定的时间节点，上一级河长及时组织对下一级河长推行河长制工作进行验收。

（三）落实经费保障

落实河湖水系管理与保护专项经费，形成稳定的投入增长机制。对法规标准制定、水质水量监测、规划编制、信息平台建设、确权划界、执法管理、突出问题整治及技术服务等费用由财政给予支持保障。积极探索引导社会资金参与河湖环境治理与保护。

（四）强化考核问责

根据不同的河湖存在的主要问题，实行差异化绩效评价考核，将领导干部离任审计结果及整改情况作为考核的重要依据。将落实最严格水资源管理制度和水污染行动计划实施情况考核与河长制工作考核同步安排，上一级河长负责组织对下一级河长进行考核，必要时向下延伸考核，考核结果作为领导干部综合考评的重要依据。对贯彻落实决策部署不力，导致本地区生态环境和资源问题突出等失职失责行为，予以严肃追责。

（五）加强社会监督

建立河湖水系管理保护信息发布平台，通过主要媒体向社会公告河长名单，在河湖岸边树立河长公示牌，标明河长职责、河湖概况、管护目标、监督电话等内容，接受社会监督。强化宣传舆论引导，加强全社会生态文明建设和生态伦理价值观教育，引导生态文明新理念融入生产生活中。有效发挥新闻媒体舆论引导和监督作用，在全县形成水忧患意识和水节约保护意识，引导企业自觉控制排污，大力发展清洁生产和绿色循环经济。充分发动社会公众参与，增强社会各界河湖水系管理和保护意识，积极营造共同关心、支持、参与和监督河湖水系管理保护的良好氛围。

八、考核管理

(一)考核对象

全县列入“河长制”管辖范围的黄河（永宁段)、3 处水源地、4 座水库、5 条干沟、12 处湖泊、86 条斗沟(跨乡镇 10 条，跨村 25 条，不跨村 51 条)及各级河长。

(二)考核内容

工作制度落实情况，包括：河长制组织领导、整治方案、河长全覆盖、工作进度报告、信息上报及公示情况、工作台账、工程项目完成情况、以奖代补项目工程完成情况、对辖区内河道巡查情况；最严格水资源管理“三条红线”控制情况；对违法排污、排水行为处理情况；其他上级部门相关单位交办任务完成情况及附加分指标完成情况等。

(三)考核方法

考核评分采用常规考评 100 分和附加奖励 10 分复合分制，总计 110 分。考核结果分四档：90 分以上为优秀、80~90 分为良好、60~79 分为合格、60 分以下为不合格。因河湖管理不到位发生重大安全责任事故或辖区内发生重大水污染事件，考评结果直接评定为不合格；对于工作有创新、在河长制工作中被树立为典型和具有示范意义的，工作成效突出受到省部级、区市表彰的每项加 2 分，最高不超过 10 分。

(四)考核方式

河长制考核分为日常考核、年中考核和年度考核 3 种方式。由河长制办公室牵头组织，河长制相关责任部门参与，根据部门职责，按照“统一标准”的原则，采用工作汇报、现场检查、查阅台账资料、召开座谈会等方式对“河长制”工作进行考核。日常考核及通报结果计入年中考核和年度考核评分，每年 7 月份进行年中考核，次年 1 月份进行年度考核。考核前，各河长制成员单位及各级河长应对照考核标准进行自查，对存在问题进行整改并做好考核准备工作。

(五)结果运用

考核结果在全县进行通报并纳入领导干部年终考核，作为年度评先评优的依据之一。对年度任务完成较好、考核靠前的予以表彰奖励；对年度任务完成较差、考核排名靠后的进行约谈。

永宁县农村土地流转经营权证登记管理办法(试行)

(2017 年 8 月17 日)

第一章　总　则

第一条　为维护农村土地承包经营权流转双方的合法权益，支持土地集约规模经营，根据《中华人民共和国农村土地承包法》、农业部《农村土地承包经营权流转管理办法》等法律法规以及国家、自治区有关政策，结合我县实际，制定本办法。

第二条　本办法适用于本县行政区域内，按照“依法、自愿、有偿”原则，受让土地面积 50 亩以上，流转剩余期限 3 年以上，并签订规范的农村土地流转合同的农业生产经营主体。

本办法所称的农村土地流转经营权是指农村家庭承包耕地通过转包、出租、入股等方式流转产生的土地经营权。

第三条　农村土地流转经营权证由县人民政府登记颁发，具体实施机关为县农牧局。

第四条　农村土地流转经营权登记，不得改变农村土地所有权的性质和土地的农业用途。除通过转让、互换土地流转外，其他形式的流转不改变农村土地的承包权。

第二章　登记发证

第五条　农村土地流转经营权登记应由受让方自愿提出申请，并征得出让方同意。

受让方为流入农村土地经营权的公民、法人或者其他组织。出让方为流出农村土地经营权的承包户，或者依法拥有农村土地经营权的公民、法人或者其他组织。

第六条　农村土地流转经营权登记，按照以下程序进行：

（一）农村土地流转经营权登记，由申请人向土地流转所在村递交申请材料，及农村土地流转经营权登记表，征求村委会同意。村委会召开村民会议研究，并形成会议纪要，同意给申请人登记办证的，在申请表上签署意见，报乡镇人民政府审查；

（二）乡镇人民政府对申请材料内容进行审查，并在农村土地流转经营权登记表上签署意见，经县农村合作经济经营管理站初审后，报县农牧局审核；

（三）县农牧局将审核通过的农村土地流转经营权登记造册；

（四）报县人民政府核准发证。

第七条　申请农村土地流转经营权登记，应当提交下列材料，并对申请材料的真实性负责（交验原件后留存复印件）：

（一）农村土地流转经营权登记表；

（二）申请人的身份证明。由代理人申请办理的，应提交双方的身份证明、授权委托书；

（三）农村土地承包经营权流转合同；

（四）有效的土地流转费支付凭证；

（五）土地流转具体位置示意图；

（六）出让方同意办理登记的书面凭证；

（七）登记机关认为必要的其他材料。

第八条　农村土地流转经营权发生再流转，申请经营权转移登记的，应当提交下列材料（交验原件后留存复印件）：

（一）农村土地流转经营权登记表；

（二）申请人的身份证明；

（三）拟登记土地原出让方同意再流转的证明材料；

（四）农村土地承包经营权流转合同；

（五）原农村土地流转经营权证；

（六）登记机关认为必要的其他材料。

第九条　发生下列情形之一的，土地经营权利人应当在事实发生后，申请农村土地流转经营权变更登记：

（一）农村土地流转经营权主体姓名或名称变更的；

（二）登记的土地流转面积发生变化或土地位置发生变化的；

（三）土地流转期限变化的；

（四）土地流转价格变化的；

（五）其他需要变更的情形。

第十条　申请变更农村土地流转经营权登记，应当提交下列材料（交验原件后留存复印件）：

（一）申请人的身份证明；

（二）农村土地流转经营权证；

（三）证明发生变更事实的有关材料；

（四）登记机关认为必要的其他材料。

第十一条　有下列情形之一的，登记机关应作出不予登记的决定：

（一）拟登记土地的承包经营权属有争议的；

（二）不能提供合法、有效的农村土地流转合同的；

（三）改变承包土地的农业用途性质的；

（四）土地被依法征收、征用的；

（五）不能及时足额兑付土地流转租金的；

（六）其他依法不准予登记的。

第十二条　登记机关应当自受理农村土地流转经营权登记（含转移、变更）申请之日起，15 个工作日内作出准予登记或不予登记的决定。准予登记的，应当自受理申请之日起 60 个工作日内，向申请人发放农村土地流转经营权证书；不予登记的，应当书面告知理由。

第三章　权证管理

第十三条　农村土地流转经营权证书是土地经营权利人享有该土地生产经营权的凭证。农村土地流转经营权证书与农村土地流转合同记载不一致的,以农村土地流转备案合同为准。农村土地流转经营权期限届满权证自动失效。

第十四条　农村土地流转经营权证书污损的,土地经营权利人可以向登记机关申请换发。登记机关换发前,应当收回原农村土地流转经营权证书,并将有关事项记载于土地流转经营权证登记簿。

第十五条　农村土地流转经营权证书灭失的,土地经营权利人在当地公开发行的报刊上刊登遗失声明后,可以申请补发。登记机关予以补发的,应当将有关事项在土地流转经营权证登记簿上记载,并在补发的农村土地流转经营权证书上注明"补发"字样。

第十六条　有下列情形之一的,登记机关可以注销原登记,收回农村土地流转经营权证书或者公告作废:

(一)农村土地流转双方解除流转合同的;

(二)因依法征收、征用导致农村土地流转经营权全部丧失的;

(三)县人民政府认为应当交回农村土地流转经营权证的其他情形。

交回的农村土地流转土地经营权证,应当加盖"作废"章予以注销。应当交回而未交回的农村土地流转经营权证,视同作废并予以公告。

第十七条　非法印制、伪造农村土地流转经营权证书,或者使用非法印制、伪造的农村土地流转经营权证书的,由登记机关予以收缴;构成犯罪的,移送司法机关依法追究刑事责任。

第十八条　当事人以隐瞒真实情况、提供虚假材料等手段骗取农村土地流转经营权登记的,应当撤销登记,收回农村土地流转经营权证或者公告作废。

骗取农村土地流转经营权证的,其所产生的一切法律后果由申请人承担。

第四章　权证的使用

第十九条　农村土地流转经营权证作为土地流转权属证书,可以到相关金融机构进行抵押贷款。

第二十条　农村土地流转经营权证书抵押贷款,按照各金融机构的贷款程序要求办理,贷款期限一般不超过一年。

第二十一条　农村土地流转经营权证书不得为第三方贷款提供抵押担保。

第五章　附　则

第二十二条　本办法未尽事项,按照农业部《农村土地承包经营权流转管理办法》和相关法律、法规、规章执行。

第二十三条　本办法规定的式样,由县级农村土地承包管理部门统一组织印制农村土地流转经营权申请表、登记簿和证书。

第二十四条　本办法由县农牧局负责解释。

第二十五条　本办法自发布之日起执行。

永宁县粮食应急预案

(2017年9月19日)

1　总则

1.1　编制目的

建立健全粮食市场供应机制,有效监测和控制因严重自然灾害、各类突发事件或其他原因引发的县内粮食市场异常波动,确保粮食市场供应与价格基本稳定,维护正常的社会和经济秩序。

1.2　编制依据

《国务院粮食流通管理条例》《宁夏回族自治区地方储备粮管理条例》《宁夏回族自治区粮食应急预案》《银川市粮食应急预案》和《永宁县突发公共事件总体应急预案》。

1.3 适用范围

本预案适用于永宁县行政区域内可能或已经发生、或超出本县政府处置能力需由银川市人民政府应对的粮食采购、调拨、加工、运输和供应等应急事件。

1.4 工作原则

以人为本,减少危害。保障粮食市场供应、提供符合质量标准的粮食商品，最大限度地避免和减少因缺粮而造成人员伤亡。

统一领导,分级负责。在县应急管理工作领导小组的统一领导下,各成员单位各司其职,在本级粮食事权范围内,负责本地区的应急处置,并及时向上级应急委和粮食主管部门报告。

科学监测、预防为主。提高防范突发公共事件的意识,加强对粮食市场的跟踪监测,出现前兆及时预报,提前做好应对准备,防患于未然。

协同应对,果断处置。部门之间要加强沟通协调,形成统一指挥、协调有序、运转高效的应急管理机制。

2 组织体系

2.1 永宁县粮食应急工作领导小组

成立以县政府分管粮食工作的副县长为组长,县发展和改革局(粮食局)局长为副组长,县委宣传部、政府办、发改局(粮食局)、教育局、公安局、民政局、财政局、交通局、农牧局、市监局、卫计局、统计局、地震局、气象局、移动公司、电信公司、供电局、农发行永宁县支行、各乡镇人民政府、黄羊滩农场、玉泉营农场等单位负责人为成员的永宁县粮食应急工作指挥部，在永宁县应急管理工作领导小组的统一领导下开展工作。根据工作需要,可增加有关部门和单位负责同志参加。县发改局(粮食局)承担县粮食应急工作指挥部办公室日常工作。办公室主任由发改局(粮食局)局长兼任,副主任由发改局(粮食局)分管粮食工作的副局长兼任，办公室常设值班电话 0951-8015079,0951-8011392,传真 0951-8011392。

2.2.1 县粮食应急工作指挥部职责

领导、组织、协调、督察粮食应急供给工作;分析区内外粮食形势,掌握粮食市场动态,判断粮食紧急状态,下达应急行动指令;及时向县委、县政府、自治区粮食局和区市县永宁县粮食应急工作指挥部、报告事态变化情况,并向社会公布;审议批准应急工作指挥部办公室提交的工作报告;决定对实施预案单位个人的奖惩意见。

2.1.2 县粮食应急工作指挥部成员单位职责

县委宣传部:负责引导正确舆论导向,组织新闻媒体播报相关新闻；加强对新闻媒体宣传报道的指导和管理,适时组织召开新闻发布会,及时、准确、客观发布信息。

县人民政府应急办公室：掌握粮食应急工作情况和动态，办理向市政府、自治区报告紧急事项;督促落实县政府及上级的批示;负责各部门间应急管理工作综合协调，指导本县粮食应急管理工作。

县发展和改革局(粮食局):负责粮食应急工作的综合协调、市场调控和应急体系建设;加强对县级应急成品粮储备的管理;提出动用县级、市级、自治区级应急成品粮和银川市、自治区、中央储备粮的意见；负责价格监测，掌握粮食市场价格动态;负责检查、统计粮食库存量及粮食经营企业执行自治区政府规定最低和最高库存量的情况;分析预测市场行情,提出预警意见;负责组织实施应急粮食采购、加工、调运和供应;负责加强粮食市场价格的监督检查,依法查处价格违法行为,必要时根据《价格法》等法律、法规的规定采取相关价格干预措施;负责协调、组织辖区内具有一定规模的连锁超市成品粮进货、销售工作及主要粮食熟制品供应,同时提供关于粮食供应的相关信息。

县教育局:负责提供全县辖区内各类学校在校学生人数、供应标准等信息,协助做好学校应急粮食供应组织工作。

县公安局:负责应急粮储备、调拨、加工和供应场所的治安秩序,保障粮食运输的道路畅通;积极预防和依法处置因粮食供应引发的群体性治安事件，配合有关部门及时打击扰乱粮食市场秩序的违法犯罪活动。

县民政局:负责及时通报灾情,提供救济人员数量、救济标准等信息,协助做好救济粮食供应工作。

县财政局:负责安排、审核应急成品粮储备及实施本预案所需经费,并及时足额拨付到位。

县交通运输局:根据粮食应急工作的需要,做好运力调度,优先保证用于粮食运输。

县农牧局:负责组织恢复粮食生产,确定粮食生产规模品种,组织农用物资供应和技术指导。

县市场监督管理局:负责对粮食市场以及流通环节粮油食品监管,依法打击囤积居奇、欺行霸市等违法经营行为,维护市场秩序;负责成品粮加工、销售等环节的质量检测,严肃查处以假充真、以次充好、掺杂使假等违法行为。

县卫生和计划生育局:负责对粮食加工、销售环节及成品粮储存的卫生监督检查。

县统计局:负责统计监测与粮食应急工作相关的生产和消费数据。

县地震局:负责地震灾害信息的监测预警。

县气象局:负责影响粮食生产安全的重特大气象灾害和灾害性天气的预警预报,会同农牧局、国家统计局永宁调查队做好粮食产量预测及农业气象灾害损失评估工作。

县供电局:确保粮食采购、调运、加工、供应等环节用电需求。

中国移动永宁分公司、中国电信永宁分公司:确保应急状态下的通讯和网络传输的畅通。

农业发展银行永宁县支行:负责落实储备、采购、调拨应急粮食所需资金的贷款。

各乡镇人民政府、黄羊滩农场、玉泉营农场:负责组织和协调辖区内的粮食应急工作,制定和实施辖区内粮食应急方案和措施,按照全县统一部署,完成各项应急任务。

2.2 县粮食应急工作指挥部办公室职责

根据应急状态下全县粮食市场动态,提出启动或终止永宁县粮食应急预案建议。

根据县粮食应急工作指挥部和银川市粮食应急工作指挥部的指示,协调联系县粮食应急工作指挥部各成员单位开展应急工作。

综合有关情况,起草有关文件和简报。

协助有关部门核定实施本预案应急行动的各项费用开支,提出对实施预案单位和个人的奖惩意见。

完成县粮食应急工作指挥部交办的其他工作。

2.3 专家组

成立由县发改局(粮食局)分管粮食应急工作的副局长为组长,县发改局(粮食局)粮食应急管理、粮食价格监测、粮食流通统计工作人员和辖区粮食储备企业、应急成品粮油承储企业负责人为成员的县粮食应急工作专家组,为县粮食应急工作指挥部办公室提供粮食市场及价格分析,根据储备、经营库存量提供应急措施建议,必要时提供技术支持。

3 预警预测

3.1 监测预报

市场监测。在自治区、银川市粮食市场监测预警系统内,县发改局(粮食局)负责健全全县粮食市场监测预警体系,随时掌握粮食市场供求和价格动态变化情况,及时报告并发布主要粮食品种的生产、库存、流通、需求、价格、质量等信息。当粮食价格一周内涨幅超过10%并可能继续上涨时,执行日监测和报告制度,随时发出预警信号并及时采取有效措施增加供应量,控制价格上涨。

事件监测。县发改局(粮食局)会同相关部门,负责地震、洪水、干旱、地质等自然灾害,重大传染性疫情、群体性不明原因疾病、重大食物中毒等公共卫生事件对粮食市场影响的监测,并及时发布预警信息。

3.2 分级标准

按照粮食应急的严重性、可控性和影响范围,应急状态分为四级:一般、较大、重大、特别重大。

一般:全县成品粮油价格一周内持续上涨25%以上,出现粮食供应紧张,并可能引发较大区域粮食市场波动的紧急状态。

较大:全县粮食供应趋于紧张,成品粮油价格一周内持续上涨 50%以上,出现一般性应急成品粮油供需不平衡、争购成品粮油、引起市场不稳定的紧急状态。

重大:全县粮食供应十分紧张,成品粮油价格一周内持续上涨 75%以上,群众抢购成品粮油造成部分脱销、并出现恐慌的紧急状态。

特别重大:全县粮食供应极度紧张,成品粮油价格一周内持续上涨 100%以上,群众严重抢购成品粮油并造成脱销。

3.3 预警信息报告与发布

县粮食应急工作指挥部办公室接到粮食市场出现异常情况后,及时组织相关成员单位进行会商并分析我县粮食库存、市场走势,当预测市场可能达到应急级别时及时向县粮食应急工作指挥部报告、向指挥部成员单位通报,提前做好市场处置和预案的启动工作;对可能发生特别重大、重大级别时,及时报告银川市应急委员会和自治区粮食局,通报领导小组成员单位,并根据《宁夏回族自治区突发事件预警信息发布管理办法》做好预警信息发布方案,特别重大和重大级别由银川市政府发布,较大由银川市粮食局发布,一般级别由县(市)政府或授权部门发布。

3.4 预警行动

县粮食应急工作指挥部办公室接到可能导致较大粮食及以上预警信息后,要密切关注事态发展,按照县应急管理工作领导小组的统一安排和部署,组织、协调县粮食应急工作指挥部成员单位,按照预案做好应急准备和预防工作,并及时向县应急管理工作领导小组和县粮食应急工作指挥部动态报送有关信息。

4 应急响应与处置

4.1 信息报告

监测粮食市场波动进一步加大,可能扩大到应急预案级别时,县人民政府和粮食行政主管部门应及时向银川市粮食应急指挥部办公室(0951-4010010)、市委总值班室(0951-6888057,传真0951-6889433)、市政府总值班室(0951-6888080,传真 0951-6888157)报告。信息报告的主要内容包括:市场波动的原因、已采取的应急措施、后续市场预测和拟采取措施、应急联络员等。

4.2 应急响应

根据粮食应急工作分级标准,应急响应分为Ⅳ级、Ⅲ级、Ⅱ级、Ⅰ级,依次分别对应一般、较大、重大、特别重大状态。

出现粮食应急状态时,县粮食应急工作指挥部办公室要加大监测频率、增加市场供应,执行最高、最低库存标准,并视情节建议启动县本级粮食应急预案,如应急状态进一步发展达到本预案响应启动条件的,启动本预案。

应对一般粮食应急工作,启动Ⅳ级响应。由县应急管理工作领导小组统一领导、指挥和协调,县粮食应急工作指挥部组织开展应对工作,同时上报市粮食应急工作指挥部,请求给予指导、协助。

应对较大粮食应急工作启动Ⅲ级响应。由市应急委员会统一领导、指挥和协调,银川市粮食应急工作指挥部组织开展应急响应工作,各成员单位协同做好应急响应工作。

应对重大、特别重大粮食应急工作,分别启动Ⅱ级、Ⅰ级响应。县粮食应急工作指挥部在自治区和银川市粮食应急工作指挥部统一领导、指挥下开展应急响应,各成员单位协同做好应急响应工作。

4.3 响应措施

当粮食应急预案响应时,各部门应按照各自职责迅速启动响应措施。

4.3.1 县粮食应急工作指挥部响应措施

Ⅳ级响应发生时,县粮食应急工作指挥部应尽快增加市场供应量、平抑粮食市场价格,督促使用县级应急成品粮油储备,必要时申请动用市级应急成品粮油储备支持市场供应量,防止粮食市场波动扩散。

Ⅲ级响应发生时，应尽快报请政府投入县级应急成品粮油储备，申请动用市级、区级应急成品粮油储备，批准政府行为粮食销售的方式、供应办法和价格，确保粮食市场平稳恢复。

Ⅱ级、Ⅰ级响应发生时，严格执行自治区应急委员会、粮食应急工作指挥部的指令，对本县的粮食应急供应工作负责。

4.3.2 县粮食应急工作指挥部办公室响应措施

Ⅳ级响应发生时，及时分析粮食市场波动的原因，落实平抑粮食市场价格措施，必要时申请县政府启动Ⅲ级响应。

Ⅲ级响应发生时，增加粮食市场监测频率，科学分析市场走势，申请政府投入县级应急成品粮油储备，制定政府行为粮食销售的方式、供应办法和价格，并报请县粮食应急工作指挥部，严格执行指挥部平抑粮食市场的指令。

Ⅱ级、Ⅰ级响应发生时，严格执行县粮食应急工作指挥部指令，负责本县的粮食应急供应工作

4.3.3 成员单位响应措施

县委宣传部：及时召开新闻发布会，准确发布粮食市场信息。

县人民政府应急办公室：及时向县政府、银川市、自治区报告事项，督促落实县政府及上级的批示，协调各成员单位应急工作。

县发展和改革局（粮食局）：提出动用县级、市级、自治区级应急成品粮和银川市、自治区、中央储备粮的意见，核查企业最低、最高库存量，实施应急粮食采购、加工、调运和供应。确保相关超市成品粮油供应，提供市场信息。专项开展粮食市场价格的监督检查。

县教育局：做好学校应急粮食供应组织工作。

县公安局：保障粮食运输的道路畅通和粮食应急场所治安，打击扰乱粮食市场秩序的违法犯罪活动。

县民政局：及时通报灾情、提供救济人员数量，做好救济粮食发放。

县财政局：安排应急经费、足额拨付到位。

县交通运输局：提供应急成品粮油的运力调度。

县农牧局：组织粮食生产恢复。

县市场监督管理局：及时开展粮食市场流通环节检查和加工、销售环节的质量检测。

县卫生和计划生育局：及时开展成品粮储存的卫生监督检查。

县统计局：增加监测粮食生产和消费数据的频率。

县地震局：地震灾害信息通报。

县气象局：进行农业气象灾害损失评估。

县供电局：确保粮食调运、加工、供应等用电需要。

中国移动永宁分公司、中国电信永宁分公司：保障通讯和网络传输的畅通。

农业发展银行永宁县支行：落实采购、调拨应急粮食所需的资金贷款。

各乡镇人民政府、黄羊滩农场、玉泉营等单位：做好本辖区粮食应急工作。

4.4 信息发布

4.4.1 信息发布层级

Ⅳ级，由县人民政府负责；

Ⅲ级，由市人民政府发布；

Ⅱ级、Ⅰ级，由自治区人民政府发布。

4.4.2 信息发布内容

粮食市场波动原因、应急成品粮油储备数量、市场粮食库存数量、政策性粮食供应方式、后续市场的走势分析等。

4.4.3 信息发布形式

通过专题报道、记者采访、提供新闻稿件、举行新闻发布会等形式发布。

4.5 响应终止

粮食应急状态消除后，Ⅳ级响应由县粮食应急工作指挥部会同县应急管理工作领导小组提出建议，县应急管理工作领导小组决定终止应急响应，并报市粮食应急工作指挥部；Ⅲ级响应由县粮食应急工作指挥部会同县应急管理工作领导小组提出建议，报市粮食应急工作指挥部，由市应急委员会决定终止响应并报自治区粮食应急工作领导小

组；Ⅱ级、Ⅰ级响应由自治区相关部门决定终止。

5 应急保障

5.1 队伍保障

建立健全应急保障队伍，包括应急原粮采购人员、应急粮食加工人员、应急粮食配送人员、应急粮食供应人员，粮食主管部门对应急保障队伍应定期开展培训与考核。

应急原粮采购人员：辖区内粮食储备企业工作人员；

应急粮食加工人员：应急粮食定点加工企业工作人员；

应急粮食配送人员：应急粮食定点承储企业及应急粮油配送中心工作人员；

应急粮食供应人员：应急粮食供应网点工作人员。

5.2 完善县级粮食储备

按照《国务院粮食流通管理条例》《宁夏回族自治区地方储备粮管理条例》的要求，为应对粮食应急状态，逐步完善县级原粮储备和专项基金预算。

5.3 确保成品粮油储备

按照全县城镇常驻人口每人每天 0.5 公斤、15 天的口粮消费量和全县人口每人每天 45 克、30 天的口油消费量及农村人口 30%消费量适时调整县应急成品粮油储备。加强对自治区、银川市在本县辖区应急成品粮储备的日常监管，确保应急突发事件和特殊情况下的市场供应。

5.4 健全应急加工、运输和供应体系

县发改局（粮食局）及相关部门应根据供应量进一步完善粮食应急加工和应急运输能力的建设，建立符合国家要求和本县实际的粮食应急供应网络及应急配送中心。

5.5 通讯保障

县粮食应急工作指挥部办公室要建立通讯保障网络并及时更新，成员单位要提供准确的联络方式。发生粮食应急事件后，各粮食应急工作指挥人员及成员要确保手机全天候畅通。

5.6 资金保障

县人民政府根据《中华人民共和国预算法》《宁夏回族自治区突发事件应对条例》等有关规定，将粮食应急工作所需经费列入县级财政预算。

财政部门对粮食应急事件所需费用，给予必要保障。

6 恢复重建

6.1 善后处置

财政部门要及时核拨应对粮食应急事件相关费用，并做好账目审核监管工作，各应急响应单位按照有关规定及时核销相关费用。

应急工作结束后 6 个月内，按照原计划规模及时补充已动用的储备粮油，恢复原储备能力。

6.2 总结评估

一般应急事件终止后，县粮食应急工作指挥部要对粮食应急事件进行评估、总结，提出改进工作意见、形成专项工作报告，报县应急管理工作领导小组，并报银川市粮食应急工作指挥部办公室。

较大及以上应急事件终止后，由县粮食应急工作指挥部会同县应急管理工作领导小组对本县粮食应急事件进行评估、总结，提出改进工作意见、形成专项工作报告，报银川市粮食应急工作指挥部和自治区粮食应急工作领导小组办公室。

7 日常管理

7.1 宣教培训

县粮食应急工作指挥部办公室要建立粮食应急管理制度，充分利用广播、电视、互联网、报纸等各种媒体，加大对粮食应急管理工作的宣传培训力度，每年宣传教育活动不得少于 1 次。

7.2 预案演练

县粮食应急工作指挥部办公室要结合日常工作进行演练或参加县级综合应急演练，锻炼应对粮食应急工作的专业化队伍，保障各项应对措施的落实。

7.3 预案管理与更新

本预案由发改局（粮食局）制定，经县人民政府审批后，由县人民政府办公室印发。

相关单位、群众自治组织要按照本预案的规定履行职责，县人民政府修订本级《粮食应急预案》，报银川市粮食应急工作指挥部办公室和银川市应急办（总值班室）备案。

发改局（粮食局）要根据社会发展和应急演练时发现的问题、机构变化等情况，适时组织修订完善本预案。

7.4 责任与奖励

对在应对粮食应急工作中玩忽职守，瞒报、谎报、迟报、漏报事件信息或有其他违法犯罪行为的，依据国家有关法律法规追究责任，构成犯罪的，依法追究其刑事责任；对在应对粮食应急工作中做出突出贡献的集体和个人，按照有关规定给予表彰奖励。

8 附则

8.1 预案解释

本预案由发改局（粮食局）负责解释。

8.2 预案实施时间

本预案自印发之日起实施，永宁县人民政府办公室印发的《永宁县粮食应急预案》（永政办发〔2016〕48号）自即日起废止。

永宁县应急成品粮管理办法

2017年9月19日

第一章 总 则

第一条 为加强我县应急成品粮管理，确保应急成品粮储备数量真实、质量良好、储存安全和特殊时期全县粮食的有效供应，发挥应急成品粮在调控中的作用，根据《宁夏回族自治区地方储备粮管理条例》《银川市地方储备粮管理办法》和《永宁县粮食应急预案》等有关规定，制定本办法。

第二条 从事和参与本县级应急成品粮储备经营管理、监督检查活动的单位和个人，应当遵守本办法。

第三条 本办法所称的县级应急成品粮储备，是指根据县人民政府下达的应急成品粮储备规模和品种所储备的小麦粉、大米和食用植物油。

第四条 应急成品粮储备规模由县人民政府下达。

县发改局（粮食局）负责应急成品粮计划的落实、储存管理、轮换和日常监督检查。

县财政局负责应急成品粮的贷款利息、储存费用、轮换费用、政策性价差补贴，并对应急成品粮有关财务执行情况进行监督。

农发行永宁县支行按照国家有关规定，安排应急成品粮所需贷款，并对信贷资金进行监督。

应急成品粮承储企业对应急成品粮的数量、质量和储存安全负责。

第五条 应急成品粮是县人民政府应对自然灾害、突发性事件，调控粮食市场、平抑粮价的重要物资，未经县人民政府批准，任何单位和个人无权动用。

第二章 储备规模

第六条 县发改局（粮食局）会同县财政局等相关部门根据本县经济社会发展、人口变化和国家标准，提出县级应急成品粮储备规模和储备品种，报县人民政府批准执行。

储备规模和品种每3年核定一次。

第七条　应急成品粮的储备规模应当依据本县农村常住人口的30%和城镇常住人口确定。

第三章　应急成品粮建立

第八条　县发改局(粮食局)会同县财政局按照政府采购程序确定承储企业，并签订承储协议。承储企业应当按照协议要求的品种、数量、质量组织实施，县发改局(粮食局)组织验收。

应急成品粮承储企业登记所在地和仓库所在地必须在永宁县辖区或银川市三区毗邻永宁县的区域内，且须取得县级以上“应急成品粮油定点承储企业资格”。

县发改局(粮食局)按照国家有关规定及本办法的规定，承担应急成品粮承储企业资质审核认定。

第九条　储存的应急成品粮应当符合国家规定的质量等级标准。

第十条　应急成品粮占用的资金由承储企业自行筹措，农发行永宁县支行按照有关规定予以贷款支持。

第四章　应急成品粮管理

第十一条　申请“应急成品粮油定点承储企业资格”，应当具备合下列条件：

(一)具有独立法人资格的粮油购销加工企业，取得营业执照、食品生产许可证和粮食收购许可证等相关证照；

(二)正常经营一年以上，具备资金筹措能力；

(三)具备相应的成品粮油仓(罐)储设施和保管能力；

(四)粮油存储设备完好，计量设备准确，具备成品粮油常规检化验条件，配备有专业技术化验和保管人员；

(五)交通便利，企业自有成品粮油配送车辆。

第十二条　承储企业应当对应急成品粮实行专仓(专垛)储存、专人保管、专账记载，保证应急成品粮账账相符、账实相符、质量良好、储存安全。

第十三条　应急成品粮储备必须使用包装，包装规格以25公斤/袋为主，计量误差必须在规定的范围之内。食用植物油以罐装为主，辅以部分小包装。

第十四条　承储企业不得虚报、瞒报应急成品粮数量，不得在应急成品粮中掺杂使假、以次充好；不得擅自串换应急成品粮的品种，不得新陈混掺、变更应急成品粮的储存地点；不得因延误轮换或者管理不善造成应急成品粮品质劣变、霉变。

第十五条　承储企业不得以库存应急成品粮进行担保或者清偿债务。

第十六条　对依法被撤销、解散、破产或者协议到期、违规操作的承储企业储存的应急成品粮油储备应当取消承储计划另行安排。

第五章　应急成品粮轮换

第十七条　应急成品粮的轮换应当遵循有利于保证数量、质量和储存安全，保持粮油市场稳定，节约成本、提高效率的原则，实行滚动式轮换，具体轮换时间和方式由承储企业根据经营情况确定，但不得有轮换架空期。

第六章　应急成品粮补贴

第十八条　应急成品粮储备的补贴项目包括：利息补贴、储存费用补贴、轮换费用补贴，或可采用综合性补贴标准。具体补贴标准参照自治区、银川市储备粮油标准由县政府确定。

第十九条　应急成品粮补贴列入当年财政预算。

第二十条　应急成品粮补贴实行半年拨付、年终决算，县发改局(粮食局)依据检查结果通过农业发展银行粮食补贴专户及时拨付到承储企业，包干使用，超支不补。

第七章 应急保障

第二十一条 县人民政府应当根据国家、自治区及银川市粮食应急预案的规定制定永宁县粮食应急预案。县发改局(粮食局)应当根据粮食供求应急状态,适时提出动用应急成品粮的建议,报县人民政府批准。

第二十二条 有下列情形之一的,应当按照粮食应急预案启动机制,动用应急成品粮,保证应急供应:

(一)本辖区粮食明显供不应求或者市场价格异常波动;

(二)发生重大自然灾害或者其他突发事件;

(三)县级以上人民政府认为需要动用储备粮的其他情形。

第二十三条 批准动用的县级应急成品粮由县发改局(粮食局)具体组织实施,市场监管、交通等部门根据各自的职责开展相应工作。

动用县级应急成品粮发生的价差亏损,由县财政弥补。

第二十四条 任何单位和个人不得拒绝执行或者擅自改变应急成品粮动用命令、计划及用途。

第二十五条 动用结束后,县发改局(粮食局)应当及时组织承储企业补足库存。

第八章 监督检查

第二十六条 县发改局(粮食局)负责监督检查承储企业执行应急成品粮管理制度的执行情况,承储企业要建立健全应急成品粮各类业务台账,并定期向县发改局(粮食局)上报收支存及质量情况报表。

第二十七条 县发改局(粮食局)与承储企业签订的《承储协议书》,应当明确双方的权利、责任和义务、确保应急成品粮数量真实、质量良好、储存安全和管理规范。

第二十八条 县发改局(粮食局)要强化对应急成品粮购入、储存、轮换等环节的日常管理,按月核实库存数量、定期开展监督检查。每年至少开展一次应急成品粮质量的随机抽样检测。

第二十九条 县发改局(粮食局)、财政局要共同加强对应急成品粮工作的业务指导,不定期地开展联合检查。

第九章 法律责任

第三十条 县发改局(粮食局)和其他部门及其工作人员违反本办法规定,有下列行为之一的,责令其限期改正,对直接负责的主管人员和其他直接责任人员依法给予行政处分;构成犯罪的,依法追究刑事责任:

(一)将不符合承储资质的企业确定为应急成品粮承储企业;

(二)授予不符合法定条件的企业储备粮储存企业资格的;

(三)隐瞒或者包庇应急成品粮管理违法行为的;

(四)在应急成品粮管理工作中,收受贿赂和索要财物的;

(五)不履行应急成品粮监管职责、渎职的;

(六)不及时拨付应急成品粮储存费用等补贴,给承储企业造成损失的;

(七)接到举报不及时查处的。

第三十一条 承储企业违反本办法规定,有下列行为之一的,由县发改局(粮食局)责令限期改正,可以处以一万元以上五万元以下的罚款:

(一)对县级应急成品粮未实行专仓储存、专人保管、专账记载的;

(二)储存的县级应急成品粮账账不符、账实不符的;

(三)擅自串换县级应急成品粮品种或者变更储存地点的;

(四)发现县级应急成品粮的数量、质量和储存安全问题不及时处理,或者不及时报告的;

(五)以县级应急成品粮进行担保或者清偿债务的。

第三十二条 承储企业违反本办法规定,有下列行为之一的，由县发改局（粮食局）责令限期改正，处以一万元以上十万元以下的罚款：

（一）虚报、瞒报应急成品粮数量的；

（二）在应急成品粮中新陈混掺、掺杂使假、以次充好的；

（三）入库的应急成品粮不符合国家和自治区规定的质量等级和标准要求的；

（四）造成应急成品粮品质劣变、霉变的；

（五）拒不执行或者擅自改变应急动用命令的；

（六）擅自动用应急成品粮的。

第三十三条　承储企业违反本办法规定，有下列行为之一的，由县发改局（粮食局）或者财政局按照职责责令限期改正，追回被骗取的应急成品粮贷款和贷款利息、费用等财政补贴，处以一万元以上三万元以下的罚款：

（一）弄虚作假套取差价，骗取应急成品粮贷款和贷款利息、储存费用等财政补贴的；

（二）挤占、截留、挪用县级应急成品粮贷款和贷款利息、管理费用等财政补贴的；

第三十四条　承储企业违反本条例规定，有第三十一条、第三十二条、第三十三条行为之一的，由县发改局（粮食局）取消其储存资格。构成犯罪的，依法追究刑事责任。

第三十五条　当事人对行政处罚决定不服的，可以依法申请行政复议或者提起行政诉讼；逾期既不申请行政复议也不提起行政诉讼，又不履行行政处罚决定的，由作出行政处罚决定的机关申请人民法院强制执行。

第十章　附　则

第三十六条　本办法自 2018 年 1 月 28 日起实施，有效期至 2023 年 1 月 27 日。《永宁县应急成品粮油储备管理暂行办法》（永政办发〔2011〕176 号）同时废止。

永宁县医疗卫生服务体系规划（2016—2020）

（2017 年10 月 30 日）

第一章　规划背景

为推动永宁县医疗卫生事业健康持续发展，积极应对全县经济社会快速发展、医药卫生体制综合改革、二孩政策引发的人口增长、人口老龄化以及人群疾病谱变化、外来人口就医、健康扶贫等所带来的挑战，满足全县不同层次人群多元化就医服务需求，构建科学、公平、高效的医疗卫生服务体系，特编制《永宁县医疗卫生服务体系规划（2016—2020）》（以下简称“本规划”）。

一、发展现状

全县国土总面积 934 平方公里。辖 5 镇 1 乡 1 个街道办事处和 2 个国营农场，县域常住户籍总人口 23.6 万，流动人口约 5 万。2016 年，全县城镇居民人均可支配收入 2.69 万元，农村居民人均可支配收入 1.18 万元。是中国西部百强县之一，也是全国第二批县级公立医院综合改革试点县和自治区综合医改示范县。

“十二五”以来，全县建立了比较完整的医疗卫生服务体系，全县有各类注册医疗卫生机构 80 家。其中：县级医疗卫生机构 5 家，乡镇卫生院 8 家，小城镇中心村卫生室 11 家，村卫生室 20 家，城市社区卫生计生服务站 5 家，民营专科医院 1 家，民营个体诊所 30 家；现有医务人员 927 人。其中：执业（助理）医师 207 人（千人口医生 0.87 人）、执业注册护士 349 人（千人口注册护士 1.47 人）。国有公立医疗卫生机构正式职工 575 人、临聘人员 290 人；民营医疗机构从业人员共有 62 人；卫生专业技术人员 795 人。其中：高级职称 60 人，中级职称 171 人，初级职称及以下人员 304 人，其他人员 260 人。全县医疗卫生机构设置床位 490 张，千人口病床数 2.07 张。其中：县医院 300 张、病床使用率为 98.4%，中医院 60 张、病床使用率为 97.83%，保健所30张，病床使用率为78.1%。8家乡镇卫生院总计100张、病床使用率为62.1%。

全县居民健康状况良好。2016年，人均寿命74.3岁，孕产妇死亡率9.98/10万，5岁以下儿童死亡率6.28‰，孕产妇死亡率和5岁以下儿童死亡率均低于宁夏全区平均水平。

二、主要问题

（一）医疗资源匮乏，服务能力不强。2015年，全县千人口床位数2.07张，千人口执业（助理）医师0.87人，千人口注册护士1.47人，不但远低于全国平均水平，也低于周边县市区。医疗服务能力提升较慢。县级医院开放床位480张。

（二）服务能力不足使患者外流比例较高。由于县域内医疗卫生机构服务能力弱，2015年，全县有27.2%住院患者选择在银川市级医院或自治区三级医院住院治疗。

（三）卫生专业技术人力资源不足。由于我县距离银川市区较近、医疗条件有限、医务人员个人成长空间局限、人员待遇不高等问题，制约了我县医疗卫生服务能力提升。

（四）卫生服务体系缺乏系统性。乡镇卫生院的发展参差不齐，服务效率不高；公立医院之间、公立医院与社会举办医院之间没有形成有效合作，存在医疗资源浪费，管理水平有待提升。

三、形势与挑战

党的十八届五中全会，明确了2020年全面建成小康社会的宏伟目标，医疗卫生事业面临新的历史发展机遇。同时，医药卫生体制改革也提出到2020年，实现人人享有基本医疗卫生服务的目标。

（一）人口结构和疾病谱的改变是医疗卫生工作的新任务。随着我县小城镇中心村建设步伐的加快，老龄人口、流动人口的持续增加，我县人口结构也发生了明显变化。伴随着人口的老龄化，慢性非传染性疾病已成为影响人民健康的首要因素。根据调查，目前恶性肿瘤与心、脑血管疾病死亡率已经成为全县人口死因的第一位和第二位。同时，传染病防治的薄弱环节依然存在，艾滋病等传染病已构成新的威胁，老年疾病对卫生资源的消耗比例呈快速上升趋势。这些新的情况要求卫生系统不断优化医疗资源配置，完善服务体系，以满足社会不同群体对医疗保健的多种需求。

（二）城镇化进程加快使医疗卫生工作迎来了新挑战。近年来，通过“创建群众满意的乡镇卫生院”活动以及小城镇中心村卫生室标准化建设，农村医疗卫生机构服务能力明显提高，可持续发展潜力大大增强，城乡卫生保健水平差距有所缩小。但是，也还存在一些问题，主要表现在：高素质的卫生技术人员集中于县级医疗卫生机构、基层医疗卫生机构人才队伍技术力量相对较弱，适用型的高级卫生专业技术人才引进较困难。在卫生资源的布局上，县城区域医疗机构过于密集，而偏远农村居民集中居住区相对较少。卫生资源配置的失衡，导致了卫生服务功能的错位和供给的失衡，县级医院病人拥挤，承担了本应是乡镇卫生院诊治的常见病、多发病，造成资源的不合理利用，从总体上降低了卫生资源有效利用率。

（三）信息技术带来医疗模式的转变。云计算、互联网、大数据等信息化技术的快速发展，为优化医疗卫生业务流程、提高服务效率提供了便利条件，推动着医疗卫生服务模式和管理模式的深刻转变，县级医院可以充分利用远程诊断、远程查房、远程教学、远程心电等手段，提升县域内医疗卫生机构的诊疗技术，转变诊疗模式，让更多的病人选择在县域内医疗卫生机构就诊。

（四）医药卫生体制改革为医疗卫生事业发展注入了新动力。按照国家、自治区、银川市有关医改政策，县委、政府制定印发了《永宁县深化医药卫生体制改革实施方案》（永政办发〔2009〕126号）《永宁县人民政府办公室关于印发永宁县县级公立医院综合改革相关配套文件的通知》（永政办发〔2015〕159号）等20多个配套文件，医药卫生体制改革取得明显成效，被国家列入第二批县级公立医院综合改革试点县，被自治区确定为全区县级公立医院综合改革示范县。综合医改的深入推进，进一步优化了我县医疗卫生资源的配置，建立健全了医疗卫生机构的管理体制和运行机制，构建起布局合理、功能完善、覆盖全县区域的医疗服务新格局。

（五）党的十八届六中全会提出的“健康中国”新概念以及国家、自治区、银川市“卫生和健康大会”精神为我县医疗卫生事业指明了正确的发展方向。

第二章　目标和原则

一、规划目标

1. 在全县经济社会发展的背景下，为建设健康美丽新永宁、促进全县经济社会快速发展提供支撑。

2. 以 2020 年全面建成小康社会、实现人人享有基本医疗卫生服务为目标，以实现县域内就诊住院率力争达到 90%以上为抓手，促进全县医疗卫生服务能力的提升，满足全县居民多层次、多元化的医疗服务需求。

3. 强化县级公立医院能力建设，提高乡镇卫生院技术水平，做实基层医疗卫生机构服务能力建设。

4. 按照规模合理、适度超前的思路，强化县级公立医院，闽宁镇、李俊镇、望洪镇、望远镇卫生院及城市社区卫生服务中心基础设施建设，提升医疗服务能力。

5. 加强城市社区卫生服务站、小城镇中心村卫生室建设，筑牢三级医疗卫生服务网络底线，为全县居民提供优质、安全、便捷、价廉的基本医疗和公共卫生均等化服务。

二、发展思路

（一）立足实际，合理确定医疗服务体系发展规划。针对我县居民的主要疾病、就诊习惯和支付能力，构建诊疗和预防结合、急慢病分治、公立和民营医疗机构协调发展的现代化医疗卫生服务体系，改善居民就医环境，力争实现县域内就诊住院率提高到 90%以上的目标。

（二）完善县乡村医疗卫生服务一体化建设，提升全县医疗卫生机构的服务能力。借助县级医院对乡镇卫生院实施的托管、精准帮扶、示范示教、科室包干、远程会诊、医师带徒、多点执业等运行模式，通过县乡村医疗卫生服务一体化建设，进一步强化乡镇卫生院业务能力建设，逐步构建布局合理、功能完善、覆盖全县区域的医疗卫生服务新格局。

（三）突出功能定位，注重内涵发展。完善县乡村三级医疗卫生服务机构功能定位，加强基本医疗和公共卫生服务能力建设，注重卫生人力资源的引进和培养，建立适应行业特点的医务人员薪酬制度，调动职工积极性。完善县级公立医院、专业公共卫生机构、基层医疗卫生机构以及社会办医之间的分工协作关系，整合各级各类医疗卫生机构的服务功能，为群众提供系统、连续、全方位的医疗卫生服务。

三、规划原则

（一）坚持健康服务需求导向。以健康服务需求和解决人民群众主要健康问题为导向，以提升服务能力为主线，推进有序发展，强化薄弱环节，科学合理确定各级各类医疗卫生服务机构的数量、规模及布局。

（二）坚持公平与效率统一。优先保障基本医疗和公共卫生服务的可及性，促进公平公正。同时，注重医疗卫生资源配置与使用的科学性与协调性，提高效率，降低成本，实现公平与效率的统一。

（三）坚持政府主导与市场机制相结合。切实落实政府在制度、规划、筹资、服务、监管等方面的责任，维护医疗卫生事业的公益性。大力发挥市场机制在配置资源方面的作用，充分调动社会力量的积极性和创造性，满足人民群众多层次、多元化医疗卫生服务需求。

（四）坚持系统整合。加强全行业监管与属地化管理，统筹城乡、区域资源配置，统筹当前与长远，统筹预防、医疗和康复，中西医并重，注重发挥医疗卫生服务体系的整体功能，促进均衡发展。

（五）坚持分级分类管理。充分考虑经济社会发展水平和医疗卫生资源现状，统筹不同类型、层级的医疗卫生资源的数量和布局，分类制订配置标准。促进基层医疗卫生机构发展，着力提升服务能力和质量。合理控制公立医院资源规模，推动发展方式转变。提高专业公共卫生机构的服务能力和水平。

四、规划指标

（一）规划范围。全县行政管辖区域，面积934平方公里。包括6个乡镇和1个街道办事处2个国有农场，总人口23.6万人。6个乡镇：闽宁镇、李俊镇、望洪镇、杨和镇、胜利乡、望远镇；1个街道办事处：杨和街道办事处；2个国有农场：黄羊滩农场、玉泉营农场。

（二）规划内容。医院、基层医疗卫生机构、专业公共卫生服务机构和其他医疗卫生机构。

医院包括：县级公立医院（县人民医院、县中医医院）和社会办民营医院（望远工业园区的胸科医院，健中风湿骨病专科医院）。

基层医疗卫生机构包括：乡镇卫生院、社区卫生服务中心（站）、小城镇中心村卫生室（村卫生室）、民营个体诊所。

专业公共卫生机构包括：疾病预防控制中心、卫生监督所、妇幼保健计划生育服务中心等。

专业公共卫生机构原则上不设病床。

（三）对医疗服务需求的预测。计划到2020年，全县常住户籍人口将达到28.5万，按照目前患者住院率预计，2020年住院率可能将达到9%左右，全县全年住院人次预计为2.52万人次，其中2.27万人次在县域内医疗卫生机构住院，平均住院日在8天左右。县级公立医院和基层医疗机构住院人次占比为7∶3，病床使用率分别超过90%和70%，各级各类医疗机构功能定位更加清晰，急慢病分治和分级诊疗模式基本成型，服务能力和效率明显提升。

（四）医疗卫生资源总量。计划到2020年，县域居民健康和医疗卫生服务主要指标在自治区各县市中处于领先水平，医疗资源配置指标符合国家对县域层面的相关规定。

第三章　医　院

一、县级公立医院建设规划

（一）县人民医院建设规划。

1. 功能定位：县人民医院为公益二类事业单位，二级甲等综合医院。是县域内的医疗卫生服务中心、农村三级医疗卫生服务网络的龙头。承担县域居民常见病、多发病的诊疗、危急重症抢救与疑难病例的转诊，农村基层医疗卫生机构人员培训指导，以及部分公共卫生服务、自然灾害和突发公共卫生事件应急处置等工作。

2. 建设规划：县人民医院计划到2020年，床位设置达到500张，成为全县医疗服务中心。重点发展骨科、普外科、神经内分泌科、心脑血管、消化、呼吸、新生儿科、妇产科、眼耳鼻喉服务中心、创伤急救等专科，力争达到三级综合医院技术水平。

强化县人民医院与银川市第一人民医院和宁夏医科大学总院合作关系，包括：完善远程医疗会诊机制；优化相关专科疾病转诊的绿色通道；进一步加强专家定期到县人民医院坐诊、手术、示教等教学活动，共同提升县人民医院重点专科建设相关工作，提高县人民医院服务能力。

依托县人民医院检验科、放射科、消毒供应室技术力量，设立永宁县影像诊断中心、永宁县医疗机构消毒供应中心、永宁县医学检验、体检服务中心。设置标准按照《医学检验所基本标准（试行）》规定执行。承担为基层医疗卫生机构提供超出本院放射、检查、检验、消毒等技术服务的影像诊断、临床检查检验、体检服务、突发公共卫生标本的检测工作。加强医院医学放射、检查、检验、消毒等质量控制与管理，强化医学放射、检查、检验、消毒等学科的研究、教学、人员培训、继续教育等职能。

（二）县中医医院规划。

1. 功能定位：县中医医院是二级甲等中医医院，医院主要是针对本县疾病谱发生发展，充分发挥中（回）医简、便、验、廉的特点，提高辩证论治水平，为全县人民群众提供中（回）医药服务。同时，县中医院还承担着对基层医疗卫生机构在中（回）医药服务能力建设的支持和指导，提升乡镇卫生院、社区卫生服务站中（回）医药服务能力。

2. 建设规划：通过改建扩建，2019年县中医院床位建设规模计划达到130张，充分发挥中医特色，服务能力和水平将得到全面提升。计划到2020年，床位设置在150张左右，巩固二级甲等中医院水平。重点打造肝病专科、康复医学、针灸理疗、肛肠科、肾病康复等特色专科。

加强中医医院与银川市中医院技术合作，包括：完善远程医疗会诊机制。优化相关专科疾病转诊的绿色通道。组织银川市中医院相关专家定期到县中医医院坐诊、查房等教学工作，加强县中医医院重点专科建设，提升县中医医院服务能力。

完善县乡村医疗卫生服务一体化建设，整合乡镇卫生院的床位资源，在县中医院建立 80 张床位规模的康复医疗服务病区，打造全县的康复医学服务中心，负责全县居民慢性病和急性病康复期的住院治疗。

2016—2020 年，完成改建面积约 6000 平米，建成康复治疗中心、老年病治疗中心和治未病健康管理中心。

二、社会办医院建设规划

鼓励社会办医向高端化、专科化方向发展，为社会提供康复、老年护理等紧缺服务项目，与县级公立医院形成良性竞争局面。到 2020 年，按照每千常住人口不低于 0.18 张床位设置标准为社会办医预留规划空间，同步预留诊疗科目设置和大型医用设备配置空间。支持社会民办医院合理配备大型医用设备，及时办理审批手续，对具备相应资质的社会民办医院，按照规定予以批准，简化审批流程，提高审批效率。

（一）社会办医项目。

1. 胸科医院。规划建设的胸科医院是一家三级专科医院，医院位于望远工业园区望通路与唐徕渠交会处西南角，医院占地面积 110 亩，计划总投资 6 亿元，总建筑面积 6.6 万平米，设置床位 800 张，2018 年，先期预计开设 400 张床位，该院的建成，将极大地满足了望远及周边地区城乡居民的医疗服务需求。

2. 望远工业园区健中风湿骨病专科医院。预计到 2018 年，进一步完善望远工业园区健中风湿骨病专科医院建设项目。建筑面积 4000 平米，计划投资 3000 万元、开展风湿骨病的研究与治疗。

三、医院人员配备规划

以执业（助理）医师和注册护士配置为重点，以居民卫生服务需求量和医师标准工作量为依据，结合全县 28.5 万人口的医疗卫生服务总量、经济状况、自然条件等因素配置医生和护士的数量，合理确定医护人员比例。按照医院级别与功能任务的需要按 1:1.4 床位与人员配比，承担临床教学、带教实习、支援基层、应急救援等任务的医疗卫生机构可以适当增加人员配置。县人民医院至少要配置 700 名医务人员，中医院至少要配置 210 医务人员。

第四章　基层医疗卫生机构

一、基层医疗卫生机构建设规划

（一）明确功能定位。基层医疗卫生机构的主要职责是提供疾病预防、妇幼保健、健康教育、计划生育技术服务等基本公共卫生服务和常见病、多发病的诊疗服务以及部分疾病的康复、护理服务。向县级医院转诊超出自身服务能力的常见病、多发病及危急和疑难重症病人。基层医疗卫生机构主要包括乡镇卫生院、社区卫生服务中心（站）、小城镇中心村卫生室（村卫生室）、民营诊所等。

（二）强化主要职责。乡镇卫生院和社区卫生服务中心，负责提供基本公共卫生服务，以及常见病、多发病的诊疗、护理、康复等综合服务，并受县级卫生计生行政部门委托，承担辖区范围内的公共卫生管理工作，负责对村卫生室、社区卫生服务站的综合管理、技术指导和乡村医生的培训等。乡镇卫生院分为中心乡镇卫生院和一般乡镇卫生院，中心乡镇卫生院除具备一般乡镇卫生院的服务功能外，还应开展普通常见手术等，着重强化医疗服务能力并承担对周边区域内一般卫生院的技术指导工作。

（三）规范统一管理。村卫生室、社区卫生服务站在乡镇卫生院和社区卫生服务中心的统一管理和指导下，承担行政村、居委会范围内人群的基本公共卫生服务和普通常见病、多发病的初级诊治、康复等工作。

二、城市社区卫生机构

根据《永宁县城市社区卫生服务规划体系》，设置杨和、望远社区卫生服务中心，杨和社区卫生服务中心服务人口约7万人，建筑面积为2000平方米。望远社区卫生服务中心服务人口约8万人，建筑面积为3000平方米。每千服务人口设置0.3~0.6张床位，2家社区卫生服务中心原则上不超过100张。

社区服务站服务人口为0.8~1.5万人，建筑面积在150~220平方米之间。2020年，全县共规划社区卫生服务中心2家即望远、杨和社区卫生服务中心。社区卫生服务站11家即南桥、利民、阳光、团结、永和锦城、望远工业园区、唐湾、富原、蓝山帝景、银子湖、三沙源等，建筑总面积约2500平方米。

三、乡镇卫生院

到2020年，全县8家乡镇卫生院每千常住人口床位数控制在1张以内。

强化县乡村医疗卫生服务一体化管理，重点加强医疗护理、康复病床的设置，加强县医院、县中医医院对乡镇卫生院的业务指导，提升康复护理的诊疗水平，针对康复护理服务，对现有的住院设施进行改造升级，通过与县级医院的分工协作，大力提升基层医疗卫生机构的服务水平和使用效率。

将全县6个乡镇、1个街道办事处和2个国有农场划分为4个医疗区，一是县医院、县中医医院辐射全县及县城杨和镇居民的医疗服务区。二是望远镇卫生院辐射全镇及部分胜利乡居民的医疗服务区。三是李俊镇辐射全镇及部分望洪镇居民的医疗服务区。四是以闽宁镇卫生院辐射全镇及玉泉营农场、黄羊滩农场的医疗服务区。

依据配置标准，控制一般乡镇卫生院的床位规模，住院服务向中心卫生院集中，重点将望远、李俊、闽宁等3家中心卫生院通过县乡村医疗卫生服务一体化管理措施，逐步建成接近县级医院综合服务能力的医疗卫生机构。

四、中心村卫生室（村卫生室）、个体诊所

支持建设11家中心村卫生室（每个中心村卫生室建设面积不少于320平方米）和22个村卫生室（每个村卫生室建设面积不少于200平方米）、23家个体诊所等其他基层医疗卫生机构的设置，中心村卫生室（村卫生室）建设纳入规划布局，到2019年底，新建中心村卫生室（含村卫生室）7920平方米。个体诊所不受规划布局限制，实行市场调节的管理方式。

五、基层医疗卫生机构人员配备规划

到2020年，每千常住人口基层卫生人员数达到1.8人以上，在全县初步建立起充满生机和活力的全科医生制度，基本形成统一规范的全科医生培养模式和“基层首诊、分级诊疗、急慢分治、上下联动、双向转诊”的服务模式，全面推行家庭医生签约服务，建立全科医生与城乡居民比较稳定的契约服务关系，基本实现城乡每万名居民有1~2名合格的全科医生，全科医生服务水平全面提高，基本满足城乡居民基本医疗卫生服务需求。原则上每千人应有1名乡村医生，居住分散的行政村可适当增加。每所村卫生室至少有1名乡村医生执业。

第五章　专业公共卫生机构

一、疾病预防控制机构

（一）完善永宁县疾病预防控制中心建设，强化疾病控制工作。以现有的疾病控制中心为基础，强化疾病控制中心基础设施建设，不断满足全县疾病预防控制任务。

（二）加强县疾病预防控制中心的能力建设，发挥县疾病预防控制中心在公共卫生服务方面的引领作用。加强县乡村医疗卫生服务一体化建设，强化县疾控控制中心对乡镇卫生院疾病控制工作的指导，进一步完善疾病控制工作的硬件建设和能力建设，筑牢三级预防保健网络的网底功能。按照不同疾病防治要求，在重点地区、重点场所、重点人群积极开展疾病防治工作，稳步降低全县传染病发病率和死亡率。加强健康教育工作，以我县创建全国健康促进县为契机，将永宁县建成全国健康促进县，在每个乡镇（街道）建立1~2个健康教育示范村或社区，不断提高居民健康知识知晓率，逐步养成良好的生活习俗和健康的行为习惯、生活方式，进一步提升全县居民健康素养。

二、卫生监督机构

（一）机构设置。以现有卫生监督所为基础，拓展工作思路，按照县乡村医疗卫生服务一体化管理工作的要求，加强卫生监督所建设，完善各乡镇卫生院卫生监督组织建设和能力建设，建立健全县乡村卫生监督体系，将卫生监督执法的触角延伸到各乡镇及村卫生室，为我县卫生事业健康发展提供公正公平的发展环境。

（二）强化管理。进一步深化乡镇卫生院卫生监督网格化管理，做到网格到底、明确职责，分工协作，责任到人。加强执法能力建设，建立健全卫生监督执法综合考核机制。提高突发公共卫生事件处置能力，执法设备达到卫生部《卫生监督机构建设指导意见》规定的标准。依法行政，文明执法，重点做好医疗机构、职业卫生、放射卫生、环境卫生、学校卫生、生活饮用水和健康相关产品的监督。

（三）提高监管能力。综合运用法律法规、经济杠杆和信息引导等手段，提高卫生行政能力。强化卫生法制、规范行政许可、加大监督力度，建立运转协调、行为规范、程序明晰、执法有力、办事高效的卫生监督新体制。完善医疗服务要素准入管理。落实医疗服务信息公示制度，完善患者投诉处理和医患争议处理机制，建立协调统一的卫生管理体制。

三、妇幼保健机构

（一）机构设置。以现行永宁县妇幼保健所为基础，深度整合妇幼保健和计划生育技术服务，建立健全永宁县妇幼保健计划生育技术服务中心，以乡镇卫生院、小城镇中心村卫生室（卫生室）或社区卫生服务中心（站）为依托，完善集妇幼保健和计划生育技术服务于一体的县乡村三级妇幼保健计划生育技术服务网络。

（二）提高能力。推进县妇幼保健和计划生育技术服务标准化和规范化建设，建成基础设施完善、服务功能健全、人员素质较高、运行机制科学、管理规范的妇幼保健计划生育技术服务体系。健全妇幼保健计划生育服务的网络体系和监测体系，提高全县妇女儿童健康保健水平。

四、医疗急救网络

（一）规划目标。计划到 2020 年，建成机构健全、设施配套、装备适用、信息畅通、反应快捷、服务良好、急救中心—急救站（转运站）二级院前急救医疗服务网络联网联动、运转协调、覆盖全县城乡各地的急救医疗服务体系。

（二）机构设置。依托县医院、中心乡镇卫生院急诊急救设施，全县设立 1 家 120 急救中心（挂靠在县医院），在闽宁、李俊、望远三家中心卫生院设置三个急救站，急救站满足服务半径 5~10 公里，急救反应时间 6~8 分钟。在玉泉营、黄羊滩、望洪、杨和、胜利等五家乡镇卫生院设置转运站，将门诊收治的急诊患者及时转诊到县医院 120 急救中心，或及时联系县医院 120 急救中心出诊及时施救。急救转运时间 10~30 分钟。县医院 120 急救服务中心覆盖全县区域。

（三）规划布局。急救中心 1 个，依托永宁县人民医院 120 急救中心。急救站 3 个，主要依托闽宁、李俊、望远三家中心卫生院。急救转运站 5 个，在玉泉营、黄羊滩、望洪、杨和、胜利等五家乡镇卫生院设置转运站。

五、公共卫生机构人员配备规划

（一）到 2020 年，我县公共卫生服务专业技术队伍人员需要达到 160 人（每千常住人口数配置不低于 0.5 人），各级各类公共卫生人才满足工作需要。

（二）县疾病预防控制中心按照每千常住人口数配置 0.175 人的要求，共需 49 名工作人员。其中：专业技术人员占总人数的比例不得低于 85%，卫生技术人员不得低于 75%。

（三）县卫生监督所按照每千人口配置 0.15 人的标准，共需配备 42 名工作人员，卫生技术人员不得低于 85%。

（四）妇幼保健计划生育服务中心根据全县服务人口、社会需求、交通状况、区域卫生计划生育事业发展规划以及承担的功能任务等合理配备人员，总体人员不少于 69 人（每千常住人口数达到 0.2 人）。县乡二级妇幼保健计划生育服务中心卫生技术人员比例应当不低于总人数的 80%。

第六章　卫生人才队伍

一、完善卫生人才制度

坚持以人才队伍建设助推医疗卫生事业发展的理念，建立与全县社会经济发展相适应的卫生人才队伍管理机制。优化卫生人才队伍结构，提升卫生人才队伍的能力和质量，加强卫生人才信息的沟通和服务，促进人才合理流动，引导卫生人才向农村流动，逐步构建政府、社会、市场和单位各司其职的宏观管理机制，实现卫生人力资源全行业管理。

二、加强卫生人才队伍建设

加大人才引进力度，多渠道培养卫生人才。到2020年，基本实现每千人口卫生技术人员4.6人的配置目标，其中每千人口执业（助理）医师和注册护士各达到1.6和2.31人。以此为基础，分级核定各级各类医疗卫生机构人员总数，三至五年内按核定人员总量补充配齐卫生技术人员。

（一）加大卫生人才引进力度。落实县级公立医院法人治理制度，县级医疗机构新进人员除护理专业以外必须要求本科以上学历，乡镇卫生院临床人员要求大专以上学历或取得执业助理证以上的条件。县级公立医院每年引进本科以上毕业15名；每年面向社会公开招聘20名卫生专业技术人员人充实到全县乡镇卫生院、做好人才储备，应对医务人员退休而造成的岗位空缺和人才流动的弥补。

（二）畅通高层次人才引进的绿色通道。充分发挥县级公立医院用人自主权，每年为县级公立医院引进中级以上职称技术骨干5名。重点支持肿瘤、普外、骨伤、心脑血管、呼吸、消化、康复等专业的发展。

（三）争取财政专项支持，建立持续投入机制。县财政每年为卫生系统安排卫生高级人才引进及奖励经费100万元，用于对引进人员安置费及高职称人员奖励津贴。

三、加大卫生人才培养力度

采取多种形式加大人才培养力度。一是规范继续医学教育管理工作，医疗卫生机构继续医学教育活动项目的学科专业覆盖率达100%，继续医学教育对象获取规定学历的达标率力争达到90%以上，争取到“十三五”期末，卫生专技人员学历水平达到本科以上的占95%。二是着力加强农村卫生人才队伍建设，积极发挥县乡村医疗卫生服务一体化管理的优势，每年选拔乡镇卫生院专业技术人员到县级、市级医院进修学习，提高乡镇卫生院专业技术人员技术水平。通过举办学习进修班、参加在职学历教育、举办专题培训班等方式，不断提升农村卫生人才队伍综合素质；三是加强卫生管理人才的培养，大力培养选拔高素质年轻、后备卫生专业技术人员，建好后备干部队伍。

四、完善收入分配机制

逐步完善医疗卫生机构人事薪酬制度，鼓励县级公立医院实行医务人员岗位年薪制。争取到“十三五”末，全县卫生系统人员支出占医疗卫生机构支出的比例提高到30%以上。基本工资执行国家统一工资政策和标准。绩效工资以综合绩效考核为依据，突出服务质量、数量，注重向优秀人才和关键岗位倾斜，合理拉开收入差距。

第七章　卫生信息化

一、完善县域医疗健康信息数据平台

以现有的信息化系统为基础，建立完善以县域居民电子健康档案为载体，贯穿整个生命周期的健康信息数据、诊疗活动记载、动态健康管理信息等于一体的数据平台。建设全县区域卫生信息化管理服务平台和永宁县远程医疗服务平台，实现上接自治区级医院或互联网医院、下联乡镇卫生院的信息数据互联互通，建成县域智慧医疗健康保障服务工程，开展基于居民健康管理与医疗服务的应用业务。

二、提高完善县级医疗服务机构的信息化水平

建设基于云计算、大数据互联网医疗健康服务平台，借助县医院新建工程的有利时机，首先提高、完善县医院的信息化建设水平，更新、建设县医院的HIS、LIS、PACS系统，提升县级医疗服务机构的服务能力和水平。同时将县域内医疗卫生机

构的远程医疗服务纳入县医院远程医疗服务体系中来。在全县基层医疗卫生服务机构中部署、搭建医疗服务网络。同时在疾病控制中心、妇幼保健计划生育服务中心、闽宁卫生院、李俊卫生院、望远卫生院等医疗卫生机构进行数字化影像设备、检验设备的更新换代，提升基层卫生服务机构的信息化水平。

第八章　功能整合与分工协作

一、防治结合

县疾病预防控制中心积极开展健康教育和慢病管理，着力提升居民健康素养。要对县级公立医院、基层医疗卫生机构和社会民营医院开展公共卫生服务的指导、培训和考核，建立信息共享与互联互通等协作机制。

县妇幼保健计划生育服务中心要充分整合临床诊疗、妇幼保健和计划生育指导的各项职能，强化对医疗机构妇幼保健计划生育服务工作的技术指导和考核。

县卫生监督部门加强对医疗卫生机构和社会公共场所的监督检查。

二、分级诊疗

扎实推进县乡村医疗卫生服务一体化管理。完善县级公立医院对乡镇卫生院实施的托管、精准帮扶、示范引领、科室包干、医师带徒、远程会诊等多种措施，既强化县级医院的服务能力，又带动乡镇卫生院整体服务能力的提升，实现了县乡村医疗服务体系内快慢分治、上下联动、双向转诊的无缝对接，进一步完善基层首诊、分级诊疗制度建设。加快信息化建设，提升资源共享水平。在2018年之前实现县级医院与自治区级医院、银川市级医院转诊转院信息系统的互联互通，提高信息化应用程度。

三、急慢分治

建立县域康复医疗网络，把县中医院康复科建设成为市级重点临床专科，鼓励社会民营医院向康复护理及养老领域发展。4个中心卫生院要开设康复科，形成县级公立医院为核心的“县中医院-中心卫生院”为一体的县域康复医疗技术骨干力量。

县财政、民政和残联等部门出台专门措施，从资金和政策上鼓励社会力量办医向康复医院发展；县社保局要积极协调，与全县医疗机构密切合作，完善出入院标准和支付政策，使住院患者在急性期和康复期在不同的医疗卫生机构之间合理流动，节约医保资金，减低患者就医负担。

第九章　保障措施

一、加强组织领导

成立永宁县县域卫生服务体系规划领导小组，由政府分管卫生工作的副县长担任领导小组组长，负责统筹组织、协调卫生服务体系规划工作。切实加强对县域卫生服务体系规划工作的领导。进一步强化和规范政府投入责任，逐年提高政府卫生投入水平。县卫生和计划生育局负责县域内县级公立医院、专业公共卫生机构及基层医疗卫生机构的设置管理。

二、明确发展重点

将提升县级公立医院服务能力、打造县中医院康复医疗服务网络、推进县乡村医疗卫生服务一体化，提升乡镇卫生院服务能力和服务效率作为全县卫生服务体系的发展重点。

提升县级公立医院服务能力要在重点专科建设、人才培养等方面打造专业发展平台，与自治区、银川市对口支援医院建立良好业务合作关系，不断完善医疗服务联合体建设，通过远程医疗和专家会诊等多种形式，让患者能够在县域内就诊，降低外转率。打造县中医院康复医疗服务网络就是要重点加强中医院在中医针灸、康复理疗、骨伤科等专科建设，发挥中医在康复理疗方面的引领作用，同时联合城乡基层医疗卫生机构，建立县域内慢病管理和康复医疗服务网络。

提升乡镇卫生院服务能力和服务效率，就是要在明确基本医疗和公共卫生均等化服务定位的基础上，对乡镇卫生院的医疗设施进行升级改造，强化县乡村医疗卫生服务一体化建设，进一步完善基层首诊、双向转诊、分级诊疗、急慢分治、上下联动工作机制，提高基层医疗卫生机构服务能力和服务水平。满足全县城乡居民健康服务需求。

三、深化医药卫生体制综合改革

重点完善政府对公立医院基本建设、设备配置、取消药品加成补助、重点专科建设、人才培养、离退休人员工资等投入政策，明确政府在提供公共卫生和基本医疗服务中的主导地位，落实财政对医疗卫生事业六项投入政策，推动医疗卫生事业健康持续发展。

建立健全医疗卫生机构法人治理结构，落实院长自主管理，健全运行机制，推动医药卫生事业综合改革向纵深发展。

强化监管机制，深化基层医疗卫生机构综合改革，健全基层医疗卫生机构运行机制，完善服务质量和效率监管，建立合理的补偿机制、科学的医疗绩效评价机制。

四、落实监督评价

严格规划实施。县卫生和计划生育局要及时发布机构设置和规划布局调整等信息，将纳入规划作为建设项目立项的前提条件。所有新增医疗卫生资源、特别是医院的改扩建、病床规模的扩大、大型医疗设备的购置，无论何种资金渠道，必须依据区域卫生规划的要求和程序，严格管理，未经批准，用地不得改变，项目不得建设，确保规划实施到位。

建立规划实施的监督评价机制。县政府要强化规划实施监督和评价，建立县域卫生规划和资源配置监督评价机制，聘请第三方评价机构，组织开展县域卫生规划实施进度和效果评价，及时发现实施中存在的问题，并研究解决对策。打造统一的规划信息平台，建立规划建设与行业管理的联动机制，实现项目建设统一规划、管理联动、建设协调，加强规划衔接。

保持规划缺位完善机制，预留未来发展空间。适当提高改扩建和新建医疗卫生服务项目的容积率，加强土地的控制管理，优先保障医疗卫生机构规划用地需求。

县域卫生规划的周期一般为5年，规划中期依据规划执行情况和县域社会经济发展实际情况进行微调。

永宁县重污染天气应急预案

（2017年10月31日）

1 总则

1.1 编制目的

为有效应对重污染天气，建立健全全县重污染天气应急工作机制，提高重污染天气预防预警和应急响应能力，最大程度减轻重污染天气对人民群众身体健康的影响，编制本预案。

1.2 编制依据

依据《中华人民共和国环境保护法》《中华人民共和国大气污染防治法》《中华人民共和国突发事件应对法》《宁夏回族自治区突发事件总体应急预案》《宁夏回族自治区重污染天气应急预案》《银川市重污染天气应急预案》《永宁县突发公共事件总体应急预案》等相关法律、法规、规章及规范性文件，编制本预案。

1.3 适用范围

本预案适用于永宁县行政区域重污染天气的预警、控制和应急处置工作。沙尘暴天气应对工作不适用本预案。

1.4 工作原则

重污染天气应对工作坚持以人为本、预防为主，科学预警、积极响应，统一领导、分级负责、属地管理，部门联动、社会参与的原则。重污染天气发生后，各乡镇（街道）、各部门、各相关企业立即按照职责分工和相关预案开展应对工作。

2 应急组织指挥体系

2.1 重污染天气应急工作指挥部

永宁县应急管理工作领导小组（以下简称应急领导小组）下设重污染天气应急工作指挥部。在县政府安排部署下，负责领导、组织、协调重污染天气方面的应急管理工作，统一指挥重污染天气突发事件及其次生、衍生灾害的应急处置工作。

总 指 挥：李润军　县人民政府县长

副总指挥：王　辉　县人民政府副县长

成　　员：县委宣传部，望远工业园区管委会，县人民政府办公室、发改局、教育局、公安局、监察局、财政局、国土局、环保局、住建局、交通局、水务局、农牧局、林业局、市监局、文广局、卫计局、安监局、城管局，各乡镇人民政府，邮政局、气象局、国网永宁供电公司、移动永宁分公司、电信永宁分公司、联通永宁分公司主要负责人。根据工作需要，可增加有关部门和单位负责人。

重污染天气应急工作指挥部按照职责分工和协同联动工作需要，将各成员单位按照职责分组开展重污染天气突发事件及其次生、衍生灾害的应急处置工作。总指挥和副总指挥为第一责任人，各成员单位主要负责人为直接责任人。

2.1.1 重污染天气应对管理组

第一责任单位：县环保局

成员单位：县发改局、财政局、国土局、市监局

主要职责：负责保障全县大气环境安全，逐步淘汰落后产能，逐年减少大气污染物总排放量，不断改善空气质量；定期编制、修订重污染天气应急预案，并根据应急预案进行演练，加强应急物资储备、应急队伍建设及人员培训；制定重污染天气预警状态下企业减产限产名单，并明确企业Ⅰ、Ⅱ、Ⅲ、Ⅳ四级应急响应状态下分别对应的减产量；督促、指导各乡镇（街道）、各部门、企业做好重污染天气应对处置工作，开展重污染天气应急处置总结评估工作。

2.1.2 预测预警组

第一责任单位：县环保局

第二责任单位：县气象局

成员单位：县委宣传部

主要职责：负责制定、完善重污染天气气象监测预警专项实施方案，提出重污染天气预测预报会商、信息发布及重污染天气应急预案启动与终止建议；加强环境监测人员业务培训和基础能力建设，规范预报程序，提高预报准确性；细化空气质量应急预警程序的启动和结束条件、信息发布方式和途径，做好24小时、48小时预报和未来3天或一周空气质量变化趋势预报；通过电视、广播、互联网等各种媒体及时发布重污染天气预警预报信息。

2.1.3 应急响应组

第一责任单位：县环保局

第二责任单位：县公安局

成员单位：县发改局、卫计局、教育局、住建局、城管局、交通局，供电局等

主要职责：负责督促指导各乡镇（街道）、各部门、企业在重污染天气预警状态下实施重点排污企业减排、限排，实施机动车临时限行、禁行，落实教育机构减少户外活动和停课，开展重污染天气相关疾病救治，实施临时限制、禁止建筑工地施工、实施不间断道路洒水、治沙防尘等各项应急措施。

2.1.4 污染源监察组

第一责任单位：县环保局

第二责任单位：县发改局

成员单位：县农牧局、住建局、城管局等

主要职责：负责在重污染天气预警状态下组织人员对重点排污企业的临时减产、限产情况进行督查，对临时限制、停止施工的工地进行督察，严厉打击各类偷排、超标排放、露天明火焚烧等环境违法行为。

2.1.5 宣传教育组

第一责任单位：县委宣传部

第二责任单位：县环保局

成员单位：县气象局、教育局、卫计局、农牧局、文广局、城管局

主要职责：负责向公众宣传解读重污染天气成因、危害，指导公众做好重污染天气下的健康防

护，提倡公众采取低碳、低耗能的生活方式，杜绝各类露天明火焚烧等环境违法行为，提升公民的环境保护意识。

2.2 重污染天气应急工作指挥部办公室职责

重污染天气应急工作指挥部办公室是重污染天气应急工作指挥部的日常工作机构，设置在县环保局。办公室主任由环保局分管环境监察工作的副局长兼任。办公室常设值班电话为8017892。

重污染天气应急工作指挥部办公室职责：在县应急指挥部的统一领导下，按照永宁县重污染天气应急指挥部的工作部署，负责保障全县大气环境安全，逐步淘汰落后产能，减少大气污染物总排放量，不断改善空气质量；定期编制、修订重污染天气应急预案，并根据应急预案进行演练，加强应急储备物资、应急队伍建设及人员培训；制定重污染天气预警状态下企业减产限产名单，并明确企业在应急响应状态下应的减产量；督促、指导各乡镇（街道）、各部门（单位）、企业做好重污染天气应对处置，开展重污染天气应急处置总结评估工作。承担永宁县重污染天气应急指挥部交办的其他工作。

2.3 专家组

县环保局成立重污染天气应急专家组，完善相关咨询机制，为重污染天气应急处置工作提供技术支持。

2.4 企事业单位、媒体职责及公众义务

（1）企事业单位职责。排放大气污染物的企事业单位应加强大气污染防治设施的管理和维护，自觉采取措施，减少大气污染物排放；列入重点大气排放源的企业，应制定相应的应急预案，明确响应措施，并对社会公布。在应急响应启动时，及时采取响应措施，降低生产负荷，减少污染排放。

（2）媒体职责。广播、电视等新闻媒体、通信运营企业应按要求统一、及时发布预警信息，为公众提供健康防护和出行建议。

（3）公众义务。公众在收到预警信息后，应自觉参与应急行动，遵守机动车限行、禁燃禁烧等规定，减少生活源大气污染物排放。易感人群要积极采取健康防护措施，避免户外运动。

3 监测与预警

3.1 监测预报

县环保、气象部门建立完善会商机制，实现信息共享，加强环境空气质量监测和气象监测，及时掌握、分析和预测空气污染物浓度变化和重污染天气变化趋势，及时联合发布重污染天气预警信息。

3.2 分级标准

根据《环境空气质量指数（AQI）技术规定（试行）》（HJ 633—2012）规定并结合实际，将重污染天气分级规定为以下四档：

预计未来2天，全县空气质量指数日均值（24小时均值，下同）达到200<AQI≤300标准时，重污染天气级别为Ⅳ级（蓝色预警）。

预计未来3天，全县空气质量指数日均值达到200<AQI≤300标准，或1天全县空气质量指数日均值达到300<AQI≤500标准时，重污染天气级别为Ⅲ级（黄色预警）。

预计未来3天，全县空气质量指数日均值达到300<AQI≤500标准时，重污染天气级别为Ⅱ级（橙色预警）。

预计未来1天，全县空气质量指数日均值AQI>500标准时，重污染天气级别为Ⅰ级（红色预警）。

3.3 预警信息报告与发布

预计发生Ⅳ级重污染天气时，发布蓝色预警信息。

预计发生Ⅲ级重污染天气时，发布黄色预警信息。

预计发生Ⅱ级重污染天气时，发布橙色预警信息。

预计发生Ⅰ级重污染天气时，发布红色预警

信息。

根据预警信息,达到相应预警启动条件时,由县重污染天气急指挥部统一发布重污染天气预警信息,同时启动重污染天气应急预案,并报银川市应急指挥部办公室备案。

3.4 预警行动

永宁县重污染天气应急指挥部办公室接到可能导致重污染天气的监测、预测和预警信息后,要密切关注事态进展。按照永宁县重污染天气应急指挥部的统一安排和部署,组织、协调永宁县重污染天气应急指挥部成员单位,按照预案做好应急准备和预防工作,并及时向银川市重污染天气应急指挥部动态报送有关信息。

4 应急响应与处置

4.1 信息报告

当预测将要发生重污染天气时,县重污染天气急指挥部应及时向社会发布预警信息,及时启动应急预案,并在启动预案 2 小时内向银川市重污染天气急指挥部办公室和银川市环保局报告相关信息。信息报告内容主要包括:重污染天气预警发布情况和预警级别、重污染天气预计持续时间、影响范围以及已采取的应急处置措置。重污染天气应急响应期间,每日 17 时前,县重污染天气急指挥部应向银川市重污染天气应急指挥部和银川市环保局报告当日重污染天气应急响应情况、应急措施落实情况;重污染天气结束后,县重污染天气急指挥部应从重污染天气预测、预警信息发布、应急响应、取得的成效等方面进行认真总结,编制重污染天气应急响应工作报告并报送银川市重污染天气应急指挥部和银川市环保局。

按照《自治区人民政府办公厅关于建立突发事件应急处置工作联络员报告制度的通知》(宁政办发〔2016〕164 号)要求,事件发生后,各成员单位在向县重污染天气急指挥部首报重污染天气信息的同时,要按照上述规定的联络员范围报告联络员姓名、职务、联系方式。如在应急处置过程中更换联络员,要及时报备。

4.2 分级响应

按照重污染天气的可控性、严重程度和影响范围,根据预警级别的划分,区域重污染天气应急响应级别由低到高顺序依次分为Ⅳ级、Ⅲ级、Ⅱ级、Ⅰ级四个等级。

当发布Ⅳ级(蓝色)时,启动Ⅳ级响应;

当发布Ⅲ级(黄色)时,启动Ⅲ级响应;

当发布Ⅱ级(橙色)时,启动Ⅱ级响应;

当发布Ⅰ级(红色)时,启动Ⅰ级响应。

4.3 响应启动

永宁县重污染天气应急指挥部办公室接到城市重污染天气报告后,或接到县环保局和县气象局预警预报后,根据区域重污染天气影响范围、程度以及变化趋势,组织相关成员单位进行会商并将会商结果咨询专家组意见,认为将达到重污染天气应急预案启动条件的,向永宁县应急指挥部报告。

永宁县重污染天气应急指挥部根据区域重污染天气应急响应建议,发布预警信息,同时启动相应级别的应急响应。

预警信息签发遵循高等级优先的原则,实行严格的审签制度。当需要发布蓝色预警信息时,应急指挥部办公室根据《重污染天气预报预警会商意见》,于 2 小时内完成《重污染天气预警信息发布(解除)审批表》和办公室主任签发工作流程。当需要发布黄色、橙色、红色预警信息时,应急指挥部办公室根据《重污染天气预报预警会商意见》,于 1 小时内完成《重污染天气预警信息发布(解除)审批表》并报请县领导签发,黄色和橙色预警由分管环保工作副县长签发,红色预警由县长签发。

4.4 响应措施

根据空气重污染预警级别,采取相应的健康防护引导、倡议性减排和强制性减排措施。

4.4.1 蓝色预警(Ⅳ级)响应措施

通过广播电台、电视台、报社、新闻网站、各通信公司、网络等各类媒体向公众发布预警信息、健康提示信息和建议减排措施，提醒公众做好防护。

健康提示信息。儿童、孕妇、老年人和病人等易感人群尽量留在室内，停止户外运动。一般人群减少或避免户外活动，并适当开展户外防护。室外作业人员减少室外作业时间，加强自我防护。

建议性污染减排措施。倡导公众选择乘坐公共交通工具出行，减少驾驶机动车出行。具备室内温度调节能力的单位和家庭，应视情况，夏季适当调高温度，冬季适当调低温度。大气污染物排放单位控制污染工序生产，自觉减少污染排放。

各相关部门根据职责分工，强化日常检查。

4.4.2　黄色预警（Ⅲ级）响应措施

通过广播电台、电视台、报社、新闻网站、各通信公司、网络向公众发布预警信息、健康提示信息和建议减排措施，提醒公众做好防护。健康提示信息和建议减排措施与蓝色预警（Ⅳ级）响应措施中一致。

教育部门组织幼儿园、中小学校减少户外活动。

工业减排措施。由环保部门、发改部门牵头，各相关部门配合，对火电、自备电厂、化工、冶金、水泥等重点行业排污企业采取停产、降低生产负荷、加强污染治理等措施，减少15%废气污染物排放量。加大重点废气排放工业企业执法检查频次，冬季重点检查供暖燃煤锅炉治理设施运行情况，保证治理设施高效运转，污染物达标排放。

机动车减排措施。建成区内实行交通管制，除城市运行保障车辆和执行任务特种车辆外，建成区内每天6时至24时禁止重型、中型货车和三轮汽车、低速载货汽车、拖拉机通行。县公安局交警大队设立路检巡查点，严厉查处不落实管制违规车辆。县交通局临时增加公交频次，延长运营时间，保障公共交通运输力。

扬尘管控措施。除重大民生、抢险工程外，停止所有在建工地的土方、拆除作业，停止施工工地石材切割、渣土运输、喷涂粉刷等作业。加强对施工工地的督查，督导施工单位强化建筑工地抑尘措施。矿山开采企业要停止爆破、破碎等产生较大扬尘的作业工序。加密道路的机械化清扫频次，非结冰期，对县城主要干道洒水抑尘作业频次每天至少增加1次。

其他措施。禁燃烟花爆竹。具备人工增雪（雨）条件的，及时实施人工增雪（雨）作业。

4.4.3　橙色预警（Ⅱ级）响应措施

通过广播电台、电视台、报社、新闻网站、各通信公司、网络向公众发布预警信息、健康提示信息和建议减排措施，提醒公众做好防护。健康提示信息和建议减排措施与蓝色预警（Ⅳ级）响应措施中一致。

教育部门组织幼儿园、中小学校停止户外活动。

工业减排措施。由环保部门、发改部门牵头，各相关部门配合，对火电、自备电厂、化工、冶金、水泥等重点行业排污企业采取停产、降低生产负荷、加强污染治理等措施，减少30%废气污染物排放量。10蒸吨以下工业燃煤锅炉停止运行。加大重点废气排放工业企业执法检查频次，冬季重点检查供暖燃煤锅炉治理设施运行情况，保证治理设施高效运转，污染物达标排放。

机动车减排措施。建成区内实行交通管制，除城市运行保障车辆和执行任务特种车辆外，建成区内每天6时至24时禁止重型、中型货车和三轮汽车、低速载货汽车、拖拉机通行。县城非营运客车每日实行分时段分号段限行，6时至24时非营运客车限行2个车牌尾号，周一至周五采取两个车牌尾号一组轮换限行（车牌尾号分为1和6、2和7、3和8、4和9、5和0五组；尾号是字母的，以最后一个数字为准）。县公安局交警大队设立路检巡查点，严厉查处不落实管制措施违规车辆。县交通局临时增加公交频次，延伸运营时间，保障公共交通运力。

扬尘管控措施。除抢险工程外，停止所有在建工地的土方、拆除作业，停止施工工地石材切割、渣土运输、喷涂粉刷等作业。加强对施工工地的督查，督导施工单位强化建筑工地抑尘措施。混凝土、砂浆搅拌站和矿山开采企业全面停止生产和物料拉运。加密道路的机械化清扫频次，非结冰期，对县城主要干道洒水抑尘作业频次每天至少增加2次。

其他措施。禁燃烟花爆竹。具备人工增雪（雨）条件的，及时实施人工增雪（雨）作业。

4.4.4　红色预警（Ⅰ级）响应措施

通过广播电台、电视台、报社、新闻网站、各通信公司、网络向公众发布预警信息、健康提示信息和建议减排措施，提醒公众做好防护。健康提示信息和建议减排措施与蓝色预警（Ⅳ级）响应措施中一致。

教育部门组织幼儿园、中小学校停课。

工业减排措施。由环保部门、发改部门牵头，各相关部门配合，对火电、自备电厂、化工、冶金、水泥等重点行业排污企业采取停产、降低生产负荷、加强污染治理等措施，减少50%废气污染物排放量。20蒸吨以下工业燃煤锅炉停止运行。承担供暖任务、生产负荷无法大幅降低的热电企业使用硫份低于0.6%、灰份低于15%的优质煤。加大重点废气排放工业企业执法检查频次，冬季重点检查供暖燃煤锅炉治理设施运行情况，保证治理设施高效运转，污染物达标排放。

机动车减排措施。建成区内实行交通管制，除城市运行保障车辆和执行任务特种车辆外，建成区内每天6时至24时禁止重型、中型货车和三轮汽车、低速载货汽车、拖拉机通行。建成区非营运客车每日实行分时段分号段限行，6时至24时非营运客车单双号限行（单号单日通行，双号双日通行，尾号是字母的以最后一个数字为准）。县公安局交警大队设立路检巡查点，严厉查处不落实管制措施违规车辆。县交通局临时增加公交频次，延伸运营时间，保障公共交通运力。

扬尘管控措施。除抢险工程外，全县所有的在建施工工地一律停工。混凝土、砂浆搅拌站和矿山开采企业全面停止生产和物料拉运。加密道路的机械化清扫频次，非结冰期，对县城主要干道洒水抑尘作业频次每天至少增加3次。

其他措施。禁燃烟花爆竹。具备人工增雪（雨）条件的，及时实施人工增雪（雨）作业。

4.5　信息发布

采取多种方式途径，及时、准确、客观、全面的向社会发布重污染天气应对工作信息，回应社会关切。

4.6　响应终止

永宁县重污染天气应急预案启动后，预测未来2天内，全县空气质量指数日平均值AQI<200，永宁县重污染天气应急指挥部终止重污染天气应急响应，同时通知符合解除应急响应条件的县（市）区终止重污染天气应急响应。预警解除发布后，各单位可逐步终止应急响应。

5　应急保障

5.1　人力资源保障

县环保、卫计局、气象等部门建立完善应对重污染天气专家队伍，充分发挥专家在大气环境质量监测、疾病救治、气象预报等方面力量，提高科学应对污染天气能力。

5.2　资金保障

县财政等部门根据《中华人民共和国预算法》、《宁夏回族自治区突发事件应对条例》、《银川市突发公共事件总体应急预案》、《永宁县突发公共事件总体应急预案》，编制、安排重污染天气应对工作预算，承担相应经费。

5.3　物资保障

有关部门根据各自职能分工，配足配齐相应的监测仪器设备、医疗设备和应急物资，做好日常维护管理工作，确保重污染天气应对准备工作完备。

5.4　通信保障

通信管理部门根据重污染天气应对工作需要，及时提供应急通信保障，确保重污染天气应对工作顺利开展。

5.5 医疗保障

各级医疗机构根据重污染天气应对工作需要，做好医疗救治工作。

5.6 培训演练

永宁县重污染天气指挥部办公室会同相关部门及有关企事业单位适时开展应急演练，并组织相关领域专家对应急演练进行观摩和交流，提高重污染天气应对能力。

6 后期处置

6.1 重污染天气调查、评估与总结

环保主管部门应当组织有关部门、专家，深入调查评估重污染天气形成原因、影响范围、环境污染和其他损失等情况，调查评估结果按要求向县重污染天气急指挥部、县政府应急办报备。

7 日常管理

7.1 宣传培训

永宁县重污染天气应急指挥部办公室要建立健全重污染天气应急管理培训制度，充分利用广播、电视、互联网、报纸等各种媒体，加大对重污染天气应急管理工作的宣传、培训力度，做好重污染天气防范知识的宣传教育工作，不断提高公众的自我保护和环境保护意识。每年宣传教育活动不得少于1次。

7.2 预案演练

永宁县重污染天气应急指挥部办公室牵头，县环保局具体负责，定期组织开展本预案应急演练，每年不少于1次。

7.3 预案管理与更新

本预案由县环保局制定，经永宁县人民政府审批后，由永宁县人民政府办公室印发。

各乡镇(街道)、各部门(单位)、各相关企业等要按照本预案的规定履行职责，并制定、完善相应的应急预案报永宁县重污染天气应急指挥部办公室和永宁县政府应急办公室备案。

县环保局根据预案演练时发现的问题、机构变化等情况适时组织修订完善本预案。

7.4 应急预案后评估

县政府应对每年重污染天气应对工作进行后评估，通过回顾重污染天气发生和响应过程，梳理重污染天气成因、预测预报、会商决策、预警发布、应急响应、舆论疏导、应急终止等各个程序和机制中存在的漏洞和阻碍，总结重污染天气应急响应取得的成效，评估重污染天气造成的环境、社会、经济等方面的影响，为逐步减少重污染天气出现频次，建立健全重污染天气应急响应机制，提升重污染天气应急预案的科学性、可操作性提供理论基础和决策依据。

永宁县重污染天气应急预案后评估报告应于每年6月30日前报送银川市重污染天气应急指挥部和银川市环保局。

8 附则

8.1 预案解释

本预案由永宁县重污染天气指挥部办公室负责解释。

8.2 以上、以下的含义

本预案有关数量的表述中，“以上”含本数，“以下”不含本数。

8.3 预案实施时间

本预案自2017年11月30日起施行。2017年3月25日永宁县人民政府办公室印发的《永宁县重污染天气应急预案》(永政办发〔2017〕61号)自本预案施行之日起废止。

永宁县生物发酵异味气体治理“十三五”规划（2016—2020）

（2017 年 11 月7 日）

为大力实施生态立区战略，持续改善环境空气质量，有效解决生物发酵异味气体污染问题，推进环境保护与经济社会协调发展，加快美丽永宁建设，特制定本规划。

第一章 “十二五”回顾

第一节 取得的成效

“十二五”期间，全力推进污染治理工程建设，完成减排项目 88 个，实现污染减排新突破。扎实开展“蓝天工程”，共拆除锅炉 47 台，每年减少耗煤 34466 吨。宁夏启元药业有限公司、宁夏伊品生物科技股份有限公司等完成脱硫、脱硝设备安装及运行；宁夏启元药业有限公司投资 7000 万元新建 6 台药渣消化反应罐，宁夏伊品生物科技股份有限公司对复合肥尾气安装国内先进的光催化处理工艺，有效提升了异味治理效率。全县 3 家重点生物发酵企业（宁夏启元药业有限公司、宁夏泰瑞制药股份有限公司、宁夏伊品生物科技股份有限公司）异味气体治理取得了明显成效。

1. 县委、县人民政府全面部署，全力推进。县委、县人民政府每年召开县委常委会议、政府常务会议、环保工作专题会议等，研究解决环境保护存在的突出问题，出台了《永宁县环境保护及招商引资负面清单》等一系列文件，全面落实中央及自治区和银川市关于环境保护和异味气体治理的工作部署。特别是对中央环保督查组的督办事项高度重视，专门成立了由县人民政府主要领导为组长的工作领导小组，明确责任分工，全面落实督查组整改意见。同时及时解决群众关心的异味气体治理热点问题。县委县人民政府有关领导同志，经常深入重点企业，与企业负责人共同查问题、谋思路、抓整改。在银川市环境治理誓师大会召开以后，县委县人民政府高度重视，专题研究部署，坚持精细化管理、源头性治理、一企一策的原则，在巩固以前治理成果的基础上，制定了全县生物发酵企业异味气体治理方案，明确了治理内容、工作措施和时间节点，有力推进了异味气体治理的深入进行。与此同时，县委县县人民政府主要领导还多次与重点企业负责人就异味处理问题进行约谈，进一步分析当前的环境治理形势，领会中央及区市领导对异味气体治理的要求，强化企业的社会责任心和使命感，明确异味气体治理的目标任务、工作措施和督办时限，为企业治理异味指明方向。

2. 环保部门强化监管，全力落实。县环保局牵头，协调有关执法机构，全面加强空气异味检测和执法，取得了较好的效果。一是建立了夜间、节假日、休息日巡查值班制度。区市县三级环保部门联动，对重点企业的环保设施是否正常运行，有无偷排、超标排放等问题，进行夜间、节假日、休息日的不定时巡查。二是实行 24 小时驻厂监管。市县两级环保部门共同选派业务素质优良的人员进驻企业，24 小时了解企业环保设施运行、污染物排放等情况，发现问题，立即采样送检。三是开展移动执法。依托“智慧环保”建设，将所有重点企业的污染物排放情况进行手机监测查询，并在重点企业排污口安装摄像头，对废水排放进行 24 小时监控，发现超标排放报警后，环保部门立即到现场进行勘察监督，有效提高了环境监察的质量和效率。四是严查环境违法行为。联合有关司法部门和新闻媒体，共同监督查处企业的环境治理情况，并安排重点生物发酵企业负责人走进电视直播间，面向社会就本企业的环境治理进行公开承诺，接受全社会监督。2013—2015 年，群众关于异味的投诉分别下降了 84.7%、30%、26%。

3. 重点企业积极行动，全力治理。重点生物发酵企业近年来多次邀请复旦大学、天津恶臭气体研究所、各类环保科技公司等到企业进行会诊，研究治理方案，并结合企业生产工艺改造，推进治理。宁夏启元药业有限公司针对污水处理系统的异味，累计投入2亿多元，先后建设了SBR、四效浓缩、接触氧化+UASB、IC+好氧治理等，有效提高了废水处理能力，保障了废水稳定达标排放和异味减轻。同时关停了复合肥生产线，对药渣采用高效厌氧消化罐发酵处理，有效消除了异味，并实现了资源化有效利用。宁夏泰瑞制药股份有限公司自2010年开始，先后投资上亿元对污水处理系统和发酵车间尾气进行治理，对厌氧处理设施进行密封加盖，关停了废渣烘干车间，大幅度减轻了异味。宁夏伊品生物科技股份有限公司自投产以来累计投入近4亿元加强环保投入，对复合肥尾气采用"两级喷淋+生物过滤除臭+电捕捉+光微波+低温等离子"技术处理，共建设7条环保处理设施。同时对污水车间的硫化氢等废气集中收集处理，取得了较好的减排效果。

第二节　存在的问题

1. 异味气体排放超标较多。重点生物发酵企业异味超标现象时有发生。根据随机抽检结果显示，启元药业共有7次异味气体排放超标，超标倍数分别为2.15倍、1.8倍、0.7倍、0.75倍、0.8倍、0.5倍、0.4倍；泰瑞制药共有8次异味气体排放超标，超标倍数分别为3.65倍、2.45倍、0.1倍、0.6倍、0.5倍、1.05倍、1.05倍、1.35倍；伊品生物共有2次异味气体排放超标，超标倍数分别为0.4倍、0.75倍。

2. 异味气体负面影响较大。生物发酵排放的生产废气不仅影响了周边居民的生产生活，而且对永宁整个主城区机银川市部分城区的空气都造成了不利影响，成为社会各界关注的重点环保问题。启元药业西边与北边分布有望远人家、庆丰苑、红叶小区等三个住宅小区和丰盈小学，人口密集，废气对居民生活造成了较大影响。尤其是启元药业、泰瑞制药等几家企业的异味污染问题仍然没有根除，常遭到居民投诉。

3. 彻底治理异味气体困难较大。从治理技术层面看，异味气体的成分较多，目前已知的异味气体种类有上万种，导致空气异味难以完全消除。异味气体的除臭方法主要有物理法、化学法、生物法，因异味气体成分复杂，浓度变化大，尽管国内外学者进行了大量研究，但仍存在许多问题和不足之处，无法找到完全解决异味气体的治理办法。

从经济投入层面看，运行成本过高的治理技术不适用，难以推广。企业只能在自身发展实力的基础上进行环保治理，超越其经济承载能力、盲目采取高标准的环保设施不现实。在选择环保处理工艺时，企业也必须从自身实际出发，对其进行技术经济评价，在效益与治理间寻求平衡点。从三家重点生物发酵企业来看，近年发展业绩波动比较大，甚至还有负增长，在经济下行的大背景下，企业的环保投入也受到一定制约。

从规划布局层面看，空气异味影响短期内较难解决。生物发酵企业应当在开阔空旷的郊区建设生产，以利于异味气体快速扩散。永宁县城镇化的快速发展和规划布局的不尽合理，导致重点生物发酵企业已被周边居民小区、商户、村落包围，在异味影响源100米范围内仍有一定数量的住宅。人口密集、建筑密集更不利于异味气体消散，对附近居民生产生活影响较大。同时，环保问题容易引起社会广泛关注，企业和居民之间的环保摩擦较多，公众投诉时有发生。

第三节　面临的机遇

1. 生态文明、绿色发展已成为引领发展的重要理念。党的十八大把生态文明建设纳入中国特色社会主义事业"五位一体"总体布局，党中央、国务院将绿色发展作为五大发展理念之一，将生态环境质量总体改善列为全面建成小康生活目标，首次把"美丽中国"作为生态文明建设的宏伟目标。自治区党委、政府作出了建设开放富裕和谐美丽宁夏的重大战略部署，出台了《关于落实绿色发展理念 加快美丽宁夏建设的意见》，把以生态文明为核心的美丽宁夏建设摆在更加突出的位置。国家和地方政府发展理念的转变为推动异味污染防治工作提供重大机遇。

2. 美丽宁夏、明媚银川被确定为区市发展新战略。自治区党委十一届三次全会作出建设开放富裕和谐美丽宁夏的重大战略部署，把以生态文明为核心的美丽宁夏建设摆在更加突出的位置，牢固树立让“优美环境成为宁夏最大优势”的发展理念。第十二次党代会提出了“大力实施生态立区战略，深入推进绿色发展”，以生态保护和环境整治为重点，深入持久地推进美丽宁夏建设，筑牢西北地区重要生态安全屏障，打造丝绸之路经济带绿色明珠，绘就美丽中国–宁夏画卷。

3. 永宁创建国家生态文明建设示范县的必然要求。永宁县以创建生态文明建设示范县为目标，全面树立生态优先的发展理念，污染物排放量大幅下降，环境质量持续改善。但宁夏启元药业有限公司等生物发酵企业的异味污染成为居民投诉和网络关注的热点问题，区、市领导多次签批督办。生物发酵企业异味气体治理既是各级领导和广大市民关注的重大环境问题，也是影响永宁可持续发展的重大经济问题，更是关系群众身体健康和社会和谐稳定的重大社会问题。全面治理生物发酵异味气体，是建设“天蓝、地绿、水清、城净、居安”美丽永宁的关键战役，也是建设国家生态文明示范县和国家循环经济示范县的重点工程和重大使命。

4. 大气环境治理体系逐步健全。国家新修订了大气污染防治法，并实施了大气污染防治行动计划，发布环境保护督察、党政领导干部生态环境损害责任追究等生态文明体制改革配套文件。自治区先后出台了《自治区大气污染防治行动计划（2013—2017 年）》《党委政府及有关部门环境保护工作责任》《建立网格化环境监管体系的指导意见》《宁夏回族自治区大气污染防治条例》等文件，银川市先后印发了《银川市机动车排气污染条例》《银川市大气污染防治行动计划（2014—2017 年）》及“蓝天碧水 绿色城乡”专项行动方案、银川及周边地区大气污染综合治理实施方案等文件；永宁县先后制定了《永宁县大气污染防治行动计划》《永宁县蓝天工程实施方案》《永宁县重污染天气应急预案》等一系列规范性文件，大气环境治理框架基本明确。

5. 公众环境保护意识日益增强。生态文明和“两山论”成为推动环境保护的坚实思想和行动基础，优美环境就是宁夏最大优势和靓丽名片已成为全区各族人民的共识。控制和减少异味污染已成为公众关注的焦点，公众的环境意识、责任意识和环境法制观念正不断强化，全社会初步形成“同呼吸，共奋斗”的价值理念和行为方式，保护大气环境的合力逐步形成。

第二章　总体要求

第一节　指导思想

全面贯彻落实党的十九大和十八届历次全会精神，深入贯彻落实自治区第十二次党代会精神，全面实施生态立区发展战略，践行“绿色、高端、和谐、宜居”城市发展理念，以生态文明建设理念为引领，以改善大气环境质量为核心，加强环境分区管制，通过工业企业稳定达标排放、多种污染源综合控制、区域大气污染联防联控等手段开展异味污染防治攻坚战，为建设天蓝、地绿、水清、城净、居安的美丽永宁奠定良好基础。

第二节　基本原则

1. 以人为本，改善民生原则。以科学发展观为统领，以改善空气质量和保护人民群众健康为根本，通过全面治理生物发酵异味气体，有效解决与民生相关的突出环境问题，促进社会和谐稳定发展。

2. 企业主体，社会参与原则。治理生物发酵异味气体应坚持“谁污染谁治理”原则，以企业为主体，强化企业主体责任。同时发挥政策引导作用，充分调动社会各方力量参与空气污染治理活动。

3. 多管齐下，全面治理原则。治理生物发酵异味气体难度大，涉及各个方面的利益协调，需要政府企业社会联动，多个部门单位协调配合，采取多种办法推进，做到全体动员，多方合作，多轮驱动，标本兼治。

4. 技改为主，统筹兼顾原则。积极引进国内外最新的生物发酵生产工艺和异味气体治理技术，从源头上控制废气排放量，提高废气收集处置效率。实现废渣、废水、废气协同治理，短期治理和长期治理同步考虑。

5. 分类施策，力求实效原则。结合三家重点生物发酵企业生产实际，针对不同的生产工艺、不同的异味气体排放和不同的处置环节，各自采取相应有效的治理措施，力求取得异味气体治理实际成效。

6. 任务细化、项目落地。明确细化各异味污染企业控制要求、治理目标和治理工作任务。立足永宁县自身情况，以治理为主，落实企业主体责任，根据异味污染排放现状，明确污染治理项目清单和经费预算，将工程项目落实到排放源。

第三节 规划目标

1. 总体目标。

到 2020 年，异味污染治理成效显著，基本解决异味扰民现象，做到异味气体不逸散、不扰民，无公众投诉。各类异味浓度明显下降，异味污染企业全部建成生物发酵异味气体污染控制基础设施和污染源在线监控设施，全面开展泄露检测和修复（LDAR）技术应用，有效减少生物发酵异味气体产生和排放，降低城区异味浓度，使城区空气质量明显改善。

2. 控制指标。

具体控制指标包括环境质量、污染控制和环境管理三大类，共计 13 项指标。

——环境质量改善指标。

包括三项，即城区范围内异味浓度，城区内生物发酵异味气体浓度达标率，城区林地率。

——污染控制指标。

包括六项，即企业生物发酵异味气体达标排放率，企业主要异味气体排放量削减率，车间和仓储（储罐）区异味气体收集率，企业异味气体处置率，污水输运及处理装置密闭运行率，废弃物无臭化处置利用率。

——环境管理指标。

包括四项，即企业卫生防护距离内敏感目标搬迁率，企业异味气体排放在线监测率，异味气体应急响应系统建成率，建立 ISO14001 环境管理体系企业所占比例。

第四节 规划期限

永宁县生物发酵异味气体治理分为近、中、远期规划，近期规划期限为 2016—2020 年，中、远期规划为 2020—2030 年。

近期规划（2016—2020 年）分三个阶段分步实施：

1. 企业整改、提升改造阶段（2016—2018 年）。结合企业“十三五”发展规划和全国生物发酵市场发展情况，指导重点生物发酵企业有计划的进行产品结构调整，生产工艺更新，环保设施改造，不断提升异味气体治理水平。

2. 强化监管、全面巩固阶段（2017—2018 年）。全面加强异味气体的监测和监管。对企业异味治理设施设备的运行效果进行科学评估，不断改善加强，巩固治理效果。

3. 科学治理，消除影响阶段（2017—2020 年）。依托科研院所在异味治理方面的研发能力、人才优势以及取得的科研成果，帮助政府、企业破解异味治理瓶颈，解决异味污染问题。帮助分析生物发酵企业异味重要污染因子，为政府提供可实施可操作的异味收集治理技术、异味物质管控技术方案等，逐步消除异味影响。

第五节 规划范围

本规划编制范围为永宁县主城区，重点区域是宁夏启元药业有限公司、宁夏泰瑞制药股份有限公司、宁夏伊品生物科技股份有限公司等异味产生企业。

第六节 编制依据

1. 《中华人民共和国环境保护法》（2015 年 1

月 1 日）；

2.《中华人民共和国大气污染防治法》（2000 年 4 月 29 日）；

3.《宁夏回族自治区环境保护条例》（2009 年 11 月 19 日）；

4.《关于印发大气污染防治行动计划的通知》（国发〔2013〕37 号）；

5.《中华人民共和国生态环境保护“十三五”规划》；

6.《关于落实绿色发展理念加快美丽宁夏建设的意见》（2016 年 7 月 27 日中国共产党宁夏回族自治区第十一届委员会第八次全体会议通过）；

7.《宁夏回族自治区环境保护“十三五”规划》；

8.《宁夏回族自治区环境保护行动计划（2014—2017 年）》；

9.《宁夏回族自治区大气污染防治计划（2013—2017 年）》；

10.《宁夏回族自治区大气污染防治“十三五”规划》；

11.《十三五挥发性有机物污染防治工作方案》；

12.《宁夏回族自治区大气污染防治条例》（2017 年 9 月 28 日）；

13.《宁夏回族自治区“十三五”工业发展及两化融合发展规划》；

14.《银川市城市总体规划（2011—2020 年）》；

15.《银川市环境保护“十三五”规划》；

16.《银川市大气污染防治行动计划（2014—2017 年）》；

17.《永宁县城市总体规划（2011—2030）》；

18.《永宁县土地利用总体规划（2006—2020）》；

19.《永宁县环境保护“十三五”规划》；

20. 自治区、银川市和永宁县相关地方性法规、行政规章、规划及规范性文件。

第三章 规划内容

第一节 技术措施

加强生产工艺和环保设施更新改造，从源头上控制异味气体排放数量。

1. 积极调整企业产品结构，减少初级产品需求量。通过环保政策的升级，促进行业淘汰落后产能，引导企业调整产品结构，压缩原料生产规模，开发系列高端产品。从传统的味精、赖氨酸、等产品向高附加值氨基酸、核苷、山梨醇、木糖醇、酵母、酶制剂方向发展。同时积极开发特殊功能的发酵产品及其衍生物、生物材料、生物菌剂、食品及日化添加剂、生物表面活性剂、生物色素、生物染料、环保生物新产品等相关产品。积极参与开发 C1-C6 平台化合物、高分子材料、医药中间体等相关产品。

2. 大力引进先进生产工艺，减少工艺废气产生量。全面评价重点生物发酵企业现有产品工艺技术，鼓励企业以科技创新、工 艺改革为依托，在优良菌种培育、发酵工艺优化等方面，消化吸收国内外先进的生产工艺，通过企业技术改造和利用相关设备推行无废、少废生产工艺，从生产源头控制工艺废气产生量。同时引导企业积极发展循环经济，实现企业内部物料和三废的循环利用，实现工艺废气的减量化、资源化和再利用，最大限度地减少废料、废水、废气。

3. 全面改进环保治理技术，减少异味气体排放量。梳理考察企业环保设施的处置效果及技术工艺的先进性、可靠性，查找异味气体产生的污染风险点和排放活跃点，指导督促企业全面更新改造现有废气处置工艺设施，全面提升废气收集处置效率。重点推进伊品复合肥尾气深度治理进度，加快 7 条生产线全面进行低温等离子体深度处理技术改造。同时优化污水处理车间 A/O 系统异味气体收集处理工艺，对厌氧系统产生的异味进行密封式收集处理。同时加强对环保设施运行的监管，堵塞环保设施管理漏洞。

4. 开展泄漏检测与修复（LDAR）技术应用。产生异味气体的各类挥发性物料流经设备（包括泵、压缩机、泄压装置、采样装置、放空管、阀门、法兰、仪表、其他连接件等）的密封点，应逐步应用 LDAR 技术，对每个泄露点进行编号、定期检测并及时修复泄漏点，严格控制跑冒滴漏和无组织泄漏排放。

采用挥发性有机物料进行连续生产或采用蒸馏等有机溶剂回收工艺装置的企业，2018年底前应至少完成1套相应装置的LDAR技术应用示范。（增加LDAR的内容）

5. 调整城市生态绿地布局，增加周边林带覆盖率。用林带形成生态隔离带，在减缓生物发酵异味气体影响上有一定的效果。对永宁城市中心的生态绿地布局进行调整，在现有汉延渠、惠农渠两条景观廊道和珍珠湖湿地公园、汉延渠公园等重点绿地系统的基础上，针对三家企业周边，特别是居民投诉比较多的地段和监测污染异味气体排放量比较高的地带，分期分批建设乔木林带，形成有效的生态隔离带。同时要配套调整交通规划和交通线路，减少生物发酵异味气体对旅客的影响。

第二节　工程措施

1. 异味气体集中收集。

机械、设备、池体等局部收集（无组织排放）。强化过程管理，推广采用先进的干燥、固液分离及真空设备，使用连续化、自动化、密闭化生产工艺替代间歇式、敞开式生产工艺。采取停工退料等措施，加强非正常工况的过程控制。深化末端治理，在主要排放环节安装集气罩或密闭式负压收集装置，采取回收或焚烧等方式集中处理。对于一些散发异味浓度大的池体，可进行加盖密封收集异味气体。

室内、车间内整体收集（有组织排放）。对于产生异味的主要车间或房间需进行全面通风收集，设计时排风口尽量靠近异味源或异味浓度较高区域，以便异味气体迅速得到收集。当采用全面通风收集异味气体时，应分别从室内温度高、含湿量或异味浓度最大的区域收集。同时放散热、蒸气和异味气体，或仅放散密度比空气小的异味气体的生产厂房，除设置局部收集外，宜在上部地带进行全面通风收集，其收集风量不宜小于每小时一次换气。

2. 异味气体分类处理。

二氧化硫。可分为物理方法、化学方法和生物方法。物理方法主要有：活性炭吸附法、石灰石吸附法、活性氧化铝法。化学方法主要有石灰石法、石灰法、醋酸钙吸收法、氢氧化钠法、碳酸钠法。生物方法主要有硫酸盐还原法、氧化亚铁硫杆菌法、其他生物处理法。

氮氧化物。可分为干法和湿法两大类，其中干法可以分为选择性触媒还原法和选择性非触媒还原法以及吸附法；湿法包括吸收法、吸收还原法和络合吸收法等。

氨气。对高浓度氨气，可以考虑回收利用的方案。通过二级水吸收过程，可生产氨水回收利用，净化后的气体排放。对低浓度含氨气体，可采用化学吸收法或生物法处理。生物脱臭法又可进一步分为生物吸收法（悬浮生长系统）、生物过滤法（附着生长系统）、生物滴滤法（填料式生物脱臭法）三种脱臭方式。

硫化氢。主要有化学洗涤氧化法、DBD等离子体法。氯仿的处理方法主要吸附-再生法、DBD异味气体等离子体法、溶剂吸收法。乙酸丁酯的处理主要方法有催化燃烧法、DBD等离子体法、溶剂吸收法。

3. 异味气体污染源治理。

车间异味气体治理工程措施。生物发酵企业异味气体物质种类多、影响大，大多属无色气体，其嗅觉阈值极低，多具有刺激性气体味道。三家企业在生产过程中排放的异味气体可采用燃烧法、氧化法、吸收（洗涤）法、吸附法、介质阻挡放电等离子体法等方法进行处理。

污水处理设施异味气体治理工程措施。各企业污水处理厂散发出的异味气体物质种类繁多，主要包括含硫化合物、含氮化合物、有机酸和酮类。可以采取化学洗涤法、化学氧化法、生物氧化法、掩蔽法和稀释扩散法等方法进行除臭。

运输过程异味气体治理工程措施。运输过程异味泄露主要环节集中在厂区内物料的输送过程。一般采取如下控制措施：液体物料采用管道输送；固体物料封装密闭；物料堆放点避免分散，并采取良好的通风措施。槽罐车在装运过程中产生的废气，可通过废气收集器吸收，由防爆引风机吸入废气管，然后送至洗涤塔处理；也可采用安装适用于装卸有毒、易挥发液体介质的密封装车双鹤管，使废气通过气相管，然后经由引风机处理。灌桶装置宜采用全自动灌桶机，它设有废气收集器，不仅灌装效率高，而且环保效果好。

第三节　管理措施

1. 制订实施企业异味污染达标方案。

巩固异味产生企业污染治理成果。对达不到治理标准的企业，县人民政府要制定限产或生产线搬迁计划，明确异味污染源限期达标要求，实行限期达标管理，逐步解决异味污染问题。2017 年未达标企业应组织编制限期达标方案，明确企业异味治理和达标的路线图和重点任务，实现城区空气基本无异味。

动态管理限期达标方案实施进程。全面排查异味污染源排放达标情况，不能稳定达标的企业要采取优化原材料、改革技术工艺、异味深度治理等措施，逐一明确技术路线，限期稳定达标；对问题严重、达标无望的责令关闭。建立未达标异味污染源名单和“红黄牌”未达标警示处罚制度；对重大问题实施挂牌督办，跟踪整改销号。

分类施策，构建异味污染企业环境准入体系。提出明确的环境管理政策，包括异味污染企业禁止发展、限制发展、优化发展的要求和产业准入环境门槛，制定特殊环境管理政策要求，望远工业园区不得新建、扩建产生异味的生物发酵项目。

2. 落实企业主体责任，通过产业升级全面解决异味问题。

企业是异味污染治理的责任主体，要结合生产工艺和异味气体排放特点，针对异味产生的关键环节，制定详细的治理方案和中长期治理规划，通过结构调整、产业升级、技术更新、强化管理等多种形式，实现对异味气体的有效治理。

3. 加强异味气体监测和监督考核，确保重点企业持续达标排放。

加强重点企业异味气体监测监控。加强对生物发酵企业挥发性有机物、硫化氢、氨和臭气浓度这四项指标的厂界浓度监测监控，加大对企业厂界恶臭污染物检测频次，实时掌握环境质量情况，及时向社会发布监测结果，进行异味气体排放情况专项空气质量预报，指导企业根据天气情况做好产能临时调整和废气的排放量控制调整，接受公众监督。并做好区域内突发环境事件应急防范，制定完善应急预案和设施，防止突发环境事件发生。

强化智能监测预警，精准监管。在企业异味源附近及厂界外敏感区域安装在线监测预警装置，建立预警平台。对硫化氢、二氧化硫、VOC 和恶臭浓度实施在线监测，设定嗅辨阈值，随时掌握异味气体排放情况，提醒企业加强内部管控，指导执法人员精准执法和监管企业，避免异味气体扩散。（增加智能监测预警内容）

建立异味气体污染控制考核评价体系。对重点生物发酵企业异味气体污染控制水平进行全面考核评价，根据评价结果确定企业不同的污染控制质量等级并授予“绿色、蓝色、黄色、红色和黑色”5 种不同的颜色等级，并向社会公布。绿色为异味气体污染控制最佳企业；蓝色为异味气体污染控制信得过企业；黄色为纳入国家标准的异味气体排放厂界能达标，但还有尚无国家排放标准的异味气体不能达标排放；红色属异味气体污染警告企业，有偷排行为；黑色为污染限期整改企业。

加强异味气体排放执法检查，严肃查处违法行为。环保执法部门加大监管力度，确保监管不留死角，坚持采取定期、不定期对生物发酵企业进行监督检查。加强执法处罚力度，严厉打击环境违法行为，依法调查环境污染事故。同时，加强对重点污染源的监督检查，对企业相关人员进行环境保护警示教育，开展重点信访和处罚的后督查，指导督促企业更新生产工艺，采取先进废气收集处置技术，切实解决好群众反映的异味气体污染问题。

第四节　重点企业治理措施

永宁县重点生物发酵企业有三家：宁夏启元药业有限公司、宁夏泰瑞制药股份有限公司、宁夏伊品生物科技股份有限公司。

1. 异味气体污染产排环节。

三家重点生物发酵企业异味污染气体主要来自发酵、提炼工艺和污水处理厂等，产生的异味气体主要经由各种燃烧炉和吸收塔尾气排放、工艺车间无组织排放、罐区无组织排放、物料输送管道无组织排放、运输过程无组织排放以及生活垃圾填埋场、污水处理厂无组织排放等环节。

2. 异味气体治理工程措施。

（1）启元药业。对原有水解酸化池采用混凝土、沥青灌胶等方法，进行彻底密封。同时对调节池、厌氧罐进行密封处理，有效防止泄漏风险，并利用气体收集管路将产生气体集中引出，集中处理，减少对周边环境产生影响。对原有管路进行改造，将各池体，罐体的气体全部统一收集，汇同厌氧产生的沼气集中进入锅炉混合燃烧做到无污染，无害化处理；引进进口金属膜设备代替原板框设备，解决了菌渣含锌的问题，同时减少了菌渣的产生量，生产源头上为污染物的治理提供支持；新建厌氧消化处理工艺对企业药渣进行无害化综合处置，三期共建八台总容积88000立方的消化罐，将废渣进行生化处理。消化罐采用全密闭结构，罐顶使用不锈钢焊接密封，将有机质变成再生能源沼气，回收利用。目前系统运行稳定、效果显著，解决了长期以来药渣烘干或喷浆制肥过程中产生的异味。药渣中有机物在消化罐中经过百天以上的厌氧消化转化为沼气，沼气进入锅炉代替燃煤燃烧，减少燃煤的使用量，减排的同时节能，实现资源的综合利用。

（2）泰瑞制药。对发酵、提炼车间工艺尾气进行收集、冷却、喷淋处理装置，末端增加低温等离子，并在此基础上，发酵环节引入碱雾喷淋与光解复合光催净化工艺设备对异味深度处理项目；提炼环节引进双相超氧水+微纳米气泡+光解复合光催净化工艺设备。生产异味达标排放；污水站工艺尾气去除，包括新增厌氧塔、厌沉罐预处理罐、调节池、生物巢等治理设施提高污水处理效率，并完成新建及老旧设施封闭加盖，建设喷淋、光触媒等异味治理设施，沼气收集输送至热电锅炉焚烧，其他异味气体进入异味治理设施进行处理。实现污水站废气充分收集处理无逸散，达标排放；对厂区内3台150t/h循环流化床锅炉原布袋除尘器进行扩容更新改造；新建湿法静电除尘器，更换原直排烟囱及其附属系统；升级更新改造在线监测站房及部分设备设施；对露天煤场进行封闭改造。实现烟气达标排放，防尘逸尘效果明显。

（3）伊品生物。对复合肥尾气，采用“两级喷淋+生物过滤除臭+电捕捉+光微波”技术处理尾气，取得了一定的效果；对污水处理车间厌氧工段采用全封闭厌氧MQIC塔，调节池采用全封闭工艺，对产生的硫化氢和其他气体收集后进入锅炉焚烧；对淀粉亚硫酸制备过程中产生的二氧化硫和各类设备逸散的异味，进行集中收集，通过管道接入碱洗装置处理后排放；对氨基酸成品烘干、包装过程产生的粉尘异味，采用“布袋除尘器+水膜除尘（或光微波处理设备）”处理后排放；对发酵尾气采用碱洗杀菌进行处理后排放，基本无异味。

3. 异味气体精细化治理。

（1）启元药业。坚持清洁生产，从源头抓起，从产品再设计、原料再选择、工艺改革创新、生产过程管理、物料内部循环利用等环节入手，进一步提升清洁生产体系，构建完善的清洁生产管理体系，实现源头减量、过程控制、末端治理的系统改进，实现环境治理的科学化与合理化。

优化原材料。坚持减少末端负荷的基本方向，优化配方、基于组分分析优化、物料平衡、“榨干吃净”、原料的预处理或精料发酵，集中力量对三个发酵产品的原材料优化研发，争取早日实现新的突破。

改革技术工艺。坚持全过程控制理念，对产品生产工艺进行全过程统筹。重新审视评估现有产品工艺技术，结合当前学科、研发的进展，开辟少废无废工艺、实现物料循环、综合利用。通过技术手段，提高菌种的物料转化效率，提高产率，减少物质残留，从而减少单位产品的废液排放和处理量。发酵工艺优化，主要是依托菌种改进的高密度培养技术和复合培养基培养技术。采用无污染、少废、低噪音、节省原料和能源的高效技术装备，代替严重污染环境、浪费资源的陈旧设备。

强化装备管理创新。通过大型、先进、高效装备与工艺进行结合创新，提升生产水平。加强现有装备技术管理，改善装备现场管理、保障装备状态、审查运行效率、维护维修污染等，实现过程精细管理；淘汰污染与能耗高的工艺设备，采用高效装备来实现节能降耗；规整现有分散、片段、点滴的零碎生产设备为大型高效装备，节约用工和劳动，提升生产力。

优化过程控制。提高现有生产线检测控制水平，建设信息化平台，实现快速供给调度平衡，以降低过程消耗；各车间实行监控及自动化的改造，来保障生产线的精细化操作条件，实现投入最少的资源能源，最少的工艺排放，最大限度的转化为产品。

改进管理生产过程。从各生产车间的全过程控制入手，加强原材料精细管理、工艺设备精细管理、生产组织精细管理；建立岗位责任制，权责统一，利用绩效管理手段来提高设备完好率、减少物料流失，促进节能、降耗，降低污染。

废弃物综合利用。组织各车间进行全面废弃物的审核，并予以改善；对生产过程的能量浪费进行全面分析并采取有效措施予以改善；加强生产车间之间的原料、废弃物的评估与循环再利用，强化末端治理的以废制废综合利用等。

产品结构调整。改变现有产品的"结构型"污染问题，实现环保规模不变，发酵规模趋减，废物总量减少的基础上大幅提高企业产值与效益，实现产值三废量最小化。企业的发酵规模将呈压缩趋势，原料销售逐步压缩，产品形成系列化，实现产品转型和效益升级。步压缩 VC 原粉产量，扩大 VC 颗粒、VC 磷酸酯、VC 磷酸酯镁等产量，同时开发系列制剂产品，形成自有品牌，实现产品转型升级。

(2)泰瑞制药。泰瑞制药公司产生的异味主要来源于污水处理系统和生产系统。通过技术改进引入新工艺、新设施，设施日常维护保养持续推进等手段做好异味治理工作，进一步改善周边环境空气质量，提高企业异味治理精细化管理水平。

持续设施维修保养替换更新。持续对现有环保设施、设备的实时运行情况进行评估，根据评估结果，查缺补漏，定期保养、定期检修、定期更换损坏零部件，确保设施、设备高效稳定运行。凡是新增的气体收集、输送气体装置，必须具备全密封、防腐、泄露有安保措施的特性。

持续工艺技术提标改进。对国内、外专业异味治理公司进行技术考察，寻求最为先进、有效、经济的治理方法。在生产过程中，不断寻找产品生产新工艺、新方法、新技术进行提标改造，消除、减少异味产生环节。对生产工艺进行优化组合，对易产污环节原辅料进行环保替代，消除、减少异味产生。

提高员工操作技能，杜绝人为操作失误引发的异味扩散。规范异味治理设施标准操作规程，对相关车间部门的相关操作人员进行有针对性的专业操作培训。确保每名操作人员都能熟练掌握岗位 SOP，保质保量完成日常各项工作。以让内容为日常工作。规范生产设施标准操作规程，杜绝出现操作程序错误、造成发酵失败、染菌、物料、能源、污水等泄露而引发的异味问题。

建立异味自查长效机制。严格执行环保值班管理制度，由生能环保部牵头，每日组织专职人员对厂区内及周边空气环境进行 24 小时不间断巡检，发现异味问题，及时上报施解决，并严格考核。各车间/部门加强异味控制及消除工作，做到不定期巡检，厂区易发点异味常态化治理，无组织异味控制规范化。

加强生产调度，必要时减产限排。根据区、市、县三级环保部门要求，必要时降低生产负荷，同时调整各车间生产时间段，避免生产高峰期异味浓度增加。

适时对污水处理站进行停运搬迁。如现有治理技术不能有效解决异味问题，应积极考虑污水站的搬迁。选择居民少，影响小的区域新建污水站，污水站采用新工艺新方法，待建设完成后，对现有污水站停运、搬迁。生产污水全部集中输送至新建污水处理厂集中处理，彻底消除厂区污水处理异味。

(3)伊品生物。伊品生物公司影响周边敏感点的主要异味源为复合肥尾气，坚持源头控制、末端治理的原则，中期治理与长期工艺改进并行，主要采取以下治理措施：

对复合肥尾气异味进行深度治理。根据国内除异味技术，结合复合肥生产工艺特性，对复合肥生产线尾气增设低温等离子体深度处理设施，并在低温等离子体设备前端增加降温除湿设备，进一步提高处理效率。

加强设备设施维护，确保各环保治理设施平稳运行。持续对现有环保设施、设备的实时运行情况进行评估，根据评估结果，查缺补漏，定期对关键设备逐一进行检查、维护、保养等，确保设备正常平稳运行。

加大内部管控，提高员工操作技能。加大内部管控，相关车间制定《环保设施运行标准》明确具体的控制参数、作业要求及应急处置措施并组织员工培训学习，确保设备高效稳定运行，员工熟练操作，提高环保设施运行能力，提升处理效果。

持续工艺技术提标改进。及时关注国内、外专业异味治理技术并进行考察，寻求最为先进、有效、经济的治理方法。在生产过程中，不断寻找产品生产新工艺、新方法、新技术进行提标改造，消除、减少异味产生环节。对生产工艺进行优化组合，对易产污环节原辅料进行环保替代，消除、减少异味产生。

加强厂界异味巡检，及时发现及时纠正，确保厂界无异味产生。组织安排各级管理人员对厂界异味进行巡检，发现异味问题，及时解决，并完善内部考核机制、制定考核制度。各车间加强异味控制及消除工作，做到不定期巡检，确保厂区异味常态化治理，厂界周边无异味产生。

第四章　重点工程

第一节　主要任务

1. 推动环保设施更新改造，全面提升异味气体治理能力。针对现有的环保治理设施及运行情况，结合群众投诉的热点问题和大气空气监测结果，指导企业进行生产工艺更新改造，推动环境治理设施改造升级，全面提升重点企业异味气体治理能力，努力实现异味气体在源头上减少、治理上增效、排放上达标的目标。

2. 加强科研合作，从根本解决异味扰民问题。加强与科研院校等机构的合作，针对生物发酵企业找出异味因子成分，并加以分析，寻找有针对性的科学的可操作的收集、治理技术方案，从根本上解决异味扰民问题。

第二节　重点工程

“十三五”期间，以异味污染治理为主，落实企业主体责任，减少扰民现象和公众投诉事件的发生，强化项目环境绩效管理，将污染防治目标任务分解到企业。

为保证“十三五”期间各项异味治理目标的实现和主要任务的完成，永宁县“十三五”异味治理规划拟计划实施19个项目(见附表)。

第三节　投资估算

永宁县生物发酵异味气体治理“十三五”规划重点工程总投资19210万元，建设资金以企业自筹为主导，并积极开拓其他资金渠道，如争取政府治污奖励资金、环保+补贴资金等。

第五章　保障措施

第一节　建立激励机制，提高企业治理异味气体积极性

1. 合理运用环境经济手段，完善排污费征收办法。建立以污染量为依据的排污费征收体系，合理确定收费标准，对各类生物发酵异味气体排放开征排污费。逐步建立主要生物发酵异味气体排污权交易制度，利用市场机制降低异味气体治理成本和减少排放量。

2. 制定相关优惠政策，鼓励企业加强异味气体治理。通过减免税收、环保补贴、治污奖励等方式，吸引鼓励企业推进废弃物资源化利用。对于采

用新技术和新工艺,减少异味气体排放的企业、预防和控制污染效果好的企业，以及使用清洁能源和废弃物等综合利用的企业实行政策扶持。

3. 鼓励和支持企业自愿开展清洁生产审核，实施鼓励型绿色信贷政策。根据国家清洁生产审核的政策文件,指导企业自愿开展清洁生产审核,积极争取中央财政清洁生产资金、财政奖励和资金倾斜、贴息贷款和优惠利率贷款。同时积极实施政府绿色采购政策,鼓励企业进行技术攻关。

第二节 理顺管理体制,加强异味气体管理组织体系建设

1. 推进环保体制改革，加强异味气体监测监察执法。落实“将市县两级环保部门的环境监察职能上收,由省级环保部门统一行使,通过向市或跨市县区域派驻等形式实施环境监察，实行生态环境质量省级监测、考核”的改革要求,全面加强对生物发酵异味气体的监测监察执法。

2. 探索区域环保合作，加强异味气体跨区域管理。积极探索与宁东基地、滨河新区、银川市主城区环境监管和行政执法机构合作，成立跨地区环保机构,有序整合不同领域、不同部门、不同层次的监管力量，推行跨区域对异味气体的联防联控,加强联合监测、联合执法、交叉执法。

3. 建立议事协调机制，研究解决异味气体治理重大问题。县人民政府建立由环保部门、工业园区、生产企业、科研院所、居民代表、公益组织参加的生物发酵异味气体处置议事协调机制，定期研究解决异味气体治理的重大问题和难点问题,处置环境应急事件,强化综合决策,形成工作合力。

第三节 明确目标责任,加大异味气体治理奖惩力度

1. 生物发酵企业承担异味气体治理的主体责任。重点生物发酵企业作为异味气体治理的主体，要结合生产工艺和异味气体排放特点，针对异味产生的关键环节，制定详细的治理方案和中长期治理规划,通过结构调整、技术更新、强化管理等多种形式,实现对异味气体排放的有效治理。

2. 环境保护部门承担异味气体治理的监管责任。环保部门作为异味气体治理的监管部门，要切实履行监管责任,加强对企业异味气体的监测,及时向公众公布空气质量,加大企业环境违法处罚力度,同时指导帮助企业采取有效形式解决异味气体排放问题,提高异味气体处置效率和效果。

3. 政府相关部门承担异味气体治理的协作责任。工业园区管委会、发展改革、财政、科技等相关部门在各自工作职能范围内，积极支持企业重点项目建设和技术改造项目落地，争取对企业的环保优惠政策的落实，配合做好生物发酵异味气体治理的相关工作。

4. 全面落实任务责任分解，建立实施保障体系。分解目标任务,将规划确定的目标、任务、措施和重点工程细化分解并落实到每个企业，异味治理重点工程建设和达标改造等都要明确责任人和时间进度,全面推动规划实施。

第四节 加强信息化管理,实现异味气体污染信息化控制

1. 建立环保档案,夯实信息化工作基础。在重点企业开展环境摸底调查，掌握企业的主要生产工艺、废气排放的风险点,异味气体排放的总体现状、污染程度、重点污染源、污染种类、污染特点及企业内外环境特点等基础性内容，建立起完整的治理档案，为异味气体污染控制和管理提供真实的第一手资料,为制定政策和措施提供准确依据。

2. 制作电子地图系统,实现异味气体可视化监控。利用 GIS 技术,将全园区的环境信息体现在该电子地图上,包括各污染源(点源、面源)的背景资料、历史数据、高危区点、实时数据、实时图像等，实现各重点控制污染源的可视化监控和数据监控的同步,方便查询、发现问题,现场执法人员也可以调用此环保电子地图,完成现场执法工作。

3.建立信息发布系统,及时发布异味气体监控相关

信息。建立信息综合发布系统，将异味监测、空气质量和其他环境状况等信息，及时与政府管理部门、企业高管、环保专业人员共享，并可实现公众交流、接受群众投诉和咨询。结合智慧城市建设，加强互联网和新媒体的应用，建立互联网信息发布制度，推进进环境管理和环境执法转型。

第五节　强化过程管理，严格规划实施情况监督考核

建立规划实施情况年度调度机制，空气质量改善与数据质量考核并重，对各各企业主要污染物排放、污染治理重大工程进展情况进行调度，结果向社会公开。在2017年和2020年，分别对各企业规划执行情况进行中期评估和终期考核。

第六节　拓宽资金渠道，加大异味气体治理环保投入

1. 积极争取上级环保专项治理资金。积极争取把生物发酵异味气体治理重点项目纳入国家产业发展规划和重点项目库，申请国家专项环境保护资金。积极申请世界银行、亚洲发展银行和国内各级各类银行贷款融资，加大对空气质量和水体质量建设项目的建设力度。争取区市两级政府将异味气体治理环保项目列入“十三五”重点项目库。

2. 吸引社会资本参与异味气体治理。坚持以改革的思路和市场化手段，鼓励社会资金投向异味气体治理项目。支持企业自身加大环保投入力度，提升异味气体治理效率。鼓励不同经济成分和各类投资主体，以合资、承包、租赁、股份合作等形式，参与异味气体治理项目建设，探索企业将污水垃圾处理收费权等作为抵押物进行抵押贷款。

3. 合理安排财政异味气体治理专项资金。积极推动成立区市县三级的生物发酵异味气体治理专项基金，用于企业异味气体治理的科技研发和项目支持。合理安排异味气体监测经费，为空气质量监测和执法提供物质保障。

第七节　强化科技支撑，加强异味污染防治科技支撑能力建设

深入推进“产学研”一体化建设，鼓励企业与高等院校、科研院所密切合作，加大实用环保技术和装备的应用推广力度，加强运用科技手段推进环境污染治理，积极推进企业异味污染源清单编制及源解析工作。

推进环保人才队伍建设。统筹推进环保行政执法人才、专业技术人才、基层实用人才、环保社会人才队伍建设。全面提升督查人员能力水平，理性认识和运用督政内容、方法，及时总结推广实践中的典型经验。加快环保队伍专业人才培养，通过多种渠道和途径，重点培养一批环境监测、科研规划、环境损害鉴定与评估的专业人才。扎实推进全县环境基层实用技术人才队伍建设，加强环保社会工作从业人员专业和知识培训，建立社会工作人才和志愿者队伍联动机制。建立完善的考核、奖励和惩处制度，形成良好的人才管理与培养体系。

推进先进技术创新、推广和应用。强化企业创新主体作用，引导企业开展技术创新和转型升级，研发绿色循环、高效节约、清洁生产、超低排放的生产技术和工艺。加强技术研发与成果转化，加快制定完善异味治理技术政策，推进先进技术尽快落地应用。

第六章　附图附表（略）

保留、废止、修改县人民政府行政规范性文件

为了进一步转变政府职能，贯彻落实国务院“放管服”改革措施，加强生态文明建设和环境保护，确保我县行政规范性文件和国务院“放管服”改革、生态文明建设及环境保护等相关规定保持一致，维护法制统一。根据自治区和银川市人民政府要求，永宁县人民政府对现行有效的行政规范

性文件进行了清理。经县人民政府研究决定对下列行政规范性文件分别予以保留、废止、修改：

一、决定保留的行政规范性文件(共91件)

1. 关于批转县档案局开放档案试行办法的通知(永政发〔1991〕56号)

2. 关于印发《永宁县全民所有制企业退休费用全区统筹的规定实施细则》的通知（永政发〔1992〕59号）

3. 关于印发《永宁县集体企业职工离退休费用社会统筹试行办法》的通知(永政发〔1993〕45号)

4. 关于印发《永宁县军人抚恤优待暂行规定》的通知(永政发〔1993〕69号)

5. 关于印发《永宁县深化城镇企业职工养老保险制度改革实施办法》的通知(永政发〔1996〕71号)

6. 关于转发县民政局《关于进一步加强和改进婚姻登记管理工作意见》的通知(永政发〔1999〕72号)

7. 关于印发《永宁县村级财务管理办法》的通知(永政发〔2004〕69号)

8. 永宁县人民政府关于进一步完善住房公积金制度的通知(永政发〔2007〕35号)

9. 永宁县人民政府办公室关于印发《永宁县政府信用设施园艺专项使用借款保证抵押管理办法(试行)》的通知(永政办发〔2007〕62号)

10. 永宁县人民政府办公室关于印发《永宁县社会保险基金管理制度》的通知(永政办发〔2008〕28号)

11. 永宁县人民政府关于贯彻落实《国务院关于加强市县政府依法行政的决定》的实施意见(永政发〔2009〕48号)

12. 永宁县人民政府办公室关于印发《永宁县设施农业建设项目有偿使用资金发放管理流程》的通知(永政办发〔2009〕59号)

13. 永宁县人民政府关于印发永宁县公共卫生与基层医疗卫生事业单位绩效工资实施办法的通知(永政发〔2010〕127号)

14. 永宁县人民政府办公室关于印发永宁县乡村医生基本养老保险试行办法的通知（永政办发〔2010〕116号）

15. 永宁县人民政府办公室关于印发《关于强化乡镇执法权试点工作若干规定(试行)》的通知(永政办发〔2010〕122号)

16. 永宁县人民政府办公室关于印发《永宁县村级公益事业建设一事一议财政奖补试点实施方案》的通知(永政办发〔2010〕151号)

17. 永宁县人民政府关于废止永宁县安全生产各项规章制度等36件政府规范性文件的通知(永政发〔2010〕224号)

18. 永宁县人民政府关于公布政府规范性文件目录的通知(永政发〔2010〕226号)

19. 永宁县人民政府关于印发《永宁县招标投标管理办法》的通知(永政发〔2011〕55号)

20. 永宁县人民政府关于印发永宁县政府性债务管理实施暂行办法的通知（永政发〔2011〕156号）

21. 永宁县人民政府关于对《永宁县离休干部医疗保障管理办法》部分内容进行补充修改的通知(永政发〔2011〕169号)

22. 永宁县人民政府办公室关于印发《永宁县应急成品粮油储备管理暂行办法》的通知(永政办发〔2011〕176号)

23. 永宁县人民政府关于印发永宁县统筹城乡居民社会养老保险试点工作实施意见的通知(永政发〔2011〕194号)

24. 永宁县人民政府关于进一步加强农村消防工作的意见(永政发〔2011〕213号)

25. 永宁县人民政府关于印发永宁县机关事业单位工作人员带薪年休假实施细则的通知（永政发〔2011〕241号）

26. 永宁县人民政府关于印发永宁县实行国家公务员医疗补助暂行办法的通知（永政发〔2011〕242号）

27. 永宁县人民政府关于印发永宁县安全生产监督管理不当行为问责办法的通知（永政发〔2011〕244号）

28. 永宁县人民政府关于印发永宁县社会救助城乡一体化实施意见的通知(永政发〔2012〕21号)

29. 永宁县人民政府关于印发《永宁县建筑企业违法违规行为追责办法》的通知(永政发〔2012〕67号)

30. 永宁县人民政府关于印发永宁县农村公路养护管理办法的通知(永政发〔2012〕90号)

31. 永宁县人民政府 永宁县人民检察院关于印发《永宁县行政执法工作与检察监督工作相衔接实施办法》的通知(永政发〔2012〕143号)

32. 永宁县人民政府关于印发永宁县新上规模工业企业奖励办法的通知(永政发〔2013〕38号)

33. 永宁县人民政府关于印发永宁县信访工作规范化管理实施细则(试行)的通知(永政发〔2013〕214号)

34. 永宁县人民政府办公室关于印发《永宁县地震灾情速报办法》的通知(永政办发〔2013〕47号)

35. 永宁县人民政府办公室关于公布规范性文件清理结果的通知(永政办发〔2013〕107号)

36. 永宁县人民政府办公室关于印发永宁县突发公共事件应急预案管理办法的通知(永政办发〔2013〕151号)

37. 永宁县人民政府办公室关于印发《永宁县加强城镇流浪乞讨人员救助管理工作实施意见》的通知(永政办发〔2013〕171号)

38. 永宁县人民政府关于印发《永宁县最低生活保障审核审批办法(试行)》的通知(永政发〔2014〕50号)

39. 永宁县人民政府关于印发《永宁县进一步落实农民工工资支付管理工作若干办法》的通知(永政发〔2014〕78号)

40. 永宁县人民政府关于印发永宁县闽宁镇贫困户肉牛托管养殖实施办法的通知(永政发〔2014〕83号)

41. 永宁县人民政府关于印发《永宁县建设工程变更管理办法》的通知(永政发〔2014〕146号)

42. 永宁县人民政府关于印发《永宁县被征地农民养老保险制度新老政策衔接办法》的通知(永政发〔2014〕166号)

43. 永宁县人民政府办公室关于印发永宁县计划生育失独家庭特别扶助金制度实施方案的通知(永政办发〔2014〕17号)

44. 永宁县人民政府办公室关于印发永宁县农村居民免费健康体检行动实施方案的通知(永政办发〔2014〕18号)

45. 永宁县人民政府办公室关于印发《永宁县重症精神病患者救助方案》的通知(永政办发〔2014〕19号)

46. 永宁县人民政府办公室关于印发《永宁县关于提高重度残疾人津贴及居家托养补贴标准的实施方案》的通知(永政办发〔2014〕21号)

47. 永宁县人民政府办公室关于印发《永宁县社会救助家庭经济状况核对暂行办法》的通知(永政办发〔2014〕36号)

48. 永宁县人民政府办公室关于印发《永宁县城乡建设用地增减挂钩复垦土地管理暂行办法》的通知(永政办发〔2014〕96号)

49. 永宁县人民政府办公室关于印发公共租赁住房与廉租住房并轨运营管理工作实施方案的通知(永政办发〔2014〕114号)

50. 永宁县人民政府关于印发《永宁县政府向社会力量购买服务暂行办法》的通知(永政发〔2015〕116号)

51. 永宁县人民政府关于印发《永宁县政府投资项目建设招标监督管理办法》的通知(永政发〔2015〕245号)

52. 永宁县人民政府关于印发《永宁县人民政府重大行政决策听取意见制度》等制度的通知(永政发〔2015〕266号)

53. 永宁县人民政府办公室关于印发永宁县农村居民糖尿病和高血压慢性病患者门诊治疗救助实施方案的通知(永政办发〔2015〕61号)

54. 永宁县人民政府办公室关于印发《永宁县建设项目多规合一并联审批办法(试行)》的通知(永政办发〔2015〕125号)

55. 永宁县人民政府办公室关于印发《永宁县发展壮大村级集体经济市县扶持项目审核管理办法》的通知(永政办发〔2015〕132号)

56. 永宁县人民政府办公室关于印发《永宁县老饭桌建设与管理实施细则》的通知（永政办发〔2015〕140 号）

57. 永宁县人民政府办公室关于印发《永宁县关于加快发展家庭服务业促进创业就业的实施意见》的通知（永政办发〔2015〕144 号 ）

58. 永宁县人民政府关于规范性文件清理结果的公告

59. 永宁县人民政府关于印发《永宁县突发公共事件总体应急预案》的通知（永政发〔2016〕39号）

60. 永宁县人民政府关于印发《永宁县医疗救助办法（试行）》的通知（永政发〔2016〕41 号）

61. 永宁县人民政府关于印发《永宁县临时救助办法（试行）》的通知（永政发〔2016〕42 号）

62. 永宁县人民政府办公室关于印发《永宁县财政资金管理暂行办法》等办法的通知（永政发〔2016〕51 号）

63. 永宁县人民政府关于公布政府部门行政审批事项的通知（永政发〔2016〕61 号 ）

64. 永宁县人民政府关于印发《永宁县乡村教师支持计划（2015 年—2020 年）实施细则》的通知（永政发〔2016〕63 号）

65. 永宁县人民政府关于公布政府部门和乡镇人民政府行政权力运行责任清单的决定（永政发〔2016〕121 号）

66. 永宁县人民政府关于印发《永宁县全民健身实施计划（2016—2020 年）》的通知（永政发〔2016〕208 号）

67. 永宁县人民政府办公室关于印发永宁县突发事件预警信息发布管理办法的通知（永政办发〔2016〕25 号）

68. 永宁县人民政府办公室关于印发《永宁县稳定市场物价工作应急预案》的通知（永政办发〔2016〕49 号）

69. 永宁县人民政府办公室关于印发《永宁县突发性地质灾害应急预案》的通知（永政办发〔2016〕50 号）

70. 永宁县人民政府办公室关于印发《永宁县林业有害生物应急预案》的通知（永政办发〔2016〕71 号）

71. 永宁县人民政府办公室关于印发永宁县突发公共事件舆情处置应急预案的通知（永政办发〔2016〕73 号）

72. 永宁县人民政府办公室关于印发《永宁县殡葬管理办法》〈永宁县惠民殡葬及生态葬奖补办法〉》的通知（永政办发〔2016〕78 号）

73. 永宁县人民政府办公室关于印发《永宁县农村承包土地的经营权抵押贷款管理办法（试行）》和《永宁县农村承包土地的经营权抵押贷款风险防范和处置预案（试行）》的通知（永政办发〔2016〕96 号）

74. 永宁县人民政府办公室关于印发《永宁县药品和医疗器械安全突发事件应急预案》的通知（永政办发〔2016〕131 号）

75. 永宁县人民政府办公室关于印发《永宁县气象灾害应急预案》的通知（永政办发〔2016〕132号）

76. 永宁县人民政府关于公布企业投资项目管理负面清单（第一批）的决定（永政发〔2017〕73 号）

77. 永宁县人民政府办公室关于印发《永宁县生产经营单位安全生产“黑名单”制度管理办法》的通知（永政办发〔2017〕33 号）

78. 永宁县人民政府办公室关于印发《永宁县地震专项应急预案》的通知（永政办发〔2017〕53号）

79. 永宁县人民政府办公室关于印发永宁县食品安全事故应急预案的通知（永政办发〔2017〕54 号）

80. 永宁县人民政府办公室关于印发永宁县重特大安全生产事故应急救援预案的通知（永政办发〔2017〕55 号）

81. 永宁县人民政府办公室关于印发《永宁县农村居民最低生活保障制度与扶贫开发兜底脱贫政策有效衔接方案》的通知（永政办发〔2017〕57号）

82. 永宁县人民政府办公室关于印发《永宁县突发公共卫生事件应急预案》的通知（永政办发〔2017〕59 号）

83. 永宁县人民政府办公室关于印发《永宁县

生活必需品市场供应应急预案》的通知(永政办发〔2017〕60 号)

84. 永宁县人民政府办公室关于印发《永宁县重污染天气应急预案》的通知(永政办发〔2017〕61号)

85. 永宁县人民政府办公室关于印发《永宁县防灾减灾救助应急预案》的通知(永政办发〔2017〕62 号)

86. 永宁县人民政府办公室关于印发《永宁县突发环境污染及生态破坏事故应急预案》的通知(永政办发〔2017〕63 号)

87. 永宁县人民政府办公室关于印发《永宁县防汛抗旱应急预案》的通知(永政办发〔2017〕69号)

88. 永宁县人民政府办公室关于印发《永宁县森林防火应急预案》的通知(永政办发〔2017〕70号)

89. 永宁县人民政府办公室关于印发《永宁县重大动物疫情应急预案》的通知(永政办发〔2017〕71 号)

90. 永宁县人民政府办公室关于印发《永宁县农村土地流转经营权证登记管理办法(试行)》的通知(永政办发〔2017〕133 号)

91. 永宁县人民政府办公室关于印发《永宁县粮食应急预案》的通知(永政办发〔2017〕140 号)

二、决定废止的行政规范性文件(共 34 件)

1. 关于印发《教育附加费征收管理办法》的通知(永政发〔1995〕65 号)

2. 关于建立城镇居民最低生活保障制度的通知(永政发〔1998〕82 号)

3. 关于印发《永宁县粮食首长负责制》的通知(永政发〔1999〕73 号)

4. 县人民政府关于发布《永宁县经济适用住房建设管理办法》的通知(永政发〔1999〕113 号)

5. 关于印发永宁县政府系统督查工作暂行规定的通知(永政发〔2000〕56 号)

6. 县人民政府关于印发《永宁县经济适用住房出售管理暂行办法》的通知(永政发〔2000〕66号)

7. 关于宣传贯彻《机关、团体、企业、事业单位消防安全管理规定》的实施方案(永政发〔2002〕35号)

8. 关于印发《永宁县县直行政事业单位机动车辆定点购油管理办法》的通知(永政发〔2002〕116号)

9. 关于印发《永宁县国家机关、事业单位、社会团体机动车辆定点保险管理办法》的通知(永政办发〔2003〕27 号)

10. 关于印发《永宁县移民地区土地管理暂行办法》的通知(永政办发〔2007〕25 号)

11. 永宁县人民政府办公室关于印发《永宁县农村药品监督网和供应网建设实施方案》的通知(永政办发〔2007〕61 号)

12. 永宁县人民政府办公室关于印发《永宁县基层领导干部履行社区戒毒或社区康复工作职责备案查究制度》《永宁县发现吸毒人员举报奖励制度》《永宁县失控吸毒人员查实奖励制度》《永宁县吸毒人员检测抽查制度》的通知(永政办发〔2008〕130 号)

13. 永宁县人民政府办公室关于印发《永宁县自然灾害救助应急预案》的通知(永政办发〔2009〕62 号)

14. 永宁县人民政府关于印发《永宁县政府投资项目资金管理暂行办法》的通知(永政发〔2009〕175 号)

15. 永宁县人民政府关于印发《永宁县城镇廉租住房保障办法(试行)》的通知(永政发〔2009〕197 号)

16. 永宁县人民政府关于印发《永宁县廉租住房实物配租管理暂行办法》的通知(永政发〔2010〕87 号)

17. 永宁县人民政府关于印发《永宁县农村供水工程运行管理办法实施细则》的通知(永政发〔2010〕229 号)

18. 永宁县人民政府办公室关于印发《永宁县城市低收入家庭住房保障工作规范》的通知(永政办发〔2010〕75 号)

19. 永宁县人民政府关于印发永宁县城乡困难群众临时救助实施办法的通知(永政发〔2011〕

23 号）

20. 永宁县人民政府办公室转发县卫生局关于永宁县乡村医生管理办法的通知（永政办发〔2011〕126 号）

21. 永宁县人民政府关于印发《永宁县关于进一步加强安全生产工作的补充规定》的通知（永政发〔2011〕195 号）

22. 永宁县人民政府关于印发永宁县公共租赁住房管理办法（试行）的通知（永政发〔2012〕157号）

23. 永宁县人民政府办公室关于进一步加强公路路政管理工作的通知（永政办发〔2013〕24 号）

24. 永宁县人民政府办公室关于印发永宁县乡镇农村公路养护管理考核办法（试行）的通知（永政办发〔2013〕43 号）

25. 永宁县人民政府关于印发《永宁县违法用地违法建设责任追究暂行办法》的通知（永政发〔2014〕20 号）

26. 永宁县人民政府关于公布取消及调整行政审批事项目录的决定（永政发〔2014〕64 号）

27. 永宁县人民政府关于印发《永宁县 2014—2017 年环境保护行动计划》的通知（永政发〔2014〕93 号）

28. 永宁县人民政府关于印发《永宁县财政性资金管理暂行办法》等办法的通知（永政发〔2014〕144 号）

29. 永宁县人民政府办公室关于印发《永宁县防汛抗旱应急预案》的通知（永政办发〔2015〕56号）

30. 永宁县人民政府办公室关于印发《永宁县园林绿化施工管理办法》的通知（永政办发〔2015〕169 号）

31. 永宁县人民政府办公室关于印发《永宁县园林绿化工程审批和竣工验收管理制度》的通知（永政办发〔2015〕170 号）

32. 永宁县人民政府关于印发《永宁县绿化养护管理办法》的通知（永政办发〔2015〕171 号）

33.永宁县人民政府办公室关于印发《永宁县古树名木保护管理办法》的通知（永政办发〔2015〕172 号）

34. 永宁县人民政府办公室关于印发《永宁县重污染天气应急预案》的通知（永政办发〔2016〕55号）

三、决定进行修改的行政规范性文件（共 6 件）

1. 永宁县人民政府关于印发《永宁县工业企业节约用水管理暂行办法》的通知（永政发〔2008〕149 号）

2. 永宁县人民政府关于印发《永宁县农村饮水安全供水工程建设管理办法》的通知（永政发〔2010〕227 号）

3. 永宁县人民政府关于印发《永宁县农村供水工程水源保护与污染防治管理暂行办法》的通知（永政发〔2010〕228 号）

4. 永宁县人民政府办公室关于印发永宁县重大动物疫病防控相关管理办法的通知（永政办发〔2010〕70 号）

5. 永宁县人民政府关于印发永宁县生产安全事故应急预案管理办法的通知（永政发〔2011〕196号）

6. 永宁县人民政府办公室关于印发《永宁县完善设施农用地管理暂行办法》的通知（永政办发〔2014〕97 号）

永宁县人民政府

2017 年 11 月 16 日

永宁县巡察工作实施意见

（2017 年12 月 25 日）

为推进全面从严治党向纵深发展，向基层延伸，根据自治区《关于市县（区）党委建立巡察制度的实施意见》和《银川市巡察工作实施办法（试行）》，结合我县实际，制定本实施意见。

一、总体要求

（一）指导思想

巡察工作以马克思列宁主义、毛泽东思想、邓小平理论、“三个代表”重要思想、科学发展观、习近平新时代中国特色社会主义思想为指导，牢固树立政治意识、大局意识、核心意识、看齐意识，坚决维护以习近平同志为核心的党中央权威和集中统一领导，坚持从严治党、依规治党，聚焦党风廉政建设和反腐败斗争，强化政治巡察，发现问题，形成震慑，推动党的执政能力建设、先进性建设和纯洁性建设，为全县经济社会发展提供坚强政治保障。

（二）工作原则

巡察工作坚持政治方向、准确定位，坚持专兼结合、统筹安排，坚持发现问题、形成震慑，坚持紧贴基层、务求实效的原则。

二、巡察机构及职责

建立健全县委承担巡察工作主体责任的巡察机构。

（一）成立县委巡察工作领导小组

成立以县委常委、纪委书记王晓东同志为组长，县委常委、组织部部长刘明同志为副组长，县纪委、组织部有关领导和巡察办主任为成员的领导小组。

巡察工作领导小组职责：

1. 贯彻中央、自治区党委、市委和县委有关决议、决定；

2. 统一安排部署全县巡察工作，听取巡察工作汇报；

3. 研究巡察成果的运用、分类处置，提出相关意见和建议；

4. 向市委巡察工作领导小组和县委报告巡察工作情况，承办上级巡察工作领导小组交办事项；

5. 对巡察组进行管理和监督；

6. 研究处理巡察工作中的其他重要事项。

（二）成立县委巡察办

县委巡察工作领导小组下设办公室（简称县委巡察办），列入县委工作机构序列。巡察办由4人组成，设主任1名（正科级）、副主任1名（副科级），工作人员2名。巡察办是县委巡察工作领导小组日常办事机构，承担综合协调、组织指导、监督管理、服务保障等工作。

巡察办工作职责：

1. 向市委巡察工作领导小组办公室报送年度巡察工作开展情况；

2. 传达贯彻市委巡察工作领导小组和县委的决策和部署；

3. 统筹、协调、指导巡察组开展工作；

4. 督办市、县巡察工作领导小组决定的事项；

5. 配合县纪委、县委组织部等部门对巡察工作人员进行培训、考核、监督和管理；

6. 健全与纪检、政法、组织、审计、信访等部门的联系机制，负责与其进行沟通衔接；

7. 办理县委巡察工作领导小组和上级巡察工作领导小组办公室交办的其他事项。

（三）成立巡察组

根据实际需要设立3个巡察组，在巡察工作领导小组领导下承担巡察任务。巡察组实行组长负责制，副组长协助组长工作。巡察组组长可专兼结合，以专为主，根据每次巡察任务确定并授权。巡察干部的选配，严格按照“忠诚、干净、担当”的要求，选强将、挑精兵，由县巡察办推荐、县纪委与县委组织部共同提名，县委把关决定。

（四）建立巡察组长库和巡察人才库，从中选调巡察组兼职人员

面向乡镇（街道）和部门选拔原则性强、素质过硬、熟悉基层工作、具有相应工作经历、善于发现和分析研究问题的同志组成巡察组长库。兼职的巡察组组长，组织关系和后勤保障保留在原单位。巡察人才库面向纪检机关和组织、司法、审计、财政、检察院等部门遴选优秀工作人员。

三、建立健全县委巡察工作制度机制

（一）建立定期研究汇报工作机制

巡察领导小组要在每批次集中巡察结束一周

内，听取各巡察组巡察情况汇报，两周内向县委汇报巡察情况。

（二）建立信息互通工作机制

巡察组开展集中巡察前，应当向纪检监察、检察机关和组织、信访、审计、财政、统计等有关部门了解被巡察党组织领导班子及其成员的有关情况、反映和举报信息。

（三）建立线索管理、移交、督办工作机制

巡察组负责问题线索的受理、了解、研判、报告工作。巡察办负责问题线索的备案、移交、协调、督办、归档工作；对向纪委、组织部移交的问题线索和事项，巡察办要建立台帐，加强沟通协调，及时掌握办理情况。

（四）建立巡察成果运用工作机制

巡察要与纪律审查无缝对接，与干部工作有序衔接。纪委、组织部要优先办理巡察移交的问题线索，每季度向巡察工作领导小组反馈一次移交问题线索的办理情况，确保件件有着落。纪委对正在接受集中巡察单位的领导班子成员实施立案审查时，应采取适当方式向巡察办通报。组织部要善于把巡察成果运用到对干部的经常性教育管理、班子配备和干部调整以及深化干部人事制度改革上。

永宁县2017年国民经济和社会发展统计公报

2017年，是党的十九大胜利召开的喜庆之年，也是全面建成小康社会的关键之年。一年来，面对严峻复杂的经济发展环境和持续加大的经济下行压力，永宁县委、县政府团结带领全县广大干部群众，深入学习贯彻落实党的十九大精神、习近平总书记系列重要讲话精神和治国理政新理念新思想新战略，认真贯彻自治区第十二次党代会、银川市第十四次党代会和永宁县第十四次党代会精神，全力实施"三大战略""五个扎实推进"，牢牢把握稳中求进的总基调，积极践行"绿色、高端、和谐、宜居"城市发展理念，不断适应经济发展新常态，攻坚克难，务实进取，全力推动经济社会各项事业平稳发展。

一、综合

初步核算，全年实现地区生产总值135.94亿元，按可比价格计算，同比增长4.5%。分产业看，第一产业实现增加值15.55亿元，同比增长4.4%；第二产业实现增加值74.46亿元，同比增长3.2%；第三产业实现增加值45.93亿元，同比增长6.7%。三次产业比例11.4:54.8:33.8，对经济增长的贡献率分别为12.3%、39.0%和48.7%。按常住人口计算，全县人均地区生产总值56431元，比上年增长6.8%。

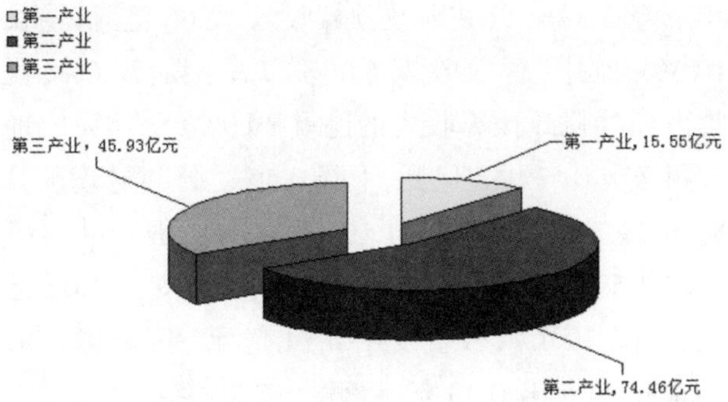

图1　永宁县2017年三次产业结构图

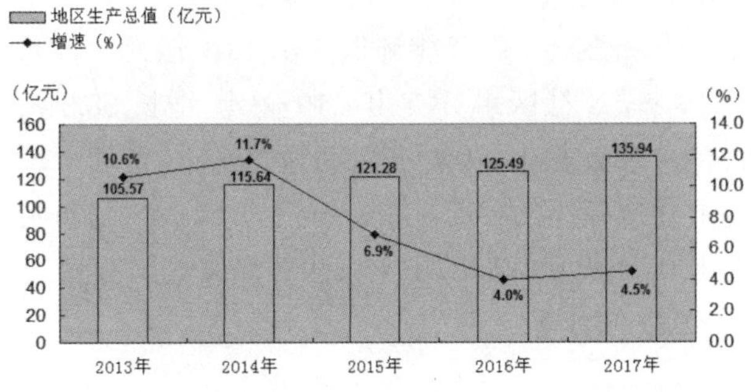

图2　永宁县2013—2017年地区生产总值及增速

年末，全县常住总人口241856人，比上年末增加1926人。其中，汉族人口189265人，占总人口的比重为78.3%；回族人口51063人，占总人口的比重为21.1%；其他少数民族1528人，占总人口的比重为0.6%；城镇人口134665人，乡村人口107191人，城镇化率为55.68%；人口出生率为13.1‰，死亡率为5.1‰，人口自然增长率为8.0‰。

全年居民消费价格比上年上涨 1.7%，其中，衣着类上涨 1.7%，居住类上涨 3.0%，生活用品及服务类上涨 2.1%，交通和通信类上涨 2.9%，教育文化和娱乐类上涨 2.7%，医疗保健类上涨 6.3%，其他用品和服务类上涨 2.3%。工业生产者出厂价格指数上涨 12.3%，工业生产者购进价格指数上涨 13.4%，新建住宅价格指数上涨 2.5%，商品零售价格指数上涨 1.5%。

年末城镇登记实有失业人数 709 人。全年城镇新增就业 5823 人，其中，城镇失业人员再就业 2422 人。年末城镇登记失业率为 3.5%。当年实现农村劳动力转移就业 2.13 万人，实现劳动力转移就业收入 1.96 亿元。

全年完成地方财政收入达到 15.20 亿元，比上年下降 2.5%。公共财政预算收入 12.66 亿元，增长 10.5%，其中，税收收入 5.06 亿元，下降 36.6%，税收占公共财政预算收入的比重 39.9%。全年完成地方财政支出 32.48 亿元，下降 0.4%。公共财政预算支出 29.76 亿元，下降 1.1%。其中，一般公共服务支出 1.59 亿元，增长 10.7%；公共安全支出 1.06 亿元，下降 19.4%；教育支出 4.14 亿元，下降 10.0%；科学技术支出 0.33 亿元，增长 2.2%；文化体育与传媒支出 0.21 亿元，下降 68.5%；社会保障和就业支出 3.39 亿元，增长 3.3%；医疗卫生支出 1.88 亿元，下降 20.6%；节能环保支出 1.01 亿元，增长 71.1%；城乡社区事务支出 8.19 亿元，增长 68.8%；农林水事务支出 4.93 亿元，下降 10.3%；交通运输支出 0.64 亿元，增长 39.7%；国土资源气象等事务支出 0.14 亿元，增长 46.4%；住房保障支出 0.40 亿元，下降 87.1%。

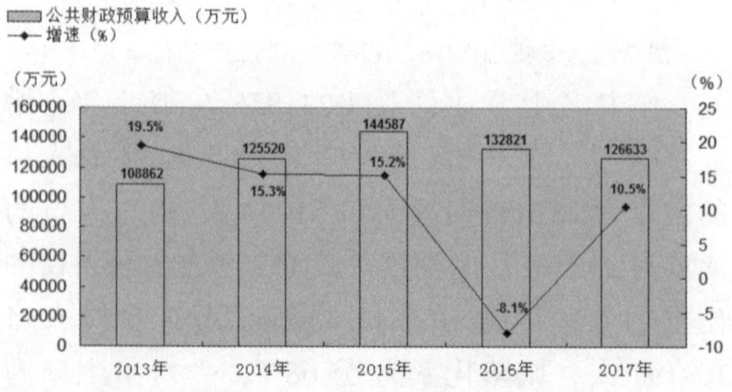

图 3　永宁县 2013—2017 年公共财政预算收入及增速

二、农业

全年完成农林牧渔业总产值 29.08 亿元，按可比价格计算，比上年增长 4.0%。其中，农业产值 22.45 亿元，增长 5.2%；林业产值 0.25 亿元，增长 7.6%；牧业产值 4.49 亿元，下降 1.1%；渔业产值 0.88 亿元，增长 3.0%；农林牧渔服务业产值 1.02 亿元，增长 3.5%。

初步核算，全年粮食作物播种面积 50.10 万亩，同比下降 0.7%，其中，小麦播种面积 11.33 万亩，增长 3.7%；稻谷播种面积 10.20 万亩，下降 20.3%；玉米播种面积 27.07 万亩，增长 5.1%；全年油料种植面积 0.43 万亩，下降 10.0%。

初步核算，粮食总产量 26.92 万吨，增长 0.9%。其中，小麦产量 4.11 万吨，增长 0.1%；稻谷产量 6.34 万吨，下降 19.9%；玉米产量 16.40 万吨，增长 12.2%。油料产量 0.06 万吨，下降 10.4%。

初步核算，年末大牲畜存栏 4.35 万头，增长 4.3%，大牲畜出栏 3.63 万头，增长 1.8%，其中，牛年末存栏 4.29 万头，增长 4.5%，牛出栏 3.60 万头，增长 7.5%。生猪年末存栏 2.34 万头，增长 7.1%，猪出栏 4.28 万头，下降 2.9%。羊只年末存栏 15.60 万只，增长 7.1%，羊出栏 21.49 万只，增长 7.4%；家禽存栏 117.10 万只，家禽出栏 152.55 万只。全年肉类总产量 1.54 万吨，增长 2.2%，其中，猪牛羊总产量 1.23 万吨，增长 0.02%；牛奶产量 5.38 万吨，增长 1.4%；禽蛋产量 1.32 万吨，增长 11.8%。

水产养殖业面积 2.19 万亩，增长 9.6%，水产品产量 8232 吨，增长 2.4%。

全县辖区共有五镇、一乡、1 个街道办事处和 2 个区属农场，66 个村民委员会，22 个社区居委会。

三、工业和建筑业

全年全部工业总产值同比下降 4.0%；全部工业增加值增长 1.8%。工业占 GDP 的比重为 31.9%。其中，规模以上工业总产值下降 5.1%，规模以上工业增加值增长 1.8%。出口交货值 35.68 亿元，增长 14.33%。

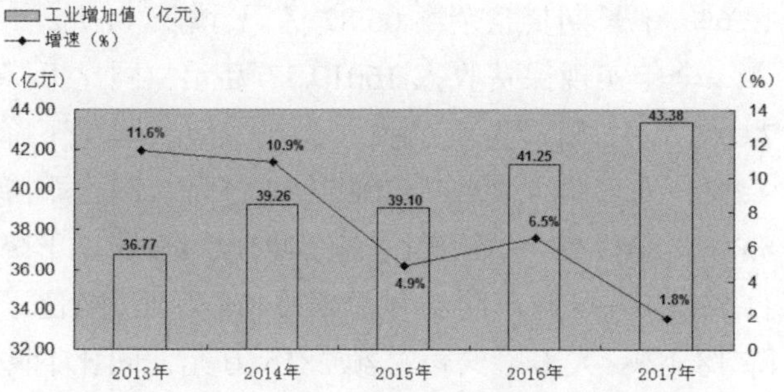

图 4　永宁县 2013—2017 年工业增加值及增速

主要工业产品中，低压开关板产量 2670 面，同比增长 14.2%；化学药品原药 21309 吨，同比增长 11.5%；中成药 434 吨，同比下降 20.6%；商品混凝土 117.51 万立方米，同比增长 26.1%；硅酸盐水泥熟料 119.33 万吨，同比增长 20.6%；水泥 124.15 万吨，同比增长 16.3%；乳制品 8660 吨，同比下降 2.4%；饮料酒 5.70 万升，同比下降 12.3%；化学试剂 8222 吨，同比增长 31.1%；饲料 4.29 万吨，同比下降 14.7%；机制纸及纸板 3.22 万吨，同比下降 11.5%；电力电缆 1.91 万千米，同比下降 34.8%；塑料制品 2.39 万吨，同比下降 18.2%；人造板表面装饰板 12.85 万平方米，同比下降 69.8%；钢结构 4.99 万吨，同比下降 37.8%；铝材 1207 吨，同比下降 24.9%；瓦 3008 万片，同比下降 2.4%；金属门窗及类似制品 1.71 万吨，同比下降 50.2%；家具 1.78 万件，同比下降 36.0%；精制食用植物油 3895 吨，同比增长 2.1%；纸制品 0.81 万吨，同比下降 66.9%；味精 18.64 万吨，同比下降 16.2%；液压元件 4101 件，同比下降 25.4%。

全县规模以上工业企业 79 家，大中型企业 5 家，产值过亿元企业 22 家。

规模以上工业实现主营业务收入 116.14 亿元，增长 14.2%；实现利润总额 7.54 亿元，增长 23.9%。

望远工业园区工业企业 155 家，完成工业总产值 88.75 亿元，同比增长 2.0%，完成工业销售产值 82.14 亿元，同比增长 2.8%。其中规模以上工业企业 58 个，完成工业总产值 83.26 亿元，同比下降 2.4%。

2017 年末，具有资质等级以上建筑企业 4 家，实现建筑业总产值 4.7 亿元，同比增长 0.6%。房屋建筑施工面积 16.04 万平方米，同比增长 13.6%；房屋竣工面积 1.94 万平方米，同比下降 73.3%。

四、固定资产投资

2017 年，全县完成固定资产投资 134.77 亿元，比上年下降 21.9%，其中，房地产开发投资 33.81 亿元，同比下降 7.6%。从投资结构看，第一产业投资 16.3 亿元，同比下降 12.8%；第二产业投资 19.75 亿元，同比增长 9.3%；第三产业投资 98.71 亿元，同比下降 27.4%。

2017 年，全县在库项目 241 个，其中：5000 万元以下投资项目 129 个，5000 万元以上投资项目 58 个，全年房地产开发投资项目 54 个。

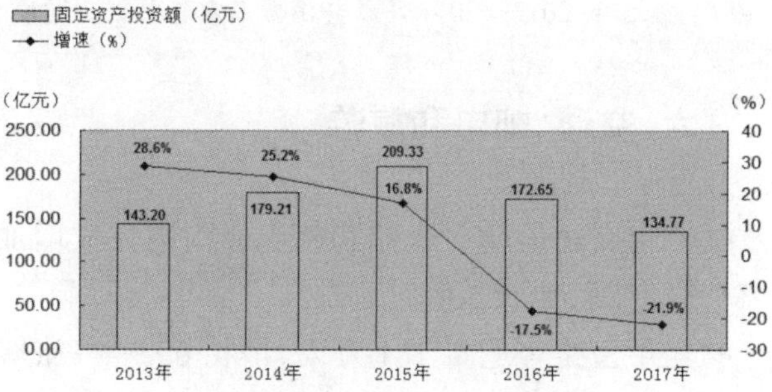

图 5　永宁县 2013—2017 年固定资产投资及增速

全年完成房地产开发投资 33.8 亿元，比上年下降 7.6%。其中，住宅投资 20.22 亿元，下降 11.4%；商业营业用房投资 10.03 亿元，增长 12.4%；其他投资 3.56 亿元，下降 26.3%。房屋施工面积 406.43 万平方米，增长 19.0%，其中住宅施工面积 291.76 万平方米，增长 15.5%。商品房销售面积 74.55 万平方米，增长 19.4%，其中住宅销售面积 71.32 万平方米，增长 28.5%。商品房销售额 22.64 亿元，增长 9.3%，其中住宅销售额 20.68 亿元，增长 22.3%。

五、国内贸易

2017 年，实现社会消费品零售总额 20.22 亿元，比上年增长 9.0%。分城乡看，城镇实现消费品零售额 18.26 亿元，增长 8.9%；乡村实现消费品零售额 1.96 亿元，增长 9.5%。分行业看，批发业实现消费品零售额 5.85 亿元,增长 8.3%;零售业实现消费品零售额 12.25 亿元,增长 8.8%;住宿业实现消费品零售额 0.0083 亿元,增长 12.2%;餐饮业实现消费品零售额 2.10 亿元,增长 12.1%。分规模看,限额以上企业实现消费品零售额 4.31 亿元,增长 4.9%,限额以下企业实现消费品零售额 15.91 亿元,增长 10.1%。

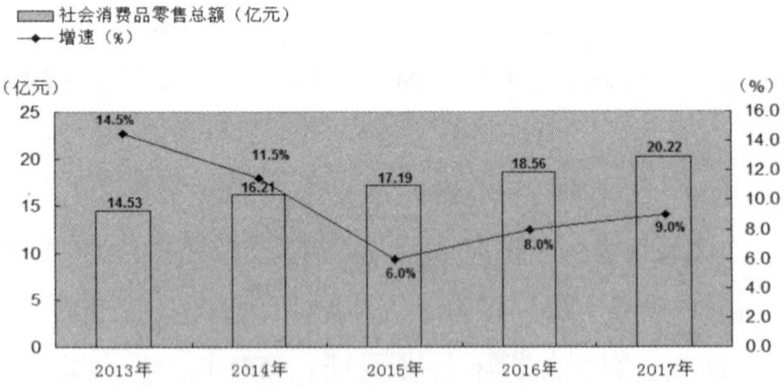

图 6 永宁县 2013—2017 年社会消费品零售总额及增速

六、交通、邮电和旅游

全年交通运输、仓储和邮电通信业完成增加值 7.34 亿元,增长 1.0%。

全年公路客运量 181 万人,增长 69.9% ;旅客周转量 2350 万人公里,增长 36.0%。

全年收寄函件 9.19 万件;收寄特快专递 4.9 万件。年末邮政储蓄余额达到 7.99 亿元,增长 15.6%。

全年电信业务总量 6950 万元,增长 6.6%。全县固定电话 1.5 万户。互联网用户数 4.8 万户。移动电话用户达到 22 万户。

2017 年全县接待海内外游客达 300.27 万人次,同比增长 152.05%;实现旅游总收入 10701.46 万元,增长 97.7%。

七、金融和保险

全年实现金融业增加值 6.98 亿元,比上年增长 9.5%。年末,金融机构各项存款余额为 128.48 亿元,增长 0.3%。其中居民储蓄存款余额为 93.85 亿元,增长 1.9%。各项贷款余额为 125.44 亿元,增长 3.0%,其中短期贷款余额 50.63 亿元,下降 12.6%,中长期贷款余额 66.82 亿元,增长 11.7%。

全年实现保费收入 16019.37 万元,同比下降 7.0%,其中,财产保费总收入 5169 万元,同比下降 9.2%;人寿险保费收入 10850.37 万元,同比下降 5.8%。2017 年各项给付总额 6221 万元,同比下降 11.8%,其中:财产险给付总额 3406 万元,同比下降 18.4%;人寿险给付总额 2815 万元,同比下降 2.1%。

八、教育、科技、文化、卫生和体育

年末全县有普通高校 1 所,招生 4943 人,同比增长 13.4%;在校生 14532 人,同比增长 2.2%;毕业生 3374 人,同比增长 4.8%;教职工 706 人,同比增长 1.7%,其中,专任教师 591 人,同比增长 8.0%。全县共有职业学校 4 所,招生 2238 人,在校生 4658 人,毕业生 1701 人。教职工 322 人,其中,专任教师 212 人。全县共有普通中学 11 所,普通高中招生 2046 人,同比增长 3.8%;在校生 5782 人,同比增长 6.2%;毕业生 1668 人,同比下降 3.9%。普通初中招生 4128 人,同比增长 7.8%;初中学龄人口入学率 98.69%;在校生 11242,同比增长 3.4%;毕业生 3539 人,同比增长 10.2%。中等职业学校 2 所,在校生 1823 人,同比下降 17.8%。小学学校 28 所,同比减少 2 所;普通小学招生 3892 人,同比增长 2.0;小学学龄儿童入学率 100%,在校生 23583 人,同比增长 0.5%;毕业生 3900 人,同比增长 7.5%。幼儿园 39 所;幼儿园在园幼儿 9107 人,同比增长 7.4%。

全县发展高新技术企业 7 家,其中新培育认定农业高新技术企业 1 家;培育认定自治区级科技型中小企业 19 家;共确立并实施自治区、银川市各类科技计划项目 46 项;实施知识产权“零突破”和“倍增”计划攻坚,企业专利授权量 48 件,其中发明专利 21 件,万人有效发明专利拥有量 6 件(全区 2.52 件);围绕农业特色产业发展、精准扶贫等领域的重大科技需求,加强综合示范和关键技术应用研究,引进、试验、示范新品种 50 多个,新技术、新设备 20 多项,开展各类科技培训 112 场次，培训技术骨干5000人次，培训带动农民3万人次。深化科技特派员创业行动，目前队伍稳定达到159人，其中自治区级法人科技特派员83人，科技特派员建立经济实体123个，科技特派员创新创业已成为农业农村产业发展主力军；农业科技信息服务站点覆盖所有乡镇和农业科技示范园区；坚持“优势互补，资源共享，真诚合作，共同发展”的理念，推动县政府与中国农大理学院签署“院县合作”框架协议并共建“博士工作站”1处、“博士工作点”3个；昌盛光伏被认定为国家级星创天地和银川市众创空间；全县农业主推技术到位率达到100%，农业综合机械化水平达到95.5%；全年完成农村科技支出4961万元，农业科技进步贡献率达61.12%。

年末，拥有文化馆、公共图书馆、博物馆各1个；广播电台1座，电视台1座；广播综合人口覆盖率100%，电视综合人口覆盖率100%。年末，公共图书馆藏书19.14万册，同比增长4.7%。

年末，全县共有医疗卫生机构97个，其中，县级医院2个、乡镇卫生院8个，疾病预防控制中心1个，妇幼保健院（所）1个，卫生监督所1个，社区卫生服务中心（站）5个，村级卫生室31个，个体医疗机构48个。床位440张；卫生技术人员847人。其中，执业医师154人，执业助理医师31人，在册护士586人，乡村医生及防疫妇幼76人。全县儿童免疫规划疫苗接种率98.0%。

全县经常性参加体育锻炼的人数占全县人口总数的35%以上，人均体育场地面积达到2.5平方米。

全年举办了第二节永宁县市民运动会、第三届全面健身节永宁县青少年乒乓球赛、三人制篮球挑战赛、2017年全民健身日暨全民健身活动展示大会等品牌文化活动。永宁县共注册运动员329人，业余体校自训的项目主要是田径、举重、乒乓球、跆拳道、排球、足球和篮球，运动员近300人，其中已注册251人；外训的项目有游泳、篮球、武术和田径，运动员达到78人，注册人数为78人。自训队员年龄分布主要为中小学生，外训队员主要为初中生。

九、人民生活和社会保障

2017年全县城镇居民人均可支配收入29211元，同比增长8.4%。人均生活消费总支出35105元，同比增长15.0%。城镇居民家庭恩格尔系数（食品消费支出占生活消费总支出的比重）为28.8%。全年用于食品烟酒消费支出5285元，同比增长2.9%；衣着类支出2188元，同比下降4.1%；居住支出3067元，同比增长2.6%；生活用品及服务支出1175元，同比下降15.1%；医疗保健支出1577元，同比下降2.9%；教育文化娱乐服务支出2532元，同比增长13.6%；城镇居民期末自有现住房面积33.8平方米，同比增长2.6%。

2017年全县农村居民人均可支配收入12855元，同比增长8.3%。农村居民工资性收入达到4686元，同比增长8.8%。农村居民人均生活消费支出10094元，同比增长8.7%，其中人均食品烟酒消费支出3111元，同比增长13.3%；农村居民恩格尔系数为30.8%；农村居民期末自有现住房面积33.8平方米，同比增长3.29%。

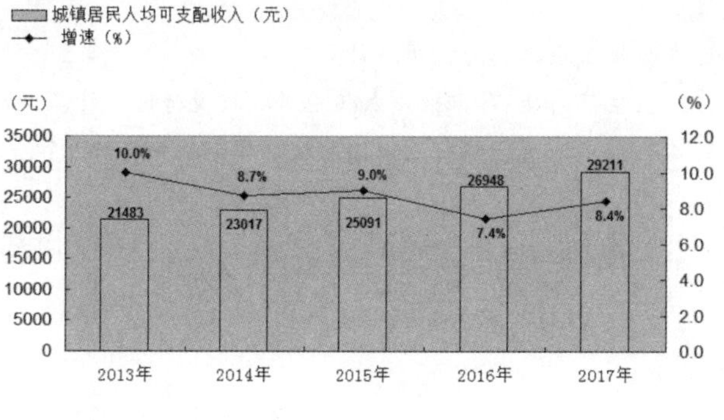

图7　永宁县2013—2017年城镇居民人均可支配收入及增速

图8　永宁县2013—2017年农村居民人均可支配收入及增速

年末参加城镇基本养老保险人数46822人，比上年末增加2821人。其中，参保职工32558人，比上年末增加 2004 人，参保离退休人员 14264 人，比上年末增加 817 人。参加城乡统筹医疗保险的人数 212061 人，其中，城镇职工基本医疗保险人数 25910 人，城乡居民基本医疗保险人数 186151 人。参加失业保险的人数 26108 人，比上年末增加 683 人。参加工伤保险的人数 18696 人，比上年末增加 161 人。被征地农民参加基本养老保险人数为 21083 人。参加村干部养老保险人数 341 人。

社会福利事业健康发展。2016 年末全县拥有福利院、敬老院 3 个，床位 772 张，供养社会福利对象 47 人；民办养老院 2 个，床位 283 张；城市享受最低生活保障人数 1852 人，农村享受最低生活保障人数为 5085 人；五保老人总数 218 人，其中，集中供养 47 人，散居供养 171 人。

十、资源、环境保护与安全生产

2017 年国土面积 934.06 平方公里。全县拥有道路长度 762.431 公里。

2017 年供水综合能力 3 万米 ^{3}/日，供水总量 1074 万立方米。集中供热能力 151 兆瓦，面积 233 万平方米。

年末公园绿地面积 168.25 公顷，建成区绿化覆盖率 44.62%。人均公园绿地面积 28.37 平方米。

全年平均气温 11.3℃；累计降水量 205.3 毫米；日照时数 3005.1 小时。

全年城市空气质量优良天数 292 天，占有效监测天数的 80.9 %；工业废水排放总量 1667.25 万吨，COD 排放量 2207.17 吨。

2017 年发生安全生产事故 20 起，死亡 8 人。其中，道路交通事故 16 起，同比下降 30.4%，造成 4 人死亡；没有发生火灾，无人员伤亡；发生工矿商贸事故 4 起，死亡 4 人。全县亿元 GDP 生产安全事故死亡率 0.046%。

注：

1. 本公报中数据均为初步统计数。
2. 地区生产总值、各产业增加值绝对数按现行价格计算，增长速度按可比价格计算。
3. 本公报中国民经济行业以国家统计局新的分类标准执行。

表彰奖励

2017年受国家及部、委表彰的先进集体

奖　项	获奖单位	授奖单位	日　期	备　注
全国文明单位	道路运输管理所	中央精神文明建设指导委员会	2017年11月	
全国文明单位	人民法院	中央精神文明建设指导委员会	2017年11月	
全国文明单位	人民医院	中央精神文明建设指导委员会	2017年11月	
国家园林县城	永宁县	住房和城乡建设部	2017年10月	建城〔2017〕225号
2013—2016年度群众体育先进单位	永宁县	国家体育总局	2017年8月	
第一批全国农村生活垃圾分类和资源化利用示范县	永宁县	住建部办公厅	2017年6月	建办村函〔2017〕390号
全国特色小镇	闽宁镇原隆村	住房和城乡建设部	2017年8月	
中国胸痛中心建设单位	人民医院	中国心血管健康联盟 中国胸痛中心总部	2017年3月	
国家"十三五"重点研发计划精准医学研究专项精准医学合作中心	人民医院	H型高血压基干组学分子分型研究项目组	2017年12月	
全国农村幸福社区建设示范单位	望洪镇 新华中心村	民政部基层政权和社区建设司	2017年12月	
全国示范农家书屋	望洪镇 新华中心村	国家新闻出版广电总局	2017年12月	
全国社区教育示范街道	街道办	中国成人教育协会 社区教育专业委员会	2017年	
全国综合减灾示范社区	南环社区	民政部	2017年12月	
国家地震安全示范社区	胜利社区	中国地震局	2017年8月	

续表

奖　项	获奖单位	授奖单位	日　期	备　注
全国民族团结进步创建示范区	南环社区	国家民委	2017 年 12 月	
乡村旅游创客示范基地	原隆村	国家旅游局	2017 年 7 月	
中国乡村旅游带头人	银川置信有限公司	国家旅游局	2017 年 3 月	
2017 年度中国十大品质休闲县市	永宁县	中国(国际)休闲发展论坛《小康》杂志社	2017 年 11 月	
全国百佳检察门户网站	县人民检察院	正义网、检察日报社网络信息中心	2017 年 1 月	
现场云 2017 年度十大创新策划奖	县广播电视台	新华社新媒体中心	2017 年 12 月	

2017 年受自治区党委、政府及厅、局等表彰的先进集体

奖　项	获奖单位	授奖单位	日　期	备　注
2017 年度全区卫生计生工作综合目标管理一等奖	县卫生和计划生育局	自治区人民政府	2018 年 1 月	
2016 年度全区招商引资工作二等奖	永宁县	自治区人民政府	2017 年 1 月	宁政发〔2017〕19 号)、奖牌
自治区健康宁夏建设工作第三方评估获自治区第一名	县卫生和计划生育局	自治区人民政府	2017 年 1 月	
2016 年度招商引资二等奖	永宁县	自治区政府	2017 年 1 月	(宁政发 2017〔19〕号文件)
自治区文明单位	街道办	自治区精神文明建设指导委员会	2017 年 4 月	
自治区文明单位	县法院	自治区精神文明建设指导委员会	2017 年 4 月	
自治区文明单位	县检察院	自治区精神文明建设指导委员会	2017 年 4 月	
自治区卫生县城(2017–2019)	永宁县	自治区爱国卫生运动委员会	2016 年 12 月	奖牌、宁爱卫发〔2016〕8 号
2016 年度全区农田水利基本建设“黄河杯”竞赛特等奖	永宁县	自治区农田水利基本建设指挥部	2017 年 1 月	宁农建指发〔2017〕1 号
2016 年度全区铁路护路先进县	永宁县	自治区铁路护路联防工作领导小组	2017 年 3 月	宁铁护组〔2017〕3 号,奖牌
永宁县被宁夏交通运输厅推荐为交通运输部城乡一体化建设工程示范县	永宁县	区交通运输厅	2017 年 1 月	宁交函〔2017〕45 号

续表

奖　项	获奖单位	授奖单位	日　期	备　注
全区农村承包地确权登记颁证工作二等奖	永宁县	自治区农村土地承包经营权确权登记颁证工作领导小组办公室	2017年8月	宁农土确办发〔2017〕4号、奖牌
2017年宁夏迎新春全民健身季二等奖	永宁县	宁夏体育局 宁夏体育总会	2017年4月	宁体发〔2017〕64号、奖牌
2017年宁夏迎新春全民健身季二等奖	永宁县	宁夏体育局 宁夏体育总会	2017年4月	宁体发〔2017〕64号、奖牌
塞上乡村读书节开幕式经典诵读与演讲表演一等奖	县文体局	自治区新闻出版广电局	2017年4月	
2017年第二届自治区级全民建设联系站点技能交流展示大赛二等奖	永宁县	宁夏体育局 宁夏体育总会	2017年11月	
2017年宁夏第三届全民健身节二等奖	永宁县	宁夏体育局 宁夏体育总会	2017年11月	
2017年宁夏第三届“全民健身节”暨宁夏社会体育指导员交流展示大赛（广场舞）优胜奖	永宁县	宁夏体育局 宁夏体育总会	2017年9月	
2017年宁夏第三届“全民健身节”暨宁夏社会体育指导员交流展示大赛（柔力球）二等奖	永宁县	宁夏体育局 宁夏体育总会	2017年9月	
2017年“沙坡头杯”首届全区大漠健身运动大赛沙漠拔河三等奖	永宁县	宁夏体育局 中卫市人民政府	2017年9月	
2017年“沙坡头杯”首届全区大漠健身运动大赛沙漠排球三等奖	永宁县	宁夏体育局中 卫市人民政府	2017年9月	
2017年“沙坡头杯”首届全区大漠健身运动大赛拉沙舟二等奖	永宁县	宁夏体育局 中卫市人民政府	2017年9月	
2017年“沙坡头杯”首届全区大漠健身运动大赛沙漠足球一等奖	永宁县	宁夏体育局 中卫市人民政府	2017年9月	
2017年度群众满意的基层医疗机构（村卫生室）	李俊镇雷台村卫生室	自治区卫生和计划生育委员会	2018年3月	宁卫计办发〔2018〕149号，文件
2017年度群众满意的基层医疗机构（村卫生室）	李俊镇许桥村卫生室	自治区卫生和计划生育委员会	2018年3月	宁卫计办发〔2018〕149号，文件
2017年度群众满意的基层医疗机构（村卫生室）	李俊镇王团中心村卫生室	自治区卫生和计划生育委员会	2018年3月	宁卫计办发〔2018〕149号，文件
2017年度群众满意的基层医疗机构（村卫生室）	闽宁镇园艺村卫生室	自治区卫生和计划生育委员会	2018年3月	宁卫计办发〔2018〕149号，文件
2017年度群众满意乡镇卫生院	望远镇卫生院	自治区卫生计生委员会	2018年3月	宁卫计办发〔2018〕149号
2017年度群众满意村卫生室	望远镇丰盈村卫生室	自治区卫生计生委员会	2018年3月	宁卫计办发〔2018〕149号
2017年度群众满意社区卫生服务机构	望远工业园社区卫生服务站	自治区卫生计生委员会	2018年3月	宁卫计办发〔2017〕149号

续表

奖　项	获奖单位	授奖单位	日　期	备　注
2017 年度群众满意的基层医疗机构（村卫生室）	望洪镇卫生院新华中心村卫生室	自治区卫生和计划生育委员会	2018 年 3 月	宁卫计办发〔2018〕149 号，文件
原隆村特色产业示范村	原隆村	自治区旅游发改委员会	2016 年 12 月	公示文件媒体报道
巾帼扶贫车间（闽宁镇原隆村非遗培训生产基地）	宁夏昱嵘文化旅游有限公司	自治区妇联	2017 年 3 月	
宁夏回族自治区第三次全国农业普查先进集体	统计局	自治区第三次全国农业普查领导小组办公室	2018 年 3 月	
2017 年度全区统计工作综合考评一等奖	统计局	自治区统计局	2018 年 1 月	宁统字〔2017〕20 号、奖牌
全区转移就业工作先进集体	就业创业和人才服务局	自治区就业与创业服务局	2017 年 12 月	
自治区转移就业示范县	就业创业和人才服务局	自治区创业就业工作领导小组	2018 年 1 月	
自治区级创业孵化示范基地	永宁县宁夏创业谷	自治区创业就业工作领导小组	2018 年 1 月	
全区社会保险会计统计报表先进单位	社保局	自治区社保局	2018 年 2 月	
青年先锋号	气象局	自治区气象局机关委员会	2017 年 5 月	
全区重大气象服务先进集体	气象局	自治区气象局	2018 年 2 月	
作品"气象 e 信——让你的气象信息更新鲜"	气象局	自治区气象局	2017 年 10 月	通报（气发〔2017〕118 号）
五星级统计站	李俊镇	自治区统计局	2017 年 1 月	奖牌照片
自治区体育产业特色基地暨体育特色小镇	街道办	自治区体育局	2017 年 4 月	
自治区社区教育示范街道	街道办	自治区教育厅	2018 年 1 月	
自治区地震安全示范社区	祥和社区	自治区地震局	2017 年 11 月	
消防宣传教育示范社区	祥和社区	自治区公安消防总队	2017 年 11 月	
五星级和谐社区	建设社区	自治区社区建设工作领导小组	2017 年 1 月	
四星级和谐社区	南环社区	自治区社区建设工作领导小组	2017 年 1 月	
四星级和谐社区	东环社区	自治区社区建设工作领导小组	2017 年 1 月	

续表

奖　项	获奖单位	授奖单位	日　期	备　注
三星级和谐社区	团结社区	自治区社区建设工作领导小组	2017年1月	
黄河金岸滨河大道养护管理先进集体	交通运输局	自治区交通厅	2018年3月	(宁交办发〔2018〕58号)
2016年度宁夏政法宣传工作先进单位	县检察院	宁夏日报报业集团、宁夏法治报社	2017年5月	
集体三等功	县检察院	自治区检察院	2017年5月	
全区检察机关开展集中整治和预防扶贫领域职务犯罪专项工作“精品案例”(反贪:王占元受贿案)	县检察院	自治区检察院	2017年5月	
全区检察机关开展集中整治和预防扶贫领域职务犯罪专项工作“精品案例”(反渎:王德志滥用职权,高文科滥用职权、贪污案)	县检察院	自治区检察院	2017年5月	
继续被评为自治区级文明单位	国家税务局	自治区文明	2017年4月	
2017年自治区妇联效能目标优秀二等奖	县妇联	自治区妇联	2017年	
永宁法院重点课题荣获全区法院优秀调研文章二等奖	县法院	自治区高级人民法院	2017年1月	
2017年绩效考核第一	县编办	自治区编办	2017年	
2013—2017年度全区社会治安综合治理“先进集体”	望远镇	自治区社会治安综合治理委员会	2018年2月	
银川市首届“塞上乡村读书节”经典诵读与演讲一等奖	县图书馆	自治区新闻出版广电局	2017年4月	
2017年“新春乐”第十三届全区社火大赛金奖	胜利乡胜利中心村社火队	自治区文化厅	2017年9月	银文通发〔2017〕101号文件
2017年“新春乐”第十三届全区社火大赛铜奖	望洪镇靖益中心村社火队	自治区文化厅	2017年9月	银文通发〔2017〕101号文件
2017年“新春乐”第十三届全区社火大赛组织奖	县文化馆	自治区文化厅	2017年9月	银文通发〔2017〕101号文件
临床检验室间质评先进单位	县人民医院	自治区卫计委	2017年5月	
2017年第二届自治区级全民建设联系站点技能交流展示大赛二等奖	永宁县	宁夏体育局 宁夏体育总会	2017年11月	
2017年宁夏第三届全民健身节二等奖	永宁县	宁夏体育局 宁夏体育总会	2017年11月	宁体发〔2017〕134号
2014—2016年度全区五四红旗团委	胜利乡团委	区团委	2017年5月	

续表

奖　项	获奖单位	授奖单位	日　期	备　注
全区党的十九大安保维稳工作“先进集体”	综治办	自治区社会治安综合治理委员会	2017 年 12 月	宁综治委〔2017〕9 号
2017 年度党报党刊发行先进单位	宣传部	宁夏日报报业集团	2017 年 10 月	
全区首届“传承的力量”家书征集、征文活动优秀组织奖	教育局	宁夏教育电视台	2018 年 1 月	
二期“百标工程”优秀项目学校	玉泉营小学	自治区教育厅、自治区民委、自治区发展改革委、自治区财政厅	2017 年 11 月	
宁夏青少年法治教育基地	蓝山学校	自治区关工委、自治区党委宣传部、自治区教育厅、自治区财政厅、自治区公安厅、自治区司法厅、自治区普法办、自治区综治办	2017 年 9 月	
“远离毒品危害、成就美好未来”全区中小学生禁毒预防教育才艺大赛优秀组织奖	县教育体育局	自治区教育厅、自治区禁毒委员会办公室、宁夏日报报业集团	2017 年 1 月	
远离毒品危害、成就美好未来”全区中小学生禁毒预防教育才艺大赛一等奖	永宁中学	自治区教育厅、自治区禁毒委员会办公室、宁夏日报报业集团	2017 年 1 月	
远离毒品危害、成就美好未来”全区中小学生禁毒预防教育才艺大赛三等奖	望远小学	自治区教育厅、自治区禁毒委员会办公室、宁夏日报报业集团	2017 年 1 月	
远离毒品危害、成就美好未来”全区中小学生禁毒预防教育才艺大赛三等奖	胜利乡建成小学	自治区教育厅、自治区禁毒委员会办公室、宁夏日报报业集团	2017 年 1 月	
远离毒品危害、成就美好未来”全区中小学生禁毒预防教育才艺大赛	回民高级中学	自治区教育厅、自治区禁毒委员会办公室、宁夏日报报业集团	2017 年 1 月	
2017 年度全区离退休干部工作部门宣传信息调研工作先进集体	老干部局	自治区离退休干部工作委员会自治区委老干部局	2018 年 1 月	宁老干发(2018)9 号文件

2017 年受银川市委、政府及委、局等表彰的先进集体

奖　项	获奖单位	授奖单位	日　期	备　注
2017 年度农田水利基本建设先进县（市）区一等奖	永宁县	中共银川市委员会 银川市人民政府	2018 年	
银川市深化全国文明城市建设工作先进集体	街道办	中共银川市委员会 银川市人民政府	2017 年 12 月	

续表

奖 项	获奖单位	授奖单位	日 期	备 注
银川市深化全国文明城市建设工作先进集体	城乡管理综合执法局	中共银川市委员会、银川市人民政府	2017 年 12 月	
银川市文民村	李俊镇金塔村	中共银川市委 银川市人民政府	2017 年	
第五届“最美集体”	道路运输管理所	中共银川市委 银川市人民政府	2017 年 12 月	
2017 年许桥中心村被银川市授予“移风易俗工作示范村”	李俊镇许桥中心村	市精神文明建设指导委员会	2017 年 12 月	
银川市推进移风易俗工作示范村	望远镇	市精神文明建设指导委员会	2017 年 12 月	
县市区政府履行教育职责考核奖	永宁县	市人民政府	2017 年 9 月	
县(市)区学校教育质量综合评价考核奖	县属学校	市人民政府	2017 年 9 月	
2017 年安全生产先进集体	安监局	市人民政府	2018 年	
银川市 2017 年度重点文艺项目舞台剧《两个妈》	文化体育旅游广电局	市委宣传部	2017 年 9 月	银宣发〔2017〕104 号
2011—2015 年银川市实施妇女儿童发展规划先进集体	教育局	市人民政府妇女儿童工作委员会	2017 年 9 月	
2016 年目标责任考核平安校园创建优秀奖	教体局	银川市教育工作委员会	2017 年 2 月	
纳家户特色小镇	纳家户	市住建局	2017 年 5 月	
第一批银川市安全管理规范化示范学校	第二小学、	市教育局	2017 年 3 月	
第一批银川市安全管理规范化示范学校	第一幼儿园	市教育局	2017 年 3 月	
第一批银川市安全管理规范化示范学校	通桥小学、	市教育局	2017 年 3 月	
第一批银川市安全管理规范化示范学校	王团回民小学	市教育局	2017 年 3 月	
第一批银川市安全管理规范化示范学校	胜利中心幼儿园	市教育局	2017 年 3 月	
第一批银川市安全管理规范化示范学校	胜利中心小学	市教育局	2017 年 3 月	
2016 年度银川市“平安校园”建设先进集体	教育体育局	市教育局	2017 年 3 月	
银川市第三批学校文化建设示范校	永宁中学	市教育局	2017 年 7 月	

续表

奖　项	获奖单位	授奖单位	日　期	备　注
民族团结被·幸福在银川征文大赛优秀组织奖	教育局	市民族事务委员会、市教育局、共青团银川市委员会、市新闻传媒集团	2017 年 9 月	
2017 年考核优秀	县编办	市编办	2018 年	
信息化建设先进集体	县法院	市中级人民法院	2017 年 1 月	
多元化矛盾纠纷解决先进集体	县法院	市中级人民法院	2017 年 1 月	
集体三等功	县法院民事审判二庭	市中级人民法院	2017 年 1	
青年文明号	县法院执行局	共青团银川市委员会	2017 年 5 月	
反邪教工作先进集体	县法院刑庭	市委防范和处理邪教问题领导小组	2017 年 6 月	
银川市妇联效能目标考核第一名	县妇联	市妇联	2018 年	
2016 年度综合考核先进基层检察院	县检察院	市检察院	2017 年 1 月	
银川市检察机关第三届岗位技能竞赛公诉业务技能竞赛第一名	县检察院	市检察院	2017 年 2 月	
银川市检察机关第三届岗位技能竞赛反渎业务技能竞赛第二名	县检察院	市检察院	2017 年 2 月	
银川市检察机关第三届岗位技能竞赛控告申诉业务竞赛第二名	县检察院	市检察院	2017 年 2 月	
川市检察机关第三届岗位技能竞赛司法警察技能竞赛第三名	县检察院	市检察院	2017 年 2 月	
检察机关集体嘉奖	县检察院反贪局	市检察院	2017 年 1 月	
全面推进依法治市加快银川两宜两化城市建设”征文优秀组织奖	县检察院	市法学会	2017 年 1 月	
银川市三八红旗集体	县检察院反贪局	市妇联	2017 年 2 月	
全市民事行政检察业务竞赛先进集体第二名	县人民检察院反贪局	市检察院政治部、民行处	2017 年 12 月	
“五好”基层关工委	李俊镇侯寨	市关心下一代工作委员会	2017 年 11 月	
2017“银川滨河杯”全市新春社火联赛暨狮王、鼓王争霸赛三等奖	李俊镇许桥中心村村	市文化新闻出版广电局、滨河新区社会事务和文化旅游局	2017 年 1 月	
纳家户特色小镇	纳家户	市住建局	2017 年 5 月	

续表

奖　项	获奖单位	授奖单位	日　期	备　注
2011—2015年度银川市实施妇女儿童发展规划先进集体	统计局	市人民政府妇女儿童工作委员会	2017年9月	银妇儿工委发〔2017〕2号,奖牌、奖状
2017年度基层建设先进单位	望远镇	中国人民解放军银川警备区	2018年1月	
2017年度食品安全先进乡镇	望远镇	市食品安全委员会	2017年12月	
三农要清专题报告(2017年第10期):《激活生产要素创新发展模式—永宁县望远镇板桥村多元化促农增收》	望远镇	市委农村工作领导小组	2017年7月	
银川市实施妇女儿童发展规划先进单位	县妇幼保健计划和生育服务中心	市妇女儿童工作委员会	2017年9月	
第九届久久星杯全国柔力球邀请赛集体全能中年组优胜奖	永宁县	市体育旅游局	2017年9月	
第九届久久星杯全国柔力球邀请赛集体全能青少组少年英才奖	永宁县	市体育旅游局	2017年9月	
固原市九龙国际杯“三球”邀请赛一等奖	永宁县	固原市柔力球协会	2017年6月	
银川市公共图书馆第二届馆员业务知识竞赛	文体局	市文化新闻出版广电局	2017年10月	
银川市2016年度公共文化服务体系建设综合考评二等奖	永宁县	市创建国家公共文化服务体系示范区工作领导小组	2017年1月	银文发〔2017〕4号
2017年“银川滨河杯”全市新春社火联赛暨狮王鼓王争霸赛二等奖	永宁县	市文化新闻出版广电局	2017年1月	
2017年“银川滨河杯”全市新春社火联赛暨狮王鼓王争霸赛三等奖	李俊镇许桥村社火队	市文化新闻出版广电局	2017年1月	银文发〔2017〕155号
2017年“银川滨河杯”全市新春社火联赛暨狮王鼓王争霸赛三等奖	望洪镇精益中心村社火队	市文化新闻出版广电局	2017年1月	银文发〔2017〕155号
获得银川市公共图书馆第二届馆员业务知识竞赛集体一等奖	图书馆	市文化新闻出版广电局	2017年10月	银文发〔2017〕206号文件
银川市2017年度“四无”乡镇(街道)	胜利乡	银川市信访工作	2018年	
2017“银川滨河杯”全市新春社火联赛暨狮王·鼓王争霸赛二等奖	文化馆	市文化新闻出版广电局 滨河新区社会事务和文化旅游局	2017年1月	
2017“银川滨河杯”全市新春社火联赛暨狮王·鼓王争霸赛三等奖	文化馆	市文化新闻出版广电局 滨河新区社会事务和文化旅游局	2017年1月	
银川市“科普惠民行动计划”先进单位	建设社区	市科协 市财政局	2017年9月	
银川市五四红旗团支部	建设社区	共青团银川市委员会	2017年5月	

续表

奖　项	获奖单位	授奖单位	日　期	备　注
银川市"五好"基层关工委	建设社区	市关心下一代工作委员会	2017 年 11 月	
银川市"红领巾成长课堂"志愿服务项目示范社区	南环社区	共青团银川市委员会	2017 年 12 月	
银川市第二届"推进课堂变革"评比展示活动先进集体	县教研室	市教育局	2018 年 3 月	
银川市学校幼儿园规范化升国旗仪式评选一等奖	第一小学	市教育局	2017 年 12 月	
银川市学校幼儿园规范化升国旗仪式评选二等奖	第四幼儿园	市教育局	2017 年 12 月	
银川市学校幼儿园规范化升国旗仪式评选二等奖	第一幼儿园	市教育局	2017 年 12 月	
银川市学校幼儿园规范化升国旗仪式评选二等奖	纳家户幼儿园	市教育局	2017 年 12 月	
银川市学校幼儿园规范化升国旗仪式评选三等奖	回民高级中学	市教育局	2017 年 12 月	
"银川市毒品预防教育示范学校"	文昌中学	市禁毒委员会	2017 年 11 月	
银川市第三届课本(校园)剧比赛《稻草人》获幼儿组一等奖	第一幼儿园	市教育局办公室	2017 年 11 月	
银川市第三届课本(校园)剧比赛《垃圾乐园》获得幼儿组三等奖	第三幼儿园	市教育局办公室	2017 年 11 月	
银川市第三届课本(校园)剧比赛《老鼠嫁女》获得小学组二等奖	望远小学	银川市教育局办公室	2017 年 11 月	
银川市第三届课本(校园)剧比赛《神奇的微小》获得小学组三等奖	第二小学	市教育局办公室	2017 年 11 月	
银川市第三届课本(校园)剧比赛《邹忌讽齐王纳谏》获得初中组二等奖	永宁中学	市教育局办公室	2017 年 11 月	
银川市第三届课本(校园)剧比赛《七颗钻石》获初中组三等奖	第三中学	市教育局办公室	2017 年 11 月	
银川市第三届课本(校园)剧比赛《雷雨》获得高中组一等奖	永宁中学	市教育局办公室	2017 年 11 月	
银川市第三届课本(校园)剧比赛优秀组织奖	县教体局	市教育局办公室	2017 年 11 月	
银川市第九届中华经典古诗词诵读比赛《古韵四季美如画》获幼儿组三等奖	第一幼儿园	市教育局办公室	2017 年 11 月	
银川市第九届中华经典古诗词诵读比赛《我爱祖国》获小学低段组三等奖	第三小学	市教育局办公室	2017 年 11 月	
银川市第九届中华经典古诗词诵读比赛《经典诗文颂》获小学高年级组三等奖	第一小学	市教育局办公室	2017 年 11 月	

续表

奖　项	获奖单位	授奖单位	日　期	备　注
银川市第九届中华经典古诗词诵读比赛《讴歌爱国诗歌,弘扬爱国情怀》获初中组三等奖	永宁中学	市教育局办公室	2017年11月	
银川市第九届中华经典古诗词诵读比赛《诵经典诗文,赞爱国情怀》获初中组三等奖	回民高级中学	市教育局办公室	2017年11月	
银川市第九届中华经典古诗词诵读比赛《你的祖先名叫炎黄》获高中组三等奖	永宁中学	市教育局办公室	2017年11月	
银川市第九届中华经典古诗词诵读比赛作品获得高中组三等奖	回民高级中学	市教育局办公室	2017年11月	
银川市第九届中华经典古诗词诵读比赛获得优秀组织奖	教育体育局	市教育局办公室	2017年11月	
庆祝建党96周年喜迎党的十九大银川市离退休干部歌咏比赛优秀奖	老干部局	市委组织部、市老龄系统党工委、市委老干部局	2017年6月	
庆祝建党96周年喜迎党的十九大银川市离退休干部诗歌、散文、朗诵比赛三等奖	老干部局	市委组织部、市老龄系统党工委、市委老干部局	2017年6月	

2017年受国家及部委等表彰的先进个人

奖　项	获奖个人	授奖单位	日　期	备　注
嘉奖	王晓东（县委）	中国共产党中央纪律检查委员会、中华人民共和国监察部	2017年9月	
全国安全生产工作先进个人	汪光生（安监局）	国家安监总局	2018年	
全国信访系统优秀接谈员荣誉称号	张　昊（政府办）	国家信访局	2017年7月	

2017年受自治区厅、局等表彰的先进个人

奖　项	获奖个人	授奖单位	日　期	备　注
全区财政支农政策培训先进个人	曹永进（财政局）	宁夏回族自治区财政厅	2018年1月	
全区国土资源执法监察工作先进个人	季克忠（国土局）	宁夏回族自治区国土资源厅	2017年2月	
2017年重大气象服务先进个人	马　海（气象局）	宁夏气象局	2018年2月	

续表

奖　项	获奖个人	授奖单位	日　期	备　注
宁夏最美医生提名	李志明（县人民医院）	区宣传部、区卫计委	2017年9月	
全区铁路护路先进个人	张学花	自治区铁路护路联防工作领导小组	2018.3.16	宁铁护组〔2018〕3号
2017年住房城乡建工作者先进个人	夏建军（住建局）	自治区住房和城乡建设厅	2018年	
全区优秀人民调解员	高玉霞（司法局）	宁夏回族自治区司法厅	2017年3月	
全区优秀人民调解员	曹克玉（司法局）	宁夏回族自治区司法厅	2017年3月	
全区优秀人民调解员	王和民（司法局）	宁夏回族自治区司法厅	2017年3月	
全区优秀人民调解员	李小燕（司法局）	宁夏回族自治区司法厅	2017年3月	
2017年度信访工作先进个人	张　昊（政府办）	自治区信访局	2017年12月	
全区教育系统优秀共产党员示范岗	张占武（教育系统）	自治区教育工委、自治区教育厅党组	2017年7月	
全区教育系统优秀共产党员示范岗	王　清（教育系统）	自治区教育工委、自治区教育厅党组	2017年7月	
全区教育系统优秀共产党员示范岗	王志霖（教育系统）	自治区教育工委、自治区教育厅党组	2017年7月	
全区教育系统优秀共产党员示范岗	王世德（教育系统）	自治区教育工委、自治区教育厅党组	2017年7月	
全区教育系统优秀共产党员示范岗	刘波荣（教育系统）	自治区教育工委、自治区教育厅党组	2017年7月	
全区优秀教师	陈勇（永宁中学）	自治区教育工委、自治区教育厅	2017年8月	
全区优秀教师	张建军（县回民高级中学）	自治区教育工委、自治区教育厅	2017年8月	
全区优秀教师	杨明武（永宁县望远中学）	自治区教育工委、自治区教育厅	2017年8月	
全区优秀教师	王　娟（县逸夫小学）	自治区教育工委、自治区教育厅	2017年8月	
全区优秀教师	苏少先（望远小学）	自治区教育工委、自治区教育厅	2017年8月	
全区优秀教师	杭继红（玉泉营小学）	自治区教育工委、自治区教育厅	2017年8月	

续表

奖　项	获奖个人	授奖单位	日　期	备　注
全区优秀教师	张　涵（闽宁中学）	自治区教育工委、自治区教育厅	2017年8月	
全区优秀教育工作者	史　勇（第四中学）	自治区教育工委、自治区教育厅	2017年8月	
最美乡村教师	季秀霞（蓝山学校）	自治区教育厅、自治区政协办公厅	2017年8月	
最美乡村教师	陈志勇（胜利中心小学）	自治区教育厅、自治区政协办公厅	2017年8月	
最美乡村教师	袁学红（望洪镇靖益小学）	自治区教育厅、自治区政协办公厅	2017年8月	
最美乡村教师	董　磊（李俊镇仁存小学）	自治区教育厅、自治区政协办公厅	2017年8月	
最美乡村教师	刘小红（闽宁镇原隆幼儿园）	自治区教育厅、自治区政协办公厅	2017年8月	
“阳光校园·我们是好伙伴”演讲比赛小学组二等奖	刘潇枭（第二小学六3班学生辅导教师马莉霞）	自治区教育厅	2017年8月	
“阳光校园·我们是好伙伴”演讲比赛高中组三等奖	刘　翔（第二中学生辅导教师王清）	自治区教育厅	2017年8月	
全区中小学幼儿园教师基本功大赛（2017）三等奖	王庆华（蓝山学校）	自治区语言文字委员会、自治区教育厅	2017年11月	
全区中小学幼儿园教师基本功大赛（2017）三等奖	张　莉（第二小学）	自治区语言文字委员会、自治区教育厅	2017年11月	
全区中小学幼儿园教师基本功大赛（2017）三等奖	曹凤侠（玉泉营小学）	自治区语言文字委员会、自治区教育厅	2017年11月	
全区中小学幼儿园教师基本功大赛（2017）三等奖	曹　丽（第二小学）	自治区语言文字委员会、自治区教育厅	2017年11月	
全区青年检察人才公示	杨玉婕（检察院）	自治区检察院	2017年12月	
全区青年检察人才公示	丁建刚（检察院）	自治区检察院	2017年12月	
全区青年检察人才公示	蔡文婕（检察院）	自治区检察院	2017年12月	
全区检察机关“刑事申诉检察业务能手”	杨　丽（检察院）	自治区检察院政治部	2017年6月	

续表

奖　项	获奖个人	授奖单位	日　期	备　注
全区政府系统办公厅工作(公文处理)先进个人	胡海洋(检察院)	自治区办公厅	2017 年 1 月	
纪念建党 95 周年征文活动优秀奖	胡海洋(检察院)	自治区人民政府办公厅	2017 年 1 月	
宁夏检察机关在第六届“迎新春颂检察”春联征集活动优秀奖	王　薇(检察院)	自治区检察院政治部	2017 年 1 月	
全区检察机关优秀公开法律文书	吴新莉(检察院)	自治区检察院政治部	2017 年 10 月	
全区农村承包地确权登记颁证工作先进个人	尹　晓(农牧局)	自治区农村土地承包经营权确权登记颁证工作领导小组办公室	2017 年 9 月	
2017 年自治区政府特殊津贴	迟永伟(农牧局)	自治区人力资源和社会保障厅	2017 年 12 月	
全区十佳农技推广标兵	迟永伟(农牧局)	宁夏回族自治区农牧厅	2018 年 1 月	
2016 年度全区十佳农技推广标兵	陈　银(农牧局)	宁夏回族自治区农牧厅	2017 年 1 月	

2017 年受银川市委、政府及委、局等表彰的先进个人

奖　项	获奖个人	授奖单位	日　期	备　注
银川市深化全国文明城市建设工作先进个人	马天宝(五创办)	中共银川市委员会、银川市人民政府	2017 年 12 月	
2017 年度银川市网信工作先进个人	王　超(网信办)	中共银川市委网络安全和信息化领导小组办公室	2018 年 1 月	
2016 年招商引资先进个人	刘　印(经济技术合作服务中心)	银川市委、银川市政府	2017 年 4 月	银党发〔2017〕15 号文件
2016 年招商引资先进个人	孟学宝(经济技术合作服务中心)	银川市委、银川市政府	2017 年 4 月	银党发〔2017〕15 号文件
2016—2017 年政法综治工作先进个人	许　波(杨和镇)	银川市委、银川市政府	2017 年	
国家卫生城市复审工作先进个人	王　伟(街道办)	中共银川市委员会银川市人民政府	2017 年 5 月	
防范和处理邪教工作先进个人	王晓辉(街道办)	银川市委防范和处理邪教问题工作领导小组	2017 年 3 月	
住房城乡建设先进个人	王　妍(住建局)	银川市住建局	2018 年 3 月	

续表

奖　项	获奖个人	授奖单位	日　期	备　注
银川市“三八”红旗手	郭　颜	银川市妇联	2017.3	
2017 年度农业农村工作先进个人	赵建明	中共银川市委银川市人民政府	2018 年 2 月	银党发(2018)5 号
2017 年度先进个人	仇红强	银川市交通运输局	2018 年	(银交党发〔2018〕25 号)
2016 年度银川市“平安校园”建设先进个人	杨兆军(教体局综治办主任)	银川市教育局	2017 年 3 月	(银政发〔2017〕174 号)
2016 年度银川市“平安校园”建设先进个人	周建华(永宁中学政教主任)	银川市教育局	2017 年 3 月	(银政发〔2017〕174 号)
银川市教育系统 2017 年“阅读之星”	李晓莉平(永宁中学教师)	银川市教育局办公室	2017 年 5 月	(银政发〔2017〕174 号)
2016—2017 年度银川市优秀教师	刘翠鸿(永宁县第三中学)	银川市人民政府	2017 年 9 月	(银政发〔2017〕174 号)
2016—2017 年度银川市优秀教师	王耀慧(第三中学)	银川市人民政府	2017 年 9 月	(银政发〔2017〕174 号)
2016—2017 年度银川市优秀教师	黄学芬(第四中学)	银川市人民政府	2017 年 9 月	(银政发〔2017〕174 号)
2016—2017 年度银川市优秀教师	徐　宁(第四中学)	银川市人民政府	2017 年 9 月	(银政发〔2017〕174 号)
2016—2017 年度银川市优秀教师	赵　娜(望远中学)	银川市人民政府	2017 年 9 月	(银政发〔2017〕174 号)
2016—2017 年度银川市优秀教师	张巧玲(永宁中学	银川市人民政府	2017 年 9 月	(银政发〔2017〕174 号)
2016—2017 年度银川市优秀教师	李立侠(永宁中学)	银川市人民政府	2017 年 9 月	(银政发〔2017〕174 号)
2016—2017 年度银川市优秀教师	陈吉文(永宁中学)	银川市人民政府	2017 年 9 月	(银政发〔2017〕174 号)
2016—2017 年度银川市优秀教师	李　洁(第二幼儿园)	银川市人民政府	2017 年 9 月	(银政发〔2017〕174 号)
2016—2017 年度银川市优秀教师	郭永峰(望洪镇靖益小学)	银川市人民政府	2017 年 9 月	(银政发〔2017〕174 号)
2016—2017 年度银川市优秀教师	雷旭峰(李俊小学)	银川市人民政府	2017 年 9 月	(银政发〔2017〕174 号)
2016—2017 年度银川市优秀教师	李娟娟(望远小学)	银川市人民政府	2017 年 9 月	(银政发〔2017〕174 号)

续表

奖　项	获奖个人	授奖单位	日　期	备　注
2016—2017年度银川市优秀教师	李　岩（望远镇第二幼儿园	银川市人民政府	2017年9月	（银政发〔2017〕174号）
2016—2017年度银川市优秀教师	史新花（望远镇通桥小学）	银川市人民政府	2017年9月	（银政发〔2017〕174号）
2016—2017年度银川市优秀教师	陈月琴（第二小学）	银川市人民政府	2017年9月	（银政发〔2017〕174号）
2016—2017年度银川市优秀教师	刘淑萍（第二小学）	银川市人民政府	2017年9月	（银政发〔2017〕174号）
2016—2017年度银川市优秀教师	秦　凤（第一幼儿园）	银川市人民政府	2017年9月	（银政发〔2017〕174号）
2016—2017年度银川市优秀教师	范双喜（玉泉营小学）	银川市人民政府	2017年9月	（银政发〔2017〕174号）
2016—2017年度银川市优秀教师	张兴宁（胜利学区征沙渠小学）	银川市人民政府	2017年9月	（银政发〔2017〕174号）
2016—2017年度银川市优秀教师	马立忠（职业技术教育中心）	银川市人民政府	2017年9月	（银政发〔2017〕174号）
2016—2017年度银川市优秀教师	马继宗（闽宁第二中学）	银川市人民政府	2017年9月	（银政发〔2017〕174号）
2016—2017年度银川市优秀教师	赵玉龙（蓝山学校）	银川市人民政府	2017年9月	（银政发〔2017〕174号）
2016—2017年度银川市优秀教师	徐利军（蓝山学校）	银川市人民政府	2017年9月	（银政发〔2017〕174号）
2016—2017年度银川市优秀教师	刘　莹（逸夫小学）	银川市人民政府	2017年9月	（银政发〔2017〕174号）
2016—2017年度银川市优秀教师	王　辉（县教育教学研究室	银川市人民政府	2017年9月	（银政发〔2017〕174号）
2016—2017年度银川市优秀教师	洪玲春（第三小学）	银川市人民政府	2017年9月	（银政发〔2017〕174号）
2016—2017年度银川市优秀教师	王小伟（文昌中学）	银川市人民政府	2017年9月	（银政发〔2017〕174号）
2016—2017年度银川市优秀教师	黄丽娟（回民高级中学）	银川市人民政府	2017年9月	（银政发〔2017〕174号）
2016—2017年度银川市优秀教师	李　涛（回民高级中学）	银川市人民政府	2017年9月	（银政发〔2017〕174号）

续表

奖　项	获奖个人	授奖单位	日　期	备　注
2016—2017年度银川市优秀教师	马国宝（回民高级中学）	银川市人民政府	2017年9月	（银政发〔2017〕174号）
2016—2017年度银川市优秀教师	丁红莲（闽宁镇中心小学）	银川市人民政府	2017年9月	（银政发〔2017〕174号）
2016—2017年度银川市优秀教师	杨　娟（闽宁镇铁东小学）	银川市人民政府	2017年9月	（银政发〔2017〕174号）
2016—2017年度银川市优秀教师	房　倩（闽宁镇武河小学）	银川市人民政府	2017年9月	（银政发〔2017〕174号）
2016—2017年度银川市优秀教师	杨丽燕（闽宁镇原隆小学）	银川市人民政府	2017年9月	（银政发〔2017〕174号）
2016—2017年度银川市优秀教师	康列艳（闽宁中学）	银川市人民政府	2017年9月	（银政发〔2017〕174号）
2016—2017年度银川市优秀教师	谢彩莲（闽宁中学）	银川市人民政府	2017年9月	（银政发〔2017〕174号）
2016—2017年度银川市优秀教师	官文锋（永宁中学）	银川市人民政府	2017年9月	（银政发〔2017〕174号）
2016—2017年度银川市优秀教师	邹丽琼（回民高级中学）	银川市人民政府	2017年9月	（银政发〔2017〕174号）
2016—2017年度银川市优秀教师	马积善（闽宁学区）	银川市人民政府	2017年9月	（银政发〔2017〕174号）
2016—2017年度银川市优秀教育工作者	高　泽（县教育考试中心）	银川市人民政府	2017年9月	（银政发〔2017〕174号）
2016—2017年度银川市教育督导先进个人	苏建宁（教育局）	银川市人民政府	2017年9月	（银政发〔2017〕174号）
2016—2017年度银川市教育督导先进个人	严天贵（政府教育督导室）	银川市人民政府	2017年9月	（银政发〔2017〕174号）
2016—2017年度银川市教育督导先进个人	王　冬（人民政府教育督导室）	银川市人民政府	2017年9月	（银政发〔2017〕174号）
嘉奖	朱宁燕（检察院）	银川市检察院	2017年1月	
嘉奖	赵相君（检察院）	银川市检察院	2017年1月	
嘉奖	白　扬（检察院）	银川市检察院	2017年1月	

续表

奖　项	获奖个人	授奖单位	日　期	备　注
银川市检察机关第三届岗位技能竞赛检察技术岗位竞赛第一名	白　扬（检察院）	银川市检察院	2017 年 2 月	
银川市检察机关第三届岗位技能竞赛政工干部综合素能业务竞赛第二名	刘雄伟（检察院）	银川市检察院	2017 年 2 月	
银川市检察机关第三届岗位技能竞赛侦查监督工作岗位竞赛第二名	杨玉婕（检察院）	银川市检察院	2017 年 2 月	
银川市检察机关第三届岗位技能竞赛民事行政检察业务竞赛第二名	杨　钊（检察院）	银川市检察院	2017 年 2 月	
银川市检察机关第三届岗位技能竞赛政工干部综合素能业务竞赛第三名	王　薇（检察院）	银川市检察院	2017 年 2 月	
银川市检察机关第三届岗位技能竞赛财务基础知识竞赛第三名	王　丽（检察院）	银川市检察院	银川市检察院	2017 年 2 月
“全面推进依法治市、加快银川‘两宜两化’城市建设”征文二等奖	王定国（检察院）	银川市法学会	2017 年 1 月	
加快银川‘两宜两化’城市建设”征文二等奖	曹　铁（检察院）	银川市检察院	2017 年 1 月	
“全面推进依法治市、加快银川‘两宜两化’城市建设”征文二等奖	乔玉成（检察院）	银川市法学会	2017 年 2 月	
“全面推进依法治市、加快银川‘两宜两化’城市建设”征文二等奖	孙志娟（检察院）	银川市法学会	2017 年 2 月	
“全面推进依法治市、加快银川‘两宜两化’城市建设”征文三等奖	温　渊（检察院）	银川市法学会	2017 年 2 月	
“全面推进依法治市、加快银川‘两宜两化’城市建设”征文三等奖	杨玉婕（检察院）	银川市检察院	2017 年 2 月	
“全面推进依法治市、加快银川‘两宜两化’城市建设”征文三等奖	李少波（检察院）	银川市检察院	2017 年 2 月	
“全面推进依法治市、加快银川‘两宜两化’城市建设”征文三等奖	杨　钊(检察院)	银川市检察院	2017 年 2 月	
2016 年防范和处理邪教工作先进个人	王定国（检察院）	银川市防范和处理邪教问题工作领导小组	2017 年 3 月	
嘉奖	杨　丽（检察院）	银川市检察院	2017 年 9 月	
银川市刑事申诉业务竞赛一等奖	杨　丽（检察院）	银川市检察院	2017 年 10 月	
2017 年全市检察机关案件管理业务技能竞赛三等奖	孙志娟（检察院）	银川市检察院	2017 年 11 月	
2017 年全市检察机关案件管理业务技能竞赛三等奖	丁建刚（检察院）	银川市检察院	2017 年 11 月	

续表

奖　项	获奖个人	授奖单位	日　期	备　注
银川市检察技术岗位练兵第三名	白　扬（检察院）	银川市检察院	2017年12月	
2017年全市检察机关民事行政检察业务技能竞赛二等奖	蔡文婕（检察院）	银川市检察院政治部、民行处	2017年12月	
第四届全市检察机关侦查监督部门岗位练兵三等奖	杨玉婕（检察院）	银川市检察院侦查监督处	2017年12月	
党的十九大安保维稳工作先进个人	张　昊（信访局）	银川市政法委	2018年2月	
银川市“十九大”信访维稳工作先进个人	张宁生（信访局）	银川市政法委	2018年2月	
2017年度信访工作先进个人	伍思凯（信访局）	银川市委、市人民政府	2018年2月	
银川市“十佳农技推广标兵”	迟永伟（农牧局）	银川市农牧局	2018年1月	

2017年度县委、政府表彰 2016年度绩效考评表彰奖励单位

（先进集体、单位以奖代补资金不得用于奖励个人）

一、乡镇组

一等奖1个（以奖代补15万元）
闽宁镇
二等奖2个（各以奖代补10万元）
李俊镇　望洪镇
三等奖3个（各以奖代补5万元）
胜利乡　望远镇　杨和镇

二、经济部门组

一等奖1个（以奖代补5万元）
县交通运输局
二等奖2个（各以奖代补3万元）
望远工业园区管委会
县住房和城乡建设局
三等奖3个（各以奖代补2万元）
县林业局　县扶贫开发办公室　县统计局

三、社会事业部门组

一等奖1个（以奖代补5万元）
县行政审批服务中心
二等奖1个（以奖代补3万元）
杨和街道办事处
三等奖1个（以奖代补2万元）
县卫生和计划生育局

四、党政部门组

一等奖1个（以奖代补5万元）
县委组织部（老干部局）
二等奖1个（以奖代补3万元）
县委宣传部（文明办）
三等奖1个（以奖代补2万元）
县机构编制委员会办公室

五、执纪执法部门组

一等奖 1 个(以奖代补 5 万元)
县纪委(监察局)
二等奖 1 个(以奖代补 3 万元)
县城乡管理综合执法大队
三等奖 1 个(以奖代补 2 万元)
县司法局

六、群团组织

一等奖 1 个(以奖代补 5 万元)
县总工会
二等奖 1 个(以奖代补 3 万元)
县妇女联合会
三等奖 1 个(以奖代补 2 万元)
县科学技术协会

七、四办组

一等奖 2 个(各以奖代补 5 万元)
县委办公室(档案局、史志编纂委员会办公室)
县政府办公室(信访局、信息中心)
二等奖 1 个(以奖代补 3 万元)
县政协办公室

先进集体(单位、企业、合作社)

一、工业经济工作

1. 产值增速奖 (6 个,奖励金额 170 万元)
宁夏泰瑞制药股份有限公司 100 万元
宁夏和瑞包装有限公司 30 万元
宁夏多维药业有限公司 10 万元
宁夏玉元生物科技有限公司 10 万元
银川东方希望动物营养食品有限公司 10 万元
宁夏恒梓源板材装饰有限公司 10 万元
2. 优秀税收企业(3 个)
宁夏伊品生物科技股份有限公司 100 万元
宁夏启元药业有限公司 50 万元
华润雪花啤酒(宁夏)有限公司 20 万元
3. 纳规入库工业企业奖(9 个)
宁夏人和管业有限公司 10 万元
宁夏凤凰城建筑科技有限公司 7.5 万元
宁夏金强节能建材科技有限公司 5 万元
宁夏立兰酒庄有限公司 5 万元
宁夏富利莱家具制造有限公司 7.5 万元
宁夏才运达机电泵业有限公司 5 万元
银川喜福贸易有限公司 5 万元
宁夏鑫亚管业有限公司 5 万元
银川广捷包装制品有限公司 5 万元
4. 企业技改创新项目奖(1 个)
宁夏紫荆花纸业有限公司秸秆造纸循环经济示范项目 50 万元
5. 企业上市融资奖(2 个)
宁夏金维制药股份有限公司 10 万元
宁夏悦丰生态农业科技股份有限公司 10 万元

二、招商引资工作

1. 招商引资先进企业奖(1 个奖励 10 万元)
银川置信投资发展有限公司
2. 招商引资先进单位(7 个,各奖励 5 万元,合计 35 万元)
望远工业园区管理委员会
县交通运输局
县行政审批服务中心
县旅游产业发展服务局
胜利乡
闽宁镇
银川市欣荣建设发展有限公司

三、财税金融工作

1. 支持县域经济发展先进单位(9个,只发奖牌)
县地税局
县国税局
人民银行永宁县支行
农业发展银行永宁县支行
工商银行永宁县支行
建设银行永宁县支行
永宁县农村信用联社
宁夏银行永宁县支行
中国人民财产保险股份有限公司永宁支公司
2. 项目争取工作先进单位(5个,各奖励3万元,合计15万元)
县国土资源局
县扶贫开发办公室
县人力资源和社会保障局
县文化旅游广电局
县旅游产业发展服务局
四、农业农村工作
1. 农业产业化
(1)农民增收先进乡镇(1个,奖励20万元)
闽宁镇
(2)农业特色优势产业示范乡镇(3个,各奖励10万元,共计30万元)
李俊镇　望远镇　闽宁镇
(3)优势农业经营主体 (17个,各奖励1万元,合计17万元)
宁夏壹泰牧业有限公司
华盛绿能(宁夏)农业科技有限公司
宁夏裕稻丰生态农业科技有限公司
宁夏悦丰生态农业科技有限公司
宁夏青禾农牧科技开发有限公司
宁夏立兰酒庄有限公司
宁夏犇旺生态养殖有限公司
宁夏四季鲜农产品质量检验检测有限公司
永宁县康润丰农业专业合作社
永宁县绿思源农业专业合作社
宁夏裕农三禾山药农业专业合作社
永宁县佳蕾种植专业合作社
永宁县金疏旺设施专业合作社
永宁县永和盛景果蔬产销联合社
永宁县旺园果蔬专业合作社
永宁县科泰隆果蔬专业合作社
永宁县文翔瓜菜家庭农场
(4)农产品品牌创建先进企业(6个,各以奖代补1万元,合计6万元)
银川巴格斯葡萄酒庄有限公司
宁夏鹤泉葡萄酒有限公司
中粮长城云漠酒庄
宁夏类人首葡萄酒业有限公司
宁夏晶润生物食品科技有限公司
永宁县伟国农产品专业合作社
(5)发展壮大集体经济先进村(12个,各奖励1万元,合计12万元)
李俊镇宁化村
李俊镇侯寨村
望洪镇南方村
望洪镇靖益村
杨和镇杨和村
杨和镇南北全村
胜利乡先锋村
胜利乡杨显村
望远镇上河村
望远镇板桥村
闽宁镇福宁村
闽宁镇原隆村
2. 农田水利基本建设工作
(1)农田水利基本建设先进乡镇(6个)
一等奖
望洪镇(以奖代补450万元)
李俊镇(以奖代补440万元)
二等奖
望远镇(以奖代补245万元)
胜利乡(以奖代补190万元)
杨和镇(以奖代补185万元)
三等奖
闽宁镇(以奖代补20万元)

(2)农田水利基本建设先进村(12 个,各奖励 5000 元,合计 6 万元)

李俊镇李庄村

李俊镇丰登村

李俊镇宁化村

望洪镇新华村

望洪镇高渠村

望洪镇农丰村

杨和镇南北全村

杨和镇惠丰村

胜利乡先锋村

胜利乡陆坊村

望远镇政权村

望远镇上河村

3. 城乡环境综合整治先进单位(9 个,各奖励 3 万元,合计 27 万元)

县交通运输局

县林业局

县城乡管理综合执法大队

胜利乡

闽宁镇

望远镇

李俊镇

望洪镇

杨和镇

4. 劳务派遣公司先进单位(3 个,各奖励 1 万元,合计 3 万元)

永宁县通威达劳务派遣有限公司

永宁县安丰欣欣向荣劳务派遣有限公司

永宁县连珍行劳务派遣有限公司

5. 精准脱贫先进单位、企业(11 个,只发奖牌)

县住房和城乡建设局

县教育体育局

县残疾人联合会

县扶贫开发办公室

县民政局

县农牧局

闽宁镇

宁夏伊品生物科技股份有限公司

宁夏壹泰牧业有限公司

华盛绿能(宁夏)农业科技有限公司

振发新能源科技有限公司

6. 支持农业和农村工作先进单位 (3 个,各奖励 1 万元,合计 3 万元)

县气象局

国家统计局永宁调查队

中国人民财产保险股份有限公司永宁支公司

二、政法综治、信访维稳及安全生产工作

(一)兑现 2016 年平安建设目标管理任务书(17 个,一等奖各以奖代补 10000 元,二等奖各以奖代补 8000 元,三等奖各以奖代补 5000 元,共计 12.8 万元)

1. 乡镇组

一等奖:闽宁镇

二等奖:胜利乡

三等奖:望洪镇

2. 党政群团部门组

一等奖:综治办

二等奖:县委宣传部

三等奖:县委组织部

3. 执法执纪组

一等奖:司法局

二等奖:法院

三等奖:纪委、检察院

4. 社会事业组

一等奖:杨和街道办事处

二等奖:人力资源和社会保障局

三等奖:民政局

5. 经济部门组

一等奖:望远工业园管委会

二等奖:发改局

三等奖:农牧局

(二)政法综治工作先进集体(10 个,只发奖牌)

法院望远法庭

检察院公诉科

县禁毒委员会办公室

胜利乡派出所
杨和镇司法所
县人民医院
望远镇望远社区
李俊镇宁化村
望洪镇高渠村
杨和街道办事处宁和社区

(三)维稳信访工作先进集体(12个,只发奖牌)

县司法局
县人力资源和社会保障局
县城乡管理综合执法大队
李俊镇
胜利乡
望洪镇
县公安局望远派出所
县法院执行局
县检察院侦监科
杨和街道办祥和社区
闽宁镇福宁村
宁夏鑫池律师事务所

(四)安全生产工作(共24个,奖励金额5.1万元)

1. 兑现2016年度安全生产目标管理任务书(14个,共计奖励5.1万元)

一等奖(奖励8000元):
县公安局
二等奖(各奖励5000元):
望洪镇　胜利乡
三等奖(各奖励3000元):
县发展改革局
县工业信息化和商务局
县文化旅游广电局
县农牧局
县卫生和计划生育局
县旅游产业发展服务局
县供销社
县供电局
广电有线网络永宁分公司
中国移动永宁分公司
中国联通永宁分公司

(五)安全生产先进集体(10个,只发奖牌)

宁夏瀛海天琛建材有限公司
宁夏伊品生物科技股份有限公司
宁夏紫荆花纸业有限公司
中石油宁夏销售公司永宁销售部
宁夏金维制药有限公司
宁夏凤凰城建筑科技有限公司
宁夏新百集团西北现代供应链科技园
银川中油精诚燃气有限公司
宁夏供销社日杂鞭炮有限公司永宁鞭炮公司仓库
宁夏和瑞包装有限公司

三、依法治县和深化改革工作先进集体(15个,只发奖牌)

(一)依法治县工作先进集体(10个)

银川望远工业园管委会
县委宣传部
县政法委
县检察院
县司法局
闽宁镇
县法院刑事审判庭
县公安局法制大队
县信访督办局
望远镇红旗社区

(二)全面深化改革工作先进集体(5个)

县机构编制委员会办公室
县农牧局
县卫计局
县发改局
县行政审批服务中心

四、卫生和计划生育工作(共39个,以奖代补32万元,合计32万元)

(一)兑现2016年度卫生和计划生育目标管理责任书完成单位(共17个,以奖代补金额32万元,

合计 32 万元）

1. 兑现工作目标任务完成单位(9 个，以奖代补金额 32 万元)

一等奖

杨和街道办事处(以奖代补 6 万元)

二等奖

望远镇(以奖代补 5 万元)

杨和镇(以奖代补 5 万元)

三等奖

李俊镇(以奖代补 3 万元)

望洪镇(以奖代补 3 万元)

胜利乡(以奖代补 3 万元)

闽宁镇(以奖代补 3 万元)

鼓励奖

玉泉营农场(以奖代补 2 万元)

黄羊滩农场(以奖代补 2 万元)

2. 兑现卫生和计划生育综合治理目标任务完成部门(8 个，只发奖牌)

县公安局

县民政局

县人力资源和社会保障局

县教育体育局

县文化旅游广电局

县城乡管理综合执法大队

县妇女联合会

县总工会

(二)卫生和计划生育先进集体 22 个(只发奖牌)

1. 村(居)委会(7 个)

杨和街道办事处胜利社区

胜利乡胜利村

李俊镇丰登村

望洪镇高渠村

闽宁镇福宁村

望远镇银子湖社区

杨和镇观桥村

2. 卫生和计划生育服务中心(4 个)

李俊镇卫生和计划生育服务中心

杨和镇卫生和计划生育服务中心

望远镇卫生和计划生育服务中心

杨和街道办事处卫生和计划生育服务中心

3. 乡镇卫生院(4 个)

李俊镇卫生院

望洪镇卫生院

杨和镇卫生院

望远镇卫生院

4. 派出所(2 个)

望远镇派出所

县城关派出所

5. 计划生育帮扶单位(5 个)

县扶贫开发办公室

县林业局

团县委

县农牧局

县残疾人联合会

先进个人、示范户

一、经济工作先进个人

(一)优秀统计人员(28 名，各奖励 500 元，合计 1.4 万元)

施　婧　宁夏伊品生物科技股份有限公司员工

伍鸿亮　宁夏启元药业有限公司员工

文　荣　宁夏泰瑞制药股份有限公司员工

王　敏　宁夏唐明制药有限公司员工

王素萍　宁夏金鑫四通钢结构有限公司员工

白　雪　银川建邦伟业彩钢有限公司员工

曹瑞琴　宁夏西夏王葡萄酒业有限公司员工

王莎莎　中粮长城葡萄酒(宁夏)有限公司员工

孙　莹　贺兰神葡萄酒庄有限公司员工

杨　园　宁夏立兰酒庄有限公司员工

杨　菊　宁夏力成电气集团制造有限公司员工

何晓敏　宁夏瀛海天琛建材有限公司员工

李思钰　宁夏银吕新能源开发有限公司员工

马桂玲　宁夏神马汽保设备有限公司员工

席金霞　宁夏多维药业有限公司员工

王秀梅　宁夏金维制药股份有限公司员工
赵　静　银川东方希望动物营养食品有限公司员工
马全芳　宁夏紫荆花纸业有限公司员工
吴　诤　宁夏和瑞包装有限公司员工
李志红　银川红日电缆有限公司员工
王　薇　宁夏莱福饲料有限公司员工
王红梅　宁夏恒梓源装饰板材有限公司员工
马占楠　银川望远工业园区管理委员会员工
王　璐　银川望远工业园区管理委员会员工
韩继梅　县统计局副局长
闫晓琴　县统计局员工
吴　勇　工业信息化和商务局员工
鲍　洁　工业信息化和商务局员工

（二）财税金融先进个人（17名，各奖励500元，合计0.85万元）

高红军　永宁县国税局局长
柴学军　永宁县地税局副局长
杨新刚　农发行永宁县支行副行长
王　晖　农行永宁县支行副行长
张永俭　工行永宁县支行副行长
眭元平　建行永宁县支行客户经理
常俊峰　宁夏银行永宁县支行行长
施　军　中国人民财产保险股份有限责任公司永宁支公司经理
龚　建　永宁县欣荣城乡发展有限责任公司资产管理部部长
马　辉　永宁县欣荣城乡发展有限责任公司员工
张晓娜　永宁县欣荣城乡发展有限责任公司员工
张建国　宁夏中铁建宁东路桥投资有限公司副总经理
李向东　宁闽建设发展有限公司员工
贺　晗　银川市产城资本投资控股有限公司投融资部部长
王　康　银川市产城资本投资控股有限公司投融资项目经理
雍　楠　银川市产城资本投资控股有限公司投融资项目经理
郭　亮　银川市同城化基础设施建设投资有限公司项目经理

（三）农业农村（共80名，奖励6.7万元）

1. 农业特色优势产业典型示范户（18名，各奖励2000元，合计3.6万元）

姚　凤　李俊镇雷台村蔬菜产业示范户
马占才　李俊镇东方村现代农业示范户
张玉侠　李俊镇魏团村养殖示范户
朱　乐　望洪镇蔬菜产业示范户
谢万保　望洪镇蔬菜产业示范户
史学良　望洪镇蔬菜产业示范户
沈建明　杨和镇旺全村葡萄产业示范户
汤旭芳　杨和镇南北全村葡萄产业示范户
贺晓瑾　杨和镇东全村优质粮食产业示范户
方长军　胜利乡许旺村蔬菜产业示范户
袁冬梅　胜利乡园林村葡萄产业示范户
蔡建增　胜利乡烽火村经果林产业示范户
王　林　望远镇永清村蔬菜产业示范户
蔡　春　望远镇上河村蔬菜产业示范户
余光军　望远镇政权村蔬菜产业示范户
李云峰　闽宁镇养殖示范户
苏占川　闽宁镇养殖示范户
胡德万　闽宁镇休闲农业示范户

2. 优秀劳务经纪人（8名，各奖励500元，合计0.4万元）

杨　春　马生银　李志凯　戎会玲
马万清　朱学仁　姜兴民　王秀珍

3. 先进工作者（54名，各奖励500元，合计2.7万元）

（1）乡镇（共24人）：

许学军　李俊镇民生服务中心副主任
葛仲喜　李俊镇宁化村党支部书记
马新立　李俊镇丰登村党支部书记
王明山　李俊镇李庄村党支部书记
吴　红　望洪镇水土站站长
李彦峰　望洪镇农业服务中心干部
周永祥　望洪镇农丰村党支部书记、村委会主任

邹　礼　望洪镇前渠村党支部书记、村委会主任
杨少林　杨和镇农业服务中心副主任
胡永忠　杨和镇农业服务中心水利专干
张洪宁　杨和镇南北全村党支部书记、村委会主任
王　健　杨和镇旺全村党支部书记、村委会主任
杜元立　胜利乡副乡长
周金川　胜利乡产业发展服务中心主任
柴建宁　胜利乡八渠村党支部书记
常永宁　胜利乡先锋村党支部书记
张俊然　望远镇特色产业服务中心主任
高万军　望远镇政权村党支部书记、村委会主任
索金林　望远镇板桥村党支部书记、村委会主任
何经文　望远镇立强村党支部书记、村委会主任
陈兴隆　闽宁镇副镇长
马志祥　闽宁镇原隆村村委会主任
吴天勇　闽宁镇福宁村村委会主任
杨奇刚　闽宁镇园艺村党支部书记
(2)部门(共30人):
金　莹　县委办公室副主任科员
孙玉萍　县委政策研究室副主任
高峰华　县政府办公室科员
南　郁　县教育体育局科员
纳超英　县民政局副局长
张金泉　县就业创业和人才服务局副局长
田艳玲　县国土资源局审批与利用股股长
李　丰　县国土资源局规划与耕保股股长
张　庆　县国土资源局土地开发整理中心主任
蔡尚文　县市场监督管理局副局长
赵　涛　县住房和城乡建设局质检站站长
王　颖　县住房和城乡建设局科员
刘海军　县交通运输局公路管理段段长
仇红强　县交通运输局公路管理段副段长
刘登彪　县农村合作经济经营管理站站长
陈　银　县农业机械安全监理站站长
周　成　县畜牧水产动物疾病预防控制中心主任
张利宝　县农村能源环保工作站站长
吕　瑶　县农牧局项目专干
谢　臣　县林业局产业中心主任
孟庆新　县林业局技术推广服务中心主任
白景武　县文化旅游广电局干部
刘　刚　县统计局科员
王　佳　县农业综合开发办公室科员
夏爱红　县扶贫开发办公室副主任
李　丹　县妇女联合会科员
王丽娟　县残疾人联合会办公室主任
马　海　县气象局局长
郎　伟　国家统计局永宁调查队副队长
王乃钰　国家统计局永宁调查队科员

二、政法综治、信访维稳及安全生产工作先进个人(共65名,各奖励500元,合计3.25万元)

1. 政法各部门先进个人(共6名)
李学峰　县委政法委副秘书长
张　龑　县综治办科员
康建恩　县法院执行局局长
苏　磊　县检察院民事行政检察科科长
沈　波　望远镇派出所所长
贠美吉　县司法局闽宁司法所副所长
2. 乡镇(街道)综治先进个人(共7名)
王学斌　望远镇人大主席
苏志军　闽宁镇人大主席
刘福林　李俊镇综治办主任
杨丽萍　杨和镇综治中心副主任
马婷婷　望洪镇综治办主任
李奇峰　胜利乡党委副书记
王红新　杨和街道办事处副主任、武装部长
3. 综治委成员单位先进个人(共15名)
范立兵　县纪委监察室主任
张　乐　县委办公室秘书
张晓丽　县政府办公室秘书

任生雄　县政协办公室文史委主任
何　珲　县委组织部人才办主任
米　佳　县委宣传部办公室主任
吴　涛　望远工业园区管委会主任助理、社会事业部部长
刘国英　县信访督办局信访专干
胡银川　县发展和改革局综治专干
孟学宝　县工业信息化和商务局科员
王　洪　县疾病预防控制中心党支部书记、主任
许建宏　县民政局党支部书记、副局长
路　逵　县人力资源和社会保障局劳动监察大队队长
毕　生　县交通运输局工作人员
姜海鸥　县总工会综治专干

4. 维稳信访工作(共 22 名)

张　军　县纪委常委
常金平　县公安局纪委书记
杨继勇　县公安局纪委民警
桑浩东　县法院书记员
赵相君　县检察院科员
马耀中　县政法委办公室主任
苏庆录　县司法局副局长
薛　艳　县人力资源和社会保障局科员
曾　建　县住房和城乡建设局副局长
王长宏　县发展和改革局局长
罗永俊　县国土资源局测绘地籍股主任
马生荣　县卫生和计划生育局党委副书记、纪委书记
王文勇　县交通运输局副局长
姚建新　县农牧局纪委书记
于　斌　县城乡管理综合执法大队主任
郭学峰　闽宁镇综治办主任
余合法　望远镇长湖村村书记、主任
赵赋力　李俊镇人大主席
谢　锋　望洪镇民生服务中心主任
张　勇　胜利乡陆坊村支部书记、村主任
李秀琴　杨和街道办团结社区书记
袁富贵　县信访督办局挂职干部、局长助理

5. 安全生产工作先进个人(共 15 名)

任建业　望洪镇经济发展服务中心主任
张　平　望远镇人民政府副镇长
苏战川　闽宁镇武河村村主任
杜元立　胜利乡人民政府副乡长
伍炳乾　县城乡管理综合执法大队副大队长
董永凯　永宁县消防大队参谋
安永胜　中石油宁夏销售公司永宁销售部副经理
汪　峰　宁夏紫荆花纸业有限公司安全生产主管
虎元攀　宁夏启元药业有限公司安全生产主管
马建明　宁夏泰瑞制药股份有限公司安全环保总监
马海军　宁夏金强节能建材科技股份有限公司副总经理
张龙江　宁夏宝塔石化油气销售有限公司银川片区安全管理员
张玉新　银川金坤燃气有限公司安全部长
顾建英　宁夏胜佳化工有限公司总经理
侯峰永　宁县新百大卖场店长

三、依法治县工作先进个人(共 22 名，各奖励 500 元，合计 1.1 万元)

姚丽华　县委办公室工作人员
吕正芳　县政府办公室副主任、法制办主任
杨永霞　县政协专委办主任
王向东　县教育体育局法治专干
李克斌　县老龄工作委员会办公室主任
陈进才　县人力资源和社会保障局副局长
徐建辉　县国土资源局土地储备中心主任
王　颖　县住房和城乡建设局工作人员
任志国　县交通运输局办公室主任
仓艳萍　县农牧局综治专干
马生荣　县卫生和计划生育局党委副书记、纪委书记
徐　伟　县审计局办公室主任

李正茂　县林业局森林派出所教导员
罗瑞琪　共青团永宁县委员会专干
马立华　县行政审批服务中心监察科科长
吴建兵　李俊镇司法所所长
王　金　杨和镇禁毒专干
王　静　望洪镇党政办公室主任
许红萍　杨和街道办事处民政专干
徐　珍　望远镇新银社区书记
吴跃华　胜利司法所所长
张泉柳　县纪委监察局副局长

四、卫生和计划生育工作先进个人

（一）先进个人（35 名，各奖励 500 元，合计 1.75 万元）

1. 先进工作者 13 名

苏玉华　杨和街道办事处党工委副书记
李翠英　杨和街道办事处卫生和计划生育服务中心主任
马占贵　胜利乡卫生和计划生育服务中心主任
叶春兰　李俊镇卫生和计划生育服务中心主任
段　洁　李俊镇卫生和计划生育服务中心员工
夏凤萍　望洪镇卫生和计划生育服务中心主任
杨平德　闽宁镇副镇长
单玲香　闽宁镇卫生和计划生育服务中心副主任
张　蕾　望远镇副镇长
曹惠萍　望远镇卫生和计划生育服务中心员工
解　静　杨和镇卫生和计划生育服务中心员工
穆秀兰　黄羊滩社区主任
王雪芳　玉泉营农场卫生和计划生育工作人员

2. 先进村卫生计生专干（15 名）

王月霞　望洪镇农声村妇女主任
杨玉贤　胜利乡五渠村计生专干
付秀侠　李俊镇宁化村计生专干
张淑琴　李俊镇古光村计生专干
蒯秀云　望洪镇金星村妇女主任
田玉英　闽宁镇玉海村妇女主任
张菊花　闽宁镇武河村计生
胡莉萍　望远镇蓝山社区
徐永芳　望远镇望远社区
折永红　望远镇长湖村妇女主任
闫香琴　杨和镇东全村妇女主任
高春燕　杨和街道办事处团结社区计生专干
樊秋菊　杨和街道办事处建设社区计生专干
周　宁　黄羊滩农场社区计生专干
孙凤霞　玉泉营农场计生专干

3. 先进技术服务人员（7 名）

周海婷　杨和街道办事处计划生育技术服务人员
陈　芳　望洪镇卫生院专业技术人员
孙　丽　杨和镇卫生院专业技术人员
石文芳　望远镇卫生院专业技术人员
康菊萍　闽宁镇卫生院专业技术人员
张丽萍　胜利乡卫生院专业技术人员
郭淑琴　李俊镇卫生院专业技术人员

（二）突出贡献人才、优秀人才（44 名，奖励金额 12.2 万元）

1. 突出贡献人才（8 名，分别奖励 1 万元、5000 元，合计 5 万元）

秦治武　县人民医院外科主任医师（10000 元）
李志明　县人民医院内科主任医师（10000 元）
张　林　县人民医院外科副主任医师
郝晓东　县人民医院内科副主任医师
陶学军　县人民医院内科副主任医师
纳生永　县人民医院内科副主任医师
刘建忠　县中医医院中医副主任医师
付　军　望远镇卫生院副主任医师

2. 优秀人才（36 名，各奖励 2000 元，合计 7.2 万元）

任生龙　县人民医院儿科副主任医师
张国俊　县人民医院放射副主任医师
张　敏　县人民医院儿科副主任医师
井良飞　县人民医院内科副主任医师
韩玉芳　县人民医院中医副主任医师

王　莉　县人民医院内科副主任医师
鲁万铭　县人民医院外科副主任医师
李维军　县人民医院内科副主任医师
沈　娟　县人民医院妇产科副主任医师
李建国　县人民医院内科副主任医师
王海滨　县人民医院中医副主任医师
杨　斌　县人民医院麻醉副主任医师
徐金虎　县人民医院放射科副主任医师
魏景丽　县人民医院妇产科副主任医师
姜继普　县人民医院检验副主任技师
汪玉芳　县人民医院内科副主任医师
周明香　县人民医院妇产科副主任医师
张袭萍　县人民医院副主任护师
尹海军　县人民医院内科副主任医师
李建东　县人民医院儿科副主任医师
哈英霞　县人民医院副主任药师
岳丽萍　县人民医院耳鼻喉科副主任医师
张少莉　县人民医院儿科副主任医师
何　辉　县人民医院内科副主任医师
徐如平　县中医院中医副主任医师
刘艳玲　县中医院妇科副主任医师
郭晓芬　县中医院副主任护师
董　岚　县中医院中医副主任医师
石艳凌　县中医院中医副主任医师
蔡丽娟　县妇幼保健所副主任医师
张　燕　县妇幼保健所副主任医师
施云涛　县疾控中心主任医师
韩占宏　县监督所副主任医师
蒙景琢　闽宁卫生院副主任医师
王永军　望远镇卫生院副主任医师
王国强　望远镇卫生院副主任医师

第33个教师节表彰表彰奖励优秀教师、模范班主任、师德标兵、优秀教育工作者、优秀校长、捐资助学先进单位

一、优秀教师(60名)

姜玉琴　永宁中学
娄　超　永宁中学
张学武　永宁中学
朱碧芳　永宁中学
杨　斌　永宁中学
蒙泽成　永宁县回民高级中学
王　欢　永宁县回民高级中学
谢　娟　永宁县回民高级中学
杨春兰　永宁县回民高级中学
周金波　永宁县回民高级中学
吴润林　永宁三中
庞莉娟　永宁三中
张　涛　永宁三中
孙丽红　永宁四中
武红梅　永宁四中
徐　颖　永宁四中
李彩霞　永宁县职教中心
刘燕鸿　望远中学
谢立君　望远中学
杨　华　闽宁中学
黄燕燕　闽宁中学
陈佳楠　闽宁中学
李　娥　闽宁二中
陈云斌　蓝山学校
孙　佳　蓝山学校
李志英　蓝山学校
石海燕　永宁一小
刘　芳　永宁一小
杨　芳　永宁一小
陈学侠　永宁二小

沈艳萍　永宁二小
王晓燕　永宁二小
刘燕芳　永宁三小
马广荣　永宁三小
丁丽莎　三沙源小学
邹丽芸　纳家户小学
朱立玲　雷台小学
李　林　李俊小学
倪　龙　新华小学
张惠玲　望洪小学
徐冬梅　征沙渠小学
胡雪晴　玉泉营小学
陈艳萍　玉泉营小学
杜晓蓉　望远中心小学
徐雁冰　丰盈小学
杨东亮　长湖小学
马立萍　望远镇幼儿园
马司远　西滩小学
何国成　武河小学
康彦邦　闽宁中心小学
马文光　铁西小学
王瑞雪　永宁一幼
伍惠琴　永宁二幼
沈艳红　永宁三幼
任冬燕　永宁四幼
纳惠霞　纳家户幼儿园
王红霞　永宁县教研室
徐娟娟　永宁县教研室
于　瑶　三沙源上游学校
陈　思　望远工业幼儿园

二、模范班主任（60名）

刘学超　永宁中学
田海娟　永宁中学
丁保军　永宁中学
陈兴武　永宁中学
郭兴永　宁回民高级中学
金　钟　永宁回民高级中学
王　浩　永宁回民高级中学
王小平　永宁回民高级中学
杨　旭　永宁三中
潘　霞　永宁三中
王小东　永宁三中
马丽萍　永宁四中
李彦峰　永宁四中
郭　存　永宁四中
孟　辉　永宁职教中心
妥　艳　望远中学
徐学军　望远中学
王圈东　闽宁中学
王瑞珍　闽宁中学
穆双龙　闽宁中学
孙艳翻　闽宁二中
王　瑞　闽宁二中
杨海茹　蓝山学校
孙　红　蓝山学校
李丽华　蓝山学校
王　笛　蓝山学校
李艳菊　永宁一小
尤　琪　永宁一小
白桂花　永宁二小
周新芳　永宁二小
李春勃　永宁二小
王晓芸　永宁三小
杨　涛　永宁三小
梁建华　纳家户小学
王　萍　李俊小学
张　涛　李俊小学
王　睿　望洪小学
何敏莹　新华小学
张生吉　胜利中心小学
丁　鹤　玉泉营小学
杨晓东　黄羊滩小学
吴　颖　征沙渠幼儿园
段梅立　望远中心小学
冯淑珍　望远中心小学
叶惠琴　望远中心小学

张惠荣　丰盈小学
高学萍　通桥小学
刘亚红　黄夷小学
马海福　中心小学
许　炜　闽宁中心小学
韩永霞　玉海小学
王姝慧　闽宁二小
郭海燕　铁东小学
柳雪涛　原隆小学
王秀娟　永宁一幼
王春玲　永宁一幼
张丽娟　永宁二幼
金艳娟　永宁三幼
蔡丽娟　永宁四幼
王万将　文昌中学

三、师德标兵(10名)

张盼盼　永宁中学
贾玉萍　永宁回民高级中学
郭　宏　永宁四中
王　丽　永宁二小
夏永萍　望远中学
雅进博　永宁三小
刘宝军　玉泉营幼儿园
李冬香　新华小学
沈　涛　望远中心小学
张会霞　华俊星彩幼儿园

四、优秀教育工作者(20名)

徐万民　永宁中学
马　军　永宁回民高级中学
章　勇　永宁三中
吴少创　永宁四中
张泽民　永宁县职教中心
陈　清　望远中学
魏红霞　闽宁中学
王志虎　闽宁二中
刘殿国　蓝山学校
曹淑芳　永宁一小
蒋学贵　永宁二小
王建香　永宁三小
刘　楠　纳家户小学
李伟君　李俊学区
常永志　征沙渠小学
马晓梅　望远镇三幼
赵文斌　闽宁二小
王瑞峰　永宁一幼
南　郁　教育局机关
李建宁　教育局机关

五、优秀校长(10名)

杨晓东　永宁三中
阮正义　望远中学
陈生贵　闽宁二中
史永红　永宁一小
徐光峰　王团回民小学
张　明　胜利学区
马跃进　望远中心小学
马存良　武河小学
姜海燕　永宁一幼
张　斯　永宁四幼

六、捐资助学先进单位(2家)

福建省漳州台商投资区角美镇人民政府
宁夏永建建筑工程有限公司

永宁县兑现中高考奖励学校

一、兑现高考奖励193万元

永宁中学105万元，永宁县第二中学69.8万元，永宁县文昌中18.2万元。

二、兑现中考奖励61.6万元

永宁中学14.2万元，永宁县第二中学9.3万元,永宁县第三中学6.4万元,永宁县第四中学6.8万元,永宁县闽宁中学7万元,永宁县望远中学6万元,永宁县蓝山学校7.5万元,永宁县闽宁第二中学4.4万元。

三、中考先进工作者(20名)

李　巍　永宁中学
谢铁丽　永宁中学
曹　红　永宁中学
戴丽萍　永宁回民高级中学
宋淑娟　永宁回民高级中学
张秀波　永宁回民高级中学
刘陆宁　永宁三中
张　华　永宁三中
徐荣蔚　永宁三中
张旭东　永宁四中
朱凤霞　永宁四中
闵自锋　永宁四中
王兴蔚　望远中学
保凤玲　望远中学
程　峰　闽宁中学
马金婉　闽宁中学
张　甜　闽宁中学
柳　翔　闽宁二中
陈　艳　蓝山学校
贾丽艳　蓝山学校

四、高考先进工作者(20名)

王　娟　永宁中学
房亚利　永宁中学
姚闻闻　永宁中学
高　爱　永宁中学
方　楠　永宁中学
马永萍　永宁中学
孙占军　永宁中学
张建国　永宁中学
朱桂芬　永宁中学
朱丽娟　永宁中学
计咏梅　永宁回民高级中学
高海娣　永宁回民高级中学
金　雁　永宁回民高级中学
刘　辉　永宁回民高级中学
马飞志　永宁回民高级中学
马　俊　永宁回民高级中学
汪　磊　永宁回民高级中学
王　莹　永宁回民高级中学
马瑞龙　文昌中学
王巧丽　文昌中学

2017年永宁县关爱职工模范企业奖、热爱企业优秀员工奖、金牌工人称号

一、永宁县关爱职工模范企业(8家,每家奖励5000元)

宁夏伊品生物科技股份有限公司
宁夏启元药业有限公司
中粮长城葡萄酒(宁夏)有限公司
华润雪花啤酒(宁夏)有限公司
宁夏天然蜂产品科技开发有限责任公司
宁夏永建建筑工程有限公司
宁夏创业谷实业发展有限公司
宁夏永宁海宝消防器材有限公司

二、永宁县热爱企业优秀员工(9名,每人奖励500元)

张　磊　中粮长城葡萄酒(宁夏)有限公司酿造车间副主任
王海丽　银川天一海腾有限公司生产车间

主任

童　鑫　宁夏伊品生物科技股份有限公司精密仪器检验员

潘　涛　宁夏玉元生物科技有限公司山梨醇区值长

叶新春　宁夏多维药业有限公司制剂车间主任

李　锐　宁夏创业谷实业发展有限公司运营服务中心总监

钱　宁　宁夏永建建筑工程有限公司第十五项目部钢筋工

马　兵　宁夏金维制药股份有限公司102车间主任助理

王瑞芹　宁夏紫荆花纸业有限公司造纸车间打浆组组长

三、永宁县金牌工人(8名,每人奖励500元)

王吉明　宁夏启元药业有限公司309车间电器维修组职工

李　锋　宁夏紫荆花纸业有限公司制浆车间职工

马立明　中粮长城葡萄酒(宁夏)有限公司设备动力车间副主任

刘正计　宁夏伊品生物科技股份有限公司生产二部制糖间高级仪表工

姚　亮　宁夏伊品生物科技股份有限公司味精生产部发酵二车间班组长

吴亚军　宁夏伊品生物科技股份有限公司原料动力事业部动力部检修班长

朱文斌　华润雪花啤酒(宁夏)有限公司包装车间维修电工

安　磊　中粮长城葡萄酒(宁夏)有限公司种植管理部主任

永宁县第五届“最美永宁人”名单

一、助人为乐模范

鲁　孝　县公安局副政委

郭建光　黄羊滩派出所所长

于明江　望远镇明江水厂总经理

二、孝老爱亲模范

马海兵望远镇新银社区居民

李　立　邮政局职工

李红艳　杨和镇南北全村村民

沈希忠　杨和镇纳家户村村民

三、见义勇为模范

吴世豪　望远镇上河村村民,生前系望远中学学生

四、爱岗敬业模范(2人)

何国栓　公安局法医

付　军　望远镇卫生院医生

五、诚实守信模范

金　忠　杨和镇杨和村村民

六、最美社区工作者

李秀琴　团结西路街道办事处团结社区党支部书记

七、最美教育工作者

毛顺林　李俊镇仁存小学教师

马继宗　闽宁镇第二中学教师

八、最美医务工作者

从建宁　李俊镇东方村村医
马兴华　李俊镇金塔村村医

九、最美集体

“橙色阳光”志愿服务队城乡管理综合执法局清扫队